Les relations entre comptabilité et fiscalité : vers un passage de l'ère juridique à l'ère économique ?

Siankoloute SAMBOU

Les relations entre comptabilité et fiscalité : vers un passage de l'ère juridique à l'ère économique ?

Préface de Jacques Spindler

L'Harmattan

5-7, rue de l'École-Polytechnique ; 75005 Paris

http://www.librairieharmattan.com
diffusion.harmattan@wanadoo.fr
harmattan1@wanadoo.fr

ISBN : 978-2-343-03409-6
EAN : 9782343034096

Préface

C'est une bonne question qu'a posée Siankoloute Sambou dans le présent ouvrage à propos des relations entre la comptabilité et la fiscalité en se demandant si l'on est passé d'une ère juridique à une ère économique ?

La question ne se posait absolument pas à l'époque où l'on considérait, à la suite du Doyen Louis Trotabas, que le droit fiscal était totalement autonome : « au regard des autres branches du droit public comme au regard du droit privé, la loi fiscale possède une indépendance qui lui permet d'établir ses propres règles : le droit fiscal, comme "charbonnier" est maître chez lui[1] ». Plus tard, le Professeur Maurice Cozian rejetait tout fondement juridique légitimant le principe de l'autonomie du droit fiscal par rapport aux règles développées dans les autres domaines juridiques : « le jour où les juristes auront la curiosité de mieux suivre la fiscalité et où les fiscalistes auront la même curiosité, à l'égard du droit, on s'apercevra que le droit fiscal est moins particulariste, moins autonome, moins réaliste qu'on le prétend[2] ».

La problématique centrale de l'ouvrage de Siankoloute Sambou conduit à quitter un point de vue strictement juridique pour mener une réflexion sur l'influence de l'économie sur le droit fiscal. La production normative sur le sujet, tout particulièrement dans le domaine de la comptabilité, est impressionnante et a donné lieu à de nombreux rapports. La normalisation comptable internationale vise à harmoniser les règles comptables entre les pays afin d'améliorer la circulation de l'information financière des entreprises. Le principe du nouvel ordre comptable international est de faire triompher la réalité économique sur la réalité juridique. La comptabilité doit permettre de donner une information la plus proche possible de la réalité économique. D'où le concept de « juste valeur », qui revient à évaluer un bien conformément à sa valeur de marché. Ce changement de paradigme a nécessairement des incidences fiscales dans les pays où le bénéfice imposable découle du résultat comptable. Dans cette logique, comme le souligne Florence Deboissy, qui a repris la suite du célèbre Précis de fiscalité des entreprises de Maurice Cozian, « on n'hésitera pas […] à faire abstraction des habits juridiques qui peuvent être trompeurs pour appréhender la substance économique qui aura été occultée[3] ».

---

[1] L. Trotabas, « Essai sur le droit fiscal », *Revue de science et législation financières 1928*, p. 201-236.

[2] M. Cozian, « Propos désobligeants sur une tarte à la crème : l'autonomie et le réalisme du droit fiscal », in *Les grands principes de la fiscalité*, Litec 1999, Paris, pp. 3-12.

[3] M. Cozian, F. Deboissy, *Précis de fiscalité des entreprises*, 36e édition, Litec, Paris 2012, p. 51.

Bien que critiquées, tout particulièrement au regard des crises à répétition depuis 2007, les normes comptables internationales ont ouvert la brèche à l'appréciation économique. Un récent rapport de l'AFEP (Association Française des Entreprises Privées) et du MEDEF (Mouvement des Entreprises de France), formule des propositions visant à renforcer la qualité des normes comptables internationales mais souhaite vivement pérenniser leur utilisation[4].

Le problème central est de savoir si pour « neutraliser les incidences fiscales des normes comptables », pour reprendre une expression utilisée par les auteurs d'un Rapport d'information de l'Assemblée Nationale[5], il faut maintenir la connexion entre la comptabilité et la fiscalité ou bien la supprimer ?

Siankoloute Sambou pense qu'il est nécessaire d'évoluer vers une conciliation. Il consacre ainsi la première partie de son ouvrage aux relations historiques de compromis entre la comptabilité et la fiscalité. Dans la seconde partie, il observe que les normes comptables internationales ont toute chance de compromettre la relation entre comptabilité et fiscalité. Il prend alors le parti de défendre le contraire. Les normes comptables internationales améliorent les relations entre comptabilité et fiscalité, en permettant à la comptabilité d'influencer favorablement la fiscalité. Cette partie a naturellement pour titre : l'influence des normes comptables internationales sur le droit fiscal. Il s'agit d'une influence qui contribue à améliorer la qualité de la règle fiscale en lui permettant de retrouver son réalisme grâce au principe de la substance économique au delà de la forme juridique. Un droit fiscal plus réaliste : n'est-ce pas là la préoccupation des fiscalistes depuis des décennies ?

On pourra opposer l'argument de l'amélioration de la règle fiscale à celui de l'instabilité des recettes budgétaires par l'introduction du principe de la « juste valeur ». Il est vrai que la volatilité financière actuelle ne permet pas d'envisager des recettes fiscales d'un État fluctuant au rythme de la « juste valeur » ; mais on peut avancer que les variations de la « juste valeur » pourraient être régulées par des stabilisateurs fiscaux, des seuils à partir desquels elle pourrait être activée ou désactivée… C'est ce que l'auteur nomme, sous un vieux vocable, la boîte de Pandore. La communauté des fiscalistes est-elle prête à l'ouvrir ?

Juriste de formation, Siankoloute Sambou a fourni un travail important, sur plusieurs années, pour maîtriser la technicité de son sujet qui renvoie à de multiples disciplines. Il s'est essayé à la finance, avec succès, en intégrant un Master en ingénierie financière à l'IAE de Nice où il a suivi des

---

4 AFEP-MEDEF, *Renforcer le processus d'adoption des normes comptables internationales : un enjeu stratégique pour l'Union Européenne*, juillet 2013, 24 p.

5 D. Baert, G. Yanno, *Rapport d'information relatif aux enjeux des nouvelles normes comptables*, Assemblée Nationale 2009, n° 1508, pp. 128 et s.

cours de consolidation : les normes comptables sont à destination des comptes consolidés. Très vite, la nécessité d'une approche pratique s'est faite sentir et l'a ainsi conduit à poursuivre sa réflexion en intégrant le « Pôle grands groupes et comptes consolidés » de la Banque de France à Paris. Les questions financières étant alors bien assimilées, il décide d'approfondir ses connaissances juridiques et fiscales par un stage dans le cabinet d'avocat Reed Smith à Paris. Enfin, les normes comptables internationales étant d'origine anglo-saxonne, il fallait s'intéresser aux normes américaines. Il a alors obtenu une bourse pour se rendre à l'Université du Texas à El Paso. Il y a perfectionné son anglais et surtout pris connaissance de la littérature d'outre-atlantique relative à son sujet.

Le présent ouvrage est issu d'une thèse de doctorat, dont nous nous réjouissons d'en avoir assuré la direction.

En conclusion de cette Préface, nous tenons à dire que les qualités humaines de Siankoloute Sambou sont unanimement reconnues et en font une personne avec qui il est particulièrement agréable et enrichissant de travailler.

Nous espérons que ses vastes connaissances, sa curiosité intellectuelle, son aisance à l'écriture et ses facilités d'élocution le conduiront vers ses projets professionnels les plus ambitieux. Nous formulons ce vœu en témoignage d'amitié, avec tous nos encouragements pour la suite de sa carrière.

Jacques SPINDLER
Professeur émérite
Université de Nice Sophia-Antipolis

SOMMAIRE

Liste des abréviations

A.M.F.	Autorité des Marchés Financiers
BDCF	Bulletin Des Conclusions Fiscales
BF Lefebvre	Bulletin Fiscal Francis Lefebvre
B.O.I	Bulletin Officiel des Impôts
CGI	Code Général des Impôts
CNC	Conseil National de la Comptabilité
CRC	Comité de la Réglementation comptable
IASB	International Accounting Standards Board
IFRS	International Financial Reporting Standard
JOUE	Journal Officiel de l'Union Européenne
L.P.F.	Livre des Procédures Fiscales
PCG	Plan comptable général
Rev. Adm.	Revue Administrative
Rev. Fid.	Revue Fiduciaire
R.J.F.	Revue de Jurisprudence Fiscale
R.F.C.	Revue Française de Comptabilité
RTD Civ.	Revue Trimestrielle de Droit Civil
RTD Com.	Revue Trimestrielle de Droit Commercial

Introduction : Le passage de l'ère juridique à l'ère économique dans les relations entre comptabilité et fiscalité : l'avènement des normes comptables internationales

1. « Et en effet, tandis que je croyois ne m'occuper que de nomenclature », disait Lavoisier cité par Laure Agron, « tandis que je n'avois pour objet que de perfectionner le langage de la Chimie, mon ouvrage s'est transformé insensiblement entre mes mains, sans qu'il m'ait été possible de m'en défendre, en un Traité élémentaire de Chimie[6] ». Son expérience, ajoute Laure Agron, « nous venons de la faire pour le vocabulaire fiscal, partis pour faire un « dictionnaire » des termes fiscaux, nous avons été amené à faire en quelque sorte un traité de fiscalité[7] ». Son expérience, serions-nous tentés d'ajouter, nous l'avons aussi expérimenté : partis pour étudier les interactions entre le droit comptable et le droit fiscal nous avons découvert la nécessité d'émancipation du droit comptable par rapport au droit fiscal. L'importance des questions comptables et financières justifie largement cette émancipation. « Science sans conscience n'est que ruine de l'âme[8] », disait François Rabelais, cet adage est valable pour la situation entre comptabilité et fiscalité : cohabitation sans indépendance n'est que ruine de la comptabilité. La cohabitation entre droit comptable et fiscal ressemble à une science sans conscience, où le droit fiscal abuse impunément et sans vergogne des principes comptables. L'étude des interactions entre ces deux disciplines indigne le lecteur sur la nature particulière de la relation entre comptabilité et fiscalité, une relation qualifiée de tyrannique à juste titre. Alors que la prépondérance du droit civil avait atteint les sphères du droit fiscal, et par effet de ricochet, celles du droit comptable[9], ce dernier voit apparaitre ses heures de gloire, porté sur le devant de la scène par les nombreux scandales financiers qui ont sévi de part et d'autre de l'atlantique. Une heure de gloire pourtant prématurée, car

---

[6] Lavoisier, Œuvres, tome I, p. 1-2, cité par L. Agron, *Histoire du vocabulaire fiscal*, LGDJ, 2000, p. 3.

[7] L. Agron, *Histoire du vocabulaire fiscal*, LGDJ, 2000, p. 3.

[8] F. Rabelais, *Pantagruel*, 1532, Edit. Garnier 1884, Chap. 8, p. 131 disponible sur http://fr.wikiquote.org/wiki/Fran%C3%A7ois_Rabelais.

[9] M. Cozian, « Propos désobligeants sur une « tarte à la crème » : l'autonomie et le réalisme du droit fiscal », in *Les Grands Principes de la Fiscalité des Entreprises*, Litec 1996, 3e édition, p. 3.

l'influence de la fiscalité, du fait du lien qui l'unit à la comptabilité, est encore trop forte, allant jusqu'à engendrer une incapacité du droit comptable à respecter ses propres principes. Toute la problématique s'en trouve alors résumée derrière ces propos : pourquoi maintenir le lien entre le droit comptable et le droit fiscal quand ce lien a pour conséquence de freiner le développement du droit comptable ? Cette thèse est donc un plaidoyer pour un droit comptable plus autonome par rapport au droit fiscal. Mais avant que le plaidoyer ne soit connu du public, les parties au procès que constituent les disciplines comptables et fiscales doivent être présentées.

2. Le droit comptable et le droit fiscal sont deux disciplines ayant respectivement pour objet la fiscalité et la comptabilité. Le mot fiscalité est souvent associé à celui de fisc ou plus précisément à son synonyme latin « fiscus ». Il désignait à la fois, selon Martine Betch, « le trésor public et surtout « le petit panier destiné à recueillir l'argent[10] ». Selon Laure Agron[11], en « latin classique, le fiscus était le « panier de jonc ou d'osier servant au pressage des raisins, des olives, ou du fromage ». Ce dernier sens, « panier à fromage » aurait donné en français « faisselle ». Puis fiscus a pris le sens de « panier à serrer l'argent », de là, sous l'empire, « partie du revenu de l'Etat destinée à l'entretien du prince, trésor impérial », par opposition à sa fortune personnelle (res privata) et au trésor de l'Etat (aerarium, aerarium populi) : trésor de la nation ». Depuis le XVIIe siècle, ajoute Laure Agron, « fisc » est le nom courant pour désigner l'ensemble des administrations chargées de percevoir les impôts. De l'étymologie du mot fisc au terme fiscalité, Laure Agron nous livre le glissement sémantique qui s'est opéré entre les deux notions. Elle explique ainsi que « la fiscalité est attestée en 1749 dans les mémoires du Marquis d'Argenson avec le sens « régime des impôts ». On la définit aujourd'hui comme « le système de perception des impôts, l'ensemble des lois qui s'y rapportent et des moyens qui y conduisent[12] ». Pour la majeure partie de la doctrine, l'impôt est « la contribution pécuniaire requise des particuliers, par voie d'autorité, à titre définitif et sans contrepartie, en vue d'assurer la couverture des charges publiques [13] ». Le droit fiscal est une de ces branches du droit qui subit l'influence des règles économiques sur les règles juridiques. Cette thèse vise à apporter la preuve de ce phénomène dans le droit comptable, dans le droit fiscal et dans la relation qui lie le droit comptable au droit fiscal. Pour démontrer ce phénomène, les normes comptables internationales ont été prises à témoin. Ces normes exercent une influence sur le droit comptable et le droit fiscal par l'introduction de concepts à caractère économique qui supplantent les

---

[10] M. Betch, *Droit fiscal*, 2e édit., VUIBERT 2009, p. 9.
[11] L. Agron, *Histoire du vocabulaire fiscal*, LGDJ, 2000, p. 88.
[12] L. Agron, *Histoire du vocabulaire fiscal*, LGDJ, 2000, p. 88.
[13] Pour une synthèse, voir L. Agron, *Histoire du Vocabulaire Fiscal*, LGDJ, 2000.

concepts juridiques classiques[14]. Un exemple : le critère d'enregistrement des immobilisations n'est plus l'abusus, c'est-à-dire l'élément essentiel du droit de propriété mais le contrôle, c'est-à-dire, l'élément essentiel économique du bien[15]. Ce contrôle suppose cependant la maitrise des risques et avantages inhérents aux biens[16]. Les normes comptables internationales se détachent du droit, s'en affranchissent, pour revenir vers lui aussitôt. Pour déterminer les risques et avantages inhérents à la maitrise du bien, c'est aux règles juridiques que les normes IFRS ont recours. Le socle juridique sur lequel s'est bâtie la comptabilité, la fiscalité, le droit comptable, le droit fiscal, semble encore être un obstacle à la généralisation d'une approche économique, en comptabilité et en fiscalité, des normes comptables internationales. Les grands traits de la réflexion vont ainsi tourner autour de l'impact des normes comptables internationales sur la relation entre comptabilité et fiscalité, l'importance des questions économiques sur la transformation de ce dernier, en auxiliaire de l'économie. Le droit n'est-il que le prolongement des règles économiques, leur complément, c'est-à-dire le droit économique ? A tout le moins, ce droit économique permet d'expliquer le bouleversement qui affecte les disciplines comme le droit comptable ou le droit fiscal, encore qualifiées de disciplines très proches des règles financières[17]. Les normes comptables internationales ont donné raison à cette analyse et consacrent désormais, la primauté de la substance économique sur la forme juridique et la relation entre la comptabilité et la fiscalité, le droit comptable et le droit fiscal, n'est qu'une conséquence de ce phénomène.

3. Les normes comptables internationales, aussi dénommées normes IAS/IFRS existent depuis 1973[18]. Les crises financières et le besoin de lisibilité au sein d'une Europe à référentiels comptables multiples, ont

---

[14] E. Delesalle : « Comptabilité et fiscalité, je t'aime moi non plus », *Droit Fiscal* 2005, n°22, études n°19, p. 940.

[15] F. Pasqualini, « Les chances d'une double rupture », *Les Petites Affiches*, 8 septembre 2005, n°179, p. 27.

[16] Sur la distinction entre propriété maitrise et propriété appartenance, V. B. Raybaud- Turillo, *Le droit comptable patrimonial – Les enjeux d'un droit comptable substantiel*, Vuibert, Paris 1997, 364 p.

[17] Selon le professeur Giles Martin, le droit économique « peut être défini comme le droit de la concentration et de l'organisation de l'économie par les pouvoirs privés (les Konzerns de l'Allemagne nationale socialiste) et/ou publics (l'Etat socialiste) ou par leur étroite collaboration ». Les normes comptables internationales permettent de décrire une forme d'organisation de l'économie par des pouvoirs économiques privés, en l'occurrence, l'International Accounting Stangard Board (IASB), organisme en charge de la normalisation comptable internationale. G.J. Martin, *Cours inédit de droit économique*, Nice 2005/2006, Introduction, p. 1.

[18] R. Obert, Le *petit IFRS*. 1 Vol.1, Paris, Dunod, 2010.

précipité leur apparition sur le devant de la scène mondiale[19]. Comme le rappelle le président du groupe d'Etude IAS et Fiscalité, Villemot, il n'y a pas d'incidences fiscales des normes comptables internationales. Ces normes sont destinées aux comptes consolidés or les comptes consolidés ne sont pas établis à des fins fiscales[20]. Les comptes consolidés permettent aux investisseurs financiers d'avoir une lecture sommaire et rapide d'un groupe, particulièrement si ce groupe comporte plusieurs filiales, elles-mêmes ayant leurs propres comptes individuels[21].

4. L'impact fiscal des normes comptables internationales est lié à la décision du Conseil national de la Comptabilité de transposer les normes IAS/IFRS dans le Plan comptable général[22]. Avec cette décision, quatre règlements ont été adoptés.[23] Les quatre règlements ainsi transposés vont donner naissance à une nouvelle dimension de la relation entre comptabilité et fiscalité. L'importance de ces normes va opposer d'un côté, les utilisateurs des états financiers que sont les investisseurs, la communauté financière, les sociétés cotées sur les différents marchés européens[24] et de l'autre, l'administration fiscale avec ses besoins de stabilisation de l'assiette de l'impôt sur les sociétés[25].

---

[19] Pour les raisons qui ont poussé l'Union Européenne à transposer les normes IFRS en droit interne, voir Y. Salaun, Th. Delorme, S. Belin-Zerbib : « IFRS et droit », *Bulletin Joly Sociétés,* 1 avril 2005, n°4, p. 449.

[20] D. Villemot : « Présentation du rapport d'étape du groupe IAS/fiscalité », *Droit Fiscal* 2005, n° 17, étude n°19, p. 765 à 771.

[21] « Consolider consiste à substituer au montant des titres de participation, qui figure au bilan d'une entreprise, la part des capitaux propres éventuellement retraités de l'entreprise émettrice détenue par l'entreprise consolidante, y compris la quote-part du résultat de l'exercice, qui correspondent à ces titres » : Groupe Revue Fiduciaire : *Dictionnaire comptable et financier*, 10e édit., p. 418.

[22] D. Villemot : « L'arrêté des comptes 2005 en 10 questions. La convergence de comptes sociaux vers les IFRS et ses conséquences fiscales », *Option Finance*, 30 janvier 2006, n°868, p. 35-38 ; M. Taly, B. Lebrun : « Incidences des normes IFRS, réaction à l'article de Dominique Villemot », *Droit Fiscal* 2003, n°50, étude n°46, p. 1585 à 1587 ; R. Obert, Le *petit IFRS* 1 Vol.1, Paris, Dunod, 2010.

[23] Il s'agit du règlement CRC 2004-06 sur la définition, comptabilisation et évaluation des actifs, le règlement CRC 04-01 sur le traitement comptable des fusions et opérations assimilées, le règlement CRC 2002-10 sur les amortissements et dépréciations des actifs, et enfin le règlement CRC 2000-06 sur les passifs. Voir à ce titre, la synthèse de J.-G. Degos., S. Ouvrard, « L'influence des normes d'information financière sur la convergence des règles fiscales et comptables françaises », *La Revue du financier*, mai-juin 2007, n°165, p. 32.

[24] J.-L. Rossignol : « L'analyste financier, les nouvelles normes IAS/IFRS et l'impôt », *Les Petites Affiches,* 2 mai 2005, n° 91, p. 8.

[25] Selon Perpere, sous-directeur de la direction de la législation fiscale en 2005, l'action de l'administration fiscale est guidée par la recherche de la cohérence, de la simplicité et de la neutralité. Si pour une raison ou pour une autre, l'application des normes comptables internationales devait fausser cette action, elle serait purement et simplement écartée. P. Perpere, « La doctrine de l'administration », Acte du colloque du dess fiscalité de

5. Cette opposition a donné naissance à une instruction fiscale du 30 décembre 2005[26]. Elle rappelle que l'administration fiscale a pris en compte la nouvelle définition comptable tout en excluant les actifs et les contrats de location de façon générale : qu'il s'agisse des contrats de location financement ou des contrats de concession (comme les contrats de concession de brevet). Ces contrats ont été écartés pour éviter qu'ils n'engendrent des coûts fiscaux trop importants pour les entreprises[27].

6. Ces quatre règlements ont provoqué des changements en fiscalité. C'est un impact qui peut se mesurer à la fois sur les règles matérielles du droit fiscal et sur les règles formelles. Par règles matérielles, nous entendons le contenu matériel des règles de droit fiscal et par règle formelle nous entendons, la forme du droit fiscal, son mécanisme de fonctionnement, sa mise en œuvre. Un exemple d'influence sur les règles matérielles : le critère de cessibilité jadis instauré par la jurisprudence du Conseil d'Etat[28]. Désormais, pour définir une immobilisation, le critère de cessibilité n'est plus obligatoire[29], il est alternatif. L'immobilisation doit être identifiable de l'activité principale et être cessible ou avoir pour origine une protection juridique résultant d'un droit légal ou contractuel, même si ce droit n'est pas transférable ou séparable de l'entité ou des autres droits et obligations[30]. D'autres critères comme celui du contrôle ou celui de la maitrise des risques et avantages inhérents à l'utilisation de l'actif ont fait leur apparition[31]. Concernant la question des immobilisations incorporelles, celles-ci ont eu pour conséquence fiscale l'introduction de la notion d'approche par composants. L'approche par composants est l'approche visant à amortir une immobilisation corporelle en fonction des différents éléments la composant[32]. Ces composants ne sont rien d'autres que les « éléments principaux d'immobilisations corporelles devant faire l'objet de remplacement à intervalles réguliers, ayant des utilisations différentes ou procurant des avantages économiques à l'entreprise selon un rythme différent et nécessitant l'utilisation de taux ou de modes d'amortissement

---

l'entreprise de l'université Paris dauphine sur les conséquences des normes comptables internationales, *Les Petites Affiches*, 08 septembre 2005, n°179, p. 30.

[26] BOI 4 A-13-05 n° 213 du 30 décembre 2005.

[27] J. Richard, C. Colette, *Les systèmes comptables français et anglo-saxons - Normes IAS*, 7e édit., Paris, Dunod, 2005.

[28] CE, 21 août 1996, S.A. Sife, n°154 488, *Droit Fiscal* 1996, n°50, comm. 1482, conclusions J. Arrighi de Casanova.

[29] Voir aussi les commentaires de M. Ouidjia, « Incidences fiscales des nouvelles définition, comptabilisation et évaluation des actifs », *Lexbase Hebdo*, n°209 du Jeudi 06 avril 2006, Edition fiscale, p. 2.

[30] BOI 4 A-13-05 n° 213 du 30 décembre 2005.

[31] BOI 4 A-13-05 n° 213 du 30 décembre 2005.

[32] Dans un immeuble on pourrait ainsi trouver le toit, les fenêtres, l'ascenseur, etc. Ces différents éléments sont appelés : les composantes.

propres[33] ». L'instauration de l'approche par composants pour les amortissements ou encore de l'amortissement en fonction de la durée réelle attendue d'un bien vise à renforcer la vision économique de la comptabilité et à réduire la vision juridique et fiscale de celle-ci. Sur la relation entre comptabilité et fiscalité, l'amortissement conduit à confirmer la tendance d'une influence de la comptabilité sur la fiscalité. Le Plan comptable général exige désormais que cet amortissement soit pratiqué « en fonction de son utilisation[34] ». Il s'oppose à l'amortissement fiscal « qui ne correspond pas à l'objet normal d'un amortissement et comptabilisé en application de textes particuliers[35] ». C'est le cas des amortissements dits dérogatoires, « calculés en fonction de la dépréciation effective et définitive des éléments dans la limite de ceux qui sont généralement admis d'après les usages de chaque nature d'industrie, de commerce ou d'exploitation[36] ». Cet amortissement, pratiqué selon les usages, s'oppose à l'amortissement en fonction de la durée réelle d'utilisation du bien, qui lui correspond d'avantage à un amortissement de type économique[37]. Même si d'un point de vue fiscal, « dans un objectif de neutralité pour les entreprises, il a été décidé de maintenir un calcul fiscal distinct de l'amortissement (comptable)», on assiste à l'émergence d'une comptabilité affichant clairement ses objectifs de neutralité vis-à-vis d'opérations fiscales qui n'ont aucun fondement comptable. Voici les manifestations d'une comptabilité moins polluée de considérations fiscales et qui, au demeurant, dépasse le cadre stricto sensu de la comptabilité pour influer sur la fiscalité, remettant ainsi en cause la tutelle de la fiscalité et instaurant une nouvelle dimension de la relation entre comptabilité et fiscalité : l'évolution vers un droit fiscal de plus en plus dépendant du droit comptable.

7. Les normes comptables internationales ont modifié la relation entre comptabilité et fiscalité en renversant le rapport d'influence qu'exerçait la fiscalité sur la comptabilité. On constate désormais des emprunts du droit fiscal à des notions purement comptables et un recours moins systématiques aux qualifications juridiques. Cette influence s'arrête cependant là où commence l'assiette fiscale. La transposition des directives comptables européennes dans le Plan comptable général en est une illustration. Pendant ce temps on assiste à une évolution sensible du droit fiscal et comptable qui passe d'une vision moins juridique à une vision plus économique. Est-on face à un droit fiscal économique ou face à un droit comptable économique ?

---

[33] Groupe Revue Fiduciaire, *Dictionnaire comptable et financier*, 10e édit., p. 345.
[34] PCG art. 322-1.
[35] Groupe Revue Fiduciaire, *Dictionnaire comptable et financier*, 10e édit., p. 102.
[36] Groupe Revue Fiduciaire, *Dictionnaire comptable et financier*, 10e édit., p. 102.
[37] J. Richard, C. Colette, *Les systèmes comptables français et anglo-saxons - Normes IAS*, 8e édit., Paris, Dunod, 2009.

8. Les éléments d'influence sur le plan national sont assez faibles pour y répondre parce que la volonté clairement affichée du législateur fiscal est d'éviter un impact sur l'assiette fiscale source de difficultés pour l'ensemble de la société française. Ce faisant, l'ouverture aux mutations internationales est désormais une devise des autorités fiscales. Ceci oblige à aller chercher le sort de la relation entre comptabilité et fiscalité dans l'avènement des normes IFRS au plan international et notamment communautaire puisque la législation fiscale et comptable se communautarise de plus en plus. Le constat communautaire est aussi national : dans tous les pays appliquant la connexité entre les deux disciplines, les autorités ne semblent pas prêtes à transposer les normes IFRS pour des considérations fiscales. Ce qui conduit à affirmer que les normes IFRS connaissent une limitation dans leur influence sur les relations entre fiscalité et comptabilité en ce que, même en changeant quelques notions et en décidant de se laisser dicter par le jeu de l'internationalisation, la fiscalité reste encore l'obstacle majeur à la généralisation des normes comptables internationales. A cet obstacle s'ajoutent les récents événements, notamment ceux induits par la crise financière, qui ont pour conséquence de porter un arrêt sur le processus de convergence de la fiscalité vers ces normes IFRS.

9. La crise financière, tout comme le lien de connexité existant au plan national comme international sont des éléments qui cachent la véritable difficulté. La véritable difficulté sera en effet de répondre aux défis que pose la mondialisation de l'économie, la sécurité financière, le besoin de transparence et le développement de l'économie de marché. Au plan national, le CNC (Conseil national de la Comptabilité) est devenu l'ANC (Autorité des Normes comptables) pour tenir compte des défis internationaux. Se borner à maintenir un système de connexité sans envisager des schémas possibles d'adaptation aux évolutions de la norme comptable s'apparente comme une erreur. Pour éviter d'en payer le prix fort, les Etats devront se préparer au schéma de la déconnexion. Une illustration peut être faite avec les normes comptables internationales et la façon dont l'IAS 12 organise la déconnexion entre résultat comptable et résultat fiscal. Le salut entre comptabilité et fiscalité est peut-être à ce prix.

10. Au-delà du débat induit par la relation entre comptabilité et fiscalité, au-delà de la question de savoir qui, de la comptabilité ou de la fiscalité domine l'autre, un constat général mérite d'être souligné. Au final, la relation entre comptabilité et fiscalité n'est que le témoin du passage d'une ère à une autre : de l'ère juridique, marquée par la forte présence du droit civil en fiscalité et en comptabilité à l'ère économique et financière où l'influence viendrait des règles de marché et se répercuterait ainsi sur la fiscalité à travers la comptabilité. Comme dans la plupart des cas, certains y verront un bouleversement incontrôlable pour la fiscalité, d'autres,

l'occasion de redonner à la comptabilité « ses prérogatives qui ont été usurpées par la fiscalité[38] ». Nous n'y voyons, ni plus ni moins, que la nouvelle forme de relation entre comptabilité et fiscalité.

11. Il est temps de réconcilier les relations entre comptabilité et fiscalité. Or, pour les réconcilier, il faudrait les considérer comme des rapports de compromis. De manière générale, la doctrine relève deux types de relations entre comptabilité et fiscalité : les relations convergentes et les relations divergentes[39]. Nous ne nous intéressons ici qu'aux relations divergentes. Ces dernières ont été qualifiées de complexes[40]. Elles se sont traduites par un « rapt de la comptabilité par la fiscalité[41] », « un loup dans la bergerie[42] », une « trahison organisée[43] », ou encore par des « relations imposées[44] ». Si toutes ces appellations ont été utilisées pour les qualifier, c'est qu'elles ne répondent à aucune définition précise[45]. La doctrine s'attèle constamment à la définition de ces liens mais les résultats restent mitigés[46] du fait de leur instabilité[47]. Plusieurs variables peuvent cependant servir à les comprendre.

---

[38] F. Pasqualini, « Les chances d'une double rupture », *Les Petites Affiches*, 8 septembre 2005, n°179, p. 27.

[39] E. Carre., *Divergences entre fiscalité et comptabilité*, Dunod, Paris, 1969.

[40] A. Burlaud, F. D. Poitrinal, E. Salustro, *Comptabilité et droit comptable- L'intelligence des comptes et leur cadre légal*, Gualino, Paris, 1998, p. 651.

[41] L. Rives, *Obsession fiscale et administration des entreprises : Essai sur le rapt de la comptabilité par la fiscalité, thèse*, Péchade, 1962, p. 4 ; M. Cozian, « Le rapt et le viol de la comptabilité par la fiscalité : l'exemple des provisions », *Les Petites Affiches,* 27 mai 1998, p. 4.

[42] Selon Lemarchand, « l'écriture de dotations aux amortissements est une faille dans la belle ordonnance du mécanisme de la partie double. La plus grave peut-être, par l'élément de subjectivité qu'elle a instillé dans ce « système clos et universel » : Y. Lemarchand, *Du dépérissement à l'amortissement. Enquête sur l'histoire d'un concept et de sa traduction comptable*, Nantes, Ouest Editions, 1993, p. 7.

[43] F. Pasqualini, « Les chances d'une double rupture », *Les Petites Affiches*, 8 septembre 2005, n°179, p. 27. Voir aussi à ce sujet F. Pasqualini, « Allocution de bienvenue », acte du colloque organisé par le dess fiscalité de l'entreprise de l'université Paris Dauphine sur les conséquences de l'introduction des nouvelles normes comptables internationales, *Les Petites Affiches,* 8 septembre 2005, n°179, p. 3.

[44] J.-L. Rossignol, « Quand la cour des comptes dénonce une pratique fiscalo-comptable », *Les Petites Affiches,* 05 mai 1999, n° 89, p. 3.

[45] « Les difficultés tiennent à ce que, bien qu'ayant viscéralement besoin de la comptabilité, le droit fiscal a ses propres exigences » : A. De Bissy, « la sanction de la comptabilité par la fiscalité », *Revue de Droit Fiscal*, n°44-45, 2 novembre 2007, p. 9-15.

[46] Selon le professeur D. Gutmann, il s'agit de rapports de divergences dues à leur différence de finalité : « la comptabilité (...) a pour but de décrire le patrimoine et les flux de l'entreprise (...) en revanche la fiscalité est souvent présentée comme un système ayant une finalité totalement différente, à savoir financer les dépenses de l'Etat » : D. Gutmann, *Droit fiscal des affaires*, Montchrestien, édit. Lextenso 2010, p. 208.

[47] Louis Rives s'essayant à une qualification des relations entre comptabilité et fiscalité avait ainsi décrit celles-ci comme étant « un rapt de la comptabilité par la fiscalité » : L. Rives, *Obsession fiscale et administration des entreprises : Essai sur le rapt de la comptabilité par*

12. Les relations entre comptabilité et fiscalité sont d'abord perçues sous l'angle législatif. L'article 38 quater de l'annexe III au Code général des Impôts dispose que les entreprises doivent respecter les définitions du Plan comptable général pour la détermination de l'assiette de l'impôt sur les sociétés, sauf si ces définitions sont incompatibles avec les règles du droit fiscal précitées. Cet article pose le principe de la primauté des règles comptables pour l'établissement de l'assiette de l'impôt sur les sociétés sauf cas d'incompatibilité avec les dites règles[48]. Mais la réalité donnait une application différente de la théorie. L'essentiel du droit comptable était d'origine réglementaire et les règles comptables s'écartaient face aux règles fiscales, essentiellement d'origines législatives, lorsque les deux disciplines entraient en conflits[49]. L'application des règles fiscales à la comptabilité a donné lieu à un contentieux abondant en la matière, engendrant ainsi une dimension jurisprudentielle de la relation entre comptabilité et fiscalité.

13. S'agissant ensuite de la dimension jurisprudentielle, si en principe les entreprises devaient respecter les définitions édictées par le Plan comptable général pour la détermination de l'assiette de l'impôt sur les sociétés, dans la pratique, les règles fiscales ont apporté les définitions d'un droit comptable largement incomplet. Ce fût le cas des immobilisations incorporelles auxquelles le Conseil d'Etat a apporté un critère de cessibilité[50], issu du droit fiscal, lequel s'est inspiré, à son tour, du droit des biens[51]. La pratique jurisprudentielle de la relation entre comptabilité et fiscalité s'est surtout soldée par une influence réelle des règles fiscales sur le droit comptable. Cette influence a donné naissance à un important débat doctrinal autour de la question de l'autonomie du droit comptable par rapport

---

la fiscalité, thèse, Péchade, 1962. Sa thèse avait été rédigée en 1959, période qualifiée par Rossignol de phase au cours de laquelle « la fiscalité prêtait son pouvoir à la normalisation comptable. Ceci aboutit au plan comptable de 1947 puis à celui de 1957, toujours sous l'égide de la fiscalité par le biais du décret du 7 août 1958 fixant certaines règles pour les entreprises ayant révisé leur bilan » : J.-L. Rossignol, M. Chadefaux, « Fiscalité et comptabilité », *Encyclopédie de la comptabilité, du contrôle de gestion et de l'audit*, n° 59, pp. 813-828, Economica, 2e édition, 2009, p. 817.

48 CE, 9e et 10e s.-s., 26 mars 2003, Société Le Touquet Syndicate LTD, req. n°221849, *R.J.F.* 6/2003, n°679, conclusions du commissaire du gouvernement Guillaume Goulard au *BDCF* 6/2003, n°74.

49 Le fait que l'essentiel du dispositif fiscal soit d'origine législative a rendu, de facto, les règles fiscales supérieures aux règles comptables. Voir à ce titre J.-G. Degos, S. Ouvrard, « L'influence des normes d'information financière sur la convergence des règles fiscales et comptables françaises », *La Revue du financier*, mai-juin 2007, n°165, p. 32.

50 CE, 21 août 1996, S.A. Sife, n°154 488, *Droit Fiscal* 1996, n°50, comm. 1482, conclusions J. Arrighi De Casanova.

51 Ph. Malaurie, L. Aynes, *Les biens*, Defrénois, 2e édit., 2005, p. 46 ; F. Terre, Ph. Simler, C. Lequette, *Les biens*, Dalloz, 7e édit. 2006, p. 18.

au droit fiscal[52], entrainant ainsi une troisième variable de la relation entre comptabilité et fiscalité.

14. S'agissant de cette troisième variable, elle a été l'œuvre des partisans et des détracteurs de l'autonomie du droit comptable par rapport au droit fiscal[53]. Pour les partisans de l'autonomie du droit comptable, cette discipline possède ses propres règles et reste totalement indépendante du droit fiscal. Les opposants de cette autonomie affirment quant à eux que les nombreux emprunts faits aux notions du droit fiscal ne font pas du droit comptable, une discipline autonome[54]. A la vérité, il ne s'agissait pas que d'emprunts de notions d'une discipline juridique à une autre. Le droit fiscal ne se contentait pas de prêter ses définitions au droit comptable. Le rôle et l'importance de la comptabilité l'ont conduit à en faire un instrument de politique fiscale, ce qui a engendré une quatrième variable de la relation entre comptabilité et fiscalité.

15. S'agissant de la quatrième variable, elle résulte de la pratique de la relation entre comptabilité et fiscalité des entreprises[55]. Il en est ainsi de la question des amortissements fiscaux et comptables. Le premier a largement contribué à dénaturer le second. Alors que l'amortissement comptable est un amortissement économique, étalé sur le rythme et la durée de vie du bien, celui basé sur la fiscalité n'a d'autre but que de réduire la base imposable[56]. Ce rôle de la comptabilité comme instrument de gestion de la politique économique et sociale a donné naissance à une cinquième variable de la relation entre comptabilité et fiscalité qui est la variable conjoncturelle[57].

---

[52] Le Débat sur l'autonomie du droit comptable par rapport au droit fiscal doit être différencié du débat tournant autour de l'autonomie du droit fiscal par rapport au droit civil. Sur cette question voir la thèse de J.-P. Lukaszewicz, *Nouveaux aperçus sur l'autonomie du droit fiscal*, thèse, Amiens, 1973. M. Cozian, « Propos désobligeants sur une « tarte à la crème » : l'autonomie et le réalisme du droit fiscal », in *Les Grands Principes de la Fiscalité des Entreprises,* Litec 1996, 3e édition, p. 3. P. Durand, « Autonomie et contradictions du droit fiscal » : *Revue Administrative* 1994, p. 252. F. Douet : « L'autonomie du droit fiscal ou les qualifications fiscales perfides », *Les Petites Affiches,* 29 août 2007, Numéro 173, p. 3- 7.

[53] M. Cozian, *Les grands principes de la fiscalité des entreprises*, 4e édition, Litec, 1999.

[54] La querelle doctrinale sur le réalisme et l'autonomie du droit fiscal par rapport au droit comptable a opposé une partie de la doctrine comme le professeur Emmanuel Du Pontavice par rapport à l'autre partie de la doctrine pour laquelle on cite généralement les articles du professeur Alain Viandier. L'exposé de cette querelle se trouve parfaitement établi dans l'article de E. Du Pontavice, « L'émergence du droit comptable en France », *Revue française de comptabilité,* janvier 1984, n°142.

[55] J.-L. Rossignol, « La politique fiscalo-comptable des entreprises en matière d'éléments incorporels », *Les Petites Affiches*, 16 mars 2001, n° 54, p. 4.

[56] J. Richard, C. Colette, *Les systèmes comptables français et anglo-saxons - Normes IAS,* 8e édition, Paris, Dunod, 2009.

[57] Pour une évolution des différents rôles de la comptabilité voir B. Bouloc, « L'incidence des normes européennes sur les normes comptables », *Revue des Sociétés* 2005, p. 31.

16. Cette dernière variable, consiste à affirmer que la relation entre comptabilité et fiscalité dépend des conjonctures. Il en a été ainsi des premiers moments de la connexité entre comptabilité et fiscalité, c'est-à-dire de la première guerre mondiale,[58] jusqu'aux plus récents événements de cette relation, c'est-à-dire le recours à la comptabilité comme moyen d'arriver à une harmonisation européenne[59].

17. La multiplicité des variables dues aux relations entre comptabilité et fiscalité pose donc le problème de la nature des rapports entre les deux[60]. Même une analyse conduisant à voir la relation entre comptabilité et fiscalité comme une résultante des objectifs poursuivis par les différents acteurs de la comptabilité et de la fiscalité, n'éclaire pas suffisamment sur la définition de cette relation[61]. S'agit-il de relations conflictuelles, harmonieuses ou de compromis ? S'agit-il de relation de compromis avec une forte influence d'une discipline (le droit comptable) sur l'autre (le droit fiscal) ?

18. Pour répondre à ces enjeux, il convient de rappeler que le premier conflit mondial a été à l'origine de la première relation officielle entre la comptabilité et la fiscalité. Cette relation fût instituée par la loi Caillaux du 15 juillet 1914 et la loi du 31 juillet 1917 supprima les « quatre vieilles[62] ».

---

[58] C'est en effet au lendemain de la seconde guerre mondiale et pour reconstruire les deniers publics rendus déficitaires par la guerre que la loi Caillaux du 15 juillet 1914 fût instaurée. Cette loi est à l'origine du système fiscal actuel selon J.-L. Rossignol, M. Chadefaux, « Fiscalité et comptabilité », *Encyclopédie de la comptabilité, du contrôle de gestion et de l'audit*, n° 59, pp. 813-828, Economica, 2e édition, 2009. Voir aussi J.-G. Degos, S. Ouvrard, « L'influence des normes d'information financière sur la convergence des règles fiscales et comptables françaises », *La Revue du financier*, mai-juin 2007, n°165, p. 32.

[59] Voir à ce titre M.-Ch. Piniot, « Le plan, la loi, la directive ou l'histoire vécue d'un ménage à trois », *Revue de droit comptable*, 01 octobre 1997, n°4, p. 155-187 ; Y. Salaun, Th. Delorme, S. Belin-Zerbib, « IFRS et droit », *Bulletin Joly Sociétés*, 1 avril 2005, n°4, p. 449.

[60] Une illustration des divergences qui peuvent opposer les règles comptables aux règles fiscales peut-être faite à travers la notion d'amortissement. En effet, selon Jacques Richard, depuis la révolution Keynesienne, l'amortissement n'est plus perçu comme une mesure de la perte de valeur économique d'un actif. Dans l'amortissement fiscal comme dans l'amortissement comptable, il existe un rythme d'amortissement et une durée d'amortissement. Dans le cas de l'amortissement fiscal et principalement de l'amortissement dit dégressif, les annuités sont plus importantes lors des premières années et tendent à se réduire lors des années suivantes. Ce type d'amortissement n'a pour autre but que de réduire les bases de l'impôt. Les annuités ainsi pratiquées viennent en réduction du résultat fiscal. Voir à ce titre H. Stolowy, « Comptabilité créative », *Encyclopédie de la comptabilité, du contrôle de gestion et de l'audit*, n° 59, Economica, 2e édition, 2009 ; R. Gillet, M. Levasseur, « Finance et comptabilité », *Encyclopédie de la comptabilité, du contrôle de gestion et de l'audit*, n° 59, Economica, 2e édition, 2009, p. 795 et s.

[61] Voir G. Ardant, *Théorie Sociologique de l'impôt*, Ecole Pratique des Hautes Etudes, 1965.

[62] L. Agron, *Histoire du vocabulaire fiscal*, LGDJ, 2000, p. 126. Laure Agron rappelle que quatre vieilles « est l'expression familièrement employée pour désigner les quatres contributions directes sur lesquelles reposaient le système d'impôts sur le revenu avant la

Selon Haddou, l'article 2 de la même loi énonce « que cet impôt est établi sur les bénéfices réalisés pendant l'année précédente ou dans la période de douze mois dont les résultats auront servi à l'établissement du dernier bilan, lorsque cette période ne coïncide pas avec l'année civile[63] ». C'est le début d'un impôt sur les sociétés assis sur la comptabilité des entreprises[64], et l'origine officielle de la relation entre les deux disciplines en France. Ce qui a fait dire à Rossignol que « si la comptabilité n'est pas née des lois fiscales, l'institution de la cédule commerciale a donné une vive impulsion aux questions comptables. La fiscalité s'est emparée peu à peu de la comptabilité, devenue principalement l'instrument de mesure de la matière imposable, pour la pétrir selon ses besoins. Terrain vierge qu'elle a su modeler à sa façon, elle est devenue un puissant moyen de contrôle de l'administration fiscale[65] ». La comptabilité est non seulement devenue un puissant moyen de contrôle de l'administration fiscale mais aussi un moyen de calcul de l'assiette fiscale[66]. Cette interdépendance entre comptabilité et

---

réforme de 1914-1917. Elles consistaient en : « un impôt foncier sur les terres et bâtiments ; une contribution de patente sur les revenus des industriels, des commerçants et des professions libérales ; une contribution mobilière sur les locaux d'habitation ; un impôt sur les portes et fenêtres (…) ».

[63] G. Haddou, « Fiscalité et comptabilité, évolution législative depuis 1920 », *Revue française de comptabilité,* n° 225, juillet-août, p. 56.

[64] Barilari et Drape expliquent que la dénomination « quatre vieilles » est celle « donnée aux anciennes contributions directes instaurées sous la révolution et qui ont subsisté pendant plus d'un siècle comme impôts d'Etat et impôts locaux avant d'être fictivement maintenues pour permettre la perception de centimes additionnels au profit des collectivités locales. Elles comprenaient les contributions foncières, la contribution mobilière, la contribution des patentes ainsi que l'imposition sur les portes et fenêtres. Cette dernière a été totalement abandonnée dès la fin du XIe siècle. Les autres contributions ont fait progressivement place à partir de 1974 à la nouvelle fiscalité directe ». A. Barilari, R. Drape, *Lexique Fiscal*, Dalloz 1987, p. 120.

[65] Article 1743, I° du Code général des Impôts de 1924 cité par J.-L. Rossignol, M. Chadefaux, « Fiscalité et comptabilité », *Encyclopédie de la comptabilité, du contrôle de gestion et de l'audit,* Economica, 2e édition, 2009, n° 59, pp. 815. Selon A. De Casanova, cité par L. Barone, « les sanctions fiscales ne sont plus que de simples accessoires de l'impôt depuis que le Conseil d'Etat, inspiré par les attitudes du Conseil Constitutionnel et la Cour européenne, leur a reconnu une dimension répressive ». L. Barone, *L'Apport de la Convention Européenne des Droits de l'Homme au Droit Fiscal Français*, L'Harmattan 2000, p. 192. Barone fait état des conclusions du commissaire du gouvernement dans l'affaire Houdmond : C.E., 5 avril 1996, *RJF* 1996, n°5, com. 607, concl. *BDCF* 1996, n°3, p. 63-71 cité par L. Barone, *L'Apport de la Convention Européenne des Droits de l'Homme au Droit Fiscal Français, op. cit.*, p. 192.

[66] H. Pailliser, dans sa thèse intitulée « *les relations commerciales entre la fiscalité des entreprises et la comptabilité commerciale* », résumait la relation entre comptabilité et fiscalité en disant que la comptabilité « *saisit* » les données fiscales et qu'à l'opposé, la fiscalité « *saisit* » à son tour les données comptables. La comptabilité saisit les données fiscales en ce sens qu'elle tient compte de ces dernières pour bénéficier d'exonérations ou de régime de faveur. C'est l'exemple de l'obligation de comptabiliser les avantages en nature pour les déduire fiscalement. Mais à son tour, la fiscalité utilise les données comptables pour l'assiette des principaux impôts et des taxes de l'entreprise. La base des taxes et participations

fiscalité est largement faussée car la comptabilité n'influe sur la fiscalité qu'aussi longtemps que les règles fiscales le permettent[67]. Il en a été ainsi jusqu'à l'introduction des normes comptables internationales.

19. La plupart des commentateurs qui se sont penchés sur la question des normes comptables internationales attribuent l'avènement de ces normes à deux motivations : la première, est celle de la transparence financière. Avec le développement croissant des marchés financiers et leurs scandales, la nécessité d'aboutir à un référentiel tourné vers les investisseurs et satisfaisant aux besoins de ces derniers est vite devenue une priorité[68]. La seconde motivation est liée au besoin d'harmoniser les référentiels comptables au sein de l'Union Européenne[69].

---

assises sur les salaires provient de la comptabilité d'où l'on extrait les rémunérations majorées de celles dues au début de l'exercice et diminuées de celles dues à la fin de l'exercice. Les données comptables fournissent donc la base de calcul de la taxe sur les salaires, de la taxe d'apprentissage, de la taxe de la participation des employeurs à la formation professionnelle continue, de l'impôt sur les sociétés, de la TVA, en somme des principaux impôts des entreprises. H. Paillisser, *Les relations entre la comptabilité commerciale et la fiscalité des entreprises*, thèse, Paris, 1990, p. 7 et s.

[67] Selon Jean-Pierre Lieb, sous directeur de la direction de la législation fiscale en 2005 et cité par les rédacteurs du Mémento Fiscal Actifs 2005, lorsque l'introduction des normes comptables internationales est source de coûts pour les entreprises et l'Etat, l'objectif de l'administration fiscale est de minimiser ce coût, comme elle l'a fait en autorisant la possibilité de pratiquer des amortissements dérogatoires sur la valeur résiduelle des actes des immobilisations. L'administration fiscale a également cherché à atténuer l'impact de la première application de l'approche par composants en prévoyant son étalement fiscal sur cinq ans. En revanche, la neutralité n'est pas préservée en matière de charges différées à étaler, lorsqu'elles seront incluses dans le coût de revient d'une immobilisation. En effet, les entreprises ne pourront plus bénéficier de la possibilité d'une déduction immédiate de ces charges. C'est parce que la règle comptable n'influe sur la règle fiscale qu'aussi longtemps que cette influence présente un intérêt pour la fiscalité. Selon Jean-Pierre Lieb, sous-directeur à la direction de la législation fiscale, interrogé par Pricewaterhousecoopers, dans le cadre de la journée d'études « arrêté des comptes 2004 » les Échos conférences, cette légitimité résulte des liens étroits qui existent entre comptabilité fiscalité ; J.-P. Lieb, cité par Memento Francis Lefebvre, Actifs, édit. 2005.

[68] Y. Salaun, Th. Delorme, S. Belin-Zerbib, « IFRS et droit », *Bulletin Joly Sociétés*, 1e avril 2005, n°4, p. 450. Selon les auteurs : « plutôt que de créer un nouveau référentiel comptable ou d'imposer le recours au référentiel américain, l'Union Européenne a ainsi choisi d'imposer les normes internationales communément appelées à l'époque IAS (International Accounting Standards) et depuis rebaptisées IFRS (International Financial Reporting Standard) ». Voir aussi J. Richard, C. Colette, *Les systèmes comptables français et anglo-saxons - Normes IAS*, 7e édit., Paris, Dunod, 2005, p. 14.

[69] Comme le souligne Salaun : « dans un monde où les marchés financiers sont de plus en plus interdépendants, la multiplicité des référentiels comptables a, très vite, été identifiée comme source de difficultés : manque de comparabilité de l'information financière entre sociétés de nationalités différentes, absence de reconnaissance par les autorités boursières d'un pays des référentiels des autres pays, hétérogénéité des niveaux d'information financière suivant les pays créant des situations de distorsion non acceptable à l'heure de la mondialisation de l'économie ». Y. Salaun, Th. Delorme, S. Belin-Zerbib, « IFRS et droit », *Bulletin Joly*

20. Mais alors que la décision de recourir à ce nouveau référentiel est adoptée par l'Union Européenne à travers le règlement n°1606/2002 du 19 juillet 2002[70], la question de sa transposition dans les différents Etats s'est vite transformée en difficultés. La première difficulté tient au fait que pour certains de ces pays, il s'agit de passer partiellement de la « vieille comptabilité dynamique en valeur coût, au profit d'une nouvelle comptabilité en juste valeur[71] ». La seconde difficulté est apparue pour les pays qui, comme la France, connaissent un lien très fort entre comptabilité et fiscalité. En effet, « tout changement comptable entraine, par le fait même de ce changement, des modifications fiscales[72] ». En France, le Conseil national de la Comptabilité a fait le choix de « faire converger le Plan comptable général vers les normes comptables internationales[73] ».

21. Il convient de rappeler les règlements importants adoptés par le droit comptable français[74]. D'abord, le règlement CRC 2000-06 sur les passifs, ayant transposé la norme IAS 37, relative aux provisions, passifs et actifs éventuels et à la nouvelle définition du passif[75]. Ensuite, le règlement CRC 2002-10, relatif à l'amortissement et à la dépréciation des actifs (avec le règlement CRC 2003-07 qui comporte des dispositions transitoires). Ce dernier a permis l'application de la norme IAS 36, relative aux dépréciations des actifs, la norme IAS 16 relative aux immobilisations incorporelles et la norme IAS 38, relative aux immobilisations corporelles. Le troisième

---

Sociétés, 1 avril 2005, n°4, p .450. J. Richard constate cependant que : « pourtant alors que le monde américain était secoué par les scandales, notamment celui d'Enron, cette nouvelle comptabilité, qui abandonne les sacro-saints principes de réalisation et de prudence, s'est imposée sans difficulté et même s'est renforcée : sans doute correspondait-elle à des « besoins pressants » de ce qu'on appelle le nouveau « capitalisme financier » ; J. Richard , C. Colette, *Les systèmes comptables français et anglo-saxons - Normes IAS,* 7e édit., Paris Dunod 2005, p. 14.

[70] Ce règlement impose, à partir de 2005, l'application obligatoire des normes comptables internationales dites IAS/IFRS aux comptes consolidés des sociétés dont les titres sont admis à la négociation sur un marché de l'un des Etats membres de l'Union.

[71] Selon le propos du professeur Jacques Richard : J. Richard, C. Colette, *Les systèmes comptables français et anglo-saxons - Normes IAS,* 7e éd, Paris Dunod 2005, p. 14.

[72] Ce lien entre comptabilité et fiscalité est bien détaillé dans les introductions de certains ouvrages comme celui de M. Hinard et A. C. Mittaine-Chenevrier, *Comptabilité et fiscalité*, PUF, Paris, 1988 ; H. Paillisser, *Les relations entre la comptabilité commerciale et la fiscalité des entreprises*, thèse, Paris, 1990, p. 5.

[73] Sur les différentes options du Conseil national de la Comptabilité par rapport à l'adoption des normes comptables internationales en France, Voir D. Villemot : « Les conséquences fiscales de l'adoption des normes comptables internationales », *Droit Fiscal 2003*, n°50, étude n°45, p. 1581 à 1585.

[74] Pour une synthèse rapide des textes adoptés du fait de la stratégie de convergence du Plan comptable général vers les normes comptables internationales, voir R. Obert, Le *petit IFRS.* 1 Vol. 1, Paris, Dunod 2010.

[75] Pour une étude intéressante du passage de l'ancienne définition du passif à la nouvelle, Voir J. Richard, C. Colette, *Les systèmes comptables français et anglo-saxons - Normes IAS,* 7e édition, Paris, Dunod, 2005, p. 314.

règlement est le règlement CRC 04-01, relatif au traitement comptable des fusions et opérations assimilées. Celui-ci a favorisé la transposition de la norme IFRS 3 relative au regroupement d'entreprises. Enfin et sans doute l'un des plus importants, le règlement CRC 2004-06, relatif à la définition, l'évaluation et la comptabilisation des actifs. Il a permis l'insertion en droit comptable français, de la norme IAS 16, relative aux immobilisations incorporelles, de la norme IAS 38 relative aux immobilisations corporelles, de la norme IAS 23 sur les coûts d'emprunt, de la norme IAS 2 sur les stocks. De façon générale, cette norme précise la notion d'actif et le fait générateur de comptabilisation de ces derniers[76].

22. Depuis l'avènement des normes comptables internationales, la nature de la relation entre comptabilité et fiscalité est remise à l'ordre du jour. Le socle juridique est-il toujours la base des relations entre comptabilité et fiscalité ? Pour illustrer l'influence des normes IFRS sur les rapports entre comptabilité et fiscalité, il convient de citer le règlement 2004-06[77] relatif à la définition, la comptabilisation et l'évaluation des actifs. Ce règlement définit l'actif comme un élément du patrimoine[78] que l'entité contrôle du fait d'événements passés et dont elle attend des avantages économiques futurs. Comme le souligne le professeur Jacques Richard, « l'ancienne définition de l'actif était incomplète[79] ». Le Code de Commerce faisait « référence au concept de patrimoine de l'entreprise », sans le définir[80]. La nouvelle définition met l'accent sur la notion de contrôle ou encore celle d'avantages économiques futurs. Les experts comptables ont vu, à travers la notion d'avantages économiques futurs, la mise en œuvre de la notion financière de flux de trésorerie futurs, aussi appelée « free cash flow », calculée à partir de

---

[76] La synthèse ainsi opérée a été extraite de l'article de J.-G. Degos, S. Ouvrard, « L'influence des normes d'information financière sur la convergence des règles fiscales et comptables françaises », *La Revue du financier*, mai-juin 2007, n°165, p. 32.

[77] Règlement n°2004-06 du 23 novembre 2004 relatif à la définition, la comptabilisation et l'évaluation des actifs disponible sur Http://www.focusifrs.com (Portail de l'information financière IFRS).

[78] C'est ce que certains commentateurs ont décrit comme étant le passage d'une comptabilité basée sur une approche patrimoniale, c'est-à-dire une comptabilité qui enregistre les opérations en fonction des règles juridiques et patrimoniales au passage d'une comptabilité basée sur une approche bilancielle. D. Villemot, « Les conséquences fiscales de l'adoption des normes comptables internationales », *Revue de Droit Fiscal* 2003, n°50, étude n°45, p. 1581 ; Pour la notion de patrimoine, voir D. Lefebvre, E. Mollaret-Laforet, C. Guiter, C. Robbez Masson, *Droit et entreprise : aspects juridiques, sociaux, fiscaux*, Presses Universitaires de Grenoble 2006, 11e édit. p. 76.

[79] J. Richard, C. Colette, *Les systèmes comptables français et anglo-saxons - Normes IAS,* 7e édition, Paris, Dunod, 2005, p. 323.

[80] F. Pasqualini, « Les chances d'une double rupture », *Les Petites Affiches,* 8 septembre 2005, n°179, p. 27.

la rentabilité exigée d'un investisseur[81]. Les juristes perçoivent l'apparition de la notion de contrôle[82] comme une forme de propriété différente de la propriété juridique classique : la propriété économique. Selon Blanluet[83], « la propriété économique peut se définir comme le droit de disposer activement ou passivement de la totalité de la substance économique d'un bien dont la propriété[84] appartient à autrui ». Le droit fiscal passe outre les qualifications juridiques pour s'intéresser à la substance économique[85]. Selon une autre partie de la doctrine, par exemple, selon Jacques Richard, les

---

[81] J.-G. Degos, S. Ouvrard, « L'influence des normes d'information financière sur la convergence des règles fiscales et comptables françaises », *La Revue du financier*, mai-juin 2007, n°165, p. 32.

[82] Comme le fait remarquer P. Berlioz, « la propriété est entendue, en droit comme en philosophie, comme un droit qui consacre une situation de fait : la possession. Elle établit la domination de l'homme sur la nature en lui garantissant la maitrise des choses extérieures. Les manières d'acquérir la propriété en témoignent. Le mode originaire d'acquisition est l'occupation. La possession prolongée d'une chose permet également de se l'approprier ». P. Berlioz, *La notion de bien*, thèse, Paris I, LGDJ, Bibliothèque de droit privé, 2008, p. 139 et s. « La possession n'est pas seulement l'apparence de la propriété, elle en est l'incarnation » : F. Zenati, *Les biens*, PUF, n°308, cité par G. Blanluet, *Essai sur la notion de propriété économique en droit privé français, recherches au confluent du droit fiscal et du droit civil*, LGDJ 1999, p. 404.

[83] G. Blanluet, « Brèves réflexions sur la propriété économique », *Revue Droit et Patrimoine*, mars 2001, n°91, p. 84.

[84] Berle et Means illustrent la différence entre les deux types de propriété dans le cadre de l'entreprise. Selon eux « the separation of ownership from management and control in the corporate system has performed this essential part step in securing liquidity. It's the management and "control" which is now wedded to the physical property. The owner has no direct personal relation to it and no responsibility toward it. The management is more or less permanent, directing the physical property which remains intact while the participation privileges of ownership are split into innumerable parts- "shares of stock"- which glide from hand to hand, irresponsible and impersonal". Traduction française : "Séparer la propriété du management et du contrôle, dans le fonctionnement des sociétés a permis d'aboutir à une étape cruciale dans la sécurisation des liquidités. C'est la gestion (et le « contrôle ») qui est désormais couplée avec la propriété physique. Le propriétaire n'a pas de relation directe et personnelle avec la gestion et n'a aucune responsabilité vis-à-vis d'elle. La gestion est plus ou moins permanente, dirigeant de ce fait la propriété physique, laquelle reste intacte pendant que les privilèges de participation conférés par la propriété sont divisés en d'innombrables actions - qui glissent de main en main, impersonnelles et sans responsabilités". A. A. Berle, G. C. Means: *The modern corporation and private property*, The Macmillan Company, New-York, 1933, p. 285.

[85] Selon le professeur Blanluet, plusieurs exemples juridiques peuvent servir à étayer cette hypothèse : la clause de réserve de propriété, la location financière avec option d'achat, la fiducie où le bénéficiaire est considéré, d'un point de vue fiscal comme le propriétaire et taxé en conséquence, la concession de licence de brevet lorsqu'elle est exclusive avec possibilité de cession à un tiers. G. Blanluet, *Essai sur la notion de propriété économique en droit privé français, recherches au confluent du droit fiscal et du droit civil*, LGDJ 1999, p. 12. Il faut surtout comprendre que ces exemples n'ont pas été introduits par les normes IFRS. Simplement, par la nouvelle définition des actifs qu'elles induisent, les normes comptables internationales provoquent en comptabilité, et donc en fiscalité, du fait du lien qui unit les deux disciplines, une généralisation de la notion de propriété économique.

immobilisations incorporelles, telles que définies par les normes IAS/IFRS[86] sont « des actifs non monétaires identifiables sans substance physique ». De cette définition ressort un nouveau critère : celui de l'identifiabilité[87]. Jacques Richard rappelle ainsi que « la raison de la présence de ce troisième critère (identifiabilité) est due à l'existence d'un incorporel de type particulier lors des fusions : le « goodwill » ou écart d'acquisition. Le normalisateur comptable international a cherché un critère pour pouvoir isoler à l'actif (ou au passif) des éléments incorporels distincts du « goodwill » comme les frais de recherche, les marques, la publicité des brevets ». L'ensemble de ces éléments va ainsi se répercuter sur la fiscalité du fait du lien existant avec la comptabilité. Les normes comptables internationales vont, d'une part, apporter une amélioration de ces rapports, notamment en termes de clarification des notions et d'autre part poser des difficultés de cohabitation entre les deux disciplines.

23. Il existe plusieurs contradictions dans cette relation entre comptabilité et fiscalité qui obscurcissent le raisonnement sur leur véritable nature. S'agit-il de relations de nature juridique ou économique? Il existe ainsi des contradictions sur le rôle de la comptabilité par rapport à la fiscalité[88], sur le rôle de la fiscalité par rapport à la comptabilité[89], sur la nature de leurs relations[90] et sur leurs intérêts, parfois extrêmement divergents. Seule une compréhension de ces problématiques permettra de savoir s'il faut maintenir le lien juridique entre comptabilité et fiscalité ou s'il faut le remplacer par un lien économique. Plus surprenant encore, comptabilité et fiscalité ne sont pas complémentaires et c'est à l'occasion de divergences sur leurs aspects juridiques et économiques que leur relation complémentaire est mise à mal[91]. Faut-il alors les séparer ?

---

[86] C'est la norme IAS 38 qui définit les immobilisations incorporelles.

[87] I. Rouberol, « Prix de transfert : l'accession mobilière, un fondement légal de la propriété économique des marques ? », *Droit Fiscal* n° 27, 7 juillet 2011, p. 410.

[88] J. Richard, C. Colette, *Les systèmes comptables français et anglo-saxons - Normes IAS,* 7e édit., Paris Dunod 2005, p. 205.

[89] Voir par exemple C. Penglaou pour qui la comptabilité est à la fiscalité ce que le snobisme est à l'art. C. Penglaou, cité par E. Dupontavice, « Emergence du droit comptable en France », *Revue française de comptabilité,* janvier 1984, n°142, p. 98.

[90] L'article 38 quater instaure une relation complémentaire puisque la fiscalité doit suivre les règles comptables mais, dans la pratique, « il existe encore des cas où le bénéfice des dispositions fiscales entraîne à gauchir les représentations comptables amortissements dérogatoires et provisions réglementées) » : E. Dupontavice, « Emergence du droit comptable en France », *Revue Française de Comptabilité,* janvier 1984, n°142, p. 98.

[91] J. Turot, « L'amortissement des éléments incorporels en droit fiscal : plaidoyer pour l'arrêt de la cour administrative d'appel de Paris du 5 décembre 1995 », *Les Petites Affiches*, 9 octobre 1996, n° 122, p. 9 ; B. Colmant, B. Waltregny, J. Averals, « Normes comptables IAS/IFRS : « Principes comptables et transposition fiscale », *Revue générale de fiscalité*, janvier 2004, n°1, p. 2 et s. ; M. Cozian, « Propos de fiscaliste sur la notion d'immobilisation corporelle », *Mélanges en l'honneur du professeur Claude Perochon*, Foucher Paris 1995,

24. La déconnexion est souhaitable pour la comptabilité mais elle ne l'est pas pour la fiscalité[92]. Or, pour arriver à une déconnexion, il faudrait que le résultat de cette séparation puisse satisfaire aux deux parties, c'est-à-dire à la comptabilité et à la fiscalité. A défaut comment expliquer aux fiscalistes que l'assiette de l'impôt sur les sociétés ne sera plus assise sur le résultat comptable [93]? Comment assurer le contrôle des déclarations fiscales sans le résultat comptable déterminé lui-même à partir des règles comptables. C'est le fondement même de la fiscalité des entreprises qui est remis en cause[94]. C'est une sécurité juridique qui est sacrifiée au profit d'un modèle anglo-saxon de la comptabilité qui ne reflète pas le socle historico-juridique de la relation entre comptabilité et fiscalité. Le lien entre comptabilité et fiscalité doit donc être maintenu[95]. Il est le repère du système fiscal français. En revanche, les questions comptables et financières sont devenues beaucoup trop importantes[96] pour que le droit comptable français soit cantonné dans des problématiques strictement internes. La progression du droit comptable est nécessaire et les questions financières sont devenues plus importantes que les questions fiscales, ce qui remet en cause la

---

p. 157. J. Haverals, « Normes IAS/IFRS et le principe de connexion entre le droit comptable et le droit fiscal belge », *Revue générale de fiscalité*, mars 2004, n°3, p. 18.

[92] A. De Bissy, « Plaidoyer en faveur du maintien de la connexion entre comptabilité et fiscalité », *Ecrits de Fiscalité des Entreprises, Etudes à la mémoire du professeur Maurice Cozian*, LexisNexis 2009, p. 317 ; D. Gutmann, *Droit fiscal des affaires*, Montchrestien, édit. Lextenso 2010, p. 210 et s.

[93] Pierre François Racine l'expliquait en ces propos : « Depuis des décennies, nous vivons, comptables, auditeurs, analystes, conseils, régulateurs, agents de l'administration, enseignants et juges, dans la stabilité des rapports entre comptabilité et fiscalité. Certes, dans ce couple, la fiscalité suit en principe la comptabilité, sauf si la loi en décide autrement. Mais la comptabilité évoluait à la vitesse des glaciers et c'est plutôt l'évolution de la fiscalité qui donnait le tournis. Nous voilà aujourd'hui engagés dans un changement si profond et à certains égards si radical qu'aux interrogations suscitées par les normes IAS/IFRS s'ajoute une autre source d'inconnu : que vont devenir les bases de l'impôt ? » : P.-F. Racine, « Présentation », *Les Petites Affiches*, 8 septembre 2005, n°179, p. 5.

[94] La tenue d'une comptabilité régulière permet ainsi de vérifier s'il y a abus de droit (enrichissement de la société par des méthodes contraires à l'esprit de la loi) ou acte anormal de gestion (gestion de la société dans un intérêt contraire au sien). M. Cozian, *Les grands principes de la fiscalité des entreprises*, Litec 1999, p. 19 et s. et p. 91 et s.

[95] A. De Bissy, « Plaidoyer en faveur du maintien de la connexion entre comptabilité et fiscalité », *Ecrits de Fiscalité des Entreprises, Etudes à la mémoire du professeur Maurice Cozian*, LexisNexis 2009, p. 317.

[96] Hoarau note pourtant que ce nouveau droit comptable, porté par les normes IFRS ne concerne qu'une minorité : seules quelques sociétés sont assujetties à l'utilisation de ces normes et seuls les investisseurs sont intéressés par ces normes. Mais même pour les investisseurs boursiers, « l'utilité présumée des états financiers ne semble pas confirmée par la pratique. Selon la plupart des recherches empiriques, inspirées des travaux de Ball et Brown (1968), consacrées aux réactions des marchés financiers à l'information comptable, il ressort que les états financiers ne jouent pas un rôle décisif dans la prise de décision comme on le prétend souvent ». C. Hoarau, « Place et rôle de la normalisation comptable en France », *Revue française de gestion*, 11 décembre 2003, n°147, p. 33 à 47.

légitimité du lien entre comptabilité et fiscalité, en particulier si ce lien a pour conséquence de freiner la progression des règles comptables et des normes IFRS. Dans cette optique, il serait salutaire que le droit fiscal ne freine pas l'évolution et l'avancée des normes comptables internationales. Le projet de la commission européenne est de permettre à terme l'utilisation des normes comptables internationales comme mode d'harmonisation des fiscalités européennes[97]. De plus, le projet des petites et moyennes entités de l'IASB vise à permettre une harmonisation des comptabilités des petites et moyennes entreprises[98], laquelle facilitera à son tour, l'harmonisation des fiscalités locales. Or, les vertus d'une harmonisation des fiscalités locales sont connues : réduction du dumping fiscal, suppression de la concurrence fiscale dommageable ainsi que de certains paradis fiscaux[99]. Sur la seule question de la transparence, la crise financière a conduit les pays du G 20, à travers les accords de Bâle, à l'adoption de piliers fondamentaux parmi lesquels on peut citer l'ellaboration de normes transparentes, seules à même de permettre une lisibilité de la performance financière des entreprises. Cette lisibilité de la performance financière des entreprises permettra au marché de sanctionner les performances des sociétés : c'est la discipline de marché. La transparence des sociétés en général et des établissements bancaires en particulier est donc de rigueur dans la sortie de crise financière : la fiscalité a aussi son rôle à jouer[100]. C'est une suite logique, parfois chronologique car la fiscalité subit les effets de la financiarisation de l'économie. Il est d'ailleurs de plus en plus question de taxer les superprofits réalisés par les banques grâce à leurs opérations de marché et donc grâce aux effets de la juste valeur. Les normes IAS 32 et 39 relatives aux instruments financiers et à la juste valeur ont été, pour les banques, source de difficultés financières. Alors que les banques étaient les premières demandeuses de ces normes, note Jacques Richard, elles étaient aussi les premières à en demander le retrait[101]. Alors qu'elles étaient les premières à bénéficier des plans de relance lors de la crise financière, elles sont aussi les premières à rejeter l'idée d'une taxation sur

[97] Commission européenne, Communication de la Commission au Conseil, au Parlement et au comité économique et social européen, Vers un marché intérieur sans entraves fiscales - Une stratégie pour permettre aux entreprises d'être imposées sur la base d'une assiette consolidée de l'impôt sur les sociétés couvrant l'ensemble de leurs activités dans l'Union Européenne, COM (2001) 582 final, Bruxelles.

[98] Revue Fiduciaire comptable, « IFRS et PME : le projet de l'IASB», *Revue Fiduciaire comptable*, avril 2007, n° 338, p. 21.

[99] Commission européenne, Communication de la Commission au Conseil, au Parlement et au comité économique et social européen - Un marché intérieur sans obstacles liés à la fiscalité des entreprises : réalisations, initiatives en cours et défis restants, COM (2003) 726 final, Bruxelles.

[100] F. Marty, J. Spindler, « Quelle politique économique face à une crise parfaite ? La place des mesures fiscales dans les plans de relance », *Revue Gestion & Finances Publiques*, n°7, juillet 2009, p. 570.

[101] J. Richard, C. Colette, *Les systèmes comptables français et anglo-saxons - Normes IAS*, 7e édit., Paris Dunod 2005, Introduction.

leurs « super-profits ». Le rôle de la fiscalité et du lien entre comptabilité et fiscalité devra être alors complémentaire. La fiscalité a largement sa place dans un contexte de crise financière. Elle a besoin de la comptabilité : sans elle, il sera difficile d'influer sur les bilans des entreprises pour les contraindre à des pratiques comptables plus saines.

25. De même, la comptabilité a aussi largement sa place en fiscalité. Les normes comptables internationales sont une source du droit fiscal. C'est Valérie Varnerot qui a consacré une thèse sur la question des sources privées du droit fiscal. Une activité de normalisation fiscale qui se déroulerait dans l'informel et dont l'importance mériterait que l'on lui reconnaisse la qualification de sources non formelles du droit fiscal, telle est la thèse défendue par Valérie Varnerot[102]. Ces sources informelles du droit fiscal auraient pour corollaire : « l'importance contemporaine des procédures de négociation[103] », le rescrit fiscal[104], les usages conventionnels des redevables et la pratique extrajudiciaire des redevables[105]. Selon Marc Pelletier, une telle analyse n'est pas acceptable parce qu'elle reviendrait à ne pas distinguer « le droit de la factualité », « confondant la concrétisation des normes fiscales avec l'habilitation à édicter des normes fiscales[106] ». Marc Pelletier avance que l'analyse de Varnerot ne prend pas en compte la possibilité qu'il existe des « normes fautives », c'est-à-dire des « normes valides ne respectant pas certaines exigences posées par les normes supérieures[107] ». « Ce n'est pas parce que des redevables adoptent une pratique fiscale déformante qu'ils se conforment ainsi à une norme émanant d'une « source non formelle », qui viendrait concurrencer les sources formelles[108] ». Toute la difficulté d'analyse tient entre consommateur de la règle de droit fiscal et élaborateur de cette même règle. La difficulté est encore plus grande lorsque les contribuables, consommateurs privilégiés de la règle de droit sont aussi les sources d'inspiration de cette même règle de droit. L'opposition entre les deux auteurs se résume entre ce qui est (les contribuables, par leur pratique déformante de la règle de droit, ne sont pas des sources du droit fiscal)[109] et ce qui devrait être (l'abondance des pratiques informelles du droit fiscal venant des contribuables devrait constituer une source du droit fiscal)[110]. En partant de cette dichotomie entre ce qui devrait être et ce qui est, on peut affirmer que les normes comptables

[102] V. Varnerot, *Les sources privées du droit fiscal*, Thèse, Université de Nice, 2001, p. 159 et s.
[103] M. Pelletier, *Les normes du droit fiscal*, Thèse, Dalloz 2008, p. 465.
[104] M. Collet, « La régulation fiscale », *Droit fiscal*, n° 12, 20 mars 2008, p. 220.
[105] M. Pelletier, *op. cit.* p. 465.
[106] M. Pelletier, *op. cit.* p. 466.
[107] M. Pelletier, *op. cit.* p. 466.
[108] M. Pelletier, *op. cit.* p. 466.
[109] M. Pelletier, *op. cit.* p. 464-468.
[110] V. Varnerot, *op. cit.* p. 159 et s.

internationales sont une source formelle du droit et devrait rester désormais inscrites, dans les ouvrages de droit fiscal, comme une source de ce droit fiscal[111]. Car les normes comptables internationales ont largement contribué à l'amélioration de la règle fiscale, ne serait-ce qu'au regard de la théorie de l'autonomie du droit fiscal par rapport au droit civil. En effet, si cette autonomie signifie que l'administration et le juge ne sont pas « liés par les qualifications du droit privé[112] », alors l'influence des normes IFRS sur les qualifications fiscales renforce la théorie de l'autonomie du droit fiscal face au droit civil[113]. Sur un plan moins théorique, les normes comptables permettent largement l'amélioration des règles fiscales, notamment en ce qui concerne la prise en compte économique de la valeur des opérations comptables laquelle prise en compte rend plus facile les qualifications fiscales. Il en est ainsi des amortissements et des provisions qui obéissent à une logique plus économique et moins basée sur des usages, sur des règles juridiques[114]. Moins inspirées des règles juridiques en général et du droit civil en particulier, le droit comptable et le droit fiscal semblent plus clairs dans leurs essences : les normes comptables internationales ont contribué à cette clarification et à la clarification de leur nature en général.

26. C'est à l'occasion de divergences que les difficultés de qualification des relations entre comptabilité et fiscalité apparaissent. Or ces divergences se sont souvent soldées par le « triomphe » des règles fiscales sur les règles comptables[115]. Plusieurs raisons justifiaient cette situation. D'abord, le droit comptable se trouvait en conflit face à un droit fiscal aux corpus de règles plus complets, hiérarchiquement supérieur du fait de ses origines législatives. Ensuite, parce que le droit comptable dépendait pour une large part du droit fiscal qui, dès la seconde guerre mondiale, l'avait encadré[116].

---

[111] CE, 8 juin 2005, n° 270967, 9e et 10e s.-s., SAS Sofinad, concl. L. Vallee, *BDCF* 2005, n°885, août-septembre ; P.-F. Racine, « Le regard du Conseil d'Etat sur la jurisprudence fiscale », *Les Nouvelles fiscales*, n°1000 du 16 avril 2008, p. 27.

[112] M. Cozian, « Propos désobligeants sur une « tarte à la crème » : l'autonomie et le réalisme du droit fiscal », *Revue de Droit Fiscal* 1999, n°13, p. 50.

[113] Voir la nouvelle définition des immobilisations incorporelles, transposées des normes IFRS et qui remet en cause le critère civiliste de la cessibilité d'un bien pour pouvoir l'enregistrer en tant qu'immobilisations : D. Gutmann : *Droit fiscal des affaires*, Montchrestien, édit. Lextenso 2010, p. 210 et s.

[114] Les normes comptables internationales commandent de constater les amortissements selon la perte de valeur économique du bien. Ce type d'amortissement tend à concurrencer l'amortissement fiscal qui ne correspondait à aucune dépréciation réelle et qui était calculé selon des usages. Les taux étaient discrétionnairement fixés par l'administration fiscale.

[115] J. Turot, « La poule pondeuse et le poulet », *RJF* 1994, novembre-décembre, Etudes, p. 742.

[116] Article 1743, I° du Code général des Impôts de 1924 cité par J.-L. Rossignol, M. Chadefaux, « Fiscalité et comptabilité », *Encyclopédie de la comptabilité, du contrôle de gestion et de l'audit,* Economica, 2e édition, 2009, n° 59, pp. 815. Cet article punit d'amende ou d'emprisonnement : « quiconque a sciemment omis de passer ou de faire passer des

Enfin, la plupart des litiges entre droit comptable et droit fiscal étaient tranchés par les juridictions fiscales. Depuis l'avènement des normes comptables internationales, plusieurs de ces éléments tendent à évoluer.

27. Comme le rappelle le président du groupe d'Etude IAS et Fiscalité, Dominique Villemot, il n'y a pas d'incidences fiscales des normes comptables internationales. Ces normes sont destinées aux comptes consolidés or les comptes consolidés ne sont pas établis à des fins fiscales[117]. Les comptes consolidés permettent aux investisseurs financiers d'avoir une lecture sommaire et rapide d'un groupe particulièrement si celui-ci comporte plusieurs filiales, elles-mêmes ayant leurs propres comptes individuels[118]. Mais du fait du lien existant en France entre comptabilité et fiscalité[119], et parce que le Conseil national de la Comptabilité a décidé de faire converger les comptes sociaux vers les normes comptables internationales, toute modification de la comptabilité se répercute sur la fiscalité. Or, il y a eu modification de comptabilité par les nouvelles normes comptables internationales, ce qui a permis l'émancipation du droit comptable français face au droit fiscal. C'est donc les normes comptables internationales qui permettent au droit comptable de négocier une relation de compromis avec le droit fiscal.

Hypothèse : L'Evolution vers un droit fiscal de plus en plus dépendant du droit comptable donc vers un droit fiscal économique

28. Bien que les difficultés fiscales de l'introduction des normes comptables internationales aient été largement soulignées par la doctrine[120],

écritures, ou a passé ou fait passer des écritures inexactes ou fictives au livre journal ou au livre d'inventaire… ».

[117] D. Villemot : « Présentation du rapport d'étape du groupe IAS/fiscalité », *Droit Fiscal* 2005, n° 17, étude n°19, p. 765 à 771.

[118] « Consolider consiste à substituer au montant des titres de participation, qui figurent au bilan d'une entreprise, la part des capitaux propres éventuellement retraités de l'entreprise émettrice détenue par l'entreprise consolidante, y compris la quote-part du résultat de l'exercice, qui correspondent à ces titres » : Groupe Revue Fiduciaire, *Dictionnaire comptable et financier*, 10e édit., p. 418.

[119] Article 38 quater de l'annexe III au CGI.

[120] D. Villemot : « Présentation du rapport d'étape du groupe IAS/fiscalité », *Droit Fiscal* 2005, n° 17, étude n°19, p. 765 à 771.

la fiscalité semble s'adapter à la nouvelle situation[121]. Certains auteurs avaient souligné le risque d'une déconnexion du lien entre comptabilité et fiscalité[122], d'autres avaient simplement émis ce schéma comme hypothèse, avec le risque qu'une séparation de la comptabilité et de la fiscalité comporte de lourdes incidences fiscales. Compte tenu de ces difficultés, la première évidence est le maintien du lien entre comptabilité et fiscalité. Si l'on décide de maintenir ce lien, alors la fiscalité est aussi appelée à évoluer face aux changements imposés par les normes comptables internationales. Il faudrait trouver dans ce compromis un second souffle à la relation entre comptabilité et fiscalité mais surtout un excellent moyen d'améliorer la fiscalité en ce que les normes comptables internationales peuvent se présenter comme une réponse aux conflits d'intérêt entre comptabilité et fiscalité et qu'elles sont devenues de nouvelles sources privées du droit fiscal.

29. D'abord, les normes comptables internationales sont considérées comme une réponse aux conflits d'intérêt entre comptabilité et fiscalité. Il est navrant de remarquer l'échec de cohabitation de deux techniques pourtant complémentaires : comptabilité et fiscalité. La relation entre comptabilité et fiscalité s'est soldée, au grand regret des plus fervents défenseurs de l'autonomie de la comptabilité[123], par une nette corruption du fisc[124] sur la technique comptable[125]. Selon Louis Rives, cette corruption se fera soit « par

---

[121] J.-G. Degos, S. Ouvrard, « L'influence des normes d'information financière sur la convergence des règles fiscales et comptables françaises », *La Revue du financier*, mai-juin 2007, n°165, p. 32.

[122] G. Gelard, « L'extension des normes internationales aux comptes sociaux et la déconnexion entre fiscalité et comptabilité », *Droit Fiscal* 2004, n°8 et. 7, p. 42.

[123] L. Rives, *Obsession fiscale et administration des entreprises : Essai sur le rapt de la comptabilité par la fiscalité*, thèse, Péchade, 1962 ; Dans sa thèse, le Professeur Louis Rives avance que lorsque la fiscalité procède du rapt de la comptabilité, elle le fait au travers de la force par la comptabilisation de la TVA par exemple ou au travers de la séduction par les politiques incitatives liées à l'amortissement.

Selon le professeur Pasqualini, les comptables et les juristes ont refusé d'ouvrir les yeux, faisant ainsi le bonheur d'une fiscalité qui n'a jamais semblé prête à renoncer aux prérogatives comptables qu'elle a pourtant usurpées. F. Pasqualini, « Allocution de bienvenue », acte du colloque organisé par le dess fiscalité de l'entreprise de l'université Paris Dauphine sur les conséquences de l'introduction des nouvelles normes comptables internationales, *Les Petites Affiches*, 8 septembre 2005, n°179, p. 3 ; F. Pasqualini, « Les chances d'une double rupture », *Les Petites Affiches*, 8 septembre 2005, n°179, p. 27 ; F. Pasqualini, *Le principe de l'image fidèle en droit comptable*, thèse, Litec, 1991.

[124] J. Delmas-marsalet, « Comptabilité et contraintes de la fiscalité », in *Ordre des Experts-comptables et des comptables Agrees, « Comptabilité et fiscalité », actes du 35e congrès de l'ordre des experts-comptables*, Paris, 1980, p. 25.

[125] Selon les professeurs Hoarau et Esnault, « la liberté dans le choix comptable est parfois limitée dans le choix des méthodes comptables par des dispositions d'ordre fiscal…Le domaine des amortissements et des provisions est particulièrement concerné par cette ingérence du droit fiscal dans la comptabilité. La détermination du résultat fiscal suppose des retraitements du résultat comptable. Ce n'est qu'après avoir calculé l'assiette de l'impôt que l'on peut obtenir le montant exigible de l'impôt sur les sociétés à partir des taux en vigueur.

la force » soit par « la séduction[126] ». Comme un « credo », à l'unisson, c'est à la problématique de l'amortissement et des provisions que les commentateurs font souvent référence pour dénoncer la main mise de la fiscalité sur la comptabilité. « Cependant, l'amortissement peut-être un outil privilégié de la politique économique du gouvernement », comme le rappellent Hoarau et Esnault[127]. C'est ce qui a fait dire à Jacques Richard que l'amortissement, depuis la révolution Keynésienne « n'est plus une mesure de la dépréciation économique des immobilisations : c'est un instrument de manipulation du résultat visant généralement à différer le paiement des impôts et donc à alléger la charge de l'impôt[128] ».

30. Les normes comptables internationales permettraient ainsi de replacer la comptabilité sur le champ de ses principes comptables comme celui de substance économique au-delà de la forme juridique. Une illustration peut-être apportée en ce sens avec les nouveautés introduites par les normes IFRS en matière d'amortissement et de provisions. S'agissant de la question des amortissements et des provisions[129], il convient de remarquer que l'IASB a adopté deux normes en rapport avec ces questions : la norme IAS 36[130] relative aux dépréciations d'actifs et la norme IAS 37 relative aux provisions. Il est intéressant de noter que « désormais pour les immobilisations corporelles et incorporelles, les termes « amortissements

---

Le Code général des Impôts prévoit un paiement fractionné pour éviter un décaissement trop important ». Ch. Hoarau, B. Esnault, *Comptabilité financière*, 3e édit., PUF, Paris, 2001.

[126] Le plan de la thèse de Rives est divisé en deux parties intitulées le rapt de la comptabilité par la force et le rapt de la comptabilité par la séduction : L. Rives, *Obsession fiscale et administration des entreprises : Essai sur le rapt de la comptabilité par la fiscalité*, thèse, Péchade, 1962.

[127] Selon Hoarau et Esnault, « il sert tantôt à corriger les effets de l'inflation, tantôt à favoriser l'investissement, le développement de la recherche, la protection de l'environnement, l'informatique...Il a été ainsi mis en place des régimes d'amortissements accélérés ne traduisant pas nécessairement la dépréciation réelle des biens mais avantageant fiscalement les entreprises qui les pratiquent par anticipation de la déductibilité des dotations ». Ch. Hoarau, B. Esnault, *Comptabilité financière*, 3e édit., PUF, Paris, 2001.

[128] J. Richard, C. Colette, *Les systèmes comptables français et anglo-saxons - Normes IAS*, 7e édition, Paris, Dunod, 2005.

[129] Ce choix des amortissements et des provisions est dicté par l'abondante doctrine qui a été rédigée sur la question : sans prétendre à l'exhaustivité, voir Ch. Hoarau, B. Esnault, *Comptabilité financière, op. cit.* p. 331 ; H. Stolowy, « Comptabilité créative », *Encyclopédie de la comptabilité, du contrôle de gestion et de l'audit*, n° 59, Economica, 2e édition, 2009. R. Gillet, M. Levasseur, « Finance et comptabilité », *Encyclopédie de la comptabilité, du contrôle de gestion et de l'audit*, n° 59, Economica, 2e édit., 2009 ; L. Rives, *Obsession fiscale et administration des entreprises : Essai sur le rapt de la comptabilité par la fiscalité*, thèse, Péchade, 1962.

[130] La norme IAS 16 regroupe l'ensemble des questions relatives aux immobilisations corporelles alors que la norme IAS 38 est relative aux immobilisations incorporelles. L'amortissement des immobilisations selon les normes comptables internationales a été transposé par le règlement CRC 2002-10 relatif à l'amortissement et à la dépréciation des actifs.

exceptionnels » et « provision pour dépréciation » sont remplacés par « dépréciation » et le terme « amortissement » est strictement réservé à toute diminution systématique et planifiée (on ne pourra plus parler d'amortissement exceptionnel). D'autre part, un vocabulaire nouveau, très fortement inspiré des normes IAS 16 et IAS 36 (mais en gardant les spécificités françaises) est introduit dans le PCG », ainsi que le soulignait Degos[131], reprenant les propos de Jacques Richard[132]. A vrai dire, même si les normes comptables internationales changent la terminologie, elles ne mettent pas pour autant fin à l'application fiscale de l'amortissement dans les comptes. C'est à juste titre que Jacques Richard, repris par Degos, rappelle que la nouvelle réglementation comptable internationale modifie la terminologie, le sens des mots, sans pour autant apporter de changements majeurs dans la pratique de l'amortissement. L'introduction des normes comptables internationales, pour ce qui est de la pratique de l'amortissement n'a donc pas changé l'impact de la fiscalité sur le résultat.

31. S'agissant de la question des provisions, le même constat semble se dégager. Selon les rédacteurs du mémento sur les passifs : « il n'y a pas eu de texte fiscal sur les passifs après la convergence du Plan comptable général vers les normes comptables internationales car la réforme des passifs a fait converger les règles du Plan comptable général vers les dispositions fiscales. Les règles comptables sont d'ailleurs devenues plus strictes que les règles fiscales car elles ont durci les règles de constitution des provisions. C'est notamment le cas des provisions pour travaux ou mise en conformité qui, bien que déductibles fiscalement, ne sont plus autorisées en comptabilité[133] ». Or pour qu'une provision soit déductible, il faudrait qu'elle soit comptabilisée[134]. Ici encore la réponse aux conflits entre respect des principes comptables et politique fiscale est apportée par la norme IAS 37.

32. Ces illustrations permettent d'avoir un panorama de l'évolution des rapports entre comptabilité et fiscalité car au-delà de la simple technique consistant à retraiter les divergences entre comptabilité et fiscalité, c'est un mouvement de fond qui semble se dessiner, celui d'un droit fiscal de plus en plus inspiré par les nouvelles normes comptables internationales.

---

[131] J.-G. Degos, S. Ouvrard, « L'influence des normes d'information financière sur la convergence des règles fiscales et comptables françaises », *La Revue du financier*, mai-juin 2007, n°165, p. 32.

[132] J. Richard, C. Colette, *Les systèmes comptables français et anglo-saxons - Normes IAS*, 7e éd, Paris, Dunod, 2005.

[133] Ph. Barre, *Mémento d'experts fiscal, social, comptable, Convergence du pcg : les passifs et les provisions*, Introduction, p. 13.

[134] Il en est ainsi non seulement des provisions, mais aussi des éléments incorporels de l'entreprise. Le droit allemand fonctionne sur le même principe, selon Rossignol : J.-L. Rossignol, « La politique fiscalo-comptable des entreprises en matière d'éléments incorporels », *Les Petites Affiches*, 16 mars 2001, n° 54, p. 4.

33. Ensuite, les normes comptables internationales sont considérées comme de nouvelles sources privées du droit fiscal. Que dire, à ce titre, des nouvelles définitions apportées par l'introduction des normes comptables internationales dans le Plan comptable général. Que penser de ces définitions quand elles ont pour effet de modifier les règles fiscales[135]. Que dire de ce corpus de règles, émanant de cabinets comptables privés et ayant vocation à se répercuter sur le droit fiscal, venant ainsi concurrencer la souveraineté du législateur fiscal[136] ? Que dire de ces nouvelles normes, qui obligent à repenser les sources du droit fiscal ?[137] Que dire de ces normes qui viennent apporter des changements à l'assiette de l'impôt sur les sociétés, ce qui aura obligatoirement pour conséquence de semer l'inquiétude auprès des entreprises qui verront ainsi les règles de paiement de leurs impôts fixées par des cabinets comptables privés[138], du fait du lien qui existe entre comptabilité et fiscalité ?

34. Selon une partie de la doctrine, on assisterait à une remise en cause de la souveraineté fiscale[139]. L'article 34 de la constitution réserve l'élaboration de l'assiette de l'impôt sur les sociétés à la seule compétence du législateur fiscal[140]. L'introduction des normes comptables internationales semble remettre en cause cette exclusivité.[141] Ce qui n'est pas pour déplaire à certains auteurs selon lesquels le législateur fiscal français devrait s'inspirer des normes comptables internationales et notamment du cadre conceptuel de

---

[135] J. Richard, C. Colette, *Les systèmes comptables français et anglo-saxons - Normes IAS*, 8e édition, Paris, Dunod, 2009 ; J.-G. Degos, S. Ouvrard, « L'influence des normes d'information financière sur la convergence des règles fiscales et comptables françaises », *La Revue du financier*, mai-juin 2007, n°165, p. 32.

[136] Et pourtant le législateur fiscal n'est plus souverain en matière de fiscalité. Le phénomène n'est pas nouveau. Selon Michel Bouvier, différents acteurs « participent à la décision dont l'exécutif qui joue on le sait un rôle essentiel, mais il faut également souligner le poids de l'administration fiscale qui est amenée à interpréter les textes de loi et dont l'influence s'exprime à travers sa doctrine, à tel point que l'on peut s'interroger sur la portée normative de celle-ci » : M. Bouvier, « Quelle légitimité de l'impôt pour demain ? », in *Les Chantiers Fiscaux à engager*, L'harmattan 2002, p. 195 et s.

[137] Ch. Hoarau, R. Teller : « IFRS, les normes comptables du nouvel ordre économique global ? », *Revue Contrôle Comptabilité Audit*, Numéro thématique, décembre 2007, p. 3 à 20.

[138] E. Delesalle, J.-L. Rossignol, « Fiscalité et normes comptables internationales : « mais ou et donc or ni car ? » », *Droit Fiscal* 2003, n° 50, étude n°18, p. 1563.

[139] Th. Schmitt, « La doctrine du juge en droit fiscal matériel », *Droit Fiscal* n° 24, 15 juin 2006, étude n°37.

[140] CE 8 juin 2005 n° 270967, 9e et 10e s.-s., SAS Sofinad, concl. L. Vallee, *BDCF* 2005, n°885, août-septembre.

[141] Même si le phénomène de la perte de la souveraineté fiscale du parlement n'est pas nouveau : M. Bouvier, « Quelle légitimité de l'impôt pour demain ? », in *Les Chantiers Fiscaux à engager*, L'harmattan 2002, p. 195 et s.

l'IASB pour améliorer l'intelligence et la compréhension de la loi fiscale[142]. Bien que l'idée d'un droit fiscal basé sur des principes généraux plutôt que sur des règles rigides paraisse séduisante, l'esprit du cadre conceptuel de l'IASB n'est pas toujours bien accueilli en matière comptable, a fortiori[143], en matière fiscale[144]. Car l'on a reproché au cadre conceptuel de l'IASB d'avoir accru la crise financière en concentrant l'information comptable et financière sur les besoins d'une seule des parties prenantes. A ce même cadre conceptuel, le reproche d'ignorer la valeur partenariale de l'entreprise[145] en transformant les titres de l'entreprise en portefeuille de valeur échangeable, a été adressé. L'IASB et son référentiel ignoreraient ainsi la création de valeur à laquelle aspire toute entreprise et la dimension partenariale de la firme[146].

35. L'impact des normes comptables internationales sur la relation entre comptabilité et fiscalité est donc lié à la décision du Conseil national de la Comptabilité, de transposer les normes IAS/IFRS dans le Plan comptable général[147]. Les quatre règlements portant application des normes IFRS et transposés dans le Plan comptable général vont donner naissance à une nouvelle dimension de la relation entre comptabilité et fiscalité : une sorte de compromis dominé par une comptabilité anglo-saxonne, venue d'ailleurs. L'importance de ces normes va opposer d'un côté, les utilisateurs des états financiers que sont les investisseurs, la communauté financière, les sociétés cotées sur les différents marchés européens[148] et de l'autre, l'administration fiscale avec ses besoins de stabilisation de l'assiette de l'impôt sur les sociétés[149].

---

[142] J.-L. Rossignol, « De l'intérêt d'un cadre conceptuel fiscal », *Option finance*, 31 janvier 2005, n°819, p. 45.

[143] G. Gélard, « Apprécier la juste place des comptes dans l'analyse financière », *Revue française de comptabilité*, mai 2010, n°432, p. 30.

[144] B. Colasse, « Où il est encore question d'un cadre conceptuel français : inutile hier, improbable demain », *Revue Française de Comptabilité*, n°332, avril 2001, p. 27.

[145] Ici c'est l'affectio societatis qui est visée par la doctrine, c'est-à-dire la volonté de s'engager dans une aventure, que constitue la création d'entreprise, en en partageant les gains et les pertes.

[146] J.-F. Lepetit, « Proposition de réforme du dispositif français de normalisation comptable », 6 avril 2007, disponible sur *www.minefe.gouv.fr*.

[147] D. Villemot, « L'arrêté des comptes 2005 en 10 questions. La convergence de comptes sociaux vers les IFRS et ses conséquences fiscales », *Option Finance*, 30 janvier 2006 ; M. Taly, B. Lebrun, « Incidences des normes IFRS, réaction à l'article de Dominique Villemot », *Droit Fiscal* 2003, n°50, étude n°46, p. 1585 à 1587 ; R. Obert, Le *petit IFRS* 1, Vol. 1, Paris, Dunod, 2010.

[148] J.-L. Rossignol, « L'analyste financier, les nouvelles normes IAS/IFRS et l'impôt », *Les Petites Affiches,* 2 mai 2005, n° 91, p. 8.

[149] Selon Perpère, sous-directeur de la direction de la législation fiscale en 2005, l'action de l'administration fiscale est guidée par la recherche de la cohérence, de la simplicité et de la neutralité. Si pour une raison ou pour une autre, l'application des normes comptables

36. Cette décision a donné naissance à une instruction fiscale du 30 décembre 2005[150]. Elle rappelle que l'administration fiscale a pris en compte la nouvelle définition comptable tout en excluant de la nouvelle définition des actifs, les contrats de location de façon générale, qu'il s'agisse des contrats de leasing ou des contrats de concession (comme les contrats de concession de brevet). Ces contrats ont été écartés pour éviter qu'ils n'engendrent des coûts fiscaux trop importants pour les entreprises[151].

37. C'est désormais un impact sur les règles matérielles et formelles du droit fiscal qu'exercent les normes comptables internationales. Par règles matérielles, il faut comprendre le contenu matériel des règles de droit fiscal et par règle formelle il faut comprendre, la forme du droit fiscal, son mécanisme de fonctionnement, sa mise en œuvre. Un exemple d'influence sur les règles matérielles : le critère de cessibilité jadis instauré par la jurisprudence du Conseil d'Etat[152]. Désormais, pour définir une immobilisation, le critère de cessibilité n'est plus obligatoire, il est alternatif. L'immobilisation doit être identifiable de l'activité principale et être cessible ou avoir pour origine une protection juridique résultant d'un droit légal ou contractuel, même si ce droit n'est pas transférable ou séparable de l'entité ou des autres droits et obligations[153]. D'autres critères comme celui du contrôle ou celui de la maitrise des risques et avantages inhérents à l'utilisation de l'actif ont fait leur apparition[154]. Concernant la question des immobilisations incorporelles, celles-ci ont eu pour conséquence fiscale l'introduction de la notion d'approche par composants. L'approche par composants, est l'approche visant à amortir une immobilisation corporelle en fonction des différents éléments la composant[155]. Ces composants ne sont rien d'autres que les « éléments principaux d'immobilisations corporelles devant faire l'objet de remplacement à intervalles réguliers, ayant des utilisations différentes ou procurant des avantages économiques à l'entreprise selon un rythme différent et nécessitant l'utilisation de taux ou de modes d'amortissement propres[156] ». L'instauration de l'approche par

---

internationales devait fausser cette action, elle serait purement et simplement écartée. P. Perpère, « La doctrine de l'administration », acte du colloque du dess fiscalité de l'entreprise de l'université Paris dauphine sur les conséquences des normes comptables internationales, *Les Petites Affiches*, 08 septembre 2005, n°179, p. 30.

150 BOI 4 A-13-05 n° 213 du 30 décembre 2005.

151 J. Richard, C. Colette, *Les systèmes comptables français et anglo-saxons - Normes IAS*, 7e édition, Paris, Dunod, 2005.

152 CE, 21 août 1996, S.A. Sife, n°154 488, *Droit Fiscal* 1996, n°50, comm. 1482, conclusions J. Arrighi de Casanova.

153 BOI 4 A-13-05 n° 213 du 30 décembre 2005.

154 BOI 4 A-13-05 n° 213 du 30 décembre 2005.

155 Dans un immeuble on pourrait ainsi trouver le toit, les fenêtres, l'ascenseur, etc. Ces différents éléments sont appelés : les composantes.

156 Groupe Revue Fiduciaire, *Dictionnaire comptable et financier*, 10e édition, p. 345.

composants pour les amortissements ou encore de l'amortissement en fonction de la durée réelle attendue d'un bien vise à renforcer la vision économique de la comptabilité et à réduire la vision juridique et fiscale de celle-ci. Sur la relation entre comptabilité et fiscalité, l'amortissement conduit à confirmer la tendance d'une influence de la comptabilité sur la fiscalité. Le Plan comptable général exige désormais que cet amortissement soit pratiqué « en fonction de son utilisation[157] ». Il s'oppose à l'amortissement fiscal « qui ne correspond pas à l'objet normal d'un amortissement et comptabilisé en application de textes particuliers[158] ». C'est le cas des amortissements dits dérogatoires, « calculés en fonction de la dépréciation effective et définitive des éléments dans la limite de ceux qui sont généralement admis d'après les usages de chaque nature d'industrie, de commerce ou d'exploitation[159] ». Ces amortissements, pratiqués selon les usages, s'opposent à l'amortissement en fonction de la durée réelle d'utilisation du bien, qui lui correspond d'avantage aux amortissements de type économique[160]. Même si, d'un point de vue fiscal, « dans un objectif de neutralité pour les entreprises, il a été décidé de maintenir un calcul fiscal distinct de l'amortissement (comptable) », on assiste à l'émergence d'une comptabilité affichant clairement ses objectifs de neutralité vis-à-vis d'opérations fiscales qui n'ont aucun fondement comptable. Voici les manifestations d'une comptabilité moins polluée de considérations fiscales et qui, au demeurant, dépasse le cadre stricto sensu de la comptabilité pour influer sur la fiscalité, remettant ainsi en cause la tutelle de la fiscalité et instaurant une nouvelle dimension de la relation entre comptabilité et fiscalité : l'évolution vers un droit fiscal de plus en plus dépendant du droit comptable. Influence de la comptabilité sur la fiscalité d'une part et influence de la fiscalité sur la comptabilité d'autre part, la relation entre comptabilité et fiscalité est une relation de compromis, elle-même influencée par le glissement vers l'ère économique.

38. Le plan est organisé autour de quatre grandes idées majeures. La première, c'est que contrairement à l'avis émis par une grande partie de la doctrine, la relation entre comptabilité et fiscalité est une relation de compromis. C'est l'idée principale qui jalonne le titre premier de la première partie. La seconde idée se veut être en opposition aussi avec une seconde idée émise par la doctrine et qui nous semble contestable : celle selon laquelle les normes comptables internationales nuiraient à la relation entre comptabilité et fiscalité. La théorie de la séparation entre les deux disciplines pourrait être dépassée en utilisant le référentiel comptable international pour

---

[157] PCG art. 322-1.

[158] Groupe Revue Fiduciaire, *Dictionnaire comptable et financier*, 10e édit., p. 102.

[159] Groupe Revue Fiduciaire, *Dictionnaire comptable et financier*, 10e édit., p. 102.

[160] J. Richard, C. Colette, *Les systèmes comptables français et anglo-saxons - Normes IAS*, 8e édition, Paris, Dunod, 2009.

renforcer le compromis entre les deux disciplines. Cette idée se trouve au cœur du titre deuxième de la première partie. La troisième idée ayant servi à construire le plan de thèse consiste à affirmer que la relation entre comptabilité et fiscalité influence le compromis en faveur de la comptabilité sur le plan du contenu du droit fiscal. C'est l'objet du titre premier de la deuxième partie. Enfin, la dernière idée ayant permis de bâtir la réflexion consiste à avancer que cette influence s'exerce aussi sur le mode de fonctionnement du droit fiscal. Cette idée jalonne l'esprit du titre deuxième de la deuxième partie qui évoque une influence sur la forme du droit fiscal.

39. Plusieurs problématiques s'étaient dessinées au fil du temps et parmi elles, la plus intéressante demeure sans doute : comment concilier les divergences entre comptabilité et fiscalité liées à l'avènement des normes comptables internationales ? La thèse de la déconnexion n'aurait pas été soutenable. Les conséquences qu'une telle décision aurait pu engendrer seraient simplement désastreuses : insécurité juridique fiscale, obligation de trouver un autre mode de calcul de l'assiette de l'impôt sur les sociétés et influence du modèle américain de la fiscalité sur le modèle français. Que de sacrifices pour une contrepartie infime. Même dans les pays connaissant la déconnexion comme aux Etats-Unis, les règles fiscales continuent d'influencer les règles comptables. Il en est ainsi de la méthode d'évaluation des stocks soumise à des paquets fiscaux[161]. Alors pourquoi déconnecter la comptabilité de la fiscalité ? Pour permettre l'avancée des normes comptables internationales dans les comptes sociaux ? Ici encore, il s'agit d'un non-sens. Les normes comptables internationales ne sont pas destinées aux comptes sociaux mais aux comptes consolidés. Ces normes n'ont pas pour but de calculer l'assiette de l'impôt sur les sociétés, mais de donner une valeur des sociétés cotées, en temps réel, aux différents investisseurs[162]. Il s'agit de normes d'information financière, incompatibles avec une comptabilité « fiscale[163] ». Les raisons qui conduisent à militer pour une déconnexion de la comptabilité et de la fiscalité du fait de l'adoption des normes comptables internationales sont donc insuffisantes face à celles qui conduiraient à un maintien de ce lien[164].

---

[161] H. Paillisser, *Les relations entre la comptabilité commerciale et la fiscalité des entreprises*, thèse, Paris, 1990, Introduction.

[162] Voir M. Teller, « Les normes comptables internationales : la transparence en question », *RTD Com.* 2011, p. 671.

[163] F. Mousel, *Quel impact fiscal suite à l'adoption des normes IFRS par l'union européenne*, 1ère éd., Larcier, 2006.

[164] Selon Bouloc : « la comptabilité s'est certainement développée pour répondre, d'abord, aux besoins du commerçant ou de la société. Puis le législateur est intervenu, car la comptabilité apparaît comme un moyen de connaître la gestion d'une entreprise et comme un procédé indispensable pour le calcul de l'assiette de l'impôt » : B. Bouloc, « L'incidence des normes européennes sur les normes comptables », *Revue des sociétés* 2005, p. 31.

40. On ne peut donc pas séparer la comptabilité de la fiscalité simplement parce qu'il faut utiliser la comptabilité pour calculer l'assiette de l'impôt sur les sociétés. Plutôt que de les diviser, il faudrait les connecter et tirer profit des forces de chaque discipline[165]. C'est ainsi que l'utilisation de la juste valeur pourrait permettre d'accroître les recettes fiscales lorsque les marchés sont en hausse. Le principe de la substance économique au-delà de la forme juridique permet de donner une vocation plus économique aux règles comptables. Cette vocation économique semble plus pertinente que la dimension juridique inspirée de certaines règles du droit civil[166].

41. Si les normes comptables internationales sont une occasion d'améliorer le droit fiscal, alors la vocation de ces normes sera désormais d'apporter plus de règles économiques que de règles juridiques à un droit fiscal en manque d'inspiration. C'est le moment de remettre de l'ordre dans la relation entre comptabilité et fiscalité, en hiérarchisant leurs rapports par un établissement de l'ordre hiérarchique à respecter entre le droit comptable tel qu'issu des normes comptables, désormais devenues européennes et le droit fiscal, largement tributaire du droit interne.

42. Très tôt, les critiques de la doctrine fiscale s'étaient élevées face à l'incapacité des Etats membres de l'Union Européenne d'aboutir à un consensus en matière d'impôt sur les sociétés[167]. Naturellement, la première tentation de tout chercheur s'intéressant à la fiscalité communautaire serait

---

[165] Michel Collet reconnaît ainsi que : « ces branches du droit ont en effet le mérite d'apporter des réponses claires à ce phénomène de patrimonialisation qu'elles connaissent bien, pour le côtoyer quotidiennement et depuis fort longtemps. Un tel constat s'explique aisément : dès lors qu'une entreprise dépense de l'argent pour bénéficier d'un droit exclusif délivré par la puissance publique, pour réaliser les travaux qu'un contrat administratif lui a confiés, ou encore pour assurer une mission que l'administration lui a déléguée, la question du traitement comptable et fiscal à réserver à ces dépenses se pose nécessairement. Et de deux choses l'une : soit les sommes engagées par l'entreprise sont considérées comme des charges, auquel cas celle-ci est autorisée à déduire leur montant de son bénéfice imposable, soit au contraire ces sommes méritent d'être assimilées à un investissement permettant d'enrichir l'actif de l'entreprise, ce qui interdit alors de procéder à une telle déduction » : M. Collet : « Les aspects comptables et fiscaux de la patrimonialité des actes administratifs », *RFDA* 2009, p. 8.

[166] L. Vallee, « Amortissement d'une marque viticole qui constitue un élément autonome de l'actif incorporel », *Recueil Lebon* 2008, concl. Sous Conseil d'Etat 9e et 10e sous-sections réunies, 28 décembre 2007, n° 284899-285506.

[167] « Mais on se souvient que très vite le règlement 2157/2001fût critiqué pour son impasse sur la fiscalité et le renvoi aux règles fiscales nationales », note le professeur M. Luby à propos du « règlement 2157/2001 du 8 octobre 2001 relatif au statut de la société européenne (SE) ». M. Luby, « Fiscalité directe (Dir. 2005/19, 17 févr. 2005, mod. la dir. 90/434 concernant le régime fiscal commun applicable aux fusions, scissions, apports d'actifs et échanges d'actions intéressant des sociétés d'Etats-membres différents, JOUE L. 58, 4 mars 2005, p. 19-27 ; Transposition : transfert du siège statutaire d'une SE ou d'une SCE, 1er janvier 2006 ; autres dispositions, 1er janv. 2007) », *RTD Com.* 2005, p. 866.

de proposer un impôt sur les sociétés propre à tous les pays de l'union[168], utilisant le référentiel comptable international comme socle[169]. Pertinente mais irréalisable, l'idée est exprimée dans le titre II de la première partie et explique que ce titre fût consacré aux apports positifs des normes comptables internationales sur la relation entre comptabilité et fiscalité[170].

43. Le problème des relations entre comptabilité et fiscalité se situerait initialement dans leurs rapports de divergences. L'objectif n'était pas de s'intéresser aux rapports de convergence qui eux ne posaient pas problème. Il fallait solutionner ces divergences et en qualité de juriste, la première façon de les solutionner était de les hiérarchiser. Cette hiérarchisation passait naturellement par la hiérarchie des normes de Hans Kelsen, hiérarchie selon laquelle la règle inférieure doit obéir à la règle supérieure. Compte tenu du fait que la comptabilité émanait de cabinets comptables privés et que l'impôt était un acte de souveraineté par excellence, les règles comptables, au niveau de la hiérarchie des normes, ne devaient pas être supérieures aux règles fiscales. En effet, il était inconcevable que l'impôt, qui touche au droit le plus absolu, la propriété, puisse être voté par des cabinets comptables privés. Au nom de ces valeurs, le droit comptable devait être subordonné au droit fiscal, sans que cela ne puisse, le moins du monde, être contesté. Tel devait être le fer de lance, l'idée phare de la relation entre comptabilité et fiscalité. Malheureusement, ce qui devait être une idée s'est vite transformé en idéologie. Le constat navrant de l'incapacité du droit fiscal à régner sur le droit comptable est apparu clairement depuis l'avènement des normes comptables internationales[171]. Ces normes sont votées par des cabinets comptables privés et sont désormais transposées dans le droit comptable des Etats membres de l'Union Européenne, en provoquant leur souveraineté fiscale, puisque dans certains pays comme la France, la comptabilité et la fiscalité sont liées, ce qui signifie qu'une modification des règles comptables entraine une modification des règles fiscales. En d'autres termes, en

[168] Th. Lambert, « De l'harmonisation à l'intégration des législations fiscales nationales dans le cadre de l'Union Européenne », *RTD Com.* 2009, p. 517.

[169] F. Mousel, *Quel impact fiscal suite à l'adoption des normes IFRS par l'Union Européenne*, *op. cit.*

[170] Lorsque les amortissements et provisions fiscaux détériorent l'image fidèle de l'entreprise, aucune sanction pénale n'est appliquée. Le délit de présentation de comptes fictifs punit de peine ou d'emprisonnement quiconque aura omis sciemment de passer des écritures régulières dans les comptes. Ce dispositif existe pour les personnes physiques et morales : N. Stolowy, « Etude comparative du délit de distribution de dividendes fictifs et du délit de publication ou présentation de comptes annuels « infidèles » », *La Semaine Juridique Entreprise et Affaires* n° 48, 30 novembre 2000, p. 1896 ; N. Stolowy, « Interprétation stricte des lois pénales et image fidèle », *La Semaine Juridique Entreprise et Affaires* n° 6, 10 février 2000, p. 219.

[171] Ce renforcement de la comptabilité s'effectue non seulement au niveau des règles mais aussi des institutions : X. Delpech : « Création de l'Autorité des normes comptables », *Recueil Dalloz* 2009, p. 221.

s'internationalisant, le droit comptable est devenu plus fort[172], au niveau de la hiérarchie des normes, que le droit fiscal, lequel l'avait longtemps maintenu sous sa tutelle. Plutôt que de les hiérarchiser, il faudrait donc instaurer un compromis, un dialogue entre ces deux disciplines, seul à même de prendre en compte l'évolution de la comptabilité et d'emmener le droit fiscal à d'avantage de respect et de considération de l'autonomie du droit comptable. C'est l'objet de la première partie : les rapports entre comptabilité et fiscalité, des rapports de compromis. Cette première partie montre que ce n'est pas la première fois que la comptabilité et la fiscalité des entreprises tentent un compromis. L'histoire révèle en effet[173] que le droit fiscal s'est déjà autorisé des compromis avec le droit comptable, dans le passé. Ce n'est donc pas une honte de tirer les leçons du passé afin de les utiliser aujourd'hui. D'ailleurs, les normes IFRS apportent une amélioration à la relation entre comptabilité et fiscalité[174], ce qui pourrait renforcer les liens entre les deux disciplines[175] et corroborer la thèse selon laquelle même dans les divergences, les rapports entre comptabilité et fiscalité sont des rapports de compromis[176].

44. Désormais, les atteintes injustifiées du législateur fiscal sur les principes comptables trouveront échos auprès du juge communautaire qui n'hésitera plus à réprimer de façon violente, de tels comportements. Pendant trop longtemps, le législateur fiscal a été le seul, de façon très souvent arbitraire, à décider des tournures que devait prendre la comptabilité, au détriment de ses propres principes comptables. Le contentieux entre comptabilité et fiscalité était tranché par les juridictions fiscales et le droit comptable était d'origine réglementaire, ce qui signifie, inférieur au droit fiscal, au regard de la hiérarchie des normes. Cette situation de dépendance dans laquelle s'était retrouvée la comptabilité ne lui a pas permis de s'émanciper, pour exercer pleinement ses fonctions[177]. Longtemps sous la

---

[172] Les normes comptables internationales ont effrayé et défrayé la chronique. De 2002 à 2005, date de leur entrée en vigueur dans le droit communautaire des Etats membres, une large partie de la doctrine s'y est intéressée. Voir : I. Andernack, « Les IFRS en Europe : état des lieux », *Option Finance*, 24 mai 2004, n° 786, p. 36.

[173] Voir le Titre I de la Première Partie.

[174] Voir le Titre II de la deuxième partie.

[175] Non seulement cette amélioration se ferait en faveur de la relation entre comptabilité et fiscalité mais encore en faveur du droit des sociétés, de façon générale : P. H. Conac, « La distinction des sociétés cotées et non cotées », *Revue des sociétés* 2005, p. 67.

[176] La France avait d'ailleurs décidé de s'inspirer de ces normes comptables internationales pour améliorer son droit comptable : N. Rontchevsky, « Recommandation commune de la commission des opérations de bourse et de la commission bancaire concernant les montages déconsolidants et les sorties d'actifs (Bull. COB, nov. 2002, p. 117, Dalloz, 2002.3250, JCP 2002 éd. E.301) », *RTD Com.* 2003, p. 131.

[177] Notamment la fonction d'information financière qui est aujourd'hui au cœur de la plupart des chroniques comptables : M. Luby, « Sociétés (harmonisation européenne) (Règl. n°1606/2002, 19 juill. 2002, JOCE L. 243, 11 sept. 2002) » : *RTD Com.* 2003, p. 199.

tutelle du droit fiscal, la comptabilité est devenue l'instrument de calcul de l'impôt sur les sociétés. A l'heure où les normes comptables internationales sont introduites dans le Plan comptable général, une question demeure : la comptabilité sera-t-elle toujours un instrument au service de la fiscalité ? Est-il possible d'envisager autrement le calcul de l'impôt sur les sociétés que sur la seule base de la comptabilité? Serait-il possible d'évoluer vers une fiscalité de type anglo-saxonne pour éviter la corruption des comptes par le fisc ?

45. C'est l'ensemble du système fiscal français qui est en cause[178] et la question de la modification des comptes par des considérations fiscales est importante en ce sens que depuis 1978, le droit communautaire avait mis en garde les Etats membres contre l'atteinte au principe comptable de l'image fidèle[179]. La mise en garde n'avait pas fonctionné car l'image fidèle n'avait pas été définie. Avec l'introduction des normes comptables internationales, les textes du droit communautaire s'éclaircissent et les mises en garde se durcissent. Le législateur fiscal français n'est plus souverain et au regard du droit comptable, il s'agit plutôt d'une bonne nouvelle[180]. Les rapports entre comptabilité et fiscalité ne seront plus dominés par la fiscalité mais rééquilibrés. Il s'agit désormais d'un compromis sous l'égide des normes comptables internationales. [181]

46. « Qui trop embrasse, mal étreint[182] » disait François Rabelais. Puisse sa maxime servir de lumière au droit comptable en ces heures où dispersés entre plusieurs fonctions son autonomie, plus que jamais, viendrait à être remise en cause. Il lui faudra donc faire un choix et peu importe ce dernier car « tout ce qui a été décidé est fatal d'un point de vue et possible à un autre point de vue », rappelle Al Qâshâni[183]. Aujourd'hui, plus que jamais,

---

[178] L'étude du titre I de la seconde partie nous livre les éléments d'un droit comptable influençant désormais le contenu de la règle fiscale alors que celle du titre II montre une influence de ce même droit comptable sur le mode de fonctionnement du droit fiscal.

[179] Pour une interprétation de la directive de 1978, v. F. Pasqualini, V. Pasqualini-Salerno, « L'interprétation du droit comptable communautaire par la CJCE », *Revue des sociétés* 2003, p. 521. Le droit communautaire comptable des années 1970 n'était pas pleinement satisfaisant même si la « vague de directives dans les années 1970-1980 a harmonisé des pans entiers du droit des sociétés, voire du droit comptable » : M. Menjucq, « L'Europe et le droit de l'entreprise », *La Semaine Juridique Entreprise et Affaires* n° 14, 5 avril 2007, p. 1464.

[180] Même si des efforts sont encore à réaliser en matière de législation comptable. Voir par exemple : N. Binctin, « Les insuffisances du traitement comptable des biens intellectuels », *Revue des sociétés* 2011, p. 599.

[181] La deuxième partie de cette thèse montre en effet l'influence tant sur le fond que sur la forme du droit fiscal par les normes comptables internationales.

[182] F. Rabelais, *La vie de gargantua et pantagruel*, 1483-1553.

[183] Al-Qashani, « grand soufi du XIVe siècle, occupe une place particulière dans le soufisme médiéval en raison de son œuvre doctrinale considérable, notamment ses commentaires ésotériques du Coran très largement diffusés dans les milieux du soufisme » : source : http://www.iesr.ephe.sorbonne.fr/index4507.html#tocfrom1n1.

l'urgence des questions financières offre le choix au droit comptable. Ce choix, le droit comptable devra le faire entre la fiscalité, la comptabilité financière, la comptabilité patrimoniale, la preuve, l'information financière et bien d'autres fonctions[184]. Selon Pierre Lassegue[185], « en pratique, la comptabilité actuelle est un compromis entre plusieurs solutions extrêmes et pas entièrement compatibles ». Il ne sera désormais plus question d'affecter le développement des règles comptables au seul besoin du droit fiscal, comme Jadis[186]. L'heure de son autonomie point à l'horizon[187]. Pour être autonome le droit comptable aura besoin des normes comptables

[184] Le professeur Bouloc rappelle à ce titre que : « comme les commerçants ont toujours plus ou moins tenu une comptabilité, il a été possible lorsque la tenue de livres de comptes a été imposée par Colbert en 1673, de retenir les éléments qu'ils renferment pour faire preuve en justice entre commerçants pour des faits de nature commerciale. C'est toujours la règle qui figure aujourd'hui à l'article L. 123-23 du Code de Commerce, « la comptabilité régulièrement tenue peut être admise en justice pour faire preuve entre commerçants pour faits de commerce». Mais, au delà de cette disposition rudimentaire, la comptabilité s'est imposée comme moyen d'information. A ce titre, elle intéresse les associés, les salariés, les épargnants, les investisseurs, bref de nombreux tiers » : B. Bouloc, « L'incidence des normes européennes sur les normes comptables », *Revue des sociétés* 2005, p. 31.

[185] P. Lassegue, *Lexique de comptabilité*, 7e édit., p. 479.

[186] Outre l'apport des normes comptables internationales, le droit comptable subit des mutations. A titre illustratif voir les chroniques de Jean Louis Navarro : J.-L. Navarro, « Droit comptable », *La Semaine Juridique Entreprise et Affaires* n° 38, 22 septembre 2011, p. 1669 ; J.-L. Navarro, « Droit comptable », *La Semaine Juridique Entreprise et Affaires* n° 38, 23 septembre 2010, p. 1822 ; J.-L. Navarro, « Droit comptable », *La Semaine Juridique Entreprise et Affaires* n° 43, 22 octobre 2009, p. 2004 ; J.-L. Navarro, « Droit comptable », *La Semaine Juridique Entreprise et Affaires* n° 42, 16 octobre 2008, p. 2265 ; J.-L. Navarro, « Droit comptable », *La Semaine Juridique Entreprise et Affaires* n° 42, 18 octobre 2007, p. 2279. J.-L. Navarro, « Droit comptable », *La Semaine Juridique Entreprise et Affaires* n° 41, 11 octobre 2007, p. 2246 ; J.-L. Navarro, « Droit comptable », *La Semaine Juridique Entreprise et Affaires,* n°19, octobre 2006, p. 2508. J.-L. Navarro, « Droit comptable », *La Semaine Juridique Entreprise et Affaires,* n° 37, 15 septembre 2005, p. 1324 ; J.-L. Navarro, « Droit comptable », *La Semaine Juridique Entreprise et Affaires*, n° 41, 7 octobre 2004, p. 1476 ; J.-L. Navarro, « Droit comptable », *La Semaine Juridique Entreprise et Affaires*, n° 41, 30 septembre 2004, p. 1441 ; J.-L. Navarro : « Droit comptable », *La Semaine Juridique Entreprise et Affaires*, n° 50, 12 décembre 2002, p. 1803 ; J.-L. Navarro, « Droit comptable », *La Semaine Juridique Entreprise et Affaires*, n° 6, 7 février 2002, partie 1 et 14 février 2002, numéro 273.

[187] La comptabilité publique est elle aussi influencée par les normes comptables internationales. Cette influence du droit privé sur le droit public ne date pas d'aujourd'hui. Le professeur Luc Albert Saidj fait remarquer à ce titre que : « depuis la seconde guerre mondiale et même depuis l'entre-deux-guerres, la comptabilité privée exerce un attrait, devenu de moins en moins résistible, sur la comptabilité des organismes publics au point de faire poser par les textes (notamment l'article 52 du RGCP) le principe général selon lequel la comptabilité des activités administratives publiques doit s'inspirer de la comptabilité privée et que celle des activités industrielles et commerciales doit même lui être conforme » : L. A. Saidj, « Le problème du modèle comptable », *Encyclopédie des collectivités locales*, Editions Dalloz 2011, numéro 7 et s.

internationales[188]. Pendant plusieurs décennies, le droit civil a régné d'un règne sans partage sur des règles du droit comptable encore embryonnaires, sous la protection du droit fiscal, qu'il a aussi largement corrompu. Ayant affirmé son autonomie le premier, c'est ce même droit fiscal qui a tenté de spolier l'autonomie du droit comptable, ne lui laissant guère que l'illusion amère de son hypothétique indépendance. Pétri et poli afin de répondre aux besoins du droit fiscal, le droit comptable a largement subi la dictature de son aîné avec la complicité du droit civil. Désormais le droit civil n'éclaire plus suffisamment sur les besoins de la comptabilité. L'émancipation du droit comptable est plus que jamais imminente. Les normes comptables internationales invitent ce droit à aller au-delà des opérations, non plus selon le commandement juridique mais la logique économique[189]. Puisse cette évolution entraîner à son tour celle de la fiscalité afin qu'elle découvre ce qu'est la véritable autonomie. De cette autonomie dont la fiscalité se réclame si souvent vis-à-vis du droit civil, le droit comptable doit en être le fer de lance, pour le plus grand bonheur de Maurice Cozian qui, évoquant la relation entre le droit civil et le droit fiscal avait parlé de véritable tarte à la crème. Telles sont les perspectives qu'il faudra prendre en considération dans l'étude de cette union assez atypique entre la comptabilité et la fiscalité, perspectives que la deuxième partie de cette étude tente de révéler : un compromis sous l'égide de la comptabilité depuis l'avènement des normes comptables internationales.

47. En 2008, la crise financière devenait virulente et s'invitait dans tous les écrits universitaires[190]. Les normes IAS 32 et 39 sur les instruments financiers avaient été accusées d'accroître l'effet pro-cyclique de la crise. A l'évidence, plusieurs problématiques aller orienter les réflexions vers ces instruments financiers, le rôle de la fiscalité qui devait taxer ces profits ou au contraire, exonérer d'impôt les pertes liées à l'utilisation de la juste valeur , le rôle des banques et la politique fiscale attendue vis-à-vis de ces dernières[191].

---

188 Ces normes permettent d'améliorer la qualité des règles comptables : Ch. Prat, I. Tchotourian, « L'Europe complète son cadre comptable et financier », *Recueil Dalloz* 2009, p. 796.

189 R. Imberdis, « Démembrement du droit de propriété d'un immeuble - Un cas de métempsycose comptable » : *La Semaine Juridique Entreprise et Affaires* n° 5, 1e février 2007, p. 1144.

190 Selon certains auteurs, c'est une défaillance de réglementation en matière comptable qui permet à la crise d'être aussi virulente : F. Barriere, « Une cause de la crise financière : un défaut de réglementation ? », *La Semaine Juridique Entreprise et Affaires* n° 23, 4 juin 2009, p. 1571.

191 P. J. Gaudel, J. Deforge, « IFRS : les normes comptables sont-elles un accélérateur de crise ? » *La Semaine Juridique Entreprise et Affaires* n° 23, 4 juin 2009, étude 1580.

48. Si le rôle de la fiscalité est de suivre la comptabilité alors il fallait des règles juridiques appropriées pour permettre ce suivi. C'est ainsi que se sont mises en place les réflexions sur l'élaboration d'un cadre conceptuel pour permettre à la règle fiscale de suivre les évolutions des normes IFRS, de s'adapter aux situations d'urgence en permettant le retour au socle juridique chaque fois que de nécessaire et la comptabilité à la juste valeur quand il n'y a pas de situation de crise[192]. La dépendance de la fiscalité vis-à-vis de la comptabilité s'accroit. Cette dépendance accrue se voit à travers la fiscalité des entreprises mais aussi la politique fiscale de l'Etat[193]. Le principe d'intangibilité du bilan d'ouverture du premier exercice non prescrit nous offre cependant des illustrations de la puissance de la politique fiscale sur les rapports entre comptabilité et fiscalité. Il en est de même des impôts différés actifs et passifs, du principe de rattachement des charges aux produits[194] ou encore des produits constatés d'avance[195]. La fiscalité, cependant, ne fait que taxer la richesse là où elle se trouve : elle a une fonction de ponction de la richesse[196]. L'importance des questions comptables justifie qu'elle soit reléguée au second plan pour mieux remplir son rôle : à la comptabilité de révéler la richesse[197] à la fiscalité de la taxer. Tel est le rôle de chacune de ces disciplines, rôle qui explique à lui seul l'objet du chapitre dernier de cet ouvrage : la dépendance accrue de la fiscalité vis-à-vis de la comptabilité[198].

49. Comme le souligne le professeur Louis Rives, « on nous reprochera de privilégier une démarche historique et « d'avoir enfoncé des portes ouvertes ». Il est vrai que notre thèse semble éloignée des préoccupations des théoriciens et des praticiens modernes qui dirigent leurs recherches presqu'exclusivement sur la comptabilité prévisionnelle. Loin de nous l'idée que cette orientation actuelle de la comptabilité soit engagée sur la mauvaise voie. Mais nous affirmons avec force, car notre expérience personnelle nous a convaincue de cette évidence, qu'avant d'édifier le monument harmonieux d'une comptabilité créative, il est indispensable de ne pas négliger ce que Mauzel appelle « la plateforme de départ » ». La nécessité de l'approche

---

[192] B. Colasse, « Où il est encore question d'un cadre conceptuel français : inutile hier, improbable demain », *Revue française de comptabilité*, n°332, avril 2001, p. 27.

[193] Ce qui justifie que le titre II de la deuxième partie soit largement consacré à la politique fiscale.

[194] CE, 20 février 2002, n° 221437, 8e et 3e s.-s., ministre c/ Sté La Chemise Lacoste, *BDCF*, mai 2002, n°58, concl. E. Mignon.

[195] C'est l'ensemble de ces éléments qui constitue l'essentiel du titre I de la deuxième partie.

[196] J.-L. Albert, L. Saidj, *Finances publiques*, Dalloz, 6e édit., p. 399.

[197] Ce n'est que dépolluée de considérations fiscales que la comptabilité pourra pleinement jouer sa fonction d'information financière. Jubé rappelle en effet que l'objectif de la comptabilité est désormais de restaurer la confiance des investisseurs : S. Jube, « La normativité comptable: un angle mort du droit social » : *Revue de droit du travail* 2009, p. 211.

[198] C'est l'objet du chapitre 2 du Titre 2 de la deuxième partie.

historique fait l'unanimité, même au sein de la doctrine outre atlantique s'étant intéressée au lien entre comptabilité et fiscalité. Ainsi, dès 1930, John Widman, préfaçant l'ouvrage de Walgreen écrivait que l'histoire servait à retranscrire les événements du passé afin que ces événements passés puissent servir au présent. L'histoire a une valeur tant intellectuelle que pratique. Comme valeur pratique, elle fournit un socle qui puisse servir d'expérience et permet d'éviter les grandes erreurs. Comme valeur intellectuelle, l'histoire permet d'avoir un point de vue éclairé en considérant les événements passés. Chaque nouvelle génération devrait apprendre d'elle-même. Chaque nouvelle génération réfléchirait de façon plus intelligente si elle avait connaissance de ce que pensaient ses prédécesseurs et de leur façon d'agir. Le souci de la compréhension des relations entre comptabilité et fiscalité a donc justifié les parenthèses historiques qui ont été utilisées dans cette étude.

Partie 1 : La relation entre comptabilité et fiscalité : une relation de compromis depuis l'avènement des normes comptables internationales

50. Contrairement à l'avis émis par une bonne partie de la doctrine, la relation entre comptabilité et fiscalité ne saurait se résumer à l'image du « ver introduit dans le fruit », symbole d'une intrusion des règles fiscales [199] dans les règles comptables[200]. La forte présence des règles fiscales dans les comptes n'est plus à démontrer, pas plus que l'effet négatif que cette présence serait susceptible d'induire. Le 23 octobre 1980, lors du 35e congrès de l'ordre des experts comptables, Delmas-marsalet, maître des requêtes au Conseil d'Etat et chef du service de la législation fiscale, faisait remarquer[201] : « ce débat n'est pas nouveau. Il y a plus d'un quart de siècle, lorsque j'étais moi-même sur les bancs de la faculté de droit, l'un de mes anciens préparait une thèse sur ce sujet, qu'il devait sous-titrer « le rapt de la comptabilité par la fiscalité » », faisant ainsi référence à la thèse de Rives[202]. Simplement, la généralisation de ce qui devait constituer l'exception, l'application contraire de l'article 38 quater de l'annexe III au Code général des Impôts qui instaure la primauté des règles comptables sur les règles fiscales a suscité l'émoi de la doctrine[203], réveillant ainsi les critiques les plus acerbes sur la fiscalité et son rôle vis-à-vis de la comptabilité[204].

---

[199] F. Pasqualini, « Les chances d'une double rupture », *Les Petites Affiches*, 8 septembre 2005, n°179, p. 27.

[200] F. Pasqualini, *Le principe de l'image fidèle en droit comptable*, thèse, litec 1992.

[201] J. Delmas-marsalet, « Comptabilité et contraintes de la fiscalité », in Ordre des Experts-comptables et des comptables Agrees, « Comptabilité et fiscalité », actes du 35e congrès de l'ordre des Experts-comptables, Paris, 1980, p. 25.

[202] L. Rives, *Obsession fiscale et administration des entreprises : Essai sur le rapt de la comptabilité par la fiscalité*, thèse, Péchade, 1962.

[203] Comme le souligne Villemot, en principe, il appartient aux règles fiscales de respecter les règles comptables : D. Villemot, « Les conséquences fiscales de l'adoption des normes comptables internationales », *Droit Fiscal* 2003, n°50, étude n°45, p. 1581 à 1585. C'est aussi le principe énoncé par l'article 38 quater de l'annexe III au Code général des Impôts.

[204] L. Rives, *Obsession fiscale et administration des entreprises : Essai sur le rapt de la comptabilité par la fiscalité*, thèse, Péchade, 1962.

51. Pourtant l'analyse des différents éléments de jurisprudence[205], de commentaires de doctrine[206] ou encore d'articles de textes de lois[207] ne permet pas de conclure à la domination des règles fiscales sur les règles comptables comme la seule variable des relations entre comptabilité et fiscalité. En d'autres termes, il est tout aussi surprenant de constater, dans le Code général des Impôts, dans la jurisprudence ou dans les commentaires de doctrine, des situations où la règle fiscale prime sur la règle comptable[208], ceci avec la « complicité » du Conseil d'Etat. Les raisons de l'attitude de la haute juridiction administrative ont été exposées par son président à la section des finances[209] : « dans le doute, le Conseil d'Etat a choisi, conformément au principe d'alignement posé par l'article 38 quater de l'annexe III, de transposer au droit fiscal la solution comptable. Cette démarche intellectuelle mérite d'être signalée. La haute juridiction n'aurait peut-être pas eu la même attitude il y a une vingtaine d'années. Comme l'a constaté Philippe Durand dans sa précédente chronique, l'autonomie du droit fiscal se restreint. Le juge fiscal répugne désormais, lorsque la solution d'une question fiscale met en jeu d'autres droits, à donner des définitions spécifiques au droit fiscal en s'écartant de celles qui sont habituellement données par le droit comptable, le droit des affaires ou le droit civil. Il ne le fait que lorsqu'un texte exprès lui impose ou que la nature même de l'impôt l'y contraint[210] ». La jurisprudence Villeroy et Boch[211] fait ressortir une autre

---

205 Voir par exemple l'étude jurisprudentielle de Delesalle sur la question : E. Delesalle, « Fiscalité et normes comptables internationales », *Bulletin Fiscal Francis Lefebvre*, avril 2003 ainsi que l'abondante jurisprudence en la matière qui fait ressortir tantôt des décisions du Conseil d'Etat en faveur des règles comptables et tantôt des décisions du Conseil d'Etat en faveur des règles fiscales.

206 J. Turot, « La poule pondeuse et le poulet », *RJF* 1994, novembre-décembre, Etudes, p. 742 ; voir aussi P. Dibout, « Le bilan d'une crise », *Les Petites Affiches,* 8 septembre 2005, n°179 p. 45 ; CE, 8 juin, 2005 n° 270967, 9e et 10e s.-s., SAS Sofinad, concl. L. Vallee, *BDCF* 2005, n°885, août-septembre.

207 Outre l'article 38 quater de l'annexe III au Code général des Impôts selon lequel les entreprises doivent respecter les définitions édictées par le Plan comptable général, il existe un certain nombre de définitions comptables reprises par le Code général des Impôts. C'est le cas de l'article 38 Nonies de l'annexe III au Code général des Impôts. Cet article a été au cœur d'une querelle jurisprudentielle entre application des règles comptables et des règles fiscales : CE, 27 juin 1994, n° 121748, Société Villeroy et Boch, *Revue de Jurisprudence Fiscale,* août-septembre 1994, n° 888.

208 CE, 27 juin 1994, n° 121748, Société Villeroy et Boch, *Revue de Jurisprudence Fiscale*, août-septembre 1994 n° 888 ; pour une application des règles comptables telles que modifiées par les normes IFRS sur les règles fiscales voir CE 8 juin 2005 n° 270967, 9e et 10e s.-s., SAS Sofinad, concl. L. Vallee, *BDCF* 2005, n°885, août-septembre.

209 O. Fouquet, « Droit comptable et Droit Fiscal », *La Revue Administrative*, n°280, juillet-août 1994, p. 373-374.

210 CE, 26 février 1993, n°14039, Caisse Régionale de crédit agricole mutuel : *RJF* 4/93, p. 279, conclusions O. Fouquet cité par O. Fouquet, « Droit comptable et Droit Fiscal », *La Revue Administrative*, n°280, juillet-août 1994, p. 374.

211 CE, 27 juin 1994, n° 121748, Société Villeroy et Boch, *op. cit.*

analyse de la relation entre comptabilité et fiscalité conduisant à affirmer qu'il ne s'agit pas d'une généralisation du phénomène d' « abus de droit » de la part de la fiscalité sur la comptabilité. Du Plan comptable général de 1947, en passant par celui de 1957, sans oublier les décrets-lois de 1964 et 1965, et le vœu du Conseil national de la Comptabilité de 1962, c'est une histoire des relations entre comptabilité et fiscalité, dominée par le droit fiscal que nous livre la réglementation. La doctrine n'est pas restée sans réaction face à cette relation, somme toute, assez atypique[212].

52. Les difficultés d'analyse viennent des commentateurs qui se sont intéressés à la question et qui décrivent la relation entre comptabilité et fiscalité comme un « rapt[213] ». C'est par respect pour les différentes facettes de cette relation que nous préférerons parler de « compromis entre la comptabilité et la fiscalité », surtout depuis l'apparition des normes comptables internationales. Car s'il est vrai que l'application des règles fiscales à la comptabilité « paralysent les énergies et contraignent les chefs d'entreprise à une prudence excessive, génératrice de la passivité[214] », c'est aussi à ce même droit fiscal que l'on doit le développement du droit comptable. En effet, « le législateur fiscal s'était aperçu de la déficience de la loi privée, en matière de réglementation comptable », écrira Louis Rives, « et il n'avait pas manqué de pallier à cette carence en obligeant les commerçants à produire leur bilan en vue de la détermination de l'impôt cédulaire sur le revenu ». Tout se passe comme si la matière fiscale prenait conscience de la déficience de la matière comptable, la façonnait de sorte à la rendre plus utile. La fiscalité s'est « emparée peu à peu de la comptabilité, devenue principalement l'instrument de mesure de la matière comptable

---

212 La relation entre comptabilité et fiscalité a fait l'objet de deux thèses intéressantes : H. Paillisser, *Les relations entre la comptabilité commerciale et la fiscalité des entreprises*, thèse, Paris, 1990, p. 7 ; L. Rives, *Obsession fiscale et administration des entreprises : Essai sur le rapt de la comptabilité par la fiscalité*, thèse, Péchade, 1962. Voir aussi, à titre indicatif mais non exhaustif : M. Hinard, A. C. Mittaine-Chenevrier, *Comptabilité et fiscalité*, PUF, Paris, 1988 ; E. Carre, *Divergences entre fiscalité et comptabilité*, Dunod, Paris, 1969.

213 Voir à ce titre les colloques et congrès qui se sont tenus sur le thème de la comptabilité et de la fiscalité, ainsi que les commentaires faits par les différents intervenants. Tout d'abord : Ordre Des Experts-comptables et Des comptables Agrees, « Comptabilité et fiscalité », *Actes du 35e congrès de l'ordre des experts-comptables*, Paris, 1981. Ensuite, un autre colloque relatif à la relation entre comptabilité et fiscalité fait ressortir la même tendance de la doctrine à qualifier cette relation comme étant une domination des règles fiscales sur les règles comptables : acte du colloque organisé par le dess fiscalité de l'entreprise de l'université Paris Dauphine sur les conséquences de l'introduction des nouvelles normes comptables internationales, *Les Petites Affiches*, 8 septembre 2005, n°179, p. 3.

214 L. Rives, *Obsession fiscale et administration des entreprises : Essai sur le rapt de la comptabilité par la fiscalité*, thèse, Péchade, 1962, p. 84.

pour la pétrir selon ses besoins[215] ». A ce stade de l'analyse, la relation entre comptabilité et fiscalité n'est-elle pas le fruit d'un compromis (**Titre 1**) ?

53. Ces interactions entre les deux disciplines vont connaître un tournant depuis la décision du Conseil national de la Comptabilité. Cette décision consiste à faire converger le Plan comptable général vers les normes comptables internationales[216]. Du fait de cette convergence de nouveaux domaines d'interactions sont apparus, apportant ainsi une nouvelle dimension à la relation entre comptabilité et fiscalité[217]. Cette dimension de l'influence du droit comptable sur le droit fiscal montre que « ce compromis » entre comptabilité et fiscalité est soumis à l'épreuve des normes comptables internationales. Ces dernières bouleversent en effet le rapport de dépendance du droit comptable sur le droit fiscal. Plusieurs auteurs y ont vu le signe de la déconnexion entre la comptabilité et la fiscalité[218]. Peut-on parler d'amélioration de la règle fiscale ? (**Titre 2**).

---

[215] J.-L. Rossignol, M. Chadefaux, « Fiscalité et comptabilité », *Encyclopédie de la comptabilité, du contrôle de gestion et de l'audit*, Economica, 2e édition, 2009, n°59, p. 822.

[216] Les textes qui ont fait converger le Plan comptable général vers les passifs sont : CRC n° 2002-10, 2003-07 et n°2004-06. Avis du CNC n°2002-07 et n° 2004-15. Avis du CNC n° 2003-E et n° 2005-D.

[217] Voir à titre indicatif mais non exhaustif : J. G. Degos, S. Ouvrard, « L'influence des normes d'information financière sur la convergence des règles fiscales et comptables françaises », *La Revue du financier*, mai-juin 2007, n°165, p. 32. E. Delesalle, J.-L. Rossignol, « Fiscalité et normes comptables internationales : « mais ou et donc or ni car ? » », *Droit Fiscal* 2003, n° 50, étude n°18, p. 1563 ; E. Delesalle, « Comptabilité et fiscalité, je t'aime moi non plus », *Droit Fiscal* 2005, n°22, études n°19, p. 940 ; La première étude menée à l'échelle européenne mérite aussi d'être citée : F. Mousel, *Quel impact fiscal suite à l'adoption des normes IFRS par l'union européenne*, 1ère édition, Larcier, 2006.

[218] G. Gelard, « L'extension des normes internationales aux comptes sociaux et la déconnexion entre fiscalité et comptabilité », *Droit Fiscal* 2004, n°8, p. 42 ; E. Delesalle, « Comptabilité et fiscalité, je t'aime moi non plus », *Droit Fiscal* 2005, n°22, études n°19, p. 940.

Titre 1: Le compromis entre comptabilité et fiscalité

« Compromis : sorte d'ajustement d'intérêts divergents qui consiste à donner à chaque adversaire la satisfaction de penser qu'il a eu ce qu'il ne devait pas obtenir, et qu'il est privé de rien, sinon de ce qui lui était véritablement dû ».[219]

54. Le compromis entre comptabilité et fiscalité s'est non seulement réalisé à l'occasion de situations elles-mêmes compromises[220], mais aussi à travers de ce qu'il est commode de considérer comme les quatre variables de la relation entre comptabilité et fiscalité : les textes, la jurisprudence, la doctrine (qui comprend l'ensemble de la littérature qu'il s'agisse de la doctrine fiscale, ou des auteurs) et enfin de la pratique.

55. Le professeur Louis Rives a souligné dans sa thèse qu'il avait « fait souvent appel, pour juger les prescriptions fiscales dans le domaine comptable, aux normes et aux définitions du Plan comptable général ». Il a été pour lui « l'étalon qui a permis de mesurer les distorsions créées par le fisc »[221]. La démarche du professeur Louis Rives est justifiée et justifie que l'on s'imprègne des textes de lois pour tenter d'en extraire les éléments principaux de la relation entre comptabilité et fiscalité[222] **(Chapitre 1)**.

56. S'agissant de la dimension jurisprudentielle, certains commentateurs, comme Turot[223], ont attiré l'attention du lecteur sur l'application jurisprudentielle de cette relation. Ici, « l'image de ce conflit

---

[219] A. Bierce, *Le Dictionnaire du Diable*, Paris, Flammarion 2006.

[220] Delesalle évoquera ainsi le syndrome de la tour de Babel pour saluer le rôle unificateur de la comptabilité en normes IFRS. En effet, l'existence de plusieurs référentiels comptables avait non seulement contribué à fausser la comparabilité des sociétés mais avait aussi facilité les scandales financiers : E. Delesalle, « Le syndrome de la tour de Babel », *Revue banque magazine*, 01 février 2003, n°644, p. 56-57. S'agissant du contexte de la rencontre entre comptabilité et fiscalité, plusieurs auteurs le situe au lendemain de la seconde guerre mondiale : J.-G. Degos, S. Ouvrard, « L'influence des normes d'information financière sur la convergence des règles fiscales et comptables françaises », *La Revue du financier*, mai-juin 2007, n°165, p. 32.

[221] L. Rives, *Obsession fiscale et administration des entreprises : Essai sur le rapt de la comptabilité par la fiscalité*, thèse, Péchade, 1962, p. 12.

[222] La relation entre comptabilité et fiscalité a fait l'objet de plusieurs ouvrages : M. Hinard et A. C. Mittaine-Chenevrier, *Comptabilité et fiscalité*, PUF, Paris, 1988 ; E. Carre, *Divergences entre fiscalité et comptabilité*, Dunod, Paris, 1969 et de quelques belles thèses : H. Paillisser, *Les relations entre la comptabilité commerciale et la fiscalité des entreprises*, thèse, Paris, 1990 ; L. Rives, *Obsession fiscale et administration des entreprises : Essai sur le rapt de la comptabilité par la fiscalité*, thèse, Péchade, 1962, p. 84.

[223] J. Turot, « La poule pondeuse et le poulet », *RJF* 1994, novembre-décembre, Etudes, p. 742.

traditionnel où la théorie se verrait contestée par la pratique[224] », est intéressante à souligner. Quelques cas de contradiction entre la relation entre comptabilité et fiscalité telle qu'énoncée par les textes[225] et la relation entre comptabilité et fiscalité telle que pratiquée par la jurisprudence ont été recensés et justifient pleinement qu'un volet soit accordé à cette partie[226].

57. Enfin comment ne pas s'intéresser, dans ce compromis de la relation entre comptabilité et fiscalité, à la doctrine, au sens large, qu'il s'agisse de la doctrine de l'administration fiscale ou de la doctrine générale. Alors que la doctrine de l'administration fiscale permet d'avoir une grille pratique de la confrontation entre règles fiscales et comptables et de la façon dont elle gère les distorsions[227], la doctrine académique permet d'avoir une grille de lecture théorique de la relation entre comptabilité et fiscalité, organisée autour de la question de l'autonomie du droit fiscal par rapport au droit comptable ou du droit comptable par rapport au droit fiscal. Ainsi que le soulignait Burlaud : « droit comptable et droit fiscal sont étroitement imbriqués l'un et l'autre. En premier lieu, et c'est une des principales caractéristiques de la fiscalité française, parce que le droit fiscal est largement construit sur un alignement de ses principes et de ses règles sur ceux du droit comptable. En second lieu, parce que la comptabilité doit également reconnaître et traduire l'incidence dans les comptes sociaux des dispositions ou des situations fiscales particulières[228] ». Jurisprudence et doctrine, tels sont les éléments d'interprétation de la relation entre comptabilité et fiscalité, éléments trouvant une place largement justifiée dans le second volet de cette réflexion (**Chapitre 2**).

---

[224] L. Rives, *op. cit.*

[225] Et notamment l'article 38 quater de l'annexe III au Code général des Impôts, l'article 38 du Code général des Impôts et l'article 38 Nonies du même Code.

[226] CE, 21 août 1996, S.A. SIFE, n°154 488, *Droit Fiscal* 1996, n°50, comm. 1482, conclusions J. Arrighi de Casanova ; CE, 8 juin 2005, n° 270967, 9e et 10e s.-s., SAS Sofinad, concl. L. Vallee, *BDCF* 2005, n°885, août-septembre ; CE, 27 juin 1994, n° 121748, Société Villeroy et Boch, *Revue de Jurisprudence Fiscale* août-septembre 1994, n° 888.

[227] P. Perpere, « La doctrine de l'administration », Actes du colloque du dess fiscalité de l'entreprise de l'université Paris dauphine sur les conséquences des normes comptables internationales, *Les Petites Affiches*, 08 septembre 2005 n°179, p. 30 ; J.-P. Lieb, sous-directeur à la direction de la législation fiscale, interrogé par pricewaterhousecoopers, dans le cadre de la journée d'études « arrêté des comptes 2004 » les Échos conférences, cette légitimité résulte des liens étroits qui existent entre comptabilité fiscalité ; J.-P. Lieb, cité par Memento Francis Lefebvre Actifs, édition 2005.

[228] A. Burlaud, F. D. Poitrinal, E. Salustro, *Comptabilité et droit comptable- L'intelligence des comptes et leur cadre légal*, Gualino, Paris, 1998, p. 608.

Chapitre 1 : Le compromis législatif de la relation entre comptabilité et fiscalité

Bernard de Chartres disait que « nous sommes comme des nains assis sur les épaules de géants, ce qui nous permet de voir des objets plus nombreux et plus éloignés que ceux-ci ne le peuvent, en aucun cas grâce à l'acuité de notre propre vision ou à la hauteur de notre taille, mais parce que nous sommes portés et élevés vers le haut par la stature des géants[229] ».

58. Effectuer une synthèse de l'ensemble des domaines d'interactions entre la comptabilité et la fiscalité, la loi comptable et la loi fiscale, depuis l'institution officielle de leur lien en 1917 par la loi Caillaux[230] jusqu'à l'avènement des normes IFRS aurait été sans doute fastidieux, sauf à recourir aux « épaules des géants » pour reprendre l'expression de Bernard De Chartres[231]. Ces épaules de géants nous sont prêtées par Georges Haddou. Ce dernier a ainsi réalisé une synthèse de cette évolution législative depuis 1920, autant dire peu de temps après l'instauration officielle de la relation entre comptabilité et fiscalité. Cette évolution suivra son cours jusqu'à la fameuse directive de 1978, la quatrième directive européenne. L'évolution législative étudiée se situe entre 1920 et 1965, ce qui paraît être un excellent repère dans l'histoire, puisqu'il faudra attendre jusqu'en 1978, soit treize ans plus tard, pour voir apparaître un tournant majeur de la relation entre comptabilité et fiscalité[232], à travers la transposition du principe de l'image fidèle.

59. Le compromis législatif de la relation entre comptabilité et fiscalité est généralement divisé en trois parties. Selon certains commentateurs[233], la première partie correspondrait à la période entre la première guerre mondiale et les années 60. Cette période aurait vu la consécration du lien entre comptabilité et fiscalité. La seconde se situerait entre les années 60 et les

---

[229] J. De Salisbury, in l'édition de C. I. Webb, *Ioannis Saresberiensis Metalogicon libri*, Oxford, 1929, III 4, 900 b 18 - c 27, p. 136, cité par L. Spina, « Nains et géants : une dialectique antique », *L'information littéraire*, janvier 2004, 56e année, p. 28-33. Traduit du latin : « Dicebat bernardus carnotensis nos esse quasi nanos gigantium humeris insidentes, ut possimus plura eis et remotiora videre, non utique proprii uisus acumine aut eminentia corporis, sed quia in altum subuehimur et extollimur magnitudine 9gigantean ».

[230] J. O. du 18 juillet 1914, p. 6448.

[231] B. De Chartres, *op. cit.*

[232] 4e directive adoptée par le Conseil des Communautés Européennes le 25 juillet 1978, Journal Officiel du 3 mai 1983, page 1335.

[233] J.-L. Rossignol, M. Chadefaux, « Fiscalité et comptabilité », *Encyclopédie de la comptabilité, du contrôle de gestion et de l'audit*, n° 59, pp. 813-828, Economica, 2e édition, 2009, p. 813 et s.

années 2000 et la troisième des années 2000 à nos jours. La dissociation ainsi opérée est intéressante[234]. Il nous semble cependant qu'il faille lui privilégier une autre approche. La relation entre comptabilité et fiscalité avant l'introduction des directives communautaires comptables visant à l'harmonisation des comptabilités communautaires et la relation entre comptabilité et fiscalité depuis l'introduction des directives comptables communautaires[235]. Cette dichotomie nous paraît mieux organisée. Elle a aussi le mérite de refléter la dynamique du sujet qui vise à étudier une relation en interne (la relation entre comptabilité et fiscalité) modifiée par des éléments externes (les normes comptables internationales) qui, comme les 4e et 7e directives, ont été introduites par le droit communautaire[236].

60. S'agissant tout d'abord de la première période, c'est-à-dire, celle qui précède l'entrée des 4e et 7e directives européennes, elle peut-être subdivisée, en deux parties, indépendamment des subdivisions opérées par la doctrine[237]. La première concerne la période de l'entre-deux guerres, c'est-à-dire de 1914 à 1945 et la seconde partira de 1945 à 1978, date d'introduction des 4e et 7e directives.

---

[234] Il s'agit de la distinction privilégiée par Rossignol et Chadefaux, *op. cit.*

[235] Le paragraphe 3 du règlement n°1606-2002 visant l'introduction des normes comptables internationales dispose : « la directive 78/660/CEE du Conseil (4) concernant les comptes annuels de certaines formes de sociétés, la directive 83/349/CEE du Conseil (5) concernant les comptes consolidés, la directive 86/635/CEE du Conseil du 8 décembre 1986 concernant les comptes annuels et les comptes consolidés des banques et autres établissements financiers (6) et la directive 91/674/CEE du Conseil du 19 décembre 1991concernant les comptes annuels et les comptes consolidés des entreprises d'assurance (7) s'appliquent aussi aux sociétés communautaires faisant appel public à l'épargne. Les obligations de publicité que ces directives prévoient ne peuvent pas garantir le degré élevé de transparence et de comparabilité que l'information financière publiée par toutes les sociétés communautaires faisant appel public à l'épargne doit présenter pour permettre la création d'un marché intégré des capitaux efficace et harmonieux. Il convient donc de compléter le cadre juridique applicable aux sociétés qui font appel public à l'épargne ». Source : http://eur-lex.europa.eu.

[236] Il importe cependant de rappeler que les normes comptables internationales étaient destinées aux comptes consolidés. Les comptes consolidés n'ayant pas de lien avec la fiscalité, leur transposition dans les comptes consolidés des groupes faisant appel public à l'épargne n'avait aucune incidence sur la relation entre comptabilité et fiscalité. Mais le CNC a décidé de faire converger le Plan comptable général vers les normes comptables internationales. Du fait de cette convergence, la relation entre comptabilité et fiscalité est concernée car le Plan comptable général s'applique aux comptes sociaux, lesquels sont utilisés pour la détermination de l'assiette de l'impôt sur les sociétés. Voir D. Villemot, « Présentation du rapport d'étape du groupe IAS/fiscalité », *Droit Fiscal* 2005, n° 17, étude n°19, p. 765 à 771.

[237] Voir G. Haddou, « Fiscalité et comptabilité, évolution législative depuis 1920 », *Revue française de comptabilité*, n° 225, juillet-août, p. 55-64 ; Pour une synthèse complète, voir aussi J.-P. Lagarrigue, A. Pavie, *Le droit comptable*, Tome 1- Les sources, Editions S.A., Paris, 1984.

61. La première sous période de la première période a été ainsi organisée car elle comporte les éléments phares d'une relation entre comptabilité et fiscalité, où la fiscalité était en quête de deniers publics pour reconstruire la France de l'après-guerre et où la comptabilité était en pleine construction. Cette interdépendance explique les interactions qui se sont produites entre les deux disciplines de façon générale. Au cours de cet intervalle, il est possible en effet de souligner d'une part l'omniprésence du droit fiscal en comptabilité et d'autre part, le développement et le renforcement du droit comptable. Ainsi, pour ce qui est de l'omniprésence du droit fiscal en comptabilité, il convient de citer la création de l'impôt cédulaire sur les entreprises commerciales et industrielles par la loi du 31 juillet 1917[238]. Très vite, le droit fiscal va taxer le chiffre d'affaires à travers la loi du 25 juin 1920[239], obliger la comptabilité à communiquer avec la fiscalité et instaurer un champ commun de travail. L'obligation de communiquer avec les autorités fiscales se fera à travers la loi du 31 juillet 1920, intitulée « obligation de communication de la comptabilité[240] », et l'instauration du champ commun de travail n'est autre que la définition du bénéfice imposable. Le bénéfice imposable sera défini deux fois : d'abord une « première définition du bénéfice imposable » à travers les lois des 30 décembre 1928, 28 février 1933, 6 juillet 1934 et le décret du 20 juillet 1934[241]. Une seconde définition du bénéfice imposable ensuite à travers la loi du 13 janvier 1941[242].

62. La seconde sous période de la première période verra le retour en force du droit comptable avec une année 1947, particulièrement riche pour

---

[238] Voir G. Haddou, « Fiscalité et comptabilité, évolution législative depuis 1920 », *Revue Française de Comptabilité*, n° 225, juillet-août, p. 56.

[239] L'article 6, rapporté par Haddou, *op. cit.*, dispose « qu'en vue de la perception de l'impôt sur le chiffre d'affaires, les commerçants qui ne tiennent pas de comptabilité ont l'obligation d'avoir un livre aux pages numérotées sur lequel ils doivent inscrire, jour par jour, sans blancs, ni ratures, toutes les ventes d'objet ou de services qu'ils ont effectuées. Ce livre doit être totalisé à la fin de chaque mois et conservé, ainsi que toutes les pièces justificatives, pendant un délai de trois ans ».

[240] Selon G. Haddou, « l'article 32 de la loi requiert de tout commerçant faisant un chiffre d'affaires supérieur à 50 000 F, pour permettre le contrôle des déclarations d'impôt, la recherche des omissions ou des fraudes qui auraient pu être commises dans le délai de prescription, la représentation à toute réquisition des agents du Trésor ayant au moins le grade de contrôleur ou d'inspecteur-adjoint des livres dont la tenue est prescrite par le titre II du Code de Commerce ainsi que tous les livres et documents annexes, pièces de recettes et de dépenses ». G. Haddou, *op. cit.*

[241] « Le bénéfice imposable est le bénéfice net, déterminé d'après les résultats d'ensemble des opérations de toute nature effectuées par les entreprises, y compris les cessions d'éléments quelconques de l'actif soit en cours, soit en fin d'exploitation » : définition rapportée par G. Haddou, *op. cit.*

[242] Quelques textes interviennent aussi après 1941. Il s'agit notamment du décret n°48-1986 du 9 décembre 1948, sur l'impôt sur le revenu des personnes physiques et l'impôt sur les sociétés.

cette discipline et au cours de laquelle le Conseil supérieur de la Comptabilité[243] est créé et le Plan comptable général de 1947[244]. Dix ans plus tard, c'est-à-dire en 1957, les mêmes événements se répètent : le Conseil national de la Comptabilité est créé[245] et les comptables français assistent à la révision du Plan comptable General[246]. Enfin comment ne pas évoquer le vœu, de ce même Conseil national de la Comptabilité en 1962[247], qui avait promis qu'aucune disposition d'ordre fiscal n'affecterait les comptes. L'éveil du droit comptable s'est fait, incontestablement, de façon laborieuse et lacunaire lors de cette première période, sans doute parce que les relations entre comptabilité et fiscalité étaient régies par le droit interne. L'ouverture à l'international avec la 4e et la 7e directive comptable marque ainsi une nouvelle dimension de la relation et constitue la seconde période.

63. S'agissant enfin de cette seconde période, c'est-à-dire celle allant de 1978 à nos jours, elle est à l'évidence marquée par une forte présence de la normalisation comptable internationale. Le paragraphe 3 du règlement n°1606-2002 apporte une synthèse exhaustive des différents textes européens intervenus à cette époque. Il s'agit de la directive 78/660/CEE du Conseil concernant les comptes annuels de certaines formes de sociétés. On peut aussi citer la directive 83/349/CEE du Conseil concernant les comptes consolidés, la directive 86/635/CEE du Conseil du 8 décembre 1986 concernant les comptes annuels et les comptes consolidés des banques et autres établissements financiers. La directive 91/674/CEE du Conseil du 19 décembre 1991 concernant les comptes annuels et les comptes consolidés des entreprises d'assurance, est à signaler dans ce registre enfin le fameux règlement n°1606/2002 concernant l'obligation faite aux entreprises cotées sur les marchés européens, d'utiliser les normes comptables internationales dans les comptes consolidés[248].

64. Dans cette alchimie de directive, c'est la directive de 1978[249], la quatrième particulièrement, qui a suscité le plus d'espoir de la part de la doctrine et fait l'objet des commentaires les plus acerbes. Pasqualini dira ainsi qu' « elle avait été décriée par ceux dont la religion est le conservatisme et trahie aussitôt par ceux pour qui l'immobilisme est un mode de vie. Pourtant (...), la quatrième directive, grâce au concept d'image fidèle, traçait le chemin qui devait mener aux normes comptables internationales. Simplement les comptables comme les juristes ont refusé

243 Décret n°47-188 du 16 janvier 1947cité par G. Haddou, *op. cit.*
244 Arrêté du 18 septembre 1947 cité par G. Haddou, *op. cit.*
245 Décret n°57-129 du 7 février 1957 cité par G. Haddou, *op. cit.*
246 Arrêté du 11 mai 1957 cité par G. Haddou, *op. cit.*
247 G. Haddou, *op. cit.*
248 Règlement n°1606-2002, cité supra.
249 Directive CEE n°78/660 du 25 juillet 1978.

d'ouvrir les yeux et ont ainsi fait le bonheur d'une fiscalité en France qui n'a jamais semblé prête à renoncer aux prérogatives comptables qu'elle a pourtant usurpé[250] » (**Section 1**).

65. Dans une approche analytique du compromis législatif, certains éléments interpellent le lecteur. Parmi ces derniers figurent sans doute les deux définitions du bénéfice net. C'est ainsi que le compromis législatif s'est organisé : le droit fiscal tente de supprimer les divergences qui l'opposent au droit comptable en tirant parti de l'opposition. La règle fiscale semble donc avoir « tendance à abuser de son pouvoir ». Elle « va jusqu'à ce qu'elle trouve des limites »[251], soit parce qu'il subsistera toujours des divergences qu'elle ne pourra supprimer d'elle-même, soit parce qu'il n'existera pas de divergences mais elle devra s'appuyer sur la comptabilité pour vérifier l'application des règles fiscales (**Section 2**).

Section 1 : L'Organisation du compromis législatif autour du principe de l'image fidèle

66. Il existe plusieurs façons d'exprimer le principe de l'image fidèle. L'image fidèle peut d'abord, selon le dictionnaire comptable et financier du groupe Revue Fiduciaire[252], s'exprimer vis-à-vis des principes comptables. Cette forme de fidélité traduit la connaissance que les responsables de la tenue des comptes ont de la réalité et de l'importance relative[253]. Elle s'appréciera en fonction du respect des procédures et règles établies par le Plan comptable General[254]. Seuls deux cas de dérogations à la fidélité aux principes comptables ont été mentionnés par la loi[255]. Il en sera ainsi : « lorsque l'application d'une prescription comptable ne suffit pas pour donner l'image fidèle (…) » ou « lorsque l'application d'une prescription comptable se révèle impropre à donner une image fidèle ». Les cas de non application du principe de l'image fidèle sont donc décevants au regard de

---

[250] F. Pasqualini, « Allocution de bienvenue », Acte du colloque organisé par le dess fiscalité de l'entreprise de l'université Paris Dauphine sur les conséquences de l'introduction des nouvelles normes comptables internationales, *Les Petites Affiches*, 8 septembre 2005, n°179, p. 3 ; F. Pasqualini, *Le principe de l'image fidèle en droit comptable*, thèse, litec 1992.

[251] Selon Montesquieu, « tout homme qui a du pouvoir est porté à en abuser ; il va jusqu'à ce qu'il trouve des limites.» Montesquieu, *L'Esprit des lois*, 1748.

[252] Groupe Revue Fiduciaire, *Dictionnaire comptable et financier*, 10e édit., p. 802.

[253] Et son non respect est un délit pénal : J.-L. Navarro, « Droit comptable », *La Semaine Juridique Entreprise et Affaires* n° 43, 22 octobre 2009, p. 2004.

[254] PCG, article 120-2.

[255] Article L.123-14 du Code de Commerce.

l'analyse de la relation entre comptabilité et fiscalité. Non seulement la loi ne mentionne pas les cas où l'application de la règle fiscale se révélerait impropre à donner une image fidèle « du patrimoine, de la situation financière ou du résultat », mais encore la seule mesure pour pallier à la non application du principe de l'image fidèle est une « mention à l'annexe, dûment motivée, avec l'indication de son influence sur le patrimoine, la situation financière et le résultat de l'entreprise[256] ». La directive européenne visant l'harmonisation comptable des sociétés avait pour objectif de mettre fin à la mauvaise application des règles fiscales à la comptabilité des Etats européens[257]. Il s'agira de voir dans quelle mesure cette directive a interféré dans la relation entre comptabilité : en d'autres termes, en faveur de quelle discipline cette directive a-t-elle exprimé sa fidélité. Ce principe permet-il de sanctionner les atteintes à l'image fidèle résultant de l'application des dispositions fiscales dans les comptes. (**Paragraphe 1**).

67. En tant que directive communautaire, sa mise en œuvre sera aussi assurée par la Cour de Justice des Communautés Européennes. Ceci permettra donc de connaître les leçons du passé en matière d'application des directives communautaires pour savoir dans quelle mesure la CJUE pourrait jouer un rôle dans l'application des normes comptables internationales. Le résultat attendu de cette analyse est de savoir quelles sont les chances de voir le droit comptable national se dégager des considérations fiscales grâce à l'application des normes comptables internationales et au rôle de la CJUE (**Paragraphe 2**).

Paragraphe 1 : La réception du principe de l'image fidèle dans la relation entre comptabilité et fiscalité

68. Le principe de l'image fidèle est un échec sémantique et par échec sémantique, il faut comprendre qu'il n'a pas de définition[258]. Le lecteur qui

---

[256] Code de Commerce, article L. 123-14.

[257] L'article 2 de la quatrième directive précise, en ses paragraphes 3 et 5 : Paragraphe 3 : « les comptes annuels doivent donner une image fidèle du patrimoine, de la situation financière ainsi que des résultats de la société... ». Paragraphe 5 : « si, dans des cas exceptionnels, l'application d'une disposition de la présente directive se révèle contraire à l'obligation prévue au paragraphe 3, il y a lieu de déroger à la disposition en cause afin qu'une image fidèle au sens du paragraphe 3 soit donnée ».

[258] Même le lexique de comptabilité de P. Lassegue, sensé donner une définition du terme l'aborde ainsi : « Image fidèle : principe de tradition anglo-saxonne (fair and true view), adopté par la 4e directive européenne de 1978 (art. 2, al. 3 et 5) et introduit en France par le Plan comptable général de 1982 (I, 5), confirmé par le code de commerce (art. L. 123-14,

s'intéresse à la question se confronte à une succession de textes au travers desquels ce principe est exprimé[259]. La doctrine est unanime pour reconnaître l'introduction de ce dernier par les quatrième et septième directives. Elle s'accorde tout autant à dégager ses origines anglo-saxonnes[260] mais pour une définition claire et exhaustive de la notion, il est difficile de parvenir à un résultat satisfaisant[261].

69. La difficulté sémantique n'a donc pas permis à ce principe de recouvrer pleinement son efficacité[262]. D'ailleurs sa traduction dans les différents Etats membres s'est faite de façon « désordonnée[263] », chaque Etat y allant de sa propre conception de l'image fidèle[264]. Ce principe serait

---

al.1), puis par le PCG 1999 (art. 120-1) » ; P. Lassegue, *Lexique de Comptabilité*, Dunod, Paris 2007, p. 390.

[259] Le dictionnaire de la Revue comptable et Financier ne déroge pas au constat. Les premières lignes s'attellent à recenser l'ensemble des textes au travers desquels ce principe est présent. Il a cependant le mérite de rappeler que « ni la loi française ni le Plan comptable général ne donnent de définition de ce concept ».

[260] Voir par exemple D. Boussard, « Essai sur la qualification littérale de l'expression true and fair », *Mélanges en l'honneur du professeur Claude Perochon*, Foucher Paris 1995, p. 77. La doctrine cite en Général le Companies Act comme source de ce principe. Le Companies Act de 1985 pour D. Alexander et A. Burlaud et celui de 1948 pour F. Pasqualini, remonté plus loin dans l'histoire pour les besoins de sa thèse : F. Pasqualini, *Le principe de l'image fidèle en droit comptable*, thèse, litec 1992, p. 20 ; Voir aussi D. Alexander et A. Burlaud, « Existe-t-il une ou plusieurs images fidèles en Europe ? », *Revue de Droit comptable*, n°93-2, septembre 1993, p. 9.

[261] « C'est Antigone contre Créon, le sentiment de ce qui est juste contre le droit positif qui est ainsi nié au profit d'une valeur transcendante à ce droit positif, c'est-à-dire supérieure et universelle. Ainsi le concept d'image fidèle non seulement exige de la part des dirigeants de l'entreprise un surcroît de sincérité, comme Bergson parlait d'un « supplément d'âme », mais dans des cas extrêmes rares, au nom du concept d'image fidèle, on écartera le concept de régularité : par fidélité à son image, la société sera infidèle aux règles de droit positif » : E. Du Pontavice : « L'émergence du droit comptable en France», *Revue Française de Comptabilité,* janvier 1984, n°142, p. 388.

[262] F. Pasqualini, R. Castel, « Le dixième anniversaire de la loi comptable », *Revue de Droit comptable*, n°93-1, mars 1993, p. 13.

[263] Pour les Etats qui ont une comptabilité basée sur le droit comme la France, l'image fidèle aurait d'avantage manqué de sa fidélité, car s'imprégnant du caractère subjectif des contrats : Y. Bernheim, « La comptabilité d'intention : bonne ou mauvaise intention » ? *Revue de Droit comptable*, n°93-4, décembre 1993, p. 89.

[264] Voir L. Klee, « Image fidèle et représentation de l'entreprise », *Encyclopédie de la comptabilité, du contrôle de gestion et de l'audit*, n° 59, pp. 813-828, Economica, 2e édit., 2009, p. 903. Selon Klee, « la version allemande, anglaise, française et néerlandaise de l'article 2 alinéa 3 de la directive européenne illustrent les difficultés rencontrées. La version anglaise utilise le terme view, qui s'appuie sur le sens de la vue et le travail de l'intelligence puisqu'il peut-être compris de manière active : le regard sur quelque chose, et de manière passive : ce qui est vu ou abstrait : l'idée. Les mots allemands Bild et néerlandais beeld, étymologiquement identiques, s'appliquent, comme le mot français « image », au résultat d'une opération technique ou intellectuelle de reproduction d'un objet, opération qui nécessite la mise en œuvre d'un outil. (...). Le concept de l'image fidèle parait participer de deux conceptions : d'abord une mise en œuvre rigoureuse de techniques, ensuite un dépassement

apparu pour la première fois dans un texte anglais de 1844[265]. La difficulté d'application de cette notion tient au fait qu'elle place le jugement au cœur des comptes[266].

70. A vrai dire, l'image fidèle est plus une attitude, qu'une définition. Elle exprime d'avantage « une idée de vie[267] », un idéal de justice, une attitude, un comportement et même parfois un jugement.[268] Elle a des allures de subjectivité et ne peut que décevoir car ce qui est subjectif ne peut faire l'unanimité[269]. Les premières questions qui viennent à l'esprit du lecteur, consistent d'abord à se demander à quoi tient cette fidélité, à qui, et comment[270] ? Il s'agit de la fidélité aux règles comptables et l'exercice de cette fidélité s'opère dans le bilan, le compte de résultat et l'annexe.

71. Pour vérifier s'il y a ou non, respect du principe de l'image fidèle, l'expert-comptable doit pouvoir déceler, à travers les documents comptables, ce que l'utilisateur des états financiers, qu'il s'agisse d'un investisseur ou un tiers, voit. Si cette lecture est conforme, alors, il y a respect du principe de l'image fidèle. Si cette lecture est non conforme, alors il n'y a pas respect du principe de l'image fidèle. Le test de fidélité ainsi défini est capital dans l'analyse de l' « infidélité » que la fiscalité produit dans les comptes de l'entreprise. Certains avantages fiscaux, offerts par l'administration fiscale conduisent à minorer le résultat comptable pour payer moins d'impôt. L'investisseur croit avoir en face de lui une entreprise moins performante

des moyens techniques par l'utilisation d'un jugement responsable. Sa réception a été faite selon diverses acceptions. Les pays-bas en ont fait une notion de jugement approprié, les britanniques en ont fait une application distincte dans le bilan d'un côté et dans le compte de profits et de pertes de l'autre sans pour autant arriver à une application uniforme de ce principe dans l'ensemble des comptes annuels. L'Allemagne et la France ont encadré ce principe, en le renvoyant, l'une, au respect des « principes comptables d'une comptabilité régulière », l'autre aux principes de régularité, de sincérité et de prudence ». Sur les différences de transposition au sein des lois sur les sociétés commerciales en France, en Allemagne et au Royaume-Uni, voir D. Alexander et A. Burlaud, *op. cit.*, p. 9.

[265] F. Pasqualini, *Le principe de l'image fidèle en droit comptable*, thèse, litec 1992, p. 20. L'auteur explique en effet qu'une loi de 1844 sur l'inscription et la régularisation des sociétés par action exigeait de celles-ci la présentation à leurs actionnaires d'un bilan devant faire ressortir a «*full and fair balance sheet...(showing) a true statement of the assets and liabilities... and a distinct view of the profit or loss (of the period)* ».

[266] D. Boussard, op. cit, p. 78.

[267] F. Pasqualini, *op. cit.*

[268] C'est la conception des Pays-Bas de la notion : L. Klee, *op. cit.*

[269] M. Vallas, « Le bon sens, source de droit ?», *Revue de Droit comptable*, n°93-1, mars 1993, p. 79.

[270] On retrouve aussi la notion d'image fidèle dans la loi comptable du 20 avril 1983. Selon G. Gelard, le rappel par la loi française de l'obligation pour les entreprises françaises de respecter les principes comptables de régularité, sincérité et image fidèle relève plus d'un « empilement des mots que d'une construction cohérente » : G. Gelard, « Rendre compte de la substance des opérations », *Revue Française de Comptabilité*, n°262, 1994, p. 40.

alors qu'avant tout, les responsables de l'établissement des comptes voulaient éviter un impôt sur les sociétés, source de charge supplémentaire pour la société[271].

72. La quatrième directive européenne a été saluée comme étant l'occasion de redonner à la comptabilité une application du principe de « l'image fidèle » plus respectueuse des principes comptables[272]. Elle comporte néanmoins des lacunes. Parmi celles-ci, l'absence de définitions de la notion d'actifs. Comme le fait remarquer à juste titre Mousel, « la quatrième directive ne comporte pas de définitions explicites des éléments qui bâtissent les états financiers. Notamment, il n'y a pas de définition de la notion « d'actif ». Nous renvoyons par exemple à l'article 9 qui définit une structure minimale de bilan. La comptabilisation à l'actif de certains éléments (notamment les frais d'établissement et les frais de recherche et de développement est ainsi laissée à l'appréciation des législations nationales[273] ».

73. Outre ces déficiences, les lacunes de la transposition de la quatrième directive européenne sont liées au fait qu'elle a été élaborée en tenant compte des fiscalités des pays auxquels elle s'adresse, mais surtout du lien entre comptabilité et fiscalité existant dans ces pays. Venue chasser la présence trop forte de la fiscalité dans les comptes pour leur donner une seine représentation de l'image fidèle, elle contient elle-même des dispositions fiscales contribuant à la pollution des comptes. C'est l'image du serpent se mordant la queue, le mythe de Sisyphe condamné à rouler une pierre qui retombe toujours sur elle-même. Pour que la directive soit efficace, celle-ci doit prendre en considération les différents liens, plus ou moins forts, existants entre comptabilité et fiscalité. Pour qu'elle puisse atteindre ses objectifs, il faudrait qu'elle arrive à chasser tout lien entre comptabilité et fiscalité, surtout si ce lien vise à la pollution des comptes par la fiscalité[274].

74. D'autres lacunes de la quatrième directive européenne n'ont pas permis de solutionner le problème du conflit entre comptabilité et fiscalité.

---

[271] R. Gillet, M. Levasseur, « Finance et comptabilité », *Encyclopédie de la comptabilité, du contrôle de gestion et de l'audit*, n° 59, Economica, 2e édition, 2009, p. 799.

[272] F. Pasqualini, « Allocution de bienvenue », acte du colloque organisé par le dess fiscalité de l'entreprise de l'université Paris Dauphine sur les conséquences de l'introduction des nouvelles normes comptables internationales, *Les Petites Affiches*, 8 septembre 2005, n°179, p. 3 ; F. Pasqualini, *Le principe de l'image fidèle en droit comptable*, thèse, litec 1992.

[273] F. Mousel, *Quel impact fiscal suite à l'adoption des normes IFRS par l'union européenne*, 1e édition, Larcier, 2006.

[274] F. Mousel, *op. cit.*

Turot évoque ainsi « la notion d'immobilisation[275] ». Selon ce dernier, « la notion d'immobilisation, comme beaucoup d'autres postes du bilan, est susceptible de deux approches : une approche patrimoniale, selon laquelle il n'y a pas d'actif immobilisé qui n'ait une valeur patrimoniale ; une approche par le principe de spécialité des exercices, selon laquelle doivent être immobilisées les charges qui contribueront durablement à générer des profits au cours des exercices ultérieurs. L'immobilisation est à ce point de vue une technique d'étalement des charges au rythme des amortissements (dans le cas d'actifs qui se déprécient), voire de neutralisation de charges (dans le cas d'actifs qui sont réputés ne pas se déprécier). Entre ces deux approches, la directive européenne d'harmonisation comptable n'a pas tranché nettement. S'agissant des immobilisations, l'article 15 de la 4e directive indique que l'actif immobilisé comprend les « éléments qui sont destinés à servir de façon durable à l'activité de l'entreprise[276] ». C'est une définition ambiguë, que reprend l'article 10 du décret du 29 novembre 1983, et que l'on trouve également dans le PCG (paragraphe I, 32), qui ajoute que ces éléments ne se consomment pas par le premier usage. A ce régime, le moindre crayon pourrait être immobilisé[277] ».

75. Que dire enfin de l'aspect pénal. Le droit positif se satisfait amplement de punir d'amende et d'emprisonnement « les dirigeants qui, même en l'absence de toute distribution de dividendes, auront sciemment présenté aux associés des comptes annuels ne donnant pas, pour chaque exercice, une image fidèle du résultat des opérations de l'exercice, de la situation financière et du patrimoine[278] » en oubliant que ces distorsions peuvent aussi émaner des règles fiscales. Il est difficile, dans ces conditions, d'assurer une seine application de l'image fidèle, qui aurait pu permettre aux comptabilités nationales de devenir moins imprégnées des règles fiscales. Le rôle de la Cour de Justice de l'Union Européenne est alors intéressant à analyser puisqu'elle a pour objectif d'assurer l'effectivité de ce principe.

---

[275] J. Turot, « La poule pondeuse et le poulet », *RJF* 1994, novembre-décembre, Etudes, p. 742 ; voir aussi P. Dibout, « Le bilan d'une crise », *Les Petites Affiches*, 8 septembre 2005, n°179, p. 45.

[276] Article 15 de la 4e directive CE.

[277] J. Turot, « La poule pondeuse et le poulet », *RJF* 1994, novembre-décembre, Etudes, p. 742 ; voir aussi P. Dibout : « Le bilan d'une crise », *Les Petites Affiches*, 8 septembre 2005, n°179 p. 45.

[278] Article L. 241-3, L. 242-6, L. 243-1, L. 244-1 et L. 246-2 du C. Com.

Paragraphe 2 : Les raisons des difficultés de conciliation de la comptabilité et de la fiscalité à travers l'image fidèle

76. Si la réglementation européenne en matière comptable n'a pas marché dans le passé c'est qu'elle n'est peut-être pas la meilleure façon d'opérer en la matière, en tout cas, de solutionner le problème de la corruption des comptes par la fiscalité[279]. En effet, la directive 1606/2002 n'est pas la première tentative d'harmonisation des comptabilités nationales, par l'Union Européenne[280]. Le droit européen n'a pas appris aux législations nationales à tirer les leçons de l'application de la quatrième directive. Pourtant, le droit fiscal français prévoit des sanctions pénales en cas d'atteinte au principe de l'image fidèle[281]. Encore faudrait-il que l'ensemble des utilisateurs et des destinataires accepte de « jouer le jeu ». Car comme le fait remarquer Pasqualini, « le fisc a altéré parfois gravement des éléments juridiques définis par la législation comptable. Il n'hésite pas à qualifier les réserves de provisions, les provisions de charges ou à donner le nom d'amortissements à des facteurs qui, par leur caractère exceptionnel, sont des provisions[282] ». Le fisc n'est pourtant sanctionné par aucune disposition d'ordre pénale. En revanche les dirigeants le sont. C'est certainement sur la partie la plus faible qu'il faudra faire pression pour tenter d'obtenir le respect du principe de l'image fidèle par les législations. Ce d'autant que depuis 1983, l'on a assisté à la consécration d'un véritable droit comptable dont les atteintes peuvent être pénalement réprimées[283].

77. Comment, dans de telles conditions, assurer l'application du principe de l'image fidèle, en sachant que ces prescriptions sont d'ordre communautaire. Le fisc jouit-il d'une telle impunité pour favoriser et encourager, à coup de paquets fiscaux, un tel comportement ? Le dispositif

---

[279] Les normes comptables internationales qui visent aussi l'harmonisation des comptabilités nationales ont été saluées comme l'occasion de permettre à la comptabilité de se saisir des règles fiscales : G. Gelard, « L'extension des normes internationales aux comptes sociaux et la déconnexion entre fiscalité et comptabilité », *Droit Fiscal* 2004, n° 8 et. 7, p. 42 ; F. Pasqualini, « Allocution de bienvenue », *op. cit.*, p. 3.

[280] « If you give a man a fish, you feed him for a day. If you teach a man to fish, you feed him for a lifetime », selon Lao Tze, cité par D. M. Depamphilis, *Mergers, Acquisitions, and Other Restructuring Activities, an integrated approach to process, tools, cases, and solutions*, Academic Press Advanced Finance Series 2010, 5th edit., p. 3. « Si vous donnez du poisson à un homme, vous le nourrissez un jour, si vous lui apprenez à le pêcher, vous le nourrissez pour la vie ».

[281] Article 1743 du CGI.

[282] F. Pasqualini, *Le principe de l'image fidèle en droit comptable*, *op. cit.*, p. 258.

[283] F. Pasqualini, *Le principe de l'image fidèle en droit comptable*, *op. cit.*, p. 258.

répressif de la jurisprudence est insatisfaisant pendant que les sanctions résultant de l'atteinte des règles fiscales au principe de l'image fidèle n'est pas expressément prévu par le droit positif (**I**). Outre ce volet, le droit comptable communautaire permet aussi de garantir le respect, par le droit fiscal national, des principes comptables fiscaux (**II**).

I- L'absence de prise en compte des errements du droit fiscal dans l'application du principe de l'image fidèle

78. Il s'agit de l'absence de mise en œuvre du dispositif répressif en cas de non-conformité à l'image fidèle résultant de l'application des règles de droit fiscal, notamment celui prévu par le droit pénal. Enfin, la dernière raison concerne l'absence de prise en compte des situations fiscales dans la mise en œuvre de l'image fidèle.

79. S'agissant de l'absence de prise en compte des situations fiscales dans l'application de l'image fidèle, elle procède d'un raisonnement déductif. La loi énumère les cas de mise en œuvre du principe de l'image fidèle mais curieusement, l'application des dispositions fiscales est absente. En effet, « la notion d'image fidèle ne jouerait que : lorsqu'il n'existe pas de règles fixées par la communauté financière pour résoudre tel problème, la loi ou les organismes compétents n'ayant pas défini le bon usage en la matière (on pourrait même dire le « fair play ») (…) ; lorsqu'il existe plusieurs règles applicables, par exemple plusieurs méthodes d'évaluation, un choix est donc nécessaire ; la règle existe mais son application stricte serait trompeuse (…). La notion d'image fidèle sert de référence à ceux qui établissent et qui contrôlent les comptes », pour reprendre les propos des rédacteurs du Mémento comptable[284]. En aucun cas les dispositions fiscales ne sont mentionnées et de toute évidence les dirigeants y trouvaient leur compte. Car, comme l'explique Pasqualini, jusqu'en 1983, comptabilité et fiscalité étaient deux disciplines identiques dans l'esprit du dirigeant de la PME. Il fallait établir ses comptes annuels, payer ses impôts et tant que le fisc permettait de les réduire, il n'y avait pas de fraude. C'est ainsi que s'est

[284] *Mémento pratique Francis Lefebvre, comptable* 2008, Editions Francis Lefebvre 2007, p. 138. Les rédacteurs du Mémento précise cependant que la règle selon laquelle l'image fidèle constitue le principe à respecter lorsque la règle n'existe pas ou lorsque la règle est insuffisante pour traduire la réalité est une interprétation personnelle résultant notamment des articles L. 123-14 du Code de Commerce et L. 120-1 et 120-2 du Plan comptable général.

construite l'impunité du droit fiscal face aux comptes et au respect du principe de l'image fidèle[285].

80. S'agissant de l'absence de mise en œuvre du dispositif répressif en cas de non-conformité à l'image fidèle résultant de l'application des règles de droit fiscal, elle procède de la non existence de jurisprudence sanctionnant les atteintes à l'image fidèle faites par le droit fiscal. La jurisprudence a ainsi décidé que « des engagements de portage doivent, en application des articles 9 et 24 du Décret n°83-1020 du 29 novembre 1983 (C. Com, article R. 123-195 et s.), faire l'objet d'une mention spéciale dans l'annexe du bilan pour donner une image fidèle du patrimoine, de la situation financière et des résultats de l'entreprise[286] ». Le dispositif répressif n'est pas satisfaisant. Tantôt il reste mal exploité, tantôt les mesures prévues pour la réparation des atteintes à l'image fidèle sont purement formelles. D'abord le dispositif n'est pas exploité pleinement car l'article 1743 du CGI[287] punit de peine quiconque a sciemment omis de passer ou de faire passer des écritures, ou a passé ou fait passer des écritures inexactes ou fictives au livre journal ou au livre d'inventaire. Ce dispositif est mal exploité car n'ayant jamais été mis en œuvre, à notre sens, pour des atteintes faites par l'administration fiscale. Or voici un moyen de faire respecter le principe de l'image fidèle en droit français, que ni le droit communautaire ni le droit français n'a exploité. Enfin, le dispositif répressif n'est pas satisfaisant parce que la sanction du non respect du principe de l'image fidèle est fortement axée sur le formalisme. Ainsi, il a été décidé que « s'il survient un événement susceptible de fausser les comptes déjà arrêtés, le dirigeant doit demander le report de l'assemblée générale ordinaire annuelle, et il doit en outre informer les actionnaires ou associés, par une mention dans l'annexe, des événements significatifs intervenus depuis la clôture de l'exercice jusqu'à la date de l'assemblée[288] ». Pourtant, quelques pistes de réflexion ont été esquissées notamment au travers de la définition de l'impôt selon les commentateurs des grands arrêts de la jurisprudence fiscale, à travers l'article 14 de la déclaration des droits de l'homme et du citoyen. Ils évoquent ces pistes de réflexion en ces termes : il faudrait méditer sur les voies d'approche par le droit positif de l'objectif affiché par l'article 14 de la Déclaration des droits de l'homme : « tous les citoyens ont le droit de constater, par eux-mêmes ou par leurs représentants, la nécessité de la contribution publique, de la consentir librement, d'en suivre l'emploi et d'en déterminer la quotité,

---

[285] F. Pasqualini, *Le principe de l'image fidèle en droit comptable*, *op. cit.*, p. 20.

[286] Paris, 6 avril 1994, D. 1994. I. R. 144, JCP E 1994 I 388, obs. Ledouble commentaires et jurisprudence cités par les commentateurs du C. Com 2010, 105e édition, p. 43.

[287] Article 1743 du CGI.

[288] Cass. Crim., 17 oct. 2007, JCP E 2008, n°42, p. 38, obs. Navarro *BRDA* 2008, n°2, p. 4 *Dr. Sociétés* 2008, n°63, obs. Salomon, Commentaires et jurisprudence cités par les commentateurs du C. Com 2010, 105e édition, p. 43.

l'assiette, le recouvrement et la durée[289] ». Cette disposition s'applique y compris pour les personnes morales et pourrait constituer un autre arsenal juridique à l'usage des sociétés en cas d'atteinte au principe de l'image fidèle pourtant instauré par des directives communautaires. La voie communautaire semble alors être la voie toute tracée pour un meilleur sort pour la comptabilité.

II- Les errements du droit fiscal facilités par la subjectivité de la notion d'image fidèle

81. L'image fidèle d'origine communautaire a connu une transposition ratée en droit interne pour une raison qui tient à la subjectivité de la notion. Quelques cas de jurisprudence permettent, néanmoins, de constater un rôle actif de la jurisprudence de la CJUE et de nourrir quelques espoirs concernant la surveillance du respect des normes IFRS par la même cour.

82. La cour de justice de l'Union Européenne a dégagé des principes résultant de la supériorité du droit communautaire sur le droit national[290]. Les autorités nationales ne doivent pas appliquer les normes nationales incompatibles avec le droit communautaire (cette question concerne aussi les autorités comptables nationales[291]). Le juge national doit suspendre l'application d'une mesure incompatible avec le droit communautaire (cette question concerne également le juge fiscal)[292]. Les autorités nationales doivent veiller au respect du droit communautaire par les particuliers et prendre toutes les mesures nécessaires à cette fin par des sanctions dissuasives, efficaces et proportionnelles. Les sanctions dissuasives ne nous paraissant pas satisfaisantes, il convient d'en faire l'impasse.

83. Ce qui en revanche retient l'attention, ce sont les difficultés d'application de ce principe résultant des difficultés d'interprétation. Les difficultés d'interprétation sont liées à la variété linguistique des Etats Européens[293]. L'étude menée par Klee, révèle d'abord des traductions diverses de la notion et ensuite des interprétations diverses de ce qu'est fidèle ou ne l'est pas[294].

---

[289] C. David, Les *grands arrêts de la jurisprudence fiscale*, Vol 1, Paris, Dalloz, 2009, p. 5.
[290] CJCE, 13 juillet 1972, Commission contre Italie, 48/71.
[291] CJCE, 19 juin 1990, Factortame, C-213/89.
[292] CJCE, 2 février 1977, Amsterdam Bulb, 50/76.
[293] L. Klee, « Image fidèle et représentation de l'entreprise », *op. cit.*, p. 9.
[294] Cf Supra, la réception du principe dans la relation entre comptabilité et fiscalité.

84. La cour de Justice des Communautés Européennes a pourtant réagi face aux réticences des Etats membres de respecter le principe de l'image fidèle[295]. L'arrêt de la CJUE du 14 septembre 1999, DE+ES Bauunternehmung, permet de tirer deux conclusions par rapport aux relations entre comptabilité et fiscalité surtout pour ce qui est de la soumission des règles fiscales aux règles comptables, en particulier lorsque ces règles comptables sont d'origine communautaire.

85. S'agissant d'abord de la première question, une demande préjudicielle adressée à la CJUE est-elle recevable lorsque « la législation nationale assurant la transposition de la quatrième directive n'a pas repris textuellement les principes énoncés par celle-ci et, d'autre part, lorsque la réglementation relative aux bilans fiscaux ne se fonde qu'indirectement sur cette législation nationale de transposition et, par conséquent, transpose la quatrième directive en dehors du contexte qu'elle envisage » ? La CJUE a conclu à la recevabilité de la demande en rappelant que : « bien que les questions portent sur la situation fiscale en interne et apparaissent, à première vue, étrangères au droit communautaire, en réalité les problèmes d'interprétation de celui-ci que la juridiction nationale cherche à résoudre ont trait essentiellement à l'approche comptable exigée par la quatrième directive, plus particulièrement en ce qui concerne la prise en compte de pertes éventuelles résultant d'une garantie accordée pour un crédit dont le sort était inconnu à la date de clôture du bilan de la société en cause dans le litige au principal. Il ne s'agit donc ni d'un problème hypothétique ni d'une question n'ayant aucun rapport avec la réalité ou l'objet de ce litige ».

86. S'agissant ensuite de la seconde question, c'est-à-dire la mauvaise transposition de la quatrième directive qui aurait pu constituer un obstacle à la recevabilité de la question préjudicielle, la cour répond que « rien dans la législation allemande n'empêchait le plein respect, pour l'établissement des comptes annuels de telles entités, de l'objet, des principes et des dispositions de cette directive[296] ».

---

[295] CJCE, 27 juin 1996, Tomberger, aff. C-234/94, Rec. I-3133 ; Cf. comm. interprétative de la Commission, JOCE C-16, 20 janvier 1998 et « Forum europaeum sur le droit des groupes de sociétés », *Rev. Sociétés* 1999 p. 67 et s., commentaires et jurisprudence cités par M. Luby, comm. sous CJCE, 14 septembre 1999, DE+ ES Bauunternehmung, aff. C-275/97, *RTD Com.* 2000, p. 267.

[296] F. Pasqualini, V. Pasqualini-Salerno, « L'interprétation du droit comptable communautaire par la CJCE », *Rev. Sociétés*, juillet-septembre 2003, p. 521 ; Pour une décision antécédente dans laquelle le concept de provisions pour risques et charges contenu dans la directive 78/660, a été intégralement transposé dans la loi nationale, et partant, étendu à des situations analogues à celles purement envisagées par le texte CE, voir CJCE, 14 septembre 1999, DE+ ES Bauunternehmung GmbH, aff. C-275/97, concl. Ph. Leger, *RTD com.*, n°53, janvier-mars 2000, p. 269.

87. Dans cette affaire, la Cour de justice de l'Union Européenne a saisi l'occasion de rappeler que l'application du principe de l'image fidèle s'oppose même aux prescriptions fiscales des Etats membres. Comme le souligne Monique Luby, « le litige au principal relatif à l'inscription d'une provision pour risque, et partant à la présentation du bilan et aux modes d'évaluation des postes y afférents, permet à la cour de rappeler que la matière fiscale ne doit pas altérer l'information comptable[297] ».

88. La jurisprudence communautaire permet donc, à partir des enseignements des litiges relatifs à l'application de l'image fidèle, d'abord de dégager la compétence de la CJUE en matière de directives communautaires, donc en matière de normes comptables internationales, ensuite de constater que par le passé, cette cour a milité pour le respect des règles comptables.

89. C'est que l'acharnement avec lequel la règle fiscale s'est saisie de la règle comptable en avait découragé bon nombre[298], faisant ainsi penser au fameux mythe de Sisyphe, condamné aux efforts stériles, puni par les Dieux pour pousser, au sommet d'une montagne, une pierre qui retombait sur elle-même avant d'atteindre ce sommet[299]. Le principe de l'image fidèle a permis de tempérer cet acharnement. En effet, il faut avoir à l'esprit que les lois promulguées en 1914 et en 1917 sur l'initiative de Joseph Caillaux[300], la loi du 31 juillet 1920 en son article 32 et les lois qui suivirent ont élaboré des obligations comptables dans le seul but de permettre une présentation des comptes à des fins purement fiscales[301]. Avec l'introduction de la quatrième

[297] M. Luby, obs. sous CJCE, 7 janvier 2003, n° C-306/99 SA BIAO c/ Finanzamt für Grossunternehmen in Hamburg, *Bull. Joly Sociétés* 2003, Paragraphe 66, p. 316.

[298] Ch. Hoarau, B. Esnault, *Comptabilité financière*, 3e édit., PUF, Paris, 2001 ; F. Pasqualini, « Les chances d'une double rupture », *Les Petites Affiches*, 8 septembre 2005, n°179, p. 27 ; F. Pasqualini, « Allocution de bienvenue », acte du colloque organisé par le dess fiscalité de l'entreprise de l'université Paris Dauphine sur les conséquences de l'introduction des nouvelles normes comptables internationales, *Les Petites Affiches*, 8 septembre 2005, n°179, p. 3.

[299] Le mythe de Sisyphe est un mythe Grecque. Il comporte plusieurs variantes mais toutes s'accordent à dire que ce dernier fût puni par les dieux à rouler une pierre, qui avant d'atteindre le sommet de la montagne, roulait sur elle-même. Depuis, ce mythe est devenu le symbole de l'absurde dans le roman d'Albert Camus. L'auteur prend d'ailleurs le héros dans une interprétation différente de celle donnée par la mythologie. Il faut, selon lui, imaginer Sisyphe heureux, non pas dans le caractère vain et absurde de ses efforts, mais dans la prise de conscience de l'absurdité de notre existence en son acceptation telle qu'elle est.

[300] J. Lamarque, O. Negrin, L. Ayrault, *Droit fiscal Général*, Lexis Nexis 2009, p. 711.

[301] L'article 32 de la loi du 31 juillet 1920 requiert ainsi de « tout commerçant faisant un chiffre d'affaires supérieur à 50.000 F, pour permettre le contrôle des déclarations d'impôt, la recherche des omissions ou des fraudes qui auraient pu être commises dans le délai de prescription, la représentation à toute réquisition des agents du Trésor ayant au moins le grade de contrôleur ou d'inspecteur-adjoint des livres dont la tenue est prescrite par le titre II du

directive et de l'image fidèle, « le lien d'allégeance des comptes annuels aux formulaires du droit fiscal » a, semble-t-il, été supprimé[302], du moins tempéré, puisque selon Chadefaux et Rossignol, l'article 74 de la loi de finances de 1984 et le décret du 14 mars de la même année, vont formuler des règles comptables à l'attention des entreprises. C'est à la fiscalité que revient désormais le soin d'élaborer les définitions comptables[303].

90. La comptabilité doit poursuivre plusieurs objectifs parfois contradictoires[304] et son importance pour tous ses utilisateurs n'a pas facilité cette mission[305], entrainant ainsi tantôt des rivalités avec d'autres branches voisines comme la fiscalité et la finance[306], tantôt des complémentarités[307]. La raison de ces conflits entre comptabilité et fiscalité tient au fait que les deux disciplines poursuivent des objectifs différents[308]. Cette divergence tient à leurs différents objectifs et un rapprochement doit être organisé autour de leur complémentarité, de leurs dépendances.

91. Les deux disciplines ont besoin l'une de l'autre. Face à ce besoin, il aura fallu organiser la cohabitation et le règlement des différents : à la comptabilité de fournir la technique de retraitements de ses divergences

---

Code de Commerce ainsi que tous les livres et documents annexes, pièces de recettes et de dépenses ». Article 32 de la loi du 31 juillet 1920, cité par G. Haddou, *op. cit.*, p. 56.

302 J.-L. Rossignol, M. Chadefaux, « Fiscalité et comptabilité », *Encyclopédie de la comptabilité, du contrôle de gestion et de l'audit*, n° 59, pp. 813-828, Economica, 2e édition, 2009, p. 819. Selon les auteurs, « le lien de dépendance a été rompu par la loi du 30 avril 1983 relative à la mise en harmonie des obligations comptables des commerçants et de certaines sociétés avec la quatrième directive de 1978, qui a imposé le concept d'image fidèle comme objectif fondamental d'élaboration des comptes annuels, et par son décret d'application du 29 novembre de la même année. Ce dernier a profondément modifié le texte des articles 294 et 295 du décret de mars 1967, lequel obligeait à présenter le bilan selon les dispositions fiscales et a ainsi supprimé tout lien d'allégeance des comptes annuels aux formulaires du droit fiscal ».

303 D. Gutmann, *Droit fiscal des affaires*, Montchrestien, édit. Lextenso 2010, p. 212.

304 B. Bouloc, « L'incidence des normes européennes sur les normes comptables », *Revue des Sociétés* 2005, p. 31 ; B. Plagnet, « Les rapports entre le droit fiscal et la comptabilité commerciale », *Revue de Science financière*, T. LXVI, n°3, juillet-septembre 1974, p. 695-780.

305 R. Gillet, M. Levasseur, « Finance et comptabilité », *Encyclopédie de la comptabilité, du contrôle de gestion et de l'audit*, n° 59, Economica, 2e édition, 2009, p. 795 et s.

306 R. Gillet, M. Levasseur, « Finance et comptabilité », *op. cit.*

307 Cette complémentarité se manifeste surtout dans les pays qui, comme la France, connaissent le lien de connexion entre comptabilité et fiscalité. Voir le propos introductif de la thèse de H. Paillisser, *Les relations entre la comptabilité commerciale et la fiscalité des entreprises*, thèse, Paris, 1990, p. 7 et s., Voir aussi J. Richard, C. Colette, *Système comptable français et Normes IFRS*, 7e édition, Paris, Dunod, 2005, p. 205.

308 P. Puyraveau, M. Descottes-Genon, « Incidences du droit fiscal sur la régularité et la sincérité des bilans », *Revue française de comptabilité*, juin-juillet 1972, p. 202 ; F. Gore, « Vers un droit de la comptabilité », *Revue française de comptabilité*, n°99, janvier 1970, p. 12.

d'avec la fiscalité, au droit fiscal de veiller à ce que le bilan soit la représentation chiffrée du patrimoine, ceci sous l'égide des règles de droit civil. Cette organisation alliant technique et pratique n'est autre que la manifestation du compromis législatif si souvent mis à mal par des divergences persistantes entre les deux disciplines.

Section 2 : L'échec du compromis législatif : des divergences persistantes entre comptabilité et fiscalité

92. Les rapports conflictuels entre comptabilité et fiscalité n'ont pas pour origine l'introduction des normes comptables internationales. Dès 1959, le professeur Louis Rives avait consacré une thèse sur la question[309] : « d'où vient ce fossé creusé entre la destinée à laquelle peut prétendre la comptabilité et la réalité mesquine qu'elle confronte », s'interrogeait-il. « Comment en un plomb vil l'or pur s'est-il changé ? Les penseurs ne se sont-ils pas abusés eux-mêmes en assignant à la comptabilité des buts chimériques et l'opposition constatée n'est-elle pas, une fois encore, l'image de ce conflit traditionnel où la théorie se verrait contredite par la pratique[310] » ? Les contradictions entre théorie et pratique sont constantes dans le domaine de la comptabilité et le droit fiscal en est largement responsable[311]. L'affirmation du rôle éminemment important de la comptabilité comme « méthode scientifique de l'observation économique, la base des recherches relatives au revenu national, au niveau de vie, à la conjoncture, à la lutte contre les crises[312] » et la contradiction de sa mise en œuvre faussée par des considérations fiscales est un constat navrant[313]. Le non-respect du principe de la primauté des règles comptables sur les règles fiscales a entrainé des difficultés d'application du principe de l'image fidèle **(Paragraphe 1)**, ce qui oblige à trouver une alternative aux « irréductibles » divergences entre les deux disciplines **(Paragraphe 2)**.

---

309 L. Rives, *Obsession fiscale et administration des entreprises : Essai sur le rapt de la comptabilité par la fiscalité*, thèse, Péchade, 1962, p. 1.

310 L. Rives, *Obsession fiscale et administration des entreprises : Essai sur le rapt de la comptabilité par la fiscalité*, thèse, Péchade, 1962, p. 1.

311 E. Carre, *Divergences entre fiscalité et comptabilité*, Dunod, Paris, 1969.

312 L. Rives, *Obsession fiscale et administration des entreprises : Essai sur le rapt de la comptabilité par la fiscalité*, thèse, Péchade, 1962, p. 2.

313 R. Gillet, M. Levasseur, « Finance et comptabilité », *Encyclopédie de la comptabilité, du contrôle de gestion et de l'audit*, n° 59, Economica, 2e édition, 2009 ; L. Rives, *Obsession fiscale et administration des entreprises : Essai sur le rapt de la comptabilité par la fiscalité*, thèse, Péchade, 1962.

Paragraphe 1 : Le problème de la définition du bénéfice imposable

93. « La sanction de la comptabilité par la fiscalité[314] », « le rapt de la comptabilité par la fiscalité[315] », « le mariage à l'italienne entre comptabilité et fiscalité[316] », la fiscalité « tuteur tyrannique » de la comptabilité[317] : les métaphores illustrant la prééminence des règles fiscales sur les règles comptables sont aussi variées que ludiques. Les raisons sont à rechercher dans l'histoire. Puyraveau et Descottes-Genon écrivaient déjà que « le droit fiscal cherche à définir un bénéfice qui ne soit pas abusivement réduit pour éluder l'impôt[318] ». Sans s'attarder sur les objectifs du droit fiscal, il convient de souligner que les auteurs ont pointé du doigt le cœur du conflit entre comptabilité et fiscalité : la définition du bénéfice imposable. La doctrine s'accorde à reconnaître le paradoxe existant entre la poursuite de plusieurs objectifs au sein d'un seul et unique résultat : le résultat comptable, qui sert aussi de base de calcul à l'assiette de l'impôt sur les sociétés. Ce résultat comptable a donc été largement influencé par les dispositions fiscales, le législateur fiscal étant devenu, compte tenu des 33,33% d'impôt annuel payé par les entreprises, un des actionnaires de sociétés soumises à l'I.S. Très tôt, le droit fiscal avait donc découvert cette fonction de la comptabilité, ce qui l'a conduit progressivement, par des lois générales, à la protéger et par des lois spécifiques, à s'approprier la notion comptable de bénéfices. Comme le soulignait Pasqualini, il n'hésite plus à parler d'amortissement, là où il est question de provisions comptables[319].

94. Ces causes réelles sont négligeables face aux causes profondes. Il faut rappeler que même si les premières traces du droit comptable peuvent être décelées à travers l'ordonnance de Colbert de 1673, le droit comptable

---

[314] Selon l'expression consacrée par A. De Bissy, « la sanction de la comptabilité par la fiscalité », *Revue de Droit Fiscal*, n°44-45, 2 novembre 2007, p. 9-15.

[315] Ce qui est le titre de la thèse de L. Rives, *Obsession fiscale et administration des entreprises : Essai sur le rapt de la comptabilité par la fiscalité*, thèse, Péchade, 1962, p. 5.

[316] D. Villemot : « Comptabilité et fiscalité : convergence ou divergence » ? *Les Petites Affiches,* 8 septembre 2005, n°179, p. 9

[317] E. Dupontavice, « Emergence du droit comptable en France », *Revue française de comptabilité,* janvier 1984, n°142, p. 98.

[318] Puyraveau et Descottes-Genon, cités par B. Plagnet, « Les rapports entre le droit fiscal et la comptabilité commerciale », *Revue de Science financière*, T. LXVI, n°3, juillet-septembre 1974, p. 696.

[319] F. Pasqualini, « Les chances d'une double rupture », *Les Petites Affiches*, 8 septembre 2005, n°179, p. 27.

n'était pas assez développé[320]. Faible, embryonnaire et à la merci de la fraude des commerçants[321], l'administration fiscale a très tôt ressenti le besoin de se couvrir contre les fraudes à la déclaration fiscale en instituant des moyens de répressions contre les dites fraudes, lesquels sont contenus dans le Code général des Impôts. Elle en a appelé ainsi à la création et à l'expansion d'un droit comptable, qui s'est très tôt retrouvé sous la tutelle du droit fiscal **(I)**. Dans de telles conditions, la naissance d'un véritable droit comptable, dès la loi comptable de 1983[322], n'avait pas permis de faire taire la question de l'indépendance du droit comptable par rapport au droit fiscal. Les deux disciplines restaient toujours liées par l'article 38 quater de l'annexe III au Code général des Impôts, et le droit comptable restait toujours sous la tutelle du droit fiscal. L'article 38 quater affirmait pourtant le contraire[323]. Ce paradoxe entre affirmation théorique et mise en œuvre pratique, des rapports entre comptabilité et fiscalité constituait les principales difficultés d'émergence du droit comptable **(II).**

I- Le problème du domaine d'imposabilité des entreprises

95. « Un enfant est sous la domination immédiate de celui qui le premier le tient en sa puissance. Or, l'enfant qui vient de naitre est en la puissance de sa mère, avant de se trouver en celle d'un autre, de sorte qu'elle peut l'élever ou l'exposer, ainsi que bon lui semble et sans qu'elle en soit responsable envers personne[324] ». L'attitude du droit fiscal vis-à-vis du droit comptable ressemble à ce phénomène. Le développement de la comptabilité des entreprises sous la tutelle du droit fiscal explique les distorsions fiscales présentes en comptabilité, sans que la fiscalité n'en soit « responsable » à l'égard du droit pénal, qui est le seul droit à pouvoir sanctionner les

---

[320] B. Bouloc, « L'incidence des normes européennes sur les normes comptables », *Revue des Sociétés* 2005, p. 31.

[321] H. Mariage, *Evolution historique de la législation commerciale : de l'ordonnance de Colbert à nos jours 1673-1949*, thèse, Paris, 1949, p. 7.

[322] Loi numéro 83-353 du 30 avril 1983 relative à la mise en harmonie des obligations comptables des commerçants et de certaines sociétés avec la 4e directive adoptée par le Conseil des Communautés Européennes le 25 juillet 1978, *Journal Officiel* du 3 mai 1983, p. 1335.

[323] L'article 38 quater de l'annexe III au Code général des Impôts rappelle en effet que les entreprises doivent respecter les définitions édictées par le Plan comptable général pour la détermination de l'assiette de l'impôt sur les sociétés, à condition qu'elles ne soient pas incompatibles avec les dispositions fiscales.

[324] Th. Hobbes, *Du Citoyen, Le livre de poche*, 1996, p. 157-160 cité par F. Collin, E. Pisier, E. Varikas, *Les femmes de Platon à Derrida*, Plon 2000, p. 207.

errements du droit fiscal. En d'autres termes, rares sont les sanctions pénales prononcées contre les abus opérés sur la comptabilité par la fiscalité.

96. L'idée d'un droit comptable embryonnaire et d'un droit fiscal ayant contribué à renforcer le droit comptable semble ressurgir dans la plupart des chroniques de la doctrine[325]. Avant l'avènement des normes comptables internationales, la relation entre comptabilité et fiscalité existait. C'est la loi Caillaux de 1914 qui semble l'avoir portée sur les fonts baptismaux d'abord pour reconstruire les finances publiques de la France[326].

97. C'est ensuite pour promouvoir le commerce, en permettant à l'entrepreneur soucieux d'utiliser la technique des comptables[327] pour les besoins de sa gestion et ensuite pour des besoins de pilotage de l'économie française que comptabilité et fiscalité ont été rapprochées[328]. La période de l'entre-deux guerres, c'est-à-dire de 1917 à 1947, servira de pilotage des relations entre comptabilité et fiscalité, puisqu'elle se soldera par une réglementation fiscale trop présente en comptabilité[329]. La loi fiscale avait donc élaboré une réglementation dans le seul souci de faire rendre à l'impôt son maximum[330]. Ce trop-plein fiscal avait suscité l'émoi du Conseil national de la Comptabilité qui, le 3 mai 1962, fît le vœu qu'aucune disposition d'ordre fiscale n'affectera les comptes[331]. Selon Georges Haddou, la période qui suivit, c'est-à-dire celle entre 1965 et 1990 va voir l'émergence d'un véritable droit comptable autonome, ce qui n'est pas pour déplaire au droit fiscal[332]. Le rapprochement entre les deux disciplines se fera ainsi grâce au décret du 12 août 1964 et celui du 28 octobre 1965[333], lequel précise dans son troisième article que « les inscriptions aux différents postes figurants au

---

[325] Le professeur Louis Rives affirmera ainsi que « le législateur fiscal s'était aperçu de la déficience de la loi privée, en matière de réglementation comptable et il n'avait pas manqué de pallier à cette carence en obligeant les commerçants à produire leur bilan en vue de la détermination de l'impôt cédulaire sur le revenu ». L. Rives, *Obsession fiscale et administration des entreprises : Essai sur le rapt de la comptabilité par la fiscalité*, thèse, Péchade, 1962, p. 5.

[326] J.-G. Degos, S. Ouvrard, « L'influence des normes d'information financière sur la convergence des règles fiscales et comptables françaises », *La Revue du financier*, mai-juin 2007, n°165, p. 32.

[327] C'est aussi l'avis de B. Bouloc, « L'incidence des normes européennes sur les normes comptables », *Revue des Sociétés* 2005, p. 31.

[328] J.-L. Rossignol, M. Chadefaux, « Fiscalité et comptabilité », *op. cit.*

[329] J.-L. Rossignol, M. Chadefaux, *op. cit.*

[330] L. Rives, *Obsession fiscale et administration des entreprises : Essai sur le rapt de la comptabilité par la fiscalité*, thèse, Péchade, 1962, p. 10.

[331] G. Haddou, « Fiscalité et comptabilité, évolution législative depuis 1920 », *Revue française de comptabilité*, n° 225, juillet-août, p. 55-64.

[332] Développer la comptabilité est aussi un avantage pour la fiscalité, laquelle s'appuie sur les règles comptables pour le calcul de l'impôt : article 38 quater de l'annexe III au Code général des Impôts.

[333] Selon les propos de J.-L. Rossignol et M. Chadefaux, « Fiscalité et comptabilité », *op. cit.*

bilan et aux tableaux de flux annexes devraient être effectuées selon les normes du plan comptable, dans la mesure où elles n'étaient pas incompatibles avec les règles de calcul de l'assiette de l'impôt[334] ». Cette disposition a largement été décriée. Et pendant des décennies, l'existence d'un droit fiscal omniprésent ne lui a donné qu'une application partielle, jusqu'à ce que survienne la 4e directive européenne.

98. « Les comptes annuels doivent être réguliers, sincères et donner une image fidèle du patrimoine, de la situation financière et du résultat de l'entreprise[335] ». Ce principe, énoncé pour la première fois par la quatrième directive européenne du 27 juillet 1978 et contenu dans l'article L. 123 - 14 du Code de Commerce[336] est la traduction du principe de l'image fidèle en droit comptable français. Sa transposition a été réalisée par la loi numéro 83 - 353 du 30 avril 1983[337]. L'image fidèle est une notion récurrente du droit comptable qui a été l'objet de toutes les contorsions. Il n'est donc guère surprenant qu'elle ait perdu de sa fidélité[338]. Mais que contient donc cette notion d'image fidèle ? Que signifie-t-elle ? Il faut s'en remettre aux travaux de Pasqualini[339] pour trouver les premiers éléments de définition. L'image fidèle serait, selon l'auteur, « une vision réelle par une traduction loyale de ce qu'est l'entreprise[340] ».

99. Selon une partie de la doctrine, « la principale innovation a été l'introduction dans la loi française de l'objectif de l'image fidèle, par traduction de l'expression « true and fair view » de la IVe directive

---

[334] Décret du 28 octobre 1965, cité par J.L. Rossignol et M. Chadefaux, « Fiscalité et comptabilité », *op. cit.*

[335] L'article L. 123-14 du Code de Commerce est d'ailleurs rédigé comme suit : « les comptes annuels doivent être réguliers, sincères et donner une image fidèle du patrimoine, de la situation financière et du résultat de l'entreprise...Lorsque l'application d'une prescription comptable ne suffit pas pour donner l'image fidèle mentionnée au présent article, des informations complémentaires doivent être fournies dans l'année.
Si, dans un cas exceptionnel, l'application d'une prescription comptable se révèle impropre à donner une image fidèle du patrimoine, de la situation financière ou du résultat, il doit y être dérogé. Cette dérogation est mentionnée à l'annexe et dûment motivée, avec l'indication de son influence sur le patrimoine, la situation financière et le résultat de l'entreprise ».

[336] La règle de prudence est énoncée à l'article L. 123-20 du Code de Commerce.

[337] Loi numéro 83-353 du 30 avril 1983 relative à la mise en harmonie des obligations comptables des commerçants et de certaines sociétés avec la 4e directive adoptée par le Conseil des Communautés Européennes le 25 juillet 1978, Journal Officiel du 3 mai 1983, p. 1335.

[338] Selon J.-P. Lagarrigue, A. Pavie, *Le droit comptable*, Tome 1- Les sources, Editions S.A., Paris 1984, p. 51 : « les comptes ne sont plus dans l'esprit de la quatrième directive la seule résultante technique des écritures comptables, ils comprennent en sus, des annexes normalisées dont la finalité est d'en éclairer le contenu dans une optique de bonne compréhension et d'interprétation correcte par les utilisateurs ».

[339] F. Pasqualini, *Le principe de l'image fidèle en droit comptable*, thèse, litec 1992.

[340] F. Pasqualini, *op. cit.*

Européenne de 1978[341]. Aujourd'hui codifiée à l'article L. 123-14 (1e alinéa) du Code de commerce, il est fixé que : « les comptes annuels doivent être réguliers, sincères et donner une image fidèle du patrimoine, de la situation financière et du résultat de l'entreprise ». Et le 3e alinéa de cet article de préciser : « si, dans un cas exceptionnel, l'application d'une prescription comptable se révèle impropre à donner une image fidèle du patrimoine, de la situation financière ou du résultat, il doit y être dérogé. Cette dérogation est mentionnée à l'annexe et dûment motivée, avec l'indication de son influence sur le patrimoine, la situation financière et le résultat de l'entreprise[342] ».

100. Sans sous-estimer la difficulté d'aboutir à une définition exhaustive de l'image fidèle, celle-ci ne serait-elle pas, pour reprendre l'idée de Mondino, le fait d'éviter une application de la comptabilité contraire à celle énoncée par les principes comptables[343] ? L'image fidèle se définirait donc par rapport aux principes comptables et chaque fois que l'application de ces principes est bafouée, à ce moment l'image fidèle le serait, conséquemment. S'agissant particulièrement de ce point, c'est-à-dire de la remise en cause de l'image fidèle, trois observations méritent d'être soulevées.

101. La première observation est relative au fait que l'article L. 123 - 14 du Code de Commerce énonce que les entreprises doivent donner une image fidèle du patrimoine, de la situation financière et du résultat de l'entreprise[344]. Cet article s'adresse aux entreprises[345] mais l'application de l'image fidèle ne devrait pas concerner que les entreprises. Selon Mondino, L'Etat doit aussi être garant de cette image fidèle[346]. Pourtant l'Etat apparaît comme le premier « à déformer » le principe d'image fidèle et ceci pour des considérations fiscales[347].

102. La seconde observation est inhérente à la relation qui existe entre la notion d'image fidèle et celle de bonne foi. Comme l'explique Mondino, la loi a fait en sorte que chaque fois qu'un salarié d'une entreprise (le comptable

---

[341] E. Delesalle, « Les normes comptables internationales à leur juste valeur », *Les Petites Affiches*, 05 février 2004, n°26, p. 4.

[342] E. Delesalle, J.-L. Rossignol, « 30 avril 1983 -30 avril 2005 : les 22 ans de la loi comptable», *Les Petites Affiches*, 5 septembre 2005, n°176, p. 3.

[343] J. Mondino, « La bonne foi dans le droit comptable : l'image fidèle », *La Gazette du Palais* du 15 juin 2009, numéro 74-76, p. 38- 44.

[344] C.E., Ass., 7 juillet 2004, numéro 230169, Ministère de l'Economie, des Finances et de l'Industrie contre SARL Gesquière Equipement, Numéro *Lexbase* A0698DD9.

[345] J. Priol, « Abandon de la théorie de l'intangibilité du bilan d'ouverture : la condition de bonne foi ou d'absence d'erreur comptable délibérée », *Lettre juridique Lexbase* du 02 septembre 2004, numéro 132, p. 14- 17.

[346] J. Mondino, *op. cit.*

[347] C'est le cas des amortissements dérogatoires et des provisions réglementées qui ne traduisent pas la perte de valeur économique d'un bien mais qui sont enregistrées en vertu de considérations fiscales.

par exemple) porte atteinte volontairement aux principes comptables, ces atteintes sont susceptibles d'appartenir à la mauvaise foi[348] et d'entraîner, par voie de fait, des sanctions. C'est donc dire que la mauvaise foi s'applique aux particuliers et aux entreprises[349] mais échappe à l'Etat. C'est dire aussi que lorsque la mauvaise application des règles comptables vient du législateur fiscal, fusse de façon volontaire, comme c'est le cas avec les incitations fiscales, ces entraves ne semblent pas choquer la doctrine.

103. La troisième observation découle de la précédente. Elle consiste à dire qu'étant donné que le droit comptable échappe de plus en plus à la compétence des Etats membres, il sera difficile de porter atteinte au principe d'image fidèle comme le faisait avec impunité, jadis, l'Etat français. Le droit comptable communautaire est devenu moins général, moins abstrait. D'application plus contraignante, il oblige les entreprises cotées et ce depuis l'année 2005[350] à utiliser systématiquement les normes comptables internationales dans leurs comptes consolidés[351]. On pourrait opposer à cet argument que l'application de ces dispositions n'est valable que dans les comptes consolidés. Il n'en demeure pas moins que cette image fidèle se fait de plus en plus précise, à travers des principes comptables reflétant d'avantage sa philosophie, comme c'est le cas du principe de la substance économique au-delà de la forme juridique.

104. Par ailleurs, avant l'introduction des normes comptables internationales, on pouvait craindre que la véritable fidélité ne soit purement et simplement qu'une fidélité d'opportunité, et non une fidélité de principe, selon le propos de Mondino[352]. La fidélité d'opportunité, c'est celle qui consiste à appliquer l'image fidèle conformément à la volonté du plus fort : celle du législateur fiscal et de la direction fiscale. A l'opposé, la fidélité de principe consiste à appliquer les dispositions comptables, indépendamment de la manipulation qu'une administration fiscale ou que des autorités étatiques pourraient en faire. C'est ainsi qu'on peut affirmer que, même si dans l'esprit de la directive communautaire de 1978[353] il ne s'agissait que de

---

[348] J. Mondino, « La bonne foi dans le droit comptable : l'image fidèle », *La Gazette du Palais* du 15 juin 2009, numéro 74-76, p. 38- 44.

[349] Cour d'Appel de Lyon, troisième Chambre Civile, 8 décembre 2005, Société FLP contre Tollis, *Droit des sociétés*, 01e avril 2006, numéro 4, p. 4- 15, note Lecuyer.

[350] Règlement CE numéro 1606/2002 du Parlement européen et du Conseil du 19 juillet 2002 sur l'application des normes comptables internationales, *Journal Officiel* L 243 du 11 septembre 2002, p. 1.

[351] L'obligation de produire des comptes consolidés avait été introduite par la loi numéro 85-11 du 3 janvier 1985 relative aux comptes consolidés de certaines sociétés commerciales et entreprises publiques. Elle est consultable au *Journal Officiel* du 4 janvier 1985, page 101.

[352] F. Pasqualini, « Les chances d'une double rupture », *Les Petites Affiches*, 8 septembre 2005, n°179, p. 27.

[353] Directive CEE n°78/660 du 25 juillet 1978.

cette forme de fidélité, les entreprises devraient donner une image fidèle au fisc, ce dernier disposant de moyens d'incitation ou de coercition[354]. L'introduction des nouvelles normes comptables internationales vise à redonner aux comptes une autre fidélité, un autre maître : les investisseurs[355]. L'article premier du référentiel comptable international rappelle d'ailleurs à cet effet : « le présent règlement a pour objectif l'adoption et l'application des normes comptables internationales dans la communauté, dans le but d'harmoniser l'information financière présentée par les sociétés visées à l'article 4, afin de garantir un degré élevé de transparence et de comparabilité des états financiers et, partant, un fonctionnement efficace du marché communautaire des capitaux et du marché intérieur[356] ». Ce nouvel objectif assigné à la comptabilité va se retrouver en conflits avec la comptabilité fiscale et générer ainsi une nouvelle dimension de la relation entre comptabilité et fiscalité.

II –Le problème des interactions entre le droit comptable et les branches du droit voisines

« Le droit comptable reflète un ordonnancement méthodologique du Code Civil, destiné à organiser les rapports entre un débiteur (l'entreprise) et son créancier (le fisc).[357] »

105. Fortement influencé par les règles du droit civil, du droit fiscal et du droit commercial[358], le droit comptable a eu du mal à affirmer son indépendance et son autonomie face à ses prédécesseurs. Alain Viandier dira ainsi de ce droit qu'il ne « saurait être qualifié d'autonome, étroitement dépendant qu'il est des autres disciplines du droit privé et au premier chef, du droit commercial(…). Le droit comptable n'est pas une discipline

---

[354] J. Priol, « Abandon de la théorie de l'intangibilité du bilan d'ouverture : la condition de bonne foi ou d'absence d'erreur comptable délibérée », *Lettre juridique Lexbase* du 02 septembre 2004, numéro 132, p. 14- 17.

[355] G. Gelard, « La neutralité : une qualité nécessaire, mais méconnue, des normes comptables », *Revue Française de Comptabilité*, n°409, avril 2008, p. 25 ; B. Colasse, « Le syscoa-ohada à l'heure des IFRS », *Revue Française de Comptabilité*, n°425, octobre 2009, p. 26 ; R. Obert, « Normes comptables et crise financière », *Revue Française de Comptabilité*, n°429, février 2010, p. 21.

[356] Article premier du règlement n°1606-2002, *op. cit.*

[357] B. Colmant, « Connexion des droits comptable et fiscal des entreprises : quelques repères et réflexions », *Accountancy & Tax*, numéro 1, 2006, p. 24.

[358] B. Plagnet, « Les rapports entre le droit fiscal et la comptabilité commerciale », *Revue de Science financière*, T. LXVI, n°3, juillet-septembre 1974, p. 695-780.

autonome mais une discipline originale, à raison de son objet, à savoir la comptabilité[359] ».

106. Originalité ou indépendance, la doctrine elle-même n'arrive pas à trancher la question. Comme l'expliquent Rossignol et Delesalle[360] : Emmanuel Du Pontavice[361] a défendu cette autonomie en partant des principes comptables énoncés par la loi du 30 avril 1983. Pour le juriste, explique-t-il, ces principes ont une importance considérable parce qu'un droit n'est autonome que s'il a ses principes d'interprétation : autrement dit, lorsqu'il y a lacune du droit ou lorsque des textes ne sont pas clairs, on recourt à des principes d'interprétation appartenant à cette discipline[362]. Il n'est pas étonnant que dans un contexte d'autonomie aussi cacophonique, aussi tumultueux, aussi imprécis, le droit comptable ait aussi eu du mal à affirmer son autonomie à l'égard du droit fiscal.

107. Il est possible de lire au travers de l'article 38 quater de l'annexe III au Code général des Impôts que les entreprises doivent respecter les dispositions édictées par le Plan comptable général pour la détermination de l'assiette de l'impôt sur les sociétés, sauf si une loi fiscale expresse y déroge. A vrai dire, ces dispositions sont le plus souvent bafouées dans la pratique car ce sont les règles du Plan comptable général qui s'inspirent le plus souvent de celles du droit fiscal[363]. Deux raisons justifient ce renversement de situation : la première est liée à la carence législative qui frappe le droit comptable, la seconde est liée à la politique fiscale de l'Etat français.

108. S'agissant de la première raison, elle résulte de la constatation de l'existence d'un droit comptable anémié, insuffisant pour développer son autonomie et éviter ainsi d'avoir recours au droit fiscal pour s'exprimer[364].

---

[359] A. Viandier, C. De Lauzainghein, *Droit comptable*, 1993, 2e édit., précis Dalloz cité par E. Delesalle, J.-L. Rossignol, « 30 avril 1983-30 avril 2005 : les 22 ans de la loi comptable », *Les Petites Affiches,* 5 septembre 2005, n°176, p. 3.

[360] E. Delesalle, J.-L. Rossignol, « 30 avril 1983-30 avril 2005 : les 22 ans de la loi comptable », *Les Petites Affiches,* 5 septembre 2005, n°176, p. 3.

[361] E. Du Pontavice, « Le droit comptable français en 1984 ; réflexions sur une réforme comptable majeure », *Revue Française de Comptabilité*, octobre 1984, p. 381-393.

[362] E. Du Pontavice, cité par E. Delesalle, J.L. Rossignol, « 30 avril 1983 -30 avril 2005 : les 22 ans de la loi comptable », *Les Petites Affiches,* 5 septembre 2005, n°176, p. 3.

[363] Voir à ce titre les conclusions du professeur J. Arrighi De Casanova sous CE, 21 août 1996, S.A. Sife, n°154 488, *Droit Fiscal* 1996, n°50, comm. 1482.

[364] La fiscalité a d'ailleurs, ainsi que le souligne Rossignol, prêté sa force législative à la comptabilité, tout en continuant de la détourner à son profit : « destinataire obligé des comptes, elle n'a pas hésité à continuer de poser des règles contraires aux prescriptions du droit comptable et à contraindre avec vigueur les entreprises à les employer dans leurs comptes au nom d'une conception extensive, belliqueuse et d'ailleurs erronée de l'autonomie du droit fiscal. Le droit fiscal a continué ainsi de se charger, pour ses propres besoins, de combler l'éventuel vide" : J.-L. Rossignol, M. Chadefaux, « Fiscalité et comptabilité »,

La jurisprudence du Conseil d'Etat en a fourni une illustration avec la définition des immobilisations et l'introduction du critère de cessibilité à partir duquel une immobilisation devait passer à l'actif du bilan.

109. La seconde raison de la domination du droit fiscal sur le droit comptable est liée à la politique fiscale de l'Etat français. Ici, contrairement au premier cas, les règles comptables existent mais sont volontairement détournées pour servir des intérêts fiscaux et obéir à des politiques fiscales décidées et édictées par l'Etat. Il en est ainsi de l'incitation à raccourcir massivement la durée d'utilisation des immobilisations pour déduire plus vite leurs coûts[365]. Que dire aussi de l'impossibilité de déduire les provisions pour retraite qui n'incite pas les entreprises à les comptabiliser ? Les exemples sont ici nombreux et illustrent clairement l'ampleur du phénomène. La relation, jusqu'à ce jour tronquée, ne semblait pas être menacée, jusqu'à ce que la commission européenne décide de recourir aux normes comptables internationales.

110. Le conflit entre normes comptables européennes et règles fiscales nationales n'est donc pas attribuable à l'avènement des nouvelles normes comptables internationales. Tout a commencé avec la directive européenne du 25 juillet 1978 qui avait promis solennellement de faire respecter, dans les comptabilités des différents Etats membres, le principe comptable de « true and fair view », régulièrement connu sous celui de « la juste valeur ». Aujourd'hui codifié à l'article L. 123-14 du Code de commerce, ce principe implique que : « les comptes annuels doivent être réguliers, sincères et donner une image fidèle du patrimoine, de la situation financière et du résultat de l'entreprise (...). Si, dans un cas exceptionnel, l'application d'une prescription comptable se révèle impropre à donner une image fidèle du patrimoine, de la situation financière ou du résultat, il doit y être dérogé. Cette dérogation est mentionnée à l'annexe et dûment motivée, avec l'indication de son influence sur le patrimoine, la situation financière et le résultat de l'entreprise ».

111. De si nobles objectifs ne pouvaient qu'être louables mais leur application s'est vite heurtée à la tyrannie du droit fiscal et à la souillure juridique que le droit civil dans la construction d'un droit comptable encore

---

Encyclopédie de la comptabilité, du contrôle de gestion et de l'audit, Economica, 2e édition, 2009, n° 59, pp. 813-828.

365 Cet exemple est fourni par J. Richard, C. Colette, *Les systèmes comptables français et anglo-saxons - Normes IAS*, 8e édition, Paris, Dunod, 2009 ; voir aussi Ch. Hoarau, B. Esnault, *Comptabilité financière*, 3e édit., PUF, Paris, 2001. H. Stolowy, « Comptabilité créative », *Encyclopédie de la comptabilité, du contrôle de gestion et de l'audit*, n° 59, Economica, 2e édition, 2009.

embryonnaire lui a imposé[366]. Le droit comptable a en effet dû se contenter à plusieurs reprises des règles du droit civil dans sa construction, à l'image de la définition de l'immobilisation apportée par le Conseil d'Etat, qui avait introduit la notion civiliste de cessibilité pour la définir[367]. Ces règles n'étaient malheureusement pas toujours en accord avec une logique d'image fidèle, sauf à croire que l'image fidèle est une image juridique, ce qui, à proprement parler, nous paraît être une aberration[368]. L'obsolescence de la théorie juridique du patrimoine qui a servi à construire les notions d'actif et de passif du droit comptable reste aussi la preuve d'une cohabitation de plus en plus difficile entre substance économique et règles juridiques[369].

112. C'est dans ce contexte que l'avènement des normes comptables internationales peut être salué comme une occasion de remettre en cause la mainmise du droit sur une discipline qui par nature est profondément économique[370]. Ici encore, notre analyse nous a emmené à voir à travers leur introduction, un second souffle, une seconde chance offerte au droit comptable de recouvrer l'image fidèle qui lui avait été dérobée par les dispositions du droit fiscal[371].

113. Le propos doit cependant être nuancé car, s'il est vrai que l'application des règles fiscales à la comptabilité s'est traduite par un désavantage pour les règles comptables, il n'en demeure pas moins qu'une telle attitude du fisc est loin d'être représentative des relations entre

---

366 F. Douet, « L'autonomie du droit fiscal ou les qualifications fiscales perfides », *Les Petites Affiches,* 29 août 2007, numéro 173, p. 3- 7.

367 CE, 21 août 1996, S.A. Sife, n°154 488, *Droit Fiscal* 1996, n°50, comm. 1482, conclusions J. Arrighi De Casanova.

368 J. Mondino définit cette image fidèle comme la capacité des règles comptables à se conformer aux principes comptables édictés par le Plan comptable général. En l'absence de définition de cette image fidèle, nous partageons son analyse, qui au demeurant, nous semble fondée : J. Mondino, « La bonne foi dans le droit comptable : l'image fidèle », *La Gazette du Palais,* 15 juin 2009, numéro 74-76, p. 38- 44.

369 Cette obsolescence de la théorie juridique du patrimoine se trouve clairement exposée dans l'article du professeur François Pasqualini. F. Pasqualini, « Les chances d'une double rupture », *Les Petites Affiches*, 8 septembre 2005, n°179, p. 27.

370 Selon l'avis de F. Pasqualini, les normes comptables internationales sont une chance pour la comptabilité et l'occasion de redonner au droit comptable, les prérogatives que le droit fiscal lui a pourtant usurpées : F. Pasqualini, « Allocution de bienvenue », Acte du colloque organisé par le dess fiscalité de l'entreprise de l'université Paris Dauphine sur les conséquences de l'introduction des nouvelles normes comptables internationales, *Les Petites Affiches*, 8 septembre 2005, n°179, p. 3. E. Delesalle : « Comptabilité et fiscalité, je t'aime moi non plus », *Droit Fiscal* 2005, n°22, études n°19, p. 940 ; D. Villemot, « Comptabilité et fiscalité : convergence ou divergence » ? *Les Petites Affiches,* 8 septembre 2005, n°179, p. 9.

371 Partageant ainsi l'avis du professeur François Pasqualini, émis lors du colloque organisé par le dess fiscalité de l'entreprise de l'université Paris Dauphine, précité. Pour Pasqualini d'ailleurs, l'idée d'un droit comptable autonome n'est plus à discuter. Voir à ce titre le résumé de sa thèse : F. Pasqualini, *Le principe de l'image fidèle en droit comptable*, thèse, litec 1992.

comptabilité et fiscalité. La fiscalité a permis le développement de cette comptabilité et son ralentissement en la contraignant à des règles fiscales contraires aux principes comptables. La tutelle du droit fiscal sur le droit comptable apparaît ainsi comme la conséquence du caractère embryonnaire du droit comptable. Comme le fait remarquer Louis Rives, avant la loi Caillaux, les rapports entre comptabilité et fiscalité étaient inexistants. L'administration n'avait pas à entrer dans les comptes de la société puisque les contributions de celle-ci étaient basées sur des signes extérieurs, des biens matériels, des indices aussi appelés contributions indiciaires[372]. Il cite pour exemple la taxe sur le revenu des valeurs mobilières de 1872 qui ne nécessitait pas le contrôle d'un bilan dans la mesure où elle consistait à taxer le passage du dit bien, du patrimoine de la société, à celui des associés. La situation changea après l'instauration de la loi Caillaux et l'intrusion des services de l'administration fiscale dans les comptes de la société. Elle y trouva une pratique « disparate » de la comptabilité avec une rigueur atténuée de l'application des règles comptables, le commerçant préférant toujours une application moins rigoureuse des règles comptables pour minorer son bénéfice. C'est ainsi que le droit fiscal va se forger une place de plus en plus grandissante au sein de cette comptabilité. Là où le droit comptable manifestait des carences, le droit fiscal légiférera. La jurisprudence fiscale s'est ainsi attachée à définir le domaine pénal du droit comptable, notamment à travers la définition fiscale du dividende fictif.

114. Il en sera ainsi des rapports entre comptabilité et fiscalité et ce jusqu'à l'introduction de la quatrième directive relative à l'harmonisation des sociétés européennes et l'échec de sa transposition en droit interne. Les causes sont connues et ne sont pas à chercher ailleurs que dans la relation entre comptabilité et fiscalité. Certes on a pointé du doigt les difficultés de traduction du principe de l'image fidèle qui sont réelles. Mais ces difficultés ne sont rien face aux mesures d'incitations fiscales offertes par les Etats des différents pays et destinées à favoriser l'investissement[373]. Ce n'est véritablement qu'avec l'introduction des normes comptables internationales que le droit comptable se met en mouvement. Même si, jusqu'à ce jour, il est impossible d'affirmer que le droit comptable se soit dessaisi de la tutelle de la fiscalité, les progrès qui ont été faits depuis cette introduction sont remarquables. Ils le sont assez pour commencer à qualifier de changements, les rapports entre comptabilité et fiscalité tels que modifiés par l'introduction des normes IFRS. On observe en effet une progression des règles comptables

[372] L'impôt indiciaire est un « impôt dont la base imposable est évaluée d'après des signes extérieurs qui sont considérés comme révélateurs d'une capacité financière contributive mais n'ont pas nécessairement de rapport avec l'assiette. Cette méthode n'est plus appliquée à cause de son caractère arbitraire » : A. Barilari, R. Drape, *Lexique Fiscal*, Dalloz 1987, p. 85.
[373] G. Orsoni, *L'interventionnisme fiscal*, PUF, 1995, p. 88 et s.

dans le rôle qu'elles jouent vis-à-vis de la fiscalité. Ces progrès sont importants. Ils offrent une autre dimension d'étude.

Paragraphe 2 : L'alternative à l'échec du compromis législatif : la cohabitation de la technique des comptes et de la théorie juridique du patrimoine

115. Selon Gustave Humbert : « de même que le pontife consignait dans les grandes annales, et le magistrat dans ses actes, tous les faits principaux de la vie publique, le père de famille romain, d'après un usage établi par les mœurs et fortifié par les lois, tint à honneur, dès l'apparition de l'écriture, de constater, sur un registre-journal (adversaria), tous les faits de recette et de dépense de maison. Il les reportait mensuellement sur un registre tenu avec une exacte régularité (codex accepti et depensi), où l'inscription faite du consentement du débiteur, était considérée comme une cause libérale d'obligation civile. Les banquiers, connus sous le nom d'argentarii, perfectionnèrent encore cette méthode et ces livres de compte, qui se perpétuèrent chez eux jusqu'au temps de justinien[374] ». Le mot patrimoine viendrait ainsi de cette technique utilisée par le père de famille romain. Il est intéressant de faire dès lors le parallèle entre la technique et le droit qui a donné naissance à la technique.

116. En effet, la comptabilité accorde au droit une large part[375]. C'est ce qui explique qu'elle soit considérée comme l'« algèbre du droit », c'est-à-dire la traduction en chiffre des règles juridiques dans les comptes[376]. Certains parleront ainsi de l'approche patrimoniale de la comptabilité qu'ils opposeront à l'approche financière[377]. Cette approche patrimoniale a longtemps fait les affaires du droit fiscal. Selon Pasqualini en effet, la théorie du patrimoine est largement insatisfaisante. Elle a été créée et transposée en comptabilité pour permettre la taxation du patrimoine. En attribuant la personnalité morale aux sociétés, le législateur en a fait des sujets de droit et

---

[374] G. Humbert, *Des origines de la comptabilité chez les Romains : cour des comptes : audience solennelle de rentrée du 4 novembre 1879/ Discours du procureur général Humbert*, Imprimerie nationale, 1880, vol. 1, p. 5.

[375] Voir B. Raybaud-Turillo, *Le droit comptable patrimonial – Les enjeux d'un droit comptable substantiel*, Vuibert, Paris 1997, 364 p.

[376] P. Garnier, *La comptabilité, algèbre du droit et méthode d'observation des sciences économiques,* Thèse Paris Dunod 1947, 216 p. ; D. Ledouble, « La comptabilité est-elle encore " l'algèbre du droit" » ? *Les Petites Affiches*, 8 septembre 2005, n°179, p. 16.

[377] M.-Ch. Piniot, « Quelques réflexions d'après débat », *Revue Droit comptable*, n°96-3, septembre 1996, p. 70.

d'obligations, passibles d'impôt sur les sociétés[378]. Le droit comptable cède sur le terrain de la théorie du patrimoine et de la propriété (**I**) mais en revanche se rattrape sur les questions du traitement des divergences avec le droit fiscal par le tableau 2058 et en instaurant la dépendance du droit fiscal vis-à-vis de la comptabilité. Pas de comptabilité, pas de possibilité pour l'administration fiscale de vérifier le respect des règles fiscales en comptabilité (**II**).

I- L'influence de la théorie du patrimoine et de la propriété dans la relation entre comptabilité et fiscalité

117. Pour comprendre la problématique de l'approche patrimoniale du bilan, il est intéressant de se référer aux propos d'un ancien maître des requêtes au Conseil d'Etat : Jérôme Turot. Il la résume en ces termes : « mais le principe de patrimonialité du bilan est nettement affirmé dans la réforme comptable de 1983 : l'article 8 du Code de commerce, issu de la loi comptable du 30 avril 1983, placé en tête du chapitre relatif à la comptabilité des commerçants, fixe pour objectif à la comptabilité d'« enregistrer les mouvements affectant le patrimoine de son entreprise (...). Et l'article 10 du décret du 29 novembre 1983 privilégie très nettement l'approche patrimoniale du bilan lorsqu'il énonce que « les éléments du patrimoine de l'entreprise sont classés à l'actif et au passif du bilan suivant leur destination ou leur provenance ». Hélas, le droit fiscal (à en juger en tout cas par certains arrêts de cours administratives d'appel) ne s'est pas fait l'écho de cette volonté de mettre l'accent sur l'approche patrimoniale du bilan, prisonnier qu'il est de raisonnements qui privilégient trop exclusivement le principe de spécialité des exercices ». La problématique ainsi énoncée permet de refléter le contentieux qui oppose la comptabilité à la fiscalité sur le terrain de l'approche patrimoniale.

118. Ainsi, selon François Pasqualini, les règles comptables et fiscales ont été fortement imprégnées des règles de droit civil. Mais ce dernier ne montre pas en quoi comptabilité et fiscalité ont en commun la théorie du patrimoine. Tout au plus, il tente de montrer le lien entre comptabilité et théorie du patrimoine mais surtout de montrer que la comptabilité est une représentation, une traduction chiffrée du patrimoine reconnu comme une universalité de biens et d'obligations, d'actifs et de passifs[379]. Selon lui, en

---

[378] B. Plagnet, « Les rapports entre le droit fiscal et la comptabilité commerciale », *Revue de Science financière*, T. LXVI, n°3, juillet-septembre 1974, p. 695-780.

[379] P. Garnier avait déjà rédigé une thèse sur la question intitulée *La comptabilité, algèbre du droit et méthode d'observation des sciences économiques,* Thèse Paris Dunod 1947, 216 p.

effet, « le fait que le patrimoine soit composé d'un actif et d'un passif signifie que les droits de propriété et les droits de créance sont amalgamés au risque de jeter la confusion sur la distinction traditionnelle des droits réels et des droits personnels[380] ». Le patrimoine et sa théorie sont largement insatisfaisants.[381] La fiscalité se sert de la comptabilité au point d'entraîner des écritures comptables qui n'ont aucun fondement d'un point de vue comptable. La théorie du patrimoine a largement contribué à asseoir la logique de la fiscalité et du droit civil en comptabilité.

A- L'influence de la théorie du patrimoine sur le droit comptable

119. La comptabilité est souvent perçue comme une représentation chiffrée du patrimoine[382]. La théorie du patrimoine[383] considérée comme une universalité de biens, avec un actif et un passif, a été purement et simplement transposée en comptabilité[384]. Elle a permis la construction de la personnalité morale pour les sociétés[385].

---

[380] F. Pasqualini, « Les chances d'une double rupture », *Les Petites Affiches*, 8 septembre 2005, n°179, p. 27.

[381] F. Pasqqualini, « Les chances d'une double rupture », *Les Petites Affiches*, 8 septembre 2005, n°179, p. 27.

[382] P. Garnier, *La comptabilité, algèbre du droit et méthode d'observation des sciences économiques*, Thèse Paris Dunod 1947, 216 p.

[383] Aubry et Rau, *Cours de droit civil français*, t. 2, Les biens, 6e édition, Lib. Tech. 1951, par P. Esmein ; J. Carbonnier, *Droit civil*, t. 3, Les biens, PUF, 2000. G. Cornu, *Droit civil*, Les biens, 13e édition, Montchestien, 2007 ; G. Cornu, *Droit civil, Les biens*, 13e édition, Montchestien, 2007 ; Ph. Malaurie, L. Aynes, *Cours de droit civil*, Les biens 4e édition, Lextenso, 2010 ; F. Terre, Ph. Simler, *Droit civil*, les biens, Dalloz, 7e édition, 2006.

[384] A. Burlaud, F. D. Poitrinal, E. Salustro, *Comptabilité et droit comptable- L'intelligence des comptes et leur cadre légal*, Gualino, Paris, 1998. Ainsi selon Burlaud « le principe de patrimonialité du bilan est nettement affirmé dans l'article 8 du code de commerce, issu de la loi comptable du 30 avril 1983, qui dispose que la comptabilité a pour objet d'enregistrer les mouvements affectant le patrimoine de l'entreprise. C'est donc l'existence d'une valeur patrimoniale qui caractérise pour le droit comptable un élément d'actif immobilisé. L'approche fiscale de la notion d'immobilisations incorporelles, telle qu'elle est éclairée par la jurisprudence administrative fait également de la patrimonialité un élément de caractérisation des immobilisations incorporelles. En réalité, la divergence entre comptabilité et fiscalité tient principalement à ce que pour la fiscalité, le critère de patrimonialité n'est pas le seul critère qui doive être pris en considération pour qualifier une immobilisation incorporelle ».

[385] CE, 21 août 1996, S.A. Sife, n°154 488, *Droit Fiscal* 1996, n°50, comm. 1482, conclusions J. Arrighi de Casanova. Prenant l'exemple de l'arrêt SA Sife, Burlaud rappelle que « celui-ci a posé le principe suivant lequel ne doivent suivre le régime fiscal des incorporels de l'actif immobilisé de l'entreprise que les droits constituant une source régulière de profits, dotés

120. L'influence du patrimoine en droit comptable est omniprésente. Selon Austry[386], « le Conseil d'Etat a complété son approche économique de la notion d'élément incorporel attaché à un contrat de concession, d'un volet juridique que constitue la référence, traditionnelle en ce qui concerne la distinction entre charges et immobilisations au caractère patrimonial du droit détenu par le concessionnaire, caractère que révèle la faculté qui lui est offerte de disposer du droit d'exploiter qu'il tient de la concession à l'égard des tiers. Mais il reste que la qualification d'élément de l'actif immobilisé des droits attachés à ces contrats est déterminée par la combinaison des deux catégories de critères, économiques et juridiques et dégagés par la jurisprudence ».

121. C'est surtout l'avocat général à la chambre commerciale de la Cour de Cassation qui systématisera les deux approches de la comptabilité. Elle distingue en effet d'une part, la conception de la comptabilité comme une présentation du patrimoine faisant apparaître les biens et les dettes d'une façon statique et traduisant la situation de ces biens et dettes conformément à leur régime juridique[387]. Ainsi, l'analyse stricte de la clause de réserve de propriété conduisait à maintenir le bien vendu dans les actifs du vendeur dès lors que la propriété n'est transférée qu'après le paiement[388]. A la fin de l'exercice, c'est en faisant la différence entre ses actifs et passifs que l'entreprise distribue ses dividendes : cette conception correspondrait aux comptes sociaux. La seconde conception de la comptabilité correspond à une représentation, non plus patrimoniale, mais financière : il s'agit de donner aux investisseurs une information financière sur la richesse que l'entreprise peut générer par la mise en œuvre de l'ensemble des outils qu'elle a à sa disposition, quelle que soit la situation juridique de chacun de ces outils, dès lors que l'entreprise les utilise comme si elle en était propriétaire.

---

d'une pérennité suffisante et susceptibles de faire l'objet d'une cession. Tel est notamment le cas des redevances versées en contre partie d'une concession de droits exclusifs d'exploitation ».

386 S. Austry, « Régime fiscal des contrats de concession de droits exclusifs d'exploitation » : *RJF* octobre 1996, p. 634, cité par A. Burlaud, F. D. Poitrinal, E. Salustro, *Comptabilité et droit comptable- L'intelligence des comptes et leur cadre légal*, Gualino, Paris, 1998, p. 617.

387 Sur le régime juridique des biens voir C. Atias, *Les biens*, 10e édit. 2009.

388 M.-Ch. Piniot, « Quelques réflexions d'après débat », *Revue Droit comptable*, n°96-3, septembre 1996, p. 70.

B- L'emprunt au droit civil de la théorie de la propriété par la comptabilité et la fiscalité

122. Il est intéressant de noter dans les législations étrangères, la présence de cette notion de propriété économique, notamment en droit fiscal et ceci, avant l'introduction des normes comptables internationales. C'est le cas du droit fiscal néerlandais qui reconnait la notion de propriété économique. Il est possible d'établir ce constat à partir d'une question préjudicielle qui avait été posée à la CJUE[389]. Elle consistait à savoir « si le transfert de la « propriété économique », notion qui s'est développée en droit fiscal néerlandais, pouvait être assimilé à une livraison de bien au sens de l'article 5 de la sixième directive[390] ». La CJUE a répondu qu'« il y a lieu de rappeler qu'aux termes de l'article 5, paragraphe 1, de la sixième directive, « est considéré comme « livraison d'un bien » le transfert du pouvoir de disposer d'un bien corporel comme un propriétaire. Il résulte du libellé de cette disposition que la notion de livraison d'un bien ne se réfère pas au transfert de propriété dans les formes prévues par le droit national applicable mais qu'elle inclut toute opération de transfert d'un bien corporel par une partie qui habilite l'autre partie à en disposer en fait comme si elle était le propriétaire de ce bien. Cette conception est conforme à la finalité de la directive, qui vise entre autres à fonder le système commun de TVA sur une définition uniforme des opérations taxables. Or, cet objectif pourrait être compromis si la constatation d'une livraison de biens, qui est l'une des trois opérations taxables, était soumise à la réalisation de conditions qui varient d'un Etat membre à l'autre, comme c'est le cas de celles relatives au transfert de propriété en droit civil ». Par suite, on peut effectivement espérer que les besoins d'harmonisation aboutiront à supprimer les disparités des législations fiscales, surtout lorsqu'elles proviennent du droit civil.

123. C'est le cas en France, où le droit fiscal comme le droit comptable ont emprunté au droit civil, les règles régissant la propriété[391]. L'article 34 de la constitution de 1958 énonce que « la loi détermine les principes fondamentaux du régime de la propriété, des droits réels et des obligations

---

[389] CJCE, 8 février 1990, n° 320/88, 6e ch., SAFE Rekencentrum BV., *op. cit.* infra.

[390] La juridiction nationale avait défini les quatre éléments à partir desquels on pouvait considérer qu'il y avait transfert de la propriété économique. Le propriétaire avait souscrit « par contrat vis-à-vis de son cocontractant des engagements tels que tous les changements de valeur de même que tous les produits et charges du bien sont désormais pour le compte et aux risques de ce cocontractant. Il s'est engagé en vertu dudit contrat à transférer à son cocontractant la propriété juridique du bien à un moment futur. Il a donné par ledit contrat mandat irrévocable à son cocontractant d'accomplir les actes opérant ce transfert. Il a effectivement mis le bien à la disposition de son cocontractant conformément audit contrat » ?

[391] D. Aflalo, « BIC : notion d'immobilisation », *Lexbase Hebdo - Edition Fiscale*, 24 juillet 2003, numéro 81.

civiles et commerciales ». A titre illustratif, en jurisprudence, le critère de cessibilité a été introduit comme une condition d'inscription des actifs au bilan des sociétés qui n'est en définitive que la caractéristique la plus importante du droit de propriété, c'est-à-dire l'abusus, la possibilité de vendre le bien[392].

124. On comprend dès lors le titre de l'ouvrage de Brigitte Raybaud-Turillo : le droit comptable patrimonial[393]. C'est qu'à côté du droit comptable patrimonial, qui n'est autre que la traduction du patrimoine en comptabilité, existe un droit comptable, ou plutôt une comptabilité financière, qui se rit des outils juridiques (clause de réserve de propriété) mais qui les utilise néanmoins tant qu'ils permettent de générer de la richesse dans le but de prouver aux investisseurs, la capacité de l'entreprise à produire des richesses[394]. Et dire que Garnier avait déjà opéré cette dichotomie entre comptabilité transcription du droit et comptabilité méthode d'observation des faits économiques. Finalement le phénomène de la comptabilité financière qu'imposent les normes comptables internationales n'est pas nouveau. « Tout est dit, et l'on vient trop tard depuis plus de 7000 ans qu'il y a des hommes et qui pensent », disait La Bruyère[395]. Selon Villemot[396], la jurisprudence a retenu le critère de la propriété des biens pour distinguer les immobilisations des frais généraux déductibles[397]. Le même critère de la propriété a guidé la distinction entre immobilisations amortissables et frais d'établissement correspondant à des dépenses engagées à l'occasion d'opérations qui conditionnent l'existence ou le développement

---

392 CE, 21 août 1996, S.A. SIFE, n°154 488, *Droit Fiscal* 1996, n°50, comm. 1482, conclusions J. Arrighi de Casanova.

393 B. Raybaud-Turillo, *Le droit comptable patrimonial – Les enjeux d'un droit comptable substantiel*, Vuibert, Paris, 1997, 364 p.

394 Selon Marina Teller, « Autrefois réunis autour d'une même logique, le comptable et le juriste voient leurs sphères de compétences se détacher et s'émanciper l'une de l'autre. Ce changement de paradigme opère le passage d'une comptabilité assise sur le droit de propriété à une information financière appuyée sur le patrimoine économique » : M. Teller, « Les normes IFRS : vers un schisme juridique », *Bulletin Joly Bourse*, 01 novembre 2007, n° 6, p. 705.

395 La Bruyere, « Des ouvrages de l'esprit », cité par L. Rives, Obsession *fiscale et administration des entreprises : Essai sur le rapt de la comptabilité par la fiscalité*, thèse, Péchade, 1962, p. 111.

396 D. Villemot, « Existe-t-il une définition fiscale des immobilisations ? Ou la double absence d'autonomie du droit fiscal et du droit comptable face au droit civil », *Droit Fiscal*, 08 avril 1998, numéro 15, p. 504 -506.

397 La Revue Fiduciaire, Immobilisations corporelles et incorporelles : critères d'inscription à l'actif, *Revue Fiduciaire*, 01 février 2008, N°RF 975, p. 296 -309, Commentaires Numéro RF 975 du 2 février 2008.

de l'entreprise[398] et dont le montant ne peut être rapporté à la production de biens ou services déterminés[399].

125. En Allemagne, aussi, on retrouve des traces de la propriété économique. Ainsi, selon Klee, cité par Rossignol, en l'absence de dispositions légales, la pratique allemande, encouragée par la doctrine fiscale, avait permis de procéder à l'inscription des biens acquis en crédit-bail à l'actif de l'entreprise locataire et des dettes correspondantes au passif, dans la mesure où est reconnue à cette entreprise la propriété économique du bien. Ces contrats ont attiré l'attention de l'administration fiscale allemande dans les années 1960, lorsqu'elle a pris en compte la possibilité du financement en dehors du bilan par l'intermédiaire de redevances surestimées et de prix d'achat résiduels trop faibles qu'avaient les entreprises allemandes qui contournaient ainsi les délais légaux d'amortissement fiscaux. De cette constatation est né le concept de « propriété économique » par l'intermédiaire de la juridiction fiscale et du ministère fédéral des finances[400].

126. Largement imparfaite selon Pasqualini, « la théorie du patrimoine a conduit le droit français à refuser les patrimoines d'affectation dont le droit allemand a pourtant montré l'utilité. La contrepartie de ce rejet est la multiplication des sociétés en France. Sur les 2.500.000 sociétés recensées par l'INSEE au 1er janvier 2004, on peut se demander combien répondent véritablement à la définition de l'article 1832 du Code Civil ». La théorie du patrimoine est d'ailleurs « largement incomplète », selon Pasqualini, une imperfection liée à son incapacité à saisir l'ensemble des situations de fait. Plusieurs masses de biens peuvent appartenir à une seule personne : « le fonds de commerce et le patrimoine du commerçant[401] », « la communauté et les biens propres en droit des régimes matrimoniaux[402] », « le patrimoine du défunt et celui de l'héritier lorsque la succession est acceptée sous bénéfice

---

398 J.-Cl. Parot, « Société de crédit-bail et taxe professionnelle : une application des critères jurisprudentiels de caractérisation de la notion de disposition d'immobilisations corporelles », *Bulletin mensuel d'information des sociétés Joly (BMIS)*, 01 novembre 2001, n°11, p. 1163 -1168.

399 CE Contentieux, 16 juin 1993, n° 67760 N° *Lexbase* et n° 67763 N° *Lexbase* Ministre de l'Economie, des Finances et du Budget c/ Société anonyme Sellier-Leblanc.

400 J.-L. Rossignol, « Le juge de l'impôt face aux normes comptables internationales », *Revue Comptabilité Contrôle Audit*, Numéro Spécial, décembre 2007, p. 127, Note de bas de page n°7.

401 C. Com, art. L 141-1 et s. cité par F. Pasqualini, « Les chances d'une double rupture », *Les Petites Affiches*, 8 septembre 2005, n°179, p. 27, paragraphe 6.

402 C. Civ. article 1400 et s. pour le régime de la communauté légale cité par F. Pasqualini, « Les chances d'une double rupture », *Les Petites Affiches*, 8 septembre 2005, n°179, p. 27, paragraphe 6.

d'inventaire[403] ». Plusieurs volontés peuvent s'exprimer sur un seul patrimoine, comme le rappelle Pasqualini : « il suffit de penser aux relations entre l'incapable et son représentant légal[404] ». Insuffisamment rigoureuse pour l'importance qui lui a été attribuée, la théorie du patrimoine devait alors être remise à sa « juste valeur », par le principe de la juste valeur justement, ou encore celui de la substance économique au-delà de la forme juridique et tous ces principes, contenus dans les normes comptables internationales qui commandent de revisiter l'ensemble du droit « comptable patrimonial[405] ». Pour achever ses critiques adressées à ce qui semble être une construction à « rebours », Pasqualini notera que : « alors, l'évolution de la comptabilité qui passe d'une représentation chiffrée du patrimoine à une traduction des avantages économiques dont une entreprise dispose, est, on peut l'espérer, l'occasion pour le juriste de s'affranchir de la théorie du patrimoine. Peu importe que le critère de l'immobilisation ne soit plus la propriété mais le contrôle, car la définition que donne l'article 544 du Code Civil du plus absolu des droits invite à distinguer l'utilité et la valeur des biens. Elle est en cela économique dans son esprit bien que juridique dans son essence. Et on notera qu'une fois de plus, la comptabilité aide le juriste dans sa réflexion ». Bien que largement généreuse, l'invitation de Pasqualini à se défaire de la théorie du patrimoine doit être déclinée avec doigtée et désobligeance : le socle juridique est encore nécessaire à la relation entre comptabilité et fiscalité, notamment dans un contexte d'insécurité financière accentué par les récents scandales financiers[406]. En lieu et place de cette invitation à se défaire de la théorie du patrimoine, sans doute serait-il plus commode de trouver un terrain plus propice à l'expression des deux disciplines et à la gestion de leurs divergences. Le tableau 2058 semble être alors l'outil du compromis.

[403] C. Civ., article 793 et s. cité par F. Pasqualini, « Les chances d'une double rupture », *Les Petites Affiches*, 8 septembre 2005, n°179, p. 27, paragraphe 6.

[404] C. Civ., art. 501 et 510, cité par F. Pasqualini, « Les chances d'une double rupture », *Les Petites Affiches*, 8 septembre 2005, n°179, p. 27, paragraphe 6.

[405] B. Raybaud-Turillo, *Le droit comptable patrimonial – Les enjeux d'un droit comptable substantiel*, Vuibert, Paris, 1997, 364 p.

[406] J.-L. Rossignol, « L'analyste financier, les nouvelles normes IAS/IFRS et l'impôt », *Les Petites Affiches*, 2 mai 2005, n° 91, p. 8.

II- Le compromis législatif : le tableau 2058 comme instrument de réconciliation et la comptabilité comme instrument de contrôle fiscal

127. Certaines divergences entre comptabilité et fiscalité sont difficiles à résoudre. Dans ces conditions, elles sont traitées par le tableau de retraitement de ces divergences aussi appelé tableau 2058. En général, les divergences les plus difficiles à résoudre proviennent d'opérations passées en comptabilité, régulièrement ou irrégulièrement, mais que la fiscalité n'accepte pas en réduction de la base imposable[407]. A l'opposé, les divergences provenant de la fiscalité n'ont pas de soucis à se faire accepter en fiscalité, surtout lorsqu'elles visent à réduire la base d'imposition[408]. Le raisonnement inverse est aussi valable : les divergences en fiscalité, qui visent à des déductions et des réintégrations de charge, surtout lorsqu'elles se font par un redressement fiscal, ont du mal à passer en comptabilité. Elles finissent souvent devant les juridictions comme celles du Conseil d'Etat. Finalement à quoi sert ce tableau 2058 A ? Selon Burlaud, « le droit fiscal admet l'autonomie du droit comptable : preuve en est la constatation des divergences entre règles comptables et fiscales dans le tableau dit 2058 A de « détermination du bénéfice fiscal » où, à partir du résultat comptable et en tenant compte de réintégrations diverses et de déductions diverses, on aboutit au résultat fiscal[409] ». Le tableau 2058 A est alors le « tableau du compromis », celui qui « consiste à donner à chaque adversaire la satisfaction de penser qu'il a eu ce qu'il ne devait pas obtenir, et qu'il est privé de rien, sinon de ce qui lui était véritablement dû[410] ». Le tableau 2058 semble cependant révéler un compromis en faveur des règles fiscales (**A**). Seule une dépendance de la fiscalité par rapport à la comptabilité peut rééquilibrer ces rapports. C'est le cas, lorsque l'administration fiscale doit recourir à la comptabilité à des fins de vérifications fiscales (**B**).

---

[407] Pour des exemples voir Ch. Hoarau, B. Esnault, *Comptabilité financière*, 3e édit., PUF, Paris, 2001, p. 336.

[408] Il en est ainsi des exonérations et de toutes les mesures fiscales d'incitations. Elles sont nombreuses, comme c'est le cas des amortissements dérogatoires ou encore des impôts différés actifs, pour ne citer qu'eux.

[409] A. Burlaud, F. D. Poitrinal, E. Salustro, *Comptabilité et droit comptable- L'intelligence des comptes et leur cadre légal*, Gualino, Paris, 1998, p. 626.

[410] A. Bierce, *Le Dictionnaire du Diable*, *op. cit.*

A- Les pratiques de retraitement : le tableau 2058

128. Le retraitement est l'opération qui consiste à « substituer aux méthodes d'évaluation appliquées aux comptes individuelles, celles retenues par le groupe pour les comptes consolidés[411] ». Cette définition concerne les retraitements en matière de consolidation. En la transposant au droit fiscal, on pourrait ainsi obtenir une définition de la pratique des retraitements comme celle qui a pour but de « substituer aux méthodes d'évaluation appliquées aux comptes individuelles, celles retenues pour la fiscalité ». Mais même en consolidation, la pratique des retraitements fiscaux existe. Dans les comptes des groupes, l'objectif est de supprimer l'incidence des écritures fiscales passées pour la seule application des législations fiscales. C'est le cas des amortissements dérogatoires, des provisions réglementées ou encore des subventions d'investissement. Ces retraitements sont possibles grâce à la technique comptable[412].

129. Dans les textes, le passage du résultat comptable au résultat fiscal a d'abord été permis par deux lois ayant défini le bénéfice net. C'est surtout la loi du 13 janvier 1941 qu'il faut retenir. Comme le souligne Haddou : « cette loi aura eu pour mérite de préciser la notion de bénéfice imposable notamment en clarifiant les termes de « bénéfice imposable » et de « bénéfice net », jusqu'à ce jour indifféremment employés pour désigner la base de l'impôt sur les bénéfices industriels et commerciaux. Précisant la signification à leur attribuer, le nouveau texte dispose que le bénéfice imposable s'obtient désormais en déduisant du bénéfice net, par une réfaction extracomptable, les revenus fonciers et mobiliers visés à l'article 8 du Code général des Impôts directs. Le bénéfice net se présente comme un élément comptable et le bénéfice fiscal comme un élément fiscal dégagé du précédent. Aux termes du paragraphe 2 de l'article 7 modifié du code précité, le bénéfice net est constitué par la différence entre les valeurs de l'actif net à la clôture et à l'ouverture de la période dont les résultats doivent servir de base à l'impôt, diminuée des suppléments d'abord et augmentée des prélèvements effectués au cours de cette période par l'exploitant ou par les associés[413] ».

---

[411] Groupe Revue Fiduciaire, *Dictionnaire comptable et financier*, 10e édition, p. 1240.

[412] Exemple extrait du Groupe Revue Fiduciaire, *Dictionnaire comptable et financier*, 10e édit., p. 1242. Rossignol rappelle cependant que le recours à ces choix comptables est tout à fait régulier, les entreprises disposant d'une liberté de gestion dans la limite du respect de la théorie de l'acte anormal de gestion ou de l'abus de droit » : J.-L. Rossignol, « Le comptable, le juge et l'impôt », *Les Petites Affiches*, 30 avril 2001, n° 85, p. 4.

[413] G. Haddou, *op. cit.*

130. La plupart des auteurs présentent le tableau 2058 A comme le tableau de détermination du résultat fiscal, à travers la réintégration et la déduction des charges[414]. Il est frappant de constater, à cet égard, l'emprise de la fiscalité sur la comptabilité dans ce fameux tableau 2058 A[415]. Un exemple pédagogique, cité par Hoarau et Esnault, est celui des provisions[416]. Certaines provisions sont régulièrement passées en comptabilité et obéissent aux principes comptables mais ne sont pas admises en déduction par le droit fiscal[417]. Il en est ainsi des provisions pour retraites dont l'article 123-13 du Code de commerce énonce que le « montant correspondant à tout ou partie de ces engagements » (entendre par là les engagements de départ à la retraite) « peut être inscrit au bilan ». Le Code général des Impôts n'admet pas ce type de provision. Elles en remplissent pourtant toutes les conditions. Elles font l'objet du troisième alinéa de l'article L123-13 : « le montant des engagements de l'entreprise en matière de pension, de compléments de retraite, d'indemnités et d'allocations en raison du départ à la retraite ou avantages similaires des membres ou associés de son personnel et de ses mandataires sociaux est indiqué dans l'annexe. Par ailleurs, les entreprises peuvent décider d'inscrire au bilan, sous forme de provision, le montant correspondant à tout ou partie de ces engagements[418] ». Pour être déductibles, les provisions doivent être conformes aux conditions de déductibilité énoncées par l'article 39-1-5 du CGI : il s'agit des « provisions constituées en vue de faire face à des pertes ou charges nettement précisées et que des événements en cours rendent probables, à condition qu'elles aient été effectivement constatées dans les écritures de l'exercice[419] ». C'est le cas des provisions pour retraite, qui sont des charges précises et calculées par l'entreprise, qui sont probables car les salariés devront un jour prendre leurs retraites, certains partiront sans doute l'année même ce qui permet de

---

[414] B. Plagnet, « Les rapports entre le droit fiscal et la comptabilité commerciale », *Revue de Science financière*, T. LXVI, n°3, juillet-septembre 1974, p. 695-780.

[415] Selon J.-B. Geffroy et J.-P. Fradin, « le résultat comptable est conforme aux contraintes fiscales, hors comptabilité, au moyen d'un tableau de « détermination du résultat fiscal » joint par l'entreprise à sa déclaration. Ce tableau retrace trois sortes d'opérations : les réintégrations, les déductions et les mesures d'ajustement. Les réintégrations extra-comptables consistent à ajouter au résultat comptable des charges, passées en comptabilité, mais dont la déductibilité apparaît partielle ou prohibée en droit fiscal (...). Les déductions extra-comptables consistent à retrancher certains produits du résultat comptable bénéficiant d'une imposition différée. Les mesures d'ajustement modifient le résultat fiscal de l'exercice en lui imposant certaines opérations (amortissements réputés différés en période déficitaire) ou résultats réalisés dans des exercices antérieurs (déficits des sociétés assujetties à l'IS) » : J.-P. Fradin, J.-B. Geffroy, *Traité du droit fiscal de l'entreprise*, PUF, coll. Droit fondamental, 2003.

[416] Ch. Hoarau, B. Esnault, *Comptabilité financière*, 3e édit., PUF, Paris, 2001, p. 336.

[417] M. Cozian, « Le rapt et le viol de la comptabilité par la fiscalité : l'exemple des provisions », *Les Petites Affiches*, 27 mai 1998, p. 4.

[418] Article L. 123-13 du C. Com.

[419] Article 39-1-5 du CGI.

satisfaire à la condition selon laquelle la probabilité de l'événement doit survenir au cours de l'exercice, enfin, ces provisions sont prévues par des textes, en l'occurrence l'article L123-13 du Code de Commerce. Il y a pourtant deux obstacles à la déductibilité de ces provisions. Le premier, c'est qu'il faut qu'il s'agisse d'une obligation légale et non d'une faculté[420]. Or le Code de Commerce offre cette faculté aux entreprises[421]. La seconde c'est que les provisions pour retraites ne sont pas admises en déduction. « Toutefois, ne sont pas déductibles les provisions que constitue une entreprise en vue de faire face au versement d'allocations en raison de départ à la retraite ou préretraite des membres ou anciens membres de son personnel, ou de ses mandataires sociaux », selon l'article 39-1-5 du CGI. Finalement, si le « bénéfice net est établi sous déduction de toutes charges[422] », ce n'est qu'à condition qu'il soit établi conformément à la notion fiscale de charge. Il en est ainsi même pour les fameuses mesures d'ajustement[423]. Ces mesures permettent d'effectuer des rectifications non pas sur le résultat comptable mais sur le résultat fiscal. Elles visent à faire bénéficier à l'entreprise de faveur fiscale liée à des déficits comptables antérieurs ou à des amortissements réputés différés. Ces cadeaux fiscaux, bons pour le chef d'entreprise nuisent considérablement aux principes comptables. L'amortissement fiscal coïncide mal avec la tenue d'une seine comptabilité. Quant à la modification en fonction des résultats déficitaires des exercices antérieurs, elle s'accorde mal avec le principe d'intangibilité du bilan d'ouverture. Ces mesures ne visent cependant pas le résultat comptable[424].

131. L'analyse de la notion de bénéfice imposable, à travers le tableau 2058 A, fait ressortir une prédominance des règles comptables sur les règles

---

[420] L'article L. 123-20, al. 2 du Code de Commerce rappelle que : « même en cas d'absence ou d'insuffisance du bénéfice, il doit être procédé aux amortissements et provisions nécessaires ». L'article L. 312-2 rappelle en effet aussi que : « même en cas d'absence ou d'insuffisance de bénéfice, il est procédé à la comptabilisation de provisions pour risques et charges qui remplissent les conditions fixées à l'article 312-1.2 ». M. Cozian, F. Deboissy, *Précis de fiscalité des entreprises,* Vol. 1, Paris, Litec, 2009, p. 117.

[421] Article L. 123-13 du C. Com., *op. cit.*

[422] Article 39 du CGI.

[423] J.-P. Fradin, J.-B. Geffroy, *Traité du droit fiscal de l'entreprise*, PUF, coll. Droit fondamental, 2003, p. 273.

[424] Le principe d'intangibilité du bilan d'ouverture du premier exercice est « l'impossibilité pour l'administration de remettre en cause au cours d'un contrôle, le bilan d'ouverture du premier exercice vérifié. Lors d'une vérification de comptabilité, l'administration examine généralement tous les exercices non prescrits. En vertu du principe des corrections symétriques elle peut modifier les bilans d'ouverture des exercices, sauf celui du premier exercice vérifié qui est donc intangible. En effet, il s'agit du bilan de clôture d'un exercice prescrit » A. Barilari, R. Drape, *Lexique Fiscal*, Dalloz 1987, p. 88.

fiscales[425]. Ce qui est parfois marquant dans le droit fiscal, c'est l'arbitraire avec lequel il se saisit des dispositions comptables[426], s'offrant ainsi la possibilité de créer des règles comptables totalement déconnectées de la réalité comptable, comme les fameuses provisions réglementées. Il est tout aussi frappant de noter qu'elles sont appelées « réglementées » parce qu'elles émanent de la règle et en l'occurrence de la règle fiscale[427]. « Le bénéfice net » est établi sous déduction de toutes charges, mais là encore, ce sont les charges entendues au sens fiscal, puisqu'une charge peut être valable au sens comptable et pourtant ne pas venir en déduction du résultat fiscal. Pourtant ce tableau est appelé à jouer un rôle de plus en plus important dans la relation entre comptabilité et fiscalité. Il est le passage du résultat comptable au résultat fiscal et donc le témoin de la relation entre comptabilité et fiscalité. Plus le nombre de retraitements opérés sur ce tableau seront importants plus ceci sera la preuve de divergences profondes entre comptabilité et fiscalité. Ces divergences se sont souvent réglées au profit de la fiscalité[428]. Si la comptabilité veut passer d'un rôle de second plan à un rôle de premier plan, elle devra cultiver la dépendance de la fiscalité à son égard. En ayant recours à la comptabilité pour les contrôles fiscaux, la fiscalité cultive ainsi sa dépendance vis-à-vis de la comptabilité.

B- La comptabilité outil formel de contrôle fiscal

132. Que la comptabilité serve de contrôle à la fiscalité est un fait avéré. Bien plus qu'un fait, il s'agit d'un argument de taille quant à la question de savoir s'il faut ou non maintenir le lien entre comptabilité et fiscalité. En effet, selon Gutmann, « de façon plus visible, une différence nette entre résultat fiscal et résultat comptable s'explique par la nécessité de contrôler que les entreprises ne recourent pas à des moyens qui, s'ils sont irréprochables du point de vue comptable, aboutissent à diminuer excessivement ou artificiellement le montant de leur résultat comptable. La théorie de l'acte anormal de gestion et la théorie de l'abus de droit sont, dans ce contexte, autant de garde-fous mis en place pour permettre à l'administration de rectifier le résultat fiscal lorsque celui-ci a été indûment

[425] Comment pourrait-il en être autrement ? Le bénéfice imposable est net sous déduction des charges acceptées par la fiscalité : J.-P. Fradin, J.-B. Geffroy, *Traité du droit fiscal de l'entreprise*, PUF, coll. Droit fondamental, 2003, p. 332.

[426] F. Pasqualini, *Le principe de l'image fidèle en droit comptable*, thèse, litec 1992, p. 20.

[427] B. Esnault, *Comptabilité financière*, 3e édition, PUF, Paris, 2001, p. 337.

[428] Pour cette question spécifique des retraitements, voir M. Cozian, « Le rapt et le viol de la comptabilité par la fiscalité : l'exemple des provisions », *Les Petites Affiches*, 27 mai 1998, p. 4.

minoré[429] ». La comptabilité est à ce titre complémentaire à la fiscalité, dissocier l'un et l'autre rendrait difficile le contrôle par la fiscalité de la régularité des déclarations effectuées par les contribuables. Si cette connexité n'existait pas, « comment imposer un résultat si celui-ci n'a pas été préalablement défini par la réglementation comptable[430] » ? Cette fonction de la comptabilité aurait pu faire taire les divergences entre comptabilité et fiscalité et permettre de conclure définitivement à une relation complémentaire. Mais même ce rôle de la comptabilité vis-à-vis de la fiscalité souffre de grandes défaillances.

133. Selon Gilles Noel[431], « la vérification de comptabilité reste la procédure de contrôle fiscal la plus connue du grand public, notamment par les garanties importantes bien balisées qu'elle comporte lors de sa mise en œuvre. Paradoxalement, cette impression "carrée" assez rassurante de son régime juridique protecteur tranche singulièrement avec l'impressionnisme relatif du cadre dans lequel ce régime doit s'appliquer. C'est que la vérification de comptabilité n'est pas pour autant une procédure parfaitement bien "identifiée" dans ses limites réelles. On pourrait même dire qu'elle est, de toutes les procédures fiscales, l'une des plus aisées à détourner ; à tel point que l'on a pu parler à son égard de véritable « perméabilité » ».

134. Pire, l'absence de définition du contrôle de comptabilité ouvre le champ large à l'administration fiscale qui, « sous couvert de la fourniture de nouveaux « services » rendus au contribuable (ex. contrôle fiscal sur demande, LPF, art. L. 13 C ; rescrits particuliers, LPF, art. L. 80 B, 2° à 7°) lui permettant – sous différentes formes, d'accéder directement ou indirectement aux éléments, ou à des informations, comptables et extra-comptables de l'entreprise - « engrange » des informations qu'elle exploitera de manière critique, contre les contribuables[432] ». La fiscalité a donc largement les moyens d'influer sur la comptabilité. Le constat est important car on aurait pu craindre que les difficultés comptables liées à l'application des normes IFRS ne rendent la comptabilité si illisible qu'elle ne puisse plus servir de moyen de contrôle pour l'administration fiscale. La pratique nous révèle que la fiscalité disposerait, dans ce cas, de la possibilité de « simplifier » la comptabilité.

[429] D. Gutmann, *Droit fiscal des affaires*, Montchrestien, édit. Lextenso 2010, p. 210-211.
[430] D. Gutmann, *Droit fiscal des affaires*, Montchrestien, édit. Lextenso 2010, p. 208.
[431] G. Noel, « Vérification de comptabilité et autres procédures de contrôle fiscal, perméabilité de la procédure de vérification de comptabilité », *JurisClasseur Procédures fiscales* 2009, Fasc. 323-40.
[432] G. Noel, « Une manifestation pernicieuse d'« impressionnisme » fiscal : la perméabilité de la procédure de vérification de comptabilité » *Droit Fiscal* n° 8, 22 février 2007, p. 201.

135. En effet, à certains égards, elle (la comptabilité) a été simplifiée par la fiscalité[433] et pour des impératifs fiscaux. L'illustration la plus immédiate est celle du cas de la tenue d'une « comptabilité super-simplifiée, ainsi que les nouvelles obligations comptables prévues par le code de commerce à compter du 2 septembre 1994 pour les commerçants personnes physiques placées sous le RSI[434] ». L'instruction fiscale précise la particularité de ce régime comptable par rapport aux règles habituelles. Cette particularité concerne « l'enregistrement des opérations journalières et les opérations de fin d'année relatives à la constatation des créances et des dettes, à la valorisation des stocks et au rattachement de certaines charges d'exploitation ». Seule la seconde catégorie nous intéresse ici du fait de ses conséquences fiscales de façon spécifique et des incidences qu'elles induisent sur les relations entre comptabilité et fiscalité[435]. Ainsi, aux termes de l'instruction fiscale, « (…) en comptabilité, la valeur d'inventaire des biens en stocks est déterminée en pratiquant sur le prix de vente de ces biens à la date du bilan un abattement correspondant à la marge pratiquée par l'entreprise sur chaque catégorie de biens. Cette méthode, identique dans son principe à celle prévue à l'article 4 LA de l'annexe IV au Code général des Impôts est toutefois plus contraignante dès lors qu'il est fait référence à la marge pratiquée sur chaque catégorie de biens et non simplement à la marge pratiquée par l'entreprise. La méthode pratiquée en comptabilité pourra valablement être retenue, sur le plan fiscal, pour la détermination du résultat imposable. Cela étant, la méthode d'évaluation prévue à l'article 4 LA de l'annexe IV au Code général des Impôts conserve sa valeur sur le plan fiscal ».

---

[433] Ce régime est prévu par l'article 302 septies A ter A, selon lequel « les exploitants individuels et les sociétés visées à l'article 239 quater A soumis au régime défini à l'article 302 septies A bis peuvent tenir une comptabilité super-simplifiée. Cette comptabilité n'enregistre journellement que le détail des encaissements et des paiements. Les créances et les dettes sont constatées à la clôture de l'exercice, sauf en ce qui concerne les dépenses relatives aux frais généraux, qui sont payées à échéances régulières et dont la périodicité n'excède pas un an ; les stocks et les travaux en cours peuvent être évalués selon une méthode simplifiée définie par un arrêté du ministre chargé du Budget ». Comme le rappelle l'instruction fiscale citée infra : « l'article 106-II de la loi de finances pour 1990, codifié à l'article 302 Septies A ter A du CGI a simplifié les obligations comptables et fiscales des petites entreprises ayant opté pour la tenue d'une comptabilité super-simplifiée en offrant la possibilité d'évaluer certaines dépenses de manière forfaitaire relatives à la consommation de carburants et aux frais généraux accessoires. Cette mesure de simplification s'applique pour la détermination des résultats clos à compter du 31 décembre 1990. Il serait néanmoins réducteur de considérer que la comptabilité n'a été simplifiée que pour des impératifs fiscaux. Elle l'a aussi été pour des impératifs financiers comme l'atteste le projet de simplification des comptes et annexes des petites et moyennes entreprises, lancé par la commission européenne » : R. Obert, « Le projet de modification de la quatrième directive européenne », *Revue Française de Comptabilité*, janvier 2011, n°439, p. 4 et s.

[434] D. adm. 4 G-3443 25 juin 1998 disponible sur http://www.impots.gouv.fr.

[435] L'instruction rappelle d'ailleurs que les règles d'enregistrement des opérations en cours d'exercice sont identiques en comptabilité et en fiscalité depuis le 2 septembre 1994.

136. La méthode vise donc à alléger les obligations déclaratives de ces sociétés. Les conséquences de ce dispositif fiscal sont à analyser en ce sens. D'abord, le droit fiscal a contribué à renforcer le droit comptable et les obligations déclaratives qui incombaient aux commerçants[436]. Ceci a eu pour conséquence d'alourdir le droit comptable pour des impératifs fiscaux. La mesure a des avantages en ce qu'elle a permis le développement du droit comptable. Elle comporte cependant des inconvénients en ce qu'elle a contribué à la lourdeur de ce même droit comptable.

137. Ensuite le droit fiscal ne contribue à l'amélioration de la règle comptable que dans la limite de l'assiette de l'impôt sur les sociétés, c'est-à-dire, à condition que les nouvelles règles comptables n'affectent pas la base taxable. C'est ce que rappelle l'instruction fiscale quand elle énonce d'une part que « l'utilisation d'une comptabilité super-simplifiée n'a pas d'incidence sur la définition du bénéfice taxable donnée par l'article 38 du Code général des Impôts. En d'autres termes, toutes les règles applicables aux entreprises artisanales, industrielles ou commerciales, placées sous un régime réel d'imposition, le sont également à celles qui ont recours à la comptabilité simplifiée. En aucun cas donc, l'exploitant ne peut se limiter à tenir une comptabilité de trésorerie en faisant abstraction des créances et des dettes existant à la clôture de l'exercice » et d'autre part que « les règles énoncées à l'article 302 septies A ter A du CGI définissent les règles comptables à utiliser pour la détermination du bénéfice fiscal. Aucun retraitement n'est donc à opérer pour la déduction des charges en cause sur la déclaration fiscale ».

138. A cet égard, le passage de la comptabilité traditionnelle à la comptabilité super-simplifiée et inversement « ne peut conduire ni à la double déduction ni à l'absence de déduction d'une charge[437] ». Dans la législation, les concessions faites au droit comptable par le droit fiscal semblent avoir un seuil de tolérance : celui de l'assiette fiscale[438]. Le fait

---

[436] A. Burlaud, F. D. Poitrinal, E. Salustro, *Comptabilité et droit comptable- L'intelligence des comptes et leur cadre légal*, Gualino, Paris, 1998, p. 18 ; R. Obert, « Le droit comptable applicable en France aux petites et moyennes entreprises : 1958-2008 », *Revue du Financier*, janvier-février 2009, p. 78 ; ces obligations ont été aussi renforcées par le Code de Commerce : B. Bouloc, « L'incidence des normes européennes sur les normes comptables », *Revue des Sociétés* 2005, p. 31.

[437] D. adm. 4 G-3443 du 25 juin 1998.

[438] L'article 38 du Code général des Impôts, modifié par le décret 2010-421 du 27 avril 2010 précise en effet que : « sous réserve des dispositions des articles 33 ter, 40 à 43 bis et 151 sexies, le bénéfice imposable est le bénéfice net, déterminé d'après les résultats d'ensemble des opérations de toute nature effectuées par les entreprises, y compris notamment les cessions d'éléments quelconques de l'actif, soit en cours, soit en fin d'exploitation ». Aux termes de l'alinéa 2 du même article : « le bénéfice net est constitué par la différence entre les valeurs de l'actif net à la clôture et à l'ouverture de la période dont les résultats doivent servir de base à l'impôt diminuée des suppléments d'apport et augmentée des prélèvements effectués

que le droit fiscal et le droit comptable partagent la même base, le résultat comptable, n'a pas permis, loin s'en faut, l'amélioration de la règle comptable : le droit fiscal ayant très souvent protégé ses intérêts[439].

139. La loi instaure la dépendance de la comptabilité vis-à-vis de la fiscalité en ce qu'elle établit la tenue d'une comptabilité comme mode de preuve des déclarations fiscales. Aux termes de l'article 55 du Code général des Impôts[440] : « le service des impôts vérifie les déclarations. Il peut rectifier les déclarations en se conformant à la procédure prévue à l'article L 55 du livre des procédures fiscales ». La comptabilité comme moyen de contrôle de l'administration fiscale est aussi rappelée à l'article L 10 du Livre des Procédures Fiscales[441] : « l'administration des impôts contrôle les déclarations ainsi que les actes utilisés pour l'établissement des impôts, droits, taxes et redevances. Elle contrôle également les documents déposés en vue d'obtenir des déductions, restitutions ou remboursements, ou d'acquitter tout ou partie d'une imposition au moyen d'une créance sur l'Etat. A cette fin elle peut demander aux contribuables tous renseignements, justifications ou éclaircissements relatifs aux déclarations souscrites ou aux actes déposés ».

140. Le droit fiscal a ainsi imposé aux « exploitants soumis au régime réel normal d'imposition », la « tenue de leur comptabilité journalière à partir de l'enregistrement des encaissements et des paiements[442] ». La doctrine administrative précise ainsi la tenue d'une comptabilité régulière servant de preuve en cas de contrôle de l'administration fiscale. Celle-ci doit inclure : « un livre journal servi au jour le jour et enregistrant le détail des opérations effectuées par l'exploitant », « un livre d'inventaire sur lequel figurent les bilans », et enfin « les factures[443] ». Ces exemples concernent les exploitants agricoles de façon particulière mais s'inscrivent dans le cadre de la relation entre comptabilité et fiscalité de façon générale et, notamment, permettent de

---

au cours de cette période par l'exploitant ou par les associés. L'actif net s'entend de l'excédent des valeurs d'actif sur le total formé au passif par les créances des tiers, les amortissements et les provisions justifiés ».

[439] Sur le traitement divergent entre règles comptables et règles fiscales à propos de films publicitaires et la primauté accordée aux règles fiscales, voir CE 5 juin 1996, n° 143819, 8e et 9e s.-s., SA Fralib, concl. J. Arrighi De Casanova, *RJF* juillet 1996, p. 484 ; sur les éléments d'identification d'une immobilisation incorporelle et spécifiquement le critère de cessibilité : CAA Paris, 27 nov. 2003, n° 98-947, rendu définitif par CE (na), 4 déc. 2002, n° 240303 et CE, 14 oct. 2005, n° 262219, min. c/ SA Laboratoires Fournier : JurisData n° 2005-080780 ; *Droit fiscal* 2007, n° 23, comm. 570 cités par D. Villemot, « Le régime fiscal des immobilisations incorporelles », *Droit fiscal*, numéro 14, 3 avril 2008, p. 243.

[440] Article 55 du Code général des Impôts.

[441] Article L 10 du Livre des procédures fiscales.

[442] D. adm. 5 E-2321 15 mai 2000.

[443] D. adm. 5 E-2321 15 mai 2000.

comprendre comment les règles fiscales contribuent à « façonner[444] » la réglementation comptable. Comme le rappellent Hinard et Mittaine-Chenevrier, « la dimension de l'entreprise intervient enfin en particulier dans le niveau d'exigence fixé en matière d'informations à communiquer. L'administration prend en compte la taille de l'entreprise à travers un seul critère, le « chiffre d'affaires » »; on distingue selon ce critère, le régime du « forfait » et les régimes « déclaratifs » encore appelés « au réel » : (l'entreprise détermine, sous sa responsabilité, le résultat imposable et calcule la TVA à payer. Le régime du forfait pour les petites entreprises individuelles ou encore les sociétés soumises à l'IR (catégorie BIC), l'administration détermine selon le chiffre d'affaires un forfait de résultat imposable et de TVA valable pour deux ans (…). Le « réel super-simplifiée » : depuis 1982, l'administration propose aux petites entreprises qui relevaient normalement du forfait, ce régime fondé sur une comptabilité restreinte intermédiaire entre une comptabilité de caisse et une véritable comptabilité d'engagement (celle du Plan comptable General)[445] ».

---

[444] J.-L. Rossignol, M. Chadefaux, « Fiscalité et comptabilité », *Encyclopédie de la comptabilité, du contrôle de gestion et de l'audit*, n° 59, pp. 813-828, Economica, 2e édition, 2009, p. 815.
[445] M. Hinard, A. C. Mittaine-Chenevrier, *Comptabilité et fiscalité*, PUF, Paris, 1988, p. 27.

Chapitre 2 : Le compromis résultant de l'interprétation de la relation entre comptabilité et fiscalité

141. Par interprétation de la relation entre comptabilité et fiscalité, nous entendons l'interprétation telle qu'elle a été faite par les tribunaux, principalement ceux de l'ordre administratif et par la doctrine, qu'il s'agisse de la doctrine administrative ou de la doctrine générale, c'est-à-dire les auteurs étant intervenus en la matière.

142. Le compromis jurisprudentiel de la relation entre comptabilité et fiscalité est ambigu et ne se prête pas facilement à une synthèse. Tantôt, ce compromis s'effectue en faveur des règles fiscales, tantôt c'est pour l'application des règles comptables que le Conseil d'Etat s'est prononcé. Chaque démarche est guidée par une logique propre et lorsque l'administration fiscale s'éloigne des textes par des principes d'imposition, basés sur des règles comptables, qu'elle a elle-même méconnues, la sanction du Conseil d'Etat ne tarde pas à intervenir. A d'autres égards, le même Conseil d'Etat a pris le parti de suivre les règles fiscales. Il les a imposées en comptabilité sans se préoccuper de leurs logiques « comptables ». C'est donc un compromis jurisprudentiel partagé que nous livre la relation entre comptabilité et fiscalité **(Section 1)**.

143. A l'opposé de la jurisprudence, le rôle de l'administration fiscale s'est quand à lui effectué très souvent dans la stricte interprétation des textes. Il ne peut en être autrement, sa mauvaise interprétation des textes est inopposable au contribuable. Elle doit donc se montrer vigilante sur la question. L'interprétation donnée par la doctrine générale de la relation entre comptabilité et fiscalité s'inscrit sur un autre registre, mais rattaché à la même problématique : la question de l'autonomie des règles comptables par rapport aux règles fiscales. Il s'agira de donner à cette question d'autonomie une autre dimension, celle organisée autour du débat sur l'autonomie et le réalisme de la fiscalité. Ces deux principes ont souvent été invoqués face aux règles du droit civil. Dès lors, il est intéressant de les invoquer face aux règles de droit comptable **(Section 2)**.

Section 1 : Le compromis jurisprudentiel de la relation entre comptabilité et fiscalité

144. La jurisprudence est une source d'enseignements diverses et variés sur les relations entre comptabilité et fiscalité. Il faut s'en remettre aux conclusions du commissaire du gouvernement Glaser pour le comprendre. Ce dernier évoquait la relation entre comptabilité et fiscalité en ces termes : « il existerait ainsi, aujourd'hui, 170 points de divergences principaux entre la loi fiscale et la réglementation comptable[446]. Pour ne prendre que quelques exemples, les dépenses de gros entretiens ou de grandes révisions sont fiscalement réputées constituer une charge[447] alors qu'elles peuvent être comptablement incluses dans la valeur de l'immobilisation à laquelle elles se rapportent ; les apports effectués dans le cadre d'une fusion[448], lorsqu'ils sont réalisés à la valeur comptable, ne dégagent, comptablement, pas de résultat d'apport, alors qu'ils sont, dans certains cas, fiscalement réputés réalisés à la valeur réelle, entraînant l'imposition des plus-values fiscales[449] ».

145. La difficulté de synthétiser les relations entre comptabilité et fiscalité est inhérente à leur surprenante diversité. Pourtant, comme le rappellent David, Fouquet, Plagnet et Racine, dans les grands arrêts de la jurisprudence fiscale : « c'est en explorant les franges actuelles de la fiscalité qu'on peut mettre en évidence les éléments fondamentaux du régime juridique de l'impôt ». Ces franges se trouvent contenus dans la jurisprudence. C'est de cette jurisprudence qu'il est possible de tirer l'enseignement selon lequel « la circonstance que le Conseil national de la Comptabilité recommanderait la constitution des provisions dans les cas analogues à celui qui fait l'objet du présent litige n'est pas de nature à avoir une incidence sur le bien-fondé des impositions contestées[450] ». 25 ans plus tard, suite à la stratégie de convergence du Plan comptable général, le Conseil national de la Comptabilité devient, en fusionnant avec le Comité de la Réglementation comptable, l'ANC, la nouvelle Autorité des Normes

---

[446] BCF France « Du résultat comptable au résultat fiscal 2007 », *BCF* n° spécial 2/08, cité par E. Glaser, « La règle d'intangibilité du bilan d'ouverture du premier exercice non prescrit s'applique-t-elle au « bilan fiscal » ?, concl. Sous CE 30 juin 2008 n° 288314, 3ᵉ et 8ᵉ s.-s., Lemoine : *RJF* 10/08 n° 1100.

[447] Art. 15 bis de l'annexe II au CGI cité par E. Glaser, *op. cit.*

[448] Art. 221, 2 du CGI cité par E. Glaser.

[449] E. Glaser, « La règle d'intangibilité du bilan d'ouverture du premier exercice non prescrit s'applique-t-elle au «bilan fiscal » ?, concl. Sous CE 30 juin 2008 n° 288314, 3ᵉ et 8ᵉ s.-s., Lemoine : *RJF* 10/08 n° 1100.

[450] CE, plén. 26 avril 1985, 30077, SA Produits Excel, *RJF* juin 1985, n°845, Concl. Bissara, p. 423.

comptables[451]. Les décisions de l'ANC, loin d'être inopposables au Conseil d'Etat, contribuent à éclaircir la jurisprudence de ce dernier. Il en est ainsi du compromis jurisprudentiel de la relation entre comptabilité et fiscalité. Seule une analyse dans le temps permet d'en dégager une tendance, une mouvance. L'analyse ainsi développée dénote en effet d'une claire domination des règles fiscales sur les règles comptables. Le droit fiscal se saisit des questions comptables aussi longtemps qu'elles sont imprécises, absentes, mal élaborées, ou bien élaborées mais importante pour le calcul de l'assiette de l'impôt sur les sociétés. C'est un compromis qui s'est organisé au mépris des règles de droit comptable **(Paragraphe 1)**. Mais, l'excès de pouvoir engendrant l'abus, le Conseil d'Etat s'est largement prononcé en faveur des règles comptables lorsque décelant, à travers le comportement de l'administration fiscale, une tentative délibérée de taxation des entreprises. Dans de rares cas, le compromis de la relation entre comptabilité et fiscalité s'est effectué en faveur des règles comptables **(Paragraphe 2)**.

Paragraphe 1 : Un compromis au mépris des règles comptables

146. Le droit comptable a largement payé le prix de la faiblesse de son corpus juridique[452]. Ce corps de règles était non seulement faible mais aussi largement imprécis. C'est en matière de définition des éléments d'actifs que le droit comptable s'est aperçu de ses limites. A titre d'exemple, le Plan comptable général définissait l'actif comme un élément du patrimoine que l'entité contrôle du fait d'événements passés et dont elle attend des avantages économiques futurs[453]. La doctrine l'avait souligné, la jurisprudence l'a appliqué : l'imprécision des règles de droit comptable était une occasion supplémentaire d'ouvrir une brèche à la mise en œuvre des règles fiscales en comptabilité.

147. Tout d'abord, les commentaires de la doctrine permettent de comprendre l'influence du droit dans la relation entre comptabilité et fiscalité, notamment en cas d'imprécision des règles comptables. Comme le remarquent à juste titre les rédacteurs du Mémento Actifs, deux imprécisions caractérisaient la nouvelle définition des actifs. La première, c'est que cette définition était très vague et ne précisait pas ce qu'il fallait entendre par

[451] R. Obert, « Autorité des normes comptables », *Revue Française de Comptabilité*, février 2009, n°418, p. 4.
[452] D. Villemot, « Comptabilité et fiscalité : convergence ou divergence » ? *Les Petites Affiches,* 8 septembre 2005, n°179, p. 9.
[453] PCG, ancien article 211-1.

notion de patrimoine[454]. Du fait de cette imprécision, la jurisprudence tentait d'éclaircir la notion d'actif en ayant recours au droit et particulièrement à la notion juridique de patrimoine, dont la paternité est attribuée à Aubry et Rau.[455] La seconde, c'est qu'il n'y avait pas non plus de définition de ce qu'il fallait comprendre par : valeur économique positive. Les immobilisations portées à l'actif du bilan étaient donc les biens ou les droits réels dont l'entreprise était propriétaire. En l'absence de règles de définition et de comptabilisation précise des immobilisations, celles-ci étaient en général comptabilisées à la date de transfert de la propriété[456]. Deux exceptions à la définition et à la comptabilisation des actifs selon le principe de propriété ont été relevées par les rédacteurs du Mémento Actifs. Ces derniers citent certaines immobilisations comme les immeubles construits sur sol d'autrui ainsi que les aménagements et installations réalisés par le locataire. Ils citent en second lieu les immobilisations acquises assorties d'une clause de réserve de propriété. Ces dernières étaient comptabilisées à l'actif dès leur livraison, même s'il n'y avait pas eu transfert de propriété[457].

148. Ensuite, la jurisprudence a eu l'occasion de confirmer l'application des règles de droit civil à la comptabilité, quand les règles comptables étaient floues. Dans la relation entre comptabilité et fiscalité, il s'agit d'un compromis qui ne tient pas compte des réalités comptables. Le juge fiscal n'avait que pour seul souci d'être le plus fidèle possible aux règles juridiques précédentes. On peut légitimement comprendre que plusieurs commentateurs dénient à la règle fiscale son autonomie. Le Conseil d'Etat a ainsi conclu, conformément aux règles de droit civil[458], que la date de transfert de propriété était aussi la date d'échange des consentements[459]. C'est généralement à propos du critère de définition des immobilisations corporelles et particulièrement à propos de l'arrêt SA Sife, que le Conseil d'Etat a eu l'occasion de rappeler que « ne doivent suivre le régime fiscal des éléments incorporels de l'actif immobilisé de l'entreprise que les droits constituants une source régulière de profits, dotés d'une pérennité suffisante

---

[454] Mémento *Actifs* 2005, *op. cit.*

[455] F. Aubry et F. Rau, *Cours de droit civil français, t.2, Les biens*, 6e éd., Lib. Tech. 1951, par P. Esmein.

[456] Mémento fiscal Francis Lefebvre, édit. 2010.

[457] Mémento fiscal Francis Lefebvre, édit. 2010 ; PCG, Art. 313-3 ; sur la même question voir G. Blanluet, *Essai sur la notion de propriété économique en droit privé français, recherches au confluent du droit fiscal et du droit civil*, LGDJ 1999, p. 12 ; G. Blanluet, « Brèves réflexions sur la propriété économique », *Revue Droit et Patrimoine*, mars 2001, n°91, p. 84 ; B. Raybaud-Turillo, *Le droit comptable patrimonial – Les enjeux d'un droit comptable substantiel*, Vuibert, Paris, 1997, 364 p.

[458] C. Civ. art. 1583.

[459] CE, 16 février 1900, n°67777 et D. adm. 4 B-3112, n°31, cités par les Rédacteurs du Mémento Actifs.

et susceptibles de faire l'objet d'une cession[460] ». En l'espèce, la directrice de la société SA Sife avait concédé à la même société, l'exploitation de sa marque d'appareils électroménagers et de la marque de service « avant vente » de ces appareils, pour une durée de deux ans, moyennant le paiement d'une redevance de 0,5% le chiffre d'affaires hors taxes résultant de l'exploitation commerciale des deux marques. La suite des détails du contentieux est exposée dans les conclusions du commissaire de gouvernement, Arrighi De Casanova. Ainsi, suite à un contrôle effectué par l'administration fiscale, celui-ci a estimé que le paiement des redevances constituait un acte anormal de gestion et a réintégré dans les résultats de la société Sife les sommes correspondantes, c'est-à-dire 100.610F, 287.820F et 307.968F au titre des exercices clos de 1980 à 1983, que cette société avait déduites à ce titre de son bénéfice imposable. L'administration fiscale soutenait que compte tenu des liens existants entre la société et sa directrice, laquelle a accordé l'exploitation de ses propres marques à la société dont elle était elle-même directrice, il n'y avait aucun intérêt pour la société SA Sife d'exploiter ces marques. Cet argument est resté lettre morte devant le Tribunal administratif de Strasbourg qui a donné raison à la requérante. Il l'a été aussi devant la Cour d'Appel qui a été sensible en revanche à un autre argument : les redevances ne pouvaient pas être considérées comme des loyers, et par suite passées en charge et déduites du résultat fiscal[461]. En effet, selon l'administration fiscale, à partir du moment où la concession avait été faite sur une durée de deux ans et étendue sur l'ensemble du territoire français, celles-ci constituaient des éléments de l'actif immobilisé : elles assuraient à l'entreprise une source régulière de profits (la concession), laquelle était pérenne (les concessions étaient conclues sur une durée de deux ans et renouvelables par tacite reconduction). La cour d'appel donna raison au ministre du Budget et la requérante se pourvut en cassation. De prime abord, la première question consiste à résoudre le sort de l'exploitation des marques. La jurisprudence admet en effet, depuis longtemps, que fait partie des éléments de l'actif immobilisé, une « marque déposée par une entreprise en vue de l'exploiter de manière durable[462] ». Il restait à savoir quel accueil était réservé par le Conseil d'Etat à leur immobilisation. A l'issue de l'arrêt SA Sife, trois conditions requises sont rappelées par le Conseil d'Etat. La concession doit être une source régulière de profits,

---

[460] CE, 21 août 1996, S.A. Sife, n°154 488, *Droit Fiscal* 1996, n°50, comm. 1482, conclusions J. Arrighi de Casanova.

[461] Sur le traitement de ces charges voir aussi E. Delesalle, « l'an x du nouveau plan comptable », *Les Petites Affiches*, 17 janvier 1994, n° 7.

[462] CE, Plén., 12 mars 1982, req. n°22968 : *Dr. Fisc.* 1982, n°40, comm. 1828 ; *RJF* 5/82, n°473 ; 27 avr. 1987, req. n° 49 616 et 49 617 : *Dr. Fisc.* 1988, n°7, comm. 319, concl. Mme M. de Saint-Pulgent ; *RJF* 6/87, n°668 : jurisprudence citée par J. Arrighi De Casanova, *op. cit.* ; CAA Paris, 25 février 1992, n°1165.

pérennes[463] et cessibles. C'est essentiellement le critère de cessibilité qui a intéressé la doctrine[464] en ce qu'il intègre en fiscalité, des éléments de propriété empruntés du droit civil, en l'absence des définitions comptables. Comme le soulignent Cozian et Rossignol, « cette condition de cessibilité n'est pas nouvelle dans la jurisprudence du Conseil d'Etat », mais « l'arrêt SA Sife a permis de régler de façon satisfaisante l'irritant problème de l'activation des redevances de brevets ou de marques[465] ». Il est important par ailleurs de préciser que la solution ne s'applique qu'aux immobilisations incorporelles et non aux immobilisations corporelles[466]. Il faudrait sinon interdire « l'immobilisation des lingots d'or et des diamants qu'achète une entreprise afin de bénéficier ultérieurement d'une plus-value qui n'est qu'éventuelle au moment de l'achat ; de tels placements ne constituent pas une source régulière de profits »[467].

149. Le compromis jurisprudentiel entre règles comptables et fiscales s'est donc largement effectué en faveur de la fiscalité et pour obéir aux règles d'un droit civil beaucoup trop empreint de réalités juridiques et parfois très éloignées des réalités comptables. Les normes comptables internationales bouleversent partiellement la jurisprudence SA Sife. Désormais, pour qu'une immobilisation corporelle ou incorporelle soit comptabilisée, il faut qu'il s'agisse d'une ressource contrôlée du fait d'événements passés et dont l'entreprise attend des avantages économiques futurs[468]. Le critère de contrôle remet donc en cause la propriété juridique, d'ailleurs l'instruction fiscale du 30 décembre 2005 rappelle que le critère de cessibilité n'est plus obligatoire mais optionnel[469]. Il convient de remarquer enfin que la nouvelle définition et l'introduction du contrôle aurait pu redonner aux règles fiscales une réalité plus économique. A la place et pour des soucis de maintien du lien entre comptabilité et fiscalité, l'administration fiscale a décidé d'écarter de la nouvelle définition des actifs, l'ensemble des contrats de location[470].

---

[463] Pour que la condition de pérennité soit satisfaite, il faut que le contrat porte sur une assez longue période : CE, 10 février 1989, rec. n° 96341, Sté Unico : *Droit Fiscal* 1989, n°18, comm. 902, concl. B. Martin Laprade, cité par J. Arrighi De Casanova.

[464] D. Villemot, « Le régime fiscal des immobilisations incorporelles », *Droit Fiscal*, numéro 14, 3 avril 2008, p. 243.

[465] M. Cozian, J.-L. Rossignol, « Les immobilisations incorporelles à la lumière de la jurisprudence SA Sife : arrêt de principe ou arrêt d'espèce », *Dr. Fisc.*, n°42, 18 octobre 2007, p. 914.

[466] La perte de valeur de l'immobilisation est enregistrée par l'intermédiaire des dotations aux amortissements. Voir Ch. Noel, *Manuel DSCG 4 Droit Fiscal*, Gualino, Lextenso, Paris, 2009, p. 88.

[467] M. Cozian, J.-L. Rossignol, *op. cit.*, p. 916.

[468] PCG article 311-1.

[469] BOI 4 I-2-00 n°79.

[470] M. Cozian, P. J. Gaudel, *La comptabilité racontée aux juristes*, LITEC, 2007, p. 198 et s.

150. Le compromis jurisprudentiel s'est donc effectué, très souvent, au mépris des règles comptables. Car, finalement, ni la comptabilité ni la fiscalité ne définit les immobilisations incorporelles[471]. Or, en l'absence de définition des immobilisations incorporelles, les critères comptables auraient du prévaloir. En comptabilité, afin de savoir s'il s'agit d'une immobilisation ou d'une charge, le comptable doit se poser la question de savoir si la dépense engagée vise à prolonger l'utilisation et ou la durée de vie d'une autre immobilisation[472]. Dans l'affirmative, la dépense est traitée comme une immobilisation. Dans le cas contraire, il s'agit plutôt d'une charge. Cette solution vaut cependant pour les immobilisations incorporelles et ne s'applique pas aux immobilisations corporelles[473].

151. En somme, si le « droit fiscal veille à ce que le bilan ne soit pas trop pessimiste »[474] en permettant l'inscription à l'actif de certains biens dont l'entreprise n'est pas propriétaire[475] et que « le droit privé veille à ce que le bilan ne soit pas trop optimiste[476] » en contrôlant l'inscription à l'actif d'éléments dont l'entreprise ne serait pas propriétaire, où est la place du droit comptable ?

Paragraphe 2 : Un compromis en faveur des règles comptables

152. Les commentaires qui s'intéressent à la relation entre comptabilité et fiscalité ont rarement le mérite de mettre en exergue les cas où la

[471] Memento fiscal Francis Lefebvre, edit. 2010, p. 385.

[472] S. Austry, *Charges ou immobilisations. La distinction fiscale en 100 questions*, Edition Formation Entreprise, Litec, 1997, 227 p.

[473] A. Burlaud, F.D. Poitrinal, E. Salustro, *Comptabilité et droit comptable- L'intelligence des comptes et leur cadre légal*, Gualino, Paris, 1998, p. 617.

[474] P. Puyraveau, M. Descottes-Genon, cité par J.-L. Rossignol, M. Chadefaux, « Fiscalité et comptabilité », *Encyclopédie de la comptabilité, du contrôle de gestion et de l'audit, Economica*, 2e édition, 2009, n°59, p. 820.

[475] C'est pourtant le Plan comptable général qui prévoit ces cas exceptionnels. Simplement, l'accord de l'administration fiscale est nécessaire sous peine de redressement : A. De Bissy, « La sanction de la comptabilité par la fiscalité », *Revue de Droit Fiscal*, n°44-45, 2 novembre 2007, p. 9-15. Par ailleurs, concernant les cas de comptabilisation à l'actif de biens dont l'entreprise n'est pas propriétaire, on peut citer l'article 313-3 du PCG, pour les immobilisations acquises avec clause de réserve de propriété qui ne sont pas comptabilisées au moment du transfert de la propriété juridique, c'est-à-dire à la date d'échange des consentements mais au moment de la livraison physique du bien. On peut aussi citer l'article 442/21 du PCG qui prévoit la comptabilisation à l'actif des immeubles qui sont construits sur sol d'autrui alors qu'en droit l'article 555 du Code Civil attribue la propriété de ces immeubles au propriétaire du terrain.

[476] P. Puyraveau, M. Descottes-Genon, *op. cit.*

jurisprudence fiscale s'est alignée sur les règles comptables[477], soit parce que la solution paraît évidente, soit parce que ce qui intéresse, ce sont les cas d'exception[478]. Pourtant, le Conseil d'Etat s'est aussi prononcé en faveur des règles comptables, alors que la solution fiscale paraissait s'imposer. Ce fût le cas pour la question de la détermination des charges de sous-activité au travers de l'arrêt rendu le 27 juin 1994, par la haute juridiction administrative[479]. La question posée au Conseil d'Etat était de savoir s'il est possible de transposer au droit fiscal les règles de détermination des charges de sous-activités établies par le Plan comptable général. « On appelle charges de sous-activité la part des charges fixes que la comptabilité analytique ne rattache pas à la production, lorsque celle-ci est inférieure à la capacité normale de production de l'entreprise[480] », comme le rappelle le président de la section finance du Conseil d'Etat, Fouquet. Celui-ci cite un exemple que nous reproduisons pour les besoins de compréhension de la notion. « Lorsque dans un atelier qui comporte deux chaines de production, l'une d'entre elles est inutilisée, le droit comptable impute les frais fixes de la chaine en activité au coût de revient des produits qu'elle a servi à fabriquer et traite distinctement les frais fixes de la chaine inutilisée qui sont regardés comme des charges de sous activité immédiatement déductibles de l'exercice au cours duquel la sous-activité a été constatée[481] ». La chaine inutilisée est en sous-activité : son activité est en dessous de ce que l'entreprise attendait d'elle. La question qui se posait était de savoir si les charges de sous-activité pouvaient être imputées dans les coûts de production d'un stock[482]. La comptabilité analytique ne traite pas les charges de sous-activité comme des coûts de production des stocks dans la mesure où elles n'ont pas concouru à la production des dits stocks : elles n'entrent pas dans le processus de fabrication des stocks. « Elles sont en revanche déduites du résultat comptable, comme le rappelle l'article 39 du Code général des Impôts[483] ». Toute la difficulté des charges de sous-activité tient dans la

---

477 J.-L. Rossignol, « Quand le comptable tient le fiscal en l'état », *Les Petites Affiches*, 27 février 2004, n°42, p. 4.

478 Il faut en effet rappeler que l'article 38 quater de l'annexe III au Code général des Impôts établit le principe de la dépendance des règles fiscales aux règles comptables.

479 CE, 27 juin 1994, n° 121748, Société Villeroy et Boch, *Revue de Jurisprudence Fiscale*, août-septembre 1994, n° 888.

480 O. Fouquet, « Droit comptable et Droit Fiscal », *La Revue Administrative*, n°280, juillet-août 1994, p. 373.

481 O. Fouquet, « Droit comptable et Droit Fiscal », *La Revue Administrative*, n°280, juillet-août 1994, p. 374.

482 PCG, article 321-21.

483 La même solution prévaut en fiscalité à travers l'article 38 nonies de l'annexe III du même Code : O. Fouquet, « Droit comptable et Droit Fiscal », *La Revue Administrative*, n°280, juillet-août 1994, p. 374.

définition de l'activité normale. Et c'est ce que vise à corriger la méthode de l'imputation rationnelle. En effet, certaines entreprises connaissent parfois une explosion de leur activité, surtout lorsqu'elle est saisonnière, comme c'est le cas des stations de ski et une baisse de ces activités quand la dite saison passe.

153. La méthode de l'imputation rationnelle utilisée en comptabilité vise donc à donner une estimation des coûts de production plus rationnelle, plus neutre, en ne retenant que les coûts les plus fixes, les plus stables. La technique consiste alors à soustraire les charges de sous-activité du coût de production des stocks, ce qui a pour effet de conduire à une valorisation des stocks[484]. Si fiscalement, cette solution n'est pas retenue, alors la taxation serait double. D'abord, les dites charges ne seraient pas déductibles, ce qui conduirait à une réintégration fiscale, ensuite il y a valorisation des stocks par le retranchement des charges de sous-activité du coût de production, ce qui conduirait là encore à une taxation fiscale[485]. Le choix de la méthode est donc important et pour le commissaire du gouvernement, l'article 38 nonies de l'annexe III au Code général des Impôts aurait mentionné « une évaluation des stocks au prix de revient sans tenir compte de l'existence d'une éventuelle sous-activité[486] ». A cet argumentaire, le Conseil d'Etat répond qu'« aux termes de l'article 38 nonies de l'annexe III au même Code, dans sa rédaction issue de l'article 8 du décret n° 65-968 du 28 octobre 1965 et applicable en l'espèce : « les... produits en stock au jour de l'inventaire sont évalués pour leur coût réel. Le coût réel est constitué... pour les produits finis... par le coût d'achat des matières utilisées, augmenté de toutes les charges directes ou indirectes de production ». « Ces coûts sont fournis par la comptabilité analytique ou, à défaut, déterminés par des calculs ou évaluations statistiques[487] ». Il rappelle aussi qu'aux termes de l'article 38 quater de l'annexe III du même Code : « sous réserve des dispositions de l'article 38 ter, les inscriptions aux différents postes figurant aux comptes, au bilan et aux tableaux dont les modèles sont établis conformément à l'article 38 bis, doivent respecter les définitions édictées par le Plan comptable

---

[484] B. Grandguillot, *Les Zoom's. Comptabilité de gestion*, Paris, Gualino 2010, 11e édit.

[485] L'instruction fiscale du 30 décembre 2005 permet de confirmer l'alignement des règles fiscales sur les règles comptables : « du point de vue fiscal, l'article 38 nonies de l'annexe III exclut du coût de production les charges de sous-activité. L'appréciation de la sous-activité doit être effectuée selon les critères comptables exposés à l'alinéa ci-dessus, c'est-à-dire par référence à la capacité normale attendue de production, le niveau réel de production n'étant retenu que s'il est proche du niveau défini comme normal au regard de l'outil de production existant, et à la production moyenne appréciée sur une période de plusieurs exercices. Par conséquent, de même qu'antérieurement, les charges de sous-activité exclues de la valorisation retenue pour les stocks sont similaires sur le plan comptable et sur le plan fiscal ».

[486] O. Fouquet, « Droit comptable et Droit Fiscal », *La Revue Administrative*, n°280, juillet-août 1994, p. 374.

[487] CE, 27 juin 1994, n° 121748, Société Villeroy et Boch, *op. cit.*

général, dans la mesure où ces définitions ne sont pas incompatibles avec les règles applicables pour l'assiette de l'impôt ». Les enseignements tirés de l'attendu sont clairs : c'est à la comptabilité que revient le soin d'édicter les règles applicables en matière de calcul de l'assiette de l'impôt sur les sociétés, le droit fiscal à travers l'article 38 nonies renvoie à la comptabilité analytique de façon claire, il n'y a donc aucune raison d'y déroger[488]. Ce d'autant qu'aucune disposition fiscale expresse ne s'y oppose. La loi comptable semble plus claire que la loi fiscale : il y a donc application du principe énoncé par l'article 38 quater de l'annexe III au Code général des Impôts[489]. Les compromis au cours desquels la règle comptable a prévalu sur la règle fiscale se sont opérés à des moments où la loi comptable était exhaustive, ce qui renforce l'opinion selon laquelle le droit fiscal assurait sa tutelle sur le droit comptable car ce dernier était très peu étoffé[490].

154. Les imprécisions de la loi comptable n'ont pas toujours été en sa défaveur, notamment lorsque le Conseil d'Etat s'aperçoit que l'administration fiscale tente de tirer bénéfice de cette imprécision. Ce fût le cas dans la fameuse affaire SA Bergère de France[491] où le Conseil d'Etat a tenu à rappeler qu' « aucune disposition du Plan comptable général de 1957, ni aucune autre règle, applicable au cours des années d'imposition, n'imposait aux entreprises, ni même, d'ailleurs, ne leur ouvrait expressément la faculté de différer la déduction des charges exposées au cours d'un exercice pour les rattacher à l'exercice au cours duquel seront comptabilisés les produits correspondant à ces charges ». Dès lors, le ministre du Budget n'était pas fondé à soutenir que « l'arrêt par lequel la cour administrative d'appel de Nancy[492] a jugé que les frais de confection de catalogues exposés par la SA Bergère de France constituaient des charges déductibles de l'exercice de livraison de ces catalogues, serait entaché d'erreur de droit ».

155. En l'espèce, la société SA Bergère de France, fabriquait et distribuait des catalogues de publicité. Or, entre les exercices comptables portant sur la période du 31 juillet 1979 à 1982, elle a reçu un contrôle fiscal. Comme le

---

488 A. Colmet Daage, « Comptabilité et fiscalité : retour sur l'année 2010 et perspectives 2011 », *Droit Fiscal* n° 18, 5 mai 2011, p. 332.

489 Comme le soulignait Turot, l'arrêt Villeroy et Boch marque d'une pierre blanche l'histoire du droit fiscal, en redonnant à l'article 38 quater de l'annexe III au Code général des Impôts, toute sa subtilité : J. Turot, « La poule pondeuse et le poulet », *RJF* 1994, novembre-décembre, Etudes, p. 742.

490 D. Villemot, « Les conséquences fiscales de l'adoption des normes comptables internationales », *Droit Fiscal* 2003, n°50, étude n°45, p. 1581 à 1585.

491 CE, 29 juillet 1998 n° 149517, SA Bergère de France, n° 234 427 ; *JCP* E 1999, n°20, p. 871 à 872 ; *Revue de Jurisprudence Fiscale* octobre 1998 n° 1083 ; *Droit Fiscal* 1999, n° 7, comm. 123.

492 CAA Nancy, 22 avril 1993, n° 91-364.

résument assez bien les conclusions du commissaire de gouvernement[493], le litige portait sur la question de savoir à quel exercice rattacher des frais d'impression de catalogue non distribués et dont le prix avait été payé. La question était difficile à trancher. Toute la difficulté tenait dans la compréhension que l'administration fiscale et la requérante avaient des frais de catalogue. Ces frais de catalogue étaient-ils « des dépenses de publicité exposées d'avance à imputer sur les résultats du ou des exercices au cours desquels ils seront effectivement utilisés[494] » ou, au contraire, s'agissait-il d'« une modalité d'information de la clientèle à l'instar des autres modes de publicité constamment renouvelés et dont les dépenses sont immédiatement déductibles[495] ». En clair, les frais de dépenses de catalogue doivent-ils être déduits au moment où ils sont utilisés et par suite au moment où ils génèrent des produits ou au moment où ils ont été constatés en comptabilité ? Devant la commission départementale des impôts saisie par la requérante et devant la cour d'appel de Nancy, la requérante a obtenu gain de cause. Selon la cour d'appel de Nancy, de tels frais sont à inclure « dans les dépenses de toute nature, au sens des dispositions de l'article 39-1 précité, directement déductibles pour la détermination du bénéfice afférent à l'exercice comptable au cours duquel ils ont été effectivement engagés et payés[496] ».

156. Le ministre du Budget avait formé un recours devant la cour de cassation au motif que « les frais de confection des catalogues, s'ils devaient être assimilés à des dépenses de publicité et dans la mesure où ils n'ont pas été consommés à la clôture de l'exercice, ne peuvent participer à la détermination des résultats de celui-ci ». Pour résoudre cette épineuse question, il a fallu recourir aux dispositions du Plan comptable général et particulièrement à la question du rattachement des charges aux produits de l'exercice auquel il se rapporte et à la faculté offerte par le Plan comptable général d'étaler les charges, même si cet étalement ne coïncide pas avec la constatation des produits. Pour résumer, le principe de rattachement des charges au produit est un principe comptable, le principe d'étalement de la charge, y compris en dehors de l'exercice auquel le produit a été constaté est un principe économique. « C'est comme si ce différé de charges répondait à une logique moins comptable qu'économique : pourquoi réduire les résultats de l'année N du montant des dépenses réalisées alors qu'on en attend des effets certains en termes de profits au cours de l'année N + 1 ? Les charges différées sont pleinement des charges de l'exercice (avec leur contrepartie réalisée dans l'entreprise) mais qu'un raisonnement de nature économique peut faire rapprocher des produits obtenus au cours de l'exercice ultérieur ».

---

[493] CE, 29 juillet 1998, n° 149517, 9e et 8e s.-s., ministre c/ Bergère de France, *Revue de Jurisprudence Fiscale*, 25 septembre 1998, concl. F. Loloum.
[494] Conformément à la position de l'administration fiscale. Voir l'arrêt précité.
[495] Conformément à la position soutenue par la requérante et la Cour d'appel de Nancy.
[496] CAA Nancy, 22 avril 1993, n° 91-364.

L'administration fiscale a cependant tenu à préciser, au cours d'une instruction fiscale[497], que ce procédé n'était pas applicable en fiscalité et que les charges seraient déductibles. Il faut aussi souligner que ce procédé de différer des charges n'est prévu que dans le PCG de 1982. Or, les vérifications comptables n'ont porté que sur la période allant du 31 juillet 1979 au 31 décembre 1982. Avant 1982, c'était le plan comptable de 1957 qui s'appliquait. La société passait donc ses opérations conformément à ce plan comptable qui certes ne comportait aucune définition du principe de rattachement des charges au produit, mais ne comportait, non plus, aucune disposition permettant de différer les charges, comme l'explique le commissaire du gouvernement[498]. C'est en cela que le flou des règles comptables a profité à la comptabilité, car cette fois, l'administration fiscale ne trouvera pas gain de cause. D'abord, au regard des textes comptables eux-mêmes, le Plan comptable général ne prévoit pas cet étalement mais ne l'interdit pas non plus. Seul celui de 1982 le prévoit. Ensuite, au regard des textes fiscaux, l'instruction fiscale du 17 décembre 1984 est opposée à ce principe[499]. Au final, l'attitude du ministre semblait plus vouloir conduire à une taxation de l'entreprise plutôt qu'à un respect des textes dont il a lui-même invoqué la violation devant la cour d'appel de Nancy et devant le Conseil d'Etat[500].

157. Plusieurs enseignements peuvent ainsi être tirés de cette affaire. D'abord, celui d'une jurisprudence du Conseil d'Etat qui instaure une tentative d'harmonie entre règles fiscales et comptables au profit des règles comptables. Attention, nous comprenons par là, le respect du principe comptable de rattachement des charges aux produits, qui n'est peut-être pas prévu par le Plan comptable général de 1957 mais par celui de 1982 et le Plan comptable général actuel[501]. Au demeurant, ce principe correspond d'avantage à une réalité comptable contrairement à celui d'étalement des charges qui est dicté par des considérations de gain. Enfin, ce compromis est réalisé en faveur des règles comptables lorsque le Conseil d'Etat s'aperçoit que l'administration fiscale trouve des vertus à l'étalement des charges[502],

---

[497] Inst. du 17 décembre 1984, BODGI 4 G-6-84.

[498] CE, 29 juillet 1998, n° 149517, 9e et 8e s.-s., ministre c/ Bergère de France, *Revue de Jurisprudence Fiscale*, 25 septembre 1998, concl. F. Loloum.

[499] Inst. du 17 décembre 1984, *op. cit.*

[500] Le critère à partir duquel le ministre vise une telle proposition consiste à se baser sur le montant du chiffre d'affaires et des profits susceptibles d'être imputés à la distribution de catalogues stockés à la clôture de l'exercice demeure incertain, et ne peut, en tout état de cause, être apprécié à partir du seul rapport entre le nombre des catalogues distribués à la clôture de l'exercice et le nombre total des catalogues fabriqués. Cf. les conclusions du commissaire de gouvernement précité.

[501] PCG 339-2.

[502] P. Durand, « Les comptes consolidés rapprocheront-ils les comptes sociaux et la fiscalité ?», *Revue administrative*, n°308, p. 169.

d'autant que cette même administration fiscale s'était prononcée contre. Les entreprises doivent suivre les règles du PCG pour la détermination de l'assiette de l'impôt sur les sociétés, sauf si un texte fiscal y déroge expressément, selon la formule consacrée par l'article 38 quater de l'annexe III au Code général des Impôts. Dans le cas d'espèce, non seulement la règle fiscale ne dérogeait pas à l'application du principe du rattachement des charges aux produits, mais elle se prononçait en faveur de ce principe en refusant l'étalement des charges[503].

Section 2 : Le compromis doctrinal de la relation entre comptabilité et fiscalité

« Il serait présomptueux d'espérer (...) que le technicien et le théoricien de l'impôt puissent parvenir en unissant leurs connaissances et leurs efforts à proposer aux politiques une solution d'ensemble du problème fiscal. Mais sans doute peuvent-ils informer utilement l'opinion ne serait-ce qu'en lui faisant connaître la vérité d'un système fiscal ignoré par ceux-qui, le subissant, se croient par-là même autorisés à en juger. C'est peut-être la meilleure manière de les mettre en garde contre les solutions de facilité, les formules partisanes et les illusions qui sont les trois pierres d'achoppement de toute réforme fiscale. Tel est, pour Louis Trotabas le rôle de la doctrine.[504] »

158. Le compromis doctrinal de la relation entre comptabilité et fiscalité fait intervenir l'ensemble de la doctrine ayant eu une influence sur cette relation entre comptabilité et fiscalité, ou, même sans avoir eu cette influence, s'y est intéressée. S'agissant de la doctrine ayant eu une influence sur la relation entre comptabilité et fiscalité, il y a incontestablement la doctrine de l'administration fiscale[505]. Cette doctrine de l'administration fiscale a ainsi permis d'écarter les normes comptables internationales susceptibles d'engendrer des couts supplémentaires pour les petites et moyennes entreprises et une rupture brutale, si ce n'est des difficultés de

[503] Le Conseil d'Etat a rappelé ce principe en 2009. Voir CE, 9 décembre 2009, n° 302059, 10e et 9e s.-s., min. c/ Sté FB : *RJF* 3/10 n° 207, Concl. Rapporteur Public J. Boucher.

[504] L. Trotabas cité par J.-B. Geffroy, « Entre légalité et équité : la doctrine isolée du Doyen Trotabas », in *Doctrines Fiscales : à la redécouverte de grands classiques »*, L'Harmattan 2007, p. 197.

[505] P. Perpere, « La doctrine de l'administration », acte du colloque du dess fiscalité de l'entreprise de l'université Paris dauphine sur les conséquences des normes comptables internationales, *Les Petites Affiches*, 08 septembre 2005, n°179, p. 30.

traitements fiscaux pour les grands groupes, notamment pour ce qui est de la question des contrats de location[506]. Avant l'introduction des normes comptables internationales, le rôle de l'administration fiscale était celui d'interprétation des règles. Sa grille de lecture a été précisée par le sous-directeur à la législation fiscale, Paul Perpere, lors d'un colloque organisé par l'université Paris-Dauphine sur la question des normes IFRS[507]. Elle s'articule autour du principe de la convergence, de la simplicité et de la neutralité. Tout d'abord la convergence : conformément au vœu du Conseil d'Etat, l'administration fiscale s'est fixée pour objectif de suivre l'évolution des textes comptables[508]. C'est ce souci de convergence qui a conduit à la transposition des normes IFRS, dans le Plan comptable général. Ensuite, le principe de simplicité qui consiste à maintenir le lien entre comptabilité et fiscalité, lien sur lequel repose le système fiscal français depuis la loi Caillaux de 1914[509]. Enfin, le principe de neutralité fiscale, qui est « l'obligation de correction des décalages financiers ou budgétaires pour les entreprises comme pour l'État, décalages qui seraient introduits par un changement de normes comptables[510] ». C'est ainsi que ces obligations de décalage des corrections ont poussé l'administration fiscale, à travers une instruction fiscale du 30 décembre 2005, à corriger les difficultés résultant de l'adoption de la norme IAS 17 traitant des opérations de location-financement[511]. L'intitulé de cette section sur le rôle de la doctrine de l'administration fiscale ne consiste pas à parcourir le site de la direction générale des impôts, en quête d'instructions fiscales ayant tantôt adopté une interprétation en faveur de l'une ou l'autre des disciplines, tantôt en sa défaveur. Nous n'en voyons pas l'intérêt. En revanche, la fiscalité en France veut se mettre à la page de l'évolution des normes comptables internationales. Dans cette évolution, il y a un arbitrage à effectuer entre les normes comptables internationales et la fiscalité française, surtout lorsque les

---

506 M. Cozian, P. J. Gaudel, *La comptabilité racontée aux juristes*, Litec, 2007, p. 198 et s. ; M. Boukari, J. Richard, « Les incidences comptables du passage des groupes français cotés aux IFRS », numéro spécial mondialisation et normes comptables internationales, *Comptabilité-Contrôle-Audit*, décembre 2007, p. 155-170.

507 En 2005, néanmoins, une interview accordée à Jean-Pierre Lieb, sous-directeur à la direction de la législation fiscale, interrogé par pricewaterhousecoopers, dans le cadre de la journée d'études « arrêté des comptes 2004 » les Échos conférences, avait fait ressortir les éléments de l'action de l'administration fiscale ; J.-P. Lieb, cité par Memento Francis Lefebvre Actifs, édit. 2005.

508 Ph. Marini, « DSI/Normes IAS », *Banque Magazine*, décembre 2002, n°642, p. 15.

509 P. Perpere, « La doctrine de l'administration », Acte du colloque du dess fiscalité de l'entreprise de l'université Paris dauphine sur les conséquences des normes comptables internationales, *Les Petites Affiches*, 08 septembre 2005, n°179, p. 30.

510 P. Perpere, « La doctrine de l'administration », *op. cit.*

511 BOI 4 A-13-05 n° 213 du 30 décembre 2005.

deux sont incompatibles. Il est intéressant alors de voir la gestion du conflit par l'administration fiscale.[512] (**Paragraphe 1**).

159. Dans cette évolution, il y a aussi des conclusions à tirer : les rapports entre comptabilité et fiscalité dépendent des conjonctures économiques. C'est en cela que la chronique de Durand, ayant effectué une chronologie de l'évolution de la comptabilité, est intéressante[513]. Certains auteurs l'ont souligné, sans vraiment s'y attarder : la relation entre comptabilité et fiscalité n'est que la résultante du système le plus puissant. Le système économique semble aujourd'hui avoir pris le dessus[514] et dicte ainsi sa logique à ces deux disciplines qui se prêtent au jeu. (**Paragraphe 2**).

Paragraphe 1 : Le rôle de la doctrine de l'administration fiscale dans le compromis entre comptabilité et fiscalité

160. De prime à bord, ce rôle ne se détache pas fondamentalement de la doctrine de l'administration fiscale, c'est-à-dire la simplicité, la neutralité et la convergence. Deux de ses principes phares peuvent néanmoins retenir l'attention : celui de la convergence, principe qui conduirait à faire évoluer le Plan comptable général vers les normes comptables internationales et celui de la simplicité qui conduirait à maintenir ce lien entre comptabilité et fiscalité et ainsi qu'il s'est toujours présenté[515].

161. A vrai dire le rôle de la doctrine de l'administration fiscale a largement retardé l'introduction des normes comptables internationales. Dans certains domaines, ce ralentissement s'est aussi soldé par une réduction des règles comptables pour des impératifs fiscaux. Il est ainsi possible de lire à travers l'instruction fiscale du 30 décembre 2005 que « dans son avis n° 2005-D du 1er juin 2005, le comité d'urgence du CNC a proposé une mesure de simplification destinée à permettre à certaines entreprises qui ne dépassent pas certains seuils de pratiquer dans les comptes individuels l'amortissement des immobilisations non décomposables à l'origine sur leurs durées d'usage, sans rechercher leurs durées d'utilisation. Il est précisé par ailleurs que l'impact de cette mesure demeure strictement cantonné au domaine comptable, dans la mesure où, du point de vue fiscal, la durée

[512] Revue Fiduciaire comptable, « Changements d'options fiscales », *Revue Fiduciaire comptable*, janvier 2008, n° 346, p. 62.
[513] R. Durand, « Chronologie comptable commentée (1400-1969) », *Cahier de recherche CREFIGE*, Université Paris-Dauphine, n° 9101, 1991.
[514] G. J. Martin, *Cours inédit de droit économique*, Nice 2005/2006.
[515] BOI 4 A-13-05 n° 213 du 30 décembre 2005.

d'usage sera en tout état de cause applicable aux immobilisations non décomposées. La simplification aurait donc pour principal effet d'éviter aux entreprises concernées la comptabilisation d'un amortissement dérogatoire à raison de la durée pour les immobilisations non décomposées ». De façon évidente, l'administration fiscale fera le choix de simplifier sa doctrine, en évoquant la nécessité de simplifier la comptabilité des entreprises, au détriment de l'exhaustivité des règles comptables. La mesure n'est cependant pas nouvelle[516]. Le droit fiscal admet depuis longtemps, pour des raisons de simplicité, que les entreprises puissent « bâcler » les règles comptables pour des raisons fiscales[517].

162. Sur la question des amortissements, l'administration fiscale avait tenté de supprimer l'amortissement dérogatoire, pour tenter d'aligner l'amortissement fiscal sur l'amortissement comptable[518]. Les deux régimes d'amortissements sont en effet différents. Du point de vue comptable, l'amortissement se fait selon le rythme de consommation des avantages économiques attendus du bien alors que du point de vue fiscal, les amortissements pourront se pratiquer sur la durée d'usage. En cas de décalage entre les deux types d'amortissements, les entreprises peuvent pratiquer l'amortissement dérogatoire[519]. La mesure fiscale visant à supprimer l'amortissement dérogatoire, annoncée par l'administration fiscale, aurait permis de solutionner une partie des problèmes des écritures passées dans les comptes aux seules fins fiscales[520]. Le recul de l'administration fiscale face à sa décision rappelle les difficultés d'aboutir à un résultat satisfaisant et à une meilleure prise en compte de la comptabilité et de ses règles. D'ailleurs, l'instruction fiscale du 30 décembre 2005 énonce que : « la loi prévoit des dispositifs d'amortissements accélérés en faveur de certains investissements. Il s'agit notamment des régimes d'amortissements dégressifs et exceptionnels prévus aux articles 39 A à 39 AJ du Code général des Impôts[521] ».

163. Sur la question de la définition des actifs, l'instruction fiscale du 30 décembre 2005 écarte, de la nouvelle définition des actifs, ces contrats en raison des difficultés qu'ils pourraient engendrer sur la matière fiscale et la

---

[516] M. Hinard et A. C. Mittaine-Chenevrier, *Comptabilité et fiscalité*, PUF, Paris, 1988.
[517] Memento fiscal Francis Lefebvre, edition 2010, p. 1262.
[518] J. Richard, C. Colette, *Les systèmes comptables français et anglo-saxons - Normes IAS*, 7e édition, Paris, Dunod, 2005, p. 365.
[519] Voir pour les biens visés, l'article 39 du CGI.
[520] Du point de vue comptable, ces amortissements sont considérés comme des « provisions réglementées », conformément à l'article 441 du PCG. Le professeur Pasqualini aura ainsi raison de souligner que le droit fiscal se livre à des qualifications quelque peu regrettables, nommant ainsi les provisions comptables comme des amortissements : F. Pasqualini, « Les chances d'une double rupture », *Les Petites Affiches*, 8 septembre 2005, n°179, p. 27.
[521] BOI 4 A-13-05 n° 213 du 30 décembre 2005.

comptabilisation de certains contrats. La notion de contrôle était entendue comme étant le contrôle physique de la chose. Il semble qu'elle ne corresponde pas à ce contrôle physique. C'est le contrôle des risques et avantages. Que se passe-t-il en cas de dissociation entre le contrôle physique et le contrôle des avantages futurs et des risques inhérents à l'actif ? Une telle circonstance se produit dans l'exemple suivant donné par l'instruction fiscale du 30 décembre 2005. Une société X, fait sous-traiter à une société Y, la fabrication de pneus de voiture. Pour ce faire, la société Y achète des machines destinées à les fabriquer mais insère le cout d'achat de ses machines dans le prix final des pneus qui seront facturés à X. Le contrat de sous-traitance prévoit aussi le transfert de la propriété des machines à X à l'issue de la fabrication des pneus. Durant toute la durée de la sous-traitance, X s'engage aussi à supporter tous les risques liés aux machines et à leur exploitation. Dans ce cas de figure, il existe une différence entre le contrôle physique de la chose et le contrôle des avantages économiques futurs et des risques inhérents aux machines. Selon les normes IFRS, c'est donc X qui enregistrerait l'actif au bilan de ses comptes, car c'est lui qui tire l'ensemble des avantages économiques des machines. Les machines lui appartiendront. Elles sont destinées à la fabrication de pneus qui lui appartiendront. Enfin, X s'est engagé à supporter l'ensemble des risques de la chose. La question du contrôle en appelle donc au jugement personnel[522]. Un contrat de location n'est pas forcément enregistré dans les comptes du bailleur ou du locataire, même en normes IFRS, mais plutôt dans les comptes de celui qui contrôle le bien. Par contrôle, il faudrait comprendre non pas le contrôle physique, mais celui des avantages économiques futurs et des risques inhérents au bien[523]. Sur la relation entre comptabilité et fiscalité, l'administration fiscale adopte deux attitudes : la convergence pour ce qui est de la transposition générale de la notion et la neutralité, en écartant les contrats de location susceptibles d'entraîner des difficultés pour les entreprises[524]. Le rôle de l'administration fiscale dans la relation entre comptabilité et fiscalité est donc un rôle de médiateur. Ce rôle de médiateur vient confirmer la thèse du caractère conflictuel des relations entre les deux disciplines, un conflit qui se solde, comme dans la plupart des cas, par un compromis.

164. C'est certainement à propos de la question des Petites et Moyennes Entreprises que le rôle d'arbitre de l'administration fiscale s'est le plus manifesté. La question des PME reste assez délicate. Un projet d'adoption

---

522 M. Cozian, P. J. Gaudel, *La comptabilité racontée aux juristes*, Litec, 2007, p. 198 et s.

523 P. Schevin, « Critères de comptabilisation et de consolidation : association ou non du modèle du contrôle et du modèle des risques et avantages », *Revue française de comptabilité*, avril 2009, n°420, p. 32.

524 Un impôt est neutre lorsque le contribuable n'a aucun avantage à effectuer des arbitrages entre plusieurs décisions : H. Isaia, J. Spindler, « Déréglementation et fiscalité », in *Mélanges Farjat*, éditions Frison-Roche, 1999.

des normes IFRS pour PME et leur transposition dans les comptes sociaux est en cours d'étude sous la responsabilité de la commission européenne[525]. L'application de ce référentiel comptable vise à l'harmonisation des fiscalités locales[526]. L'idée serait d'utiliser ce référentiel pour contraindre les différentes PME des différents Etats européens à rapprocher leurs règles comptables de leurs règles fiscales, surtout pour les pays, qui comme la France, connaissent ce lien. Un tel rapprochement signifierait un recul des règles juridiques en comptabilité, une suppression de certaines règles fiscales passées en comptabilité et qui n'ont d'autres intérêts que fiscaux, en d'autres termes, un alignement des règles fiscales sur les règles comptables. Le rôle de l'administration fiscale dans un tel schéma sera forcément très attendu puisqu'elle devra résoudre les principaux problèmes résultants de cette déconnexion[527]. Mais pour l'heure, l'autorité des normes comptables internationales a cependant émis un avis défavorable à l'utilisation du référentiel comptable international par les entreprises françaises[528]. Selon elle, ce référentiel est incompatible avec le système comptable des PME, basé sur le lien avec la fiscalité et reposant sur un socle juridique solide et important. Elle est rejointe en ce sens par la compagnie nationale des commissaires aux comptes[529].

Paragraphe 2 : Le rôle de la doctrine générale dans le compromis entre comptabilité et fiscalité

165. La dimension accordée à la relation entre comptabilité et fiscalité, par la doctrine générale, révèle une nouvelle facette des relations entre comptabilité et fiscalité. L'analyse menée jusqu'à ce jour consistait à définir les relations entre comptabilité et fiscalité comme le seul apanage des textes, ou encore de la jurisprudence. L'interprétation des textes par la doctrine générale a certes contribué à réhausser le débat de l'autonomie des règles comptables. Il est cependant un constat, celui tiré de plusieurs auteurs

---

[525] Revue Fiduciaire comptable, « Les calculs financiers utilisés en comptabilité », *Revue Fiduciaire comptable*, juillet-août 2005, n° 319, p. 35.

[526] J. G. Degos, S. Ouvrard, « L'influence des normes d'information financière sur la convergence des règles fiscales et comptables françaises », *La Revue du financier*, mai-juin 2007, n°165, p. 32.

[527] M. Taly, B. Lebrun, « Incidences des normes IFRS, réaction à l'article de Dominique Villemot », *Droit Fiscal* 2003, n°50, étude n°46, p. 1585 à 1587.

[528] Réponse à la consultation sur la norme internationale d'information financière pour les petites et moyennes entreprises disponible sur http://www.anc.gouv.fr.

[529] CNCC, CSOEC, lettre au commissaire européen en charge du marché intérieur et des services, 4 mars 2010.

mettant l'accent sur le rôle des conjonctures économiques dans la relation entre comptabilité et fiscalité. Après chaque échec politique, comme c'est le cas des guerres mondiales, ou financier, comme c'est le cas du crash boursier ou des scandales financiers[530], l'utilité de la comptabilité a souvent été mise en jeu. Aujourd'hui, ces utilités se sont diversifiées. Elles se sont aussi variées et se croisent toutes au même moment. La comptabilité doit ainsi remplir d'anciennes fonctions, comme celle de preuve juridique, celle de vérifications fiscales, celle d'incitations fiscales, mais aussi de nouvelles fonctions, celle de support à l'analyse financière, celle d'information des sociétés cotées en bourse, celle d'information des investisseurs. Pour toutes ces raisons, elle devra désormais établir un compromis avec la fiscalité **(I)**. On passe ainsi progressivement d'une comptabilité dominée par la fiscalité à une comptabilité établissant un compromis avec les règles fiscales. Se détachant ainsi de la fiscalité par la dimension à caractère économique introduite par les normes comptables internationales, la comptabilité revient à la fiscalité par les principes de réalisme et d'autonomie qu'elle peut lui apporter grâce aux nouvelles normes comptables internationales **(II)**.

I- Un compromis lié aux conjonctures économiques et politiques

166. La rupture et le rapprochement de la comptabilité et de la fiscalité dépendent de l'existence ou non de facteurs externes à leurs relations. Il peut s'agir de facteurs externes nationaux, comme la reconstruction des déficits publics ou de facteurs externes internationaux comme les scandales financiers. Conclure en l'existence de divergences entre comptabilité et fiscalité du fait de l'immixtion de facteurs externes n'est pas réellement une vision objective de leurs relations. Comme l'illustrait Hannah Arendt, cité par Jacques Spindler, « nous devons distinguer en politique entre le but, la fin et le sens[531] ». Une autre analyse peut donc être menée, celle consistant à voir la comptabilité comme instrument de politique fiscale **(A)** et celle consistant à voir une relation de complémentarité entre les deux disciplines **(B)**. Cette complémentarité entre comptabilité et fiscalité a été de tous temps. L'histoire des grandes civilisations expliquées par Green[532], telles que les

---

[530] G. Ardant, *Théorie Sociologique de l'impôt*, Ecole Pratique des Hautes Etudes, 1965, p. 84 et s.

[531] H. Arendt, cité par J. Spindler, « Quelques réflexions critiques sur la mise en œuvre de la LOLF et de la modernisation de l'Etat : l'exemple du budget et de l'administration du tourisme », *Mélanges en l'honneur de P. Beltrame*, Presses Universitaires d'Aix Marseille 2010, p. 555.

[532] W. L. Green, *History and survey of accountancy,* Brooklyn, N.Y., Standard Text Press, 1930.

civilisations Babyloniennes et Syriennes[533], les civilisations Egyptiennes[534], les civilisations Grecques[535] ou encore les civilisations Romaines[536] prouve que la comptabilité a permis de révéler la richesse taxable par la fiscalité. La fiscalité n'était rien d'autre que le reflet de la richesse de ces civilisations.

A- La comptabilité comme instrument de politique fiscale

167. C'est à travers une analyse spatio-temporelle qu'il est possible de découvrir ce rôle de la comptabilité comme instrument de politique fiscale[537] et comme instrument de reconstruction des deniers publics. Car, à vrai dire, il n'y a pas que pour la fiscalité que la comptabilité a joué ce rôle de « mécanicien ». Le professeur Louis Rives avait dit de cette matière qu'elle était « une méthode scientifique de l'observation économique », « la base des recherches relatives au revenu national, au niveau de vie, à la conjoncture, à la lutte contre les crises ». Cette vocation de la comptabilité peut d'abord s'observer dans l'espace. L'entre deux guerres aura ainsi été l'occasion pour l'administration Roosevelt de prendre un ensemble de dispositions visant à contrôler l'information financière des entreprises cotées suite au crash boursier des années 30[538]. Ceci aura pour conséquence de donner un rôle de premier plan aux activités des comptables professionnels[539]. Pendant ce temps, l'Allemagne, l'Italie, l'URSS, envisagent des comptabilités au service d'une économie d'entreprise appelée à s'intégrer à un contexte plus vaste, celui de l'économie nationale, selon Durand. Se faisant, il constate qu'en France, les auteurs français sont actifs, électriques mais relativement stériles du fait d'un individualisme néfaste,

533 W. L. Green, *History and survey of accountancy,* Brooklyn, N.Y., Standard Text Press, 1930, p. 25.

534 W. L. Green, *History and survey of accountancy,* Brooklyn, N.Y., Standard Text Press, 1930, p. 35.

535 W. L. Green, *History and survey of accountancy,* Brooklyn, N.Y., Standard Text Press, 1930, p. 37.

536 W. L. Green, *History and survey of accountancy,* Brooklyn, N.Y., Standard Text Press, 1930, p. 39.

537 Le professeur Spindler soulignant le caractère muable de la fiscalité, en fonction des espaces évoque le terme de « variations spatiales de la fiscalité ». J. Spindler, *Variations spatiales de la fiscalité et effets externes des localisations économiques*, thèse, Nice, 1972.

538 R. Durand, « Chronologie comptable commentée (1400-1969) », *Cahier de recherche CREFIGE,* Université Paris-Dauphine, n°9101, 1991. L'auteur situe l'adoption de ces lois en 1933.

539 R. Durand, « Chronologie comptable commentée (1400-1969) », *Cahier de recherche CREFIGE,* Université Paris-Dauphine, n°9101, 1991.

parce qu'inconscient.[540] L'intransigeance des propos de Durand mérite sans doute d'être atténuée par les commentaires, sans doute plus flatteurs mais réels, de la doctrine de Jacques Richard[541]. Sauf le cas de l'ex-yougoslavie, fait-il remarquer, la structure des comptes du Plan comptable général de 1982 n'est pas aussi riche que celle des pays voisins. Il n'y a guère de pays où le concept de valeur ajoutée a été introduit dans la structure des comptes. La création de cette valeur ajoutée a largement bénéficié à la fiscalité par la création de la fameuse taxe sur la valeur ajoutée. Une comptabilité n'est une bonne comptabilité que si elle permet à la fiscalité de tirer d'elle sa richesse. Il en est ainsi du droit fiscal : « lorsque les textes le permettent, le juge choisit de faire le droit fiscal avec les règles comptables[542] ». Les relations entre comptabilité et fiscalité ont donc eu la faveur des conjonctures économiques, aussi longtemps que la solution aux crises était apportée par les instances étatiques internes. C'est ainsi que le droit comptable a non seulement bénéficié de la protection renforcée du Code de Commerce contre les agissements frauduleux des commerçants[543] mais aussi des dispositions fiscales, comme le soulignent à juste titre Rossignol et Chadefaux. Avec la mondialisation des crises et la perte de souveraineté comptable, ces relations ont vu leurs liens se détériorer par une concurrence venue d'ailleurs[544].

168. Le socle juridique a été au cœur de la construction de cette comptabilité de crise. Il suffit de rappeler les lois à l'origine du système fiscal actuel, basées sur la comptabilité : les lois Caillaux de 1914 et 1917 mais aussi les éléments juridiques ayant permis la construction de la

---

540 Ch. Penglaou, cité par Vlaemminck, 1956, p. 231 cité à son tour par R. Durand, « Chronologie comptable commentée (1400-1969) », *Cahier de recherche CREFIGE*, Université Paris-Dauphine, n°9101, p. 1991.

541 Les anglo-saxons eux-mêmes reconnaissent le rôle de la France dans l'élaboration des comptes. « One of the more important players in worldwide accounting development has been France. From the middle ages onwards, the French have made great contribution to the field, often parallel to, often divergent from the Anglo-American traditions or those of its continental neighbors. Accordingly, the development of French accounting theory is worth investigation". La traduction française est : "L'un des acteurs majeur du développement de la comptabilité dans le monde a été la France. A partir du moyen âge, la France a apporté une grande contribution au domaine de la comptabilité, tantôt en parallèle, tantôt en contradiction avec la tradition comptable anglo-américaine ou celle de ses voisins de continent. Comme une conséquence de ce rôle, le développement de la théorie de la comptabilité française vaut la peine d'être étudiée » : H. P. Holzer, Wade Rogers, "The origins and developments of french costing systems (as reflected in published literature)", A.H.J., vol.17, n°2, 1990, p. 57-71 cité dans Y. Lemarchand, *Du dépérissement à l'amortissement. Enquête sur l'histoire d'un concept et de sa traduction comptable*, Nantes, Ouest Editions, 1993, p. 11.

542 C. David, Les *grands arrêts de la jurisprudence fiscale*, Vol 1, Paris, Dalloz, 2009, p. 550.

543 Article L. 123-12 et s. du C. Com.

544 R. Teller, Ch. Hoarau, « IFRS : les normes comptables du nouvel ordre économique global ? », *Revue Comptabilité Contrôle Audit*, Numéro Spécial, décembre 2007, p. 3.

comptabilité[545]. L'appel du droit à la comptabilité ressemble à l'appel du Général De Gaule aux français. C'est en 1945, à la sortie de la seconde guerre mondiale que Lagarrigue et Pavie situent cet appel du droit à la comptabilité. Ces entreprises, nées juridiquement, devaient en effet donner naissance et légitimer l'usage de la comptabilité[546]. Le mouvement juridique ayant conduit à l'éveil des entreprises se situe autour des ordonnances de 45-1493 et 45-1484, relatives aux prix, à la constatation et à la poursuite des infractions à caractère économique[547]. Elles ont trait, selon les auteurs, à l'organisation de la concurrence sous toutes ses formes tant par la répression des excès qu'elle peut engendrer[548] que par la règlementation voire l'interdiction de ses procédés les plus discutables[549]. Ce mouvement d'éveil se généralise aux branches classiques du droit notamment au droit fiscal avec l'apparition de la notion de patrimoine d'affectation et les conséquences de la définition spécifique des bénéfices industriels et commerciaux, qui en appellent les entreprises à la vie juridique.[550] L'obligation d'établir des comptes fidèles a été donc élaborée pour des raisons de preuve, par le droit commercial[551], mais aussi à des fins de contrôle par l'administration fiscale[552]. La prise de conscience de l'importance de cette comptabilité fera de l'Etat un de ses protecteurs avant de devenir un actionnaire non invité car prenant part désormais à hauteur de 33,33% au bénéfice des sociétés[553]. Devenu actionnaire à titre subsidiaire, il élaborera une législation dans le but de protéger les créanciers, les actionnaires et les salariés de cette

---

[545] L. Rives, *Obsession fiscale et administration des entreprises : Essai sur le rapt de la comptabilité par la fiscalité*, thèse, Péchade, 1962, p. 84.

[546] J.-P. Lagarrigue, A. Pavie, *Le droit comptable*, Tome 1- Les sources, Editions S. A., Paris, 1984, p. 7.

[547] J.-P. Lagarrigue, A. Pavie, *Le droit comptable*, *op. cit.*

[548] C'est le cas de la notion de la concurrence déloyale citée par J.-P. Lagarrigue, A. Pavie, *op. cit.*

[549] Par exemple les modalités de vente abusive, publicité mensongère, pratiques discriminatoires de toute nature. Ces exemples cités par J. P. Lagarrigue, A. Pavie, *op. cit.*

[550] Durand, dans son traité de droit du travail, consacre ainsi un chapitre entier à la définition de l'entreprise comme « une société organisée de caractère hiérarchique ; Rouart et Durand, *Précis de législation industrielle 1951*, n°89-163, cité par Lagarrigue et Pavie, *op. cit.*, p. 7.

[551] Il s'agit de l'ordonnance de Colbert de 1673 qui avait institué une obligation de tenue des comptes pour tout commerçant à des fins de preuve.

[552] Selon Lagarrigue et Pavie, *op. cit.*, p. 89, les entreprises fûrent soumises à des contrôles de comptabilité par l'administration fiscale dès l'instauration de la cédule commerciale par les lois Caillaux de 1914 et 1917. Par suite, le besoin de plus en plus grandissant de contrôle de cette même administration fiscale avait conduit à l'adoption des lois fiscales telles que la loi du 31 juillet 1920, 4 avril 1926, 28 février 1933, le décret du 20 juillet 1934, la loi du 13 janvier 1941 et le décret du 9 décembre 1948. Sous l'impulsion de la jurisprudence et des circulaires administratives, ce mouvement avait tracé la voix qui allait naturellement conduire à l'article 38 quater de l'annexe III au CGI qui donne du bénéfice imposable, une définition bien plus large que celle qui correspondait au bénéfice net de la loi du 31 juillet 1917.

[553] J.-L. Rossignol, « L'état et la comptabilité de l'entreprise », *Les Petites Affiches*, 30 septembre 2005, n°195, p. 4.

entreprise[554]. La comptabilité se transforma assez vite et passe de ce rôle de méthodes d'observations des faits économiques[555] à celui de « dénonciateur » de la mauvaise tenue des comptes. Le patrimoine d'affectation et le concept fiscal d'entreprise ne manqueront pas de traduire cette tendance. La comptabilité, à travers le patrimoine d'affectation, permet de faire une « distinction entre le patrimoine privé d'un exploitant individuel et son patrimoine commercial » fondée sur « la constatation tirée de la présence ou de l'absence d'inscription d'un bien à l'inventaire ». Elle devient ainsi « dénonciatrice » de la valeur patrimoniale des entreprises. Louis Rives pourra ainsi se consoler de trouver la réponse à sa question, lui qui se demandait d'où venait « ce fossé creusé entre la destinée à laquelle peut prétendre la comptabilité et la réalité mesquine qu'elle confronte[556] ». Car au lieu de la promouvoir, la fiscalité lui a progressivement retiré ses lettres de noblesse au nom d'une conception erronée et belliqueuse du principe de la supériorité des normes. Il suffit de rappeler le sort réservé au principe de l'image fidèle en droit comptable français. Certains y ont vu l'occasion de remettre les relations entre comptabilité et fiscalité à leur juste équilibre. Selon Gelard, membre de l'IASB, « la prééminence de l'image fidèle, le true and fair view override, avait pour but de déroger à une prescription comptable lorsqu'elle conclut à ne pas donner une image fidèle[557] ». Le droit fiscal s'était aussi autorisé cette violation. La loi ne s'applique qu'aux dirigeants comptables pour ce qui concerne les infractions comptables mais elle ne s'applique pas lorsque les dérogations aux prescriptions comptables sont d'origine fiscale.

169. Le déclin de ce lien pourrait mettre fin à la fonction fiscale de la comptabilité et entraîner « une taxation du résultat fiscal, de façon arbitraire, c'est-à-dire sans lien avec la réalité économique[558] ». Pourtant, il existe une taxation, telle celle que connait le système américain, qui est déconnectée du résultat fiscal et qui n'a pas l'air d'être contestée. Une partie de la doctrine avait envisagé cette option en France, au moment des débats sur l'introduction des normes comptables internationales[559]. Les normes comptables internationales sonnent-elles la fin d'une des fonctions de la comptabilité : celle de remède contre les conjonctures économiques difficiles. Selon Bracchi, ancien président du Conseil national de la

[554] Gray et Naciri cités par J.-L. Rossignol, « L'état et la comptabilité de l'entreprise », *op. cit.*
[555] P. Garnier, *La comptabilité, algèbre du droit et méthode d'observation des sciences économiques,* Thèse, Paris Dunod 1947, 216 p.
[556] L. Rives, *Obsession fiscale et administration des entreprises : Essai sur le rapt de la comptabilité par la fiscalité*, thèse, Péchade, 1962, p. 2.
[557] Article L. 123-14, alinéa 3 du C. Com.
[558] E. Delesalle, « l'an x du nouveau plan comptable », *Les Petites Affiches*, 17 janvier 1994, n° 7.
[559] O. Dufour, E. Filiberti, « Introduire les IFRS dans les comptes sociaux, une révolution juridique et fiscale », *Les Petites Affiches*, 08 avril 2005, n° 70, p. 3.

Comptabilité, l'introduction des normes comptables internationales ne vise pas que la simple réforme. A l'époque le projet SME (Small and Medium Entities) était au cœur des débats et la commission européenne avait lancé une étude visant à établir dans quelles conditions les normes IFRS pourraient servir de base d'imposition aux SME[560]. C'est donc dire que si cette fonction fiscale est en déclin sur le plan interne ou, du moins, remise en cause, elle est en voie de résurrection sur le plan communautaire[561].

170. Alors, à défaut de maintenir la francophonie financière et comptable[562], les entreprises pourront se rassurer de pouvoir compter sur un système de connexion entre comptabilité et fiscalité car la France est loin d'avoir envie de rompre ce lien. D'abord, parce qu'elle a fait le choix de faire converger le Plan comptable général vers les normes comptables internationales et non d'en transposer l'intégralité[563]. Ensuite parce qu'au sein de cette convergence, elle a supprimé les normes qui pouvaient entraîner pour les entreprises des problèmes fiscaux, comme les contrats de location[564]. Enfin parce que même si la doctrine s'accorde à reconnaître la nécessité pour la fiscalité de s'adapter aux évolutions de la matière comptable internationale, elle reste attachée au principe de la connexité entre les deux disciplines.

B- Le rôle de chaque discipline au sein des conjonctures économiques

171. « Qu'est-ce que la comptabilité ? La définition des frontières de la comptabilité n'est pas une démarche aisée, car elle est mise en œuvre à la fois pour le contrôle juridique, la gestion économique, la gestion financière

[560] A. Bracchi, « Introduction », *Les Petites Affiches*, 8 septembre 2005, n°179, p. 6 ; H. Olivier, « Une perspective européenne », *Les Petites Affiches*, 8 septembre 2005, n° 179, p. 21.

[561] B. Plagnet, « Quelle politique fiscale en faveur des PME », *Bull. Joly Sociétés*, 01 octobre 1998, n°10, p. 1008.

[562] Selon Delesalle, « de plus, outre les limites ainsi dégagées, on peut se demander si ces débats ne cachent pas une importante menace sur la notion de francophonie financière et comptable. En effet, absente des discussions la promotion et le soutien de la francophonie financière et comptable constituent une nécessité vitale pour ceux qui souhaitent donner un second souffle à la comptabilité « à la française ». E. Delesalle, « Quel avenir pour la comptabilité à la française ? », *Les Petites Affiches*, 09 août 1995 n° 95, p. 30.

[563] D. Villemot, « Présentation du rapport d'étape du groupe IAS/fiscalité », *Droit Fiscal* 2005, n° 17, étude n°19, p. 765 à 771.

[564] M. Cozian, P.-J. Gaudel, *La comptabilité racontée aux juristes*, Litec, 2007, p. 198 et s.

et le contrôle du personnel[565] ». Cette polyvalence de la comptabilité a aussi permis son émancipation progressive vis-à-vis des règles fiscales et favorisé le compromis entre les deux disciplines. Cette polyvalence est cependant néfaste. Elle n'a pas permis de définir la comptabilité et la différence entre théorie de la comptabilité et pratique de la comptabilité ne permet pas non plus d'avoir une idée précise de la matière, ce qui rend délicat le rôle complémentaire de la comptabilité vis-à-vis de la fiscalité. Notant la dissociation entre la pratique et l'enseignement de la comptabilité aux Etats-Unis, dans les années 1930, Wildman, faisant la préface de l'ouvrage de Green remarque[566] que durant la dernière décennie, quand l'auteur était associé à un cabinet international de comptables et à sa direction, il avait le privilège de discuter de sujets ayant trait à la profession comptable, avec une centaine de comptables potentiels et actuels. De ces discussions, il était intéressant de noter à quel point leur connaissance de la profession comptable était « déficiente ». Cette déficience était particulièrement notable entre ceux qui étaient diplômés de comptabilité de leurs universités et ceux qui ne l'étaient pas[567]. La pratique de la comptabilité a donc précédé son enseignement et il est notoire de voir le décalage existant entre théorie et pratique. La plupart de la doctrine s'accorde à reconnaître que le chiffre a existé avant la lettre[568].

172. Il n'est d'ailleurs plus question de parler de la comptabilité mais des comptabilités. Dès lors, il est intéressant de voir cette partie de la comptabilité relative à la fiscalité **(1)**. De même, dans le domaine fiscal, il existe plusieurs autres domaines. Le domaine de la fiscalité ayant trait à la comptabilité peut ainsi être mis en contraste avec celui précédemment rappelé **(2)**.

---

[565] F. Pasqualini, *Le principe de l'image fidèle en droit comptable*, thèse, litec 1992, p. 1.
[566] W. L. Green, *History and survey of accountancy (Accouting thought and practice through the years)*, Reprint. Originally published, Brooklyn, N.Y., Standard Text Press, 1930, préface, p. 5.
[567] « During the past decade when the author was associated with an international firm of certified public accountants at its executive offices, it was his privilege to discuss matters concerning the accountancy profession with thousands of potential and actual accountants. From those discussions it was amazing to learn how meagre was the knowledge of the vast majority of such individuals of the accountancy profession. It was further observed that this deficiency was a noticeable among those who had been graduated in accounting from the colleges as among those who had not ».
[568] W. L. Green, *History and survey of accountancy*, Brooklyn, N.Y., Standard Text Press, 1930, p. 21.

1- Le rôle de la comptabilité pour la fiscalité

« Un radius de loup, muni de cinquante-cinq encoches réparties en deux séries de groupes de cinq, découvert en 1937 à Vestonice en Tchécoslovaquie et vieux de plus de vingt mille ans, constitue l'une des plus anciennes « machines à compter » de tous les temps. Notre lointain ancêtre à qui ce bâton d'os a servi, était peut-être un redoutable chasseur. A chaque fois qu'il tuait une bête, il faisait un cran sur un os... Il avait ainsi inventé les premiers rudiments de la comptabilité...[569] »

173. Le rôle et l'importance de la comptabilité n'ont cessé d'évoluer avec le temps[570]. Elle s'est adaptée aux besoins de ses utilisateurs[571], à travers les époques et remonte à des temps jusqu'à ce jour insoupçonnés de l'histoire de la civilisation humaine. « Le besoin de dénombrement est né des rapports sociaux. Avant même que ne soit connu le premier système de numération », explique Lemarchand, « l'homme avait utilisé la notion de correspondance bijective pour recenser les troupeaux du berger, les guerriers du chef ou les miches de pain dues par les clients du boulanger. La comptabilité est vraisemblablement née bien avant le chiffre, et chez les Romains, le calculus n'était encore qu'un petit caillou[572] ».

174. Depuis ses origines, la comptabilité a toujours fait l'objet de convoitises. Elle a ainsi été convoitée par le commerçant[573], qui cherchait une technique d'organisation et de retranscription des opérations de son entreprise. Elle est ensuite passée de technique de transcription des opérations, à celle de mode de preuve entre commerçants[574].

---

[569] G. Ifrah, *Histoire universelle des chiffres*, Paris, Seghers, 1981, p. 4 cité dans Y. Lemarchand, *Du dépérissement à l'amortissement, enquête sur l'histoire d'un concept et de sa traduction comptable*, Ouest Editions, 1993, p. 7.

[570] Nous utilisons le terme dans l'espace car la comptabilité pratiquée aux Etats-Unis est différente de celle pratiquée dans les pays de tradition romano-germanique comme la France. Voir à ce titre P. Walton, *La comptabilité anglo-saxonne*, 1e édition, La Découverte, 1996.

[571] G. Humbert, *Des origines de la comptabilité chez les Romains : cour des comptes : audience solennelle de rentrée du 4 novembre 1879/ Discours du procureur général Humbert*, Imprimerie Nationale, 1880, vol.1, p. 5.

[572] Y. Lemarchand, *Du dépérissement à l'amortissement, enquête sur l'histoire d'un concept et de sa traduction comptable*, Ouest Editions, 1993, p. 7.

[573] Y. Salaun, Th. Delorme, S. Belin-Zerbib, « IFRS et droit », *Bulletin Joly Sociétés,* 1e avril 2005, n°4, p. 449. Les auteurs y expliquent que LE TRACTATUS XI PARTICULARIS DE COMPUTUS ET SCRIPTURIS, publié en 1494, est habituellement présenté comme le premier manuel de comptabilité. Fra Luca Pacioli y compilait les pratiques commerciales et comptables de l'époque.

[574] H. Mariage, *Evolution historique de la législation commerciale : de l'ordonnance de Colbert à nos jours 1673-1949*, thèse, Paris, 1949, p. 7.

Progressivement, son succès lui vaut de passer de mode de preuve, à celle de gestion des entreprises, puis d'établissement d'assiette de l'impôt sur les sociétés[575] et enfin d'information pour les investisseurs[576]. Dans chacune de ses évolutions, la comptabilité s'est adaptée aux besoins de ses utilisateurs. Non seulement cette adaptation s'est faite pour les besoins de ses utilisateurs mais encore, elle s'est faite pour l'utilisateur le plus influant, le plus important, le plus prépondérant. Luca Pacioli, que l'on cite souvent comme le père des comptes en « T » a été inspiré par sa foi : il était, selon Colasse, « moine franciscain ». Colasse explique en effet qu'en bon moine franciscain, « il préconisait de marquer les livres de comptes du signe de la croix ». Désormais, les comptes ne sont plus marqués du signe de la croix mais du signe « des marchés financiers efficients ; ce qui permet par exemple le recours à la juste valeur. Mais on est toujours dans la croyance : la comptabilité ne s'est pas encore laïcisée[577] ».

175. Les nombreuses utilités de la comptabilité ont attiré les convoitises de la fiscalité. Cet intérêt est lié au fait qu'en plus de permettre la détermination de l'assiette fiscale, la comptabilité est un excellent instrument de pilotage des entreprises. Garder le contrôle de la comptabilité, c'est aussi s'assurer le pilotage de ces entreprises[578].

176. « La comptabilité est l'art d'enregistrer les mouvements de valeurs qui se produisent dans les éléments de l'entreprise par une figuration chiffrée de toutes les opérations qui ont été faites. Elle est utile pour déterminer les résultats obtenus dans la marche de l'entreprise et elle permet aussi d'apprécier la possibilité de résultats futurs. La comptabilité a perfectionné ses propriétés techniques. Elle est devenue une science auxiliaire du droit commercial… ». Les activités d'entreprise et le droit fiscal constituent donc le champ d'investigation commun à la comptabilité et au droit commercial[579]. François Gore[580] dira ainsi des fonctions de la comptabilité

---

[575] T. Sauvel, *Revenus réel et impôts directs, méthodes comptables*, Librairie du « Recueil Sirey », 1931, p. 20.

[576] M. Capron, *Les normes comptables internationales, instruments du capitalisme financier*, 1e éd., La Découverte, 2005, p. 13.

[577] B. Colasse, « Le syscoa-ohada à l'heure des IFRS », *Revue française de comptabilité*, n°425, octobre 2009, p. 26.

[578] « Précisément dans le cadre des conditions de forme, il est fréquent que le texte subordonne le bénéfice d'une disposition à sa comptabilisation. La traçabilité comptable de l'opération permet ainsi d'assurer plus facilement le suivi et le contrôle au plan fiscal » : J.-L. Rossignol, M. Chadefaux, « Fiscalité et comptabilité », *Encyclopédie de la comptabilité, du contrôle de gestion et de l'audit*, Economica, 2e édition, 2009, n°59, p. 822.

[579] G. Ripert, *Traité de droit commercial*, 5e édition par Roblot, t. I, n°441, cité dans B. Plagnet, « Les rapports entre le droit fiscal et la comptabilité commerciale », *Revue de Science financière*, T. LXVI, n°3, juillet-septembre 1974, p. 695-780.

[580] F. Gore, « Vers un droit de la comptabilité », *Revue Française de Comptabilité*, n°99, janvier 1970, p. 12.

qu'elles constituent « un moyen essentiel de contrôle des déclarations des entreprises pour l'impôt sur le revenu des personnes physiques, l'impôt sur les sociétés, les taxes sur le chiffre d'affaires. Aussi le droit fiscal édicte t'il un certain nombre de règles comptables. On les trouve dans le Code général des Impôts et dans les textes réglementaires pris pour son application, notamment dans le décret n°95-968 du 28 octobre 1965 qui édicte, en particulier, des définitions, des règles d'évaluation auxquelles les entreprises sont tenues de se conformer[581] ». Selon Yvon Salaun, cette fonction de la comptabilité a évolué. Elle est devenue aujourd'hui celle d'harmonisation de la comptabilité de l'Union Européenne. Cette fonction d'harmonisation intervient à un moment où l'Union Européenne a besoin de conquérir la confiance des investisseurs ternie par les scandales financiers de type Enron[582] et la diversité des référentiels existant au sein de l'union[583].

177. Ce tableau sommairement dressé du rôle de la comptabilité fait intervenir, non pas un rôle, mais plusieurs rôles. Le terme devrait donc être utilisé au pluriel. Il ne peut-être utilisé au singulier que pour parler du rôle de la comptabilité par rapport à la fiscalité, car ce rôle n'est qu'un parmi tant d'autres. Inutile d'aller rechercher ce rôle particulier dans le Code général des Impôts, pas plus que dans le Plan comptable général. Une fois de plus, la définition incombe à la doctrine[584]. Cette doctrine les a dressés, l'un contre l'autre, la comptabilité contre la fiscalité, bien souvent pour tenter de les définir et de délimiter leur champ respectif. Ainsi selon Rossignol et Chadefaux, « ...la fiscalité cherche à fournir à l'entreprise comme à ses partenaires une représentation chiffrée de sa situation, bâtie sous le triple sceau de la régularité, de la sincérité et de l'image. Et naturellement, la représentation d'une situation en comptabilité n'est pas nécessairement la représentation qui maximalise la base d'imposition ». Cette définition, insatisfaisante parce que prônant une conception « extensive et belliqueuse[585] » de la comptabilité, est pourtant représentative de la comptabilité fiscale c'est-à-dire de la comptabilité en ce qu'elle découle de ses rapports avec la fiscalité. Ainsi, si selon Bernard Plagnet « la finalité de

---

[581] F. Gore, « Vers un droit de la comptabilité », *Revue française de comptabilité*, n°99, janvier 1970, p. 12.

[582] M.-Ch. Piniot, « Le plan, la loi la directive ou l'histoire vécue d'un ménage à trois », *Revue de droit comptable*, 01 octobre 1997, n°4, p. 155-187.

[583] Y. Salaun, Th. Delorme, S. Belin-Zerbib, « IFRS et droit », *Bulletin Joly Sociétés,* 1e avril 2005, n°4, p. 449.

[584] E. Carre, *Divergences entre fiscalité et comptabilité*, Dunod, Paris, 1969, p. 7 ; G. Ripert, *Traité élémentaire de Droit Commercial*, 5e édition par Roblot, t. I, n°441 cité par B. Plagnet, « Les rapports entre le droit fiscal et la comptabilité commerciale », *Revue de Science financière*, T. LXVI, n°3, juillet-septembre 1974, p. 697 ; Voir aussi B. Plagnet, *op. cit.*, M. Cozian, *Précis de fiscalité des entreprises*, Paris, Litec, 2008, cité par J.-L. Rossignol et M. Chadefaux, *op. cit.*, p. 819.

[585] Pour reprendre les propos de Rossignol et Chadefaux, *op. cit.*

la comptabilité n'est pas seulement de déterminer le résultat fiscal », il lui reconnaît néanmoins une fonction de présentation de « l'ensemble de l'activité d'une entreprise de manière ordonnée », un instrument de gestion des entreprises. « La comptabilité est l'art d'enregistrer les mouvements de valeurs qui se produisent dans les éléments de l'entreprise par une figuration chiffrée de toutes les opérations qui ont été faites. Elle est utile pour déterminer les résultats obtenus dans la marche de l'entreprise et elle permet aussi d'apprécier la possibilité de résultats futurs. La comptabilité a perfectionné ses propriétés techniques. Elle est devenue une science auxiliaire du droit commercial…[586] » Le Doyen Ripert n'est pas le seul à pointer du doigt la dimension artistique de la comptabilité. Il est rejoint en ce sens par Stolowy, selon lequel « la comptabilité a ainsi été qualifiée d'art : par exemple « l'art de truquer un bilan » (Bertolus 1988) ou « l'art de calculer ses bénéfices » (Lignon 1989). L'un des premiers articles français portant, à notre connaissance, sur ce qui allait devenir « la comptabilité créative » (Bertolus, 1988) représentait un commissaire aux comptes ventripotents tenant dans ses bras une danseuse dont la tenue vestimentaire (fort légère) était agrémentée de chiffres. Cette image a finalement fait son chemin puisque de nombreux articles ont voulu montré que, à l'instar d'une danseuse, les comptes doivent être : (plus ou moins) habillés (Agède 1994), après avoir été nettoyés (Feitz 1994) et toilettés (Polo 1994). Ils peuvent être maquillés (Agède 1994), embellis (Loubière 1992) ou avoir le visage fiscal lifté (Agède 1994)[587] ».

178. Cette étrange succession de définition de la comptabilité fiscale comme un art de « manipuler » la fiscalité, de la contourner, d'éluder l'impôt, biaise quelque peu la compréhension que le lecteur peut avoir de la comptabilité. La comptabilité fiscale n'aurait-elle pas d'autres définitions ou d'autres raisons d'être que par opposition à la fiscalité ? Tout est décrit comme si l'une était dressée contre l'autre, ou comme si l'une n'existait que par opposition à l'autre ? Ce qui a fait dire à Brunet, cité par Carre, que « les bilans, au fond, c'est une galéjade car leur rédaction dépend dans une très grande mesure de prescriptions fiscales[588] ».

179. La dépendance de la comptabilité vis-à-vis de la fiscalité n'a pas facilité la définition de la « comptabilité ». Il faut s'en doute s'en remettre aux propos introductifs de l'ouvrage de Carre pour d'une part aboutir à une

---

[586] G. Ripert, *Traité de droit commercial*, 5e édition par Roblot, t. I, n°441, cité dans B. Plagnet, « Les rapports entre le droit fiscal et la comptabilité commerciale », *Revue de Science financière*, T. LXVI, n°3, juillet-septembre 1974, p. 696.

[587] H. Stolowy, « Comptabilité créative », *Encyclopédie de la comptabilité, du contrôle de gestion et de l'audit*, n° 59, Economica, 2e édition, 2009, p. 206.

[588] Ch. Brunet, cité par E. Carre, *Divergences entre fiscalité et comptabilité*, Dunod, Paris, 1969, p. 7.

tentative de définition, en dehors de toute référence à la fiscalité et d'autre part, comprendre ce lien si fort qui semble l'unir au droit fiscal, jusque dans ses définitions. Ainsi, selon Carre, « la comptabilité en tant que technique élaborée pour enregistrer les diverses manifestations de la vie de l'entreprise, en tirer les résultats et dresser périodiquement des situations, se trouve, de ce fait, affectée en premier par les dispositions fiscales. La comptabilité générale dont il s'agit ici et que tout commerçant doit tenir ne suscite certes plus aujourd'hui autant d'intérêt que la comptabilité analytique ou la comptabilité des prix de revient, ou encore le contrôle budgétaire et la gestion prévisionnelle. Mais ces différentes disciplines, pour reposer sur une assise solide, doivent toujours se recouper rigoureusement avec la comptabilité générale que l'on peut considérer comme l'instrument commun de mesure[589] ».

180. Pourtant Carre fait remarquer les difficultés d'aboutir à cette « assise solide de la comptabilité », en pointant notamment du doigt « les altérations diversement graves, à des concepts juridiques, définis par les législations civile et commerciale (tels que, entre autres, amortissement, provision ou réserve) ;(…) et sur le plan de l'enregistrement lui-même des opérations, ainsi que de la détermination des résultats, les prescriptions d'ordre comptable qui ne sont pas toujours conformes aux dispositions du Plan comptable générale[590] ».

181. Comme le souligne toujours Carre, « la querelle n'est donc pas nouvelle[591] » et les normes comptables internationales remettent à l'ordre du jour, les difficultés d'aboutir à une définition de la partie de la comptabilité relative à la fiscalité. Si la querelle a pu connaître des moments de trêve, ce n'est qu'aussi longtemps que la comptabilité fiscale acceptait de s'assujettir aux règles de la fiscalité. La comptabilité devient alors « un moyen essentiel de contrôle des déclarations des entreprises pour l'impôt sur le revenu des personnes physiques, l'impôt sur les sociétés, les taxes sur le chiffre d'affaires[592] ».

182. La soumission de la comptabilité à la fiscalité a donc joué sur le manque de lisibilité d'un champ particulier, sur les difficultés de définition de la comptabilité fiscale ainsi que de son rôle. Comme une suite logique à cette situation, les difficultés d'émergence du « droit comptable » se sont largement posées.

---

[589] E. Carre, *Divergences entre fiscalité et comptabilité*, Dunod, Paris, 1969, p. 7.
[590] E. Carre, *Divergences entre fiscalité et comptabilité*, Dunod, Paris, 1969, p. 9.
[591] E. Carre, *op. cit.*
[592] F. Gore, « Vers un droit de la comptabilité », *Revue française de comptabilité*, n°99, janvier 1970, p. 13.

183. En effet qu'est ce que le droit comptable ? L' « ensemble des obligations qui règlent les rapports des utilisateurs et des professionnels de la comptabilité avec la comptabilité » ?[593] Très peu de définitions paraissent là encore satisfaire pleinement. Car la comptabilité n'est pas qu'un ensemble d'obligations. C'est aussi, ainsi que le soulignait Stolowy, « un art »[594], l' « art de calculer ses bénéfices »[595], à travers, non pas les obligations comptables, mais les options comptables. L'introduction des normes comptables internationales dans le Plan comptable général a d'ailleurs fortement renforcé cette vision de la comptabilité « à choix multiples »[596]. La doctrine s'est plutôt focalisée sur l'inexistence de ce droit. Une telle attitude sonne comme un constat d'échec, une résignation. Au demeurant, cette doctrine s'est contentée d'attendre la consécration par le législateur de la loi comptable de 1983 pour se précipiter au chevet du nouveau, tels les rois mages au berceau de l'enfant Jésus dont la naissance avait été annoncée par les prophètes[597]. Pourtant dès 1883, l'ordonnance de Colbert avait institué les premiers rudiments du droit comptable. La fiscalité est ensuite intervenue pour donner à ce droit, toute sa valeur.

---

593 E. Du Pontavice, « L'émergence du droit comptable en France », *Revue française de comptabilité,* janvier 1984, n°142, Introduction.

594 H. Stolowy, « Comptabilité créative », *Encyclopédie de la comptabilité, du contrôle de gestion et de l'audit*, n° 59, Economica, 2e édition, 2009, p. 187.

595 M. Lignon, « L'art de calculer ses bénéfices », *L'Entreprise*, Vol. 50, novembre 1989, p. 17-18, 20, cité par H. Stolowy, « Comptabilité créative », *Encyclopédie de la comptabilité, du contrôle de gestion et de l'audit*, n° 59, Economica, 2e édition, 2009, p. 187.

596 O. Barbe, L. Didelot, « Pour une meilleure comparabilité des états financiers individuels et une simplification du PCG », *Revue française de comptabilité*, juin 2010, n°433, p. 42 et s.

597 Voir en ce sens l'abondante littérature sur le sujet citée par E. Dupontavice, *op. cit.* et au titre de laquelle on peut retenir : A. Viandier, « A propos du droit comptable », in *Economie et comptabilité*, juin 1981, p. 3 et s., Hemard, Terre et Mabilat, *Sociétés Commerciales*, tome III, n°334 et s. ; E. Du Pontavice, « La part du droit dans la vie économique », in *Rev. Jurisp. Com.*, juin 1975, p. 212 ; M. De Juglart, B. Ippolito, *Traité de droit commercial*, 3e édit., Vol.1, *Actes de commerce, principes de comptabilité*, 1979, n°149-7 et s., p. 516 et s. ; « Les aspects juridiques de l'audit budgétaire », p. 66 et s. in *L'audit de la planification : lu ou nécessité pour l'entreprise ?* journée-débat 9 décembre 1982, publication du C.E.R.E.G. de l'université Paris-Dauphine.

2- Le rôle de la fiscalité pour la comptabilité

« Si par exemple vers 1980 on avait interrogé un étudiant français sur le principal rôle de la comptabilité et des comptables, il est fort probable qu'il aurait répondu que cette technique sert avant tout à déterminer le bénéfice imposable des entreprises et que les comptables doivent être avant tout de bons spécialistes du droit fiscal. Mais si on avait reposé les mêmes questions à un étudiant anglais ou américain, il aurait répondu tout autrement : pour lui la comptabilité ne sert pas à déterminer l'impôt et le chef comptable n'est pas un spécialiste des questions fiscales. Cette divergence de vues, un peu stéréotypée et déjà dépassée, soulève deux questions principales : quels sont les différents rapports entre comptabilité et fiscalité et quelles sont les différences observées[598] ».

184. Ceux qui ont défini le droit fiscal comme l'ensemble des règles de droit applicables aux impôts se sont vite heurtés à la seconde barrière, la définition de l'impôt[599]. Car une fois que l'on sait ce qu'est le droit des impôts, on se perd dans ce qu'est l'impôt[600]. Dans ce naufrage, bon nombre d'auteurs se sont réfugiés derrière la définition donnée par le Doyen Gaston Geze[601]. L'impôt serait une prestation pécuniaire requise des particuliers[602], par voie d'autorité, à titre définitif et sans contrepartie[603]. Il donne le sentiment de s'inviter dans ce que le contribuable a de plus cher, sa richesse, en le frappant de diverses manières[604]. Et lorsqu'il revêt une vocation sociale, l'impôt étonne, surprend et se meut en critiques acerbes : il épouse

---

598 J. Richard, C. Colette, *Les systèmes comptables français et anglo-saxons - Normes IAS*, 7e édition, Paris, Dunod, 2005, p. 205.

599 Negrin, Ayrault et Lamarque définissent l'impôt selon les critères de Geze, c'est-à-dire que l'impôt est un prélèvement pécuniaire, de caractère obligatoire, effectué en vertu de prérogatives de puissance publique, à titre définitif, sans contrepartie déterminée, en vue d'assurer le financement des charges publiques de l'Etat, des collectivités territoriales et des établissements publics administratifs. Selon les auteurs, l'impôt est un prélèvement obligatoire effectué en vertu de prérogatives de puissance publique, c'est-à-dire, de prérogatives exorbitantes du droit commun, « qui n'ont d'équivalent ni en droit privé, ni même, pour certaines d'entre elles, en droit administratif ». Il s'agit d'un prélèvement à titre définitif, c'est-à-dire que l'impôt ne peut faire l'objet d'une restitution. Enfin, il s'agit d'un prélèvement effectué sans contrepartie déterminée, c'est-à-dire que l'impôt est un prélèvement sans contrepartie déterminée pour celui qui le paie. O. Negrin, L. Ayrault et J. Lamarque, *Droit fiscal Général*, Lexis Nexis 2009, p. 7-87.

600 M. Collet, *Droit fiscal*, Thémis, PUF 2007, 2e édition, p. 3.

601 O. Negrin, « Une légende fiscale : la définition de l'impôt de Gaston Jèze », *Revue du Droit public*, 01 janvier 2008, numéro 1, p. 139 -151.

602 En 2009, 873,2 milliards d'euros auraient été ainsi prélevés au titre des prélèvements obligatoires, selon Th. Lamulle, *Droit fiscal*, Edit. Gualino, 2002, p. 23.

603 Voir P. Augé, *Droit fiscal général*, Editions Ellipses, 2002, Préface.

604 D. Gutmann, « Du droit à la philosophie de l'impôt », in *L'impôt,* Archives de Philosophie du Droit, Dalloz 2002, p. 8.

ainsi la politique d'un gouvernement, qu'il soit à vocation socialiste ou libéral[605]. Derrière la connotation politique de l'impôt, il faut arriver à le reconnaître, à le définir, car le droit « en ce qu'il implique d'adéquation d'une norme au réel, est largement une affaire de définition[606] ». Se faisant, De Crouy-Chanel admet que l'impôt « se révèle rétif, dans sa familiarité, à la définition. Se modelant sur des réalités économiques et sociales variées, il prend, selon les époques et les lieux, différentes formes. Sa dénomination est changeante ; l'animal est expert en camouflage : contribution, taxe, redevance, droits, prélèvement, cotisation (…) ». Il faut identifier, dans cette diversité, la particularité d'impôts s'attachant à la comptabilité.

185. Selon Bernard Plagnet « la réglementation fiscale a pour but de déterminer les principes d'évaluation de la matière imposable et les modalités de taxation de celle-ci. Or, la matière imposable, le bénéfice ou le chiffre d'affaires figurent dans les documents comptables[607] ». En comptabilité comme en fiscalité, le législateur est intervenu pour fixer des obligations de déclarations. C'est ainsi que sont nés les premiers embryons de droit comptable et de droit fiscal[608].

186. « La comptabilité, qui est avant tout le fruit de l'activité et de l'ingéniosité des praticiens, peut-être définie comme un savoir d'action en quête de théories » avait affirmé Burlaud. « En tant que savoir d'action, elle est le savoir de l'homme de l'art, capitalisé au fil des générations. Mais ces expériences et ces connaissances fragmentaires ne sont pas simplement accumulées. Elles font l'objet d'une mise en ordre. Les concepts sont définis. Des raisonnements apparaissent. La naissance des cadres conceptuels, c'est-à-dire d'une approche logique et déductive, dans les années 70, témoigne de cette évolution. La comptabilité devient ainsi une science, c'est-à-dire un ensemble de connaissances acquises et organisées méthodiquement[609] ».

---

605 B. Castagnede, « La réforme de l'impôt sur le revenu en France », in *L'année fiscale, Débats Etudes Chroniques*, PUF 2006, p. 9 et s.

606 E. De Crouy-Chanel, « La définition juridique de l'impôt. L'exemple de la doctrine française », in *Philosophie de l'impôt*, Bruylant 2006, p. 135.

607 B. Plagnet, « Les rapports entre le droit fiscal et la comptabilité commerciale », *Revue de Science financière*, T. LXVI, n°3, juillet-septembre 1974, p. 695-780.

608 Th. Lambert, *Contrôle fiscal Droit et Pratique*, PUF, 2e édition, p. 13.

609 A. Burlaud, F. D. Poitrinal, E. Salustro, *Comptabilité et droit comptable- L'intelligence des comptes et leur cadre légal*, Gualino, Paris, 1998, p. 9.

II- Le nouveau droit comptable : source d'autonomie et de réalisme pour le droit fiscal

187. L'autonomie et le réalisme du droit fiscal sont des constructions doctrinales[610]. Inutile d'aller feuilleter le Code général des Impôts, le terme n'y est même pas évoqué[611]. On attribue à Louis Trotabas la paternité de cette théorie d'autonomie et de réalisme du droit fiscal, même si les nombreux écrits de Maurice Cozian auraient pu conduire à faire croire le contraire[612]. Nous nous intéressons d'abord à l'autonomie ensuite au réalisme du droit fiscal.

188. Pour connaître la définition de l'autonomie du droit fiscal, il nous paraît judicieux de recourir à celle fournie par la doctrine. Ainsi, selon Cozian, « c'est essentiellement face aux préceptes du droit privé que l'on invoque l'autonomie et le réalisme du droit fiscal. L'administration fiscale et le juge ne seraient en rien liés par les définitions et les qualifications du droit privé[613] ». L'auteur souligne cependant que selon lui, la présentation ainsi

---

[610] M. Cozian, « Propos désobligeants sur une « tarte à la crème » : l'autonomie et le réalisme du droit fiscal », in *Les Grands Principes de la Fiscalité des Entreprises*, Litec 1996, 3e édition, p. 3. Voir aussi le deuxième article rédigé par le même auteur à la Revue de Droit Fiscal, avec en appendice, la lettre du Doyen Louis Trotabas expliquant comment il a construit la théorie de l'autonomie du droit fiscal : M. Cozian, « Propos désobligeants sur une « tarte à la crème » : l'autonomie et le réalisme du droit fiscal », *Revue de Droit Fiscal* 1999, n°13, p. 50.

[611] Dans le lexique fiscal de Barilari et Drape, on y retrouve une définition de l'autonomie du droit fiscal. Selon ces derniers, « le droit fiscal est constitué d'un corps de règles spécifiques. Ses sources, son vocabulaire, ses finalités sont particuliers. Par ailleurs, il arrive que le législateur fiscal s'écarte en matière fiscale des définitions strictement juridiques pour mieux prendre en compte la réalité économique ou sociale. Cependant, cette autonomie est réduite par certains auteurs à la simple spécificité de n'importe quelle discipline juridique. En effet, en l'absence de texte fiscal qui les infirme, les concepts juridiques classiques s'appliquent en matière fiscale ». A. Barilari, R. Drape, *Lexique Fiscal*, Dalloz 1987, p. 15.

[612] En 1999, le professeur Maurice Cozian écrivait déjà sur l'autonomie et le réalisme du droit fiscal à la Revue de droit fiscal. « Le présent article », dit-il, « a déjà été publié il y a vingt ans avant d'être intégré dans « les grands principes de la fiscalité des entreprises » ». Par suite, et dans chaque édition du précis de la fiscalité des entreprises rédigé par ses soins, il est possible de retrouver la question de l'autonomie et du réalisme du droit fiscal.

[613] M. Cozian, « Propos désobligeants sur une « tarte à la crème » : l'autonomie et le réalisme du droit fiscal », *Revue de Droit Fiscal* 1999, n°13, p. 50 ; M. Pelletier souligne ainsi que « soutenir que le droit fiscal privé contient, en tant que tel, des qualifications procède d'une analyse inexacte. En tant que secteur du système juridique, le droit privé ne saurait contenir de qualification. Les qualifications sont le fruit de l'activité des autorités compétentes en matière d'édiction des normes juridiques hypothétiques et catégoriques dans ce domaine. Par conséquent, la véritable portée de la controverse sur l'autonomie du droit fiscal est de savoir si l'administration fiscale, et à sa suite, le juge fiscal, sont liés dans leurs missions de concrétisation des normes fiscales par les qualifications données par les autres organes

faite de l'autonomie et du réalisme du droit fiscal reste exagérée en ce que les définitions et les qualifications du droit privé s'imposent au plan fiscal[614]. En effet, souligne t'il, le droit fiscal est d'abord une branche du droit et à ce titre s'appuie sur des qualifications juridiques. Il impose des personnes qui peuvent être des personnes physiques ou morales, il frappe des activités qui peuvent être civiles ou commerciales, il calcule l'impôt sur le revenu dans le cadre de la famille, il impose des propriétés ou des mutations de propriété. Est-ce pour autant, s'interroge l'auteur, qu'il existe une notion fiscale de la société, une notion fiscale du commerçant, une notion fiscale de la famille, une notion fiscale de la propriété qui seraient autonomes par rapport aux concepts juridiques correspondants[615] ? Certains le pensent d'autres non mais avant de souligner en quoi l'introduction des normes comptables internationales contribue selon nous à renforcer ou non la théorie de l'autonomie et du réalisme du droit fiscal, il conviendra dans une première partie d'exposer les termes du débat. La seconde partie aura pour but, à partir du référentiel comptable international, de dégager les critères à partir desquels l'argumentaire se fera pour l'une ou l'autre tendance de la doctrine **(A)**.

189. Pour la question du réalisme du droit fiscal, Maurice Cozian en donne une définition. Cette théorie « signifierait que le fisc peut taxer directement la réalité économique sans se soucier de l'habillage juridique. Les comptables adoptent volontiers le même langage quand ils invoquent le slogan anglo-saxon, Substance over Form, selon lequel la comptabilité enregistre des faits économiques, quelle que soit l'apparence juridique. Là encore la proposition est inacceptable[616] ». « Vingt fois sur le métier remettez votre ouvrage », disait Boileau[617]. Après 20 ans de législation fiscale, cette proposition est elle toujours « inacceptable[618] » ? La législation n'a-t-elle pas permis, du reste, au droit fiscal, de taxer plus de situations économiques et au Conseil d'Etat de recourir aux normes comptables internationales pour donner au droit fiscal ce principe de réalisme **(B)** ?

---

intervenant dans la concrétisation des normes juridiques et fiscales ». M. Pelletier, *Les normes du droit fiscal*, Thèse, Dalloz 2008, p. 447.

[614] M. Cozian, « Propos désobligeants sur une « tarte à la crème » : l'autonomie et le réalisme du droit fiscal », *Revue de Droit Fiscal* 1999, n°13, p. 50.

[615] M. Cozian, *op. cit.*, p. 52.

[616] M. Cozian, *op. cit.*

[617] N. Boileau, *L'art poétique*, Paris, Bordas 1984, p. 248.

[618] Cette question est d'autant plus pertinente que l'article 38 quater de l'annexe III au Code général des Impôts lie le droit fiscal au droit comptable. Faut-il le rappeler : les entreprises doivent respecter les définitions édictées par le Plan comptable général pour la détermination de l'assiette de l'impôt sur les sociétés, à condition qu'elles ne soient pas incompatibles avec les règles d'établissement de l'assiette de l'impôt sur les sociétés.

A- L'autonomie du droit fiscal liée à l'avènement des normes comptables internationales

190. Les conséquences du principe d'autonomie du droit fiscal par rapport au droit comptable ont été dégagées avant l'introduction des normes comptables internationales par Louis Trotabas et elles sont au nombre de quatre[619]. Deux d'entre elles demeurent intéressantes. En effet, Louis Trotabas rappelle que tous les principes admis en matière de droit civil n'influent pas nécessairement sur les modalités d'application de la loi fiscale[620]. Les règlements comptables pris dans le cadre de la politique de convergence vers les normes comptables internationales renforcent cet avis avec la nouvelle définition des actifs qui s'est émancipée de celle du droit civil[621].

191. Pour résoudre les questions d'assiette, les questions juridiques établies sont inopposables au fisc. Avec les normes comptables internationales, les questions juridiques connaissent un recul et accroissent l'indépendance de la fiscalité à l'égard du droit. L'instruction fiscale du 30 décembre 2005 a ainsi supprimé l'obligation de recourir au critère juridique de la cessibilité pour enregistrer une immobilisation à l'actif du bilan[622]. Le président de la section des finances du conseil d'Etat, Pierre François Racine, a rappelé dans une interview consacrée à la revue juridique « les nouvelles fiscales », l'intention du conseil d'Etat de coller aux évolutions posées par les nouvelles normes comptables internationales[623].

192. On pourrait tout aussi bien développer une solution contraire à l'autonomie du droit fiscal. Pour être autonome le droit fiscal a, nous dit-on, besoin de ses propres règles[624]. A ce titre, Arnaud De Bissy fait très

---

[619] L. Trotabas, cité par J.-P. Lukaszewicz, Nouveaux *aperçus sur l'autonomie du droit fiscal*, thèse, Amiens, 1973.

[620] L. Trotabas, *op. cit.*

[621] Selon Richard et Colette, la nouvelle définition des actifs retenue par le Conseil national de la Comptabilité et transposée par le règlement du Conseil national de la Comptabilité dans le Plan comptable général est un mixte entre la définition française et la définition apportée par les normes comptables internationales. D'une part, les auteurs font remarquer que l'ancienne définition de l'actif faisait référence à la notion de patrimoine et d'autre part ils soulignent que la nouvelle définition de l'actif fait toujours référence à la notion de patrimoine « avec les concepts de contrôle et d'avantages économiques futurs ». J. Richard, C. Colette, *Les systèmes comptables français et anglo-saxons - Normes IAS,* 7e édit., Paris, Dunod, 2005.

[622] Documentation de base de la Direction Générale Des Impôts 4 A-13-05 n° 213 du 30 décembre 2005.

[623] P.-F. Racine, « Le regard du Conseil d'Etat sur la jurisprudence fiscale », *Les Nouvelles fiscales*, n°1000 du 16 avril 2008, p. 27.

[624] L. Trotabas, *op. cit.* ; A. Viandier cité par E. Du Pontavice, « L'émergence du droit comptable en France », *Revue Française de Comptabilité,* janvier 1984, n°142.

justement remarquer que « si l'autonomie du droit fiscal n'est en rien une idée neuve, certains auteurs soulignent la tendance marquée de la fiscalité contemporaine à s'éloigner du droit. C'est, semble t'il, le sens de l'histoire (fiscale), en ce qui concerne notamment la quasi-disparition programmée des droits d'enregistrement (étroitement dépendants des qualifications juridiques, ils ne cessent de baisser voire de disparaître), la mise en œuvre et le développement de concepts originaux propres au droit fiscal (on songe au « bail fiscal » ou au régime de l'intégration fiscale) ». Pour être autonome le droit fiscal a besoin de se détacher des règles de droit classiques[625]. En effet, il est possible de constater que c'est en cas de carence des règles du droit fiscal, que la jurisprudence du Conseil d'Etat hésite à recourir aux règles du droit fiscal. L'illustration est fournie dans l'arrêt Villeroy et Boch[626]. Nous avons souligné les observations de l'ancien président de la section du Conseil d'Etat, Fouquet. Nous les rappelons ici : « le juge fiscal répugne désormais, lorsque la solution d'une question fiscale met en jeu d'autres droits, à donner des définitions spécifiques au droit fiscal en s'écartant de celles qui sont habituellement données par le droit comptable, le droit des affaires ou le droit civil. Il ne le fait que lorsqu'un texte exprès le lui impose ou que la nature même de l'impôt l'y contraint[627] ». Le raisonnement conduirait donc à dire que la déficience de la loi fiscale est l'occasion pour les autres disciplines du droit, d'interférer sur le droit fiscal[628]. Avec l'avènement des normes comptables internationales et du fait du lien entre comptabilité et fiscalité, cette ingérence dans le « droit fiscal » se ferait non plus en faveur du droit civil mais du droit comptable[629]. Ceci permettrait au droit fiscal d'être autonome par rapport au droit civil[630].

---

[625] « Le droit fiscal imposant en effet toute activité ou toute situation dépend forcément des disciplines juridiques qui permettent ces activités ou ces situations » : J. C. Martinez et P. Di Malta, cités par F. Deboissy, *La simulation en droit fiscal*, thèse, Dijon, 1995, LGDJ, 1997, p. 11.

[626] CE, 27 juin 1994, n° 121748, Société Villeroy et Boch, *Revue de Jurisprudence Fiscale*, août-septembre 1994, n° 888.

[627] O. Fouquet, « Droit comptable et Droit Fiscal », *La Revue Administrative*, n°280, juillet-août 1994, p. 374.

[628] R. Gouyet, « Chronique d'une polémique annoncée : l'autonomie du droit fiscal », *Les Petites Affiches*, 14 juin 2000, n°118, p. 4.

[629] Selon Y. Bernheim, « dans les états où la comptabilité n'est pas d'essence juridique (Etats-Unis, Grande-Bretagne), elle se fonde sur la réalité économique des transactions ». Y. Bernheim, « La comptabilité d'intention : bonne ou mauvaise intention », *Revue de Droit comptable*, n°93-4, décembre 1993, p. 89. Le même raisonnement peut-être tenu pour la fiscalité. Pour se fonder sur la réalité des transactions, il faut se départir du droit.

[630] Selon Gouyet, il n'est pas rare en effet que le droit fiscal fasse référence à un concept sans en préciser le sens. « Le problème s'est posé en son temps », explique t-il « relativement à la notion de livraison qui aux termes mêmes de l'article 256-II-1° du Code général des Impôts, constitue tout à la fois le fait générateur et l'exigibilité de la TVA dans les contrats translatifs de propriété. La disposition fiscale précitée définissant de manière très imprécise la livraison comme « le transfert du pouvoir d'un bien meuble corporel comme un propriétaire », l'on a

193. On voit les limites d'une telle proposition. D'abord, l'autonomie du droit fiscal à l'égard du droit civil n'a pas attendu l'introduction des normes comptables internationales[631]. En 1990, une question préjudicielle avait été déjà posée à la Cour de Justice de l'Union Européenne sur les conditions d'application de la sixième directive mettant aux prises les qualifications de la notion de livraison telles qu'établies par la sixième directive européenne et les qualifications de la notion de livraison telles que résultant du droit fiscal néerlandais[632]. La question préjudicielle posée était celle de savoir si « l'article 5, paragraphe premier, de la sixième directive doit être interprété en ce sens qu'il ne saurait être question de livraison d'un bien au sens de ladite disposition que s'il y a transfert de la propriété juridique du bien en question ? ». A cette question, la CJUE répond que conformément à « l'article 5, paragraphe 1, de la sixième directive, « est considéré comme « livraison d'un bien » le transfert du pouvoir de disposer d'un bien corporel comme un propriétaire ». Et que par suite, « il résulte du libellé de cette disposition que la notion de livraison d'un bien ne se réfère pas au transfert de propriété dans les formes prévues par le droit national applicable mais qu'elle inclut toute opération de transfert d'un bien corporel par une partie qui habilite l'autre partie à en disposer en fait comme si elle était le propriétaire de ce bien[633] ». Taxer la richesse où elle se trouve et indépendamment des qualifications juridiques, telle est l'essence du principe du réalisme économique, expliquaient Marchessou et Grosclaude. Finalement, c'est par son principe de réalisme que le droit fiscal sera autonome. C'est en étant réaliste et en passant outre les qualifications juridiques, que le droit fiscal se détachera de l'influence des autres branches du droit pour atteindre « le Nirvana[634] ». Or les normes comptables internationales offrent au droit fiscal l'occasion de se conformer à ses principes. Comme le soulignait Rossignol, « si le juge de l'impôt a, pendant longtemps, été un juge forcé du comptable, « algèbre du droit », il n'a pas hésité en fait à se référer au corps IAS/IFRS pour pallier les insuffisances ; il

---

pu se demander si dans le silence de la loi fiscale, il convenait de rapprocher la notion fiscale de livraison de celle de délivrance telle que définie à l'article 1604 du code civil ».

[631] Par ailleurs, une erreur d'analyse pourrait conduire à croire que l'influence ne s'exerce que dans un sens, c'est-à-dire que c'est le droit, en général, et le droit civil en particulier qui exerce une influence sur la fiscalité. Pourtant la fiscalité dispose de moyens incitatifs exerçant une influence sur la comptabilité. Rossignol en fournit un exemple à travers le cas du report des déficits de la société. Le Code général des Impôts prévoit des mesures de report en arrière des déficits en fonction des types de sociétés. Voir : J.-L. Rossignol, « Quand le fiscal commande le juridique pour un bon usage des déficits», *Les Petites Affiches*, 19 mars 2004, n°57, p. 4.

[632] CJCE, 8 février 1990, n° 320/88, 6e ch., SAFE Rekencentrum BV.

[633] CJCE, 8 février 1990, n° 320/88, 6e ch., SAFE Rekencentrum BV.

[634] Le Nirvana chez les bouddhistes, serait « une tension vers un arrière monde pour fuir l'instabilité douloureuse de l'existence » : A. Vanderheyde, *Nietzsch et la pensée bouddhiste*, Paris, L'harmattan 2007, p. 214.

deviendra sans conteste le juge d'application des nouvelles dispositions, dans l'attente de l'éventuel établissement d'un cadre conceptuel fiscal ». Il faut cependant être clair, par rapport aux propos émis par l'auteur. Le juge de l'impôt n'a pas contribué, à travers la jurisprudence citée par l'auteur, à l'autonomie du droit fiscal mais plutôt à celle des règles de droit comptable en permettant à un droit comptable incomplet de s' « imprégner des normes comptables internationales[635] ». « Charité bien ordonné devrait sans doute commencer par soi-même[636] ».

194. Ensuite, si le droit fiscal devient autonome par rapport au droit civil pour se rapprocher du droit comptable, il ne s'agit ni plus ni moins que d'une « hypothèque » d'une autonomie pour une autre. On pourra tout au plus souligner, à l'instar de Viandier[637], que le droit fiscal est une branche originale en raison de son objet, à savoir « privilégier l'essence des choses et passer outre la qualification donnée par le droit lorsque celle-ci entre en contradiction avec la réalité » pour aller taxer la richesse où qu'elle se trouve[638]. Le principe du réalisme, pourrait à ce titre, servir de support à l'autonomie du droit fiscal.

B- Le réalisme du droit fiscal lié à l'avènement des normes comptables internationales

195. En 1995, l'ancien président de la section des finances du Conseil d'Etat soulignait : « les normes et les projets de l'IASC retiennent déjà l'attention de mes collègues du Conseil d'Etat du fait de leur approche qui s'avère, par rapport au droit comptable français, plus économique, plus réaliste, plus près de ce que recherche le juge fiscal français ». La question qui se pose est de savoir si dans la jurisprudence du Conseil d'Etat ou dans les textes, des éléments apparaissent et permettent de conclure vers une

---

635 J.-L. Rossignol, « Le juge de l'impôt face aux normes comptables internationales », *Revue Comptabilité Contrôle Audit*, Numéro Spécial, décembre 2007, p. 113.

636 A propos de cette attention portée au droit comptable par le droit fiscal et qui a été pourtant saluée par certains auteurs comme un progrès dans la construction du droit comptable ; P. A. Anjuere, « De l'influence du juge fiscal sur le droit comptable », *Revue de Droit comptable*, n°93-1, p. 93.

637 A. Viandier, C. De Lauzainghein, *Droit comptable*, 1993, 2e édition, précis Dalloz cité par E. Delesalle, J.-L. Rossignol, « 30 avril 1983 -30 avril 2005 : les 22 ans de la loi comptable », *Les Petites Affiches,* 5 septembre 2005, n°176, p. 3.

638 J. Grosclaude, Ph. Marchessou, *Droit fiscal général*, 6e édition, Dalloz 2007, p. 37.

application du principe du réalisme du fait de l'influence des normes comptables internationales[639].

196. Dans les textes, le cadre conceptuel de l'IASB, en son paragraphe premier rappelle ce qu'est le principe de la substance économique au-delà de la forme juridique, traduit de l'anglais : « substance over form ». Selon ce principe : « si l'information doit présenter une image fidèle des transactions et autres événements qu'elle vise à présenter, il est nécessaire qu'ils soient comptabilisés et présentés conformément à leur substance et à leur réalité économique et non pas seulement selon leur forme juridique[640] ».

197. Privilégier l'essence des choses et passer outre la qualification donnée par le droit lorsque celle-ci entre en contradiction avec la réalité. Telle est l'étymologie du mot réalisme, selon les professeurs Jacques Grosclaude et Philippe Marchessou[641]. L'exemple glané par les auteurs est particulièrement illustratif de la situation. Ils citent celui du charlatanisme. Selon ces derniers, le droit pénal réprime le charlatanisme en tant qu'exercice illégal de la profession de médecine. Le droit fiscal passe outre cette qualification en instituant l'imposition des bénéfices du charlatan au même titre que ceux du médecin. Il faut cependant souligner qu'un tel procédé n'est pas le procédé généralement utilisé par le droit fiscal. Le rapprochement entre droit fiscal et droit civil est d'ailleurs le procédé généralement utilisé, le droit civil pouvant même être utilisé pour s'opposer à un redressement fiscal opéré par l'administration fiscale. Encore faudrait-il que la règle civile invoquée puisse être valable[642].

198. Après avoir ainsi dressé les éléments de comparaison entre le principe de réalisme du droit fiscal et le principe de la substance économique au-delà de la forme juridique, on aurait pu renommer le principe du réalisme comme celui de « taxation de la richesse au-delà des formes juridiques ». Le principe comptable substance over form conditionne l'enregistrement des opérations en fonction de la réalité des transactions, celui de « taxation de la richesse au-delà des formes juridiques » guiderait les règles d'établissement

---

639 La notion de réalisme du droit fiscal est expliquée par Barilari et Drape comme étant l'obligation pour le droit fiscal de « saisir la matière fiscale là où elle se trouve et dans la forme où elle apparaît. Il vise des états de fait et non des situations de droit. L'individu qui exerce une activité illicite ou immorale n'en est pas moins soumis à l'impôt sur les revenus tirés de cette activité. L'administration établit l'impôt en fonction de la situation réelle et non d'apparences juridiques trompeuses créees par les contribuables ». A. Barilari, R. Drape, *Lexique Fiscal*, Dalloz 1987, p. 121-122.

640 Paragraphe premier du cadre conceptuel de l'IASB, disponible dans sa version française sur Http://www.focusifrs.com (Portail de l'information financière IFRS).

641 J. Grosclaude, Ph. Marchessou, *Droit fiscal général*, 6e édit., Dalloz 2007, p. 37.

642 J.-L. Rossignol, « Quand une entreprise entend se prévaloir d'une disposition du Code civil pour bénéficier d'une déduction fiscale ! », *Les Petites Affiches*, 28 août 2002, n° 172, p. 4.

de l'assiette de l'impôt. Même si la réflexion paraît séduisante, elle emporte quelques réserves. En effet le principe substance over form est prévu par des textes. En revanche, aucun texte ne permet à ce jour de taxer la richesse selon le principe substance over form[643] : une proposition de loi, sur le rapprochement entre comptabilité et fiscalité, pourrait aller en ce sens.

199. Il convient enfin de faire remarquer que la juste valeur contribue à renforcer l'image fidèle de la comptabilité et son autonomie par rapport au droit fiscal, non seulement en permettant à celle-ci de révéler la valeur exacte des entreprises si souvent tronquée pour des considérations fiscales mais aussi en s'émancipant progressivement du recours au droit fiscal et au droit civil pour des questions d'interprétation[644].

Conclusion du Titre 1 de la première partie

200. Il est vrai que l'émergence d'un droit comptable réellement autonome a été favorisée par l'apparition des normes comptables internationales, même si, cette autonomie n'est plus à remettre en cause depuis la loi comptable de 1983[645]. L'influence que la fiscalité exerçait jadis sur la comptabilité semble s'être inversée au profit de la comptabilité. Avec le Plan comptable général de 1999 révisé et enfin la stratégie de convergence du Plan comptable général vers les normes comptables internationales, le constat de l'émergence d'un droit comptable autonome parce que plus étoffé qu'il ne l'était auparavant a été l'un des apports majeurs des normes comptables internationales dans la relation entre comptabilité et fiscalité.

201. S'il est vrai que le droit fiscal a longtemps usurpé des prérogatives auxquelles il ne semble, jusqu'à ce jour, pas prêt de renoncer, il n'en demeure pas moins que l'emprise des règles fiscales sur les règles comptables est loin de constituer la caractéristique générale des relations entre comptabilité et fiscalité. Bien que la démonstration de la dépendance des règles comptables vis-à-vis des règles fiscales semble très présente dans les avis de la doctrine, le droit comptable a aussi cultivé les moyens de sa survie et de son champ d'expression propre vis-à-vis du droit fiscal. Certes,

---

[643] M. Cozian, « Propos désobligeants sur une « tarte à la crème » : l'autonomie et le réalisme du droit fiscal », *Revue de Droit Fiscal* 1999, n°13, p. 50.

[644] A. Raynouard, « Le droit comparable post-Enron, révolution comptable... ou solution contestable ? (La comptabilité a-t-elle perdu tout lien avec le droit civil ?) », *Revue de Jurisprudence Commerciale*, 1e mai 2006.

[645] R. Obert, « La structuration juridique des textes comptables français », *Revue Française de Comptabilité*, n°404, novembre 2007.

le droit fiscal a, par la seule force de la loi, donné au droit comptable, sa validité[646]. Mais il a aussi largement usurpé de ses prérogatives. Il est difficilement acceptable alors de reconnaître au droit fiscal un rôle de conciliateur vis-à-vis de la comptabilité.

202. En effet, de nombreux cas de rapprochement des dispositions comptables et fiscales se sont faits dans l'intérêt de la fiscalité. Celle-ci ayant progressivement découvert les utilités de la comptabilité, se l'est appropriée. De cette appropriation des règles comptables par les règles fiscales est née un type de relation particulière. Ce type de relation s'est tantôt soldé par un renforcement des règles comptables tantôt par un ralentissement de ces dernières. Cet équilibre entre bienfaits et méfaits de la fiscalité sur la comptabilité pourrait tout au plus conduire à conclure, à l'instar de Penglaou que « la fiscalité est à la comptabilité ce que le snobisme est à l'art ; il ne faut pas en dire du bien parce qu'elle lui a fait beaucoup de mal, mais il ne faut pas en médire parce qu'elle lui a fait beaucoup de bien[647] ». Au demeurant, cette assertion de Penglaou s'apparente plus à une tentative de conciliation des relations entre comptabilité et fiscalité qu'à une description de leur nature réelle.

203. Il semble que les véritables causes de l'émergence d'un droit comptable autonome sont à rechercher ailleurs. Dans la législation, elles sont le fruit de l'actuel article 38 quater de l'annexe III au Code général des Impôts. Cet article consacre législativement la primauté des règles comptables sur les règles fiscales. La pratique l'a rendu inefficace, à tel point que la doctrine s'est interrogée sur sa validité réelle et sur la nature réelle de la relation entre comptabilité et fiscalité.

204. L'affirmation théorique du principe de la supériorité des règles comptables sur les règles fiscales a pourtant été l'œuvre de l'administration fiscale mais aussi celle du Conseil national de la Comptabilité. L'œuvre de l'administration fiscale tout d'abord, parce qu'elle prendra en charge la réglementation comptable. L'œuvre du Conseil national de la Comptabilité, ensuite, parce que c'est ce dernier qui, « suggéra que les dispositions fiscales utilisées comme moyen de politique économique et financière ne portent que sur les modalités de taxation et non sur le processus de détermination du résultat[648] ». Fruit d'un long compromis, la relation entre comptabilité et fiscalité a souvent été qualifiée de « mariage à l'italienne ». Le droit

---

[646] Article 1743, I° du Code général des Impôts de 1924 cité par J.-L. Rossignol, M. Chadefaux, « Fiscalité et comptabilité », *Encyclopédie de la comptabilité, du contrôle de gestion et de l'audit,* Economica, 2e édition, 2009, n° 59, p. 815.

[647] C. Penglaou, cité par E. Dupontavice, « Emergence du droit comptable en France », *Revue Française de Comptabilité,* janvier 1984, n°142, p. 98.

[648] G. Haddou, « Fiscalité et comptabilité, évolution législative depuis 1920 », *Revue Française de Comptabilité,* n° 225, juillet-août, p. 55-64.

comptable reste cependant la source du droit fiscal : il doit édicter les définitions pour l'établissement de l'assiette de l'impôt sur les sociétés et le droit fiscal doit les respecter. Tel est le contenu du principe affirmé par l'article 38 quater de l'annexe III au Code général des Impôts. Cependant, l'administration fiscale, par ses opérations de qualification et de requalification a largement contribué à remettre en cause le principe affirmé par l'article 38 quater de l'annexe III au Code général des Impôts. Elle a été ainsi souvent suivie par le Conseil d'Etat.

205. Dans sa rédaction, telle qu'elle figure à la page 2343 du Code général des Impôts, l'article 38 quater de l'annexe III au Code général des Impôts énonce que « les entreprises doivent respecter les définitions édictées par le Plan comptable général, sous réserve que celles-ci ne soient pas incompatibles avec les règles applicables pour l'assiette de l'impôt[649] ». Cet article impose donc aux entreprises le respect des « définitions édictées par le Plan comptable général » et non celui des « règles édictées par le Plan comptable général ». La nuance est primordiale car les « définitions » du Plan comptable général que sont celles de l'actif, du passif, de la variation de l'actif net ne sont pas les « règles du Plan comptable général » qui englobent, entre autre, les modalités de calcul de l'amortissement, de l'assiette fiscale. Si, tel que l'article 38 quater de l'annexe III au Code général des Impôts l'impose, les entreprises n'ont d'obligation qu'à l'égard des définitions comptables pour la détermination de l'assiette de l'impôt sur les sociétés, on pourrait croire que cette obligation ne pèse pas pour les règles de calcul de l'assiette de l'impôt sur les sociétés. Ce n'est pas l'analyse que semble retenir la majorité de la doctrine qui ne s'est pas véritablement attardée sur la différence sémantique, mêlant ainsi aisément, « définitions du Plan comptable général » et « règles du Plan comptable général ».

206. L'article 38 quater de l'annexe III au Code général des Impôts n'est cependant pas le seul à établir une relation complémentaire entre comptabilité et fiscalité. Un autre article, l'article 38 du Code général des Impôts énonce : « sous réserve des dispositions des articles 33 ter, 40 à 43 bis et 151 sexies, le bénéfice imposable est le bénéfice net, déterminé d'après les résultats d'ensemble des opérations de toute nature effectuées par les entreprises, y compris notamment les cessions d'éléments quelconque de l'actif, soit en cours, soit en fin d'exploitation ». Commenté plus que ne l'a été son vis-à-vis, l'article 38 quater de l'annexe III au Code général des Impôts, il est intéressant de constater qu' « en pratique, le bénéfice net imposable est donné par le compte de résultat de l'exercice. Toutefois, en raison de l'existence de certaines dispositions fiscales spécifiques, le résultat net comptable doit parfois faire l'objet de rectifications extracomptables

---

[649] Article 38 quater de l'annexe III au CGI.

positives (réintégrations) ou négatives (déductions). Il convient également de tenir compte, le cas échéant, des abattements fiscaux dont peuvent bénéficier certaines entreprises. Ces rectifications et abattements apparaissent dans le tableau 2058-A de « détermination du résultat fiscal » ». Le Conseil d'Etat a eu une large part de responsabilité dans la mauvaise application de l'article 38 quater. Très souvent, les règles fiscales étaient appliquées aux règles comptables soit parce que les règles comptables n'existaient pas, soit parce qu'elles s'opposent à celles du droit fiscal.

207. Certains commentateurs ont vu dans la jurisprudence Villeroy et Boch, l'occasion de « remettre un peu d'ordre » dans la relation entre comptabilité et fiscalité. Le Conseil d'Etat avait rappelé que « si la loi fiscale n'est pas claire, il n'y a pas de raison, ni pour l'administration, ni pour le juge, ni pour les entreprises, de déroger aux règles comptables ». Cette jurisprudence n'a pas remis d'ordre dans la relation. Il faut craindre hélas de n'y voir que l'application stricto sensu de l'article 38 quater de l'annexe III au Code général des Impôts. Ici, la loi fiscale n'est pas claire, elle n'a pas d'existence ou elle est semi-existante du fait de sa non clarté : il n'y a pas lieu de l'appliquer : « (...) sous réserve que celles-ci ne soient pas incompatibles avec les règles applicables pour l'assiette de l'impôt sur les sociétés », « les entreprises doivent respecter les définitions édictées par le Plan comptable général[650] ». Comme le fait remarquer très justement Jérôme Turot[651], c'est l'interrogation de Latournerie dans ses conclusions « sur l'arrêt de principe de 1984 en matière de frais d'établissement » qui mérite d'être soulignée : « l'article 38 quater joue « dans le silence de la loi, mais la loi fiscale saura t'elle se taire » ? L'application des règles de droit fiscal au droit comptable en présence des lois comptables et l'application des règles fiscales au droit comptable en l'absence des lois comptables semble indiquer le contraire.

208. En présence des règles comptables, le droit fiscal s'est aussi imposé. A titre illustratif, il convient de citer la question de l'amortissement ainsi que celle des provisions. S'agissant de la question de l'amortissement, il convient de souligner que dans l'amortissement fiscal comme dans l'amortissement comptable, il existe un rythme d'amortissement et une durée d'amortissement. Dans le cas de l'amortissement fiscal et principalement de l'amortissement dit dégressif, les annuités sont plus importantes lors des premières années et tendent à se réduire lors des années suivantes. Ce type

---

[650] Article 38 quater de l'annexe III au CGI.

[651] J. Turot, « La poule pondeuse et le poulet », *RJF* 1994, novembre-décembre, Etudes, p. 742.

d'amortissement n'a pour autre but que de réduire les bases de l'impôt. Les annuités ainsi pratiquées viennent en réduction du résultat fiscal[652].

209. S'agissant de la question des provisions, il n'y a pas de définitions fiscales de la provision mais le Code général des Impôts a largement contribué, pour des besoins fiscaux, à préciser les modalités d'application de la provision. La relation entre comptabilité et fiscalité devient alors le théâtre d'une lutte fratricide, où règles comptables et fiscales sont en divergences d'intérêt.

210. La suite se devine aisément : il y aura application des règles fiscales à la comptabilité quand l'administration fiscale jugera qu'une provision « régulièrement passée en comptabilité ne sera pas déductible des résultats imposables » ou qu'elle jugera qu'une provision dite « fiscale, ne répondant pas aux critères du droit comptable » pourra être déductible : c'est le cas des provisions pour investissement[653]. Le fait que la comptabilité soit un instrument « multifonctions » n'a pas permis de l'améliorer. Partagée entre plusieurs impératifs, elle a du « désobéir à de sacro-saints principes comptables » pour « obéir » à des politiques fiscales. Il en est ainsi des fameuses provisions pour hausse des prix, qui selon Maurice Cozian, ont pour objet de « faciliter l'autofinancement en franchise fiscale, du coût de réapprovisionnement des stocks en période de hausse des prix ».

211. Dans le cas des provisions comme dans celui des amortissements, les principes comptables coexistent avec les règles fiscales. Ils sont même complémentaires puisque pour être déductible, une charge doit être comptabilisée. Simplement, les mesures incitatives fiscales ont parfois entrainé l'application de règles fiscales contraires aux règles comptables : réduire le résultat comptable, c'est aussi réduire la base d'imposition. Car en définitive, « la fiscalité des entreprises repose sur la comptabilité, puisque le résultat fiscal n'est pas autre chose que le résultat comptable revu et corrigé[654] », ce qui a fait dire à Viandier que « la comptabilité fiscale est pour l'essentiel le décalque de la comptabilité commerciale et le bénéfice comptable est l'ingrédient de base du bénéfice fiscal ». Il n'en a pas toujours été ainsi. En effet, le droit comptable a parfois manqué d'exhaustivité, prêtant ainsi trop facilement le flan à l'ingérence des règles fiscales en comptabilité.

---

652 Il s'agit là de questions de politique fiscale bien explicitées dans l'ouvrage de G. Orsoni, *L'interventionnisme fiscal*, PUF, 1995, p. 88 et s.

653 G. Orsoni, *L'interventionnisme fiscal*, PUF, 1995, p. 88 et s.

654 M. Cozian, cité par J.-L. Rossignol, M. Chadefaux, « Fiscalité et comptabilité », *Encyclopédie de la comptabilité, du contrôle de gestion et de l'audit*, Economica, 2e édition, 2009, n° 59, pp. 813-828.

212. L'application des règles fiscales au droit comptable s'est manifestée, selon la doctrine, à travers la définition de la notion d'immobilisations incorporelles ou encore des règles de comptabilisation des stocks.

213. S'agissant tout d'abord des immobilisations incorporelles, le droit comptable tout comme le droit fiscal n'avait pas de définitions des immobilisations incorporelles et des critères à partir desquels une immobilisation devait être enregistrée en comptabilité. Le Conseil d'Etat a rappelé que constituaient des éléments de l'actif immobilisé les droits qui, cumulativement, étaient une source régulière de profit, dotés d'une pérennité suffisante et cessibles. Le critère de la cessibilité a été emprunté au droit de propriété et transposé dans la matière comptable[655].

214. S'agissant ensuite des règles de comptabilisation des stocks, le Conseil d'Etat a admis que la date de comptabilisation était généralement la date du transfert de propriété. Cette règle a été inspirée du droit civil, notamment lorsque la vente intervient avec une clause de réserve de propriété. Un décalage peut en effet exister entre la date de transfert de propriété et la date de livraison. Dans ces conditions, il fallait distinguer deux situations. Lorsqu'il existait un décalage entre l'achat et la réception du bien, les marchandises ou approvisionnements achetés et non encore reçus mais qui étaient déjà de manière certaine la propriété de l'entreprise devaient figurer dans les achats et les stocks de l'exercice. La solution avait été dégagée à l'occasion d'un cas portant sur les ventes de vins pour lesquelles le transfert de propriété était intervenu après les formalités de livraison du bien[656].

215. Comme le résumait très clairement le commissaire du gouvernement Y. Benard, « le Conseil d'Etat juge constamment, en vertu de ce qui peut apparaître comme un véritable principe général du droit fiscal, que lorsque la loi fiscale se réfère à un concept emprunté à une autre branche du droit, elle est réputée en adopter implicitement la définition, pour autant que la loi fiscale elle-même ou la logique qui la sous-tend n'y fassent pas obstacle. Ce principe vaut notamment au regard de la réglementation comptable. Ainsi, lorsque le législateur fait mention, dans le CGI, d'une notion par ailleurs définie par le Plan comptable général (PCG), deux possibilités sont envisageables. Il peut, tout d'abord, donner à cette notion, directement ou par renvoi à un décret d'application, une définition spécifique, qui prive d'effet la règle comptable dans le champ du texte fiscal. Il peut, au contraire, demeurer silencieux, auquel cas le texte fiscal doit s'interpréter, sauf incompatibilité, à

---

[655] CE, 21 août 1996, SA Sife, n°154 488, *Droit Fiscal* 1996, n°50, comm. 1482, conclusions J. Arrighi De Casanova.

[656] PricewaterhouseCoopers, *Actifs : Nouvelles règles comptables et conséquences fiscales*, Levallois: Editions Francis Lefebvre, 2005, vol. 1.

la lumière de la définition comptable[657] ». C'est ce qui permet au droit fiscal d'exercer une influence sur le droit comptable.

216. Cette influence va se renverser au profit de la comptabilité, avec l'avènement des normes comptables internationales. Désormais, « les décisions de l'ANC en matière de chèques cadeaux pourraient influencer le Conseil d'Etat ». L'ANC est l'Autorité des Normes comptables. Elle a été créée en 2009, à la suite de la crise financière et de l'avènement des normes comptables internationales, accusées d'avoir aggravé la crise financière. Elle est tout aussi présente en jurisprudence et ses décisions vont être appelées à jouer un rôle important dans la relation entre comptabilité et fiscalité, sans doute en faveur de la comptabilité, même si, jusqu'à ce jour, aucune tendance ne semble se dégager clairement. Selon une bonne partie, les chances sont grandes de voir une fiscalité évoluer vers la comptabilité avec l'avènement du référentiel IFRS pour petites et moyennes entreprises. Cette adaptation se fera en fonction des objectifs attendus de la comptabilité : au lendemain de la seconde guerre mondiale, il s'agissait de reconstruire des deniers publics, au lendemain des scandales financiers, il s'agit de restaurer la confiance des investisseurs, ce qui donne un nouvel indicateur des éléments d'évolution de la relation entre comptabilité et fiscalité.

217. La relation ente comptabilité et fiscalité ne peut être appréhendée en effet sans s'intéresser aux conjonctures économiques. En 1917, lorsqu'il fallait construire les déficits publics liés à la première guerre mondiale, c'est à la comptabilité que l'Etat eut recours avec la création de la loi dite Caillaux de 1914[658]. Aujourd'hui encore, c'est à un référentiel comptable (le référentiel comptable international nommé IAS/IFRS) que revient la lourde charge de l'harmonisation comptable européenne et de la transparence des marchés financiers européens mise à mal par les scandales financiers de type Enron et la diversité des référentiels comptables.

218. Telles sont les conditions de la relation entre comptabilité et fiscalité, relation qui, à certains égards, a favorisé l'émergence d'un droit comptable autonome. On aurait pu craindre qu'il ne reste plus grand-chose de ce droit comptable, tant il est vrai que le contenu de la nouvelle matière comptable introduite par les normes IFRS est à connotation fortement financière. Mais l'un a rien enlevé à l'autre : il semble que les normes comptables internationales aient contribué à étoffer ce droit comptable, ce qui contribue à renforcer son autonomie.

---

[657] Y. Benard, « Fiscalité et comptabilité : convergence + connexion = chaos ? », *Revue de Jurisprudence Fiscale*, n° 6, juin 2007, p. 523-528.

[658] Loi Caillaux du 15 juillet 1914.

219. « Nous ne pouvons pas savoir comment nous venons au monde » disait Jean Guitton. « Le premier de nos moments nous échappe autant et sans doute d'avantage que celui de la mort. C'est par le témoignage des autres que nous savons ce que nous étions en ce moment-là, ensevelis alors dans un vide pire que l'oubli[659] ». La comptabilité est née vraisemblablement avant le droit comptable[660]. Si ce que Durand a nommé « l'individualisme juridique » n'a pas permis à la communauté des juristes de se rendre plus tôt compte de son importance et de ne la consacrer que très tard[661], « le premier de ses moments » n'a pas échappé aux historiens[662]. Pourtant ce droit comptable est né bien plus tôt et dès 1673, l'obligation de la tenue des comptes imposée par Colbert portait les premières traces de ce droit.

220. Le droit fiscal ne fera que perpétuer les habitudes, en refusant à son tour l'autonomie du droit comptable. On accepte volontiers de reconnaître la technique comptable, on rechigne d'avantage à lui reconnaître un droit. Le droit fiscal va ainsi se saisir progressivement des définitions comptables et les modifier à des fins fiscales. Il en a été ainsi dès les premiers moments de la relation entre comptabilité et fiscalité et il en est toujours ainsi, en dépit de l'introduction des normes comptables internationales.

221. L'analyse ne doit cependant pas consister à souligner une seule des variables de la relation entre comptabilité et fiscalité. Ces dernières ne peuvent être définies comme exclusivement dominées par les règles fiscales. L'article 38 quater de l'annexe III au Code général des Impôts perdrait alors tout son sens. En effet, c'est la comptabilité qui sert de définitions aux règles fiscales. C'est aussi elle qui sert de base de calcul à l'assiette de l'impôt sur les sociétés. C'est donc le principe de l'influence des règles comptables sur les règles fiscales qui est affirmé. Simplement, pour le juriste ou pour le

---

[659] Jean Guitton, *Ecrire comme on se souvient*, Librairie Arthème Fayard, 1974, p. 13.

[660] Comme le rappelle Viandier, pour qu'une discipline juridique mérite le qualificatif d'autonome, il faut que deux conditions soient remplies. D'une part, elle peut disposer d'un corps de règles générales et des principes qui lui sont propres et qui présentent une cohérence suffisante ; d'autre part, en cas de lacunes, ne pas être nécessaire de recourir aux lumières d'autres disciplines. Selon l'auteur, le droit comptable satisfait à ces deux conditions.

[661] Ce n'est qu'avec la loi du 30 avril 1983 ainsi que la loi du 1e mars 1984 relative à la prévention et au règlement amiable des difficultés des entreprises, que l'on admet l'existence d'un véritable droit comptable en France.

[662] « Historiquement, la pratique est bien antérieure au droit. On trouve des traces de comptes sous forme d'entailles dans des os vieilles de 20 000 à 30 000 ans » ; « la comptabilité », dira le professeur Burlaud, « se confond avec le calcul (du latin calculus : petit caillou). Selon les civilisations, les cailloux, ficelles ou cordelettes ou encore le bouclier donnaient une représentation concrète des nombres et des comptes ». Le professeur Burlaud rappelle par ailleurs que le droit comptable est « la branche du droit privé qui régit les comptables et la comptabilité. Cette définition marque la prééminence du droit sur les pratiques des comptables, même si l'intelligence des comptes montre que la relation n'est pas aussi simple » : A. Burlaud, F.-D. Poitrinal, E. Salustro, *Comptabilité et droit comptable- L'intelligence des comptes et leur cadre légal*, Gualino, Paris, 1998.

comptable, la mise en œuvre pratique de la règle est décevante. Les cas d'application des règles fiscales aux règles comptables sont trop nombreux pour constituer de simples exceptions.

222. Dès lors la question se pose de savoir s'il ne faudrait pas supprimer ou réformer l'article 38 quater de l'annexe III au Code général des Impôts. Avec l'avènement du droit communautaire, la question se pose de moins en moins. Même s'il y a eu un échec de transposition des quatrième et septième directives, lié à des interprétations différentes de la notion de true and fair view[663], force est de constater que les normes comptables internationales apportent une dimension nouvelle à la relation entre comptabilité et fiscalité. De nouvelles règles et de nouveaux principes sont transposés dans les comptes consolidés des états membres de l'Union Européenne[664]. Toutes les normes IFRS n'ont pas été transposées dans les comptes sociaux, qui sont les comptes permettant d'établir la relation entre comptabilité et fiscalité en France. En effet, l'impôt sur les sociétés est calculé à partir de ces comptes. Seules quelques normes comptables internationales ont été transposées dans le Plan comptable général mais elles produisent déjà leur effet.

223. Elles permettent à tout le moins d'effacer les doutes qui pesaient sur la nécessité de réécrire l'article 38 quater de l'annexe III au Code général des Impôts. Les règles fiscales auront moins l'occasion d'influencer les règles comptables. Les normes IFRS ont en effet apporté une variété et une diversité aux règles comptables. Loin d'être influencées, les règles comptables influencent désormais, reprenant ainsi la vocation première que leur avait assignée l'article 38 quater de l'annexe III au Code général des Impôts : « les entreprises doivent respecter les définitions édictées par le Plan comptable général pour la détermination de l'assiette de l'impôt sur les sociétés, à condition qu'elles ne soient pas incompatibles avec les règles d'établissement de l'assiette de l'impôt sur les sociétés[665] ». La relation entre comptabilité et fiscalité se met ainsi à l'épreuve des IFRS.

---

[663] L. Klee, « Image fidèle et représentation de l'entreprise », *Encyclopédie de la comptabilité, du contrôle de gestion et de l'audit*, n° 59, pp. 813-828, Economica, 2e édition, 2009, p. 903.

[664] A. Canziani, « Des directives européennes aux normes IFRS : une approche critique », *Revue du Financier*, janvier-février 2009, p. 5.

[665] Article 38 quater de l'annexe III au Code général des Impôts.

Titre 2 : L'apport des normes comptables internationales à l'amélioration de la relation entre comptabilité et fiscalité

224. Les normes comptables internationales ont largement contribué à l'amélioration de la règle fiscale. Il suffit de rappeler les théories d'autonomie et de réalisme du droit fiscal. Le principe de la substance économique au-delà de la forme juridique s'accommode parfaitement avec celui du réalisme fiscal[666] tandis que le principe de la juste valeur, inconnu du droit civil, permet au droit fiscal de marquer sa spécificité par rapport à ses prédécesseurs au titre desquels on peut compter le droit civil mais aussi le droit administratif[667]. Le juge fiscal n'a jamais aussi été éloigné des prescriptions du droit civil, lorsqu'il se fait juge des normes IFRS[668], même si les cas d'application sont bien trop peu pour « crier » à une généralisation du phénomène. En attendant, les progrès réalisés par les normes comptables internationales sur la matière fiscale sont présents. Le droit comptable international enrichit le droit fiscal, le pétrit, le façonne, « dans la limite de la spécificité du droit fiscal[669] ».

225. Il y a donc matière à réflexion sur le pluralisme fiscal et les normes comptables internationales. La doctrine est divisée concernant les avantages et les inconvénients du pluralisme. Cette réflexion porte sur l'impact de la normalisation internationale sur la normalisation nationale. Il convient par ailleurs de remarquer que l'introduction des normes comptables internationales contribue à enrichir la règle fiscale, d'abord par l'introduction d'une normalisation autre qu'Etatique et ensuite par la diversité de la logique fiscale et comptable, enrichie par des modèles anglo-saxons. De plus, l'IASB a pour projet d'utiliser les normes comptables internationales comme base d'imposition commune à toutes les sociétés de l'Union Européenne. Ce projet est à notre sens ambitieux. Il contribue néanmoins à l'amélioration de la règle fiscale par les normes comptables internationales dans la mesure où sa réussite pourrait supprimer les conventions de double imposition ainsi que

---

[666] M. Cozian, « Propos de fiscaliste sur la notion d'immobilisation corporelle », *Mélanges en l'honneur du professeur Claude Perochon*, Foucher Paris 1995, p. 157.

[667] M. Cozian, « Propos désobligeants sur une « tarte à la crème » : l'autonomie et le réalisme du droit fiscal », in *Les Grands Principes de la Fiscalité des Entreprises*, Litec 1996, 3e édition, p. 3.

[668] J.-L. Rossignol, « Le juge de l'impôt face aux normes comptables internationales », *Revue Comptabilité Contrôle Audit*, Numéro Spécial, décembre 2007, p. 127.

[669] A. Burlaud, F. D. Poitrinal, E. Salustro, *Comptabilité et droit comptable- L'intelligence des comptes et leur cadre légal*, Gualino, Paris, 1998, p. 657.

de nombreux problèmes fiscaux liés à l'adoption des normes IFRS (**Chapitre 1**).

226. Ce faisant, par l'introduction de ces nouveaux concepts, les normes comptables internationales contribuent à accroitre le nombre de règles fiscales. Il existe en effet une incompatibilité notoire entre une comptabilité destinée à informer les investisseurs financiers et une comptabilité dont le but est d'établir l'assiette de l'impôt sur les sociétés[670]. Les divergences observées sont qualitatives et quantitatives. Les nombreux champs de divergences entre comptabilité et fiscalité ont été traités par des dispositions supplémentaires qui contribuent à leur tour au « trop plein fiscal ». Le droit fiscal est un droit abondant[671], les normes IFRS contribuent à le rendre surabondant. Difficile dans de telles conditions d'évoquer la thèse de l'amélioration de la règle fiscale (**Chapitre 2**).

---

[670] Cette incompatibilité semble être le cas des pays appliquant la connexion entre comptabilité et fiscalité. Pour des exemples étrangers, voir M. N. Hoogendorn, « Accounting and taxation in Europe - A comparative overview », The European Accounting Review ; 1996, 5: Supplement, p. 783-794 ; J. Haverals, « Normes IAS/IFRS et le principe de connexion entre le droit comptable et le droit fiscal belge », *Revue générale de fiscalité*, mars 2004, n°3, p. 18 ; A. Jorissen, L. Maes, « The principle if fiscal neutrality: the cornestone of the relationship between financial reporting and taxation in Belgium » *The European Accounting Review*, 1996, 5: Supplement p. 915-931 ; M. Lamb, « The relationship between accounting and taxation: The United Kingdom » *The European Accounting Review*, 1996, 5: Supplement, p. 980.

[671] P. Martel, *La notion de déréglementation en droit fiscal*, thèse, Université de Nice, 1992.

Chapitre 1 : L'amélioration de la règle fiscale par sa diversification et son harmonisation

227. L'analyse formelle et l'analyse substantielle des sources privées du droit fiscal menée par Varnerot conduit à placer l'Etat, comme le seul élaborateur de la règle fiscale, pour l'analyse formelle[672] et pour l'analyse substantielle[673] comme un « corédacteur » de la règle fiscale[674]. Le législateur fiscal partagerait la co-rédaction de la loi fiscale, avec l'administration fiscale et à travers la doctrine de l'administration fiscale[675]. Désormais, la co-rédaction de la loi fiscale ne se fera plus entre institutions administratives françaises, mais entre institutions administratives et

---

672 « **L'analyse formelle** consiste à ne voir la réalité concrète - les faits, les rapports sociaux – qu'à travers le prisme des catégories formelles reconnues par le droit positif.
On va, par exemple, affirmer que l'actionnaire A et l'actionnaire B ont des droits de nature identique, puisque tous deux sont propriétaires de titres identiques et sont soumis aux mêmes statuts d'une même société, sans se préoccuper de connaître le pouvoir respectif réel de chacun d'eux.
On dira, sur la base d'une analyse formelle, que l'agriculteur A qui vend ses produits sur le marché et l'agriculteur B qui vend ses produits à un pôle intégrateur, sont tous deux propriétaires parce qu'ils ont les mêmes titres de propriété et qu'ils pourront tous deux céder la propriété ou la transmettre à leurs héritiers.
Ce qui caractérise l'analyse formelle, c'est donc qu'elle refuse de s'interroger sur la validité des catégories du droit positif au regard des faits. Ceux qui défendent cette analyse formelle affirment qu'elle est indispensable, si on ne veut pas que le droit soit débordé par les faits, si on veut que le droit garde une fonction réformatrice, régulatrice. Ils soutiennent qu'il n'y a qu'une seule référence par rapport à laquelle on peut juger les catégories juridiques : les principes juridiques ou moraux qui guident notre droit » : G.J. Martin, *Cours inédit de droit économique*, Nice 2005/2006, Introduction, p. 22.

673 « Pour sa part, **l'analyse substantielle - ou matérielle** - adopte une attitude radicalement différente. Elle part du principe qu'il existe un lien d'interaction, très complexe d'ailleurs, entre d'une part le droit, ses catégories, et d'autre part les faits, parmi lesquels on range les rapports sociaux, les idées, les morales, les religions, les principes qualifiés parfois de supérieurs.
L'analyse substantielle poursuit en disant que ce qui importe, aussi bien dans les catégories juridiques que dans les faits, c'est ce qui constitue leur substance, c'est ce qui constitue leur matière ; d'où le nom d'analyse substantielle, d'analyse matérielle. Enfin, elle termine en disant que la validité des catégories juridiques s'apprécie en évaluant la conformité de leur substance à celle du rapport social qu'elles entendent traduire. On va pouvoir dire qu'une catégorie juridique est satisfaisante ou pas lorsque la substance de cette catégorie juridique sera conforme à la substance du rapport social qu'elle veut traduire ». G.J. Martin, *Cours inédit de droit économique*, Nice 2005/2006, Introduction, p. 23.

674 V. Varnerot, *Les sources privées du droit fiscal*, Thèse, Université de Nice, 2001, Introduction.

675 L'administration fiscale française participerait ainsi à la rédaction de la loi fiscale grâce aux instructions fiscales. Voir Varnerot, *Les sources privées du droit fiscal*, *op. cit.*

institutions internationales[676]. Du fait de la perte de la souveraineté législative comptable, les cabinets comptables comme l'IASB, chargés d'élaborer la règle comptable, apporterait une concurrence au législateur fiscal[677] : tout changement sur la règle comptable apporte, de ce fait même, un changement sur la règle fiscale[678].

228. En droit interne la hiérarchie des normes s'effectue comme suit : Constitution, Traités Ratifiés, Loi (Lois organiques), Ordonnances, Règlements, Décrets, Arrêtés, Circulaires, Jurisprudence, Doctrine. Le processus d'adoption des normes IFRS quand à lui s'établit comme suit : IASB, Normes IFRS, Procédure de Comitologie, Commission Européenne, Conseil de l'Union Européenne, Avis du Parlement Européen[679]. Comme le souligne à juste titre Compin, « on remarque que les normes IFRS émanent d'un organisme privé. La doctrine est ici prédominante. Le parlement n'intervient en l'espèce qu'en dernier ressort. Seule la dimension réglementaire est conservée. La représentation réglementaire n'est pas déterminante dans l'élaboration du modèle normatif IFRS[680] ».

229. Deux enseignements peuvent être tirés de l'impact législatif des normes comptables internationales. Le premier est un enseignement à caractère général, selon lequel ces normes seraient « une inversion de la hiérarchie des normes[681] » et le second, est un enseignement spécifique au droit fiscal : ces normes sont devenues une source du droit fiscal, concurrençant ainsi le législateur[682]. La concurrence ainsi apportée ne doit cependant pas être entendue de façon péjorative. Au XVIIIe siècle, l'idée selon laquelle l'élaboration des modalités de taxation des particuliers pourrait provenir d'une institution autre que l'Assemblée Nationale, expression de la volonté du peuple, aurait pu paraitre saugrenue[683]. Elle ne semble plus l'être, puisque le gouvernement avait souligné en 2004, dans une réponse ministérielle, qu' « il avait plusieurs fois manifesté au sein des instances européennes la nécessité de rapprocher les législations applicables

---

676 Ch. Hoarau, R. Teller, « IFRS, les normes comptables du nouvel ordre économique global ? », *op. cit.* p. 3 à 20.

677 P. Durand, « Les comptes consolidés rapprocheront-ils les comptes sociaux et la fiscalité ?», *op. cit.*

678 M. Taly, B. Lebrun : « Incidences des normes IFRS, réaction à l'article de Dominique Villemot », *Droit Fiscal* 2003, n°50, étude n°46, p. 1585 à 1587.

679 F. Compin, *Théorie du langage comptable*, L'harmattan, 2004, p. 62.

680 F. Compin, *op. cit.*, p. 62.

681 F. Compin, *op. cit.*, p. 62 ; Ch. Hoarau, R. Teller, « IFRS, les normes comptables du nouvel ordre économique global ? », *op. cit.* p. 3 à 20.

682 J.-L. Rossignol, « L'analyste financier, les nouvelles normes IAS/IFRS et l'impôt », *Les Petites Affiches,* 2 mai 2005, n° 91, p. 8.

683 C. David, Les *grands arrêts de la jurisprudence fiscale*, Vol. 1, Paris, Dalloz, 2009, p. 5 ; E. De Crouy-Chanel, « La définition juridique de l'impôt. L'exemple de la doctrine française », in *Philosophie de l'impôt*, Bruylant 2006, p. 138 et s.

dans le marché intérieur en matière de fiscalité directe des entreprises. Un tel rapprochement n'interdirait d'ailleurs pas une certaine concurrence fiscale, dès lors que celle-ci demeure loyale. Dans cette perspective, le gouvernement a demandé, avec les autorités allemandes, que la commission européenne lance des travaux sur le sujet. A cette fin, la commission a créé en novembre 2004 un groupe de travail sur l'élaboration d'une assiette commune consolidée de l'impôt sur les sociétés, prenant pour base de départ les nouvelles normes comptables internationales, et auquel la France participe activement[684] ». Ces éléments renforcent l'idée selon laquelle les normes IFRS sont bénéfiques pour le droit fiscal : elles contribuent à son harmonisation et par conséquent à son harmonie[685] (**Section 2**).

230. L'harmonie n'est pas la seule façon d'améliorer la règle fiscale. Cette amélioration peut tout aussi bien provenir de sa diversification. La diversification contribue à enrichir la règle fiscale[686]. Or, l'introduction de concepts à caractère économique dans une fiscalité marquée par la prépondérance de la règle de droit, est un signe de diversification et donc de richesse. Il faudrait y voir, à notre sens, l'expression d'une diversité pour la règle fiscale introduite par les principes comptables et pouvant être qualifiés de pluralisme fiscal **(Section 1).**

Section 1 : Le compromis entre comptabilité et fiscalité : un compromis pour la diversité de la règle fiscale

231. La relation entre comptabilité et fiscalité telle que modifiée par les normes IFRS nous offre le théâtre d'un réel compromis ou s'entre mêlent méfaits et avantages de la cohabitation. Si ce « théâtre » est ludique pour le lecteur, il reste un véritable casse-tête pour qui tente d'apporter une définition précise des relations entre comptabilité et fiscalité qui semble se jouer au gré des époques, des circonstances, des décisions des tribunaux et désormais de celles des cabinets privés. A n'en plus douter, il y a de la diversité dans cette relation et toute la question est de savoir à qui profite cette diversité. En trouvant le principal bénéficiaire, il serait alors possible de dire qu'il y a finalement une complémentarité entre comptabilité et fiscalité,

---

684 Assemblée Nationale, 29 novembre 2005, page 11051, Economie, Impôt sur les sociétés, assiette - politiques communautaires, consultable sur http://www.legifrance.gouv.fr.

685 Voir aussi la thèse de P. Martel, *La notion de déréglementation en droit fiscal*, thèse, Université de Nice, 1992.

686 Selon le professeur Gutmann, la multiplicité des modèles fiscaux est une diversité contribuant ainsi au pluralisme fiscal : D. Gutmann, « Pluralisme juridique et fiscalité », *Archives de Philosophie du Droit*, t. 49, 2006, p. 243 et s.

fusse-t-elle « accidentelle ». La diversité semble bénéficier d'avantage à la fiscalité, elle qui a toujours su si bien modeler la comptabilité à sa façon[687]. Aujourd'hui encore, la fiscalité exerce une influence sur la comptabilité en dépit de l'introduction des normes comptables internationales ce qui porte une fois encore à croire que finalement, la relation entre comptabilité et fiscalité est une relation biaisée, aux antipodes de celle énoncée par l'article 38 quater de l'annexe III au Code général des Impôts. Les normes comptables internationales semblent redonner à la comptabilité sa première place, celle d'influencer le droit fiscal et ceci grâce à leurs principes comptables dont l'influence se fait sentir en fiscalité **(Paragraphe 1)** et grâce à ce qu'il convient d'appeler le pluralisme fiscal **(Paragraphe 2)**.

Paragraphe 1 : La diversité introduite en droit fiscal par les principes comptables issus des normes comptables internationales

232. L'application des normes comptables internationales aux comptes consolidés résulte du choix du Conseil national de la Comptabilité de faire converger le Plan comptable général vers les normes comptables internationales[688]. Par cette convergence, le CNC a pris conscience du fait que « les liens entre comptabilité et fiscalité seront appelés à évoluer. La DGI est ouverte à l'évolution des règles comptables vers d'autres normes, y compris les normes IAS, mais souhaite connaître et mesurer les conséquences de leur application. Il est vraisemblable que les points de déconnexion seront plus marqués, nécessitant un tableau de passage d'un système à l'autre. Ce tableau (n°2058), qui existe déjà, sera certainement plus développé[689] ». C'est par souci de simplification que le CNC a décidé de faire évoluer le Plan comptable général vers les normes comptables internationales[690]. Ce souci de simplification a permis l'influence de deux principes phares des normes comptables internationales, il s'agit d'une part du principe de la juste valeur **(I)** et d'autre part du principe de la substance économique au-delà de la forme juridique **(II)**.

---

[687] J.-L. Rossignol, M. Chadefaux, « Fiscalité et comptabilité », *Encyclopédie de la comptabilité, du contrôle de gestion et de l'audit,* Economica, 2e édition, 2009, n° 59, pp. 815.

[688] C. Acard, A. Colmet-Daage, V. Menard, « Identifier les incidences fiscales des normes IFRS », *Option Finance*, 25 avril 2004, n°779, p. 36.

[689] Rapport d'activité 2001 du Conseil national de la Comptabilité cité par E. Delesalle, J.-L. Rossignol, *op. cit.*

[690] D. Villemot, « Introduire les IFRS dans les comptes sociaux, une révolution juridique et fiscale », *Les Petites Affiches*, 08 avril 2005, n° 70, p. 3.

I- L'apport du principe de la juste valeur à la diversification de la règle fiscale

233. Le principe de la juste valeur commande qu'un actif soit comptabilisé à sa valeur de marché et non à sa valeur d'acquisition et peut se traduire par une augmentation de l'actif net[691]. Or, « le bénéfice net est constitué par la différence entre les valeurs de l'actif net à la clôture et à l'ouverture de la période dont les résultats doivent servir de base à l'impôt[692] ». L'introduction de la juste valeur va certainement se traduire par une augmentation de l'actif net, pour des sociétés spécialisées dans l'immobilier. La valeur de l'immobilier augmente chaque année sur le marché français. Leur enregistrement à la juste valeur engendrera aussi une imposition supplémentaire[693]. Même si cet actif net peut-être diminué des « amortissements et des provisions justifiés[694] », la question n'est pas résolue. Le risque est grand de voir une confrontation au sein de la même comptabilité entre des comptables tentant d'utiliser les paquets fiscaux pour réduire l'accroissement de l'actif net résultant de l'utilisation de la juste valeur, et une administration fiscale tentant de faire respecter une présentation « fidèle » des comptes. Il faudrait une « instruction fiscale ». L'instruction fiscale est le mode par lequel la doctrine fiscale apporte des éclaircissements sur les modalités d'application d'une disposition fiscale. C'est donc le mode par lequel la loi fiscale conduirait à une meilleure application de la comptabilité, en instruisant les entreprises sur le bien fondé de l'utilisation d'une comptabilité en juste valeur. Par exemple, une société A, avec deux filiales, B et C, pourrait avoir le résultat social suivant, avec les règles du Plan comptable général : résultat de A 100, résultat de B 200 et résultat de C 300, soit 600 à présenter à l'administration fiscale. Le bénéfice changerait avec les normes IFRS et l'utilisation de la juste valeur, soit, avec le même exemple, un résultat de A pour 150, de B pour 250 et de C pour

---

[691] J. Richard, C. Colette, *Les systèmes comptables français et anglo-saxons - Normes IAS*, 7e édition, Paris, Dunod, 2005, préface.

[692] Article 38, alinéa 2 du Code général des Impôts ; CE 7 juillet 2004, n°230169 ass., min. c/ SARL Ghesquière Equipement, *RJF* 10/04, n°1019 ; CE 7 juillet 2004, n°230169 ass., min. c/ SARL Ghesquière Equipement, *BDCF* octobre 2004, n°124 : « le bénéfice imposable est constitué en vertu de l'article 38, 2 du CGI par la différence entre les valeurs de l'actif net à la clôture et à l'ouverture de l'exercice. (…) Le bénéfice des entreprises est en effet calculé par application de la théorie dite « du bilan », progressivement introduite en droit fiscal français par la loi et la jurisprudence au cours de la moitié du Xe siècle », selon les conclusions du commissaire du gouvernement dans l'affaire précitée.

[693] J. Richard, C. Colette, *Les systèmes comptables français et anglo-saxons.- Normes IAS, op. cit.*

[694] Article 38, alinéa 2 du Code général des Impôts.

350. Le résultat passerait ainsi de 600 à 850 et ce résultat est destiné aux actionnaires[695]. La juste valeur permet de donner la valeur sur le marché d'un bien. Les entreprises sont-elles prêtes à accepter cette nouvelle comptabilité ?

234. Assurément, toutes les parties pourraient être gagnantes : les actionnaires perçoivent plus de gains, puisque le résultat comptable augmente, les recettes de l'Etat aussi augmentent grâce à sa participation dans les entreprises, par l'impôt sur les sociétés qui est de 33%[696], enfin les règles fiscales retrouvent leur principe de réalisme si défendu par la doctrine fiscale, en taxant la richesse là où elle se trouve[697].

235. Le réalisme fiscal ne doit cependant pas être pris dans un seul sens. Il implique aussi de constater la perte de valeur du résultat comptable et de taxer ce résultat comptable en conséquence. En effet, l'utilisation de la juste valeur peut se traduire par des fortes dépréciations d'actifs comme lors de la crise des subprimes[698]. Ceci aura certainement pour conséquence une diminution du résultat comptable et une perte de recettes pour l'Etat[699]. Accepter une telle comptabilité n'a pas eu l'effet escompté de la simplicité recherchée par le Conseil national de la Comptabilité[700]. Ce dernier est donc resté attaché au « principe constitutionnel d'égalité de traitement », incompatible avec l'inégalité engendrée par l'utilisation de deux référentiels comptables différents pour l'établissement de l'assiette de l'impôt sur les sociétés[701]. Le risque est grand d'aboutir à un résultat fiscal différent selon les entités[702]. Le risque est tout aussi grand d'aboutir à une rupture de ce principe constitutionnel. L'utilisation de ce référentiel comptable est aussi

---

[695] Exemple donné par J. Richard, C. Colette, *Les systèmes comptables français et anglo-saxons- Normes IAS,* 7e édit., Paris, Dunod, 2005, p. 17.

[696] J. Richard, C. Colette, *Les systèmes comptables français et anglo-saxons - Normes IAS,* 7e édition, *op. cit.*, p. 18.

[697] J. Grosclaude, Ph. Marchessou, *Droit fiscal général*, 6e édit., Dalloz 2007, p. 37.

[698] N. Patrigot, « Comptabilité : la juste valeur dans un contexte de crise financière », *Banque Magazine* du 01er septembre 2008, n° 705, p. 91.

[699] Y. Salaun, P. Mouvillier, « Conversion aux normes IAS-IFRS : une illustration concrète des difficultés de mise en œuvre (2e partie) », *Option Finance*, 17 mars 2003, n°728, p. 27.

[700] Selon Frédéric Marty et Jacques Spindler, il serait à ce titre intéressant d'utiliser « les stabilisateurs fiscaux automatiques » pour réguler les effets des variations des cours du marché sur le résultat des entreprises et par conséquent sur l'impôt sur les sociétés : F. Marty, J. Spindler, « Quelle politique économique face à une crise parfaite ? La place des mesures fiscales dans les plans de relance », *Revue Gestion & Finances Publiques*, n°7, juillet 2009, p. 570.

[701] M. Taly, B. Lebrun, « Incidences des normes IFRS, réaction à l'article de Dominique Villemot », *Droit Fiscal* 2003, n°50, étude n°46, p. 1585.

[702] M. Taly, B. Lebrun, « Incidences des normes IFRS, réaction à l'article de Dominique Villemot », *op. cit.*

incompatible avec la stabilité de l'assiette fiscale[703]. L'utilisation de la juste valeur exposerait ainsi les recettes publiques de l'Etat aux variations des cours du marché[704].

236. L'enseignement tiré du rapport de Morand et Marteau permet de comprendre la gravité de la situation. Ils rappellent que le principe de la juste valeur a été accusé d'avoir aggravé la crise financière. Celui-ci a conduit les banques à évaluer leur titre aux valeurs de marché et à les coter sur des marchés devenus illiquides, c'est-à-dire dont les volumes de transaction n'étaient pas significatifs. Ces normes auraient ainsi entrainé une dégradation du compte de résultat artificielle et des fonds propres. Le respect de normes prudentielles a entrainé dans la foulée une obligation pour les banques de céder une partie de leur portefeuille et d'autre part, à se recapitaliser avec l'aide de l'Etat[705].

237. On peut alors aisément imaginer les conséquences qu'une telle comptabilité aurait pu engendrer pour l'ensemble du système fiscal français. Certains auteurs ont pris la défense de ces normes, arguant qu'elles ne sont pas responsables de la crise financière actuelle. En reconnaissant leur « effet pro-cyclique quand leur application contribue à alimenter la spirale de la récession[706] » par les limites à l'octroi de crédit pour les banques qu'elles engendrent, les normes comptables internationales ont certainement contribué à la crise financière, leur principe de juste valeur étant pointé du doigt[707]. « Toutefois, il faut noter que faire porter la responsabilité d'une économie dégradée à des principes comptables est une idée aussi fausse que dangereuse. Les IFRS n'ont pas causé la chute des performances mais en ont été le révélateur : à ce titre, elles constituent le reflet des excès commis par le secteur bancaire[708] ». Si les normes IFRS sont un révélateur de performances, en fiscalité elles révèleront les performances des entreprises.

---

[703] C. Acard, A. Colmet-Daage, V. Menard, « Identifier les incidences fiscales des normes IFRS », *Option Finance*, 25 avril 2004, n°779, p. 36.

[704] Pour une proposition de mesures fiscales face à la crise financière, voir F. Marty, J. Spindler, « Quelle politique économique face à une crise parfaite ? La place des mesures fiscales dans les plans de relance », *Revue Gestion & Finances Publiques*, n°7, juillet 2009, p. 570.

[705] P. Morand, D. Marteau, « Normes comptables et crise financière »- Propositions pour une réforme du système de régulation comptable. *Rapport au ministre de l'Economie, de l'industrie et de l'Emploi*, 118 p., disponible sur http://www.ladocumentationfrançaise.fr.

[706] R. Obert, « Normes comptables et crise financière », *Revue française de comptabilité*, n°429, février 2010, p. 21.

[707] R. Obert, « Normes comptables et crise financière », *op. cit.*

[708] R. Obert, « Normes comptables et crise financière », *op. cit.* ; Même si les dérives du système bancaire ne sont pas nouveaux : J. Spindler, *Contrôle des activités bancaires et risques financiers*, Economica, Paris, 1998, p. 1.

L'administration fiscale est-elle disposée à ouvrir la boîte de Pandore ?[709] La même question se pose s'agissant du principe de la substance économique au-delà de la forme juridique.

II- L'apport du principe de la substance économique au-delà de la forme juridique à la diversification de la règle fiscale

238. Le principe de la substance économique au-delà de la forme juridique commande que l'enregistrement des opérations s'effectue selon leur réalité économique et non selon leur forme juridique[710]. Ce principe peut être qualifié de « ver dans le fruit », de « loup dans la bergerie[711] », c'est « la destruction » du système comptable français, de la « comptabilité patrimoniale », de la comptabilité comme « algèbre du droit[712] ». En effet, si l'approche patrimoniale de la comptabilité commande d'abord que les

---

[709] La légende de la boîte de pandore, empruntée à la mythologie gréco-romaine raconte, selon certaines sources, l'histoire de deux frères, Prométhée et Epiméthée, qui étaient des Titans, et furent chargés par Zeus de créer les hommes. Ils les créèrent donc nus, fragiles et sans défense. La vue de ces êtres exposés aux agressions du climat et notamment du froid émouvait leurs créateurs en particulier Prométhée. Celui-ci décida alors de voler à leur secours en dérobant le feu sacré des dieux pour le donner aux humains et leur apprit à s'en servir. Lorsque Zeus, le roi Dieu apprit la nouvelle, il se mit dans une colère terrifiante et convoqua Héphaïstos, le Dieu grec de la forge, lui demandant de créer une femme, Pandore, qui aurait les attributs d'une déesse et à qui il donnerait une boîte dans laquelle se trouverait tous les maux de la terre et un bien universel aux hommes : l'espoir. Le but recherché par Zeus était de faire en sorte que cette boîte soit ouverte par les titans afin que les malheurs et l'espoir se répandent entre eux et parmi les hommes, pour se venger de la traîtrise de Prométhée. Il fallait donc pour cela, ajouter aux attributs physiques naturels de Pandore, la curiosité, la ruse, pour attirer les hommes, la beauté et l'habileté. Pandore fut donc envoyée chez les hommes et sa ruse finit par prendre le dessus, en dépit des conseils avisés de Prométhée à son frère Epiméthée. Celui-ci, en effet, se laissa séduire, en épousant Pandore. La curiosité étant un de ses caractères, Pandore finit un jour par ouvrir cette boîte et répandit les maux de la terre sur les hommes. Il sortit aussi de cette boîte leur arme la plus forte : l'espoir. Depuis cette légende, l'expression la boîte de Pandore, est utilisée pour désigner une situation où une solution comporte à la fois des effets fortement négatifs (les malheurs) et des effets fortement positifs (l'espoir). Source : www.expressio.fr.
Nous l'avons reprise ici concernant la juste valeur et les incidences qu'elle suscite dans l'application des normes IFRS.

[710] Paragraphe premier du cadre conceptuel de l'IASB, disponible dans sa version française sur Http://www.focusifrs.com (Portail de l'information financière IFRS).

[711] Selon l'expression du professeur F. Pasqualini, « Allocution de bienvenue », Acte du colloque organisé par le dess fiscalité de l'entreprise de l'université Paris Dauphine sur les conséquences de l'introduction des nouvelles normes comptables internationales, *Les Petites Affiches*, 8 septembre 2005, n°179, p. 3.

[712] P. Garnier, *La comptabilité, algèbre du droit et méthode d'observation des sciences économiques,* Thèse Paris Dunod 1947, 216 p. ; D. Ledouble, « La comptabilité est-elle encore " l'algèbre du droit" » ? *Les Petites Affiches*, 8 septembre 2005, n°179, p. 16.

opérations soient qualifiées juridiquement avant d'être enregistrés en comptabilité[713]le principe de la substance économique au-delà de la forme juridique signe l'arrêt de mort de la « comptabilité patrimoniale[714] » et engendre ainsi des conséquences insoupçonnées en fiscalité. D'abord, au titre de l'article 38 quater de l'annexe III au Code général des Impôts[715], de nombreuses dispositions fiscales se trouveraient modifiées par ce principe. Les définitions fiscales suivraient les définitions comptables et leur enregistrement. Même si ce principe est déjà présent partiellement en fiscalité[716], sa généralisation aurait conduit à un bouleversement total de la comptabilité et de la fiscalité[717].

239. Ces bouleversements sont au conditionnel, car l'application des normes comptables internationales n'a pas engendré de telles conséquences[718]. Ces changements ont été causés par quatre directives comptables. La directive 2004-06 sur les actifs, la directive sur les passifs, la directive sur les amortissements et la directive relative aux fusions transfrontalières. Ces directives ont entrainé des conséquences sur la définition des actifs[719]. L'actif est en effet défini comme un élément du

---

[713] B. Raybaud-Turillo, R. Teller, « Droit et comptabilité », *Encyclopédie de la comptabilité, du contrôle de gestion et de l'audit*, n° 51, p. 705, Economica, 2e édition, 2009, p. 705. Les auteurs rappellent en effet que : « ce lien entre le droit et la comptabilité s'exprime, aussi, à travers le principe de patrimonialité du bilan qui dispose que les comptes annuels doivent donner une image fidèle du patrimoine, de la situation financière et du résultat de l'entreprise (Code de Commerce, article 9). Certes ce concept de patrimonialité du bilan ne peut plus aujourd'hui, être compris comme impliquant une soumission totale de la comptabilité au droit mais il montre l'étroitesse de leur relation ».

[714] Par sa volonté de converger vers les comptes consolidés, dira Colmet-Daage, le droit comptable tente de s'abstraire des concepts juridiques dont il n'était alors que la traduction pour mieux refléter le « patrimoine » de l'entreprise entendu au sens comptable. A. Colmet-Daage, « Les nouveautés comptables en 2008 et leurs incidences fiscales », *Droit fiscal*, 5 mars 2009, n° 10, p. 223.

[715] L'article 38 quater de l'annexe III au Code général des Impôts impose, pour l'établissement de l'assiette de l'impôt sur les sociétés, le respect des dispositions comptables.

[716] Il s'agit d'opérations juridiques comme la clause de réserve de propriété, la location financière avec option d'achat, la fiducie où le bénéficiaire est considéré, d'un point de vue fiscal, comme le propriétaire et taxé en conséquence, la concession de licence de brevet lorsqu'elle est exclusive avec possibilité de cession à un tiers. G. Blanluet, *Essai sur la notion de propriété économique en droit privé français, recherches au confluent du droit fiscal et du droit civil*, LGDJ 1999, p. 12.

[717] Y. Salaun, P. Mouvillier, « Conversion aux normes IAS-IFRS : une illustration concrète des difficultés de mise en œuvre (2e partie) », *Option Finance*, 17 mars 2003, n°728, p. 27 ; D. Villemot, « Présentation du rapport d'étape du groupe IAS/fiscalité », *Droit Fiscal* 2005, n° 17, étude n°19, p. 765 à 771 ; D. Villemot, « Introduire les IFRS dans les comptes sociaux, une révolution juridique et fiscale », *Les Petites Affiches*, 08 avril 2005, n° 70, p. 3.

[718] E. Delesalle, « Fiscalité et normes comptables internationales », *Bulletin Fiscal Francis Lefebvre*, avril 2003.

[719] BOI 4 I-2-00, n°79, instruction fiscale citée par les rédacteurs du Mémento Francis Lefebvre Actifs.

patrimoine que l'entité contrôle du fait d'événements passés et dont elle attend des avantages économiques futurs[720], étant entendu que ces avantages économiques futurs peuvent faire référence au contrat de crédit-bail ou à tout autre contrat permettant à l'entité de générer ce type d'avantage[721].

240. La nouvelle définition des actifs n'a curieusement pas été étendue au contrat de location[722]. La cause en est simple. Lorsque l'on a une telle définition de l'actif, l'étendre au contrat reviendrait à remettre en cause la définition de l'actif telle qu'énoncée par le Conseil d'Etat à travers l'arrêt SA Sife[723]. Les contrats de location-financement passeraient ainsi du passif à l'actif car dans leur nouvelle définition qui fait référence au contrôle, les normes comptables internationales conduisent à inscrire ces contrats à l'actif[724]. On voit d'emblée les difficultés qu'un tel changement de paradigme peut entraîner.

241. S'agissant du règlement relatif aux amortissements, celui-ci préconise un amortissement basé sur la durée réelle et non un amortissement basé sur les usages[725]. Ce règlement contribue à renforcer le principe de la substance économique au-delà de la forme juridique qui doit prévaloir dans les normes comptables internationales[726]. Les conséquences fiscales induites par les normes comptables internationales ne sont donc pas aussi abondantes. Elles en appellent cependant à des questions touchant à la nécessité de maintenir le lien entre comptabilité et fiscalité, à l'influence de la fiscalité sur la comptabilité, à la primauté des règles fiscales sur les règles comptables[727].

242. Néanmoins, les possibilités qu'une comptabilité en normes IFRS offre sont réelles. Sur la relation entre comptabilité et fiscalité, l'utilisation par les comptables de toutes les options disponibles pourrait engendrer des conséquences néfastes sur la relation entre comptabilité et fiscalité. Au titre

---

720 PCG article 311-1.

721 M.-Ch. Piniot, « Quelques réflexions d'après débat », *Revue Droit comptable*, n°96-3, septembre 1996, p. 70.

722 Instruction fiscale du 30 décembre 2005, *op. cit.*

723 Pour maintenir la jurisprudence SA Sife, l'instruction fiscale précise que le critère de cessibilité n'est plus obligatoire : il peut-être utilisé comme il peut-être remplacé par celui du contrôle du bien.

724 PCG article 211-1 al.1.

725 P. Schevin, « L'amortissement par composants », *Revue française de comptabilité*, mars 2005, n°375, p. 34 ; J. Turot, « L'amortissement des éléments incorporels en droit fiscal : plaidoyer pour l'arrêt de la cour administrative d'appel de Paris du 5 décembre 1995 », *Les Petites Affiches*, 09 octobre 1996 n° 122, p. 9.

726 Instruction fiscale du 30 décembre 2005, *op. cit.*

727 Pour un aperçu sommaire mais très clair de ces différentes problématiques, voir M. Taly, B. Lebrun, « Incidences des normes IFRS, réaction à l'article de Dominique Villemot », *Droit Fiscal* 2003, n°50, étude n°46, p. 1585.

de ces conséquences, la possibilité d'utiliser l'amortissement des écarts d'acquisition pour lisser le résultat comptable[728]. Les retraitements classiques comme les engagements de départ à la retraite n'y changeraient rien. Que dire aussi de la panoplie de règles dont disposeraient les entreprises pour lisser le résultat comptable[729]. Outre les paquets fiscaux classiques, on peut ainsi noter la possibilité pour les entreprises de jouer sur les options comptables comme le choix entre la méthode LIFO et FIFO, la possibilité de masquer certaines plus-values, les décisions d'immobiliser les frais de Recherches et Développement, de capitaliser les intérêts à l'actif dans le coût des immobilisations en cours[730].

243. Les motivations poussant les entreprises à agir de la sorte sont nombreuses. Il en est ainsi pour une grande entreprise, cherchant à minimiser fiscalement ses bénéfices, pour ne pas attirer l'attention de l'administration fiscale, des législations fiscales et des politiques de réglementations fiscales[731]. Ces attitudes ont néanmoins le mérite de révéler le « mal-être fiscal » de certaines entreprises en France. Si l'impôt reste aussi rebutant, c'est que le système fiscal n'est pas encore assez pédagogue.

244. Ce qui permet à la règle fiscale d'avoir un contenu à la fois économique et juridique se reflète à travers l'instruction fiscale du 30 décembre 2005, prise en application des normes comptables internationales[732]. Désormais pour la définition de l'actif, le critère du patrimoine, issu du droit civil, coexiste avec celui du contrôle des avantages économiques, issu des normes comptables internationales[733] : le tout est combiné avec des calculs financiers permettant d'évaluer avec précision les dits avantages économiques futurs, à travers notamment des notions en finance comme le coût moyen pondéré du capital qui permettent de savoir la rentabilité attendue d'un investisseur sur un actif donné[734]. Désormais, la définition patrimoniale de l'actif est complétée par la définition économique des normes comptables internationales. Les règles fiscales devant suivre les définitions comptables, la définition fiscale de l'actif est aussi la suivante : l'actif est un élément du patrimoine ayant une valeur économique positive, c'est-à-dire un élément que l'entité contrôle du fait d'événements passés et dont elle attend des avantages économiques futurs. Il y a matière ici à nourrir

---

[728] J. F. Casta, « Politique comptable des entreprises », *Encyclopédie de la comptabilité, du contrôle de gestion et de l'audit*, Economica, 2e édition, 2009, n°59, p. 2288.

[729] S. Marmousez, « La gestion du résultat », *Encyclopédie de la comptabilité, du contrôle de gestion et de l'audit*, Economica, 2e édit., 2009, n°59, p. 852.

[730] J. F. Casta, « Politique comptable des entreprises », *op. cit.*, p. 2297 et s.

[731] J. F. Casta, « Politique comptable des entreprises », *op. cit.*, p. 2297 et s.

[732] BOI 4 A-13-05 n° 213 du 30 décembre 2005.

[733] Voir PCG ancien article 211-1 et PCG nouvel article 311-1.

[734] Revue Fiduciaire comptable, « Les calculs financiers utilisés en comptabilité », *Revue Fiduciaire comptable*, juillet-août 2005, n° 319, p. 35.

une réflexion sur ce que Gutmann a nommé « le pluralisme fiscal[735] ». Les normes comptables internationales contribuent-elles à rehausser la qualité de la règle fiscale ?

Paragraphe 2 : Les normes comptables internationales : source de pluralisme fiscal

245. Même si selon Oppetit, « la qualité de la norme dépend non de son contenu mais de la place qu'elle occupe dans la hiérarchie des normes », il n'y a pas de meilleur moyen que de tester la validité d'une norme qu'en la soumettant à l'épreuve des faits qu'elle a vocation à régir[736]. Le fait que cette qualité résulte de « la validité de la norme qui lui est supérieure et qui lui transmet sa propre validité[737] », est un test de « légitimité », à notre sens[738]. Le fait qu'elle réponde aux situations qu'elle a vocation à régir est un test d' « effectivité[739] ». L'analyse formelle aurait milité en faveur d'une légitimité de la règle de droit comme signe de sa qualité. L'analyse substantielle aurait privilégié la capacité de la règle de droit à répondre aux exigences des situations de fait qu'elle aurait vocation à régir[740]. Pour réconcilier les deux approches, il faut dire que l'une et l'autre sont complémentaires. La légitimité et l'effectivité contribuent tous deux à la

---

735 D. Gutmann, « Pluralisme juridique et fiscalité », *Archives de Philosophie du Droit*, t. 49, 2006, p. 243 et s.

736 E. Pilon, cité par F. Deboissy, *La simulation en droit fiscal*, thèse, Dijon, 1995, LGDJ, 1997, p. 10.

737 B. Oppetit, *Philosophie du droit*, Dalloz, Droit Privé, août 2001, p. 62 cité par F. Compin, *Théorie du langage comptable*, L'harmattan, 2004, p. 62.

738 Si tel que l'affirme Oppetit, la qualité d'une norme est le fait qu'elle doive être respectée, alors la succession d'interrogations posée par Compin à la page 62 de son ouvrage est légitime. En effet, « quelles sont les normes supérieures aux normes comptables internationales leur conférant une valeur pérenne ? Comment se réalise l'intégration des normes comptables internationales dans le processus normatif ? Quelles sont les institutions chargées de la construction de la validation des normes comptables internationales » ? La transposition des normes comptables internationales en droit interne est liée à la décision de l'Union Européenne de recourir à ces normes, laquelle puise à son tour sa légitimité dans le traité fondateur de l'Union Européenne : « c'est la ratification du traité de Maastricht par le peuple souverain qui légitime l'appelle de la commission européenne dans le processus d'intégration du cadre normatif ». La question mérite donc d'être approfondie et présente un intérêt réel.

739 Sur la notion d'effectivité, F. Ost, M. Van De Kerchove, « Le pluralisme, facteur d'effectivité ou d'ineffectivité du droit ? », actes du colloque organisé par les laboratoires CREDECO/CERC sur le thème Pluralisme juridique et effectivité du droit économique, Nice les 25 et 26 novembre 2010.

740 Sur la différence entre analyse substantielle et analyse formelle, voir G. J. Martin, *Cours inédit de droit économique*, Nice 2005/2006, Introduction, p. 22 et s.

richesse de la règle fiscale. Or le pluralisme fiscal apporté par les normes IFRS semble obéir à ces deux exigences. D'abord, l'Etat semble accepter dans son propre intérêt qu'il y ait d'autres sources du droit fiscal (légitimité) et ces sources de droit fiscal semblent d'avantage se rattacher aux réalités économiques (effectivité). Les normes IFRS entrent dans cette catégorie : il y' a lieu de penser que le pluralisme fiscal ainsi institué par ces normes contribue à l'amélioration de la règle fiscale.

246. Cependant, il est paradoxal d'évoquer l'amélioration de la règle fiscale sans apporter une clarification à la question du pluralisme fiscal (**Paragraphe 1**).

247. La réflexion ainsi organisée autour du pluralisme fiscal révèle l'existence d'éléments favorables pour le droit fiscal, éléments qui permettent de renforcer la thèse de l'amélioration de la règle fiscale par les normes IFRS (**Paragraphe 2**).

I- Présentation générale du pluralisme en matière fiscale

248. Le pluralisme juridique signifie que l'Etat n'est pas le seul émetteur de la règle de droit[741]. Dès lors, s'inscrivant dans la ligne de réflexion du professeur Gutmann, l'étude du pluralisme et de la fiscalité fait appel à plusieurs concepts de pluralisme qui convergent tous vers le pluralisme juridique[742]. Il en est ainsi du pluralisme social et moral, défini par l'auteur comme « l'existence d'une pluralité de conception de la vie bonne existant dans une société » (pluralisme moral au sens large, incluant le pluralisme religieux) et « la coexistence sociologiquement observable de différents modèles de comportements (pluralisme social, décrivant par exemple la diversité des comportements familiaux)[743] ».

249. Le pluralisme social en fiscalité revêt des manifestations intéressantes. Il a conduit, pour reprendre les exemples ainsi cités par Gutmann, à favoriser la politique des investissements qu'une entreprise doit avoir en terme écologique ou un particulier et la contrepartie fiscale sera accordée sous forme de réductions ou déductions d'impôt, ou encore en permettant un amortissement fiscal de certains investissements qui auront été

---

741 C'est une construction purement doctrinale qui justifie un recours à la doctrine pour une réflexion entre normes IFRS et pluralisme fiscal.

742 D. Gutmann, « Pluralisme juridique et fiscalité », *Archives de Philosophie du Droit*, t. 49, 2006, p. 243 et s.

743 D. Gutmann, « Pluralisme juridique et fiscalité », *op. cit.*

faits dans le cadre d'une politique écologique favorisée par le gouvernement[744]. Il a aussi été à l'origine des bienfaits fiscaux accordés aux particuliers qui vont louer un logement meublé à un pauvre étudiant plutôt qu'à un travailleur salarié. Gutmann y a vu une démonstration de solidarité, démonstration de solidarité étant aussi à la base des tranches d'imposition de l'impôt sur le revenu pour les familles nombreuses : le coefficient passe ainsi de 0,5 part à 1 part à partir de 3 enfants. Que dire aussi des impôts à caractère social comme les cotisations vieillesse, maladies, chômages et la création des organismes tels que les ASSEDICS, l'URSSAF, chargés de collecter ces impôts et de les redistribuer. Finalement, tout se passe comme si le droit fiscal avait pris en main, les rênes d'une société souvent taxée de libéralisme et de capitalisme pour redonner au sens moral de la charité une dimension juridico-fiscale : une sorte de manifestation du pluralisme juridique : un droit naturel qui est celui de la conception de la morale et du bien et un droit fiscal positif, codifié, qui devient application de ce droit moral.

250. Ce qui conduit à se poser la question des sources du pluralisme juridique, notamment dans la matière fiscale. D'où puise-t-il sa légitimité ? Du pluralisme moral ? C'est-à-dire des idées plurielles de la conception de la vie bonne (en sachant que cette idée de conception de la vie bonne peut varier selon que l'on décide de pencher en faveur d'une politique de gauche ou de droite) ? Cette question est importante puisqu'aussi longtemps que le pluralisme social sera une source du pluralisme juridique, le modèle fiscal en sera forcément affecté, les formes du pluralisme juridique en fiscalité s'en feront forcément ressentir.

251. La question du pluralisme juridique ne peut pas être détachée de la culture, du patrimoine historique qui implique aussi la religion. On parle parfois de pluralisme juridique, parce qu'à côté de la forme étatique de normativité subsiste une autre forme. La situation est particulièrement intéressante dans les sociétés ayant connu une forme de normativité avant l'avènement de la normativité étatique. Au Sénégal, par exemple, le code des obligations civiles et commerciales en porte l'empreinte avec la coexistence du droit civil tel qu'issu du code civil français et du droit musulman en matière de succession. « Dans certains Etats, la séparation entre l'Etat et les Eglises est entendue en ce sens qu'aucune ressource budgétaire ne peut être affectée à une Eglise ou une communauté religieuse, c'est le cas aux US et en France[745] ». Dans d'autres cas, la loi fiscale va subir les conséquences du

[744] D. Gutmann, « Pluralisme juridique et fiscalité », *op. cit.*
[745] C'est la religion, source du pluralisme juridique, qui va aussi inspirer les règles fiscales. La loi fiscale ici porte l'empreinte du pluralisme juridique, inspiré par la morale. Voir D. Gutmann, *op. cit.*

pluralisme juridique[746]. Il en est ainsi des règles fiscales en matière communautaire comme les règles relatives à l'Union Européenne, à la TVA, à la normalisation comptable privée). « Dans d'autres Etats, on considère que l'exercice de la religion suppose un engagement actif des Etats[747] ». Le contribuable y est soit invité à financer les Eglises, c'est le cas de la Belgique, du Luxembourg et de la Grèce, soit invité à verser une partie de ses contributions à l'Eglise de son choix (Italie, Espagne, Hongrie). Les Eglises, dans certains Etats, peuvent être autorisées à prélever directement les impôts auprès des contribuables. En Allemagne, par exemple, la constitution autorise les Eglises qualifiées d'entité de droit public, à prélever ledit impôt, sous réserve de ce que prévoient les lois de Lander, selon Gutmann[748]. Les personnes n'appartenant à aucune communauté religieuse sont exemptées de cet impôt ecclésiastique et peuvent mettre fin à leur affiliation à tout moment. Le même système est appliqué en Suède et au Danemark, ce qui est aussi une forme de pluralisme juridique entendue comme étant l'existence de formes juridiques autres qu'Etatiques, qu'elles soient autorisées par l'Etat, comme c'est le cas de ces Eglises ou venant concurrencer la forme Etatique[749], comme c'est le cas des normalisations comptables internationales[750].

252. Sous la question des normes comptables internationales tout se passe comme si l'on pouvait avoir deux axes de réflexion : le premier axe de réflexion s'ordonnerait autour du pluralisme juridique et du calcul de l'assiette de l'impôt sur les sociétés. Avec l'apparition des normes comptables internationales, on assiste à des changements dans le calcul des impôts[751]. Le second volet concerne le pluralisme juridique et la souveraineté fiscale. L'article 34 de la constitution réserve en effet au seul législateur fiscal la compétence pour adopter les règles relatives à l'impôt. L'exclusivité de cette compétence se voit concurrencée indirectement par l'introduction des normes comptables internationales. La perte de la souveraineté comptable, déléguée à des cabinets comptables privés, se traduit aussi par une perte de la souveraineté fiscale. Dans les pays où comptabilité et fiscalité

---

746 Si l'on adopte la définition du pluralisme juridique comme étant l'existence d'ordres juridiques pluriels qu'ils soient supra Etatiques (union européenne) ou infra Etatiques (normalisation professionnelle).

747 D. Gutmann, *op. cit.*

748 D. Gutmann, *op. cit.*

749 D. Gutmann, *op. cit.*

750 P. Walton, *La comptabilité anglo-saxonne*, 1e édition, La Découverte, 1996.

751 Cette question du pluralisme fiscal renvoie à celle de l'harmonisation fiscale européenne relative à la TVA, aux dividendes, intérêts et redevances entre sociétés appartenant à un même groupe et aujourd'hui, il est de plus en plus question d'une base d'imposition commune à travers les IFRS. La question des normes IFRS, le calcul de l'assiette de l'impôt sur les sociétés ou encore la coexistence de deux référentiels comptables sont autant d'éléments à prendre en compte dans la question du pluralisme fiscal.

sont liées, où la comptabilité, pour reprendre l'expression d'Hervé Paillisser et de Pasqualini, sert de base de calcul à la fiscalité, toute modification des règles comptables s'accompagne d'une modification des règles fiscales. Ceci constitue une autre illustration des manifestations du pluralisme juridique en fiscalité, de part la question des normes IAS/IFRS.

253. Et de réflexions, le thème relatif à la fiscalité et au pluralisme juridique en fourmille. Cette réflexion peut-être menée autour du pluralisme juridique et de l'impôt (plus particulièrement les modalités de prélèvement de l'impôt, la philosophie qui dicte le prélèvement de l'impôt par les organismes sociaux comme l'URSAFF ou encore les ASSEDICS) et le pluralisme juridique et les modalités de calcul de l'assiette fiscale, de ce que les entreprises ou particuliers devront payer à la fin de l'année civile[752]. Ceci va poser le conflit entre l'article 34 de la constitution qui réserve au législateur la compétence exclusive en matière d'élaboration de la loi fiscale[753] et l'avènement des normes comptables internationales, qui du fait du lien entre comptabilité et fiscalité, adoptent des règles comptables qui viennent se répercuter sur les règles fiscales, concurrençant ainsi le législateur fiscal. Ces règles sont adoptées par un organisme comptable privé (IASB), ce qui pose la question des sources privées du droit fiscal et donc de l'existence d'un pluralisme juridique en droit fiscal.

II – La contribution des normes comptables internationales au pluralisme fiscal

254. La réflexion organisée autour de la problématique du pluralisme fiscal et des normes IFRS a pour but de montrer comment les normes IFRS contribuent au pluralisme fiscal et d'autre part à dégager l'utilité d'une telle notion pour la fiscalité. Avec l'introduction des normes comptables internationales, les nouvelles règles de calcul du résultat comptable ont une influence sur les règles de calcul du résultat fiscal[754]. On assiste ainsi à un pluralisme normatif[755]. Le pluralisme normatif est un pluralisme de source de la règle de droit. Or en transposant des normes adoptées par un organisme

---

[752] Il s'agit ici de l'impôt sur les sociétés annuelles auquel sont assujetties les sociétés et l'impôt sur le revenu auxquels sont assujetties les personnes physiques. Cette séparation entre personnes physiques et morales est lapidaire. Certaines sociétés peuvent tout aussi bien ne pas être assujetties à l'impôt sur les sociétés : M. Cozian, *Précis de fiscalité des entreprises*, 32e édit., Paris, Litec, 2009, p. 114.

[753] C. David, Les *grands arrêts de la jurisprudence fiscale*, Vol 1, Paris, Dalloz, 2009, p. 5.

[754] Ceci en dépit des dispositions de l'article 38 du Code général des Impôts selon lequel le résultat net est établi après retraitement du résultat comptable.

[755] Selon le propos des professeurs M. Van De Kerchove et F. Ost, *op. cit.*

comptable privé dans le droit interne des différents Etats, l'Union Européenne contribue à faire des normes IFRS, un pluralisme normatif dans le domaine fiscal. En effet, du fait du lien entre comptabilité et fiscalité, les modifications comptables affectent aussi les dispositions fiscales : l'IASB devient de façon indirecte une source du droit fiscal.

255. On pourra en dire autant pour le pluralisme judiciaire défini comme une coexistence de plusieurs acteurs. Les conséquences engendrées par la crise financière et les normes comptables internationales ont conduit à la création d'une nouvelle autorité en France, l'Autorité des Normes comptables, aussi appelée ANC[756]. Cette autorité a pour but de superviser la création et la mise en œuvre des normes comptables, aussi bien au niveau national qu'international[757]. L'influence de l'ANC sur le Conseil d'Etat se fait déjà sentir en jurisprudence[758]. Il s'agit à notre sens des manifestations d'un pluralisme judiciaire en matière fiscale, du fait de la coexistence de plusieurs acteurs dans l'interprétation du droit fiscal[759]. Ce pluralisme judiciaire, lié indirectement aux normes IFRS, a aussi engendré un pluralisme jurisprudentiel. L'ANC, dont la création doit beaucoup aux normes IFRS, influence en effet les décisions du Conseil d'Etat. Cette influence conduit la haute juridiction administrative à prendre des décisions contraires à sa jurisprudence, comme c'est le cas de l'arrêt Faberger Unilever. On parle dans ce cas de pluralisme jurisprudentiel comme étant la coexistence de jurisprudences différentes. Les manifestations d'un tel pluralisme en fiscalité, du fait des normes IFRS, contribuent t-elles à l'amélioration de la règle fiscale ?

256. Tout d'abord, si l'Union Européenne a eu recours à l'IASB pour l'élaboration des règles comptables, c'est à cause des échecs liés à la transposition des quatrième et septième directives dans le droit interne des différents Etats de l'Union Européenne[760]. Cet échec a poussé l'Union Européenne à recourir aux normes comptables internationales et à transposer les normes IFRS dans le droit interne des différents Etats membres. Du fait de cette transposition, on assiste à l'adoption de règles fiscales à caractère

---

[756] J.-F. Lepetit, « Proposition de réforme du dispositif français de normalisation comptable », 6 avril 2007, disponible sur www.minefe.gouv.fr.

[757] P. Morand, D. Marteau, « Normes comptables et crise financière »- Propositions pour une réforme du système de régulation comptable. Rapport au ministre de l'Economie, de l'industrie et de l'Emploi, 118 p., disponible sur http://www.ladocumentationfrançaise.fr.

[758] La jurisprudence récente du Conseil d'Etat révèle en effet des éléments d'influence de l'ANC sur le Conseil d'Etat.

[759] Selon M. Van De Kerchove et F. Ost, *op. cit.*, le pluralisme judiciaire est la coexistence d'acteurs différents.

[760] L. Klee, « Image fidèle et représentation de l'entreprise », *Encyclopédie de la comptabilité, du contrôle de gestion et de l'audit*, n° 59, pp. 813-828, Economica, 2e édition, 2009, p. 903.

économique[761]. Au regard du principe du réalisme fiscal, les normes IFRS contribuent à l'amélioration du droit fiscal et de ses objectifs : frapper la richesse là où elle se trouve et indépendamment des qualifications juridiques qui pourraient masquer la réalité économique des transactions[762].

257. Sur un autre registre, l'Etat n'est plus le seul destinataire des états financiers. Sa participation dans la société est à hauteur de l'impôt sur les sociétés qui est de 33,33%, ce qui fait de lui une partie prenante de l'entreprise[763]. Cette place était non seulement légitimée par le consentement des citoyens au financement des dépenses publiques[764], mais aussi par l'idée d'un Etat qui ne faisait jamais faillite. L'Etat n'est plus infaillible : l'Etat fait désormais faillite comme l'attestent les récents cas de la dette publique Grecque et Irlandaise. Le fait que ces normes soient orientées vers les investisseurs apparait comme la résultante de la chute du « mythe de l'Etat ». La concurrence ainsi apportée aux administrations fiscales par les investisseurs dans l'élaboration des états financiers est donc plus que souhaitable : de cette divergence d'intérêts, surgiront des conflits qui obligeront les antagonistes à clarifier les principes dont ils se réclament[765]. De plus, reléguer l'Etat au second plan dans l'élaboration des états financiers ne présente pas que des inconvénients. Son rôle passerait ainsi de destinataire privilégié des états financiers à celui d'arbitre, en laissant plus de marge à l'élaboration de règles tournées vers les besoins des investisseurs[766]. Ainsi, lorsque la situation financière le permettrait, les entreprises pourraient recourir à la comptabilité financière et lorsque cette même situation financière connaîtrait une dégradation du fait d'une comptabilité à risque, l'Etat pourrait imposer l'application des règles d'une comptabilité fiscale. Selon le cercle des économistes, l'histoire des scandales financiers ne fait que se répéter et l'adoption de Bâle III n'y changera rien. Ce qui peut changer, c'est l'inertie des Etats. Cette inertie serait après tout la principale cause de ces scandales financiers. Il serait par conséquent intéressant de militer en faveur d'une politique interventionniste, en fonction de l'accalmie ou de la gravité des situations financières à scandale. Un tel pluralisme ne

---

[761] Notamment sur la question de la définition des actifs et de celle des amortissements : Instruction fiscale du 30 décembre 2005, *op. cit.*

[762] C'est d'ailleurs ce que commande le principe de « Substance over form », *op. cit.*

[763] J.-L. Rossignol, « L'analyste financier, les nouvelles normes IAS/IFRS et l'impôt », *op. cit.*

[764] C'est d'ailleurs l'une des raisons pour laquelle l'article 34 réserve au législateur fiscal la compétence exclusive de l'élaboration des règles fiscales. Le peuple exprime sa volonté par ses représentants : le parlement constitué de l'Assemblée Nationale et du Sénat.

[765] Ch. Penglaou, cité par J.-L. Rossignol, M. Chadefaux, « Fiscalité et comptabilité », *Encyclopédie de la comptabilité, du contrôle de gestion et de l'audit*, Economica, 2e édition, 2009, n°59, p. 817.

[766] L. Boone, « L'Etat et les marchés financiers », in *Les marchés sont-ils devenus raisonnables ?*, PUF 2011, p. 23.

peut qu'être bénéfique pour la relation entre comptabilité et fiscalité et pour la règle fiscale. La diversification est un excellent moyen de gérer le risque : la règle est pourtant élémentaire.

258. S'agissant du pluralisme jurisprudentiel, les règles de l'ANC contribuent à une harmonisation des rapports entre comptabilité et fiscalité. Ce qui contribue à renforcer l'idée selon laquelle ce pluralisme se ferait en faveur des règles de droit fiscal. C'est le cas des provisions et de leurs conditions de déductibilité en fiscalité. Jusqu'à ce jour, les largesses du droit fiscal sur la déductibilité des provisions avaient engendré des abus de la part des entreprises, générant ainsi un contentieux abondant. Avec l'introduction des normes IFRS, la comptabilisation des provisions est devenue plus stricte[767]. Sur ces questions sus-évoquées, il y va de l'intérêt de l'Etat de favoriser cette forme de pluralisme judiciaire en fiscalité[768]. Elle aboutit au thème très débattu de la régulation[769].

259. C'est Paul Amselek[770] qui a permis, dans le domaine du droit fiscal, de dégager les utilités de la régulation. Il lui a attribué des vertus de complémentarité, de perfectionnement de la règle fiscale. Couplés aux travaux de Gérard Timsit[771], la régulation, dans ses critères du moins, devient plus perceptible. La régulation est une forme différente d'élaboration et de conception de la règle de droit d'une part et d'autre part, la régulation apparaît comme une réponse « aux crises dont sont affectées les sociétés contemporaines dans leur fonctionnement normatif ». Les normes IFRS entreraient ainsi dans cette forme de régulation, en ce qu'elles visent à

---

767 Y. Benard, « Marketing, détergents et provisions : le CNC lave-t-il plus blanc ? », concl. Sous CE 2 juin 2006 n° 269997 et n° 269998, Sté Lever Fabergé France et Sté Unilever France 995, *RJF* 2006 - août / septembre, p. 723.

768 M. Collet, « La régulation fiscale », *Droit fiscal*, n° 12, 20 mars 2008, p. 220.

769 Selon les professeurs Hoarau et Teller, « la régulation désigne une fonction et une architecture institutionnelle- l'autorité de régulation- dont l'indépendance est la condition même de régulation. La fonction peut-faire l'objet de différentes conceptions (le terme de régulation apparait dans la langue française en 1832 et définit l'action de réguler et corriger le fonctionnement d'un appareil ou de coordonner un système complexe afin d'en assurer un fonctionnement correct et régulier. Cette notion est un concept central de la cybernétique, mot inventé par Ampert en 1834, pour désigner l'étude des modes de gouvernement). On en mentionnera uniquement deux. Elle correspond « à la volonté d'ouvrir le processus normatif à l'intervention formalisée des opérateurs et à la société civile », et dans une conception plus large, elle recouvre « de nouvelles formes de gouvernance associant pouvoirs publics et pouvoirs privés, experts et pouvoirs politiques ». Ch. Hoarau, R. Teller, « IFRS, les normes comptables du nouvel ordre économique global ? », *op. cit.*, p. 3 à 20.

770 P. Amselek, « Les mécanismes régulateurs de la pratique du droit fiscal en France », *Droit Fiscal* 1983, n° 40, p. 1176 à 1179, cité par M. Collet, « La régulation fiscale », *op. cit.*

771 G. Timsit, « Normativité et régulation » : *Cah. Cons.* 2006, n° 21, p. 84, cité par M. Collet, « La régulation fiscale », *op. cit.*

apporter à la règle fiscale une complémentarité et un perfectionnement[772]. Selon Hoarau et Teller, « dans le champ de la normalisation comptable, elle porte sur le processus d'élaboration, d'application et de contrôle des normes. Au niveau national, la régulation associe, selon des architectures institutionnelles différentes selon les pays, des acteurs privés, en particulier la profession comptable et/ou une technostructure qui en est issue, et les pouvoirs publics qui en assurent la tutelle. A l'échelon international, la séparation entre la production des normes par l'IASB et leur mise en œuvre et son contrôle, qui relèvent de l'espace national ou régional, conduit une régulation fragmentée, source de conflit de légitimité. Cette situation soulève des questions d'importance, en particulier celle-ci : devant quelle organisation ou instance un producteur privé d'un bien collectif, si l'on veut bien considérer l'information comptable comme telle, doit-il rendre compte ? Autrement dit, quelle doit-être la gouvernance de l'IASB ? Comment éviter la confusion entre deux ordres de légitimité, celle procurée par l'efficacité des résultats et celle qui procède de l'origine des pouvoirs ? [773] » Ils ont ainsi résumé toute la difficulté du pluralisme fiscal. C'est un paradoxe infini que de devoir légiférer pour l'amélioration de la règle fiscale. C'est sans doute au travers d'un processus d'unification du droit fiscal au niveau communautaire qu'il sera possible de trouver la réponse à ces questions.

Section 2 : Les normes comptables internationales : facteur d'harmonisation de la règle fiscale

260. Les normes comptables internationales n'ont pas toujours contribué à l'amélioration de la règle fiscale. En multipliant les divergences entre comptabilité et fiscalité, elles ont aussi contribué à accroître le nombre de retraitements sur le tableau 2058 et l'application des règles fiscales dans le seul but de neutraliser l'impact des normes IFRS sur le résultat comptable. Ainsi, selon Decock Good et Franck Dosne, « la difficulté vient de la comptabilisation des impôts différés », qui résultent des différences entre le bénéfice comptable et le bénéfice imposable. Ces difficultés d'ordre purement techniques sont infimes face à la multiplicité des référentiels comptables au sein de l'Union qui freinent l'élan de l'harmonisation comptable. L'harmonisation fiscale est de plus en plus au cœur des préoccupations communautaires, même si les Etats manifestent encore des

---

[772] P. Amselek, « Les mécanismes régulateurs de la pratique du droit fiscal en France », *op. cit.*

[773] Ch. Hoarau, R. Teller, « IFRS, les normes comptables du nouvel ordre économique global ? », *op. cit.*, p. 3 à 20.

réticences sur ces questions. La difficulté vient du fait que le cadre de normalisation n'est pas clairement défini. Quelles sont les normes juridiques les plus adaptées pour permettre une harmonisation fiscale ?[774] Communier rappelle en effet que les premières réflexions sur l'harmonisation fiscale remontent au traité Tinbergen de 1953[775]. Elles ont concerné plusieurs secteurs mais pour ce qui est de la fiscalité des entreprises, il faut se reporter à la communication du 20 avril 1990[776]. La nécessité d'une telle harmonisation était d'assurer une neutralité fiscale complète pour éviter d'influencer les prises de décision d'investissement, tant il est vrai que la fiscalité est un choix décisif parmi les éléments envisagés par les investisseurs[777]. L'auteur rappelle cependant que la divergence des législations fiscales a cependant freiné cet élan. « Le conseil de l'Union Européenne a alors décidé d'utiliser le principe de subsidiarité. Selon ce principe, les Etats membres de l'Union Européenne sont compétents pour la fixation de l'assiette de l'impôt sur les sociétés, sauf si cette liberté entraine des distorsions fiscales au sein des pays de l'Union Européenne telles qu'elles faussent les principes communautaires. Pourtant, en avril 1992, le comité Ruding remet un rapport à la commission dans lequel il explique les disparités des législations nationales en matière fiscale. Cette disparité fausse les règles communautaires et même s'il ne s'agit pas pour l'instant d'une concurrence fiscale effrénée, il convient d'agir au plus vite. L'action devait tendre à éliminer la double imposition des revenus transfrontaliers et le rapprochement des systèmes nationaux d'impôt sur les sociétés tant en matière de taux minimum, d'assiette que d'incitations fiscales ». Une partie de la doctrine américaine s'étant intéressée à la question note que l'une des difficultés à la mise en place d'un impôt sur les sociétés européen est le fait que les Etats ne s'entendent pas sur la base taxable. Les normes IFRS pourraient à ce titre servir de consensus et contribuer à l'harmonisation de l'impôt sur les sociétés des différents pays européens[778].

---

774 J. M. Communier, *Droit fiscal communautaire*, p. 155 et s.

775 Ceca, Haute Autorité, Rapport sur les problèmes posés par les taxes sur les chiffres d'affaires dans le marché commun établissant une commission d'experts, 1953, rapport cité par J. M. Communier, *op. cit.*

776 V. le rapport Segré, doc. De la commission 818/I/I/1967/5, cité par J. M. Communier, *op. cit.*

777 J. M. Communier, *op. cit.*

778 "Each Member State has its own definition of taxable income. Although corporations traded on EC stock exchanges must comply with International Financial Reporting Standards (IFRS) in reporting income in financial statements, there is no requirement that Member States follow IFRS in the calculation of income for tax purposes. To the extent that individual Member States do rely on accounting standards in their calculation of taxable income, IFRS contributes to tax harmonization", Ch. E. Mclure Jr, " Legislative, Judicial, Soft Law, and Cooperative Approaches to Harmonizing corporate Income", European Legal Studies Center, Columbia University, *Columbia Journal of European Law,* Summer, 2008, 14 Colum. J. Eur. L. 400.

261. La question des normes comptables internationales intervient et semble tout à fait appropriée à la question. Est-il possible qu'un référentiel comptable international puisse servir de support pour développer les bases d'un impôt sur les sociétés commun à tous les Etats de l'Union Européenne ?

Paragraphe 1 : Les projets d'harmonisation de la fiscalité locale par les normes comptables internationales

262. Selon Degos,[779] « ce projet vise à transposer dans les comptes sociaux et dans les comptes consolidés de groupes non côtés, des normes plus simples que les normes IFRS actuelles pour permettre aussi une meilleure lisibilité de la part des investisseurs qui s'y intéresseraient. Selon l'IASB, cette norme devrait répondre aux objectifs suivants : répondre aux besoins des utilisateurs des états financiers des PME, être fondé sur le même cadre conceptuel que les normes IFRS, permettre d'alléger le poids des contraintes d'information financière des PME souhaitant utiliser un référentiel international. Ce projet pourrait permettre ainsi de rapprocher les différentes fiscalités locales, si la connexité est maintenue. Le législateur fiscal est en effet sensible à l'évolution de la matière comptable internationale et à la nécessité pour la comptabilité de s'adapter ». Les objectifs fiscaux de ce projet visent cependant la question des petites et moyennes entreprises[780]. Ce qui est frappant dans la mise en place du référentiel comptable international, qu'il s'agisse du référentiel pour les PME[781] ou du référentiel normal, c'est l'obstination avec laquelle la commission européenne souhaite aboutir à une harmonisation de la fiscalité des différents pays de l'Union Européenne[782]. Avec la mise en place des IFRS pour PME, c'est une nouvelle étape qui est franchie dans le processus de mise en place d'une fiscalité européenne commune. L'objectif d'aboutir à une harmonisation des règles fiscales par le référentiel comptable

---

779 J.-G. Degos, S. Ouvrard, « L'influence des normes d'information financière sur la convergence des règles fiscales et comptables françaises », *La Revue du financier*, mai-juin 2007, n°165, p. 32.

780 J.-G. Degos, S. Ouvrard, « L'influence des normes d'information financière sur la convergence des règles fiscales et comptables françaises », *op. cit.*, p. 32.

781 Revue Fiduciaire comptable, « Le référentiel IFRS PME, comparaison avec les règles françaises », *Revue Fiduciaire comptable*, n° 342, septembre 2007, p. 23 à 62 ; Revue Fiduciaire comptable, « IFRS et PME : le projet de l'IASB», *Revue Fiduciaire comptable*, avril 2007, n° 338, p. 21.

782 Summary report of the workshop on the application of International Accounting Standards (IAS) in 2005 and the implications for the introduction of a consolidated tax base for companies' EU-wide activities held in Brussels on 18 March 2003, D. G. fiscalité et union douanière, Bruxelles.

international est louable, sa mise en œuvre est difficile. La difficulté vient du fait que le référentiel comptable n'intègre pas les divergences existant au sein des Etats européens entre les différentes comptabilités[783]. Des progrès sont néanmoins réalisés avec l'adoption du référentiel IFRS pour PME et les attentes que ce référentiel suscite.

263. C'est Pailliser qui a sans doute le mieux résumé la nature des relations entre comptabilité et fiscalité au sein des différents pays Européens et au-delà du continent[784]. Selon ce dernier, les relations entre la comptabilité et la fiscalité sont de deux types. Soit elles sont dites à l'alignement et il faut comprendre par là qu'il existe un lien de connexion entre la fiscalité et la comptabilité, soit elles sont appelées relation de déconnexion et dans ces conditions, règles fiscales et comptables co-existent, sans que l'une des règles n'influe sur l'autre[785]. Parmi les pays connaissant la connexité, il y a l'Allemagne, la Belgique, l'Espagne, le Portugal, la Finlande, la Grèce, l'Italie, le Japon, le Luxembourg, la Norvège, le Portugal, la Suède, la Suisse, la Turquie et bien sûr la France[786]. Pour les pays scandinaves comme la Norvège, explique Pailliser, la soumission des règles fiscales aux règles comptables est telle que lorsque les règles comptables sont contraires aux règles fiscales, elles sont purement et simplement supprimées[787]. Parmi les pays connaissant la déconnexion, il y a les Etats-Unis[788], le Canada,

---

[783] F. Mousel, *Quel impact fiscal suite à l'adoption des normes IFRS par l'union européenne*, 1e éd., Larcier, 2006, p. 191.

[784] H. Paillisser, *Les relations entre la comptabilité commerciale et la fiscalité des entreprises*, thèse, Paris, 1990, p. 7 et s.

[785] Selon Paillisser, en France, les deux dimensions de la relation entre comptabilité et fiscalité existent. Une illustration de la connexion entre fiscalité et comptabilité peut-être faite en ce sens que le résultat comptable est déterminé à partir du résultat fiscal. Une illustration de la déconnexion peut-être aussi faite à partir du même exemple en rappelant que même si le résultat comptable est déterminé à partir du résultat fiscal, le résultat fiscal n'est pas exactement le résultat comptable. Celui-ci est déterminé à partir de retraitements dits « extra-comptables » qui servent à réintégrer des charges non fiscalement déductibles ou à déduire des charges qui comptablement ne se justifient pas. Un exemple de charge n'ayant pas de réalité comptable mais fiscalement déductible est celui de la comptabilisation des provisions réglementées : H. Paillisser, *Les relations entre la comptabilité commerciale et la fiscalité des entreprises*, thèse, Paris, 1990, p. 7 et s.

[786] En France, cette double dimension de la relation entre comptabilité et fiscalité existe. Elle est justifiée par le fait que la fiscalité a besoin de la comptabilité pour déterminer l'assiette de l'impôt, mais dès que les règles comptables bouleversent les règles fiscales, elles sont arrêtées, stoppées. Parfois ces règles fiscales ne sont pas bouleversées par les règles comptables mais on observe leurs interventions dans le domaine comptable pour influer sur la politique comptable des entreprises. Ceci est une autre facette de la domination des règles fiscales sur les règles comptables.

[787] Paillisser cite l'exemple des enregistrements comptables contraires aux règles fiscales et leur interdiction.

[788] Selon Paillisser, même dans les pays connaissant la déconnexion entre règles fiscales et comptables, force est de constater que l'influence de la fiscalité est inévitable. C'est le cas par exemple aux usa où les stocks peuvent être comptabilisés à la méthode comptable LIFO,

l'Australie, le Danemark, l'Irlande, la nouvelle Zélande, les Pays-Bas, le Royaume-Uni.

264. En France, c'est l'article 38 quater de l'annexe III au Code général des Impôts qui régit les relations entre comptabilité et fiscalité. Selon cet article, les règles fiscales doivent respecter les définitions édictées par le Plan comptable général pour la détermination de l'assiette de l'impôt sur les sociétés, à condition que ces règles ne soient pas contraires au Code général des Impôts[789]. En cas d'incompatibilité, le Conseil d'Etat dispose de l'arsenal juridique nécessaire pour les écarter[790]. Le Conseil d'Etat pourrait ainsi invoquer la hiérarchie des normes qui voudrait que la norme inférieure respecte la norme supérieure[791].

265. A l'opposé de la France, la Belgique n'a pas codifié la relation entre comptabilité et fiscalité[792]. Cette situation a par conséquent ouvert le champ à l'interprétation de la doctrine[793] et des tribunaux. La cour de cassation a eu l'occasion de préciser que « le principe de dépendance entre droit comptable et droit fiscal est compris comme la prépondérance du droit comptable par rapport au droit fiscal en matière de détermination du bénéfice imposable »[794]. A l'instar de la France, l'Allemagne connait un système de connexion entre les règles fiscales et les règles comptables[795]. Ce principe est codifié au paragraphe 5 alinéa premier de la loi Allemande d'impôt sur le revenu[796].

---

c'est-à-dire Last In Fisrt Out. Cette comptabilisation engendre des exonérations fiscales mais pour bénéficier de ces exonérations, les entreprises doivent impérativement les comptabiliser selon cette méthode. On observe donc une influence des règles fiscales sur les méthodes comptables. H. Paillisser, *Les relations entre la comptabilité commerciale et la fiscalité des entreprises*, thèse, Paris, 1990, p. 7 et s.

789 Article 38 quater de l'annexe III au CGI, *op. cit.*

790 CE, 8 juin 2005, n° 270967, 9e et 10e s.-s., SAS Sofinad, concl. L. Vallee, *BDCF* 2005, n°885, août-septembre.

791 CE, 8 juin 2005, n° 270967, 9e et 10e s.-s., SAS Sofinad, *op. cit.*

792 F. Mousel, *Quel impact fiscal suite à l'adoption des normes IFRS par l'union européenne*, 1e édition, Larcier, 2006, p. 80.

793 Selon Mousel, deux principaux ouvrages font autorité en la matière, il s'agit de J. Kirkpatrick, « L'influence du nouveau droit comptable sur le droit fiscal des sociétés en Belgique », *J.T.* 1982, p. 195 et s. Bruxelles et D. Garabedian, « Bénéfice imposable et droit comptable », note sous Cass., 20 février 1997, *R.C.J.B.*, 2000, p. 530 et s., Bruxelles. Selon ce dernier, la controverse doctrinale porte essentiellement sur la signification et la portée exactes du terme « dérogation » et sur le fait de savoir si une dérogation « implicite » est suffisante ou pas.

794 Cass., 20 février 1997, *R.C.J.B.* 2000, p. 530 et s., Bruxelles cité par F. Mousel, *op. cit.*

795 D. Pfaff, T. Schroer, « The relationship between financial and tax accounting in Germany - The authoritativeness and reverse authoritativeness principle », *The European Accounting Review,* 1996, 5: Supplement, p. 963-979.

796 F. Mousel, *Quel impact fiscal suite à l'adoption des normes IFRS par l'union européenne*, 1e éd., Larcier, 2006, p. 83.

266. Ces différents pays connaissent donc un système de connexion entre le droit comptable et le droit fiscal. Toute modification des règles comptables entraine aussi une modification des règles fiscales. En revanche, pour certains pays de l'Union Européenne, le système fiscal est différent. Dans ces pays, le résultat fiscal n'est pas calculé à partir du résultat comptable et les changements comptables n'entrainent pas d'incidences sur la fiscalité[797]. La question s'était posée de savoir quelles étaient les modalités de calcul de l'impôt sur les sociétés dans ces pays[798]. Selon Villemot, « il y a deux schéma possibles. Le système anglais ignore le contrôle fiscal. Les entreprises négocient l'établissement de leur déclaration avec l'administration de sorte qu'il peut arriver que l'on négocie la liasse fiscale plusieurs années après la clôture. Mais une fois qu'un accord a été trouvé, c'est terminé, les contrôles a posteriori ne sont donc pas nécessaires et c'est un schéma qui a le mérite d'offrir une vraie sécurité. Le système américain est radicalement différent. L'administration y bénéficie de pouvoirs exorbitants comparables à ceux de la France. Le moindre groupe américain dispose d'une quarantaine de fiscalistes dont la seule mission consiste à s'occuper des vérificateurs[799] ».

267. La différence de systèmes fiscaux au sein de l'Union Européenne est un obstacle à la généralisation des normes comptables internationales et à l'utilisation du référentiel comme modalités de calcul de la base imposable. Il en est ainsi pour les pays connaissant un lien de connexion entre comptabilité et fiscalité car le référentiel IFRS est incompatible avec une comptabilité fiscale. La raison de son incompatibilité réside essentiellement dans l'opposition qui existe en France entre la comptabilité patrimoniale et la comptabilité financière. Alors que la comptabilité patrimoniale est une comptabilité soumise à la qualification juridique préalable des opérations, la comptabilité financière utilise l'ensemble des ressources de l'entreprise, qu'ils correspondent ou non à la qualification juridique, car le but est d'obtenir une performance financière pour les investisseurs. L'exemple du crédit-bail est à ce propos très illustratif[800]. Cette différence a conduit à écarter l'application de certaines normes IFRS dans les comptes sociaux. De façon générale, l'opposition entre comptabilité et fiscalité dans les pays de l'Union Européenne s'explique de façon historique.

[797] Cf supra, s'agissant de la liste des pays connaissant la déconnexion. Il s'agit des Etats-Unis[797], du Canada, de l'Australie, du Danemark, de l'Irlande, de la Nouvelle Zélande, des Pays-Bas, du Royaume-Uni.

[798] D. Villemot, « Introduire les IFRS dans les comptes sociaux, une révolution juridique et fiscale », *Les Petites Affiches*, 08 avril 2005, n° 70, p. 3.

[799] D. Villemot, « Introduire les IFRS dans les comptes sociaux, une révolution juridique et fiscale », *Les Petites Affiches*, 08 avril 2005, n° 70, p. 4.

[800] Cf Supra, l'influence de la théorie du patrimoine sur la comptabilité et la fiscalité.

268. Les systèmes anglo-saxons de comptabilité s'opposent aux systèmes romano-germanique de comptabilité. S'agissant des anglo-saxons, la séparation entre comptabilité et fiscalité s'est effectuée de façon précoce. Aux Etats-Unis par exemple, dès 1913, le XVIe amendement avait donné au congrès, l'autorisation légale de percevoir un impôt sur le revenu. Mais comme l'explique Guy Gelders, cité par Mousel, « les traditions et règles comptables avaient une base non pas légale ou réglementaire, mais professionnelle, car élaborées par les professionnels de la comptabilité[801] ». L'idée de « placer la fiscalité, acte de souveraineté par excellence, dans la dépendance des règles édictées par des associations privées » paraissait inadmissible[802]. Fiscalité et comptabilité poursuivaient deux buts différents. La comptabilité et la réglementation comptable aux Etats-Unis se sont vite retrouvées entre les mains des cabinets comptables privés pour non seulement prendre en compte les intérêts des petits épargnants, souvent lésés lors des crises financières mais aussi pour une prévention en amont et plus efficace de ces crises[803]. La principale caractéristique de ces systèmes réside dans le fait qu'ils sont axés sur les marchés financiers. Leur exposition à ce type d'économie de marché a engendré une séparation entre comptabilité et fiscalité.

269. S'agissant des systèmes romano-germanique, ils sont d'avantage basés sur « l'autofinancement ou en ayant recours à l'emprunt bancaire[804] ». Ce système était d'avantage basé sur la sécurité et l'ensemble des parties prenantes de l'entreprise, qu'il s'agisse des banques, de l'Etat, des créanciers en tous genres. Le socle juridique servait à garantir la sécurité de la comptabilité. Il s'agit de la comptabilité que Raybaud-Turillo a nommé la « comptabilité patrimoniale[805] » et que Jacques Richard et Christine Colette ont nommé « la comptabilité statique[806] ». Ce type de système est largement favorable à la relation entre comptabilité et fiscalité, une relation consacrée et stabilisée par l'utilisation du droit[807].

270. A partir de la différence de systèmes fiscaux, l'on comprend aisément que la relation entre comptabilité et fiscalité soit une étape clé de l'utilisation du référentiel comme base d'imposition au sein des pays de

---

801 G. Gelders, « Droit comptable et fiscalité », *Bulletin des contributions*, 1983, n°628, p. 1249 cité par F. Mousel, *op. cit.*, p. 33.

802 F. Mousel, *Quel impact fiscal suite à l'adoption des normes IFRS par l'union européenne*, 1e édition, Larcier, 2006, p. 33.

803 Cf Supra La variable conjoncturelle des rapports entre comptabilité et fiscalité.

804 F. Mousel, *op. cit.*, p. 34.

805 B. Raybaud-Turillo, *Le droit comptable patrimonial–Les enjeux d'un droit comptable substantiel*, Vuibert, Paris 1997, 364 p.

806 J. Richard, C. Colette, *Les systèmes comptables français et anglo-saxons–Normes IAS,* 8e édit., Paris, Dunod, 2009, p. 374 et s.

807 Voir supra, le rôle de la propriété dans la relation entre comptabilité et fiscalité.

l'Union Européenne. Cette idée comporte des avantages et des inconvénients. Ses forces résident sans doute dans le rôle que la Cour des Communautés Européennes pourrait être amenée à jouer dans l'application de ce référentiel IFRS, mais aussi dans le rôle que le Conseil d'Etat jouerait dans cette application. Ce dernier a introduit dans la jurisprudence française les normes IFRS pour trancher un litige entre règles comptables et fiscales de par le passé. Il ne serait guère surprenant que la solution se répète, maintenant que ces normes font partie intégrante du cadre juridique comptable en France[808]. Mieux encore, au-delà de la question jurisprudentielle, l'avancée des normes IFRS et leur importance au niveau communautaire conduisent à croire qu'elles sont appelées à jouer un rôle important au niveau communautaire. C'est tout le sens de l'utilisation du référentiel comptable international comme base d'imposition au niveau européen.

Paragraphe 2 : Les projets d'harmonisation de la fiscalité communautaire par les normes comptables internationales

« Si les nations de l'Europe, au lieu de se mépriser injustement les unes les autres, voulaient faire une attention moins superficielle aux ouvrages et aux manières de leurs voisins, non pas pour en rire, mais pour en profiter, peut-être de ce commerce mutuel d'observation naitrait ce goût général qu'on recherche si inutilement.[809] »

271. Cappelaere résume la problématique en ces termes : « la question centrale est de savoir si le résultat comptable consolidé suivant les normes IAS peut, ou non, servir de point de départ à une assiette fiscale d'ensemble[810] ». Et c'est tout le sens du projet ACCIS, qui est l'acronyme d'Assiette Commune Consolidée pour l'Impôt sur les Sociétés. Comme le rappelle l'exposé des motifs du projet, les services de la commission européenne travaillent depuis maintenant plusieurs années à la mise au point d'un projet de directive relatif à l'instauration d'une assiette commune de l'IS. Ce travail s'effectue en liaison avec les Etats, les administrations fiscales et

---

[808] J.-L. Rossignol, « Le juge de l'impôt face aux normes comptables internationales », *Revue Comptabilité Contrôle Audit*, Numéro Spécial, décembre 2007, p. 127.

[809] Voltaire, « Essai sur la poésie épique », Chapitre 1e : « Des différents goûts des peuples », cité par L. Rives, *Obsession fiscale et administration des entreprises : Essai sur le rapt de la comptabilité par la fiscalité*, thèse, Péchade, 1962, p. 84.

[810] J. J. Cappelaere, « L'harmonisation de l'impôt sur les sociétés à travers la mise en place d'une fiscalité de groupe européenne», *Banque Magazine*, juillet-août 2003, n°649, p. 81.

l'Etat. Le projet ACCIS semble bien avancé et en 2008, la commission a fait remarquer que de nombreux points techniques restent à trancher, mais l'architecture d'ensemble du projet est arrêtée. Selon la commission, un certain nombre des grands principes qui gouverneraient la détermination du résultat imposable sont proches de ceux actuellement en vigueur en France, mais l'analyse du projet développée dans la présente question d'actualité montre que sa mise en œuvre emporterait des changements importants à l'égard des entreprises françaises[811]. Selon la Commission Européenne, l'élaboration d'une assiette commune consolidée à l'impôt sur les sociétés (ACCIS) est un projet qui consiste à permettre à des sociétés passibles de l'impôt sur les sociétés, membres d'un même groupe et ayant leur siège dans différents Etats membre de l'Union européenne (UE), de déterminer leur assiette fiscale selon les mêmes règles pour dégager un seul résultat imposable au niveau du groupe. Ce projet devrait aboutir à une proposition de directive[812]. Le principal objectif du projet en cours de préparation consiste à permettre aux entreprises de calculer leur base imposable selon un même corps de règles pour l'ensemble de leurs activités déployées dans l'UE directement ou par l'intermédiaire de filiales. En outre, le groupe soumis à l'ACCIS établirait un seul résultat fiscal, issu de la somme algébrique des résultats nets bénéficiaires et déficitaires des sociétés du groupe. Ce résultat serait ensuite réparti entre les Etats membres intéressés par application de clés de répartition uniformes à définir. La quote-part du résultat bénéficiaire du groupe revenant à chaque Etat serait ensuite soumise à l'IS national, les Etats membres continuant à fixer leurs propres taux d'imposition[813].

---

[811] L'engagement des travaux pour l'élaboration de ce projet est né de la constatation que les groupes de sociétés qui souhaitent s'implanter dans plusieurs Etats membres de l'Union Européenne sont confrontés à un certain nombre d'entraves fiscales liées notamment, à la connaissance des règles d'assiette applicables dans l'Etat d'implantation. A cela s'ajoute l'appréhension des conséquences fiscales des conventions de double imposition signées entre l'Etat d'origine et l'Etat d'implantation, la restriction des possibilités de compensation des pertes subies dans plusieurs Etats membres, la détermination des prix de transfert.

[812] Le Conseil de l'UE a arrêté en mars 2000, la « stratégie de Lisbonne » (confirmée en 2005) qui prend notamment pour objectif l'amélioration de la compétitivité économique de l'Union Européenne. L'harmonisation de la fiscalité directe s'inscrit dans le cadre de cet objectif général.

On rappelle que seules trois directives ont été adoptées, à ce jour, dans le domaine de la fiscalité directe des entreprises : la directive fusions (directive 90/434/CEE modifiée par la directive 2005/19/CE) ; la directive « mère-filles » (directive 90/435/CEE modifiée par la directive 2003/123/CE) et la directive intérêts-redevances (2003/49/CE). La jurisprudence de la CJCE concourt, à travers certaines décisions de principe, au rapprochement des législations au sein de l'Union, mais les convergences en cause sont nécessairement ponctuelles et subordonnées à la volonté des Etats membres de faire diligence pour tirer les conséquences des arrêts de la cour.

[813] Comme le précise le Mémento Fiscal Francis Lefebvre, dès 2001, la commission Européenne s'était penchée sur la question : (COM(2001) 582 du 23/10/2001). Cette orientation a été confirmée en 2003 (COM(2003) 726 du 24/11/2003) puis a abouti à la

272. Le projet ACCIS refuse cependant d'utiliser les normes comptables internationales comme base d'imposition. C'est ce que rappelle le Mémento Fiscal Francis Lefebvre. En effet, « les services de la Commission sont convaincus que le maintien de la « dépendance » entre les comptes fiscaux et les comptes financiers est impossible dans la mesure où il existe 27 réglementations nationales différentes en matière de comptabilité financière et, bien que les IAS/IFRS soient utilisés par certaines sociétés dans plusieurs Etats membres, il n'existe pas d'harmonisation dans la transposition des règles prévues ni dans la définition des sociétés soumises aux dites règles ».

273. Ce sentiment est partagé par une partie de la doctrine, notamment les auteurs qui se sont intéressés à la question des normes comptables internationales. Selon eux, l'application des normes comptables internationales est incompatible avec l'établissement de l'assiette de l'impôt sur les sociétés[814]. La raison principale tient au fait que la comptabilité financière repose sur les principes de la finance et la comptabilité juridique repose sur les principes du droit. L'affirmation est redondante, mais elle suffit, à elle seule, à expliquer les divergences observées[815].

274. La solution d'aboutir à une harmonisation de la fiscalité Européenne doit être cherchée ailleurs et sans doute dans ces propos du professeur Gilles Amédée-Manesme selon lequel « la fiscalité est au cœur du pouvoir régalien de chaque Etat ; l'unanimité des membres du Conseil Européen est toujours requise chaque fois qu'une disposition communautaire touche la fiscalité. En droit fiscal, l'effort d'harmonisation a été principalement pris en charge par le juge communautaire au visa des grandes libertés imposées par le traité de l'Union (liberté d'établissement, liberté de circulation des personnes et des capitaux, liberté de prestations des services) ». Si le consensus des Etats est indispensable chaque fois que le droit communautaire touche à une disposition fiscale, l'harmonisation des fiscalités européennes ne se fera pas du jour au lendemain. La solution devra venir de la jurisprudence et ceci, à partir des règles législatives laissées à sa disposition. Au demeurant, les

---

constitution d'un groupe de travail sur l'ACCIS en 2004. Le groupe de travail, présidé par un fonctionnaire de la direction générale de la fiscalité et de l'union douanière de la Commission européenne, a pour mission d'apporter une assistance technique et de fournir des avis à la Commission. Des experts des 27 Etats membres participent à ce groupe avec les services de la Commission. Les contributions des membres revêtent un caractère exclusivement technique et aucun Etat n'est appelé à prendre d'engagement politique à ce stade.
Environ quatre réunions par an sont prévues. A ce jour, le groupe de travail ACCIS s'est réuni à dix reprises entre novembre 2004 et mars 2007.

[814] F. Mousel, *Quel impact fiscal suite à l'adoption des normes IFRS par l'union européenne*, 1e édition, Larcier, 2006.

[815] M.-Ch. Piniot, « Quelques réflexions d'après débat », *Revue Droit comptable*, n°96-3, septembre 1996, p. 70.

[815] R. Obert, « La structuration juridique des textes comptables français », *Revue Française de Comptabilité*, n°404, novembre 2007.

difficultés de légiférer en matière fiscale au niveau communautaire expliquent les difficultés d'utilisation du référentiel comptable international comme base d'imposition.

Chapitre 2 : Les difficultés d'amélioration de la règle fiscale par les normes comptables internationales

275. A la question de savoir si les marchés étaient devenus raisonnables, les participants du colloque organisé par l'université de Paris dauphine, sur le thème « les marchés sont-ils devenus raisonnables » ont répondu par la négative[816]. La crise financière de 2008 a donné naissance à cette problématique. Plusieurs causes de cette crise ont été avancées et les conséquences, néfastes, dépassent le simple cadre du domaine de la finance pour s'attacher à celui de la fiscalité.

276. A coups de mesures juridiques, l'Union Européenne a décidé de remédier aux conséquences engendrées par la crise financière en adoptant des mesures destinées à la transparence financière et à la réduction du risque de volatilité engendré par les normes IAS 32 et 39. L'une des réponses essentielles à la crise était de faire en sorte d'encourager la pratique d'une finance seine, en redécouvrant l'entreprise comme créateur de richesse[817]. Pour ce faire, la fiscalité devait jouer un rôle, à travers les mesures de réduction d'impôt pour les investisseurs qui décidaient de placer leur épargne dans le capital risque, dans des projets viables et à long terme. L'attention devait être portée sur les investisseurs à un double niveau. D'abord, en les incitant, par des mesures fiscales, à l'investissement, ensuite en adoptant des mécanismes de certification et de simplification pour les entreprises, dans l'optique d'une bonne gestion de ces dernières[818].

277. En effet, la bonne gouvernance devra désormais être inscrite au cœur de l'action des dirigeants d'entreprise et des principaux opérateurs de marché[819]. La proportion que prend la finance virtuelle sur la finance réelle dépasse l'entendement. Malheureusement, ces opérations financières s'avèrent néfastes pour l'ensemble de la finance, compte tenu de l'information, de sa complexité (les produits dérivés) et du mimétisme (subprimes et bulle internet sont des comportements de mimétisme)[820]. L'un

---

816 *Les marchés sont-ils devenus raisonnables ?*, PUF 2011, p. 101.

817 P. Morand, D. Marteau, « Normes comptables et crise financière »- Propositions pour une réforme du système de régulation comptable. Rapport au ministre de l'Economie, de l'industrie et de l'Emploi, 118 p., disponible sur http://www.ladocumentationfrançaise.fr.

818 J. H. Lorenzi, H. Elbaz, « Comment sortir de la pression des marchés financiers sur les dettes souveraines européennes », in *Les marchés sont-ils devenus raisonnables ?*, PUF 2011, p. 101.

819 J.-P. Betbeze, « Comment les marchés peuvent-ils répondre aux besoins des entreprises ? Une réponse en six points », in *Les marchés sont-ils devenus raisonnables ?*, PUF 2011, p. 57 et s.

820 P. Artus, « Où apparaîtra la prochaine bulle ? », in *Les marchés sont-ils devenus raisonnables ?*, PUF 2011, p. 13 et s.

des dangers de cette finance réside dans les troubles que l'information financière est susceptible d'engendrer. L'importance de l'information est donc cruciale et celle qu'apporte une comptabilité en normes IFRS l'a démontré, à travers les IAS 32 et 39, lors de la crise financière[821]. Le contraste saisissant qui existe entre les pays du sud et les pays émergeants demandeurs de crédit et les pays du nord, de plus en plus incapables de répondre à la demande de crédit est saisissant : l'offre de crédit se dégrade au moment où la demande de crédit se fait de plus en plus pressante[822].

278. Pourtant la réponse juridique apportée par la directive MIF est encore disproportionnée. Elle jette des critiques acerbes et infondées sur le cœur du système économique actuel : les marchés financiers. Elle s'apparente à une remise en cause du fonctionnement actuel des marchés financiers, balayant ainsi les théories d'Adam Smith, David Tessner, Alexis De Tocqueville. Selon Maurice Levy, président du directoire de Publicis, on a atteint un stade délicat de l'information financière. Il est loin le temps où la valeur de l'entreprise dépendait de sa richesse, de son argent. Le temps de la finance virtuelle et de l'information financière fait son effet. La valeur d'une entreprise dépend maintenant d'une simple rumeur[823]. Dans les années 50, plus les entreprises avaient de l'argent et plus elles avaient de la valeur. Aujourd'hui, pour des entreprises qui ne sont devenues ni raisonnables (selon la signification qu'on veut leur donner), ni rationnelle (selon les analyses des économistes), cette valeur est soumise à de telles variations qu'il est difficile de la taxer : le raisonnable et le réalisme fiscal : où est passée la valeur et comment la taxer ? Les intermédiaires de marché n'éclairent pas sur la question. Leur rôle dans la crise financière est avéré : ils ont accru les effets pro-cycliques de la crise financière. Que dire aussi de l'actionnariat de l'Etat. Certains économistes comme Stéphane Richard estiment qu'il n'y a pas lieu de maintenir l'actionnariat de l'Etat, parce que sa stabilité ne permet pas l'innovation, le changement. Il n'y a aucun des facteurs d'incitation à la performance : le stress, la compétition ou encore la pression. Les normes comptables internationales en centrant l'information financière sur les investisseurs peuvent y remédier en apportant à l'information financière une autre dimension.

279. Le fait que l'Etat soit relégué au second plan comme destinataire de cette information, en faveur des investisseurs, conduit à voir les IFRS comme un moteur de concurrence. L'Etat n'est plus omniprésent, il est

---

821 P. Iweins, « IFRS 2007 : « Les défis de l'information financière 2007 (2e partie) », *Option Finance*, 18 février 2008, n°968, p. 39.

822 P. Jacquet, « Enjeux financiers et pays émergents », in *Les marchés sont-ils devenus raisonnables ?*, PUF 2011, p. 61 et s.

823 R. Gillet, M. Levasseur, « Finance et comptabilité », *Encyclopédie de la comptabilité, du contrôle de gestion et de l'audit*, n° 59, Economica, 2e édition, 2009, p. 798 et s.

encore moins omnipotent : la dette de la Grèce et de l'Irlande l'ont démontré, l'Etat peut donc désormais faire faillite. Les normes IFRS mettent à l'épreuve les Etats, le système fiscal et le droit fiscal. Par leur instabilité elles obligent le système fiscal à se prémunir en adoptant des règles. Malheureusement, ce type de protection est source de difficultés supplémentaires. L'administration fiscale se voit dans l'obligation d'imposer des retraitements qui ont pour conséquence d'accroître la charge de la règle fiscale **(Section 1)**. Sans ce processus de stabilisation des normes comptables internationales, le risque est grand d'assister à une forte fluctuation des règles fiscales, source d'insécurité juridique. **(Section 2)**.

Section 1 : La contribution des normes comptables internationales au poids de la réglementation fiscale

« Les textes fiscaux changent à une vitesse telle qu'il ne s'agit plus de textes mais d'OFNI- Objets Fiscaux Non Identifiés-.[824]»

280. En faisant le choix de la convergence du Plan comptable général vers les normes comptables internationales, le Conseil national de la Comptabilité a pris le risque de voir augmenter les divergences entre comptabilité et fiscalité à retraiter sur le tableau 2058[825]. De façon générale, les retraitements sur le tableau 2058 sont dictés par la doctrine de l'administration fiscale[826]. Cette doctrine est guidée par trois principes : la cohérence, la neutralité, la simplicité. Pour préserver ces trois principes, l'administration fiscale opère des choix qui contribuent à accroître la charge des règles fiscales[827]. Le sous-directeur à la direction de la législation fiscale a en effet souligné qu'il s'agissait de préserver la « neutralité financière ou budgétaire des opérations, à la fois pour l'Etat et pour les entreprises[828] ».

---

[824] J. C. Martinez, « Les réactions du contribuable fiscalement agressé », Colloque de Nanterre 1985, cité par L. Agron, *Histoire du vocabulaire fiscal*, LGDJ, 2000, p. 429.
[825] J.-L. Rossignol, M. Chadefaux, « Fiscalité et comptabilité », *Encyclopédie de la comptabilité, du contrôle de gestion et de l'audit*, Economica, 2e édition, 2009, n°59, p. 817.
[826] P. Perpere, « La doctrine de l'administration », Acte du colloque du dess fiscalité de l'entreprise de l'université Paris dauphine sur les conséquences des normes comptables internationales, *Les Petites Affiches*, 08 septembre 2005, n°179, p. 30.
[827] V. PricewaterhouseCoopers, *Actifs : Nouvelles règles comptables et conséquences fiscales*, Levallois: Editions Francis Lefebvre, 2005, vol.1, p. 22.
[828] J.-P. Lieb, cité par PricewaterhouseCoopers, *Actifs : Nouvelles règles comptables et conséquences fiscales*, Levallois: Editions Francis Lefebvre, 2005, vol.1, p. 22.

Lorsque cette neutralité est menacée, l'objectif est de « minimiser le coût, à la fois pour l'Etat et pour les entreprises[829] ». La préservation de cette neutralité passe par l'utilisation du tableau 2058. C'est donc par des retraitements et par un accroissement des dispositions fiscales que la neutralité budgétaire est préservée[830]. De façon évidente, la France se trouve dans une situation ambigüe[831]. Elle a fait le choix de faire converger le Plan comptable général vers les normes comptables internationales, mais en écartant de cette convergence certaines normes[832]. Dans ce choix, la France a aussi fait des « sous-choix ». Elle a par exemple décidé d'exclure l'application de certaines normes IFRS pour les PME du fait des couts qu'aurait engendré leur utilisation[833]. Le souci de préserver la neutralité fiscale a conduit l'administration fiscale à légiférer jusqu'aux détails les plus subtiles. Un aperçu sommaire de la logique de retraitement opéré par l'administration fiscale permet d'avoir une idée précise de l'importance du poids des normes IFRS dans le droit fiscal français **(Paragraphe 1)**. Le poids de ces normes IFRS dans le droit fiscal permet ainsi de conclure à une augmentation de la charge des règles fiscales, source d'incohérence pour le droit fiscal. **(Paragraphe 2)**.

Paragraphe 1 : Le poids de la réglementation financière internationale sur la réglementation fiscale française

281. Il y a un étrange paradoxe dans la réglementation fiscale française. D'une part, la doctrine s'accorde à reconnaître qu'il est devenu banal de souligner le poids de la règlementation fiscale[834] d'autre part, aucune des solutions proposées ne semble résoudre la question. Le droit fiscal foisonne et sa complexité n'a d'égale que la variété des situations qu'il doit appréhender. Les normes comptables internationales sont mouvantes et constituent la principale source d'information de la situation financière des

[829] J.-P. Lieb, *op. cit.*

[830] J.-P. Lieb, *op. cit.*

[831] D. Villemot, « Comptabilité et fiscalité : convergence ou divergence » ? *Les Petites Affiches,* 8 septembre 2005, n°179, p. 9.

[832] Il en est ainsi de la norme IAS 17 qui bouleverse la comptabilisation de ces types de contrat. Alors qu'en droit comptable français, ces contrats étaient comptabilisés à l'actif du bilan du propriétaire, les normes IFRS préconisent une comptabilisation au bilan de la partie contractante qui supporte les risques et avantages inhérents à l'utilisation de l'actif. R. Obert, Le *petit IFRS.* 1 Vol.1, Paris, Dunod, 2010, p. 32.

[833] J. Richard, C. Colette, *Les systèmes comptables français et anglo-saxon–Normes IAS,* 8e éd, Paris, Dunod, 2009, p. 374 et s.

[834] M. Bouvier, *Introduction au droit fiscal général et à la théorie de l'impôt*, LGDJ, 10e édition, p. 231 ; G. Orsoni, *L'interventionnisme fiscal*, PUF, 1995, p. 251, n°214.

entreprises cotées sur les marchés européens, s'agissant de leurs comptes consolidés[835]. Bien que les comptes consolidés ne soient pas utilisés à des fins fiscales, l'extension des normes comptables internationales aux comptes sociaux a remis à l'ordre du jour la question d'une application de la fiscalité à des normes mouvantes[836]. Largement dénoncée pour sa « sur-réglementation », le droit fiscal doit désormais penser à sa « déréglementation[837] ». L'idée prônée dans la déréglementation est celle du recul de l'Etat dans le processus de normalisation et l'avancée des normalisateurs privés, du dialogue, d'un mode de réglementation différent de celui proposé par l'Etat[838]. Si un tel mode doit être prôné, c'est à condition que l'Etat n'intervienne pas dans le processus de réglementation. A défaut, le risque est grand d'avoir deux types de réglementation. Cette réglementation serait a priori, c'est-à-dire qu'elle viendrait des normalisateurs privés comme l'IASB. Cette réglementation serait aussi a posteriori : l'Etat intervenant dans certains domaines pour éviter les atteintes aux principes fiscaux[839]. Cette réglementation à double sens aurait pour effet d'accroitre la charge des règles fiscales[840]. C'est l'effet produit par les normes comptables internationales sur le droit fiscal. Du fait de l'existence d'une pluralité des sources du droit comptable, ces dernières ont aggravé les règles de droit fiscal **(I)**. A cette diversité des sources de droit fiscal s'ajoutent les commentaires des organes comptables comme les avis d'urgence du CNC devenu l'ANC. La réglementation fiscale s'est accrue sous l'influence de la doctrine de l'administration fiscale **(II)**.

I- L'inflation de la règle fiscale liée à la pluralité de ses sources

282. La problématique est assez clair : les normes comptables ont-elles contribué à rendre le droit fiscal plus étoffé qu'il ne l'est déjà. La question

---

[835] Conformément au règlement Européen n°1606/2002 précédemment cité.

[836] J. J. Cappelaere, « L'adaptation fiscale à la nouvelle réglementation comptable IFRS : la définition des éléments de l'actif immobilisé », *Banque Magazine*, 01/07/2006, n°682, p. 92.

[837] P. Martel, *La notion de déréglementation en droit fiscal*, thèse, Université de Nice, 1992.

[838] Selon M. Bouvier, « faire que le droit soit produit par la société civile plus que par l'Etat, tel est en toile de fond la logique fondamentale qui préside à cette approche dont un auteur comme F. Hayek s'est fait l'un des plus ardents propagandistes ». M. Bouvier, *op. cit.*, p. 231.

[839] Il s'agit par exemple de préserver le principe de l'équilibre budgétaire en évitant que l'application des normes comptables internationales n'entraîne une variation trop fluctuante du résultat comptable et par conséquent du résultat fiscal. Voir P. Durand, « Les comptes consolidés rapprocheront-ils les comptes sociaux et la fiscalité ? », *Revue administrative*, n°308, p. 169 et s.

[840] Le résultat de ce procédé serait donc contraire au processus de déréglementation expliqué par Bouvier : M. Bouvier, *op. cit.*, p. 231.

est importante et la réponse est affirmative. L'introduction des normes comptables semble avoir pesé sur la réglementation fiscale à cause du lien qui unit la comptabilité à la fiscalité[841]. Taly et Lebrun le soulignent très simplement : « la convergence ne peut qu'augmenter le nombre de retraitements. Il est, en effet, inconcevable que la base fiscale suive l'évolution qu'impliquent les normes comptables internationales pour deux raisons : la nécessité de préserver la stabilité des recettes de l'Etat s'accommoderait mal de la plus grande volatilité des résultats induite par ces normes, d'autant plus que celles-ci sont appelées à évoluer en permanence ». Cet impact se mesure non seulement sur le fond de la règle fiscale[842] mais aussi sur la forme. Comme le soulignent les rédacteurs du Mémento Actifs : « du fait de la connexion entre le résultat comptable et résultat fiscal, les normes comptables ont entrainé : de nouvelles écritures comptables passées pour des raisons fiscales (amortissements dérogatoires), de nouvelles options comptables ayant des impacts fiscaux, de nouvelles options fiscales liées à l'application des nouvelles règles comptables et des retraitements extracomptables générés et supprimés par l'application des nouvelles règles comptables[843] ».

283. Sur le plan de la technique, et en marge du poids des normes IFRS sur la réglementation fiscale, les rédacteurs du Mémento Actifs sont arrivés à des conclusions intéressantes prouvant que les normes comptables internationales n'ont pas eu d'impact majeur sur l'assiette de l'impôt sur les sociétés grâce aux retraitements opérés par le tableau 2058. En clair, l'introduction des normes comptables internationales ne s'est pas soldée par une aggravation de la charge fiscale pour les sociétés mais par une aggravation des règles fiscales[844]. Cette neutralité fiscale s'explique pour deux raisons : la première tient au fait que, comme le soulignent les rédacteurs du Mémento Actifs, « le traitement fiscal réservé aux IFRS n'a pour effet ni d'interdire définitivement la déduction d'une dépense jusqu'alors déductible, ni de rendre imposable un produit qui échappait jusqu'alors à l'impôt. En pratique, les décalages de déduction ou d'imposition se traduisent selon les cas par un ralentissement de la déduction d'une dépense. Ce ralentissement prend la forme : d'un retardement de l'exercice de déduction[845]. (...) Il peut se traduire aussi par une accélération

---

[841] V. PricewaterhouseCoopers, *Actifs : Nouvelles règles comptables et conséquences fiscales*, Levallois: Editions Francis Lefebvre, 2005, vol. 1, 879 p.

[842] Il en est ainsi de la nouvelle définition des actifs instaurée par le règlement CRC 2004-06 du 23 novembre 2004 homologué par un arrêté du 24 décembre 2004.

[843] Selon les rédacteurs du Memento Actifs, les normes comptables ont ainsi entrainé « une perte des durées d'usage pour l'amortissement des structures des immeubles de placement ».

[844] PricewaterhouseCoopers, *Actifs : Nouvelles règles comptables et conséquences fiscales*, Levallois: Editions Francis Lefebvre, 2005, vol.1, p. 22.

[845] Les rédacteurs du Mémento Actifs citent comme exemple le cas «...des anciennes charges différées ou à étaler, pour celles qui doivent désormais être comptabilisées dans le coût

de la déduction. Cette accélération peut prendre la forme d'un avancement de l'exercice de déduction[846] ». Pour arriver à stabiliser l'assiette de l'impôt sur les sociétés, l'administration fiscale a pris le soin d'élaborer des instructions fiscales chargées de clarifier les dites divergences[847]. A cela s'ajoute la réglementation introduite par le Comité National de la Comptabilité, devenu aujourd'hui, l'ANC, c'est-à-dire, l'Autorité des Normes comptables.

II- Les recommandations des instances comptables et fiscales

284. Avant l'introduction des normes comptables internationales, il existait des divergences entre le droit fiscal et le référentiel comptable français, particulièrement sur la question de l'impôt sur les sociétés[848]. Avec l'introduction des normes comptables internationales, ces divergences se sont accrues[849]. Le Code général des Impôts, les annexes et le livre des procédures fiscales ainsi que les interprétations de la doctrine de l'administration fiscale sont autant d'éléments à prendre en considération[850]. Du fait de la refonte du Plan comptable général, certains éléments importants ont été remis en cause. Il en est ainsi des postes d'immobilisation[851]. Après l'adoption des normes comptables internationales, la comptabilisation des immobilisations a été fortement affectée. C'est le cas des immobilisations incorporelles. Alors que leur comptabilisation était soumise à la vérification

---

d'entrée d'une immobilisation amortissable et qui, auparavant, étaient enregistrées en charge : la déduction n'est plus immédiate mais étalée au fur et à mesure de l'amortissement de l'immobilisation ».

846 Tel est le cas de la quote-part d'une immobilisation corporelle correspondant à la différence entre la durée réelle d'utilisation de l'immobilisation et la durée d'usage, désormais comptabilisée en amortissement dérogatoire. Cette quote part de l'amortissement ne doit donc plus être incorporée au coût de production des stocks. La déduction de ces amortissements est désormais immédiate alors que la déduction était auparavant différée à la sortie des stocks sous-jacents.

847 Instruction fiscale du 30 décembre 2005, *op. cit.*

848 Pour une étude d'ensemble, voir M. Cozian, *Précis de fiscalité des entreprises*, 32e édition, Paris, Litec, 2009.

849 Voir le rapport d'étape du groupe IAS/Fiscalité pour une vision sommaire et rapide des divergences : D. Villemot, « Présentation du rapport d'étape du groupe IAS/fiscalité », *Droit Fiscal* 2005, n° 17, étude n°19, p. 765 à 771. Pour une étude plus complète de la question, voir PricewaterhouseCoopers, *Actifs : Nouvelles règles comptables et conséquences fiscales*, Levallois: Editions Francis Lefebvre, 2005, vol. 1, p. 22 et s.

850 Voir les annexes contenues dans Le Mémento Actifs, *op. cit.*

851 Pour une étude du critère de cessibilité jadis appliqué pour la comptabilisation des immobilisations incorporelles, voir M. Cozian, J.-L. Rossignol, « Les immobilisations incorporelles à la lumière de la jurisprudence SA Sife : arrêt de principe ou arrêt d'espèce », *Droit fiscal*, n°42, 18 octobre 2007, p. 914.

de leur conformité au critère juridique de la propriété, c'est désormais le critère économique qui est pris en compte. L'administration fiscale a en effet précisé dans une instruction fiscale que le contrôle des avantages économiques et des risques inhérents à l'utilisation de l'actif suffisait à les enregistrer, que ces immobilisations incorporelles soient cessibles ou non[852].

285. Pour illustrer ce changement de « paradigme comptable[853] », des tableaux ont été ainsi adoptés[854]. Le changement de méthodologie d'une période à une autre, de règles de présentation ou de méthodes comptables, doit prendre en compte l'exercice en cours et l'exercice précédent[855].

286. Mais à cause du principe d'intangibilité du bilan d'ouverture, il n'y a pas de remise en cause des états précédemment arrêtés[856]. Les impacts significatifs de ce passage de l'ancienne comptabilité à la nouvelle comptabilité doivent être retraités pour éviter que ne soit biaisée l'information financière. Les méthodes d'évaluation pour l'année précédente doivent être signalées pour permettre au destinataire de l'information financière d'avoir une lecture neutre de la situation financière de l'entité. L'objectif des retraitements consiste donc à préserver l'investisseur d'éventuelles erreurs d'appréciation liées à un changement de méthodes comptables[857]. Pour ce faire, les règles comptables doivent être homogènes. La comparabilité des états financiers d'une année à l'autre ne doit pas être affectée par le changement de méthode comptable. Au plan national, la recherche d'une meilleure lecture de ces états financiers au plan fiscal a conduit à l'adoption de règles fiscales supplémentaires[858].

---

852 Instruction fiscale du 30 décembre 2005, *op. cit.*

853 D. Ledouble, « La comptabilité est-elle encore " l'algèbre du droit" » ? *Les Petites Affiches*, 8 septembre 2005, n°179, p. 16.

854 Il en est ainsi des comptes pro-forma dont l'objectif est de retraiter les divergences résultant de l'application de deux référentiels comptables différents : le Plan comptable général de 1999 et le référentiel IFRS. Selon l'utilisation de l'un ou de l'autre référentiel, l'information comptable peut en être affectée.

855 E. Glaser, « Intangibilité du bilan d'ouverture du premier exercice non prescrit : applicabilité au bilan comptable corrigé par les règles fiscales », Concl. sur CE, 3e et 8e ss-sect., 30 juin 2008, n° 288314, M. Lemoine : *Dr. fisc.* 2008, n° 39, comm. 506.

856 E. Glaser, « Intangibilité du bilan d'ouverture du premier exercice non prescrit : applicabilité au bilan comptable corrigé par les règles fiscales », *op. cit.*

857 Selon les rédacteurs du Mémento Actifs, certaines règles comptables résultant de l'application des normes IFRS se sont soldées par une augmentation du résultat fiscal : PricewaterhouseCoopers, *Actifs : Nouvelles règles comptables et conséquences fiscales*, Levallois: Editions Francis Lefebvre, 2005, vol. 1, p. 22 et s.

858 Cf Mémento Actifs, *op. cit.*

Paragraphe 2 : Les incidences des retraitements comptables sur le droit fiscal

287. De 2002 à 2010, le nombre de règlements européens adoptés sur la question des IFRS n'a cessé de croitre. Le règlement du 19 juillet 2002 avait ouvert la voie aux normes IFRS et instauré leur application dans les comptes individuels, par la volonté du Conseil national de la Comptabilité[859]. La profusion de ces règles comptables a des conséquences sur le droit fiscal pour deux raisons.

288. D'abord, le droit fiscal est un droit « mutant[860] ». Il a vocation à frapper la richesse et doit s'intéresser aux autres disciplines juridiques, qui ont vocation à révéler cette richesse[861]. Le droit fiscal emprunte ainsi au droit civil différentes notions telles que celles du domicile pour déterminer le lieu d'imposition des personnes physiques ou encore de la notion de livraison pour déterminer le moment d'imposition des entreprises au travers de la question de la TVA[862]. Dans cette optique, le droit fiscal comporte des règles empruntées aux différentes disciplines juridiques qui contribuent à accroitre le « trop plein » de règles fiscales. Ainsi, l'ensemble des règles fiscales est non seulement constitué des règles fiscales spécifiques[863] mais aussi de règles empruntées aux autres disciplines juridiques[864]. Etant un droit de la richesse, le fait qu'il se situe au « carrefour » des autres disciplines du droit a contribué à renforcer son excédent de règles[865].

289. Ensuite ce caractère de « mutant» du droit fiscal doit s'adapter aux normes comptables internationales dont le caractère évolutif ne surprend

---

[859] Règlement CE n° 1606/2002 du Parlement Européen et du Conseil du 19 juillet 2002.

[860] M. Bouvier, *Introduction au droit fiscal général et à la théorie de l'impôt*, LGDJ, 10e édition, p. 231.

[861] Selon M. Bouvier, il s'agit du droit civil, du droit comptable ou encore du droit des sociétés, pour ne citer que ces exemples.

[862] M. Cozian, *Précis de fiscalité des entreprises*, 32e édition, Paris, Litec, 2009 ; M. Cozian, « Propos désobligeants sur une « tarte à la crème » : l'autonomie et le réalisme du droit fiscal », in *Les Grands Principes de la Fiscalité des Entreprises*, Litec 1996, 3e édition, p. 3. P. Durand, « Autonomie et contradictions du droit fiscal » : *Revue Adm*inistrative, 1994, p. 252. F. Douet, « L'autonomie du droit fiscal ou les qualifications fiscales perfides », *Les Petites Affiches,* 29 août 2007, n° 173, p. 3-7.

[863] M. Cozian, « Propos désobligeants sur une « tarte à la crème » : l'autonomie et le réalisme du droit fiscal », *op. cit.*, p. 50.

[864] Voir par exemple la notion fiscale de livraison empruntée au droit civil : R. Gouyet, « Chronique d'une polémique annoncée : l'autonomie du droit fiscal », *Les Petites Affiches*, 14 juin 2000, n°118, p. 4.

[865] L. Olleon, « Autonomie du droit fiscal : le moribond se porte bien », *Revue de Jurisprudence Française*, 2002, p. 355.

plus désormais[866]. Le constat est encore plus alarmant lorsque l'on envisage la logique de fonctionnement de la relation entre comptabilité et fiscalité en France. Le système de la connexion entre règles comptables et fiscales fait que dès lors que les règles comptables évoluent les règles fiscales changent de ce fait même. La seule façon d'éviter une évolution de la règle fiscale du fait de l'adoption des normes comptables internationales consiste soit à choisir les normes comptables internationales à transposer dans le Plan comptable général, soit après les avoir transposé, à écarter les normes IFRS susceptibles d'entraîner une trop grande variation de l'assiette fiscale. En somme, dans les deux cas de figure, le résultat est le même. Dans le premier cas de figure, aucune disposition n'est prise pour limiter l'impact fiscal des normes comptables internationales et la fiscalité évolue néanmoins. Dans le second cas de figure, des dispositions sont prises pour éviter l'impact des normes IFRS dans les comptes consolidés et dans ces conditions, les dites dispositions contribuent à accroître le poids des règles fiscales. Il est difficile dans ces conditions de conclure à une « amélioration des normes IFRS » dans la mesure où elles contribuent inexorablement au poids des règles fiscales, source d'incohérence et de manque de lisibilité du droit fiscal[867].

290. Il en est ainsi des textes fiscaux qui ont été adoptés dans le but de neutraliser les incidences fiscales des normes comptables internationales. Ils sont contenus pour l'essentiel dans la loi de finances rectificatives pour 2004 qui a traité des conséquences fiscales de la première application des normes comptables internationales[868]. Il en est ainsi aussi des règles fiscales qui ont été adoptées pour suivre l'évolution des normes comptables internationales. Ainsi, pour l'acquisition d'une immobilisation, les entreprises supportent des charges aussi appelées coûts d'entrée d'une immobilisation. Les dites charges étaient différées, ou étalées sur les exercices ultérieurs jusqu'à la cession de l'immobilisation. Désormais, la déduction de ces charges « n'est

---

866 B. Lebrun, « Une nouvelle série de modifications sur les normes IFRS », *Revue Fiduciaire comptable*, novembre 2008, n° 355, p. 21 ; B. Lebrun, « Le projet d'amélioration des normes IFRS », *Revue Fiduciaire comptable*, décembre 2007, n° 345, p. 19 ; B. Lebrun, « Le projet d'amélioration des normes IFRS », *Revue Fiduciaire comptable*, janvier 2008, n° 346, p. 19.

867 Ces textes fiscaux sont souvent techniques et cette technicité les rend parfois inaccessibles aux non spécialistes. Selon les rédacteurs du Mémento Actifs, il en est ainsi des articles 310 HF de l'annexe II et 324 AE de l'annexe III au CGI qui ont été adoptés afin d'exclure certains actifs des coûts de démantèlement et de remise en état de la base imposable à la taxe professionnelle. Il en est aussi ainsi des articles 38 Quinquies et 38 Nonies de l'annexe III afin de définir les frais accessoires à incorporer au coût d'acquisition d'une immobilisation ou d'un stock et d'autoriser l'inclusion des frais financiers dans le coût de revient des immobilisations et des stocks.

868 Loi n° 2004-1485 du 30 décembre 2004 ; Voir aussi, parmi les nombreux textes qui ont été adoptés, les règlements CRC 2004-06 sur la définition, comptabilisation et évaluation des actifs, le règlement CRC 04-01 sur le traitement comptable des fusions et opérations assimilées, le règlement CRC 2002-10 sur les amortissements et dépréciations des actifs, et enfin le règlement CRC 2000-06 sur les passifs.

plus immédiate mais différée jusqu'à la cession de l'immobilisation[869] ». L'ensemble de ces éléments permet d'avoir un aperçu sur les difficultés fiscales engendrées par l'application des normes comptables internationales. Ces difficultés n'ont pas permis de conclure à l'amélioration de la règle fiscale par les normes IFRS. Elles ont bien souvent contribué à leur instabilité.

Section 2 : La contribution des normes comptables internationales à l'instabilité du droit fiscal

291. « Tous les procédés d'illusion fiscale reposent sur le fait que ceux qui prennent les décisions ne sont pas ceux qui en supportent les conséquences », faisait remarquer Pascal Dray, dans le résumé de sa thèse[870]. Désormais les conséquences fiscales seront subies par ceux qui prennent les décisions, surtout depuis que la souveraineté comptable ne repose plus entre les mains des autorités françaises[871]. L'administration fiscale devra en effet prendre les mesures fiscales appropriées pour neutraliser les effets des normes comptables internationales, car elle subit l'impact fiscal des IFRS au même titre que les entreprises[872].

292. De plus, les normes comptables internationales produisent un double effet sur la fiscalité. Elles sont tantôt source de difficultés parce qu'introduisant des principes comme la juste valeur, incompatibles avec la nécessité de stabiliser les recettes budgétaires[873]. Elles sont tantôt source de

---

[869] PricewaterhouseCoopers, *Actifs : Nouvelles règles comptables et conséquences fiscales*, Levallois: Editions Francis Lefebvre, 2005, vol.1, n°1206, tableau 1.

[870] P. Dray, *L'illusion fiscale ou la « véritable nature des politiques publiques »*, thèse, Paris 2010, 292 p.

[871] Du fait de l'article 38 quater de l'annexe III au Code général des Impôts, tout changement sur les règles comptables affecte les règles fiscales, sauf si les règles comptables en question sont incompatibles avec les règles fiscales : J. Turot, « La poule pondeuse et le poulet », *RJF* 1994, novembre-décembre, Etudes, p. 742 ; voir aussi P. Dibout, « Le bilan d'une crise », *Les Petites Affiches,* 8 septembre 2005, n°179 p. 45.

[872] O. Larmaraud, F. Martin-Peridier, « La réaction des entreprises », *Les Petites Affiches*, 8 septembre 2005, n°179, p. 3.

[873] Du côté de la jurisprudence, le président de la section finance du Conseil d'Etat, Philipe Marini, avait appelé de ses vœux, à la stabilité du droit fiscal, longtemps influencé par les décisions communautaires, comme l'illustrent les arrêts Marks and Spencer. Tout en soulignant cette nécessité, il a pourtant reconnu l'obligation pour la matière fiscale de suivre désormais l'évolution des normes comptables internationales : P.-F. Racine, « Le regard du Conseil d'Etat sur la jurisprudence fiscale », *Les Nouvelles fiscales*, n°1000 du 16 avril 2008, p. 27 ; V. aussi, P. Durand, « Les comptes consolidés rapprocheront-ils les comptes sociaux et la fiscalité ?», *Revue administrative*, n°308, p. 169.

sécurité fiscale parce que pouvant permettre d'arriver à une harmonisation fiscale au sein de l'Union Européenne, seule à même de réduire les distorsions résultants de l'application de plusieurs systèmes fiscaux. Les entreprises françaises dans le secteur de l'automobile ont ainsi longtemps décrié le « détournement de clientèle » de la part des entreprises allemandes du à une fiscalité plus favorable en Allemagne pour les véhicules automobiles. La taxe sur la valeur ajoutée étant plus faible en Allemagne qu'en France, en 2005, le gouvernement avait déjà souligné la concurrence fiscale dommageable résultant de l'application de taux différents au sein de la communauté européenne[874].

293. Evoquer l'instabilité du droit fiscal du fait de l'application des normes comptables internationales est donc une redondance. Le droit fiscal a toujours été instable : il n'est efficace que s'il est instable : il n'est efficace que s'il évolue au même titre que la matière qu'il a vocation à taxer. Les normes comptables internationales ont sans doute évolué un peu trop vite pour le droit fiscal : ce dernier semble être en quête de stabilité comme le témoigne la transposition partielle des normes IFRS dans le Plan comptable général (**Paragraphe 1**). Comme une conséquence de cette situation, le constat d'un droit fiscal partagé entre conservatisme et évolution du fait de l'application des normes comptables internationales ressurgit de plus en plus (**Paragraphe 2**).

Paragraphe 1 : Le droit fiscal en quête de stabilité

294. « Une procyclicité qui ne se réduit pas, une volatilité croissante, des marchés dérivés de matières premières qui s'emballent, des bulles financières à répétition qui se préparent » : à la question de savoir si les marchés financiers étaient devenus raisonnables, la réponse était négative[875] et pourtant la portée de ce sujet est d'une importance capitale : il s'agit de redonner à ces marchés un « ancrage économique social[876] » et fiscal serait t'on tenté d'ajouter. L'objectif est d'utiliser les moyens dont dispose le gouvernement. Ce phénomène n'est pourtant pas nouveau, et l'expérience des précédents scandales financiers l'atteste[877]. Dans le domaine bancaire,

---

[874] Réponse ministérielle Numéro 59536 - 8 mars 2005 à Mme Arlette-Grosskost (Ministre de l'économie, des finances et de l'industrie).

[875] Résumé de l'ouvrage *Les Marchés financiers sont ils devenus raisonnables ?*, PUF, 2011.

[876] J. H. Lorenzi, « Avant-propos », in *Les marchés sont-ils devenus raisonnables ?*, PUF, 2011, p. 7.

[877] Il en est ainsi des scandales financiers de type Enron ou encore de la récente affaire Madoff.

les mesures destinées à faire face à ce problème se sont soldées par l'adoption de ratios bancaires. L'affaire doit être prise au sérieux et les mesures destinées à renforcer la crédibilité des marchés financiers le seront tout autant. Dans le domaine fiscal, le risque est grand de voir les investisseurs drainer leur épargne en fonction des marchés et de leur fluctuation. Ceci se traduit par une volatilité de l'assiette fiscale et un risque d'instabilité des recettes budgétaires[878].

295. On peut néanmoins souligner qu'il existe une séparation entre comptes sociaux et comptes consolidés[879]. La séparation entre comptes sociaux et comptes consolidés a des vertus en temps de crise financière en ce qu'elle permet de préserver le résultat comptable et fiscal des fluctuations du marché liées à l'utilisation de la juste valeur[880]. Cette séparation en temps de crise financière revêt aussi des inconvénients en ce qu'elle ne permet pas un contrôle plus rapproché de la comptabilité. En imposant l'utilisation d'un seul référentiel comptable, servant à la fois à l'établissement de l'assiette de l'impôt sur les sociétés et aux investisseurs[881], le législateur fiscal aurait été plus vigilant à l'utilisation de certaines normes IFRS, notamment les IFRS 32 et 39.

296. L'utilisation du référentiel entraînera certains risques pour le droit fiscal. Au titre de ces risques figure l'instabilité de l'assiette fiscale, l'instabilité de l'environnement législatif entre comptabilité et fiscalité. En effet, par l'incitation ou la répression, l'action des gouvernants sur la finance passe par la fiscalité, surtout la fiscalité de l'épargne[882]. Il a été ainsi question de taxer les superprofits réalisés en finance, ou encore de permettre la déduction fiscale de certaines pertes réalisées par les « boursicoteurs ». En comptabilité et en fiscalité, une réflexion sur l'utilisation de l'article 38

---

[878] Selon Paste, la question mérite d'être posée : 2011 est l'année de tous les dangers.

[879] J. Richard, C. Colette, *Les systèmes comptables français et anglo-saxons-Normes IAS*, 7e édition, Paris, Dunod, 2005 ; H. Paillisser, *Les relations entre la comptabilité commerciale et la fiscalité des entreprises*, thèse, Paris, 1990, p. 7 et s., D. Villemot, « Comptabilité et fiscalité : convergence ou divergence » ? *Les Petites Affiches*, 8 septembre 2005, n°179, p. 9.

[880] M. Boukari, J. Richard, « Les incidences comptables du passage des groupes français cotés aux IFRS », numéro spécial Mondialisation et normes comptables internationales, *Comptabilité-Contrôle-Audit*, décembre 2007, p. 155-170.

[881] J.-L. Rossignol, « L'Etat et la comptabilité de l'entreprise », *Les Petites Affiches*, 30 septembre 2005, n°195, p. 4.

[882] G. Orsoni, *L'interventionnisme fiscal*, PUF 1995, p. 75 et s. Il y a deux façons d'intervenir sur la fiscalité de l'épargne, selon Gilbert Orsoni : il s'agit de « l'impôt contrariant la capacité d'épargner » et « l'impôt relatif au produit de l'épargne, frappant sa rémunération ». D'une part, en effet, note Orsoni, « la capacité d'épargne est la conséquence naturelle du poids d'imposition (…) et la seule réponse possible visant à favoriser cette capacité ne peut-être que l'allègement de la pression fiscale ». D'autre part, « l'action sur la décision d'épargner sera largement dépendante, également, de la manière dont sera taxée la rémunération de l'épargne ».

quater de l'annexe III au Code général des Impôts ne semble pas avoir été menée.

297. Pourtant cet article subordonne aussi le contrôle des règles comptables par les règles fiscales. Il rappelle en effet que la détermination de l'assiette de l'impôt sur les sociétés s'effectue selon les règles comptables sauf si une loi fiscale y déroge expressément[883]. Par ailleurs, toujours dans l'optique d'une quête de solution à travers le dispositif existant, la doctrine a souligné la double dimension de la comptabilité. Il s'agit d'abord d'une comptabilité à vocation juridique et dans cette optique, l'enregistrement des opérations en comptabilité est soumis à une qualification juridique préalable. Il s'agit ensuite d'une comptabilité à dimension financière ou seul compte la performance financière : l'enregistrement comptable des opérations n'étant plus faite selon les prescriptions du droit mais selon la performance qu'elles peuvent apporter à l'entreprise dans le but de donner une idée de la valeur financière de l'entreprise aux investisseurs[884]. L'idée consisterait alors à recourir à la comptabilité à dimension juridique en temps de crise et à la comptabilité financière, au moment de l'après crise. Le Plan comptable général ne peut pas être modifié si cette modification porte atteinte à une disposition fiscale ou à une disposition du Code de Commerce : ces derniers étant d'un niveau « hiérarchique supérieur[885] ».

298. Que l'on se situe dans une position préconisant un « interventionnisme fiscal » ou dans une solution consistant à utiliser les deux types de comptabilité, le résultat semble être le même : les normes comptables internationales sont source d'instabilité pour l'environnement législatif fiscal et comptable[886]. Avec le temps, la comptabilité a occupé plusieurs fonctions[887]. Toutes ces fonctions se cumulent aujourd'hui, à un moment où l'instabilité du référentiel comptable est plus que jamais décriée[888], au nom de la comparabilité des états financiers[889]. Pourtant, « l'existence de choix de méthodes comptables, soumis au principe de

---

[883] Article 38 quater de l'annexe III au Code général des Impôts.

[884] M.-Ch. Piniot, « Quelques réflexions d'après débat », *Revue Droit comptable*, n°96-3, septembre 1996, p. 70.

[885] R. Obert, « La structuration juridique des textes comptables français », *Revue Française de Comptabilité*, n°404, novembre 2007.

[886] O. Barbe, L. Didelot, « La neutralisation dans les comptes individuels des incidences fiscales des dépréciations comptables », *Revue Française de Comptabilité*, janvier 2007, n°395, p. 27.

[887] R. Durand, « Chronologie comptable commentée (1400-1969) », *Cahier de recherche CREFIGE*, Université Paris-Dauphine, n°9101, 1991 ; B. Bouloc, « L'incidence des normes européennes sur les normes comptables », *Revue des Sociétés* 2005, p. 31.

[888] B. Lebrun, « Une nouvelle série de modifications sur les normes IFRS», *Revue Fiduciaire comptable*, novembre 2008, n° 355, p. 21.

[889] O. Barbe, L. Didelot, « Pour une meilleure comparabilité des états financiers individuels et une simplification du PCG », *Revue Française de Comptabilité*, juin 2010, n°433, p. 42 et s.

permanence des méthodes nuit » à cet objectif de comparabilité des états financiers autant que le « recours possible à plusieurs traitements comptables[890] ».

299. Certes ces options comptables existaient avant l'avènement des normes comptables internationales. Certaines d'entre elles étaient liées à la fiscalité : c'est le cas du choix entre comptabilisation à la valeur comptable et comptabilisation à la valeur fiscale. Mais les normes comptables internationales ont semblé accroître ces différences[891]. Les textes comptables et fiscaux qui ont été adoptés suite à l'introduction des normes comptables internationales en sont témoins. Il en est ainsi de la question de la suppression des charges différées ou à étaler[892] ou encore de la question de l'allongement de la période d'incorporation des frais et charges dans le coût d'entrée des immobilisations et du retardement du point de départ de l'amortissement linéaire[893]. Outre leur technicité particulière, elles ont eu

---

[890] O. Barbe, L. Didelot, *op. cit.*

[891] Pour une synthèse de ces divergences, V. PricewaterhouseCoopers, *Actifs : Nouvelles règles comptables et conséquences fiscales*, Levallois: Editions Francis Lefebvre, 2005, vol. 1, p. 22.

[892] Le Mémento actif, *op. cit.*, n°1206, rappelle en effet que les charges différées ou à étaler ne constituent plus des actifs à part entière et sont supprimées. Elles sont désormais comptabilisées soit à l'actif dans le coût d'entrée d'une immobilisation ou d'un stock si elles répondent à certaines conditions, soit en charge. Les règles fiscales devraient s'aligner sur les règles comptables susvisées. En conséquence, lorsque les dépenses antérieurement enregistrées en charge différées ou à étaler seront comptabilisées à l'actif, dans le coût d'entrée d'une immobilisation ou d'un stock, les entreprises perdront la déduction systématique immédiate de ces dépenses. En effet, celles-ci ne sont désormais déduites qu'au fur et à mesure de l'amortissement de l'immobilisation sous-jacente (immobilisation amortissable) ou lors de sa cession (immobilisations non amortissables et stocks). Elles risquent, le cas échéant, de supporter une augmentation de l'assiette de la taxe professionnelle et de la valeur ajoutée prise en compte pour le plafonnement de cette taxe et pour le calcul de la cotisation minimum (Voir n°1221 du Mémento).

[893] Le Mémento actifs rappelle en effet que la période d'incorporation des frais accessoires et des charges indirectes de production prend désormais en compte la montée en puissance de l'actif, conduisant à incorporer des frais qui étaient auparavant comptabilisés en charges différées ou à étaler. Par exemple, certains frais d'études pour le choix d'une implantation nouvelle, pour la quote part des frais inhérents à l'emplacement finalement retenu, certains frais de mise en route d'un atelier. Par ailleurs, lorsque l'immobilisation est amortie selon le mode linéaire, la date de mise en service marquant le point de départ de l'amortissement est désormais retardée. Ces dispositions engendrent des conséquences fiscales. Le Mémento Actifs rappelle en effet qu'il y a un alignement des dispositions fiscales sur les règles comptables. Par conséquent, les entreprises qui doivent désormais incorporer au coût d'entrée d'une immobilisation des dépenses antérieurement enregistrées en charges ou en charges différées ou à étaler vont perdre le bénéfice de la déduction immédiate de ces dépenses. En effet, celles-ci ne sont désormais déduites qu'au fûr et à mesure de l'amortissement de l'immobilisation sous-jacente (immobilisations amortissables) dont le début est retardé, ou lors de sa cession (immobilisation non amortissable). Elles risquent, le cas échéant, de supporter une augmentation de l'assiette de la taxe professionnelle et de la valeur ajoutée prise

pour conséquence de renforcer le caractère fluctuant du droit fiscal en l'exposant à des principes comptables comme la juste valeur[894]. En somme, les normes IFRS contribuent non seulement à accroitre la charge des règles fiscales mais aussi leur technicité[895].

Paragraphe 2 : Le droit fiscal : entre évolution et conservatisme

300. Avant la loi comptable de 1983, le droit comptable était très faible[896]. La pyramide des sources du droit comptable comportait, à son sommet, les traités internationaux comme les 4e et 7e directives, l'arrêté ministériel du 27 avril 1982, la jurisprudence et enfin la doctrine comptable, c'est-à-dire les règlements et avis du Conseil national de la Comptabilité et du Comité de la Règlementation comptable[897]. Puis fût introduite la loi comptable de 1983[898] qui a entrainé dans son sillage, l'adoption de plusieurs lois similaires. Il en est ainsi de la loi sur la prévention des difficultés[899], de la loi sur les comptes consolidés[900] et enfin de la loi sur l'entreprise et l'initiative individuelle[901]. Les normes comptables internationales firent ensuite leur introduction dans l'ordonnancement juridique comptable, le règlement européen n°1606/2002 instituant une obligation pour les sociétés cotées sur un marché de l'Union Européenne de produire leurs comptes consolidés sur la base des normes IFRS. Avec l'introduction des normes comptables internationales, la comptabilité en France, alors fortement marquée par le droit, prend un virement important, intégrant ainsi des

---

en compte pour le plafonnement de cette taxe et pour le calcul de la cotisation minimum. (Voir n°1222 du Mémento).

894 J.-L. Rossignol, « Juste valeur et fiscalité », *Les Petites Affiches*, 6 octobre 2005, n°199, p. 13.

895 O. Barbe, L. Didelot, « La neutralisation dans les comptes individuels des incidences fiscales des dépréciations comptables », *Revue Française de Comptabilité*, janvier 2007, n°395, p. 27.

896 R. Obert, « La structuration juridique des textes comptables français », *Revue Française de Comptabilité*, n°404, novembre 2007.

897 Congrès AFC Poitiers 2007, « Le droit comptable français : droit souple ou droit dur ? Quelle influence du droit comptable international ? », Disponible sur http://www.iae.univ-poitiers.fr/afc07/Programme/PDF.

898 Loi n°83-353 du 30 avril 1983 relative à la mise en harmonie des obligations comptables des commerçants et de certaines sociétés avec la IVe directive.

899 Loi n° 84-148 du 1e mars 1984 relative à la prévention et au règlement amiable des difficultés des entreprises.

900 Loi n°85-11 du 3 janvier 1985 relative aux comptes consolidés de certaines sociétés commerciales et entreprises publiques.

901 Loi n°94-126 du 11 février 1994 relative à l'initiative et à l'entreprise individuelle.

notions, une terminologie et une comptabilisation conforme non plus aux règles de droit mais aux règles de marché[902]. Tant et si bien que Brigitte Raybaud-Turillo, après une belle thèse sur le droit comptable patrimonial, a reconnu que la qualification juridique n'était plus un préalable à l'enregistrement des opérations comptables[903].

301. Au sein de cette comptabilité, où se querellent deux visions, celles de la vision juridique patrimoniale[904] et celle de la vision financière, les normes IFRS sont venues clairement trancher en faveur d'une vision financière, symbole du triomphe du règne anglo-saxon de la comptabilité[905]. Pourquoi la fiscalité intervient-elle alors dans cette querelle ? D'abord, compte tenu du lien qui l'unit à la comptabilité et institué par l'article 38 quater de l'annexe III au Code général des Impôts[906], toute modification de la comptabilité affecte la fiscalité. Si la fiscalité devait subir les effets du passage d'un droit « comptable patrimonial » à une comptabilité à « vocation financière[907] », il paraît évident que le résultat fiscal en serait affecté. Pourtant la stratégie de convergence du Plan comptable général vers les normes comptables internationales ne s'est soldée que par la transposition de six règlements[908]. Les deux premiers règlements de 1999 concernent, à vrai dire, l'information financière[909]. Quant aux règlements sur la définition, l'évaluation et la comptabilisation des actifs, le règlement sur l'amortissement et la dépréciation des actifs, le règlement sur les fusions et opérations assimilées et enfin le règlement sur les passifs, ils se sont traduits par des impacts fiscaux faibles[910].

302. L'image de la « tempête dans un verre d'eau » est clairement illustrative du sort réservé par l'administration fiscale à ces règlements[911]. Ainsi, pour la plupart d'entre eux, l'impact fiscal s'est soldé par des retards

---

902 Revue Fiduciaire comptable, « Comptes consolidés : les évolutions du référentiel applicable », *Revue Fiduciaire comptable*, décembre 2005, n° 323, p. 9.

903 B. Raybaud-Turillo, R. Teller, « Droit et comptabilité », *Encyclopédie de la comptabilité, du contrôle de gestion et de l'audit*, n° 51, p. 705, Economica, 2e édition, 2009.

904 P. Garnier, *La comptabilité, algèbre du droit et méthode d'observation des sciences économiques,* Thèse Paris Dunod 1947, 216 p. D. Ledouble : « La comptabilité est-elle encore ‶ l'algèbre du droit″ » ? *Les Petites Affiches*, 8 septembre 2005, n°179, p. 16.

905 CE, 8 juin 2005, n° 270967, 9e et 10e s.-s., SAS Sofinad, concl. L. Vallee, *BDCF* 2005, n°885, août-septembre.

906 Article 38 quater de l'annexe III au Code général des Impôts.

907 M.-Ch. Piniot, « Quelques réflexions d'après débat », *Revue Droit comptable*, n°96-3, septembre 1996, p. 70.

908 R. Obert, Le *petit IFRS.* 1 Vol. 1, Paris, Dunod, 2010, p. 2 et s.

909 R. Obert, Le *petit IFRS.* 1 Vol. 1, Paris, Dunod, 2010, p. 2 et s.

910 PricewaterhouseCoopers, *Actifs : Nouvelles règles comptables et conséquences fiscales*, Levallois: Editions Francis Lefebvre, 2005, vol. 1, p. 22.

911 Voir par exemple l'étalement fiscal de l'approche par composants opéré par l'administration fiscale : Revue Fiducaire comptable, « Application de la méthode par composants : les règles fiscales », *Revue Fiduciaire comptable*, janvier 2006, n° 324, p. 23.

d'imposition ou de déduction[912]. Afin d'éviter d'engendrer des conséquences fiscales sources de difficultés pour l'ensemble des utilisateurs des états financiers, l'administration fiscale a choisi d'étaler sur plusieurs exercices, les conséquences fiscales de l'adoption des normes comptables internationales[913]. A proprement parler, ces 4 règlements n'auraient pas suffit à mener une étude intéressante de la question, s'ils n'avaient été envisagés que dans leur impact pratique. L'administration fiscale a en effet fait connaître qu'elle était certes favorable à l'évolution des normes IFRS, mais la prise en compte de la charge fiscale était un facteur déterminant[914].

303. Pendant ce temps, et en dépit des obstacles fiscaux[915], les normes comptables internationales produisent déjà leur effet sur le droit fiscal. Elles signent ainsi l'avènement d'une comptabilité financière plus accentuée. Comme le souligne Piniot, c'est une comptabilité qui enregistre les opérations, non plus de part la qualification juridique des opérations, mais de par la rentabilité de l'entreprise[916]. Seule compte ici la performance, peu importe que les opérations enregistrées répondent ou non à la qualification juridique. Le crédit-bail est enregistré à l'actif du crédit-bailleur car ce crédit-bail contribue à l'exploitation de l'entreprise, même si la qualification juridique du crédit-bail n'aurait pas permis une telle opération. Le droit comptable en porte la marque et intègre sans difficultés le concept pendant que le droit fiscal tente de préserver la stabilité du résultat comptable[917].

304. La recherche de l'harmonie entre le référentiel IFRS, la comptabilité « à la française » et la fiscalité a engendré une situation théorique intéressante. Le droit fiscal subit en effet des changements de notions provenant des normes IFRS[918], mais tente de préserver son sacro-saint principe de « neutralité » sur le plan fiscal[919]. Même si l'administration

[912] PricewaterhouseCoopers, *Actifs : Nouvelles règles comptables et conséquences fiscales*, Levallois: Editions Francis Lefebvre, 2005, vol. 1, p. 22.
[913] Revue Fiduciaire comptable, « Amortissements : maitrisez le nouveau régime comptable et fiscal (Partie 1) », *Revue Fiduciaire comptable*, décembre 2006, n° 334, p. 33.
[914] BOI 4 A-13-05 n° 213 du 30 décembre 2005.
[915] La fiscalité est en effet un des obstacles à la généralisation des normes comptables internationales dans les comptes sociaux : J.-L. Rossignol, « L'analyste financier, les nouvelles normes IAS/IFRS et l'impôt », *Les Petites Affiches,* 2 mai 2005, n° 91, page 8 ; J.-L. Rossignol, « Quand le comptable tient le fiscal en l'état », *Les Petites Affiches,* 27 février 2004, n°42, p. 4.
[916] M.-Ch. Piniot, « Le plan, la loi la directive ou l'histoire vécue d'un ménage à trois », *Revue de droit comptable*, 01 octobre 1997, n°4, p. 155- 187.
[917] E. Delesalle, « Comptabilité et fiscalité, je t'aime moi non plus », *Droit Fiscal* 2005, n°22, études n°19, p. 940.
[918] J.-G. Degos, S. Ouvrard, « L'influence des normes d'information financière sur la convergence des règles fiscales et comptables françaises », *La Revue du financier*, mai-juin 2007, n°165, p. 32.
[919] La neutralisation des impacts fiscaux se traduit par des étalements de la charge supplémentaire ou des retards d'imposition.

fiscale est parvenue à préserver la neutralité fiscale de l'impact des normes IFRS, c'est sur la terminologie que se remarque l'impact le plus conséquent des normes IFRS[920]. La terminologie épouse ainsi un vocabulaire plus économique et avec l'avancée de ce vocabulaire économique, il est désormais possible de constater le recul des critères juridiques traditionnels[921]. L'illustration la plus marquante est celle du critère de cessibilité utilisé par la jurisprudence SA Sife pour opérer la distinction entre charges et immobilisations[922]. La difficulté posée dans le cas d'espèce était réelle. A partir de quel moment devait-on considérer que des redevances de loyers versées devaient être passées en charges ou immobilisées[923] ? En effet, le versement de ces redevances de loyer pouvait correspondre à deux situations. Une première situation dans laquelle l'une des parties achète le droit d'exploitation du crédit-bail. Cet achat du droit d'exploitation fait de lui le propriétaire et l'autorise à céder ultérieurement le droit d'exploitation[924]. Toute autre est la situation dans laquelle le crédit-bailleur n'est qu'un simple locataire qui verse des loyers, sans pour autant avoir acheté le droit d'exploitation. Dans le premier cas, l'acheteur du droit d'exploitation est le propriétaire de ce droit, alors que dans le second cas, il ne s'agit ni plus ni moins d'une simple location. Une fois précisée, la situation devient alors plus compréhensible. Ne sont enregistrées en immobilisations que les biens dont l'exploitant est propriétaire[925]. Une nuance mérite néanmoins d'être introduite sur ce point précis car les immobilisations qui n'atteignent pas un certain seuil sont passées en charge pour ne pas qu'elles n'engendrent de frais supplémentaires pour les entreprises[926]. Or, l'achat d'une concession permet à son propriétaire de la céder et constitue à ce titre une immobilisation. Par suite, les redevances versées par l'entreprise en

---

[920] J. Richard, C. Colette, *Les systèmes comptables français et anglo-saxons– Normes IAS,* 8e édit., Paris, Dunod, 2009.

[921] Voir comment le droit comptable et fiscal intègrent la notion d'approche économique de l'amortissement institué par les normes IFRS : Revue Fiduciaire comptable, « Amortissements : maitrisez le nouveau régime comptable et fiscal (Partie 1) », *Revue Fiduciaire comptable*, décembre 2006, n° 334, p. 33.
Revue Fiduciaire comptable, « Amortissements : maitrisez le nouveau régime comptable et fiscal (Partie 2) », *Revue Fiduciaire comptable*, janvier 2007, n° 335, p. 33.

[922] CE, 21 août 1996, S.A. Sife, n°154 488, *Droit Fiscal* 1996, n°50, comm. 1482, conclusions J. Arrighi de Casanova.

[923] S. Austry, « Régime fiscal des contrats de concession de droits exclusifs d'exploitation » : *RJF* 10/96, p. 634.

[924] Voir les conclusions du commissaire du gouvernement, J. Arrighi De Casanova, *op. cit.*

[925] Si l'entreprise devait passer en immobilisation tous les biens dont elle était propriétaire, ceci pourrait se traduire très vite par un alourdissement de la charge fiscale : J. Turot, « La poule pondeuse et le poulet », *RJF* 1994, novembre-décembre, Etudes, p. 742 ; voir aussi P. Dibout, « Le bilan d'une crise », *Les Petites Affiches,* 8 septembre 2005, n°179 p. 45.

[926] L'immobilisation doit cependant atteindre un certain montant, à défaut le risque existe que la moindre acquisition puisse être immobilisée, c'est-à-dire que l'on immobilise le moindre crayon.

contrepartie de l'achat de la concession viennent prolonger le droit d'exploitation de la concession. En d'autres termes, ces redevances sont payées par l'entreprise comme contre partie de son droit d'exploiter la concession, droit qu'elle a acheté et qui sont rémunérés par les redevances en question. Or, une charge qui vient prolonger la durée de vie d'une immobilisation doit suivre le régime fiscal des immobilisations et être inscrite en immobilisation. En contrepartie, si la redevance ne vient pas prolonger la durée de vie d'une immobilisation, elle est alors inscrite en charge. Telle est la substance de l'arrêt SA Sife[927]. C'est en effet à partir du critère de cessibilité qu'il sera possible de savoir à partir de quel moment on se situe en face d'une concession, constituant une immobilisation et d'une concession ne constituant pas une immobilisation. Dans le premier cas, la concession a été achetée et dans le second cas, la concession n'a pas été achetée. Une concession achetée confère à son propriétaire, les attributs du droit de propriété, dont le droit de céder. En revanche, une simple concession ne confère que le droit d'exploiter. Le critère de cessibilité, critère d'identification d'une immobilisation et critère ayant permis de faire la distinction entre la charge et l'immobilisation, a été admis dans la jurisprudence depuis l'arrêt SA Sife de 1996[928]. Il est vrai que la distinction n'était pas aisée, compte tenu du silence du Plan comptable général sur la question. Certaines exceptions existent comme pour les frais de constitution et de transformation d'un premier établissement. Le Plan comptable général édicte l'obligation de les passer en charge[929]. Cependant, le Plan comptable général ne contenait aucune disposition à partir de laquelle il était possible de faire la distinction entre charges et immobilisations.

305. La jurisprudence SA Sife, sans être remise complètement en question, devait connaître un intérêt moindre depuis l'introduction des normes comptables internationales. Le critère de cessibilité Jadis requis du Conseil d'Etat n'est plus obligatoire[930]. Plusieurs exemples viendront consacrer le rôle de plus en plus influant joué par les normes IFRS dans le droit fiscal. Au-delà de la technique s'esquisse une nouvelle conception de la comptabilité et de la fiscalité. Le critère de cessibilité jadis requis par le Conseil d'Etat pour obliger les entreprises à immobiliser les concessions chaque fois qu'elles en sont propriétaires n'est plus requis. Le droit fiscal

---

[927] CE, 21 août 1996, S.A. Sife, n°154 488, *Droit Fiscal* 1996, n°50, comm. 1482, conclusions J. Arrighi de Casanova.

[928] CE, 21 août 1996, S.A. Sife, n°154 488, *Droit Fiscal* 1996, n°50, comm. 1482, conclusions J. Arrighi de Casanova.

[929] Revue Fiduciaire comptable, « Actifs : définition, comptabilisation et évaluation », *Revue Fiduciaire comptable*, avril 2004, n° 305, p. 8.

[930] BOI 4 A-13-05 n° 213 du 30 décembre 2005.

s'insère ainsi dans une dynamique qui permet de conclure à une évolution certaine. Cette évolution est lente mais semble désormais irréversible[931].

Conclusion du Titre 2 de la première partie

306. C'est le droit communautaire qui permet la transposition des normes comptables internationales dans le Plan comptable général. Biens qu'abusifs, les stéréotypes utilisés par le professeur Pasqualini pour décrire la réception en droit comptable français du principe de l'image fidèle peuvent être utilisés ici. L'image « du loup dans la bergerie » ou du « ver dans le fruit » est particulièrement illustrative car au fond, que fait « un loup dans une bergerie » ou « un ver dans un fruit » si ce n'est la destruction du plus grand nombre par le plus petit nombre, un désordre et un chaos généré par un corps étranger ? L'introduction des normes comptables internationales mérite sans doute cette métaphore. Le seul principe de la substance économique au-delà de la forme juridique suffit à dresser un bilan des fâcheuses conséquences de ces normes IFRS en comptabilité. Le raisonnement servant à illustrer ce propos est simple. La comptabilité est en France, l'algèbre du droit. Il faut comprendre par là qu'elle est dans les comptes, la traduction chiffrée du droit. L'enregistrement comptable d'un bien, d'un actif, d'un passif est conditionné par les règles juridiques. Si la comptabilité est l'algèbre du droit, alors le principe conduisant à conditionner l'enregistrement des biens selon le principe de la substance économique au-delà de la forme juridique remet assurément en cause l'approche éminemment juridique de la comptabilité en France.

307. Se faisant, alors qu'elle remet en cause cette approche juridique, son intégration dans le corpus de règles de droit contribue à accroître le nombre de règles comptables : une sorte de droit comptable quantitativement plus fort en ce qu'il est de plus en plus abondant mais qualitativement diversifié, en ce qu'il comporte de plus en plus de notions économiques. Il y a là, les manifestations d'un pluralisme juridique, qui du fait du lien entre comptabilité et fiscalité, se répercute en droit fiscal : « le pluralisme juridique (peut) être considéré comme la soumission simultanée d'un individu à une multiplicité d'ordonnancements juridiques ». Ici la multiplicité des référentiels comptables dont l'application est obligatoire

---

[931] A. De Bissy, « Plaidoyer en faveur du maintien de la connexion entre comptabilité et fiscalité », *Ecrits de Fiscalité des Entreprises, Etudes à la mémoire du professeur Maurice COZIAN*, LexisNexis 2009, p. 312.

pour les entreprises, conduit à la conclusion de manifestations de ce phénomène en droit fiscal.

308. A vrai dire, l'introduction des normes comptables internationales s'accompagne d'une amélioration des règles comptables et des institutions en charge de la normalisation comptable internationale. Par ailleurs, l'amélioration des règles comptables n'est pas liée au seul dispositif interne. Elle est aussi l'œuvre de la concurrence internationale en matière d'élaboration des normes qui a poussé, en France, à une prise de conscience de la lourdeur du dispositif français de normalisation comptable. Ceci a conduit à une réforme des institutions de normalisation en supprimant le CRC (Comité de la Réglementation comptable) et le CNC (Conseil national de la Comptabilité) pour instituer l'ANC. Désormais, l'Autorité des Normes comptables peut-être saisie de questions fiscales, ses décisions influençant celles du Conseil d'Etat.

309. L'introduction des normes comptables internationales a eu, entre autre pour conséquence, d'engendrer des distorsions entre la règle fiscale et la règle comptable. De ces distorsions jaillissent soit une influence d'une matière sur l'autre (de la comptabilité sur la fiscalité) soit un maintien en l'état des dispositions en question. La charge de la conciliation de ces intérêts antagonistes revient alors au tableau 2058, tableau de conciliation des divergences entre comptabilité et fiscalité.

310. De l'apparition de ces nouvelles instances comptables en charge de questions fiscales, à l'influence sur le contenu des règles fiscales, les interrogations quant à un droit fiscal de plus en plus dépendant du droit comptable ou sous influence de ce dernier, suscitent l'émoi de la doctrine et dessinent la prochaine nature de la relation entre comptabilité et fiscalité.

Conclusion de la première partie

311. La relation entre comptabilité et fiscalité mérite l'appellation de « mariage à l'Italienne » que la doctrine lui a consacrée[932]. L'analyse issue des textes régissant cette relation soumet les règles de droit fiscal aux définitions du Plan comptable général.[933] Pourtant, l'application jurisprudentielle permet d'arriver à l'analyse contraire : c'est au droit comptable de se conformer aux principes du droit fiscal[934]. La pratique de cette relation est en effet largement aux antipodes de son affirmation théorique. Les raisons d'un tel décalage résident dans la nature des règles comptables et fiscales.

312. D'abord, d'un point de vue qualitatif, les règles de droit fiscal sont d'un niveau hiérarchique supérieur aux règles de droit comptable[935]. Cette posture entraine la non application des règles comptables incompatibles à celles de droit fiscal[936]. D'un point de vue qualitatif, les règles comptables devaient bénéficier de l'influence des règles de droit civil, considérées à

---

[932] D. Villemot, « Comptabilité et fiscalité : convergence ou divergence » ? *Les Petites Affiches,* 8 septembre 2005, n°179, p. 9.

[933] Voir le rapport d'étape du groupe IAS/Fiscalité, présidé par D. Villemot in *Droit Fiscal* 2005, n° 17, étude n°19, p. 765 à 771 ; E. Delesalle, « Fiscalité et normes comptables internationales », *Bulletin Fiscal Francis Lefebvre*, avril 2003. J.-L. Rossignol, « De l'intérêt d'un cadre conceptuel fiscal », *Option Finance*, 31 janvier 2005, n°819, p. 45. J.-L. Rossignol, « L'analyste financier, les nouvelles normes IAS/IFRS et l'impôt », *Les Petites Affiches,* 2 mai 2005, n° 91, p. 8 ; J.-L. Rossignol, « L'état et la comptabilité de l'entreprise », *Les Petites Affiches,* 30 septembre 2005, n°195, p. 4 ; J.-L. Rossignol, « Juste valeur et fiscalité », *Les Petites Affiches,* 6 octobre 2005, n°199, p. 13 ; E. Delesalle, J.-L. Rossignol, « Fiscalité et normes comptables internationales : « mais ou et donc or ni car ? » », *Droit Fiscal* 2003, n° 50, étude n°18, p. 1563. E. Delesalle : « Comptabilité et fiscalité, je t'aime moi non plus », *Droit Fiscal* 2005, n°22, études n°19, p. 940. P. Dibout : « le bilan d'une crise », *Les Petites Affiches,* 8 septembre 2005, n°179, p. 45.

[934] L'influence de la fiscalité sur la comptabilité n'est pas liée à l'introduction des normes comptables internationales. Comme nous l'évoquions en propos introductif à cette thèse, cette influence date d'il y a très longtemps mais c'est essentiellement pour compenser les déficits publics que comptabilité et fiscalité ont été rapprochés, comme le souligne Rossignol. C'est avec la loi Caillaux que la relation entre les deux disciplines va être instituée marquant ainsi le début de l'influence de la comptabilité sur la fiscalité.

[935] R. Obert, « La structuration juridique des textes comptables français », *Revue française de comptabilité*, n°404, novembre 2007 ; J. Richard, C. Colette, *Les systèmes comptables français et anglo-saxons – Normes IAS,* 7e édit., Paris, Dunod, 2005, p. 14 ; J.-G. Degos, S. Ouvrard, « L'influence des normes d'information financière sur la convergence des règles fiscales et comptables françaises », *La Revue du financier*, mai-juin 2007, n°165, p. 32.

[936] Les règles comptables étant d'origine réglementaires et les règles fiscales étant d'origine parlementaire, le consentement du peuple, exprimé à travers ses représentants, devait primer sur la vision d'un organisme comme le Conseil national de la Comptabilité ou encore le Comité de la Règlementation comptable, en charge de l'élaboration des règles comptables.

l'époque comme les meilleures règles de droit existantes[937]. Elles ont ainsi d'abord été étendues au droit fiscal[938], puis au droit comptable[939]. L'influence des règles fiscales sur les règles comptables est d'abord et avant tout, la conséquence de l'existence d'un droit comptable embryonnaire. Les questions d'indépendance du droit comptable face au droit fiscal[940], d'influence du droit fiscal sur le droit comptable[941], de hiérarchie des normes entre règles fiscales et comptables, méritaient largement les réflexions qui leur ont été consacrées[942].

313. Ensuite d'un point de vue quantitatif, les règles de droit fiscal sont plus importantes que les règles de droit comptable. L'analyse est redondante : il est devenu classique de souligner l'abondance des règles de droit fiscal[943] et la faiblesse des règles comptables[944]. Il était difficile, dans ces conditions, de voir les règles comptables influer sur les règles fiscales. On pourra néanmoins remarquer que cette influence existait. D'ailleurs, l'article 38 quater de l'annexe III au Code général des Impôts n'impose t-il pas aux entreprises l'utilisation des règles comptables pour le calcul de l'impôt sur les sociétés[945] ? C'est dans la mise en œuvre de cette disposition que les difficultés se posaient. La pratique conduisait en effet à constater une influence notable des règles de droit fiscal sur la comptabilité et les raisons

---

937 M. Cozian, « Propos désobligeants sur une « tarte à la crème » : l'autonomie et le réalisme du droit fiscal », *Revue de Droit Fiscal* 1999, n°13, p. 50. L'auteur souligne en effet que c'était l'époque de l'impérialisme du droit civil, une époque au cours de laquelle se sont dressés les partisans de l'autonomie du droit fiscal contre les opposants à cette autonomie, c'était l'école du Doyen Louis Trotabas contre celle du Doyen Geny.

938 P. Durand, « Autonomie et contradictions du droit fiscal » : *Revue Adm*inistrative, 1994, p. 252 ; L. Olleon, « Autonomie du droit fiscal : le moribond se porte bien », *Revue de Jurisprudence Fiscale*, 2002, p. 355.

939 D. Villemot, « Existe-t-il une définition fiscale des immobilisations ? Ou la double absence d'autonomie du droit fiscal et du droit comptable face au droit civil », *Droit Fiscal*, 08 avril 1998, numéro 15, p. 504 -506.

940 A. Plas, « Autonomie de la comptabilité par rapport à la fiscalité : une opinion », *Revue Française de Comptabilité,* n° 69, février 1977, p. 43 à 56.

941 E. Du Pontavice, « L'émergence du droit comptable en France », *Revue française de comptabilité,* janvier 1984, n°142.

942 Ces influences se retrouvent aussi entre disciplines juridiques. Il en est ainsi de l'influence du droit civil sur le droit fiscal lequel influe à son tour sur le droit comptable, de la question de l'autonomie et du réalisme du droit fiscal, de celle du maintien du lien entre la comptabilité et la fiscalité, de la prédominance des systèmes anglo-saxons de comptabilité et de fiscalité sur le système français, et même de la régulation en droit fiscal face à la poussée de normes destinées aux marchés financiers.

943 M. Bouvier, *Introduction au droit fiscal général et à la théorie de l'impôt*, LGDJ, 10e édition, p. 231.

944 D. Ledouble, « La comptabilité est-elle encore " l'algèbre du droit" » ? *Les Petites Affiches*, 8 septembre 2005, n°179, p. 16.

945 Article 38 quater de l'annexe III au CGI.

d'un tel déphasage étaient liées à la qualité et à la quantité des règles de droit fiscal.[946]

314. L'intrusion des règles fiscales en comptabilité est une situation qui a partagé la doctrine, les uns s'indignant face à une telle situation, les autres l'approuvant[947]. Pour les thèses partisanes, l'introduction des normes comptables internationales vise à redonner au droit comptable, l'autonomie que lui a refusée le droit fiscal[948]. On pourrait avancer, à la suite de cet avis, que c'est « l'occasion qui fait le larron ». Les normes comptables internationales ont été introduites dans un contexte d'autonomie et d'indépendance du droit comptable par rapport au droit fiscal, mais n'avaient pas pour objectif de trancher ce litige[949]. Cependant, de façon incidente, elles ont contribué au débat sur la question des rapports entre comptabilité et fiscalité.

315. C'est ce qui explique que l'étude de l'impact des normes comptables internationales sur le droit fiscal se soit faite au travers de la dialectique du rapport qu'entretien la comptabilité avec la fiscalité. Une telle démarche présente un double intérêt. Le premier, c'est qu'elle permet d'étudier un sujet considéré par les praticiens comme « dépassé ». Ce constat n'est pas faux car 4 directives portant application des normes comptables internationales ont été introduites dans le Plan comptable général et leur impact sur la fiscalité a été limité par la direction de la législation fiscale. Sur un plan purement pratique, les changements engendrés par ces directives ont été neutralisés[950]. Pourtant sur le plan théorique, les questions restent relativement intéressantes. Elles touchent, à la fois, la question des concepts

---

[946] M. Bouvier, *Introduction au droit fiscal général et à la théorie de l'impôt*, LGDJ, 10e édition, p. 231 ; PricewaterhouseCoopers, *Actifs : Nouvelles règles comptables et conséquences fiscales*, Levallois: Editions Francis Lefebvre, 2005, vol.1, p. 22 ; M. Taly, B. Lebrun, « Incidences des normes IFRS, réaction à l'article de Dominique Villemot », *Droit Fiscal* 2003, n°50, étude n°46, p. 1585 à 1587.

[947] F. Pasqualini, *Le principe de l'image fidèle en droit comptable*, thèse, litec, 1992.

[948] F. Pasqualini, « Les chances d'une double rupture », *Les Petites Affiches*, 8 septembre 2005, n°179, p. 27. Voir aussi à ce sujet F. Pasqualini, « Allocution de bienvenue », acte du colloque organisé par le dess fiscalité de l'entreprise de l'université Paris Dauphine sur les conséquences de l'introduction des nouvelles normes comptables internationales, *Les Petites Affiches*, 8 septembre 2005, n°179, p. 3.

[949] Le règlement 1606/2002 rappelle en effet que les normes comptables internationales ont été introduites dans un but d'harmonisation des comptabilités nationales. Règlement CE numéro 1606/2002 du Parlement Européen et du Conseil du 19 juillet 2002 sur l'application des normes comptables internationales, Journal Officiel L 243 du 11 septembre 2002, page 1.

[950] Le passage aux normes IFRS a entrainé des conséquences fiscales en se traduisant par une augmentation de la charge fiscale pour certaines entreprises et une diminution de cette même charge fiscale pour d'autres entreprises. Pour les neutraliser, la direction de la législation fiscale a adopté des mesures.

propres au droit fiscal, et celle de l'autonomie du droit fiscal[951] ou encore du lien entre la comptabilité et la fiscalité. Le second intérêt de la démarche consistant à étudier ce sujet au travers de la dialectique de la relation entre comptabilité et fiscalité réside dans le fait que les questions qui peuvent être réunies, ainsi que nous le soulignions précédemment, sous la dialectique de la relation entre comptabilité et fiscalité, touchent aussi à celle de la hiérarchie des normes. Il serait en effet difficile de justifier, dans le cas contraire, que des considérations purement comptables comme celles que constituent les normes comptables internationales puissent avoir des répercussions sur le droit fiscal. La relation entre comptabilité et fiscalité est donc bel est bien l'axe de réflexion centrale de cette étude. C'est donc à travers cette problématique générale qu'ont été évoquées les problématiques fiscales inhérentes à l'introduction des normes comptables internationales.

316. En outre, les retraitements opérés entre le résultat comptable et le résultat fiscal ne sont que des solutions à court terme. Elles ne permettent pas de résoudre le problème des divergences entre comptabilité et fiscalité apportées depuis l'introduction des normes comptables internationales[952]. C'est une nouvelle conception du droit comptable que les normes comptables internationales instaurent. C'est aussi une nouvelle conception de la relation entre comptabilité et fiscalité que ces normes imposent. C'est enfin une nouvelle vision de la fiscalité que les normes comptables internationales apportent. Jusqu'à ce jour, les différentes études opérées sur la question semblaient opposer la comptabilité à la fiscalité. Tout est dit comme si l'un devait être dressé contre l'autre, en oubliant bien souvent que le résultat fiscal n'est que le prolongement du résultat comptable, et que « la fiscalité des entreprises repose sur la comptabilité, puisque le résultat fiscal n'est pas autre chose que le résultat comptable revu et corrigé[953] ».

317. Alors, plutôt que de les dresser l'un contre l'autre, il faudra désormais les mettre l'un avec l'autre. Paillisser illustre parfaitement la dimension complémentaire des deux disciplines en rappelant que la comptabilité « saisit » les données fiscales et qu'à l'opposé, la fiscalité saisissait à son tour les données comptables. La comptabilité saisit les données fiscales en ce sens qu'elle tient compte de ces dernières pour bénéficier d'exonérations ou de régime de faveur. C'est l'exemple de l'obligation de comptabiliser les avantages en nature pour les déduire

[951] Une autonomie, qui selon le professeur Blanluet se fait de plus en plus marquante au cours des 20 dernières années : G. Blanluet, M. D. Hagelsteen, D. Ledouble, J.-P. Lieb, B. Mirailles, D. Villemot, « L'environnement normatif », *Droit Fiscal* n° 37, 13 septembre 2007, comm. n° 821.

[952] Rapport d'étape du groupe IAS/Fiscalité, *op. cit.*

[953] M. Cozian, cité par J.-L. Rossignol, M. Chadefaux, « Fiscalité et comptabilité », *Encyclopédie de la comptabilité, du contrôle de gestion et de l'audit*, Economica, 2e édition, 2009, n° 59, pp. 813-828.

fiscalement[954]. La fiscalité utilise les données comptables pour l'assiette des principaux impôts et des taxes de l'entreprise. La base des taxes et participations assises sur les salaires provient de la comptabilité, d'où l'on extrait les rémunérations majorées de celles dues au début de l'exercice et diminuées de celles dues à la fin de l'exercice. Les données comptables fournissent donc la base de calcul de la taxe sur les salaires, de la taxe d'apprentissage, de la taxe de la participation des employeurs à la formation professionnelle continue, de l'impôt sur les sociétés, de la TVA, en somme des principaux impôts des entreprises. Cette interdépendance est donc la règle qui préside en France dans la relation entre comptabilité et fiscalité.

318. Appliquée à la question des normes comptables internationales, la dimension complémentaire du sujet peut-être soutenue. On pourra ainsi avancer que les normes comptables internationales contribuent à améliorer la relation entre comptabilité et fiscalité. Ceci est vrai tant d'un point de vue quantitatif que qualitatif.

319. Sur le plan quantitatif, les normes comptables internationales ont renforcé l'image fidèle de la comptabilité en détachant les règles comptables d'une vision juridique parfois éloignée des réalités[955]. D'un point de vue qualitatif, les normes comptables internationales ont aussi renforcé la diversité des règles fiscales. Le droit fiscal, à certains égards, devient plus proche de son principe de réalisme : les règles fiscales d'enregistrement des immobilisations corporelles ne sont plus dictées par le critère exclusif de cessibilité[956] mais par le contrôle des risques et avantages inhérents à l'utilisation du bien[957] . Ces normes comptables ont donc réconcilié le droit fiscal avec son principe de réalisme. Elles l'ont tout aussi bien réconcilié avec son principe d'autonomie. En effet, jusqu'à ce jour, le débat autour de

---

[954] H. Paillisser, *Les relations entre la comptabilité commerciale et la fiscalité des entreprises*, thèse, Paris, 1990, p. 7 et s.

[955] D. Ledouble, « La comptabilité est-elle encore " l'algèbre du droit" » ? *Les Petites Affiches*, 8 septembre 2005, n°179, p. 16.

[956] CE 5, juin 1996, n° 143819, 8e et 9e s.-s., SA Fralib, concl. J. Arrighi De Casanova, *RJF* juillet 1996, p. 484 ; Sur les éléments d'identification d'une immobilisation incorporelle et spécifiquement le critère de cessibilité : CAA Paris, 27 nov. 2003, n° 98-947, rendu définitif par CE (na), 4 déc. 2002, n° 240303 et CE, 14 oct. 2005, n° 262219, min. c/ SA Laboratoires Fournier : JurisData n° 2005-080780 ; *Droit Fiscal* 2007, n° 23, comm. 570 cités par D. Villemot, « Le régime fiscal des immobilisations incorporelles », *Droit Fiscal*, n° 14, 3 avril 2008, p. 243.

[957] J.-L. Rossignol, « La problématique comptable et fiscale des éléments incorporels (1e partie) », *Les Petites Affiches*, 16 juillet 2001, n° 140, p. 4 ; J.-L. Rossignol, « La problématique comptable et fiscale des éléments incorporels (2e Partie) », *Les Petites Affiches*, 17 juillet 2001 n° 141, p. 4. J.-L. Rossignol, « La politique fiscalo-comptable des entreprises en matière d'éléments incorporels », *Les Petites Affiches*, 16 mars 2001 n° 54, p. 4. M. Cozian, J.-L. Rossignol, « Les immobilisations incorporelles à la lumière de la jurisprudence SA SIFE : arrêt de principe ou arrêt d'espèce », *Droit Fiscal*, n°42, 18 octobre 2007, p. 914.

l'autonomie et du réalisme du droit fiscal n'était fait que par rapport aux règles de droit civil. Le droit fiscal, n'était pas une branche autonome, étroitement dépendant qu'il est des autres disciplines du droit et au rang desquelles figure le droit civil[958]. Le droit fiscal n'est peut-être pas autonome mais il a acquis une part d'autonomie par rapport au droit civil du fait de l'introduction des normes comptables internationales.

320. L'impact fiscal des normes comptables internationales concerne l'assiette de l'impôt sur les sociétés, de façon spécifique et le droit fiscal de façon générale. Les normes comptables étant d'abord des règles comptables, il va de soit que, dans des pays où le lien entre les deux disciplines existe, il est assez difficile d'avoir des changements comptables sans avoir de changements fiscaux. Dès lors, il serait intéressant de voir si la mise en place des normes comptables va remettre en cause ces rapports entre comptabilité et fiscalité. Il s'agit donc de voir la dualité des rapports entre comptabilité et fiscalité et principalement l'impact des normes comptables internationales sur cette dualité des relations entre comptabilité et fiscalité.

321. La juste valeur, tout comme le principe de la substance économique au-delà de la forme juridique vont servir d'indicateur pour mesurer l'impact des IFRS sur la relation entre comptabilité et fiscalité. Certains éléments permettent de conclure que les normes comptables internationales rapprocheront la fiscalité et la comptabilité. Le rapprochement se fera d'avantage de la comptabilité vers la fiscalité puisqu'au niveau communautaire, les normes comptables internationales seront sans doute utilisées pour établir le futur impôt sur les sociétés[959]. La mise en place du projet IFRS pour PME[960]accentuera le rapprochement de la fiscalité et de la comptabilité : l'harmonisation des référentiels comptables qui vont servir de base de calcul à l'assiette de l'impôt sur les sociétés est en effet une réelle occasion d'aboutir à ce projet, notamment dans les pays appliquant la connexité entre comptabilité et fiscalité. Ce lien de connexité, opportunité de rapprochement de la comptabilité et de la fiscalité est aussi l'objet de toutes les discordes et la difficulté majeure d'aboutir à un impôt sur les sociétés basé sur le référentiel comptable[961]. La principale raison tient au fait que la

---

[958] M. Cozian, « Propos désobligeants sur une « tarte à la crème » : l'autonomie et le réalisme du droit fiscal », in *Les Grands Principes de la Fiscalité des Entreprises*, Litec 1996, 3e édition, p. 3.

[959] C'est l'objet du projet ACCIS, aussi appelé Assiette Commune Consolidée d'Impôt sur les Sociétés.

[960] Revue Fiduciaire comptable, « Le référentiel IFRS PME, comparaison avec les règles françaises », *Revue Fiduciaire comptable*, n° 342, septembre 2007, p. 23 à 62.

[961] E. Delesalle, J.-L. Rossignol, « Fiscalité et normes comptables internationales : « mais ou et donc or ni car ? », *Droit Fiscal* 2003, n° 50, étude n°18, p. 1563.

comptabilité utilisée par les normes IFRS ne peut pas servir à établir un impôt sur les sociétés[962].

322. Pendant ce temps, l'influence de la comptabilité sur la fiscalité suit son cours. En théorie et selon l'article 38 quater de l'annexe III au CGI, le droit comptable a la primauté sur le droit fiscal. Dans les faits, le droit fiscal spolie les comptes du droit comptable, notamment pour des raisons de politique fiscale. Avec l'avènement des normes comptables internationales, qu'en est- il de cette relation ? Le droit comptable est-il toujours sous influence du droit fiscal ? La relation entre comptabilité et fiscalité sera-t-elle appelée à évoluer ? C'est ce que nous livrera l'étude de la deuxième partie dont le titre est déjà une réponse aux questions soulevées : l'influence des normes comptables internationales sur le droit fiscal.

---

[962] F. Mousel, *Quel impact fiscal suite à l'adoption des normes IFRS par l'union européenne*, 1ère édition, Larcier, 2006.

Partie 2 : L'influence des normes comptables internationales sur le droit fiscal

323. « Les documents comptables doivent montrer tout en cachant », selon le propos de Walton[963]. Ce paradoxe se retrouve tout aussi bien du côté des relations entre comptabilité et fiscalité. La comptabilité a vocation à refléter « une image fidèle[964] » et à servir de « politique fiscale[965] ». Cette situation se traduit aussi dans les documents comptables. Ici, soit l'image fidèle est respectée et les comptes sont « dépollués » de considération fiscale, soit les comptes sont « pollués » de considérations fiscales et l'image fidèle n'est pas respectée. La comptabilité ne peut donc servir deux intérêts divergents, or, c'est de cette divergence d'intérêts entre comptabilité et fiscalité que naissent leurs rapports conflictuels[966]. Ces conflits se sont soldés, de par le passé, par une domination de la comptabilité sur la fiscalité. A la question de savoir si les normes comptables internationales ont influencé le droit fiscal, la réponse est assurément positive. Les causes de cette influence sont dues aux divergences opposant la comptabilité en normes IFRS[967]aux principes fiscaux[968]. En effet, d'une part, on observe

---

[963] P. Walton, *La comptabilité anglo-saxonne*, 1ère éd., La Découverte, 1996, p. 13.

[964] L'article L. 123-14 (1e alinéa) du Code de commerce.

[965] Ch. Hoarau, B. Esnault, *Comptabilité financière*, 3e édit., PUF, Paris, 2001.

[966] Ch. Penglaou, cité par J.-L. Rossignol, M. Chadefaux, « Fiscalité et comptabilité », *Encyclopédie de la comptabilité, du contrôle de gestion et de l'audit*, Economica, 2e édit., 2009, n°59, p. 817.

[967] Nous faisons ici allusion à la comptabilité en juste valeur. Voir B. Colasse, *Comptabilité Générale, PCG, IAS-IFRS et Enron.* 9e édition, Paris, Economica, 2005 ; C. Maillet, A. Le Manh, *Les normes comptables internationales : IAS-IFRS.* vol. 1, Paris, Foucher, 2005 ; S. Brun, *Les normes comptables internationales IAS/IFRS*, vol 1. Paris, Gualino, 2006 ; J.-F. Casta, B. Colasse, *Juste valeur : enjeux techniques et politiques*, Economica, 2001. S. Benabdellah, R. Teller, « Immobilisations corporelles et immeubles de placement en IFRS : le coût historique va-t-il résister face à la juste valeur ? », *Revue française de comptabilité*, n°386, mars 2006, p. 40.

[968] Nous pensons notamment au principe de l'équilibre budgétaire et de la stabilité des recettes publiques. L'application de la juste valeur au résultat fiscal conduirait à exposer l'assiette de l'impôt sur les sociétés aux fluctuations des valeurs de marché. Le principe de neutralité de l'impôt pourrait aussi s'en trouver modifié. En effet, le risque est grand que les entreprises ayant le choix entre deux référentiels soient tentées d'adopter le référentiel le plus favorable d'un point de vue fiscal. Sur ces risques, voir J.-P. Lieb, cité par Memento Francis Lefebvre Actifs, édition 2005, *op. cit.* Sur les principes de la fiscalité, voir P. Augé, *Droit fiscal général*, Editions Ellipses, 2002 ; M. Cozian, *Les grands principes de la fiscalité des entreprises*, 27e édition, Litec, 1999.

une influence de ces normes sur les règles matérielles du droit fiscal[969] et d'autre part, sur la mise en œuvre des règles fiscales[970].

324. S'agissant tout d'abord de l'influence matérielle des normes comptables internationales sur le droit fiscal, elle résulte des modifications apportées au droit fiscal par les normes IFRS[971]. La stratégie de convergence du Plan comptable général vers les normes comptables internationales, adoptée par le CNC, s'est soldée par l'adoption de quatre règlements[972]. Il s'agit du règlement sur la définition, l'évaluation et la comptabilisation des actifs, le règlement sur l'amortissement et la dépréciation des actifs, le règlement sur les passifs et le règlement sur les fusions et opérations assimilées[973]. Ces quatre règlements ont eu des effets sur l'assiette de l'impôt sur les sociétés[974]. Selon les rédacteurs du Mémento Actifs, l'impact des normes IFRS sur l'assiette de l'impôt sur les sociétés n'a pour effet ni d'engendrer de nouvelles impositions ni de provoquer de nouvelles exonérations. Leur impact se manifeste soit par des retards d'imposition soit par des retards de déductions[975]. La situation s'explique par la volonté de l'administration fiscale de neutraliser l'impact des IFRS sur les comptes

---

[969] Voir Par exemple l'instruction fiscale du 30 décembre 2005, *op. cit.*

[970] O. Dufour ; E. Filiberti, « Introduire les IFRS dans les comptes sociaux, une révolution juridique et fiscale », *Les Petites Affiches*, 08 avril 2005, n° 70, p. 3.

[971] B. Colasse, *Comptabilité générale, PCG, IAS-IFRS et Enron*. 9e édition, Paris, Economica, 2005 ; F. Dosne, Ch. Decock Good, *Comptabilité international : les IAS/IFRS en pratique*, Economica, 2005 ; Cl. Lopater, et PriceWaterhouseCoopers. *Mémento expert Francis Lefebvre*. Levallois Perret : Éd. Francis Lefebvre, 2009 ; C. Maillet, A. Le Manh, *Les normes comptables internationales : IAS-IFRS*. 1 vol., Paris, Foucher, 2005. O. Barbe, L. Didelot, et Groupe Revue Fiduciaire. *Maîtriser les IFRS,* Groupe Revue Fiduciaire, vol 1. 2009 ; P. Danjou, *Memento francis Lefebvre IFRS* 2009, préface.

[972] D. Villemot, « Présentation du rapport d'étape du groupe IAS/fiscalité », *Droit Fiscal* 2005, n° 17, étude n°19, p. 765 à 771.

[973] Le règlement CRC 2000-06 sur les passifs, ayant transposé la norme IAS 37, relative aux provisions, passifs et actifs éventuels et à la nouvelle définition du passif. Ensuite, le règlement CRC 2002-10, relatif à l'amortissement et à la dépréciation des actifs (avec le règlement CRC 2003-07 qui comporte des dispositions transitoires). Ce règlement a transposé la norme IAS 36, relative aux dépréciations des actifs, la norme IAS 16 relative aux immobilisations incorporelles et la norme IAS 38, relative aux immobilisations corporelles. Le troisième règlement est le règlement CRC 04-01, relatif au traitement comptable des fusions et opérations assimilées. Ce règlement a vu la transposition de la norme IFRS 3 relative au regroupement d'entreprises. Enfin et sans doute l'un des plus importants, le règlement CRC 2004-06, relatif à la définition, l'évaluation et la comptabilisation des actifs. Ce règlement a transposé en droit comptable français, la norme IAS 16, relative aux Immobilisations incorporelles, la norme IAS 38 relative aux immobilisations corporelles, la norme IAS 23 sur les coûts d'emprunt, la norme IAS 2 sur les stocks.

[974] V. PricewaterhouseCoopers, *Actifs : Nouvelles règles comptables et conséquences fiscales*, Levallois: Editions Francis Lefebvre, 2005, vol.1, p. 22.

[975] V. PricewaterhouseCoopers, *Actifs : Nouvelles règles comptables et conséquences fiscales*, Levallois: Editions Francis Lefebvre, 2005, vol.1, p. 22.

sociaux[976]. Sur le plan de la technique, une telle décision donne très peu d'intérêt à ce sujet. Une telle approche aurait pour effet de transformer l'étude en « vademecum » pour praticiens. Sur le plan théorique, en revanche, une telle décision replace le sujet dans une dimension et un intérêt réel. Le fait que la France ait décidé une transposition partielle des normes IFRS[977] et qu'elle ait aussi décidé de maintenir les règles du Plan comptable général a engendré l'apparition de règles comptables et fiscales hybrides. Le caractère hybride de ces règles comptables et fiscales vient du fait qu'elles contiennent à la fois une dimension juridique[978] et une dimension purement économique[979]. La nouvelle définition de l'actif reprend ainsi l'ancienne référence au patrimoine et réintègre la nouvelle définition issue des normes IFRS. La nouvelle définition des actifs n'est pas le seul exemple de cette mutation subie par le droit fiscal du fait de l'introduction des normes comptables internationales. Les exemples sont nombreux et les effets produits sont tels que l'on assiste à une influence matérielle des normes comptables internationales sur le droit fiscal **(Titre 1)**.

325. S'agissant ensuite de l'influence formelle, elle a plutôt trait à la forme des règles de droit fiscal. Il est tout aussi curieux de remarquer qu'avec l'avènement des normes comptables internationales, le processus d'adoption de la règle fiscale s'en trouve modifié. Que penser, en effet, d'un « référentiel comptable à prétention dogmatique[980] » qui par la voix de son normalisateur comptable, vient concurrencer directement le législateur fiscal[981] ? La question qui mériterait d'être posée est celle de savoir que se

---

[976] J.-P. Lieb, cité par Memento Francis Lefebvre Actifs, édit. 2005, *op. cit.*

[977] Le CNC craignait en effet que la transposition de l'ensemble des normes comptables internationales dans les comptes sociaux n'engendre de conséquences fâcheuses pour la fiscalité du fait de l'incompatibilité existante entre une comptabilité à la juste valeur et les règles d'établissement de l'assiette fiscale.

[978] Pour comprendre l'influence du droit dans la conception de l'actif, voir P. Garnier, *La comptabilité, algèbre du droit et méthode d'observation des sciences économiques,* Thèse Paris Dunod 1947, 216 p. ; G. Blanluet, *Essai sur la notion de propriété économique en droit privé français, recherches au confluent du droit fiscal et du droit civil*, LGDJ 1999, p. 12. G. Blanluet, « Brèves réflexions sur la propriété économique », *Revue Droit et Patrimoine*, mars 2001, n°91, p. 84 ; B. Raybaud-Turillo, *Le droit comptable patrimonial – Les enjeux d'un droit comptable substantiel*, Vuibert, Paris 1997, 364 p.

[979] P. Schevin, « Amortissement par composants et évaluation des actifs : nouvelles précisions du comite d'urgence », *Revue Française de Comptabilité*, n° 381, octobre 2005, p. 42. Ce caractère hybride est aussi l'occasion de donner satisfaction à une partie de la doctrine, qui s'était indignée de voir le silence des doctrines économiques fiscales en France : J. Spindler, « Les doctrines fiscales économiques en France : un grand silence ? », *Revue de Droit Fiscal*, 15 juin 2006, n°24, p. 30.

[980] R. Teller, Ch. Hoarau, « IFRS : les normes comptables du nouvel ordre économique global ? », *Revue Comptabilité Contrôle Audit*, Numéro Spécial, décembre 2007, p. 3.

[981] P.-F. Racine, « Présentation », *Les Petites Affiches*, 8 septembre 2005, n°179, p. 5.

passe t-il « quand le comptable tient le fiscal en l'état[982] » ? Il se produit, en effet, une influence matérielle, symbole de l'émancipation du droit comptable par rapport aux règles fiscales **(Titre 2)**.

---

[982] J.-L. Rossignol, « Quand le comptable tient le fiscal en l'état », *Les Petites Affiches*, 27 février 2004, n°42, p. 4.

Titre 1 : L'influence matérielle des normes comptables internationales sur le droit fiscal

326. S'il est vrai que le droit comptable a été longtemps critiqué pour la pauvreté de ses textes tant d'un point de vue qualitatif que quantitatif, il n'en demeure pas moins un droit très influant[983]. Les quatre règlements sur la définition, l'évaluation et la comptabilisation des actifs[984], l'amortissement et la dépréciation des actifs[985], les fusions et opérations assimilées[986] et enfin les passifs[987] sont riches d'enseignement. Ces règlements sont désormais inscrits dans le droit comptable français[988]. Ils font partie de la scène comptable nationale et nous offrent le théâtre d'une lutte fratricide opposant comptabilité et fiscalité[989]. Leur avènement signe la fin de la « tutelle » de la fiscalité sur la comptabilité et le début d'une nouvelle ère des relations entre

[983] La comptabilité a influencé la technique de gestion des entreprises, la fiscalité, l'information financière. La question se pose cependant de savoir qui de la pratique ou de la théorie comptable exerce le plus d'influence. La réponse est, comme dans chaque discipline, un emprunt réciproque de la théorie sur la pratique. J.-P. Engler, *Comptabilité,* Paris, Hachette, 1983 ; J. Fourastié, *La Comptabilité,* 14e édition Paris, Presses Universitaires de France, 1979 ; A. Dupont, *La Partie double avant Paciolo : les origines et le développement de la méthode*. Publications de La Société de comptabilité de France, Paris, 1976 ; Ch. Colette, *Comptabilité générale,* Paris, Dunod, 2008 ; J.-G. Degos, *Histoire de la comptabilité*, PUF, « que sais-je ? », Paris, 1998.

[984] Revue Fiduciaire comptable, « Actifs : définition, comptabilisation et évaluation », *Revue Fiduciaire comptable*, avril 2004, n° 305, p. 8. Revue Fiduciaire comptable, « Définition, évaluation et comptabilisation des actifs : l'avis du CNC est adopté », *Revue Fiduciaire comptable*, avril 2004, n° 305, p. 8.

[985] Revue Fiduciaire comptable, « Actifs, amortissement, dépréciation, les nouveautés applicables en 2005 », *Revue Fiduciaire comptable*, novembre 2004, n° 311, p. 5 à 62. Revue Fiduciaire comptable, « Passage aux nouvelles règles pour les biens amortis en dégressif », *Revue Fiduciaire comptable*, février 2005, n° 314, p. 07. Revue Fiduciaire comptable, « Guide de lecture d'IAS 36 : dépréciation d'actifs », *Revue Fiduciaire comptable*, octobre 2004, n° 310, p. 19. Revue Fiduciaire comptable, « Biens décomposés et amortissement dégressif », *Revue Fiduciaire comptable*, avril 2005, n° 316, p. 15.

[986] F. Hellot, L. Assava, « Normes IFRS : les impacts sur la pratique des opérations de fusions acquisitions », *Décideurs Juridiques et Financiers* du 01 janvier 2007, Numéro de mai 2007, p. 60.

[987] Ph. Barre, *Memento d'experts fiscal, social, comptable, Convergence du pcg : les passifs et les provisions*, Introduction, p. 13 ; M. Haranger-Gauthier, *IFRS-IAS*, Hachette, DL 2010.

[988] W. Dick, F. Missonier-Piera, *Comptabilité financière en IFRS*, Pearson Education, 2006, p. 223 ; L. Didelot, *maitriser les IFRS*. Paris, Groupe Revue Fiduciaire, 2009.

[989] Le conflit de règles se pose au sein de la comptabilité elle-même. Les normes IFRS sont en effet en contradiction avec les normes françaises sur certains points. Voir B. Raffournier, *Les normes comptables internationales*, Economica, 2e édit., 2002, 490 p. ; B. Raffournier, « Les oppositions françaises à l'adoption des IFRS : examen critique et tentative d'explication », *Revue Comptabilité Contrôle Audit*, Numéro Spécial, décembre 2007, p. 21.

comptabilité et fiscalité[990]. Il reste à savoir quelle sera la nouvelle dimension qui sera apportée à cette relation ? Sera-t-elle les prémisses d'une revanche de la comptabilité sur la fiscalité ? Il serait préférable de ne pas le penser. Les conséquences que les conflits entre comptabilité et fiscalité pourraient engendrer pour chacune des disciplines seraient préjudiciables à la fois pour les comptables et pour l'administration fiscale. Elles seraient tout d'abord préjudiciables aux comptables en ce sens que l'application de la juste valeur conduirait à apprécier la valeur de certaines immobilisations, notamment dans le domaine immobilier où elles augmentent chaque année[991]. L'accroissement de la juste valeur se traduirait ainsi par une variation de l'actif net, en positif. Or, le résultat fiscal est la variation de cet actif net. S'il varie positivement, l'impact sur le compte de résultat sera positif, ce qui engendrera un impôt sur les sociétés plus important. Certains auteurs ont mis en évidence les possibilités de lissage du résultat comptable dû à l'application des normes IFRS[992]. C'est le cas des écarts d'acquisition[993], aussi appelés goodwill[994].

---

[990] D. Villemot, « Les conséquences fiscales de l'adoption des normes comptables internationales », *Droit Fiscal* 2003, n°50, étude n°45, p.1581 à 1585 ; D. Villemot, « Présentation du rapport d'étape du groupe IAS/fiscalité », *Droit Fiscal* 2005, n° 17, étude n°19, p.765 à 771 ; D. Villemot, « Comptabilité et fiscalité : convergence ou divergence » ? *Les Petites Affiches,* 8 septembre 2005, n°179, p. 9 ; J. Turot, « L'amortissement des éléments incorporels en droit fiscal : plaidoyer pour l'arrêt de la cour administrative d'appel de Paris du 5 décembre 1995 », *Les Petites Affiches,* 09 octobre 1996, n° 122, p. 9.

[991] E. Tort, « Etude d'impact de la conversion des foncières cotées aux normes comptables internationales » *Revue Française de Comptabilité*, numéro spécial IFRS, n°380, septembre 2005, p. 50. Selon Tort, l' « impact financier de la conversion aux IFRS est assez sensible, et avec un effet toujours positif, pour les foncières cotées ayant opté pour la juste valeur ». Cet impact positif se reflète sur le résultat comptable avec un accroissement de ce dernier. Fort heureusement, les comptes consolidés ne servent pas à établir le résultat fiscal. On peut dès lors imaginer aisément les conséquences qu'une application des normes IFRS pourrait avoir sur les comptes sociaux. La question mérite d'être posée. Le règlement européen n°1606/2002 impose l'application obligatoire des IFRS dans les comptes consolidés des sociétés faisant appel public à l'épargne et leur application facultative dans les comptes consolidés des sociétés ne faisant pas appel public à l'épargne ou dans les comptes sociaux.

[992] Selon Casta, « en raison des montants en cause, le traitement de l'écart d'acquisition est certainement la variable qui a le plus d'impact sur les mesures comptables du résultat et du patrimoine » ; J. F. Casta, « La politique comptable des entreprises », in Y. Simon et P. Joffre (éd.) *Encyclopédie de gestion*, 2e édit., Economica, Paris 1997, tome 2, p. 2276.

[993] J. F. Casta, « La politique comptable des entreprises », in Y. Simon et P. Joffre (éd.) *Encyclopédie* de gestion, 2e édition, Economica, Paris 1997, tome 2, p. 2276.

[994] Sur le thème de l'amortissement des incorporels et de la politique comptable des entreprises : J.-L. Rossignol, « La problématique comptable et fiscale des éléments incorporels (1ere partie) », *Les Petites Affiches*, 16 juillet 2001, n° 140, p. 4. J.-L. Rossignol, « La problématique comptable et fiscale des éléments incorporels (2e Partie) », *Les Petites Affiches*, 17 juillet 2001 n° 141, p. 4 ; J.-L. Rossignol, « La politique fiscalo-comptable des entreprises en matière d'éléments incorporels », *Les Petites Affiches*, 16 mars 2001 n° 54, p. 4.

327. Entre les options comptables et les options fiscales, le conflit opposant l'administration fiscale aux particuliers est, pour des questions portant sur l'application des normes comptables internationales, omniprésent. Ce conflit doit être traité en amont, de sorte à éviter de transformer la comptabilité et la fiscalité à des fins autres que celles auxquelles elles sont destinées. La norme IAS 12 présente à ce titre un excellent intérêt[995]. En consolidation, l'utilisation de cette norme permet de dépolluer les comptes consolidés de toute considération fiscale de sorte à permettre aux utilisateurs des états financiers d'avoir le raisonnement comptable le plus pur[996]. Toutes les considérations fiscales sont écartées à l'exception d'une : les impôts différés actifs ou passifs[997]. La raison en est simple. Nous l'illustrons par le cas de la comptabilisation du crédit-bail. En normes françaises, le crédit-bail n'est enregistré que dans les comptes du nu-propriétaire et non du bailleur, à cause de la qualification juridique du contrat de crédit-bail[998]. Lorsqu'un tel contrat n'est pas enregistré en immobilisation chez le crédit-bailleur, les charges sont comptabilisées dans le compte de résultat[999]. En changeant de référentiel, le crédit-bailleur qui n'avait pas enregistré l'immobilisation dans ses comptes se voit dans l'obligation de l'enregistrer. En contre partie de l'inscription en immobilisation, il devra enregistrer dans le compte de résultat, une dotation aux amortissements liée à l'acquisition de l'immobilisation[1000]. Du fait de cette opération, une différence surviendra entre l'enregistrement des redevances de l'immobilisation dans le compte de résultat et l'enregistrement des amortissements et des frais financiers, dans le même compte de résultat, cet enregistrement étant lié à l'application du référentiel IFRS. Cette différence liée au changement de méthode comptable aura pour effet d'impacter positivement ou négativement le résultat comptable, selon que le montant des amortissements soit plus élevé ou plus faible que celui

---

995 Norme IAS 12 disponible sur Http://www.iasplus.com ; Http://www.focusifrs.com ; Http://www.finharmony.net.

996 A. Brasset Monet, « Les impôts dans l'annexe des comptes annuels consolidés », *Revue française de comptabilité*, n°429, février 2010, p. 20.

997 Revue Fiduciaire comptable, « Les impôts différés : comprendre et savoir appliquer », *Revue Fiduciaire comptable*, novembre 2010, n° 377, p. 27 ; W. Dick et F. Missonier-Piera, *Comptabilité financière en IFRS*, Pearson Education, 2006, p. 223.

998 O. Barbe, L. Didelot, « Pour une nouvelle approche des relations entre la comptabilité et la fiscalité : application au traitement du crédit-bail immobilier », *Revue française de comptabilité*, Numéro spécial doctrine comptable, n°427, décembre 2009, p. 62.

999 S. Austry, *Charges ou immobilisations. La distinction fiscale en 100 questions*, Edition Formation Entreprise, Litec, 1997, 227 p.

1000 O. Barbe, L. Didelot, « Pour une nouvelle approche des relations entre la comptabilité et la fiscalité : application au traitement du crédit-bail immobilier », *Revue Française de Comptabilité*, Numéro spécial doctrine comptable, n°427, décembre 2009, p. 62.

des redevances[1001]. Pour éviter qu'un tel différentiel entraine des changements sur le compte de résultat, les impôts différés sont utilisés[1002]. Les impôts différés sont donc des montants inscrits en comptabilité, dans le seul but de neutraliser l'impact lié au changement de méthode comptable. Il s'agit à notre sens d'un des rares exemples où la fiscalité contribue à améliorer la qualité de l'information comptable.

328. L'amélioration des relations entre comptabilité et fiscalité est aussi le fait de leur cohabitation. Les normes comptables internationales ont apporté leur contribution à la cohabitation de ces relations. Alors que le droit des sociétés et le droit fiscal avaient servi à consacrer les premiers liens entre comptabilité et fiscalité, c'est désormais sur l' « autel » de la finance que le lien entre comptabilité et fiscalité sera consacré. Les unions qui sont conclues par amour, dira Fréderic Nietzsche, ont l'erreur pour père et la nécessité, c'est-à-dire le besoin pour mère[1003]. Dans le cadre de la relation entre comptabilité et fiscalité, l'erreur serait sans doute la forte présence du droit civil, et la nécessité, l'avènement des règles de marché, de la « financiarisation de l'économie[1004] ». L'un et l'autre ont leur importance car l'un assure la sécurité alors que l'autre est garant du principe de l'image fidèle. C'est ce mélange des deux disciplines qui permet de justifier l'influence des normes IFRS sur le droit fiscal et de constater l'apparition d'un droit fiscal hybride. Ce caractère hybride du droit fiscal s'est essentiellement manifesté sur la définition des actifs **(Chapitre 1)**.

329. A certains égards, l'influence des normes IFRS ne s'est pas faite « en douceur[1005] ». Le professeur Louis Rives avait en effet expliqué qu'en 1959, la fiscalité corrompait la comptabilité par la « séduction » ou par la « violence[1006] ». L'image peut être utilisée dans le cadre de la situation instaurée par les IFRS. Leur influence sur la fiscalité s'est faite par la « séduction ». Les règles fiscales conservent en effet leurs anciennes

[1001] B. Lebrun, « Les contrats de concession (IFRIC 12) », *Revue Fiduciaire comptable*, janvier 2007, n° 335, p. 25. V. aussi L. Escaffre, « Traitement IFRS des loyers relatifs à un bail emphytéotique portant sur un terrain », *Option Finance*, 22 septembre 2008, n°996, p. 34.

[1002] W. Dick et F. Missonier-Piera, *Comptabilité financière en IFRS*, Pearson Education, 2006, p. 223.

[1003] F. Nietzsche, cité par E. Delesalle, J.-L. Rossignol, « Fiscalité et normes comptables internationales : « mais ou et donc or ni car ? » », *Droit Fiscal* 2003, n° 50, étude n°18, p. 1563.

[1004] J.-P. Betbeze, « Comment les marchés peuvent-ils répondre aux besoins des entreprises ? Une réponse en six points », in *Les marchés sont-ils devenus raisonnables ?*, PUF 2011, p. 57 et s.

[1005] Nous faisons ici référence aux deux parties de la thèse de Rives qui avait expliqué que le rapt de la comptabilité par la fiscalité se faisait soit par la « séduction » soit par « la violence ».

[1006] L. Rives, *Obsession fiscale et administration des entreprises : Essai sur le rapt de la comptabilité par la fiscalité*, thèse, Péchade, 1962.

définitions. A côté des anciennes définitions, de nouvelles définitions sont introduites par les normes IFRS[1007]. Il en est ainsi de la question des provisions qui répondent à des critères d'évaluation ou de comptabilisation plus strictes[1008]. Certains auteurs y verront un soulagement pour l'administration fiscale qui ne sera plus obligée de réintégrer les provisions qui ont été comptabilisées mais qui ne sont pas déductibles[1009]. D'autres auteurs y ont vu l'occasion de redonner au droit comptable un peu de « fidélité », tant il est vrai que la comptabilisation des provisions fiscales avait donné lieu à quelques abus. Il semble qu'il faille y voir l'influence des normes IFRS relative au passif sur le droit fiscal **(Chapitre 2)**.

1007 J.-G. Degos, S. Ouvrard, « L'influence des normes d'information financière sur la convergence des règles fiscales et comptables françaises », *La Revue du financier*, mai-juin 2007, n°165, p. 32.

1008 Désormais, pour comptabiliser une provision, il faut qu'il s'agisse d'un engagement de l'entité envers un tiers. Fiscalement, cette condition n'est pas nécessaire. Voir, P. Fumenier, « A quel moment doit-on comptabiliser une provision ? », *Droit Fiscal* n°15, 9 avril 2009, p. 269 et s.

1009 M. Cozian, *Précis de fiscalité des entreprises*, 32e édition, Paris, Litec, 2009, p. 113.

Chapitre 1 : L'influence des normes comptables internationales sur les actifs

« Ce que quelqu'un est commence à se trahir dès lors que son talent diminue, quand il cesse de montrer ce qu'il peut. Le talent est aussi une parure ; une parure est aussi un masque.[1010] »

330. Si l'on doit reconnaître aux règles fiscales un talent, il s'agit bien de leur « mutabilité », c'est-à-dire de leur capacité à s'adapter aux opérations qu'elles ont vocation à taxer[1011]. Or, depuis l'introduction des normes comptables internationales, la règle fiscale semble avoir perdu de ce « talent ». D'abord, parce que la normalisation comptable internationale a entrainé pour les règles comptables une mutabilité trop « insaisissable » pour la règle fiscale. Les normes IFRS sont trop fluctuantes pour servir de base d'établissement de l'impôt sur les sociétés. De plus, la comptabilisation des opérations à la juste valeur entraine des fluctuations incompatibles avec la nécessité de prévoir les recettes budgétaires de l'Etat[1012]. C'est alors que l'on peut « commencer à deviner ce que vaut » le droit fiscal : un droit « opportuniste » qui doit désormais renoncer à « sa tutelle » sur la comptabilité. Mais il ne s'agit là que d'un retour à l'ordre car l'article 38 quater de l'annexe III au Code général des Impôts avait instauré la primauté des règles comptables sur les règles fiscales[1013]. D'ailleurs le législateur fiscal semble s'être résigné à suivre les changements imposés par les normes comptables internationales[1014]. Dès leur consécration juridique, elles ont été instituées pour que la comptabilité serve de base de calcul aux règles fiscales[1015]. Peu à peu, la carence des règles fiscales avait entrainé une influence progressive de la fiscalité sur la comptabilité. Désormais,

---

[1010] F. Nietzsche, *Par delà le bien et le Mal*, L'harmattan 2006, p. 109.

[1011] M. Bouvier, *Introduction au droit fiscal général et à la théorie de l'impôt*, LGDJ, 10e édition, p. 231.

[1012] P. Durand, « Les comptes consolidés rapprocheront-ils les comptes sociaux et la fiscalité ? », *Revue administrative*, n°308, p. 169.

[1013] Article 38 quater de l'annexe III au Code général des Impôts.

[1014] P. Perpere, « La doctrine de l'administration », *Les Petites Affiches*, 8 septembre 2005, n°179, p. 30 ; P. Morand, D. Marteau, « Normes comptables et crise financière ». Propositions pour une réforme du système de régulation comptable. *Rapport au ministre de l'Economie, de l'industrie et de l'Emploi, 118 p.*, disponible sur http://www.ladocumentationfrançaise.fr.

[1015] Loi Caillaux du 14 juillet 1917 J. O. du 18 juillet 1914, p. 6448.

l'avènement des normes comptables internationales permet de renverser l'influence de la fiscalité sur la comptabilité[1016].

331. Cette influence s'exerce tout d'abord au regard des définitions. Avec l'avènement des normes comptables internationales, le droit comptable apporte au droit fiscal, des définitions comptables, basées sur des critères économiques. Un exemple cité dans l'instruction fiscale du 30 décembre 2005 est celui de la définition des immobilisations[1017]. Le critère de cessibilité comme condition d'inscription des immobilisations introduit par la jurisprudence du Conseil d'Etat est devenu facultatif, du fait de l'influence des normes comptables internationales[1018]. Cette influence s'exerce ensuite au regard des règles de calcul. Le règlement relatif aux fusions et opérations assimilées a ainsi restreint la possibilité pour les contribuables d'effectuer des opérations fiscales qui leur permettraient de choisir la formule la plus avantageuse sur le plan fiscal[1019].

332. Qu'il s'agisse de l'influence sur les concepts ou de l'influence sur les règles de calcul, les normes IFRS introduisent une nouvelle dimension dans la relation entre fiscalité et comptabilité. Certains auteurs ont choisi d'étudier cette influence à partir de la jurisprudence[1020]. La démarche est intéressante. Nous lui préférons néanmoins un autre modèle. En partant du constat que le droit fiscal frappe le patrimoine, composé d'une universalité d'actifs et de biens[1021], il serait dès lors intéressant d'envisager l'influence des normes IFRS sur la conception de l'actif **(Section 1)** et l'influence des normes IFRS sur les passifs **(Section 2)**.

[1016] J. Richard , C. Colette, *Les systèmes comptables français et anglo-saxon –Normes IAS,* 8e édition, Paris, Dunod, 2009 ; J.-G. Degos, S. Ouvrard, « L'influence des normes d'information financière sur la convergence des règles fiscales et comptables françaises », *La Revue du financier*, mai-juin 2007, n°165, p. 32 ; J.-Cl. Scheid, « La notion de contrôle en droit comptable français », *Revue Française de Comptabilité*, avril 2005, n°376, p. 4.
J.-Cl. Scheid, « L'insertion des IAS dans le code de commerce », *Revue Française de Comptabilité*, février 2005, n°374, p. 4.
J.-Cl. Scheid, « Le rapport d'information « les enjeux des nouvelles normes comptables » », *Revue française de comptabilité,* n°421 mai 2009, p. 6 ; J.-Cl. Scheid, « La définition d'un actif », *Revue Française de Comptabilité*, n°393, novembre 2006, p. 5.
[1017] Instruction fiscale du 30 décembre 2005.
[1018] D. Villemot, « Présentation du rapport d'étape du groupe IAS/fiscalité », *Droit Fiscal* 2005, n° 17, étude n°19, p. 765 à 771.
[1019] Memento Francis Lefebvre Actifs, édit.2005, *op. cit.*, CE,8 juin 2005, n° 270967, 9e et 10e s.-s., SAS Sofinad, concl. L. Vallee, *BDCF* 2005, n°885, août-septembre.
[1020] A. Burlaud, F.-D. Poitrinal, E. Salustro, *Comptabilité et droit comptable- L'intelligence des comptes et leur cadre légal*, Gualino, Paris, 1998 ; J. Turot, « L'amortissement des éléments incorporels en droit fiscal : plaidoyer pour l'arrêt de la cour administrative d'appel de Paris du 5 décembre 1995 », *Les Petites Affiches*, 09 octobre 1996, n° 122, p. 9 ; J. Turot, « La poule pondeuse et le poulet », *RJF* 1994, novembre-décembre, Etudes, p. 742.
[1021] F. Aubry et F. Rau, *Cours de droit civil français, t.2, Les biens*, 6e édition, Lib. Tech. 1951, par P. Esmein.

Section 1 : Les conséquences fiscales de la nouvelle conception des actifs

333. Degos et Ouvrard ont emprunté à Jacques Richard, la démarche originale qui a consisté à recueillir au sein des normes IFRS, les différents changements de terminologie imposés par la matière comptable[1022]. L'influence sur les définitions touche plusieurs domaines du droit comptable et s'étend, par effet de ricochet, au droit fiscal. Elles ont pour mérite de mettre de l'ordre dans la comptabilité. L'introduction des notions d'amortissements exceptionnels ou d'amortissements dérogatoires avaient jeté le flou sur la véritable valeur des amortissements, c'est-à-dire, la constatation de la perte de valeur d'un bien[1023]. Sans changer la législation sur les amortissements, les normes IFRS en modifient le vocabulaire[1024]. « Désormais pour les immobilisations corporelles et incorporelles », rappellent les auteurs « les termes « amortissement exceptionnels » et « provision pour dépréciation » sont remplacés par « dépréciation » et le terme « amortissement » est strictement réservé à toute diminution systématique et planifiée (on ne pourra plus parler d'amortissement exceptionnel). D'autre part, un vocabulaire nouveau, très fortement inspiré des normes IAS 16 et IAS 36 (mais en gardant les spécificités françaises) est introduit dans le PCG[1025] ». Les normes IFRS visent en effet à permettre à l'investisseur de tenir le raisonnement économique le plus pur[1026]. Elles ont pour objectif de retraiter les éléments fiscaux susceptibles de nuire à la comparabilité des états financiers. Il n'est donc guère surprenant que le vocabulaire fiscal introduit en comptabilité soit remis en cause.

334. Du vocabulaire à la comptabilisation des actifs, les nouvelles notions de contrôle et d'avantages économiques futurs introduites par les normes comptables internationales conduisent à revisiter l'approche fiscale des

---

[1022] J.-G. Degos, S. Ouvrard, « L'influence des normes d'information financière sur la convergence des règles fiscales et comptables françaises », *La Revue du financier*, mai-juin 2007, n°165, p. 32.

[1023] Y. Lemarchand, *Du dépérissement à l'amortissement. Enquête sur l'histoire d'un concept et de sa traduction comptable*, Nantes, Ouest Editions, 1993, p. 7.

[1024] J. Richard, cité par J.-G. Degos, S. Ouvrard, « L'influence des normes d'information financière sur la convergence des règles fiscales et comptables françaises », *La Revue du financier*, mai-juin 2007, n°165, p. 32.

[1025] J.-G. Degos, S. Ouvrard, « L'influence des normes d'information financière sur la convergence des règles fiscales et comptables françaises », *La Revue du financier*, mai-juin 2007, n°165, p. 32.

[1026] G. Gelard, « Apprécier la juste place des comptes dans l'analyse financière », *Revue française de comptabilité*, mai 2010, n°432, p. 30.

actifs[1027]. Les définitions comptables prévalent en fiscalité, l'actif fiscal est désormais un élément que l'entité contrôle du fait d'événements passés et dont elle attend des avantages économiques futurs (**Paragraphe 1**). Sachant que le calcul des avantages économiques futurs s'effectue désormais conformément aux règles financières, la question s'est posée de savoir comment articuler la fiscalité avec les nouveaux paramètres financiers introduits pour l'estimation des avantages économiques futurs (**Paragraphe 2**).

Paragraphe 1 : Les conséquences fiscales de la nouvelle notion de contrôle

« Le vocabulaire fiscal a des réalités économiques nouvelles à définir. Il a besoin régulièrement de définir de nouveaux concepts.[1028] »

335. La notion d'actifs a été clarifiée par l'introduction des normes comptables internationales[1029]. Les précisions que Schevin apporte sur la notion de contrôle en témoignent. Selon ce dernier, « au sein du cadre conceptuel actuel de l'IASB, un actif est défini comme « une ressource contrôlée par l'entreprise du fait d'événements passés et dont des avantages économiques futurs sont attendus par l'entreprise[1030] ». Derrière cette définition sobre et austère se cache une variété d'interprétations[1031]. Elles

[1027] Degos et Ouvrard précisent ainsi que « pour être en conformité avec la nouvelle rédaction de l'article 20 de la quatrième directive (directive 78/660/CEE du 25 juillet 1978) modifiée par la directive européenne dite de modernisation, le vocabulaire des « provisions pour dépréciation » avait été modifié dans le règlement CRC 2002-10. Les termes de « provisions pour dépréciation » avaient tout simplement été remplacés par « dépréciation » mais uniquement pour les actifs concernés par ledit règlement CRC. Le décret n° 2005-1757 du 30 septembre 2005 a finalement étendu cette nouvelle terminologie à toutes les dépréciations d'actifs ».

[1028] L. Agron, *Histoire du vocabulaire fiscal*, LGDJ, 2000, p. 420.

[1029] J. Richard , C. Colette, *Les systèmes comptables français et anglo-saxons–Normes IAS,* 8e édition, Paris, Dunod, 2009 ; J.-G. Degos, S. Ouvrard, « L'influence des normes d'information financière sur la convergence des règles fiscales et comptables françaises », *La Revue du financier*, mai-juin 2007, n°165, p. 32.

[1030] P. Schevin, « Critères de comptabilisation et de consolidation : association ou non du modèle du contrôle et du modèle des risques et avantages », *Revue Française de Comptabilité*, avril 2009, n°420, p. 32. Voir aussi la norme IAS 38.

[1031] J.-Cl. Scheid, « La notion de contrôle en droit comptable français », *Revue française de comptabilité*, avril 2005, n°376, p. 4 ; P. Schevin, « Critères de comptabilisation et de peuvent se résumer schématiquement en deux parties. Tout d'abord l'importance grandissante du contrôle qui tend à faire reculer les critères juridiques de la propriété. Ensuite, la prépondérance de l'analyse à partir de ce contrôle conditionnera l'enregistrement des biens à l'actif du bilan. L'actif immobilisé tout comme l'actif circulant fait ainsi l'objet d'une qualification comptable et financière en lieu et place de la qualification juridique. L'ensemble du bilan n'est pas affecté par cette nouvelle qualification. Il n'en demeure pas moins que ce nouveau critère, introduit par les normes comptables internationales, tend à remettre en cause l'enregistrement comptable des différents actifs du bilan.

336. Dans son « agenda paper » de septembre 2006[1032], l'IASB fournit des informations sur la définition des actifs, informations à partir desquelles il nous semble important de focaliser l'analyse. Ce papier rappelle en effet les trois éléments majeurs caractéristiques de la nouvelle définition des actifs. Il rappelle d'abord que l'actif est une ressource économique[1033]. Il rappelle ensuite que l'entité doit disposer de droits sur la ressource économique[1034]. Il rappelle enfin que cette ressource économique et les droits qui y sont attachés doivent exister au jour d'établissement des états financiers de l'entité[1035]. Jusqu'à ce jour, le premier critère, c'est-à-dire celui de la ressource économique, était aussi contenu dans le Plan comptable général et ne constituait pas une innovation en soit[1036]. En revanche, le critère des avantages économiques futurs en constitue un.

337. A la suite des propos de Schevin, il convient de souligner que la notion de contrôle a été définie par la norme IAS 38 relative aux immobilisations incorporelles comme « le pouvoir d'obtenir les avantages économiques futurs découlant de la ressource sous-jacente et en plus la

---

consolidation : association ou non du modèle du contrôle et du modèle des risques et avantages », *Revue Française de Comptabilité*, avril 2009, n°420, p. 32.

[1032]Accounting Standards Board, Statement of Principles for Financial Reporting, October 1999. World Standard Setters Meeting, September 2006. Ce document est disponible sur http://www.ifrs.org/Search.

[1033] "An asset is a present economic resource to which an entity has a present right or other privileged access.
An asset of an entity has three essential characteristics: (a) there is an economic resource (…).

[1034] "An asset is a present economic resource to which an entity has a present right or other privileged access.
An asset of an entity has three essential characteristics (…) ; (b) the entity has rights or other privileged access to the economic resource.

[1035] "An asset is a present economic resource to which an entity has a present right or other privileged access.
An asset of an entity has three essential characteristics: (…) (c) the economic resource and the rights or other privileged access both exist at the financial statement date.

[1036] Même l'ancienne définition abstraite du Plan comptable General utilisait le terme de « valeur économique positive ».

possibilité de restreindre l'accès des tiers à ces avantages[1037] ». Elle ne nécessite donc pas un contrôle physique. Le contrôle peut donc parfaitement s'effectuer sans que l'on ait la « maîtrise physique du bien[1038] ». L'essentiel étant de pouvoir obtenir les avantages économiques liés à l'exploitation du bien, avec ou contre les tiers. L'obtention des avantages économiques du bien, avec la participation d'un tiers, correspond, par exemple, au contrat de sous-location alors que la possibilité d'obtenir les avantages économiques du bien contre un tiers correspond « à l'exercice de droits légaux, applicables par un tribunal[1039] ». Il nous semble ici aussi que ces droits légaux sont établis en vertu des règles classiques de la propriété. Tout se passe comme si le normalisateur comptable international tournait en « boucle ». En effet, d'une part, il tente de se départir du droit en instaurant des critères comme le « contrôle » du bien et d'autre part il revient au droit pour préciser, ce qu'est le contrôle, notamment par la capacité « de restreindre l'accès des tiers », par « l'exercice de droits légaux applicables par un tribunal[1040] ». Il faut donc se rapprocher de la doctrine pour tenter de cerner cette notion de contrôle.

338. On pourrait tout aussi bien penser à l'interprétation de Scheid, selon lequel, « pour la notion de contrôle, on tend à distinguer entre le contrôle de la ressource et le contrôle des avantages futurs avec les risques qui leur sont associés ; l'un va souvent avec l'autre mais pas toujours car le contrôle de la ressource peut se faire sans en retirer de vrais avantages ou sans le contrôle des avantages économiques futurs. De même, le contrôle est fait de droits multiples que l'on peut et doit distinguer si les titulaires sont des personnes différentes ; par exemple le contrôle est presque toujours associé au fait de décider des politiques et stratégies d'emploi mais il y a des situations où une autre personne a un droit de veto sur ces décisions, des situations où certaines décisions majeures doivent être prises à des majorités qualifiées plus complètes que celles pour changer les statuts (pactes d'actionnaires)... Ces difficultés conduisent à détailler et étudier les droits liés au contrôle (par exemple, il faudrait pour avoir un actif un contrôle portant à la fois sur la ressource et un contrôle portant sur les avantages). Toutefois ils posent un problème fondamental : doit-on admettre ou non qu'un contrôle puisse être partagé (un cas d'école semble être les biens remis en concession) ».

1037 P. Schevin, « Critères de comptabilisation et de consolidation : association ou non du modèle du contrôle et du modèle des risques et avantages », *Revue Française de Comptabilité*, avril 2009, n°420, p. 32.

1038 G. Blanluet, *Essai sur la notion de propriété économique en droit privé français, recherches au confluent du droit fiscal et du droit civil*, LGDJ 1999, p. 404.

1039 P. Schevin, « Critères de comptabilisation et de consolidation : association ou non du modèle du contrôle et du modèle des risques et avantages », *Revue Française de Comptabilité*, avril 2009, n°420, p. 32. Voir aussi la norme IAS 38.

1040 P. Schevin, « Critères de comptabilisation et de consolidation : association ou non du modèle du contrôle et du modèle des risques et avantages », *Revue Française de Comptabilité*, avril 2009, n°420, p. 32. Voir aussi la norme IAS 38.

339. A vrai dire, évoquer la doctrine générale sur la notion de contrôle permet tout au plus d'avoir un éclairage sur cette notion avant l'avènement des normes comptables internationales. Le contrôle instauré par les normes IFRS n'apporte rien d'original. Il est directement extrait des modèles anglo-saxons de comptabilité. La question reste néanmoins pertinente. Schevin a mis en exergue cette notion de contrôle dans les actifs et dans le périmètre de consolidation. Il en est venu à la conclusion qu' « en matière de consolidation, le contrôle constitue l'élément déterminant sur le plan des principes de base[1041] ». Comment ne pas évoquer la question du contrôle des sociétés qui fait de plus en plus recours à des critères financiers et comptables. Ces derniers concurrencent les critères juridiques dans l'appréciation de la propriété. L'influence des règles économiques et financières s'étend ainsi à l'appréciation des éléments générateurs d'avantages économiques futurs. En effet, selon les normes IFRS, l'actif est aussi une ressource génératrice d'avantages économiques futurs.

Paragraphe 2 : L'actif : un élément générateur d'avantages économiques futurs

340. Comme le rappelle Schevin, la nouvelle définition de l'actif « fait appel simultanément à deux exigences : contrôle et expectative d'avantages[1042]. Cependant, lorsque les critères de comptabilisation d'un élément d'actif (ou de passif) sont précisés, la référence aux avantages économiques futurs est reprise, en y intégrant un concept de probabilité destiné à tenir compte de l'incertitude « qui caractérise l'environnement dans lequel une entreprise opère ». En outre, un autre critère est énoncé : la nécessité d'une évaluation fiable du coût ou de la valeur de l'élément[1043] ». Il résulte de cette analyse que la notion d'avantages économiques futurs fait appel non seulement à des critères juridiques mais aussi à des critères d'évaluation économiques[1044]. S'il faut ajouter à cela la volonté de la France

---

[1041] P. Schevin, « Critères de comptabilisation et de consolidation : association ou non du modèle du contrôle et du modèle des risques et avantages », *Revue Française de Comptabilité*, avril 2009, n°420, p. 32. V. aussi la norme IAS 38.

[1042] P. Schevin, « Critères de comptabilisation et de consolidation : association ou non du modèle du contrôle et du modèle des risques et avantages », *Revue Française de Comptabilité*, avril 2009, n°420, p. 32. V. aussi la norme IAS 38.

[1043] P. Schevin, « Critères de comptabilisation et de consolidation : association ou non du modèle du contrôle et du modèle des risques et avantages », *Revue Française de Comptabilité*, avril 2009, n°420, p. 32. V. aussi la norme IAS 38.

[1044] Revue Fiduciaire comptable, « Les calculs financiers utilisés en comptabilité », *Revue Fiduciaire comptable*, juillet-août 2005, n° 319, p. 35.

de fusionner l'ancienne définition des actifs issue du Plan comptable général à la nouvelle définition des actifs, issue des normes IFRS[1045], il en résulte que l'actif est un élément du patrimoine ayant une valeur économique positive, c'est-à-dire une ressource que l'entité contrôle du fait d'événements passés et dont elle attend des avantages économiques futurs[1046]. Cette définition des actifs ressemble d'avantage à un « fourre-tout ». La volonté de la France de rester fidèle à la comptabilité juridique a obligé le Conseil national de la Comptabilité à maintenir la référence au patrimoine pour la définition de l'actif[1047]. A cette volonté de maintenir la comptabilité juridique s'ajoute la nécessité de suivre les évolutions du référentiel comptable international et donc à intégrer les définitions de l'actif données par les normes comptables internationales[1048]. Cette situation ambigüe, au demeurant paradoxale, pèse sur la définition des actifs. Elle contribue en effet à la rendre complexe en y mêlant des concepts juridiques et financiers qui sont loin d'être facilement compréhensibles[1049]. D'une part, en effet, la compréhension de ce que sont « les avantages économiques futurs » passera par une analyse juridique (**I**), d'autre part les critères financiers de « probabilité », d' « évaluation fiable du coût », ou de « la valeur de l'élément » devraient permettre de clarifier et de calculer avec précision les avantages économiques futurs. La clarification se fera pour un public averti et de spécialistes, le sera-t-elle pour le néophyte (**II**) ?

I- La notion juridique d'avantages économiques futurs

341. Comme le rappelle Schevin, « lorsque les critères de comptabilisation d'un élément d'actif (ou de passif) sont précisés, la référence au contrôle n'apparaît pas[1050] ». Il en résulte que les critères de comptabilisation remplacent le critère de contrôle. La question est alors de

---

[1045] J. Richard, C. Colette, *Les systèmes comptables français et anglo-saxons–Normes IAS*, 8e édition, Paris, Dunod, 2009.

[1046] PCG article 311-1.

[1047] D. Villemot, « Présentation du rapport d'étape du groupe IAS/fiscalité », *Droit Fiscal* 2005, n° 17, étude n°19, p. 765 à 771.

[1048] Y. Benard, « Fiscalité et comptabilité : convergence + connexion = chaos ? », *Revue de Jurisprudence Fiscale*, n° 6, juin 2007, p. 523-528 ; V. aussi les conclusions du commissaire du gouvernement sous CE, 8 juin 2005, n° 270967, 9e et 10e s.-s., SAS Sofinad, concl. L. Vallee, *BDCF* 2005, n°885, août-septembre.

[1049] Les difficultés de compréhension des normes IFRS sont aussi à rattacher aux nombreux changements dont ils font l'objet. B. Lebrun, « Une nouvelle série de modifications sur les normes IFRS», *Revue Fiduciaire comptable*, novembre 2008, n° 355, p. 21.

[1050] P. Schevin, « Critères de comptabilisation et de consolidation : association ou non du modèle du contrôle et du modèle des risques et avantages », *Revue Française de Comptabilité*, avril 2009, n°420, p. 32 et s.

savoir si ces critères ne peuvent pas être considérés comme les critères « juridiques » des avantages économiques futurs ? D'autant que la norme IAS 18 rappelle ces critères de comptabilisation, pour les produits provenant de la vente d'un bien[1051]. Il s'agit en effet du « transfert à l'acheteur des risques et avantages importants inhérents à la propriété des biens, de la cessation par l'entreprise cédante de son implication dans la gestion, telle qu'elle incombe normalement au propriétaire, et dans le contrôle effectif des biens cédés[1052] ». D'une part, il est évident que le transfert des risques et avantages inhérents à la propriété du bien est régi par le code civil[1053], en matière de propriété, d'autre part, il est tout aussi évident que cette situation de transfert est caractéristique d'une cessation de jouissance du bien, c'est-à-dire de ses avantages économiques futurs. Il s'agit bien à notre sens des critères juridiques des « avantages économiques futurs ». Quand à la « cessation, par l'entreprise cédante, de son implication dans la gestion, telle qu'elle incombe normalement au propriétaire[1054] », elle en appelle à ce que le propriétaire qui gère un bien est en droit d'attendre de ce dernier, c'est-à-dire l'usus, le fructus et l'abusus et donc les critères juridiques de la propriété. Au regard de la norme IAS 18, les avantages économiques futurs semblent donc faire référence aux critères juridiques.

342. La même analyse peut-être faite concernant la norme IAS 17. En effet, Schevin rappelle que la « norme IAS 17 définit, du point de vue du bailleur, les conditions de « décomptabilisation » d'un actif et, du point de vue du preneur, les conditions du classement du contrat de location en tant que contrat de location-financement[1055] ». Ici encore, la comptabilisation s'effectuera selon qu'il y ait transfert de la quasi-totalité des risques et des avantages inhérents à la propriété. S'il y a transfert, alors le preneur inscrit le contrat en location-financement[1056]. Si le transfert ne s'effectue pas, il s'agit

---

[1051] P. Schevin, « Critères de comptabilisation et de consolidation : association ou non du modèle du contrôle et du modèle des risques et avantages », *Revue Française de Comptabilité*, avril 2009, n°420, p. 32 et s.

[1052] P. Schevin, « Critères de comptabilisation et de consolidation : association ou non du modèle du contrôle et du modèle des risques et avantages », *Revue Française de Comptabilité*, avril 2009, n°420, p. 32 et s.

[1053] Le transfert des risques est réalisé au même moment que le transfert de propriété. Voir les articles 1583, 1245, 1601 du C. Civ.

[1054] P. Schevin, « Critères de comptabilisation et de consolidation : association ou non du modèle du contrôle et du modèle des risques et avantages », *Revue Française de Comptabilité*, avril 2009, n°420, p. 34.

[1055] P. Schevin, « Critères de comptabilisation et de consolidation : association ou non du modèle du contrôle et du modèle des risques et avantages », *Revue Française de Comptabilité*, avril 2009, n°420, p. 34.

[1056] Revue Fiduciaire comptable, « Contrats de location : un traitement très novateur proposé par l'IASB », *Revue Fiduciaire comptable*, novembre 2010, n° 377, p. 15.

d'un simple contrat de location[1057]. Les avantages économiques futurs dépendent encore une fois du critère juridique[1058]. Au final, la notion d'avantages économiques futurs ne s'est que très peu émancipée du droit. L'apparition de notions financières a cependant permis de les évaluer avec une fiabilité plus forte que les simples références au droit de propriété[1059]. Il faut souligner aussi que l'influence des normes IFRS a été limitée par l'obligation de respecter les textes de niveau hiérarchique supérieurs. L'article 38 quater de l'annexe III au Code général des Impôts rappelle en effet que lorsque la loi comptable est incompatible avec la loi fiscale, celle-ci cesse de s'appliquer. C'est ce qui ressort de la substance du texte : les entreprises doivent respecter les définitions édictées par le Plan comptable général pour la détermination de l'assiette de l'impôt sur les sociétés[1060], sauf si une loi fiscale expresse y déroge ou sauf si elle est incompatible avec les lois fiscales, sans que la loi fiscale édicte expressément l'interdiction de suivre la disposition comptable[1061].

343. L'incompatibilité doit-elle résulter d'une disposition fiscale expresse ou doit-elle découler de l'obligation de respecter les textes d'un niveau hiérarchique supérieur ?[1062] Cette question du respect des textes de niveau hiérarchique supérieur fait référence à la pyramide des normes de Hans Kelsen[1063]. Elle semble résulter des deux. Le droit comptable n'est pas applicable quand il entre expressément en conflit avec une règle fiscale d'une part et d'autre part lorsque la règle fiscale l'interdit expressément[1064]. Tout d'abord, le droit comptable n'est pas applicable en cas d'incompatibilité avec la loi fiscale. C'est ce qui ressort de la jurisprudence du Conseil d'Etat[1065].

1057 Revue Fiduciaire comptable, « Charge ou immobilisation : rappels sur les points délicats», *Revue Fiduciaire comptable*, mars 2008, n° 348, p. 11.

1058 F.-G. Trebulle, « Développement durable et droit des sociétés », *Droit des sociétés* n° 1, janvier 2010, étude 3.

1059 Revue Fiduciaire comptable, « Les calculs financiers utilisés en comptabilité », *Revue Fiduciaire comptable*, juillet-août 2005, n° 319, p. 35.

1060 Article 38 quater de l'annexe III au Code général des Impôts.

1061 J. Turot, « La poule pondeuse et le poulet », *RJF* 1994, novembre-décembre, Etudes, p. 742 ; voir aussi P. Dibout, « Le bilan d'une crise », *Les Petites Affiches*, 8 septembre 2005, n°179 p. 45.

1062 J.-G. Degos, S. Ouvrard, « L'influence des normes d'information financière sur la convergence des règles fiscales et comptables françaises », *La Revue du financier*, mai-juin 2007, n°165, p. 32 ; R. Obert, « Le droit comptable applicable en France aux petites et moyennes entreprises : 1958-2008 », *Revue du Financier*, janvier-février 2009, p. 76-88.

1063 F. Compin, *op. cit.*

1064 CE, 3 février 1984, n°27227 : *Revue de Jurisprudence Fiscale* avril 1984, n°407 ; CE, plén., 27 juillet 1984, n° 34588 : *Droit Fiscal* 1985, n° 11, comm. n° 596 ; CE, 2 oct. 1985, 37791 : *Droit Fiscal* 1986, n° 19, comm. 942 ; CE, 6 décembre 1996, n° 149923.

1065 CE, 27 juin 1994, n° 121748, Société Villeroy et Boch : *Revue de Jurisprudence Fiscale*, août-septembre 1994, n. 888.

344. Ensuite le droit comptable n'est pas applicable quand une loi fiscale expresse y déroge. Ce fût le cas lors de la convergence du Plan comptable général vers les normes IFRS. L'administration fiscale a adopté l'instruction fiscale du 30 décembre 2005 dans laquelle elle avait écarté l'application des dispositions comptables incompatibles avec la doctrine de l'administration fiscale[1066]. Il s'agit des dispositions comptables, issues des normes IFRS et incompatibles avec les principes de simplicité, de neutralité et de cohérence[1067]. En d'autres termes, toutes les dispositions comptables issues des IFRS qui entrainent des incohérences entre résultat comptable et résultat fiscal ont été écartées. Il en est de même pour les dispositions comptables violant le principe de neutralité fiscale. Dans cet esprit, il s'agissait d'empêcher que les entreprises puissent utiliser deux référentiels à des fins d'optimisation fiscale[1068]. Cette situation se serait révélée particulièrement injuste pour les entreprises ne pouvant pas utiliser les deux types de référentiel. Un aménagement a été néanmoins effectué en faveur des PME pour lesquelles l'application des normes IFRS se serait soldée par une aggravation de la charge fiscale[1069]. La solution se justifie aisément par le souci de neutralité fiscale. On pourrait tout aussi bien y voir l' « équité[1070] » ou la « justice fiscale », l'objectif étant d'éviter que les PME soient lésées fiscalement du fait du changement de référentiel. On peut néanmoins regretter que ce souci de préserver les acquis fiscaux n'ait pas motivé la décision du Conseil d'Etat dans l'arrêt Sofinad[1071]. La suppression du choix entre valorisation à la valeur réelle et valorisation à la valeur comptable avait entrainé pour certains contribuables l'impossibilité d'utiliser certaines

---

1066 BOI 4 A-13-05 n° 213 du 30 décembre 2005.

1067 P. Perpere, « La doctrine de l'administration », acte du colloque du dess fiscalité de l'entreprise de l'université Paris dauphine sur les conséquences des normes comptables internationales, *Les Petites Affiches*, 08 septembre 2005, n°179, p. 30.

1068 J.-P. Lieb, sous-directeur à la direction de la législation fiscale, interrogé par pricewaterhousecoopers, dans le cadre de la journée d'études « arrêté des comptes 2004 » les Échos conférences explique que cette légitimité résulte des liens étroits qui existent entre comptabilité fiscalité.

1069 J. Richard, C. Colette, *Les systèmes comptables français et anglo-saxons–Normes IAS*, 8e édition, Paris, Dunod, 2009.

1070 Il s'agit d'avantage d'équité, si l'on en croit l'analyse qui en est faite par Ph. Losappio dans l'introduction à sa thèse. Celui-ci rappelle en effet que : « l'équité ne figure pas dans les textes fiscaux. Elle est suggérée dans la procédure amiable des conventions fiscales internationales : « dans la recherche d'un accord amiable, les autorités compétentes…ont comme en matière d'arbitrage international, la possibilité, à titre subsidiaire, de se fonder sur des considérations d'équité pour donner satisfaction au contribuable. Dans la pratique, le recours à l'équité est fréquent ». L'équité procède, dans l'analyse faite par Ph. Losappio, de la recherche d'un juste milieu : Ph. Losappio, *Essai sur les difficultés d'application du droit fiscal français : la vraisemblance et l'équité*, thèse, Paris, LGDJ, 1994, p. 10, n°66. La décision de l'administration fiscale de ne pas imposer l'application de certaines normes IFRS procède de la recherche de l'équité.

1071 CE, 8 juin 2005, n° 270967, 9e et 10e s.-s., SAS Sofinad, concl. L. Vallee, *BDCF* 2005, n°885, août-septembre.

options comptables à des fins d'optimisation fiscale et le risque d'une double taxation[1072]. Le Conseil d'Etat s'est basé sur d'autres considérations que la neutralité fiscale pour justifier sa décision, préférant ainsi rappeler que le droit comptable fixe les règles applicables pour la détermination de l'assiette de l'impôt sur les sociétés et qu'il en était ainsi de la relation naturelle entre comptabilité et fiscalité[1073]. En effet, aucun texte fiscal n'empêchait la mise en œuvre du nouveau règlement sur les fusions et opérations assimilées. Mais la violation du principe de neutralité fiscale du fait d'un changement introduit par des normes comptables était flagrante. On peut cependant largement comprendre les motivations du Conseil d'Etat. L'objectif est d'une part, de ne pas freiner le processus de convergence de la fiscalité vers les normes IFRS[1074]. Le président de la section finance du Conseil d'Etat a rappelé la volonté de la fiscalité de suivre le processus de convergence. Il s'agit, d'autre part, d'empêcher au contribuable de recourir à la procédure du « recours pour excès » de pouvoir contre les règlements du CRC, et ceci, pour des questions d'optimisation fiscale « personnelle ». Les intérêts personnels ne doivent pas l'emporter sur l'intérêt général de faire évoluer la fiscalité vers la comptabilité.

345. Pendant que le droit comptable s'interroge, le droit fiscal étend son emprise sur le droit comptable[1075]. Hier trop faible pour s'exprimer face au droit fiscal, aujourd'hui encore trop hésitant, le droit comptable semble voué à une perpétuelle quête d'affirmation. Des efforts sont néanmoins à observer, même s'ils doivent être relativisés à notre sens[1076]. Ils ont été faits en faveur du calcul financier des avantages économiques futurs, ce dernier devant tenir compte de l'incertitude qui caractérise « l'environnement dans lequel une entreprise opère ».

[1072] Feuillet Rapide, « Fusions et opérations assimilées : conséquences fiscales des nouvelles règles comptables » : *Feuillet Rapide*, 31 avril 2004, p. 5.

[1073] D. Ledouble, « Le règlement CRC sur les fusions : facteur de progrès ou de complexité ? », Bull. Joly Sociétés, mars 2005, n° 67.

[1074] E. Delesalle, « Les nouvelles règles comptables relatives aux actifs et aux fusions », *Les Nouvelles Fiscales*, 15 juillet 2004, n° 918 p. 4 ; M. Supiot, P. Birotheau, « Fusions et apports : les nouvelles règles de valorisation depuis le 1e janvier 2005 » : *Option Finance* n° 820, février 2005 p. 27 ; D. Villemot, W. Bordet, « La valorisation des apports », *Droit Fiscal,* 25 avril 2005, p. 1016.

[1075] J. Turot, « Charges en stock. Distinction entre marchandises et produits, notion de charges indirectes de production », *Revue de Jurisprudence Fiscale*, 1991, p. 3 et s.

[1076] Y. Benard, « Fiscalité et comptabilité : convergence + connexion = chaos ? », *Revue de Jurisprudence Fiscale*, n° 6, juin 2007, p. 523-528.

II- La notion comptable d'avantages économiques futurs

346. Le calcul des avantages économiques futurs du bien doit être fait de façon fiable. Il a pour but d'estimer ce que le bien pourrait rapporter. Le numéro 319 de la Revue Fiduciaire comptable opère une synthèse de l'ensemble des calculs financiers utilisés pour l'évaluation des biens. Ces calculs financiers concernent la notion de coût amorti, la détermination du taux d'intérêt effectif d'un contrat de crédit-bail, la détermination de la valeur d'utilité d'un actif, l'actualisation des dettes et des créances[1077]. Ces méthodes financières insérées en comptabilité sont fortement basées sur l'actualisation. Comme le rappelle le Lexique de finance, Vernimmen, l'actualisation consiste à « déterminer la valeur d'aujourd'hui de flux qui se produiront dans le futur : elle est donc l'inverse de la capitalisation. Elle permet de comparer des sommes reçues ou versées à des dates différentes[1078] ». Même si, sur un plan comptable, l'apport de la finance permet de clarifier les actifs et de les évaluer avec une plus grande fiabilité, fiscalement, la solution n'est pas toujours acceptée. Ledouble le rappelle fort bien à ce titre, en citant la position de l'administration fiscale : « parmi les méthodes couramment utilisées, l'administration privilégie celles qu'elle peut directement appliquer. Ce principe de symétrie, facteur de clarté, ne peut que faciliter le dialogue. En effet, l'administration ne peut mettre en œuvre directement une méthode fondée sur l'actualisation à partir de flux futurs dès lors qu'elle ne peut elle-même établir des prévisions de croissance[1079] ». La réticence de l'administration fiscale à l'utilisation de la méthode des Free Cash Flow a un fondement textuel et jurisprudentiel. Le fondement textuel procède du fait que « la loi prévoit le fait générateur de chaque impôt de telle sorte que celui-ci soit liquidé sur la base des éléments existants à cette date[1080] ». Quand au fondement jurisprudentiel, l'administration fiscale rappelle que « si la Cour de Cassation a jugé que pouvaient être retenues les données d'un exercice comptable clôturé après le fait générateur, elle n'a fait que confirmer une pratique de bon sens de l'administration en expliquant que ne devaient être prises en compte que les seules perspectives d'avenir de l'entreprise à évaluer existant au jour du fait générateur. Ces perspectives, qu'un bilan en cours d'élaboration peut aider à appréhender, sont par nature différentes des prévisions sur lesquelles reposent les plans de développement des entreprises. Pour autant les méthodes prospectives sont présentées dans

---

[1077] Revue Fiduciaire comptable, « Les calculs financiers utilisés en comptabilité », *Revue Fiduciaire comptable*, juillet-août 2005, n° 319, p. 35.

[1078] http://www.vernimmen.net/html/glossaire/definition_actualisation.html

[1079] D. Ledouble, « La juste valeur a-t-elle sa place en fiscalité ? », *LAMY Optimisation fiscale de l'entreprise*, Etude n°123.

[1080] D. Ledouble, « La juste valeur a-t-elle sa place en fiscalité ? », *LAMY Optimisation fiscale de l'entreprise*, Etude n°123.

le guide[1081] ». Selon Dominique Ledouble, il y a une « avancée dans la position de l'administration qui ne refusera pas d'examiner les plans d'affaires qui lui seront soumis, à titre de contrôle de cohérence. Il va donc pouvoir être possible de montrer que la seule capitalisation du dernier résultat ne peut être retenue dans la mesure où elle est fondée implicitement sur le maintien de ce résultat dans le futur, ce que démentirait le plan d'affaires. Il reste un blocage plus théorique voire juridique qui n'emporte pas la conviction : si la loi impose que ne soient retenus que les faits connus à la date du fait générateur de l'impôt, ceci ne remet pas en cause la possibilité de tenir compte des prévisions établies sur les faits connus à une certaine date[1082] ».

347. Il faut noter enfin que l'introduction d'une approche financière en comptabilité a eu pour conséquence une amélioration du vocabulaire comptable. Une synthèse a été réalisée par Degos et Ouvrard[1083]. Ces derniers rappellent en effet que le terme de Valeur Nette comptable[1084] est remplacé par celui de valeur comptable[1085]. Alors que le Plan comptable général fait état de la valeur actuelle comme étant la plus élevée de la valeur vénale ou de la valeur d'usage[1086], les normes IFRS utilisent le terme de valeur recouvrable pour désigner la valeur la plus élevée entre le prix de vente net de l'actif et sa valeur d'utilité[1087]. Il en est de même pour la valeur vénale qui est le montant qui pourrait être obtenu, à la date de clôture, de la vente d'un actif lors d'une transaction conclue à des conditions normales de marché, net des coûts de sortie[1088]. La norme IAS 36 parle du prix de vente net comme étant le montant qui peut être obtenu de la vente d'un actif lors d'une transaction dans des conditions de concurrence normale entre des parties biens informées et consentantes, moins les coûts de sortie[1089].

348. Enfin le Plan comptable général parle de la valeur d'usage comme étant la valeur des avantages économiques futurs attendus de son utilisation et de sa sortie. Elle est calculée à partir des estimations des avantages économiques futurs attendus. Dans la généralité des cas, elle est déterminée

---

1081 D. Ledouble, « La juste valeur a-t-elle sa place en fiscalité ? », *LAMY Optimisation fiscale de l'entreprise*, Etude n°123.
1082 D. Ledouble, « La juste valeur a-t-elle sa place en fiscalité ? », *LAMY Optimisation fiscale de l'entreprise*, Etude n°123.
1083 J.-G. Degos, S. Ouvrard, « L'influence des normes d'information financière sur la convergence des règles fiscales et comptables françaises », *La Revue du financier*, mai-juin 2007, n°165, p. 32.
1084 PCG art. 322-1-7 nouveau.
1085 IAS 16 paragraphe 6.
1086 PCG art. 322-1-8 nouveau.
1087 IAS 36 paragraphe 5.
1088 PCG art. 322-1-10 nouveau.
1089 IAS 36 paragraphe 5.

en fonction des flux nets de trésorerie attendus. Si ces derniers ne sont pas pertinents pour l'entité, d'autres critères devront être retenus pour évaluer les avantages futurs attendus[1090]. Les normes comptables internationales évoquent plutôt le terme de valeur d'utilité pour désigner la valeur actualisée des flux de trésorerie futurs estimés attendus de l'utilisation continue d'un actif et de sa sortie à la fin de sa durée d'utilité[1091]. Cette succession de vocabulaire comptable aura des effets autres que terminologiques. C'est une nouvelle conception des actifs qu'imposent désormais les nouvelles normes comptables internationales.

Section 2 : La nouvelle conception des actifs et ses conséquences fiscales

349. De façon évidente, la nouvelle conception des actifs allait aussi entraîner des conséquences sur leur comptabilisation et leur évaluation[1092]. Voici une illustration utilisée par les rédacteurs du Mémento « Actifs[1093] » synthétisant les conséquences actuelles et futures en termes de comptabilisation des actifs. « Un donneur d'ordre et son sous-traitant concluent un contrat d'exécution de pièces sur 5 ans. La fabrication d'un moule industriel est nécessaire, celui-ci devant être utilisé par le sous-traitant. Le contrat prévoit les dispositions suivantes : la fabrication du moule incombe au sous-traitant, le financement du moule incombe au donneur d'ordre (…). La propriété juridique du moule est attribuée au sous-traitant, mais elle est transférée au donneur d'ordre au terme du contrat, le moule ne peut être utilisé par le sous-traitant que pour fabriquer des pièces prévues au contrat, les risques liés au moule sont assurés par le donneur d'ordre. Le contrat prévoit notamment une facturation complémentaire au profit du sous-traitant si le nombre de pièces fabriquées est insuffisant pour couvrir le cout de fabrication du moule ». Avant l'introduction des normes comptables internationales, les moules étaient « comptabilisées en immobilisations chez le propriétaire (le sous-traitant), et en charges différées chez l'utilisateur (le donneur d'ordre)[1094] ». Depuis l'avènement des normes

[1090] PCG art. 322-1-11 nouveau.

[1091] IAS 36 paragraphe 5.

[1092] D'ailleurs, la définition, l'évaluation et la comptabilisation des actifs font l'objet d'un seul et unique règlement, le règlement CRC 2004-06, relatif à la définition, l'évaluation et la comptabilisation des actifs.

[1093] PricewaterhouseCoopers, *Actifs : Nouvelles règles comptables et conséquences fiscales*, Levallois: Editions Francis Lefebvre, 2005, vol.1, p. 78, n°2053 et s.

[1094] PricewaterhouseCoopers, *Actifs : Nouvelles règles comptables et conséquences fiscales*, Levallois: Editions Francis Lefebvre, 2005, vol.1, p. 78, n°2053 et s.

comptables internationales, « le moule industriel répond aux critères de définition et de comptabilisation d'une immobilisation corporelle pour le donneur d'ordre. Il est donc à inscrire à l'actif de ce dernier. En effet, le moule est identifiable, ((...) il fait l'objet d'un contrat, peut-être individualisé par son numéro de série ou encore sa date de production, il est porteur d'avantages économiques futurs : la production de pièces à partir de ce moule permettra d'augmenter les ventes du donneur d'ordre et donc ses flux de trésorerie. En conséquence, ses avantages économiques futurs seront également augmentés. Le moule est contrôlé par le donneur d'ordre : en effet, l'essentiel des risques a été transféré au donneur d'ordre : le contrat prévoit qu'une facturation complémentaire sera émise par le donneur d'ordre au profit du sous-traitant si le nombre de pièces est insuffisant pour couvrir le coût de fabrication du moule. Il est probable que les avantages économiques futurs iront à l'entité : seul le donneur d'ordre bénéficiera des avantages économiques futurs liés à la production de pièces à partir du moule. En conséquence, bien que le droit de propriété ne soit pas transféré au donneur d'ordre à l'origine, l'analyse du contrat permet bien de démontrer que l'essentiel des risques et avantages afférents au moule lui ont été transférés. Enfin, son coût peut être évalué avec une fiabilité suffisante : en effet, le donneur d'ordre peut obtenir auprès du sous-traitant le coût de production du moule[1095] ». Si long soit-il, l'exemple ainsi fourni permet de constater le changement de logique, le passage de la propriété juridique à la propriété économique. Ce changement introduit par le règlement CRC n°2004-01 entraine des conséquences directes sur l'assiette de l'impôt sur les sociétés des entreprises **(Paragraphe 1)** alors que l'analyse du règlement sur les règles d'évaluation conduit à constater la suppression de certains choix fiscaux et des conséquences dommageables pour le principe de la neutralité fiscale : ces situations sont particulièrement présentes dans le cas des fusions et opérations assimilées **(Paragraphe 2)**.

Paragraphe 1 : L'influence des normes comptables internationales sur les opérations d'évaluation et de comptabilisation des actifs

350. L'impact fiscal des normes comptables internationales dans les opérations d'évaluation et de comptabilisation des actifs se prête

[1095] PricewaterhouseCoopers, *Actifs : Nouvelles règles comptables et conséquences fiscales*, Levallois: Editions Francis Lefebvre, 2005, vol.1, p. 78, n°2053 et s.

difficilement à un exercice de synthèse[1096]. D'abord parce que le traitement fiscal des comptabilisations et évaluations d'actifs suit le traitement comptable. En effet, les cas où la règle fiscale diverge de la règle comptable sont rares. Les réintégrations et déductions fiscales d'opérations régulièrement passées en comptabilité sont rares lorsque l'on analyse le règlement sur l'évaluation et la comptabilisation des actifs[1097]. Ensuite, parce qu'au regard de la relation entre comptabilité et fiscalité et de l'influence des catégories juridiques et économiques sur ces relations, il n'y a pas matière à développements. Dès lors, les réflexions qui suivront apporteront à travers l'étude des conséquences fiscales sur la comptabilisation des actifs **(I)** et de l'étude des conséquences fiscales sur l'évaluation des actifs **(II)**, un éclairage sur les conséquences induites par le règlement relatif à la définition, l'évaluation et la comptabilisation des actifs[1098].

I- Les conséquences fiscales du nouveau règlement sur la comptabilisation des actifs

351. Pour enregistrer un bien à l'actif du bilan, il faut en être le propriétaire[1099]. Depuis la pénétration des normes comptables internationales en comptabilité, la comptabilisation des actifs n'est plus conditionnée au droit de propriété mais au contrôle du bien. De façon évidente, la nouvelle définition des actifs allait avoir des incidences sur leur comptabilisation. Il s'agit dans un premier temps de voir comment cette nouvelle définition a affecté la comptabilisation des actifs immobilisés et dans un second temps, comment elle a affecté la comptabilisation des actifs circulants et principalement des stocks[1100].

[1096] O. Barbe, L. Didelot, et Groupe Revue Fiduciaire : *Maîtriser les IFRS*, Groupe Revue Fiduciaire, vol 1. 2009.

[1097] PricewaterhouseCoopers, *Actifs : Nouvelles règles comptables et conséquences fiscales*, Levallois: Editions Francis Lefebvre, 2005, vol.1, p. 78, n°2062 et s.

[1098] Ce règlement a été transposé dans le Plan comptable général. Il fait l'objet d'un titre III nommé Règles de comptabilisation et d'évaluation.

[1099] G. Blanluet, « Brèves réflexions sur la propriété économique », *Revue Droit et Patrimoine*, mars 2001, n°91, p. 84 ; B. Raybaud-Turillo, *Le droit comptable patrimonial – Les enjeux d'un droit comptable substantiel*, Vuibert, Paris 1997, 364 p. ; P. Garnier, *La comptabilité, algèbre du droit et méthode d'observation des sciences économiques*, Thèse Paris Dunod 1947, 216 p.

[1100] Le problème de la définition des stocks s'est souvent posé au regard de notions telles que les immobilisations ou les frais généraux. Les normes comptables permettent d'y apporter plus de clarté : M. Cozian, A. Lechenet, « La distinction des immobilisations, des stocks et des frais généraux » (1e Partie), *Les Petites Affiches*, 05 janvier 1994, n° 2.

352. L'article 211-1 du PCG, relatif à la définition générale des actifs et l'article 311-1 du PCG relatif à la comptabilisation des actifs apportent de nouveaux critères à partir desquels un actif doit être comptabilisé[1101]. Pour ce faire, l'actif doit être identifiable, il doit avoir une valeur économique positive pour l'entité, c'est-à-dire qu'il doit-être générateur d'une ressource que l'entité contrôle du fait d'événements passés et dont elle attend des avantages économiques futurs[1102]. Il faudrait donc maitriser le processus de questionnement suivant, dont la synthèse a été établie par les rédacteurs du Mémento « Actifs » : l'élément est il identifiable ? S'il ne l'est pas, il devra être passé en charge, car ne correspondant pas à la nouvelle définition des actifs[1103], si l'élément est identifiable, est-il, dans ce cas, porteur d'avantages économiques futurs[1104] ? Si les avantages économiques futurs ne sont pas présents, alors il faudra qu'ils soient passés en charges. L'entité exerce t-elle un contrôle sur l'élément[1105] ? Si l'entité n'exerce pas un contrôle sur l'élément, alors il ne satisfait pas au critère de contrôle et devra être aussi passé en charge. Le coût de l'élément est il évalué de façon fiable ? S'il ne l'est pas, l'élément devra être passé en charge. En somme, il faudrait que l'élément soit identifiable, porteur d'avantages économiques futurs, sur lequel l'entité exerce un contrôle et évalué de façon fiable[1106]. Ce n'est qu'après avoir satisfait à l'ensemble de ces conditions que l'on pourra

---

[1101] Art. 211-1 du PCG et 311-1 du PCG ; Groupe Revue Fiduciaire, *Code comptable*, 4e édition 2009, p. 68 et s.

[1102] Les critères d'identifiabilité, de contrôle, d'avantages économiques futurs sont contenus dans l'article 211-1 du PCG alors que celui de l'évaluation fiable de l'actif est contenu dans l'article 311-1 du PCG.

[1103] Selon les rédacteurs du Mémento « Actifs », un élément est identifiable s'il est acquis séparément, s'il peut-être individualisé par son numéro de série, sa date d'acquisition ou de production ou s'il fait partie d'un lot identifiable. Ces derniers avancent qu'en pratique, cette nouveauté ne devrait pas avoir de conséquences sur l'identification à l'actif des éléments corporels (immobilisations corporelles : immeubles, terrains, machines, mais également stocks de matières premières ou de produits finis, etc.).

[1104] L'article 211-2 du PCG définit l'avantage économique futur d'un actif comme « le potentiel qu'a cet actif de contribuer, directement ou indirectement, à des flux nets de trésorerie au bénéfice de l'entité ». Pour une application des flux nets de trésorerie pour les amortissements, V. Règlement CRC n°2002-10 relatif à l'amortissement et à la dépréciation des actifs.

[1105] On considère qu'une entreprise contrôle un bien, dès lors qu'elle a la maitrise des risques et avantages inhérents à l'exploitation de ce bien. Voir P. Schevin, « Critères de comptabilisation et de consolidation : association ou non du modèle du contrôle et du modèle des risques et avantages », *Revue Française de Comptabilité*, avril 2009, n°420, p. 32. Voir aussi la norme IAS 38.

[1106] S'agissant des IFRS pour PME, les commentateurs de la Revue Fiduciaire font observer qu' « en l'absence de règles dans la norme IFRS pour les PME, la direction de l'entreprise doit développer et appliquer une méthode permettant d'obtenir des informations pertinentes et fiables en se fondant sur : les autres dispositions de la norme IFRS pour les PME traitant de sujets similaires et les dispositions des IFRS complètes. Revue Fiduciaire comptable, « Le référentiel IFRS PME, comparaison avec les règles françaises », *Revue Fiduciaire comptable*, n° 342, septembre 2007, p. 23 à 62.

comptabiliser un élément à l'actif du patrimoine[1107]. Ensuite, il faudra distinguer selon que l'actif est destiné à être vendu ou utilisé dans le processus de production ? S'il est destiné à être vendu, alors il s'agit d'un stock et s'il est destiné à être utilisé dans le processus de production, en général durant plus d'un exercice comptable (12 mois), alors il s'agit d'une immobilisation[1108]. Enfin, en face d'une immobilisation, il faudra distinguer selon que l'élément a une substance physique ou non[1109]. Si l'élément a une substance physique, alors il s'agit d'une immobilisation corporelle et si l'élément n'a pas de substance physique, alors il s'agira d'une immobilisation incorporelle[1110]. Les nouvelles définitions des actifs ne remettent pas fondamentalement en cause le régime fiscal et comptable antérieur. Certaines exceptions au critère de propriété pour l'enregistrement des biens à l'actif du bilan existaient déjà[1111]. Il en était ainsi des immeubles construits sur sol d'autrui ainsi que des aménagements et installations réalisées par le locataire, comme le soulignent les rédacteurs du Mémento[1112].

353. La jurisprudence du Conseil d'Etat avait en effet rappelé les critères de définition des actifs immobilisés, en introduisant le critère de cessibilité. A la suite de l'arrêt SA Sife, les critères de comptabilisation des immobilisations avaient été précisés : la distinction entre immobilisations et charges, notamment pour l'immobilisation des redevances de brevets était devenue plus claire. Le nouveau règlement sur la comptabilisation des actifs change-t-il la jurisprudence SA Sife ? Il convient de préciser que les normes comptables internationales imposent la comptabilisation des actifs, à partir du moment où ces derniers répondent à la nouvelle définition[1113]. Un actif est

---

[1107] PricewaterhouseCoopers, *Actifs : Nouvelles règles comptables et conséquences fiscales*, Levallois: Editions Francis Lefebvre, 2005, vol.1, p. 80, n°2058 et s.

[1108] Sur la distinction des immobilisations, des stocks et des frais généraux, M. Cozian, A. Lechenet, « La distinction des immobilisations, des stocks et des frais généraux » (1e Partie), *Les Petites Affiches*, 05 janvier 1994 n° 2 ; M. Cozian ; A. Lechenet, « La distinction des immobilisations, des stocks et des frais généraux (Suite et fin) », *Les Petites Affiches*, 07 janvier 1994, n° 2.

[1109] M. Cozian, « Propos de fiscaliste sur la notion d'immobilisation corporelle », *Mélanges en l'honneur du professeur Claude Perochon*, Foucher Paris 1995, p. 157.

[1110] PricewaterhouseCoopers, *Actifs : Nouvelles règles comptables et conséquences fiscales*, Levallois: Editions Francis Lefebvre, 2005, vol.1, p. 80, n°2058 et s.

[1111] G. Blanluet, *Essai sur la notion de propriété économique en droit privé français, recherches au confluent du droit fiscal et du droit civil*, LGDJ 1999, p. 12. G. Blanluet, « Brèves réflexions sur la propriété économique », *Revue Droit et Patrimoine*, mars 2001, n°91, p. 84 ; B. Raybaud-Turillo, *Le droit comptable patrimonial – Les enjeux d'un droit comptable substantiel*, Vuibert, Paris 1997, 364 p.

[1112] PricewaterhouseCoopers : *Actifs : Nouvelles règles comptables et conséquences fiscales*, Levallois: Editions Francis Lefebvre, 2005, vol.1, p. 80, n°2042 et s.

[1113] J.-L. Rossignol, « La politique fiscalo-comptable des entreprises : l'alternative charge/immobilisation », *Les Petites Affiches*, 07 mars 2001, n° 47, p. 4.

en effet un élément du patrimoine ayant une valeur économique positive, c'est-à-dire un élément que l'entité contrôle du fait d'événements passés et dont elle attend des avantages économiques futurs[1114]. Si le critère des avantages économiques futurs devait supplanter celui de la cessibilité, alors un actif ne doit être enregistré, non plus en vertu de ses critères juridiques, mais en vertu de ses critères économiques. Le critère de contrôle pour la comptabilisation et la décomptabilisation d'un actif a remplacé celui de propriété. Alors que le droit comptable se basait sur le transfert de la propriété pour déterminer le moment où un actif devait être comptabilisé ou non, c'est désormais le « transfert du contrôle » qui conditionne le moment de comptabilisation ou de décomptabilisation d'un actif[1115]. Le recul du critère de propriété a aussi été souligné par l'instruction fiscale du 30 décembre 2005 sur les licences UMTS (Radio télécommunications mobiles de troisième génération). Même si le critère de cessibilité est absent pour ces licences, les redevances versées pour leur exploitation doivent être enregistrées en immobilisations incorporelles[1116]. Ces critères comptables, en vertu du lien qui existe entre comptabilité et fiscalité influent aussi sur le droit fiscal[1117].

354. L'influence doit cependant être relativisée[1118]. Le règlement ne s'est pas étendu à l'ensemble des actifs de peur qu'il n'engendre des conséquences fiscales importantes. Les actifs écartés concernent « les contrats de location au sens d'IAS 17 ainsi que les contrats de louage de marque et de brevet, les instruments financiers ainsi que les dépenses liées telles que les frais d'émission des emprunts, les primes d'émission et les

---

1114 Sur une application de la nouvelle définition aux immobilisations crées en interne, Voir J.-L. Rossignol, « La politique fiscalo-comptable des entreprises : les éléments créés de manière interne ? », *Les Petites Affiches*, 23 avril 2001, n° 80, p. 3.

1115 PricewaterhouseCoopers *: Actifs : Nouvelles règles comptables et conséquences fiscales*, Levallois: Editions Francis Lefebvre, 2005, vol.1, p. 73, n°2034 et s.

1116 Les conditions de comptabilisation des immobilisations incorporelles ont été modifiées par les normes IFRS : « désormais, on ne distingue plus que deux phases : la phase de recherche et la phase de développement. Les coûts engagés lors de la phase de recherche doivent dans tous les cas être comptabilisés en charge. En revanche, s'agissant des coûts engagés dans la phase de développement, les nouvelles règles posent le principe de l'option comptable (charge ou immobilisation) tout en la nuançant de deux façons » : E. Picq, P. Escaut, « Création, acquisition et exploitation des actifs incorporels en France ou à l'étranger : problématiques fiscales internes et internationales », *Droit Fiscal* n° 44, 4 novembre 2010, p. 540.

1117 Instruction fiscale du 30 décembre 2005, *op. cit.*

1118 Il est intéressant de noter que « l'application des nouvelles règles pourrait entraîner, dans certains cas, une modification de la date de comptabilisation initiale des immobilisations, en particulier lorsque la date de transfert de propriété et la date de transfert de contrôle sont différentes » : PricewaterhouseCoopers, *Actifs : Nouvelles règles comptables et conséquences fiscales*, Levallois: Editions Francis Lefebvre, 2005, vol.1, p .65, n°2064 et s.

primes de remboursement d'emprunts[1119] ». Les causes de cette exclusion sont liées aux conséquences juridiques et fiscales que l'application de ces normes pourrait engendrer. Ainsi, pour les contrats de location, l'application de la notion de contrôle aurait nécessité que le locataire comptabilise le bien à l'actif de son bilan. En cas de faillite, le propriétaire juridique verrait le risque de voir son bien perdu, un bien qui ne serait plus sa propriété du fait de l'application du critère du contrôle[1120]. Ces exclusions concernent tous les contrats de location[1121], à savoir les contrats de location simple, les contrats de location-gérance, les marques et les brevets faisant l'objet de contrats de louage[1122]. De l'avis des rédacteurs du Mémento, l'application de la nouvelle définition des actifs aurait dû conduire à la non comptabilisation des actifs dont l'entreprise est propriétaire, mais sur lesquels elle n'exerce pas de contrôle. Les cas d'application sont cependant très rares, pour les raisons sus-évoquées, c'est-à-dire l'exclusion de tous les contrats de location. Les actifs exclus sont aussi ceux « acquis par voie d'opérations de fusion ou assimilées, c'est-à-dire des regroupements d'entités et de branches d'activité visées par le règlement n°2004-01 du CRC relatif au traitement comptable des fusions et opérations assimilées et le projet en cours pour les entités autres que les sociétés commerciales[1123] ».

II- Les conséquences fiscales du nouveau règlement sur l'évaluation des actifs

355. La question de l'évaluation des actifs n'a pas eu les mêmes conséquences que celle de la définition des actifs. Même si de nombreux changements ont été apportés en comptabilité, ils n'ont eu que très peu d'incidences en fiscalité. La doctrine s'est intéressée à cette question de

---

[1119] Extrait de l'avis du CNC n°2004-15, paragraphe 1, cité par PricewaterhouseCoopers, *Actifs : Nouvelles règles comptables et conséquences fiscales*, Levallois: Editions Francis Lefebvre, 2005, vol.1, p. 65, n°2015 et s.

[1120] PricewaterhouseCoopers, *Actifs : Nouvelles règles comptables et conséquences fiscales*, Levallois: Editions Francis Lefebvre, 2005, vol.1, p. 66, n°2018 et s.

[1121] Le professeur Gutmann rappelle en effet qu'il s'agit « *des contrats de location simple et du crédit-bail, ainsi que des contrats de licence et de marques de brevets* ». Selon lui, il s'agit du domaine « résiduel » où la jurisprudence fiscale en matière d'immobilisation incorporelle trouve encore à s'appliquer. D. Gutmann, *Droit fiscal des affaires*, Montchrestien, édition Lextenso 2010, p. 210 et s.

[1122] PricewaterhouseCoopers, *Actifs : Nouvelles règles comptables et conséquences fiscales*, Levallois: Editions Francis Lefebvre, 2005, vol. 1, p. 66, n°2018 et s.

[1123] Extrait de l'avis du CNC n°2004-15, paragraphe 1, cité par PricewaterhouseCoopers, *Actifs : Nouvelles règles comptables et conséquences fiscales*, Levallois: Editions Francis Lefebvre, 2005, vol.1, p. 65, n°2015 et s.

l'évaluation des actifs pour le cas des stocks et la démarche adoptée dans la plupart des ouvrages consiste à évoquer le problème de l'évaluation des actifs au moment de leur entrée dans le patrimoine, en cours de vie et au moment de leur sortie du patrimoine[1124]. Bien que le règlement sur l'évaluation des actifs présente un intérêt, il convient d'emblé de circonscrire l'étude aux seuls changements induits par les normes comptables internationales.

356. Il convient néanmoins de souligner que l'évaluation s'effectue selon que l'immobilisation ait été acquise à titre gratuit ou à titre onéreux. L'entreprise peut parfois produire l'immobilisation elle-même et dans ces conditions, son évaluation s'effectue selon d'autres critères. Si l'immobilisation a été acquise à titre onéreux, l'évaluation se fera au coût d'acquisition[1125]. C'est ce que rappelle le rapporteur public Boucher, dans ses conclusions sous l'arrêt du 9 décembre 2009. Il est suivi en ce sens par le Conseil d'Etat : « un stock acquis à titre gratuit doit être enregistré pour sa valeur vénale. Telle est en effet, indépendamment de la nature des biens, la règle édictée par les dispositions aujourd'hui codifiées à l'article L. 123-18 du Code de Commerce, selon lequel, « à leur date d'entrée dans le patrimoine de l'entreprise, les biens acquis à titre onéreux sont enregistrés à leur coût d'acquisition, les biens acquis à titre gratuit à leur valeur vénale et les biens produits à leur coût de production ». L'article R. 123-178 du même Code précise que cette valeur vénale s'entend du « prix qui aurait été acquitté dans des conditions normales de marché ». L'article 321-4 du Plan comptable général de 1999 reprend cette règle en énonçant que « les biens acquis à titre gratuit, c'est-à-dire sans aucune contrepartie présente ou future, monétaire ou non monétaire, sont comptabilisés en les estimant à leur valeur vénale», et la même règle figurait dans le plan de 1982[1126] ». Si l'immobilisation a été acquise à titre gratuit, son évaluation doit être « comptabilisée à sa valeur vénale (PCG art. 321-1 et art. L 123-18 du Code de Commerce), par la contrepartie d'un produit exceptionnel. Sur le plan fiscal, ce produit est imposable (Rép. Plantier, AN 19 sept. 1958, p. 2698) ». Si l'immobilisation est produite par l'entreprise, alors elle est évaluée, comme le rappelle à juste titre Cozian, au coût de production[1127] qui est égal au coût d'acquisition des

[1124] E. Carre., *Divergences entre fiscalité et comptabilité*, Dunod, Paris, 1969, p. 42 ; M. Hinard, A. C. Mittaine-Chenevrier, *Comptabilité et fiscalité*, PUF, Paris, 1988, p. 97 ; S. Brun, *Les normes comptables internationales IAS/IFRS*, Vol. 1, Paris, Gualino, 2006, p. 197-334 ; F. Dosne, Ch. Decock Good, *Comptabilité international : les IAS/IFRS en pratique*, Economica, 2005, p. 103 ; O. Barbe, L. Didelot, et Groupe Revue Fiduciaire, *Maîtriser les IFRS*, Groupe Revue Fiduciaire, vol 1. 2007, p. 43 à 47.

[1125] PCG art. 321-1 et art. L 123-18 du C. Com. ; M. Cozian, *Précis de fiscalité des entreprises*, 32e édition, Paris, Litec, 2009, p. 205.

[1126] CE, 9 décembre 2009, n° 302059, 10e et 9e s.-s., min. c/ Sté FB : *RJF* 3/10 n° 207, Concl. Rapporteur Public J. Boucher.

[1127] C. com, art. D.7, 2 et PCG, art. 321-13.1

matières consommées pour la production, plus les charges directes de production (les salaires du personnel par exemple, les dotations aux amortissements des matériels utilisés), plus les charges indirectes de production (dotations aux amortissements des matériels ou logiciels utilisés pour fabriquer l'immobilisation)[1128].

357. A l'instar des immobilisations, l'évaluation des stocks doit tenir compte de leurs coûts d'acquisition, lorsque les stocks en question ont été acquis à titre onéreux. Les rédacteurs de la Revue Fiduciaire rappellent que « le coût de production des stocks et en-cours est égal au coût d'acquisition des matières consommées augmenté des charges directes et d'une fraction des charges indirectes de production dans la mesure où ces dernières peuvent être raisonnablement rattachées à la production du bien ou du service[1129] ». Il s'agit là de la manifestation du souci du normalisateur comptable international, de rendre l'évaluation des actifs plus précise. D'ailleurs, de cette évaluation des actifs, dépendra leur comptabilisation. Désormais, « une immobilisation incorporelle est comptabilisée à l'actif lorsque les conditions suivantes sont simultanément réunies : 1- il est probable que l'entité bénéficiera des avantages économiques futurs correspondants- ou du potentiel de services attendus pour les entités qui appliquent le règlement n°99-01 ou relèvent du secteur public. 2- son coût ou sa valeur peut être évalué avec une fiabilité suffisante[1130] ». Dès lors, la problématique de l'évaluation des actifs devient une pièce maitresse de leur comptabilisation. Il s'agit là d'une nouveauté introduite par les normes comptables internationales qui modifie l'état de la comptabilité et de la fiscalité antérieures. En effet, « l'évaluation fiable du coût d'entrée ne constituait pas en principe un critère de comptabilisation des immobilisations », soulignent les rédacteurs du Mémento Actifs[1131]. Il en était de même fiscalement : « le caractère immobilisable ou non d'un bien est, à notre avis, indépendant de la fiabilité avec laquelle son coût peut-être évalué. En particulier, les immobilisations acquises moyennant redevances annuelles doivent être comptabilisées pour la valeur estimée des redevances convenues, l'éventuelle non-fiabilité de cette valeur ne pouvant (…) justifier la comptabilisation du bien en charge », notent les commentateurs du Mémento Actifs.[1132] L'introduction des normes comptables internationales dans le plan comptable semble avoir modifié la donne, plaçant ainsi l'évaluation au centre des conditions de comptabilisation d'un actif. Cette évaluation doit

---

[1128] M. Cozian, *Précis de fiscalité des entreprises*, 32e édition, Paris, Litec, 2009, p. 209.

[1129] PCG art. 321-3.

[1130] PCG art. 311-1.

[1131] PricewaterhouseCoopers, *Actifs : Nouvelles règles comptables et conséquences fiscales*, Levallois: Editions Francis Lefebvre, 2005, vol. 1, p. 336, paragraphe 3042.

[1132] PricewaterhouseCoopers, *Actifs : Nouvelles règles comptables et conséquences fiscales*, Levallois: Editions Francis Lefebvre, 2005, vol. 1, p. 336, paragraphe 3042.

être faite de façon fiable. La précision concernant le critère de fiabilité est apportée par l'avis du CNC n°2004-15, paragraphe 3.1, cité par les rédacteurs du Mémento Actif, qui précisent que : « ce critère de comptabilisation est en général aisément satisfait parce que la transaction d'échanges attestant l'acquisition de l'actif permet d'identifier son coût. Dans le cas d'un actif produit par l'entité pour elle-même, une évaluation fiable du coût peut être faite à partir des transactions conclues avec des tiers extérieurs à l'acquisition pour l'évaluation des matières premières, de la main-d'œuvre et autres éléments utilisés au cours du processus de construction[1133] ». L'introduction du critère de fiabilité a donc permis de rendre les règles comptables plus précises. L'administration fiscale s'est alignée sur les règles comptables, respectant ainsi son principe de simplicité[1134] dans la gestion des relations entre comptabilité et fiscalité. Il est cependant des exceptions notables au principe de simplicité. Paradoxalement, c'est dans le règlement relatif aux fusions et opérations assimilées, caractérisées pour leur technicité, que l'on constate l'absence du principe de simplicité.

Paragraphe 2 : L'influence des normes comptables internationales sur les fusions et opérations assimilées

358. Les opérations de fusions ont fait l'objet de plusieurs études aussi pertinentes les unes que les autres. Il n'est pas question d'étudier la fiscalité des fusions acquisitions, certains ouvrages consacrés à ce sujet ont parfaitement cerné le domaine[1135]. Simplement, l'introduction des normes

---

[1133] Avis du CNC n°2004-15, paragraphe 3.1.

[1134] Selon Paul Perpère, sous directeur de la direction de la législation fiscale, le principe de simplicité implique le maintien de la relation entre comptabilité et fiscalité, c'est-à-dire de la comptabilité comme base de calcul des règles fiscales. Ce principe de simplicité a conduit l'administration fiscale à écarter tous les contrats susceptibles d'engendrer des difficultés supplémentaires dans la relation entre comptabilité et fiscalité comme les contrats de location-gérance. Il convient à ce titre de rappeler que selon les normes comptables internationales, les contrats de location-gérance doivent être inscrits à l'actif du locataire car celui-ci a le contrôle du bien. Voir : P. Perpère, « La doctrine de l'administration », *Les Petites Affiches*, 8 septembre 2005, n°179 p. 31.

[1135] D. Villemot, *Fiscalité des fusions acquisitions*, édit. EFE 2010 ; Voir la bibliographie citée par le professeur Serlooten dans le répertoire Dalloz : M. Cozian, *Les grands principes de fiscalité des entreprises*, 4e édition, 2000, Litec ; Précis de fiscalité des entreprises, 30e édition, 2006, Litec. ; J.-P. Fradin et J.-B. Geffroy, *Traité du droit fiscal de l'entreprise*, 2003, PUF ; P. Gastineau, *La fiscalité des groupes de sociétés*, 2003, Litec Fiscal ; N. Gharbi, *Le contrôle fiscal des prix de transfert*, 2005, coll. Finances publiques, L'Harmattan ; Ph. Oudenot, *Fiscalité approfondie des sociétés*, 2e édition, 2001, Litec ; P. Serlooten, *Droit fiscal des affaires*, 5e édition, 2006, Dalloz.

comptables internationales a supprimé le choix qu'avaient certaines sociétés d'effectuer une valorisation entre la valeur réelle et la valeur comptable lors d'opération de fusions, ce qui a entrainé un risque d'imposition supplémentaire voire de double imposition[1136]. Après avoir analysé les risques fiscaux induits par la suppression du choix entre valorisation à la valeur réelle et valorisation à la valeur comptable **(I)**, l'éclairage sur les incidences du règlement CRC 2004-01 sur les fusions, se fera de façon plus aisée. Un tel éclairage aura en effet pour but d'analyser la nature des relations entre comptabilité et fiscalité en jurisprudence au regard de l'introduction du règlement précité sur les fusions et opérations assimilées **(II)**.

I- La suppression du choix comptable entre valorisation à la valeur réelle et valorisation à la valeur comptable

359. La technicité de ce sujet rend nécessaire une définition préalable des notions de fusion et opérations assimilées et des valorisations[1137]. Un bref aperçu des différents régimes juridiques, comptable et fiscal sera ensuite envisagé avant de finir avec les innovations introduites par le règlement CRC 2004-01 portant transposition des normes IFRS dans le Plan comptable général.

360. S'agissant tout d'abord des définitions, la compréhension de la valorisation à la valeur réelle ou à la valeur comptable nécessite que l'on s'intéresse à l'opération entrainant de tels types de valorisation : l'opération d'apports de titre. A leur tour, les opérations d'apports de titres peuvent être mieux cernées en expliquant une de leurs finalités : la fusion. Le Code de Commerce évoque les fusions, non pas dans leur définition, mais dans leur finalité : « une ou plusieurs sociétés peuvent, par voie de fusion, transmettre leur patrimoine à une société existante ou à une nouvelle société qu'elles constituent[1138] ». Le Code général des Impôts définit les fusions comme la formation d'une société par plusieurs autres sociétés qui transfèrent l'ensemble de leur actif et de leur passif à la société nouvellement créée[1139],

---

[1136] E. Delesalle, « Comptabilité et fiscalité, je t'aime moi non plus », *Droit Fiscal* 2005, n°22, études n°19, p. 940.

[1137] Groupe Revue Fiduciaire, *Dictionnaire comptable et financier*, 10e édition, p. 751.

[1138] C. Com. art. L. 236-1 et s. relate les effets de la fusion : la transmission de patrimoine.

[1139] La fusion fait donc appel à plusieurs sociétés. On parle de la société absorbante ou société bénéficiaire des apports pour évoquer la société qui reçoit les apports en vertu du traité d'apport et qui remet des titres en rémunération desdits apports. On évoque le terme de société absorbée ou société apporteuse pour désigner la société qui transfère à la société absorbante ou à la bénéficiaire des apports, les actifs et passifs mentionnés dans le traité d'apport.

et dans ce cas il s'agit de la fusion-création de société nouvelle ou encore, la fusion peut consister au transfert à une société par une ou plusieurs autres sociétés de l'ensemble de leur actif et de leur passif et dans ce cas, il s'agit d'une fusion-absorption.[1140] En somme, dans le cas de la fusion-création de sociétés nouvelles, les deux entités fusionnent pour en créer une troisième et disparaissent pour prolonger leur existence juridique dans la troisième entité et dans le cadre de la fusion-absorption une entité survit et absorbe les autres sociétés[1141]. Une fois définie, il faut comprendre que la fusion s'effectue par apport de titres[1142] et que l'on évoque souvent le terme de fusion avec celui des « opérations assimilées » aux fusions[1143]. Les fusions peuvent se faire à l'endroit ou encore à l'envers. Dans la fusion à l'endroit, la société initiatrice[1144] de la fusion absorbe la société cible[1145]. Dans la fusion à l'envers, c'est la société cible qui absorbe la société initiatrice.

361. Le Lexique de Finance Vernimmen rappelle que : « dans la fiscalité française des fusions ou des apports, il existe, à côté du régime de droit commun, un régime de faveur qui permet de ne pas constater fiscalement la

---

1140 Annexe II de l'article 301-0 A.

1141 Les articles 210, 210 A et 210-0 A du CGI ne définissent pas les fusions. Seuls sont évoqués les effets fiscaux des fusions.

1142 C. Com. art. L. 236-1 et s. relate les effets de la fusion : la transmission de patrimoine.

1143 La fusion en elle-même comporte différentes formes. La fusion simplifiée correspond à l'absorption par une société d'une ou de plusieurs de ses filiales détenues à 100%. Les opérations assimilées aux fusions sont tout d'abord l'apport partiel d'actifs, ensuite la scission de sociétés et enfin la confusion de patrimoine. L'apport partiel d'actifs est « l'opération par laquelle une société apporte un ensemble d'actifs et de passifs constituant une branche autonome à une autre personne morale et reçoit en échange des titres remis par la société bénéficiaire des apports ». Comme dans la fusion, l'opération s'effectue par apport de titres. A l'opposé de la fusion, l'opération ne vise pas la transmission universelle du patrimoine de la société apporteuse, mais une partie de ce patrimoine. Cette partie de patrimoine n'est autre que la branche complète d'activités. Les opérations assimilées aux fusions peuvent aussi être des scissions. L'article L. 236-1 du Code de Commerce rappelle en effet qu'« une société peut aussi par voie de scission, transmettre son patrimoine à plusieurs sociétés existantes ou à plusieurs sociétés nouvelles ». Comme dans le cadre de la fusion, l'opération vise à transmettre un patrimoine. A l'opposé de la fusion, l'opération consiste non pas à apporter l'intégralité du patrimoine à une autre société mais à le diviser entre plusieurs autres sociétés existantes ou créées. Enfin, la confusion de patrimoine, comme le terme l'indique, conduit à confondre le patrimoine de l'associé unique à celui de la société. Cette situation se produit quand il y a « dissolution d'une société dont toutes les parts sont réunies en une seule main et entraîne la transmission universelle de son patrimoine, de la société à l'associé unique, sans qu'il y ait lieu à liquidation » : V. article 1844-5 du Code Civil et Groupe Revue Fiduciaire, *Dictionnaire comptable et financier*, 10e édition, p. 750.

1144 La société initiatrice est la société qui d'un point de vue économique prend l'initiative des opérations et prend le contrôle : -du capital d'une autre société ou renforce son contrôle sur celui-ci, -d'une branche complète d'activité apportée par une autre société. Enfin la société (ou branche d'activité) qui d'un point de vue économique, passe sous le contrôle de la société initiatrice, ou dont le contrôle est renforcé.

1145 La société cible est la société qui, d'un point de vue économique, passe sous le contrôle de la société initiatrice, ou dont le contrôle est renforcé.

réévaluation des actifs et passifs et donc de reporter le paiement de l'impôt sur les plus-values latentes de ces actifs au moment où ils ont été cédés. Ce régime peut notamment être appliqué pour les fusions impliquant la transmission de l'ensemble des actifs et passifs de l'entreprise ou les apports d'une branche complète d'activité...[1146] » La réévaluation des actifs consiste à « modifier la valeur comptable » de ces derniers pour substituer à la valeur initiale une valeur d'acquisition ou de reconstitution actualisée[1147] ».

362. Lorsque la société absorbante absorbe la société absorbée, on considère, fiscalement, qu'il s'agit d'une liquidation, c'est-à-dire d'une transformation des titres de la société en liquidités, à la différence près qu'à la place des liquidités, l'apporteuse reçoit des titres.[1148] La fiscalité considère dans ce cas, qu'il y a trois opérations. Une première opération de dissolution de la société au travers de la liquidation de ses actifs, une seconde opération d'apports, elle aussi soumise à taxation, une troisième opération si les apports dégagent une plus-value qui pourrait être imposable entre les mains des associés[1149]. Sans le régime de faveur, la seule fusion aurait entrainé une imposition des plus-values résultant de la « liquidation », une imposition des plus-values latentes[1150] de la société qui apporte ses titres, une imposition des plus-values nettes[1151]. Le législateur fiscal, pour ne pas dissuader les fusions,

---

[1146] Lexique de Finance Vernimmen disponible sur http://www.vernimmen.net/html/glossaire.

[1147] A. Barilari, R. Drape, *Lexique Fiscal*, Dalloz 1987, p. 127. Cette définition a cependant été réadaptée de la définition de la réévaluation des bilans, fournie par Barilari et Drape.

[1148] A. C. Martinet, A. Silem, *Lexique de gestion*, 6e édition, 2003, p. 315, définissent la liquidation comme « l'ensemble des opérations nécessaires au dénouement d'une opération judiciaire » et la liquidation judiciaire comme étant « la réalisation de l'actif et la répartition du produit entre les créanciers ». Il ressort de ces deux définitions que la liquidation est l'opération dont le dénouement se concrétise par la transformation des actifs de la société en liquidités réparties entre les créanciers.

[1149] Selon le professeur Maurice Cozian, « la dissolution de la société absorbée déclenche d'abord la Kyrielle d'impositions liée à toute cessation d'activité. L'apport de la société absorbante du patrimoine de l'absorbée entraîne ensuite l'exigibilité de droits d'enregistrement sur l'augmentation du capital de l'absorbante. Il faut enfin compter avec l'échange des titres de la société absorbée contre ceux de la société absorbante ». M. Cozian, F. Deboissy, *Précis de fiscalité des entreprises*, Vol 1, Paris, Litec, 2009, p. 504. Voir aussi les explications de Barilari et Drape selon lesquels : « du point de vue fiscal, la fusion de sociétés entraîne pour la société absorbée, les conséquences attachées à une dissolution de société. Celle-ci doit donc théoriquement faire l'objet d'une imposition immédiate sur les plus-values et les bénéfices non encore taxés. Toutefois, afin de favoriser les restructurations industrielles, un régime de fusions plus favorable est retenu à la condition que la société absorbée s'engage à respecter certaines prescriptions. Ce régime s'applique aux opérations d'apport partiel d'actifs, sur agrément du Ministre des Finances (...), et automatiquement, c'est-à-dire sans agrément, aux opérations d'apport partiel d'actif d'une branche complète d'activité ou d'éléments assimilés, lorsque la société apporteuse prend certains engagements concernant la conservation des titres remis et le calcul ultérieur des plus-values ». A. Barilari, R. Drape, *Lexique Fiscal*, Dalloz 1987, p. 12.

[1150] Les plus values latentes sont des bénéfices en sursis d'imposition.

[1151] Art. 210-A du CGI.

permet à toutes les sociétés de se placer sous le régime de faveur. Ce dernier permet de ne pas soumettre à l'impôt sur les sociétés « les plus-values nettes et les profits dégagés sur l'ensemble des éléments d'actifs apportés[1152] ».

363. Mais il y a une autre difficulté qui concerne, non plus la question du régime de faveur ou encore celle de droit commun : il s'agit du cas du report des déficits. Les déficits de la société absorbée ne peuvent être reportés sur les résultats de la société absorbante : les deux entités sont différentes[1153]. En revanche les déficits de l'absorbante, antérieurs à la fusion, peuvent être reportés sur les résultats futurs de la même société absorbante, après l'absorption : il s'agit de la même entité. La tentation est grande pour les entreprises d'utiliser ce dispositif à des fins d'abus fiscaux[1154]. Il suffit alors d'utiliser la société ayant des déficits comme « absorbante » et la société ayant un bénéfice imposable comme « absorbée ». L'absorbante ayant la possibilité de reporter les déficits après l'opération, le bénéfice dégagé par l'absorbée venait combler les déficits de l'absorbante, ce qui était un excellent moyen de réduction des impôts pour la société absorbée. Ces cas de figure se retrouvaient très souvent dans les fusions à l'envers : la société cible absorbait la société initiatrice, d'où le terme de fusion à l'envers, parfois pour des raisons fiscales[1155].

364. Après avoir précisé les différents régimes de faveur et de droit commun, nous nous intéressons à la réévaluation des actifs lors d'opérations de fusion afin de comprendre le conflit opposant les choix de gestion des entreprises et le nouveau règlement sur les fusions. Les fusions sont aussi l'occasion de réévaluer les actifs de l'entreprise. Certaines méthodes d'évaluation aboutissent à une appréciation plus favorable de la valeur des actifs que d'autres. La valorisation à la valeur réelle permet une évaluation

---

[1152] Art. 210-A du CGI.

[1153] CE, 21 mars 1986, n° 53002, 7e et 9e s.-s., *RJF*, mai 1986, p. 260, concl. O. Fouquet.

[1154] Article 209-II du CGI prévoit néanmoins pour la société apporteuse la possibilité de déduire « les déficits antérieurs ...non encore déduits par la société absorbée...sous réserve d'un agrément... ».

[1155] L'administration fiscale n'hésitait cependant pas à qualifier de telles opérations d'abus de droit lorsqu'elle s'apercevait qu'elles n'avaient d'autre but que d'éluder l'impôt. Voir la jurisprudence citée par le commissaire du gouvernement O. Fouquet, dans l'affaire précitée. CE, 10 juin 1981, n° 19079, Plén., *Revue de Jurisprudence Fiscale*, septembre 1981 p. 429, conclusions Lobry DF 1981, n° 48-49, comm. 2187 ; CE, 3 octobre 1984, n° 38987, *Revue de Jurisprudence Fiscale*, décembre 1984 p. 751 ; CE, 19 novembre 1984, n° 35491, *Revue de Jurisprudence Fiscale*, janvier 1985, p. 76. Il faudrait cependant pour invoquer l'abus de droit que la fusion ne soit motivée que par des considérations d'ordre fiscal. En matière de fusions, il est cependant très difficile d'invoquer l'abus de droit tant il est vrai que les raisons économiques sont omniprésentes. La fusion est avant tout une opération de concentration de patrimoine et de moyens : M. Cozian, A. Viandier, F. Deboissy, *Droit des sociétés*, 22e édition, Litec 2009, p. 1355 et s. ; P. Lecannu, B. Dondero, *Droit des sociétés*, 3e édition, Montchrestien 2010, p. 1596 et s.

des actifs plus favorable que la valorisation à la valeur comptable parce que la valeur comptable est celle figurant dans les comptes de la société apporteuse et ne subit donc aucune augmentation de valeur alors que la valeur réelle est calculée en fonction d'éléments qui peuvent augmenter la valeur des titres (valeur boursière, etc.). Les normes IFRS avaient donc pour objectif d'éviter que les entités d'un même groupe, c'est-à-dire, les entités sous contrôle commun, utilisent les fusions pour réévaluer favorablement leurs actifs[1156]. Elles ont donc institué une obligation d'évaluation des titres apportés à la fusion, à leur valeur comptable. En revanche, lorsqu'il n'y a pas de contrôle commun, l'évaluation se fait sur la base de la valeur réelle. Les sociétés sous contrôle distinct évaluent les titres à leur valeur réelle sauf s'il s'agit d'une fusion à l'envers. Cozian justifie cette solution par le fait, qu'au final, « ce sont les associés de la société absorbée qui contrôleront la société absorbante, les associés initiaux de celle-ci étant réduits à la position de minoritaire[1157] ». Avant l'introduction des normes comptables internationales, l'administration fiscale laissait la liberté de choix entre valorisation à la valeur réelle et valorisation à la valeur comptable[1158]. C'était donc un choix de gestion laissé à la discrétion des dirigeants, qui comportait ses avantages et ses inconvénients. L'avantage résultait du fait qu'une réévaluation positive du capital et des résultats de la société était un signe positif envoyé aux investisseurs[1159]. En revanche elle entrainait une imposition supplémentaire. Ce choix de gestion est limité depuis l'avènement des normes comptables internationales, dont le but est de réduire les abus résultant des restructurations en interne[1160]. Ces décisions motivées par des considérations purement comptables entrainent de fâcheuses conséquences pour les contribuables qui n'hésitent plus à utiliser le recours pour excès de pouvoir[1161]. Le rôle de la jurisprudence dans les rapports entre comptabilité et fiscalité est alors nécessaire pour l'appréciation de la règle prévalant dans ces situations.

1156 M. Cozian, A. Vandier, F. Deboissy, *Droit des sociétés*, 22e édition, Litec 2009, p. 502.

1157 M. Cozian, A. Viandier, F. Deboissy, *Droit des sociétés*, 22e édition, Litec 2009, p. 503.

1158 BOI 4 I-2-00 du 3 août 2000.

1159 JurisClasseur Sociétés Traité, Cote 11, 2004, Fasc. 162-10 : Fusions-Scissions, paragraphe 27.

1160 Voir la norme IFRS 3 regroupements d'entreprises.

1161 A vrai dire, toute la difficulté des normes comptables internationales se trouve résumée dans l'article de Delesalle qui évoque une pénalisation fiscale pour les opérations sous contrôle commun non soumises au régime de faveur. « En effet, la société apporteuse sera imposée sur les plus-values latentes qu'elle n'aura pas dégagées car, fiscalement, les cessions d'immobilisations, même entre sociétés d'un même groupe, doivent toujours être réalisées à la valeur vénale. La société bénéficiaire des apports ne pourra cependant pas amortir les plus-values imposées chez l'apporteuse et, de plus, elle sera imposée sur ces plus-values lors de la cession ultérieure des actifs reçus en apport ». E. Delesalle : « Comptabilité et fiscalité, je t'aime moi non plus », *Droit Fiscal* 2005, n°22, études n°19, p. 940.

II- Les opérations d'optimisation fiscale supprimées du fait de la nouvelle valorisation comptable

365. Les conséquences fiscales introduites par le règlement CRC n°2004-01 sont multiples. A titre d'illustration, voici quelques-unes d'entre elles exposées au répertoire de droit des sociétés par Kornprobst[1162]. Nous les rappelons pour leur exhaustivité d'une part et pour permettre de mesurer l'infinité des conséquences fiscales réelles ou probables. Ainsi, « la société apporteuse sera imposable sur les plus-values d'apport déterminées à partir de leur valeur vénale réelle, bien que les sociétés appartiennent au même groupe, dès lors que, selon la jurisprudence, le calcul des plus-values professionnelles doit être effectué à partir des valeurs vénales[1163]. La société bénéficiaire des apports ne pourra amortir les biens sur la base de leur valeur réelle, et en cas de cession ultérieure, la plus-value sera déterminée à partir des valeurs comptables constatées au moment de la fusion, dès lors que l'administration conditionne la réalisation des opérations à la valeur comptable à la reprise, par la société bénéficiaire des apports, des écritures comptables de l'apporteuse. Le transfert des déficits sera limité, du fait du plafond, à la valeur brute des immobilisations. Le régime de l'article 1518 B du Code général des Impôts, relatif au plafonnement des valeurs locatives en matière de taxe professionnelle, pour les biens apportés, ne pourra trouver à s'appliquer puisque la valeur brute comptable des immobilisations n'aura pu changer[1164] ». A ce rythme, on comprend aisément l'attitude du Conseil d'Etat. Chaque règle comptable bouleverse plus ou moins les règles fiscales établies du fait du lien entre comptabilité et fiscalité. Il était inconcevable dans ces conditions d'accepter un recours pour excès de pouvoir pour des règles comptables qui ne modifient pas les règles fiscales, mais seraient susceptibles de les modifier.

366. C'est ainsi qu'aux termes de l'arrêt rendu par le Conseil d'Etat en date du 8 juin 2005, il a été décidé qu' « il ne résulte pas de cette circonstance que le règlement critiqué, élaboré par le comité de la réglementation comptable et homologué par l'arrêté interministériel (...) et qui ne comporte aucune disposition d'objet fiscal (...), doive être regardé comme instituant des règles d'assiette de l'impôt relevant de la compétence

---

1162 E. Kornprobst, « Fusion, scission et apport partiel d'actif », *Répertoire de droit des sociétés*, juin 2010, paragraphe 164 et s.

1163 CE, 21 novembre 1980, req. n°17055, *Droit Fiscal* 1981, n°279, concl. Rivière cité par E. Kornprobst, « Fusion, scission et apport partiel d'actif », *Répertoire de droit des sociétés*, juin 2010, paragraphe 164 et s.

1164 TA Cergy-Pontoise, 27 mars 2003, n°99-21-903, *Droit Fiscal* 2004, n°436 cité par E. Kornprobst, « Fusion, scission et apport partiel d'actif », *Répertoire de droit des sociétés*, juin 2010, paragraphe 164 et s.

du législateur (...)[1165] ». C'est par une formule digne d'un contrôle de constitutionnalité des lois[1166] que le Conseil d'Etat écarte le recours pour excès de pouvoir dirigé contre les règlements du CRC[1167], « dès lors que les énonciations du règlement en cause ne modifient ni ne créent aucune règle fiscale »[1168]. Par néologisme, on pourrait évoquer le contrôle de « fiscalité » des normes IFRS et parler de ce contrôle comme étant la conformité des normes comptables internationales au droit fiscal. Ce contrôle de fiscalité serait satisfait dès lors que les nouvelles normes comptables internationales ne créeraient ou ne modifieraient pas les règles fiscales[1169]. L'argument tiré de la création ou de la modification de la loi fiscale n'est pas satisfaisant à notre sens. Le droit comptable crée t-il le droit fiscal [1170]? La comptabilité n'est elle pas un support aux règles fiscales, un levier et non pas une source du droit fiscal [1171]? Si l'on considère les emprunts faits au droit comptable par le droit fiscal du fait du lien institué par l'article 38 quater de l'annexe III au CGI, le droit fiscal a souvent suivi les règles comptables[1172]. Mais l'influence du droit fiscal sur le droit comptable n'est réalisable que si le droit fiscal l'admet[1173]. En d'autres termes, les normes comptables internationales ne créent ou ne modifient la loi fiscale que si le droit fiscal le permet. Le motif utilisé par le Conseil d'Etat sur l'arrêt Sofinad nous semble être une redondance et pas assez satisfaisant. Qu'aurait été la décision de la juridiction administrative si le recours pour excès de pouvoir avait été dirigé contre des règlements du CRC ayant modifié le droit fiscal comme ce fût le

1165 CE, 8 juin 2005, n° 270967, 9e et 10e s.-s., SAS Sofinad, concl. L. Vallee, *BDCF* 2005, n°885, août-septembre.

1166 D. Rousseau, *Droit du contentieux constitutionnel*, 9e édit., Montchrestien, Lextenso 2010, p. 187 et s.

1167 Règlement CRC n°2004-01 du 4 mai 2004 relatif au traitement comptable des fusions et opérations assimilées.

1168 Les Nouvelles Fiscales, « Opérations de fusions et assimilées : Nouvelles règles comptables-Incidences fiscales », Comm. sous C.E., 8 juin 2005, n°270967, SAS Sofinad.

1169 Ce n'est pas le cas de toutes les normes comptables internationales. Le règlement CRC 2004-06, relatif à la définition, l'évaluation et la comptabilisation des actifs a introduit en droit comptable français une nouvelle définition des actifs. Du fait du lien entre comptabilité et fiscalité, cette nouvelle définition a été étendue aux règles fiscales. Pour ce cas précis, les normes comptables internationales ont eu pour effet de modifier les définitions fiscales.

1170 L'article 38 quater de l'annexe III au Code général des Impôts évoque l'obligation pour les entreprises de suivre la règle comptable pour l'élaboration de l'assiette de l'impôt sur les sociétés. Mais peut-on parler du droit comptable comme d'un droit créateur de la règle fiscale ? En d'autres termes, le droit comptable est il une source du droit fiscal ?

1171 A vrai dire, dans les ouvrages généraux de droit fiscal, la comptabilité y est rarement évoquée comme source : P. Augé, *Droit fiscal général*, Editions Ellipses, 2002 ; M. Bouvier, *Introduction au droit fiscal général et à la théorie de l'impôt*. vol.1, Paris : LGDJ, 2010 ; M. Collet, *Droit fiscal*. Vol.1, Presses Universitaires de France, 2009.

1172 Article 38 quater de l'annexe III au CGI précité.

1173 Voir les conclusions du commissaire du gouvernement L. Vallee sous l'arrêt Sofinad : CE, 8 juin 2005, n° 270967, 9e et 10e s.-s., SAS Sofinad, concl. L. Vallee, *BDCF* 2005, n°885, août-septembre.

cas du règlement sur la définition, l'évaluation et la comptabilisation des actifs. Etant donné que ces règlements entrainent un alignement des règles fiscales sur les règles comptables, le recours pour excès de pouvoir aurait-il été accepté en ce que les nouvelles normes comptables internationales modifient certaines règles fiscales préexistantes ? La solution paraît difficilement soutenable. Elle serait un début d'anarchie, un manque de crédibilité de la lecture jurisprudentielle attendue du Conseil d'Etat pour la stratégie de convergence du Plan comptable général vers les normes comptables internationales.

367. Par ailleurs, la « structuration juridique des textes comptables » ne permettait pas aux règles comptables de porter atteinte aux règles fiscales[1174]. Les règlements sont des textes hiérarchiquement inférieurs à la loi. « Il n'est pas possible de soutenir que le règlement comptable empiète sur la compétence du législateur fiscal, car il est toujours possible à ce dernier, s'il ne veut suivre l'évolution du droit comptable, de fixer une règle fiscale différente. Le parallélisme droit fiscal et droit comptable est à la discrétion du législateur fiscal qui n'est pas tenu par l'évolution de la règle comptable ». Une illustration de cette faculté est offerte à travers le passage du résultat comptable au résultat fiscal par le tableau 2058 A. Les opérations régulièrement passées en comptabilité et non acceptées en fiscalité sont réintégrées fiscalement, sans pour autant que le résultat comptable n'en soit affecté. Il est donc évident que les raisons évoquées par le Conseil d'Etat pour écarter le recours pour excès de pouvoir ne sont pas satisfaisantes. La raison est liée au fait que la règle comptable ne modifie jamais la règle fiscale sans l'accord du législateur fiscal. Alors pourquoi avoir écarté le recours pour excès de pouvoir ? Parce que la requérante invoquait à l'appui de ses prétentions « des conséquences fiscales moins favorables ». Or, jusqu'à ce jour, il ne nous semble pas que la suppression de choix fiscaux favorables soit un motif de recours pour excès de pouvoir. Le Conseil d'Etat est en revanche plus enclin à sanctionner les choix comptables trop favorables (comme c'est le cas de la théorie de l'acte anormal de gestion). Le motif était donc largement inopérant. Au demeurant, le Conseil d'Etat, éclairé par les conclusions de son commissaire du gouvernement n'aurait pu se permettre de stopper la stratégie de convergence du Plan comptable général vers les normes comptables internationales, en acceptant les recours pour excès de pouvoir dirigés contre les règlements du Comité de la

---

1174 J. Richard, C. Colette, *Les systèmes comptables français et anglo-saxons- Normes IAS*, 7e édition, *op. cit.* ; J.-G. Degos, S. Ouvrard, « L'influence des normes d'information financière sur la convergence des règles fiscales et comptables françaises », *La Revue du financier*, mai-juin 2007, n°165, p. 32 ; R. Obert, « La structuration juridique des textes comptables français », *Revue Française de Comptabilité*, n°404, novembre 2007 ; O. Barbe, L. Didelot, « La convergence du Plan comptable général avec le référentiel IFRS » *Revue Française de Comptabilité*, n°384, janvier 2006, p. 32.

Règlementation comptable. De tels comportements auraient eu pour effet de stopper le processus d'évolution. Or le Conseil d'Etat, par la voix de son président de section, Fouquet, s'est montré favorable à cette évolution. Il incombe donc au législateur fiscal d'écarter les règlements du Comité de la Règlementation comptable non conformes aux normes comptables internationales. Ce fût le cas pour la norme IAS 17 relative aux contrats de location financement et dont l'application a été écartée dans les comptes sociaux du fait des difficultés fiscales qu'elle pourrait engendrer.

368. Au demeurant, le recours pour excès de pouvoir dirigé contre le règlement CRC n°2004-01 est difficilement concevable pour un règlement n'entrainant pas d'effets fiscaux considérables sur les fusions[1175]. Les normes comptables internationales ne bouleversent pas plus la question de la taxe professionnelle. La taxe professionnelle avait été mal conçue car elle affectait les investissements et la masse salariale[1176]. Le gouvernement s'était aperçu très tôt de ses défauts puisqu'imposer aussi lourdement les immobilisations et la masse salariale conduisait à freiner les entreprises dans leur élan, notamment pour celles disposant d'immobilisations importantes. Equivalent de la taxe d'habitation pour les particuliers, la taxe professionnelle est ainsi passée d'outil de taxation à celui d'incitation[1177]. Elle a été évoquée dans le cadre des opérations de fusion, en ce qui concerne la question de la valeur locative des immobilisations à retenir pour le « calcul de la taxe professionnelle » suite à une opération de fusion[1178]. Lorsque la société absorbée entre dans le patrimoine de l'entreprise absorbante, les biens détenus en crédit-bail ne sont pas enregistrés dans

---

[1175] Lamy Fiscal, « Remarques générales d'actualité sur les fusions de sociétés », *Lamy Fiscal 2006*, n°2100 et s.

[1176] La taxe professionnelle était basée sur le patrimoine. Désormais, cette taxe professionnelle est basée sur la valeur ajoutée. Ne sont plus taxées, les immobilisations mais la valeur ajoutée (déterminée à partir de la marge commerciale et du chiffre d'affaires). Seule la valeur brute ou création de valeur est visée. On passe ainsi d'une taxation du patrimoine à une taxation économique. Avant la réforme, seul était taxé celui qui tirait profit de l'exploitation du bien (le crédit-bailleur). La taxe professionnelle touchait les opérations qui concourraient à la performance de l'entreprise. Il faut rappeler que la taxe professionnelle est un « impôt direct dû chaque année au profit des collectivités locales par les personnes physiques ou morales qui exercent à titre habituel une activité professionnelle non salariée. Il est déterminé en fonction de la valeur locative des biens corporels utilisés et d'une fraction des salaires versés. (…) La taxe professionnelle a été instituée en 1976 en remplacement de la patente ; des aménagements ont été rendus nécessaires pour éviter les transferts de charge trop marqués entre catégories d'entreprises : écrêtement, allègement transitoire, plafonnement en fonction de la valeur ajoutée, dégrèvement d'office… » : A. Barilari, R. Drape, *Lexique Fiscal*, Dalloz 1987, p. 117. Voir aussi CGI, article 1447 et s.

[1177] Lorsque les entreprises avaient leur siège social sur leur propre territoire, cette taxe professionnelle était récupérée, les maires voulant encourager les mairies prônant une politique fiscale incitative et agressive.

[1178] Lamy Fiscal, « Remarques générales d'actualité sur les fusions de sociétés », *Lamy Fiscal* 2006, n°2100 et s.

l'absorbante, car la société absorbée n'est pas propriétaire de ces biens. Ils ne peuvent par conséquent figurer à l'actif de la société absorbante. Même si la jurisprudence semble avoir résolu la question de la détermination de la valeur locative, les normes comptables internationales ne changent pas la problématique de l'évaluation de la valeur locative des immeubles.

369. L'influence des normes comptables internationales sur le droit fiscal est sémantique, comme l'atteste l'analyse résultant des changements apportés à la fiscalité par les règlements sur la définition, l'évaluation et la comptabilisation des actifs, l'amortissement et la dépréciation des actifs et le règlement sur les fusions et opérations assimilées. Ainsi se réalisent, en droit fiscal, les propos du délégué général adjoint à la langue française et aux langues de France, Jean-François Baldi, selon lequel : « la langue du droit tend à subir en France comme dans d'autres pays ce que les linguistes appellent une perte de domaine ou de fonctionnalité. Autrement dit, une forme d'usure qui fait qu'une langue n'est plus à même de désigner les réalités du monde contemporain. Sans doute ce phénomène est-il moins accentué pour le droit que pour les sciences dites exactes. Il n'en demeure pas moins qu'il convient, dans un contexte où s'opposent le droit romano-germanique et la common law, de conserver les fonctionnalités de la langue française afin que les concepts juridiques puissent continuer à se concevoir et à s'exprimer dans cette langue ». Le normalisateur comptable international semble avoir entendu le vœu ainsi émis par le délégué général adjoint à la langue française et aux langues de France, en définissant le passif comme « une obligation actuelle de l'entité résultant d'événements passés et dont le règlement devrait se traduire pour l'entité par une sortie de ressources représentatives d'avantages économiques ». Le règlement définit aussi le fait générateur d'obligation comme « un événement qui crée une obligation juridique ou implicite qui ne laisse pas à l'entité d'autre solution réaliste que d'éteindre cette obligation[1179] ».

[1179] Norme IAS 37 telle qu'elle résulte du Règlement (CE) No 1126/2008 de la Commission du 3 novembre 2008 portant adoption de certaines normes comptables internationales conformément au règlement (CE) no 1606/2002 du Parlement Européen et du Conseil.

Chapitre 2 : L'influence des normes comptables internationales sur les passifs

370. Le problème des passifs est résumé en quelques mots par Gilet et Levasseur. Ils l'évoquent en ces termes : « le problème délicat qui se pose assurément reste de déterminer le mode d'évaluation de ces éléments de passif. Si on se fie aux seules informations comptables, alors la valeur des dettes est égale à leur montant nominal. C'est la règle de droit qui prévaut. Si, par contre, on se réfère à la logique de marché, cette valeur comptable apparaît totalement inadaptée car elle ne tient compte ni de l'évolution des taux d'intérêt ni du risque de défaillance du débiteur ». C'est toute la question du conflit entre comptabilité juridique et comptabilité financière qui se trouve résumée derrière ces propos[1180]. Il s'agit d'une part de la question de la sécurité et de la comptabilité de type statique, prudentielle, basée sur les règles de droit[1181] et d'autre part de la comptabilité financière, basée sur les règles de marché[1182]. Ce conflit entre comptabilité fiscale et comptabilité financière s'est particulièrement manifesté dans les amortissements et les provisions. La question des amortissements et des provisions a été le terrain des errements comptables[1183]. Dotations aux amortissements et provisions étaient souvent passées pour les seules considérations fiscales, contribuant ainsi à jeter le doute sur la crédibilité des états financiers. Par la voix des scandales financiers et du fait de l'introduction des normes comptables internationales, les écritures comptables passées pour des considérations fiscales devaient naturellement cesser. Les normes comptables internationales étaient une réponse à ce problème, en ce qu'elles imposent des règles dépolluées de considérations fiscales. Le raisonnement

---

1180 Gilet et Levasseur ont ainsi apporté d'autres exemples de la différence en matière d'évaluation, entre la comptabilité et la finance. Ils rappellent, en effet, que s'agissant du ratio de rotation des stocks, « si on se fie aux seules informations comptables, la valeur d'un stock est égale soit à sa valeur d'acquisition, soit à sa valeur estimée de production avec différentes techniques de mise en œuvre telles que Fifo, Lifo. Ici encore, si on se réfère à une valeur comptable, cette valeur n'est pas toujours la plus judicieuse car elle ne tient pas nécessairement compte de l'évolution des prix sur le marché de l'inflation. Le principe de valorisation au coût historique utilisé en comptabilité peut être en contradiction avec une estimation de la valeur courante ». R. Gillet, M. Levasseur, « Finance et comptabilité », *Encyclopédie de la comptabilité, du contrôle de gestion et de l'audit*, n° 59, Economica, 2e édition, 2009, p. 798.

1181 J. Richard , C. Colette, *Les systèmes comptables français et anglo-saxons – Normes IAS*, 8e éd, Paris, Dunod, 2009 ; Voir aussi B. Raybaud-Turillo, *Le droit comptable patrimonial – Les enjeux d'un droit comptable substantiel*, Vuibert, Paris 1997, 364 p.

1182 J. C. Tournier, *La révolution comptable : du coût historique à la juste valeur*, 1e édition, Eyrolles, 2000.

1183 R. Teller, *Amortissement fiscal et croissance des entreprises dans la CEE*, Larcier, Bruxelles 1974, 289 p.

économique le plus pur devait prévaloir pour permettre aux investisseurs d'avoir une lecture très économique de la performance financière des entreprises. Cet esprit a présidé à l'introduction de différents concepts en amortissements tels que l'approche par composants ou encore les provisions pour grosses réparations que la doctrine a qualifié de « plus stricte » que l'ancienne conception de la provision. L'amortissement d'une part **(Section 1)** et les provisions d'autre part **(Section 2)** ont fait l'objet d'importants développements dans la littérature. Dès lors une étude sur les relations entre comptabilité et fiscalité ne peut être menée sans analyser l'influence des IFRS sur ces deux notions.

Section 1 : Une influence fiscale affectant l'amortissement

371. « Le problème de l'amortissement comptable est certainement celui qui a fait l'objet du plus grand nombre d'études. Les juristes, les économistes s'y sont intéressés en plus des comptables et la convergence de tous ces efforts pour préciser une notion dont l'importance est si grande n'a certes pas peu contribué à rehausser son intérêt[1184] ». La littérature concernant la question de l'amortissement est abondante[1185]. La difficulté lorsque l'on aborde un tel sujet est la part d'investigations nécessaires à la compréhension, la délimitation des recherches et du sujet pour éviter un « éparpillement ». Dans cet esprit, la question de l'amortissement, dans le cadre des normes IFRS, n'est intéressante que pour la question de l'approche par composants[1186]. Une façon de circonscrire l'étude de l'amortissement serait de permettre au lecteur de voir d'une part l'innovation introduite par l'approche par composants et d'autre part de voir l'impact des nouveaux modes d'amortissement sur la relation entre comptabilité et fiscalité[1187]. Le

---

[1184] L. Rives, *Obsession fiscale et administration des entreprises : Essai sur le rapt de la comptabilité par la fiscalité*, Thèse, Péchade, 1962, p. 108.

[1185] Y. Lemarchand, *Du dépérissement à l'amortissement. Enquête sur l'histoire d'un concept et de sa traduction comptable*, Nantes, Ouest Editions, 1993.

[1186] J.-P. Regoli, « Amortissement par composants : les conséquences fiscales », *Revue Française de Comptabilité*, février 2005, n°374, p. 8.

[1187] La Revue Fiduciaire s'est particulièrement intéressée aux changements comptables introduits par l'approche par composants, en détaillant les conséquences fiscales entrainées par leur application. Voir à ce titre : Revue Fiduciaire comptable, « Application de la méthode par composants : les règles fiscales », *Revue Fiduciaire comptable*, janvier 2006, n° 324, p. 23 ; Revue Fiduciaire comptable, « Amortissements : maitrisez le nouveau régime comptable et fiscal (Partie 1) », *Revue Fiduciaire comptable*, décembre 2006, n° 334, p. 33. Revue Fiduciaire comptable, « Amortissements : maitrisez le nouveau régime comptable et fiscal (Partie 2) », *Revue Fiduciaire comptable*, janvier 2007, n° 335, p. 33.

rôle de l'amortissement comme instrument fiscal n'est plus à remettre en cause[1188]. Il a donné naissance à des critiques passionnées sur l'intrusion de la fiscalité incitative dans les comptes sociaux[1189]. Les amortissements dits dérogatoires ou encore amortissements différés ne correspondent en effet à aucune perte de valeur économique. Ils sont institués dans le seul but de bénéficier de réduction fiscale[1190]. En 1978, l'introduction des directives européennes comptables dans le droit comptable des différents pays de l'Union Européenne avait déjà pour objectif de donner une « image fidèle » aux entreprises, cette image fidèle nécessitant une « dépollution » des comptes de toute considération fiscale[1191]. La part des amortissements dans les difficultés de lisibilité des comptes avait été largement dénoncée[1192]. Les directives ont été mal transposées et parmi les nombreuses raisons évoquées figurait l'interprétation du principe de l'image fidèle[1193]. Avec l'introduction des normes comptables internationales, l'amortissement revient sur le devant de la scène internationale[1194]. La stratégie adoptée vise à obliger les entreprises à des pratiques comptables proches de la réalité. C'est dans cet esprit que l'amortissement par composant peut-être salué comme un retour aux réalités économiques[1195].

[1188] L'amortissement est non seulement un moyen d'incitations fiscales mais aussi une obligation légale imposée par le droit fiscal : B. Colasse, *Introduction à la comptabilité*, 11e édit., Economica 2010, p. 270 et s.

[1189] Voir la thèse de F. Pasqualini, *Le principe de l'image fidèle en droit comptable*, thèse, Litec, 1991.

[1190] L'article 322-2 du Plan comptable général rappelle d'ailleurs que les amortissements ne correspondent pas à des amortissements normaux dont l'objet est de constater la perte de valeur d'un bien. Ils sont appelés dérogatoires ou encore réglementaires car institués en vertu d'un texte, notamment de textes fiscaux.

[1191] L. Klee relève en effet que « considérées comme compatibles avec des conventions comptables nationales différentes, les dysharmonies de l'image fidèle brouillent cependant l'analyse de la réalité économique de l'entreprise. Un inventaire des insuffisances de l'harmonisation européenne des dispositions issues des directives comptables soulignerait en particulier...l'influence encore marquée de la fiscalité sur la comptabilité dans certains pays ». L. Klee, « Image fidèle et représentation de l'entreprise », *Encyclopédie de la comptabilité, du contrôle de gestion et de l'audit*, n° 66, p. 905, Economica, 2e édition, 2009.

[1192] « L'assujettissement de la comptabilité à la fiscalité contrarie toute velléité de fournir la plus juste appréciation des performances de la firme », font remarquer Esnault et Hoarau, évoquant la question de l'amortissement. B. Esnault, Ch. Hoarau, *Comptabilité financière*, 3e édit., PUF, Paris, 2005, p. 336.

[1193] L. Klee, « Image fidèle et représentation de l'entreprise », *Encyclopédie de la comptabilité, du contrôle de gestion et de l'audit*, n° 66, p. 901, Economica, 2e édition, 2009.

[1194] Le retour de la question de l'amortissement se traduit par l'introduction de l'approche par composants en droit comptable français ; P. Schevin, « L'amortissement par composants », *Revue Française de Comptabilité*, mars 2005, n°375, p. 34.

[1195] Sur le plan comptable (PCG article 311-2) comme sur le plan fiscal (CGI, ann.II, art. 15 bis I), les composants sont les principaux éléments d'une immobilisation. Leur durée d'utilisation et leur durée de vie sont bien souvent distincts de la durée de vie de la structure.

372. L'amortissement par composants consiste à calculer la perte de valeur d'une immobilisation en tenant compte des différents éléments la composant[1196]. Ce calcul a de particulier le fait qu'il tient compte de chaque composante de la structure de l'immobilisation, d'où le terme d'approche par composant. Dans un immeuble on pourrait ainsi trouver le toit, les fenêtres, l'ascenseur, etc.[1197] L'amortissement par composants consiste donc à amortir séparément, les différentes structures de l'immobilisation. C'est une démarche originale, en ce qu'elle n'était pas contenue dans le Plan comptable général avant l'introduction des normes IFRS. L'amortissement par composant est un amortissement qui établit un changement par rapport à l'ancien mode d'amortissement. Ce changement est d'abord remarquable en termes de définitions et de concepts **(Paragraphe 1)**. Ce changement est ensuite identifiable en terme de durée de vie de l'immobilisation. On évoque aussi de plus en plus de nouveaux modes de calcul comme le « test d'impairment » **(Paragraphe 2)**.

Paragraphe 1 : La nouvelle conception de l'amortissement

373. Même si l'approche par composant constitue une nouveauté, elle n'a pas réinventé la notion d'amortissement pas plus que les modalités de calcul de ce dernier[1198]. On distingue deux types d'amortissement. Il existe tout d'abord l'amortissement comptable qui n'est rien d'autre que la constatation de la perte de valeur d'un bien. Il existe ensuite l'amortissement fiscal, qui ne traduit pas la perte de valeur d'un bien. L'amortissement fiscal n'est qu'un outil d'incitation fiscale puisqu'il vise à constater dans les comptes de l'entreprise une perte de valeur qui ne correspond pas à la durée de vie du

---

L'approche par composants consiste à intégrer cette divergence lors de l'amortissement de l'immobilisation.

1196 « Les éléments principaux d'immobilisations corporelles devant faire l'objet de remplacement à intervalles réguliers, ayant des utilisations différentes ou procurant des avantages économiques à l'entité selon un rythme différent et nécessitant l'utilisation de taux ou de modes d'amortissement propres, doivent être comptabilisés séparément dès l'origine et lors des remplacements », comme le souligne l'article 311-2 du PCG. La sous-section, ou est insérée l'article est d'ailleurs intitulée « Comptabilisation des composants ».

1197 P. Schevin, « L'amortissement par composants », *Revue Française de Comptabilité*, mars 2005, n°375, p. 34.

1198 La Revue Fiduciaire précise les modifications introduites par l'approche par composants. Le règlement CRC 02-10 relatif à l'amortissement et à la dépréciation des actifs modifie en profondeur les notions d'amortissement et de dépréciation des actifs ». Il s'agit donc d'une modification limitée aux définitions mais non étendue aux modes de calcul des amortissements qui existaient avant l'introduction de l'approche par composants. Revue Fiduciaire comptable, « Actifs, amortissement, dépréciation, les nouveautés applicables en 2005 », *Revue Fiduciaire comptable*, novembre 2004, n° 311, p. 33.

bien[1199]. Dans l'amortissement fiscal, les écritures constatant la perte de valeur d'un bien sont très importantes dès le début de l'utilisation du bien et sont ensuite faibles à la fin de vie du bien[1200]. Ce n'est pas la perte de valeur du bien qui est visée mais la réduction de la charge de l'impôt par l'utilisation de l'amortissement[1201]. Constatées dans le compte de résultat, les dotations aux amortissements viennent en réduction du résultat comptable et par conséquent du résultat fiscal. L'amortissement, qu'il soit comptable ou fiscal, vise donc à réduire la charge de l'impôt et sert, dans le même ordre d'idées, d'autofinancement pour l'entreprise souhaitant renouveler ses immobilisations[1202]. Les dotations aux amortissements constatent la perte de valeur d'un bien, en portant chaque année le montant des dépréciations au compte de résultat. Ce montant sera ensuite réinvesti par l'entreprise pour le renouvellement de ses immobilisations.

374. La question de l'amortissement est donc une épineuse question. Le rythme de passation des amortissements peut être effectué en linéaire ou en dégressif. Dans le cadre de l'amortissement linéaire, le montant des annuités passées est le même, suivant les années d'utilisation du bien. Il est étalé par parts égales sur la durée d'utilisation du bien[1203]. Dans le cadre de l'amortissement dégressif, les annuités sont fortes dès les premières années d'utilisation du bien et faible à l'arrivée[1204]. L'amortissement dégressif est

---

1199 B. Colasse, *Introduction à la comptabilité*, 11e édit., Economica 2010, p. 270 et s. ; J. Richard, C. Colette, *Les systèmes comptables français et anglo-saxons – Normes IAS*, 8e édition, Paris, Dunod, 2009, p. 325 et s. ; V. Article 39 A du CGI pour l'amortissement au dégressif de certains biens professionnels.

1200 Article 39 A du CGI, *op. cit.*

1201 V. l'article 1586 Sexies, al. 4a, du CGI pour le calcul du chiffre d'affaires et la prise en compte de l'amortissement fiscal pour les entreprises cinématographiques.

1202 A. Barilari, R. Drape, *Lexique Fiscal*, Dalloz 1987, p. 9 et s. Ces derniers rappellent que « les amortissements sont calculés chaque exercice de manière que leur montant cumulé corresponde au prix de revient de l'immobilisation à l'expiration de la durée normale d'utilisation du bien ».

1203 Barilari et Drape rappellent en effet que dans l'amortissement linéaire, « les annuités d'amortissement sont identiques pendant toute la durée d'utilisation d'un bien. Elles sont égales au produit du prix de revient de l'immobilisation par le taux d'amortissement. Ce taux est le quotient de 100 par le nombre d'années d'utilisation du bien. Ex. de calcul : achat d'un bien pour le prix de 100.000 F- Durée prévisible d'utilisation : 5 ans. Ce bien sera amorti à raison de 20% par an. L'amortissement linéaire constitue le régime commun en matière d'amortissement ». A. Barilari, R. Drape, *Lexique Fiscal*, Dalloz 1987, p. 10.

1204 « Soit une immobilisation acquise 100 euros et destinée à être utilisée sur 5 ans par l'entreprise. Dans le cadre de l'amortissement linéaire, cette dotation correspondra à un montant de 100/5. La dotation annuelle sera de 20. Dans le cadre de l'amortissement dégressif, la dotation sera importante dès le début de l'exercice et faible à l'arrivée. Le taux applicable pour le calcul de l'amortissement dégressif est obtenu en multipliant le taux d'amortissement linéaire applicable au bien en cause par un coefficient préétabli qui est valable selon la durée d'utilisation du bien (1,5 pour un bien utilisable 3 ou 4 ans ; 2 pour 5 ou 6 ans ; 2,5 pour une durée d'utilisation supérieure à 6 ans). Les annuités suivantes sont calculées par application du même taux à la valeur résiduelle (valeur généralement utilisé à des fins fiscales pour réduire la charge de l'impôt. Mais même l'amortissement linéaire doit être passé en comptabilité pour être déductible. L'amortissement linéaire est d'ailleurs appelé amortissement minimal car sa non constatation dans les comptes de la société entraine la perte des bénéfices fiscaux qui lui sont attachés[1205].

375. Tout l'intérêt de la question des amortissements réside dans le fait qu'il s'agit d'un instrument à plusieurs fonctionnalités[1206]. Son utilité comptable et fiscale justifie l'existence de deux conceptions qui s'entremêlent, se chevauchent et se disputent l'exclusivité de leur place au sein de cet instrument. Certains domaines de conciliation non satisfaisants sur le plan comptable existent. C'est le cas des amortissements réputés différés. Il s'agit d'amortissements passés dans les écritures de la société mais qui ne sont pas différés dans le résultat fiscal. En général, la société utilise cette possibilité qui lui est offerte par l'administration fiscale lorsqu'elle encourt un résultat déficitaire. La dotation est passée en comptabilité, pour éviter qu'elle n'en perde la déduction fiscale. Elle n'est pas déduite en fiscalité l'année de sa dotation mais les années ultérieures, en

---

d'acquisition-amortissement déjà pratiqué). Exemple : acquisition le premier janvier 1985 d'un bien de production pour 200.000. Le taux d'amortissement linéaire (10 ans)= 10%. Le taux d'amortissement dégressif : 10%*2,5=25%. 1985 = 200.000*25%=50.000. 1986 = (200.000-50.000)*25%=37500 F. 1987 = (200.000-87500)*25%=28125. Cette technique permet aux entreprises d'amortir fortement leurs immobilisations pendant les premières années ». A. Barilari, R. Drape, *Lexique Fiscal*, Dalloz 1987, p. 10.

1205 Il s'agit de bénéfices fiscaux résultant de la passation des dotations aux amortissements en charge. Soit une immobilisation corporelle achetée 100 euros et amorties sur 5 ans. Les dotations aux amortissements pour cette immobilisation ont été passées, sauf pour la dernière année. La Valeur Nette comptable de l'immobilisation ou VNC sera de 100-80 (4 années de dotations aux amortissements)=20. A la cinquième année, la société a omis de passer l'écriture de dotation aux amortissements, ce qui entraîne pour elle une perte du bénéfice fiscal de les déduire du résultat comptable. Même si la société régularise l'écriture de dotations aux amortissements la 6e année, celle-ci sera régulière d'un point de vue comptable mais totalement inopérante d'un point de vue fiscal. L'administration fiscale les réintègrera. Si l'immobilisation est cédée la 6e année pour une valeur de 150 euros, alors la plus-value imposable sur le plan fiscal sera égale au produit de la cession moins les charges de la cession. Elle sera ainsi de 150 (produits de la cession) -80 (charges de la cession correspondant aux dotations aux amortissements)= 70 euros. La plus-value de cession imposable sera donc de 70 euros. En revanche, si la société avait passé l'écriture de dotation aux amortissements, la plus value de cession imposable aurait été de 150 euros (produits de la cession)-100 (dotations aux amortissements correspondant à 5 ans)= 50. La société n'aurait été imposée que sur 50. Le manque de constatation des écritures comptables correspondant aux dotations aux amortissements entraîne donc une double pénalité pour la société. D'une part, l'écriture de dotation aux amortissements non passée ne viendra pas en réduction du résultat comptable, d'autre part la non passation de la dotation aux amortissements sera prise en compte au moment de l'imposition de la plus-value. A. Barilari, R. Drape, *Lexique Fiscal*, Dalloz 1987, p. 10.

1206 Y. Lemarchand, *Du dépérissement à l'amortissement. Enquête sur l'histoire d'un concept et de sa traduction comptable*, Nantes, Ouest Editions, 1993, p. 7.

général, les années où elle redevient bénéficiaire. La question de l'amortissement apparaît comme une parfaite illustration des querelles entre comptabilité et fiscalité. Les normes comptables internationales contribuent à cette querelle. Elles ont, d'une part, introduit de nouvelles définitions et de nouvelles notions face auxquelles la fiscalité semble permissible. Elles ont, d'autre part, introduit de nouveaux modes de calcul de l'amortissement basés sur une vision économique de l'amortissement plutôt qu'une vision juridique. La fiscalité s'est montrée beaucoup moins permissible qu'elle ne l'a été pour les définitions. De façon générale, les conséquences fiscales se sont traduites par un étalement de la charge fiscale résultant de l'application des normes comptables internationales.

376. Tel qu'il était pratiqué avant l'introduction des normes comptables internationales, l'amortissement ne permettait pas de distinguer les différents éléments d'une immobilisation. L'amortissement d'un immeuble se faisait par exemple selon sa structure générale, sans pour autant distinguer ses différentes composantes[1207]. La plupart du temps, les biens en question étaient amortis sur la structure générale de l'immeuble. L'inconvénient d'un tel système résidait dans le fait que les différents composants de la structure n'avaient pas la même durée de vie que l'immeuble. Pour une voiture, la durée de vie des « pneus » ne correspondait pas forcément à la carrosserie pas plus que la durée de vie des ascenseurs ne correspondait à celle de l'immeuble en question. L'amortissement de l'ensemble de la structure ne tenait pas compte des spécificités des éléments la composant. Cette situation aboutissait à constater en comptabilité, une dépréciation qui ne correspondait pas à la réalité. L'approche par composants a donc été instituée pour tenir compte de la perte de valeur des structures d'une immobilisation, qui ne correspondent pas à la durée de vie de la structure qu'elle compose. Il s'agit donc d'une approche plus fine de l'amortissement des immobilisations. Les provisions pour grosses réparations ainsi que l'approche par composants ont été transcrits dans le Plan comptable général pour permettre aux dirigeants d'entreprise de tenir un raisonnement économique pur[1208]. Un amortissement comptable fort aura pour effet de minorer le résultat comptable et donc le résultat fiscal, de minorer l'impôt sur les sociétés, puisque ce dernier est calculé à partir du résultat comptable et de réduire la capacité d'autofinancement de l'entreprise, l'amortissement servant de ressource pour renouveler les immobilisations à l'expiration de leur durée d'utilisation.

377. Pasqualini avait souligné la grande difficulté de l'application des règles fiscales à la comptabilité : le problème de qualification. Avec

---

[1207] PCG article 322-2.

[1208] Sur les questions de politique comptable et fiscale, voir J.-L. Rossignol, *La politique fiscalo-comptable des entreprises françaises : une application aux éléments incorporels*, Thèse, Dijon, 2000, Introduction.

l'introduction des normes comptables internationales, les précisons se font de manière plus claire et plus précise de sorte à permettre une dissociation entre l'amortissement et les provisions. Le terme d'amortissement désigne une diminution de valeur systématique et planifiée **(A)**. Sur la relation entre comptabilité et fiscalité, la nouvelle conception de l'amortissement ainsi que l'introduction de l'approche par composants a largement tourné en faveur de la comptabilité. L'objectif était en effet de pratiquer une estimation et un calcul de la dépréciation de valeur aussi proche que possible de la réalité. La généralisation de ce type d'amortissement s'est aussi soldée par un recul de l'approche fiscal de l'amortissement. On passe progressivement d'un amortissement calculé selon les usages à un amortissement correspondant à la perte de valeur effective du bien **(B)**.

378. Comme le souligne Degos et Ouvrard, désormais pour les immobilisations corporelles et incorporelles, les termes « amortissements exceptionnels » et « provision pour dépréciation » sont remplacés par « dépréciation » et le terme « amortissement » est strictement réservé à toute diminution systématique et planifiée (on ne pourra plus parler d'amortissement exceptionnel)[1209]. D'autre part, un vocabulaire nouveau, très fortement inspiré des normes IAS 16 et IAS 36 (mais en gardant les spécificités françaises) est introduit dans le PCG. Avant 2005, un amortissement était une perte de valeur définitive mais planifiée. Lorsque la perte de valeur définitive n'était pas planifiée, alors il s'agissait d'un amortissement exceptionnel. De même, le terme de provision pour dépréciation impliquait la constatation d'une perte de valeur définitive. Depuis 2005, pour les actifs immobilisés, le terme d'amortissement est utilisé uniquement pour les pertes de valeur planifiée alors que celui de dépréciation est utilisé pour les pertes de valeur non planifiée, c'est-à-dire l'équivalent des anciens amortissements exceptionnels, qu'elles soient définitives ou non[1210].

[1209] J.-G. Degos, S. Ouvrard, « L'influence des normes d'information financière sur la convergence des règles fiscales et comptables françaises », *La Revue du financier*, mai-juin 2007, n°165, p. 32 et s.

[1210] J. Richard, C. Colette, *Les systèmes comptables français et anglo-saxons – Normes IAS,* 8e édition, Paris, Dunod, 2009, cité par J.-G. Degos, S. Ouvrard, « L'influence des normes d'information financière sur la convergence des règles fiscales et comptables françaises », *La Revue du financier*, mai-juin 2007, n°165, p. 32.

Paragraphe 2 : Le calcul de l'amortissement selon les normes IFRS : l'approche par composants

379. Les conséquences fiscales de l'approche par composants ont été largement commentées par la doctrine. La raison en est simple : la généralisation de l'approche par composants constitue une innovation fiscale[1211]. Elle a été introduite par la norme IAS 16[1212]. Comme le souligne à juste titre Schevin, « les dispositions en matière d'amortissement des immobilisations corporelles, telles qu'elles résultent des avis du CNC et des règlements du CRC sont à rechercher dans les principes de la norme IAS 16, consacrée aux immobilisations corporelles » qui établit la règle de l'amortissement par composants, c'est-à-dire « un fractionnement des actifs amortissables, en raison d'une non identité des durées d'utilisation[1213] ». Tous les éléments d'un actif n'ont pas la même durée d'utilisation. Il en est ainsi des « lames d'un four, de la toiture d'un bâtiment, des sièges d'avion[1214] ».

380. L'amortissement est une mesure de la dépréciation de la valeur économique d'un bien[1215]. Compte tenu du fait qu'elle est un instrument d'incitation à l'investissement, l'amortissement a connu une littérature abondante en la matière et continue de l'être[1216]. De façon générale, la doctrine s'accorde à reconnaître qu'elle requiert, pour être comptabilisée, une base de calcul[1217] et des modalités de mise en œuvre[1218].

[1211] Voir en ce sens la Revue Fiduciaire comptable, « Application de la méthode par composants : les règles fiscales », *Revue Fiduciaire comptable*, janvier 2006, n° 324, p. 23 ; J.-P. Regoli, « Amortissement par composants : les conséquences fiscales », *Revue Française de Comptabilité*, février 2005, n°374, p. 8 ; P. Schevin, « L'amortissement par composants », *Revue Française de Comptabilité*, mars 2005, n°375, p. 34 ; P. Schevin, « Amortissement par composants et évaluation des actifs : nouvelles précisions du comite d'urgence», *Revue Française de Comptabilité*, n° 381, octobre 2005, p. 42.

[1212] Voir aussi les explications de J. Richard, C. Colette, *Les systèmes comptables français et anglo-saxons – Normes IAS*, 8e édition, Paris, Dunod, 2009.

[1213] P. Schevin, « L'amortissement par composants », *Revue Française de Comptabilité*, mars 2005, n°375, p. 34.

[1214] Ces exemples sont cités dans le Mémento Actifs : V. PricewaterhouseCoopers, *Actifs : Nouvelles règles comptables et conséquences fiscales*, Levallois: Editions Francis Lefebvre, 2005, vol.1, 879 p.

[1215] Pour une explication des différentes facettes de l'amortissement voir J. Richard, C. Colette, *Les systèmes comptables français et anglo-saxons – Normes IAS*, 8e édition, Paris, Dunod, 2009 ; Y. Lemarchand, *Du dépérissement à l'amortissement. Enquête sur l'histoire d'un concept et de sa traduction comptable*, Nantes, Ouest Editions, 1993, p. 7.

[1216] L. Rives, *Obsession fiscale et administration des entreprises : Essai sur le rapt de la comptabilité par la fiscalité*, Thèse, Péchade, 1962.

[1217] Ch. Hoarau, B. Esnault, *Comptabilité financière*, 3e édition, PUF, Paris, 2001 ; J.-G. Degos, S. Ouvrard, « L'influence des normes d'information financière sur la

381. Dès lors, la question de la similarité entre les deux types d'amortissement comptable et fiscal se pose, particulièrement pour déterminer si les normes comptables internationales permettent de revenir à un système d'amortissement en faveur de la comptabilité ou à un système d'amortissement en faveur de la fiscalité. Si le système d'amortissement penche en faveur de la comptabilité, alors les normes comptables internationales auront permis de solutionner le problème de l'image fidèle pour la question de l'amortissement en redonnant aux règles comptables une conformité par rapport aux principes comptables. Si les normes IFRS favorisent l'amortissement fiscal, alors il sera impossible de conclure à une émancipation des règles comptables vis-à-vis des règles fiscales et encore moins à une influence des règles comptables sur les règles fiscales.

382. Le calcul de l'amortissement peut s'effectuer soit de façon linéaire soit de façon dégressive[1219]. L'intérêt n'est pas de retranscrire les différents taux d'amortissement. Cependant, une pratique de l'amortissement en France, notamment l'amortissement fiscal, commande un enregistrement comptable selon des usages généralement admis[1220]. Par usage, il faut comprendre une généralisation d'une certaine pratique, dans un milieu donné. Les taux sont fixés par la direction de la législation fiscale[1221]. Le Code général des Impôts comporte de nombreuses dispositions entrainant une pratique de l'amortissement à des fins purement fiscales[1222]. La norme IAS 16, ayant introduit le concept de l'approche par composants, permet-elle de mettre un peu d'ordre dans la comptabilité, en redonnant à l'amortissement sa fonction comptable, celle de constatation de la perte de valeur d'un bien ? L'approche par composants semble confirmer l'analyse

convergence des règles fiscales et comptables françaises », *La Revue du financier*, mai-juin 2007, n°165, p. 32.

1218 Avec les nouvelles normes comptables internationales surgissent des nouvelles modalités de mise en œuvre. Selon le professeur Schevin, trois méthodes permettent de se mettre en conformité avec les prescriptions comptables décidées par les normes comptables internationales. La première modalité est la reconstitution du coût historique amorti, la seconde méthode est la réallocation des valeurs comptables et la troisième méthode est l'évaluation des actifs à la juste valeur : P. Schevin, « L'amortissement par composants », *Revue Française de Comptabilité*, mars 2005, n°375, p. 37.

1219 Il n'y a en cela aucune nouveauté. V. à titre indicatif mais non exhaustif : B. Colasse, *Introduction à la comptabilité*, 11e édition, Economica 2010, p. 270 et s.

1220 J. Richard, C. Colette, *Les systèmes comptables français et anglo-saxons – Normes IAS*, 8e édition, Paris, Dunod, 2009.

1221 Ces taux sont fixés par l'administration fiscale et contrôlés par le Conseil d'Etat. Ce dernier a en effet estimé que les rames du Tgv Atlantique achetées par la sncf devaient être amorties sur les durées d'usage, qui étaient de 20 ans et non sur 15 ans, comme l'avait fait la sncf, au motif qu'il s'agissait d'innovations techniques : CE, 4 août 2006, n°271525 ; Revue Fiduciaire comptable, « Dépréciation des biens amortissables », *Revue Fiduciaire comptable*, décembre 2006, n° 334, p. 05.

1222 Article 39 A et s. du CGI, précité.

selon laquelle les normes comptables internationales apportent une vision plus économique à la comptabilité[1223]. La solution se justifie aisément par la primauté accordée aux investisseurs par les normes comptables internationales. L'amortissement tel qu'introduit par l'approche par composants s'est traduit par une modification de notions. Le droit fiscal s'est montré conciliant dans les définitions introduites dans le Plan comptable général par l'approche par composants[1224]. Il s'est montré plus exigeant dans l'impact que l'approche par composants pourrait avoir sur le résultat fiscal. Les changements engendrés par la différence de méthodes ont été étalés sur 5 ans pour éviter qu'ils ne se traduisent par un accroissement inutile de la charge d'impôt, notamment pour les PME[1225].

383. A certains égards, le droit fiscal est venu au secours des innovations introduites par l'approche par composants. Il en a été ainsi pour la définition des éléments principaux d'une immobilisation. En effet, s'il est vrai que l'approche par composants nécessite au préalable de déterminer les principaux éléments de l'immobilisation, il n'en demeure pas moins que ces principaux éléments n'ont pas été précisés[1226]. Comme le rappelle les commentateurs de la Revue Fiduciaire comptable, lorsque les composants de l'immobilisation sont en dessous d'un certain seuil, ils ne doivent pas être comptabilisés[1227]. Ces seuils concernent d'une part la valeur d'acquisition de l'immobilisation et d'autre part la valeur du composant par rapport à l'ensemble de la structure de l'immobilisation. S'agissant tout d'abord du seuil relatif à l'acquisition de l'immobilisation, ce dernier ne doit pas dépasser 500 euros : il est admis que les composants ayant une valeur unitaire inférieure à 500 euros ne soient pas identifiés[1228]. S'agissant enfin de la valeur de la composante par rapport à la structure d'ensemble de l'immobilisation, celle-ci doit être de « 15% du prix de revient de l'immobilisation dans son ensemble pour les biens meubles et de 1% du prix de revient de l'immobilisation dans son ensemble pour les biens immeubles[1229] ».

1223 P. Schevin, « L'amortissement par composants », *Revue Française de Comptabilité*, mars 2005, n°375, p. 34.

1224 O. Barbe, L. Didelot, « La convergence du Plan comptable général avec le référentiel IFRS » *Revue Française de Comptabilité*, n°384, janvier 2006, p. 32.

1225 Revue Fiduciaire comptable, « Amortissements : maitrisez le nouveau régime comptable et fiscal (Partie 1) », *Revue Fiduciaire comptable*, décembre 2006, n° 334, p. 39.

1226 Revue Fiduciaire comptable, « Amortissements : maitrisez le nouveau régime comptable et fiscal (Partie 1) », *Revue Fiduciaire comptable*, décembre 2006, n° 334, p. 39.

1227 BOI 4 A-13-05 n° 213 du 30 décembre 2005, paragraphe 32.

1228 Revue Fiduciaire comptable, « Amortissements : maitrisez le nouveau régime comptable et fiscal (Partie 1) », *Revue Fiduciaire comptable*, décembre 2006, n° 334, p. 39.

1229 Un exemple intéressant a été cité par les rédacteurs de la Revue Fiduciaire comptable et nous le reproduisons ci-après : « une entreprise individuelle exerce une activité de commerce de détail de produits alimentaires. Elle acquiert un bac réfrigérant d'une valeur de 2000 euros

384. L'approche par composants illustre le propos de Jacques Richard, qui avait souligné la modification du vocabulaire comptable par les normes comptables internationales en le rendant plus précis sans en modifier les règles de calcul[1230]. Le premier obstacle à une application complète de ce type d'amortissement est l'assiette de l'impôt sur les sociétés. Même si les règles fiscales ont largement contribué à la mise en place de ce type d'amortissement, en en précisant les modalités d'application, elles ont aussi été l'obstacle majeur à leur généralisation. Il n'y a en cela rien de surprenant : le rôle de la fiscalité comme obstacle à la généralisation des normes comptables internationales a été largement souligné[1231].

385. Il faut souhaiter que l'introduction de l'approche par composants connaisse une portée plus large. Elle a permis de « disséquer » les deux principales catégories de composants[1232], une démarche, jusqu'à ce jour, méconnue du droit comptable. Ainsi, de manière comptable, les composants dits de « première catégorie » sont des éléments principaux d'immobilisations corporelles devant faire l'objet de remplacement à intervalles réguliers, ayant des utilisations différentes ou procurant des avantages économiques à l'entité, selon un rythme différent et nécessitant l'utilisation de taux ou de modes d'amortissement propres. Ils doivent être comptabilisés séparément dès l'origine et lors des remplacements[1233].

386. Enfin, il existe une différence entre normes comptables internationales et Plan comptable général pour ce qui est de l'amortissement des écarts d'acquisition, aussi appelés Goodwill[1234]. Comme le soulignent

---

dont la durée d'utilisation attendue est de cinq ans. Toutefois, les ampoules électriques incorporées au bac, estimées à 300 euros, devraient être changées annuellement. Par ailleurs le moteur estimé à 1000 euros devrait être remplacé au bout de trois ans. Les ampoules électriques correspondent à 15% de la valeur du bac. Toutefois, compte tenu de leur faible valeur et de la courte durée d'utilisation prévue, elles ne seront pas considérées comme un composant. Le moteur correspond à 50% de la valeur du bac. Sa valeur dépasse 500 euros. Compte tenu de ces critères, cet élément devra être identifié comme un élément principal susceptible d'être qualifié de composant ». Revue Fiduciaire comptable, « Amortissements : maitrisez le nouveau régime comptable et fiscal (Partie 1) », *Revue Fiduciaire comptable*, décembre 2006, n° 334, p. 39.

1230 J. Richard, C. Colette, *Les systèmes comptables français et anglo-saxons – Normes IAS*, 8e édition, Paris, Dunod, 2009.

1231 D. Villemot, « Présentation du rapport d'étape du groupe IAS/fiscalité », *Droit Fiscal* 2005, n° 17, étude n°19, p. 765 à 771.

1232 B. Grandguillot, *L'essentiel du droit fiscal 2011*, Gualino 2011, p. 81.

1233 Revue Fiduciaire comptable, « Amortissements : maitrisez le nouveau régime comptable et fiscal (Partie 2) », *Revue Fiduciaire comptable*, janvier 2007, n° 335, p. 33 et s.

1234 L'écart d'acquisition est égal à « la différence entre le coût d'acquisition des titres, et la quote-part correspondante dans la juste valeur nette des actifs et passifs identifiables de l'entreprise acquise ». Revue Fiduciaire comptable, « Amortissements : maitrisez le nouveau régime comptable et fiscal (Partie 2) », *Revue Fiduciaire comptable*, janvier 2007, n° 335, p. 33 et s.

Casta et Ramond, « le goodwill fait l'objet en référentiel IFRS, d'un test de dépréciation annuel et, en normes françaises, d'un amortissement qui peuvent engendrer une chute importante et durable du résultat consolidé. Afin d'éviter cet effet négatif, les entreprises jouent soit, en IFRS, sur les hypothèses actuarielles de modélisation (par exemple, taux d'actualisation et calcul des primes de risque (...)) soit en normes françaises, sur la durée d'amortissement qui, en pratique, peut varier de cinq a quarante ans ». Selon les auteurs, d'autres techniques existent pour lisser les résultats. L'exemple donné est celui du rachat de l'éditeur Américain Grolier par la maison d'édition Hachette. L'écart d'acquisition ou encore goodwill a « été affecté à des actifs non amortissables (marques, titres d'édition, parts de marché) ». La raison, selon Casta et Ramond, est liée au fait que « l'amortissement de l'écart d'acquisition sur la plus longue durée admissible aurait fait chuter le résultat consolidé de près de 150 millions pendant quarante ans (soit la moitié du résultat de l'époque) ». Il faut cependant rappeler qu'il s'agit là de la présentation en comptes consolidés et non en comptes sociaux[1235]. En effet, fiscalement, l'impossibilité d'amortir l'écart d'acquisition se serait traduite par une augmentation de la charge fiscale. Le choix entre présentation financière de l'entreprise et stratégie fiscale est parfois difficile à opérer, l'exemple des provisions l'illustre clairement.

Section 2 : La nouvelle conception des provisions

387. Pendant longtemps, une querelle avait opposé et oppose encore l'administration fiscale et les comptables, sur la question des provisions et de leur déductibilité. Cette querelle ne surprend pas. Le fondement même de la provision est l' « incertitude[1236] » qui caractérise la notion. Or l'incertitude se prête aisément à des divergences d'interprétation. Lorsque l'entreprise est en face d'une charge, on ne peut plus qualifier cette dernière de provision : la provision étant une charge incertaine[1237]. De façon évidente, la dimension « psychologique » est très forte dans l'appréciation du risque qui va conduire

1235 M. Taly, A. Williencourt, « Impact des IFRS sur la valorisation du patrimoine », *Revue Droit et Patrimoine* 2005, n°140. Selon ces derniers, « avec l'entrée en vigueur des nouvelles normes comptables internationales IFRS (1) (International Financial Reporting Standards), de nombreuses entreprises annoncent une hausse du résultat net. L'une des explications avancées est la suppression de l'amortissement des écarts d'acquisition (« goodwill »).

1236 L. Rives, *Obsession fiscale et administration des entreprises : Essai sur le rapt de la comptabilité par la fiscalité*, Thèse, Péchade, 1962, p. 107.

1237 Article 212-1 du PCG.

à constater la provision[1238]. Autrement dit, ce qui constitue un risque pour un commissaire aux comptes qui imposera l'enregistrement de toutes les provisions, au nom du principe de prudence, ne l'est pas aux yeux d'un vérificateur fiscal dicté par une logique différente, comme l'explique Cozian[1239]. Par ailleurs, à certains égards, la notion de provision se confond avec celle d'amortissement. Comme l'expliquent Barilari et Drape, « la dépréciation des immobilisations est normalement compensée par les amortissements. Mais il existe des immobilisations non amortissables parce que la durée de validité est indéterminée (terrains, fonds de commerce, titres de participation). Lorsque celles-ci font l'objet d'une dépréciation certaine, une provision peut-être constituée pour la couvrir[1240] ».

388. La question est donc de savoir qui du vérificateur comptable ou du commissaire aux comptes respecte les règles de constations de la provision. Les normes comptables internationales ont apporté une réponse à cette question, en imposant des conditions plus strictes[1241] de constations des provisions **(Paragraphe 1)**. Cette nouvelle donne a eu pour conséquence d'instaurer une nouvelle approche des provisions où cohabitent désormais conception économique et conception juridique des provisions **(Paragraphe 2)**.

Paragraphe 1 : La norme IAS 37 : une conception plus stricte de la provision

389. Les provisions ont deux problèmes : le premier, c'est qu'elles ressemblent à l'amortissement et le second, c'est qu'elles sont fondées sur l'incertitude. De façon simple et derrière un didactique, Louis Rives avait évoqué la ressemblance de ces deux notions en ces termes : « amortissement et provision ne sont que l'application d'une même notion, celle d'épargne engagée, car toute somme amortie ou provisionnée permet indirectement de reconstituer les valeurs d'actif ». Mais alors que l' « amortissement est[1242] », c'est-à-dire qu'il existe, la provision n'est pas : « on ne peut pas vraiment

---

[1238] Voir aussi G. Blanluet, « Du nouveau sur les provisions comptables non déduites fiscalement », *FR 16/11* inf. 6 p. 11.

[1239] M. Cozian, F. Deboissy, Précis *de fiscalité des entreprises,* Vol 1, Paris, Litec, 2009, p. 504.

[1240] A. Barilari, R. Drape, *Lexique Fiscal*, Dalloz 1987, p. 119.

[1241] Notamment en raison de l'introduction d'un critère supplémentaire de comptabilisation des provisions qui est celui de l'obligation de l'entité à l'égard d'un tiers.

[1242] Dalsace, cité par L. Rives, *Obsession fiscale et administration des entreprises : Essai sur le rapt de la comptabilité par la fiscalité*, thèse, Péchade, 1962, p. 107.

dire qu'une perte sur une créance douteuse soit, tant qu'on ne connaît pas l'issue du règlement judiciaire qui a, par exemple, motivé la constatation dans les écritures de la nature particulière de cette créance[1243] ». Le critère de distinction de l'amortissement et de la provision est donc la non réalisation[1244]. Les normes comptables internationales reprennent ces critères en les rendant plus précis. D'abord, la provision, même en ayant pour but de faire face à des charges probables, doit être évaluée avec une fiabilité suffisante. A travers le critère de fiabilité, les normes comptables internationales renouent avec l'approche économique des provisions. Ensuite, à côté de cette approche économique, s'ajoute une approche juridique dans la norme IAS 37[1245] relative aux provisions. Certains auteurs y ont vu une véritable révolution en ce que les normes comptables internationales, ayant développé jusqu'à ce jour une approche économique des provisions, instaurent désormais des critères juridiques de constatations de ces dernières. Le propos doit être nuancé car en France, la notion de provisions reprenait déjà ces critères.

390. S'agissant tout d'abord de la nouvelle approche juridique des provisions, un récent numéro de la Revue Fiduciaire comptable fait un récapitulatif des différents types de provisions, de leurs conditions de déductibilités fiscales, de leurs divergences avec la comptabilité et enfin de l'état de la jurisprudence sur la question des provisions. En revanche, l'approche juridique dans la conception des provisions a de quoi surprendre. Cozian et Deboissy noteront ainsi que « certains aiment à penser que dans la comptabilité moderne, d'inspiration anglo-saxonne, l'économique a chassé le juridique ; il faut tenir compte des réalités économiques et non des habillages juridiques (Substance over form). Et voici que, par la voie anglo-saxonne, le juridique revient en force là où on l'attendait le moins. En effet, la provision repose sur une obligation de l'entité à l'égard d'un tiers dont il est probable ou certain qu'elle provoquera une sortie de ressources au bénéfice de ce tiers[1246] ». Cette dimension juridique fortement présente dans les passifs a mérité la qualification de « nouveau droit comptable » que lui prête une partie de la doctrine[1247]. Cette nouvelle définition des provisions a

---

1243 L. Rives, *Obsession fiscale et administration des entreprises : Essai sur le rapt de la comptabilité par la fiscalité*, Thèse, Péchade, 1962, p. 106 et s.

1244 L. Rives, *Obsession fiscale et administration des entreprises : Essai sur le rapt de la comptabilité par la fiscalité*, Thèse, Péchade, 1962, p. 106 et s.

1245 Norme IAS 37, « Provisions, passifs éventuels, actifs éventuels », dans sa version publiée par le règlement CE n° 1126/2008 du 03 novembre 2008, portant adoption de certaines normes comptables internationales conformément au règlement (CE) no 1606/2002 du Parlement européen et du Conseil.

1246 M. Cozian, F. Deboissy, *Précis de fiscalité des entreprises*. Vol 1, Paris, Litec, 2010, n° 327, p. 131.

1247 Ph. Barre, *Mémento d'experts fiscal, social, comptable, Convergence du pcg : les passifs et les provisions*, Introduction, p. 13.

eu pour conséquence de rendre plus stricte leur enregistrement en comptabilité. Pour comprendre la norme IAS 37, il faut s'en remettre à son objectif, clairement explicité dans le règlement précité[1248] : « l'objectif de la présente norme est de faire en sorte que les critères de comptabilisation et les bases d'évaluation appliquées aux provisions, aux passifs éventuels et aux actifs éventuels soient appropriés et que les notes fournissent suffisamment d'informations pour permettre aux utilisateurs de comprendre la nature, l'échéance et le montant de ces provisions, passifs éventuels et actifs éventuels[1249] ».

391. S'agissant ensuite de l'approche économique des provisions, il convient de noter que pour protéger les investisseurs, le normalisateur comptable a institué une véritable approche économique dans les états financiers et érigé en dogme, la transparence dans l'établissement des états financiers[1250]. On notera, à la suite d'Hervé Bideau, que « la loi Sarbanes-Oxley, section 404, adoptée en juillet 2002 par le Congrès américain, met l'accent sur la nécessité pour le « management » de mettre en place des procédures qui lui permettent de s'assurer de la fiabilité du reporting financier (et donc fiscal) et d'affirmer que ces procédures fonctionnent correctement, et ce, sous le contrôle des auditeurs extérieurs[1251] ». Toute la question est de savoir si l'approche économique vise à protéger les investisseurs ou à satisfaire ces derniers. Avec la question des provisions, les deux objectifs sont visés. En utilisant le socle juridique pour déterminer les conditions de constatation des provisions, le normalisateur comptable international fait le choix de la sécurité juridique. En utilisant des critères financiers pour l'évaluation « fiable » des provisions, le normalisateur comptable international fait aussi le choix de satisfaire aux besoins des investisseurs qui est celui de tenir le raisonnement économique le plus pur. La combinaison des critères juridiques et économiques a eu pour effet de réduire les abus d'enregistrement des provisions et de réduire ainsi la pollution des comptes pour les seules considérations fiscales. Cette amélioration est clairement perceptible à travers les conditions classiques de constatation des provisions auxquelles s'ajoutent les nouveaux critères de fiabilité.

392. S'agissant des conditions classiques de comptabilisation des provisions, il convient de rappeler qu'une provision est comptabilisée à la date de clôture de l'exercice, « si l'obligation existe à cette date, s'il est probable ou certain, à la date d'établissement des comptes, qu'elle

---

[1248] CE, n° 1126/2008 du 03 novembre 2008.

[1249] IAS 37 paragraphe 1, A.

[1250] P. Musso, *IFRS et protection des investisseurs*, Thèse, Paris 2009, 2 vol. 569 p.

[1251] H. Bideau, « La fonction fiscale dans l'entreprise : les nouveaux défis », *Lamy Optimisation Fiscale* 2008, n° 403 et s.

provoquera une sortie de ressources au bénéfice de tiers sans contrepartie au moins équivalente attendue de ceux-ci après la date de clôture[1252], si le montant de l'obligation peut-être évalué avec une fiabilité suffisante[1253]. Dans les cas exceptionnels permettant d'évoquer l'impossibilité d'obtenir une évaluation fiable, une information est fournie dans l'annexe ». A vrai dire, ce qui est une nouveauté dans les normes IFRS, à savoir la forte présence du droit pour comptabiliser une provision, n'était pas une nouveauté dans les règles françaises. Il s'agit de règles classiques[1254]. Si ces règles sont classiques, il y a donc très peu de chances de voir l'influence des normes comptables internationales sur le droit fiscal, pour ce qui est de la question des provisions. D'ailleurs, les normes comptables internationales semblent renforcer le rapprochement des règles comptables et fiscales sur la question des provisions. Le Conseil d'Etat et le Code général des Impôts ont pourtant contribué à clarifier les conditions de déductibilité fiscale des provisions. Selon le Code général des Impôts[1255], repris par les commentateurs de la Revue Fiduciaire comptable, « la perte ou la charge doit être nettement précisée quant à son objet et à son montant, la perte ou la charge doit être probable, la probabilité de la perte ou de la charge doit résulter d'événements en cours à la date de clôture, la provision doit être effectivement constatée dans les écritures de l'exercice, au plus tard à la date d'expiration du délai fixé pour la souscription de la déclaration des

---

1252 PCG article 312-1.

1253 PCG article 312-3.

1254 Le numéro 368 de la Revue Fiduciaire comptable, consacré à la question des provisions opère à ce titre une synthèse intéressante des conditions de comptabilisation des provisions, en reprenant les différentes conditions avec des exemples à l'appui. Nous les reproduisons ci-après : la première condition est relative au fait que « l'obligation doit exister à la date de clôture. Elle doit résulter d'un événement passé (antérieur à la date de clôture), créant un engagement vis-à-vis de tiers. Cette obligation peut découler d'une décision interne de l'entreprise (restructuration, licenciement, déménagement) mais une simple décision de la direction de l'entreprise ne suffit pas alors à créer une obligation ». Il faut que cette décision soit annoncée aux tiers concerné pour que l'obligation existe à la date de clôture. La seconde condition tient au fait que « la sortie probable ou certaine de ressources doit bénéficier au tiers. L'obligation envers le tiers doit entraîner une sortie de ressources probables pour éteindre cette obligation. Lorsqu'il existe un grand nombre d'obligations similaires (par exemple, garantie sur les produits similaires), la probabilité de la sortie de ressources est déterminée en considérant cet exemple d'obligations comme un tout (PCG art. 323-2). Par ailleurs, la probabilité de sortie de ressources est à déterminer à la date d'arrêté des comptes et non à la date de clôture de l'exercice : (PCG art. 312-1) ». S'agissant de la troisième condition, elle tient à « l'absence de contrepartie attendue au moins équivalente. La contrepartie éventuelle est constituée des avantages économiques que l'entreprise attend du tiers envers lequel il a une obligation. Cette condition d'absence de contrepartie attendue au moins équivalente a des conséquences importantes sur la pratique de constitution de provisions des entreprises ». Dans cet esprit, les entreprises ont l'obligation de provisionner « les pertes sur contrats ». La contrepartie à recevoir du tiers (le prix) n'équivaut pas à la sortie probable de ressources : Revue Fiduciaire comptable, « Les provisions », *Revue Fiduciaire comptable*, janvier 2010, n° 368, p. 24.

1255 CGI, art. 39-1-5.

résultats[1256] ». Comme le font remarquer à juste titre les rédacteurs de la Revue Fiduciaire, le Conseil d'Etat est venu clarifier les conditions de déduction de ces provisions en rappelant le principe de rattachement des charges aux exercices auxquels elles ont été constatées. Ainsi, « les provisions pour charge ne sont admises en déduction, au titre d'un exercice, que si les produits afférents à ces charges sont comptabilisés au titre même de cet exercice[1257] ».

393. Selon les rédacteurs de la Revue Fiduciaire comptable, le Conseil d'Etat avait admis qu'« après avoir calculé avec une approximation suffisante le montant d'une provision qui serait justifiée, l'entreprise peut constituer une provision d'un montant moindre[1258] ». Le Conseil d'Etat s'était donc montré moins rigoureux pour l'évaluation des provisions en admettant ce type d'évaluation, une attitude avec laquelle il a rompu. C'est ce qui ressort de sa décision rendue le 2 juin 2006 où il a admis qu'une provision puisse être calculée à partir « d'une évaluation statistique du taux d'utilisation effective des « bons de réduction » par les consommateurs[1259] », autrement dit à partir de méthode d'évaluation fiable. La combinaison des critères juridiques, comptables, fiscaux et financiers de comptabilisation des provisions aura pour mérite de les rendre plus économiques et moins arbitraires. Les premières conséquences de cette approche des provisions à caractère économique se font déjà ressentir à travers les provisions pour gros entretiens et les provisions pour grandes révisions.

Paragraphe 2 : Les conséquences de la nouvelle conception des provisions

394. La question des provisions intéresse la relation entre comptabilité et fiscalité sur trois domaines. Il s'agit, dans un premier temps, des provisions pour départ à la retraite, dans un second temps des provisions pour grandes révisions ou provisions pour gros entretien et dans un dernier temps, des provisions pour risques et charges. Enfin, les notions de provisions réglementées sont aussi rejetées par les normes comptables internationales :

[1256] Revue Fiduciaire comptable, « Les provisions », *Revue Fiduciaire comptable*, janvier 2010, n° 368, p. 21.

[1257] CE, 28 juin 1991, n°77921.

[1258] CE, 10 décembre 2004, n°236706.

[1259] CE, 2 juin 2006, n° 269998, 3e et 8e s.-s., Sté Unilever France, *Revue de Jurisprudence Fiscale* 2006, n° 995, août / septembre, Bénéfices industriels et commerciaux.

celles-ci ayant pour objet de rejeter toutes les considérations fiscales susceptibles de nuire à l'information financière[1260].

395. S'agissant tout d'abord de la question des provisions pour départ à la retraite, les rédacteurs de la Revue Fiduciaire comptable avaient fait remarquer dès l'année 2005, les incompatibilités entre le référentiel IFRS et le référentiel comptable français, sur ce type de provisions. Alors que les normes IFRS imposent la comptabilisation « de tous les avantages au personnel » comme le soulignent à juste titre les commentateurs du Mémento Actifs, les règles françaises n'établissent qu'une faculté pour ce type d'engagements de départ à la retraite[1261]. En effet, l'article L.123-13 du code de commerce énonce que : « le montant des engagements de l'entreprise en matière de pension, de compléments de retraite, d'indemnités et d'allocations en raison du départ à la retraite ou avantages similaires des membres ou associés de son personnel et de ses mandataires sociaux est indiqué dans l'annexe. Par ailleurs, les entreprises peuvent décider d'inscrire au bilan, sous forme de provision, le montant correspondant à tout ou partie de ces engagements[1262] ». Il ne s'agit donc que d'une option. Cette option est aussi confirmée par l'article 335-1 du Plan comptable général qui rappelle que : « les passifs relatifs aux engagements de l'entité en matière de pensions, de compléments de retraite, d'indemnités et d'allocations en raison du départ à la retraite ou avantages similaires des membres de son personnel et de ses associés et mandataires sociaux peuvent être, en tout ou en partie, constatés sous forme de provision pour risques et charges ». Les normes comptables internationales s'opposent aux textes français dans la comptabilisation des provisions pour départ à la retraite, en ce qu'elles obligent les entreprises à les constater. En effet, dans les objectifs de la norme IAS 19, il est rappelé que : « l'objectif de la présente norme est de prescrire le mode de comptabilisation et de présentation des avantages du personnel. La norme impose à l'entité de comptabiliser (...) un passif lorsqu'un membre du personnel a rendu des services en contrepartie des avantages du personnel qui lui seront versés à une date future ; et (...) une charge lorsque l'entité utilise l'avantage économique résultant des services rendus par un membre du personnel en contrepartie des avantages du personnel[1263] ». Pour harmoniser les normes comptables internationales et les textes comptables, une recommandation a été prise par le Conseil national de la Comptabilité[1264]. Les avantages du personnel sont donc toujours

---

[1260] Les provisions réglementées sont des provisions prévues en vertu de textes fiscaux : B. Grandguillot, *L'essentiel du droit fiscal* 2011, Gualino 2011, p. 83.

[1261] Revue Fiduciaire comptable, « Divergences du référentiel IFRS avec les règles fiscales », *Revue Fiduciaire comptable*, juin 2005, n° 318, p. 10.

[1262] Article L. 123-13 du C. Com.

[1263] Norme IAS 19, JOUE 29 novembre 2008, objectif.

[1264] Recommandation n°2003-R-01 du 1er avril 2003.

comptabilisés de manière facultative : il n'existe aucune obligation pour les entreprises de le faire. Celles-ci peuvent soit décider de les provisionner, soit décider de ne pas les provisionner mais les mentionner en annexe[1265]. L'option ainsi offerte allait permettre aussi d'harmoniser les règles comptables et les règles fiscales en matière de comptabilisation des engagements de départ à la retraite. En effet, selon l'article 39-1-5 du CGI : « (...) toutefois, ne sont pas déductibles les provisions que constitue une entreprise en vue de faire face au versement d'allocations en raison du départ à la retraite ou préretraite des membres ou anciens membres de son personnel, ou de ses mandataires sociaux ». En revanche, sont déductibles, « sous certaines conditions, les cotisations d'assurance destinées à couvrir les engagements de retraite ou à garantir le paiement des indemnités légales et conventionnelles de licenciement[1266] ». L'application de la norme IAS 19 qui entraine une comptabilisation obligatoire des engagements de départ à la retraite aurait donc entrainé de nouvelles divergences entre comptabilité et fiscalité. Longtemps dénoncée comme une des méthodes de manipulation de la comptabilité à des fins fiscales, la question de la comptabilisation des provisions pour départ à la retraite n'en demeure pas moins complexe[1267]. En effet, l'administration fiscale considère que ces charges ne sont déductibles que pour l'exercice au cours duquel elles ont été constatées[1268]. La position ainsi émise de l'administration fiscale reste difficilement justifiable au regard de la nature comptable de la provision. La différence fondamentale entre la charge et la provision est l'incertitude, or le droit fiscal ne semble pas prendre en compte cette divergence. L'application des normes IFRS aurait par conséquent accru les divergences entre comptabilité et fiscalité sur la question des provisions pour engagements de départ à la retraite.

396. S'agissant ensuite de la question des provisions pour gros entretien et des provisions pour grandes révisions, elles sont la conséquence de la nouvelle approche économique qui doit prévaloir lors de la constatation des provisions[1269]. En effet, avant l'approche par composants, les provisions pour grandes révisions ou gros entretien étaient classées dans la catégorie générale des dépenses de remplacement et faisaient l'objet, ainsi que le rappelle la

---

1265 Article 531-2 al. 9 et 531-3 du PCG. Les engagements de départ à la retraite peuvent être comptabilisés en tout ou partie. Cependant, pour des questions d'information financière, la méthode préférentielle reste la comptabilisation de l'ensemble des engagements de départ à la retraite : article 335-1 du règlement n°99-03 du CRC modifiant le Plan comptable général de 1999.

1266 Revue Fiduciaire comptable, « Les provisions », *Revue Fiduciaire comptable*, janvier 2010, n° 368, p. 21.

1267 Ch. Hoarau, B. Esnault, *Comptabilité financière*, 3e édition, PUF, Paris, 2001, p. 336.

1268 Revue Fiduciaire comptable, « Les provisions», *Revue Fiduciaire comptable*, janvier 2010, n° 368, p. 21.

1269 B. Lebrun, « Les provisions pour grosses réparations», *Revue Fiduciaire comptable*, décembre 2006, n° 334, p. 21.

Revue Fiduciaire comptable, de provisions pour gros entretien ou grandes révisions. Depuis l'introduction de l'approche par composants, qui vise à donner une image plus réelle de la perte de valeur des différentes composantes de l'immobilisation, ces dépenses « doivent désormais être isolées comme un composant distinct de l'immobilisation et amorties sur leur durée propre[1270] ». Avant l'introduction de l'approche par composants, la seule rubrique des « provisions pour gros entretien ou grandes révisions » recouvrait deux types de dépenses : les dépenses dites de remplacements qui ont pour objet de remplacer des immobilisations et des dépenses dites de grandes révisions ou de gros entretiens, dont l'objet est non pas de remplacer les immobilisations, mais de les entretenir ou de les réparer[1271]. Depuis l'introduction de l'approche par composants dans le Plan comptable général, ces dépenses sont clairement différenciées. Il existe d'une part, les dépenses de remplacement (aussi appelées dépenses de première catégorie) et les dépenses de gros entretien ou de grandes révisions (aussi appelées dépenses de seconde catégorie). Les dépenses de première catégorie ou dépenses de remplacement visent à remplacer une immobilisation et doivent, à ce titre, « être comptabilisées dès l'origine et lors de leur remplacement comme un composant distinct de l'immobilisation[1272] ». Les dépenses de seconde catégorie ou dépenses de gros entretien ou de grandes révisions peuvent soit être comptabilisées comme « un composant distinct de l'immobilisation » ou « faire l'objet d'une provision[1273] ». Fiscalement, la comptabilisation d'un composant ou d'une provision aura un effet sur le résultat comptable. Les rédacteurs de la Revue Fiduciaire rappellent la position de l'administration fiscale sur la question. En effet : « la majoration ou la minoration du bénéfice imposable du premier exercice ouvert à compter du 1er janvier 2005 résultant de l'application aux immobilisations de la méthode de comptabilisation par composants est répartie, par parts égales, sur cet

---

1270 Revue Fiduciaire comptable, « Divergences du référentiel IFRS avec les règles fiscales », *Revue Fiduciaire comptable*, juin 2005, n° 318, p. 61.

1271 Revue Fiduciaire comptable, « Divergences du référentiel IFRS avec les règles fiscales », *Revue Fiduciaire comptable*, juin 2005, n° 318, p. 61.

1272 Revue Fiduciaire comptable, « Divergences du référentiel IFRS avec les règles fiscales », *Revue Fiduciaire comptable*, juin 2005, n° 318, p. 61 et PCG article 311-2. V. aussi M. Cozian, « Propos de fiscaliste sur la notion d'immobilisation corporelle », *Mélanges en l'honneur du professeur Claude Perochon*, Foucher Paris 1995, p. 157 qui en 1994, avait expliqué la différence entre les différentes dépenses, laquelle conditionnait leur déductibilité fiscale. Ainsi : « pour trancher le caractère d'immobilisation ou de frais généraux d'une dépense, trois critères principaux ont été dégagés par une jurisprudence constante. Sont ainsi exclues des charges déductibles des résultats en vue de la détermination du bénéfice imposable : les dépenses qui ont, en fait, pour résultat l'entrée d'un nouvel élément dans l'actif immobilisé, les dépenses qui entraînent normalement une augmentation de la valeur pour laquelle un élément de l'actif immobilisé figure au bilan ; les dépenses qui ont pour effet de prolonger d'une manière notable la durée probable d'utilisation d'un élément de cette nature ».

1273 Revue Fiduciaire comptable, « Divergences du référentiel IFRS avec les règles fiscales », *Revue Fiduciaire comptable*, juin 2005, n° 318, p. 61.

exercice ou les quatre exercices ou périodes d'imposition suivants, l'entreprise pouvant renoncer à cet étalement lorsque le montant de la majoration ou de la minoration n'excède pas 150.000 euros[1274] ». L'administration fiscale confirme ainsi sa volonté de stabiliser l'assiette de l'impôt sur les sociétés du fait de l'influence des normes comptables internationales. Une fois de plus, les conséquences des normes comptables internationales sur le droit fiscal se limitent à des changements terminologiques : désormais on opère une distinction entre les dépenses de première catégorie et les dépenses de seconde catégorie aussi bien en comptabilité qu'en fiscalité.

397. Enfin, s'agissant des provisions pour risques et charges, Yohann Benard, Maître des requêtes au Conseil d'Etat, faisait remarquer que « la réglementation comptable relative aux provisions pour risques et charges a subi de profondes modifications dans le cadre du processus de convergence avec la norme internationale IAS 37 relative aux « provisions, passifs éventuels et actifs éventuels[1275] ». Selon l'auteur, « par un avis du 13 octobre 2004, le comité d'urgence du CNC s'est prononcé sur la portée de cette nouvelle réglementation en matière de comptabilisation des droits à réduction ou avantages en nature accordés par les entreprises à leurs clients. Il a estimé que ces droits doivent, en principe, faire l'objet d'une provision attachée à la vente initiale, dès lors qu'il existe une obligation à l'égard d'un tiers à la date de clôture de l'exercice au cours duquel cette vente a eu lieu, que cette obligation entraînera une sortie de ressources sans contrepartie au moins équivalente, et que cette sortie de ressources peut faire l'objet d'une estimation fiable. Le comité d'urgence du CNC a donc pris le parti inverse de celui du juge de l'impôt, estimant que les provisions doivent être constatées au titre de l'achat initial, auquel est attaché le coupon de réduction ou le support promotionnel, et non à l'occasion du second achat, c'est-à-dire de l'utilisation du coupon[1276] ». Delesalle avait résumé le conflit opposant les normes IFRS à la fiscalité sur la question des provisions en expliquant que les « provisions réglementées » n'étaient pas admises en comptabilité. Ces provisions réglementées ne correspondent pas à des risques économiques et

---

[1274] Revue Fiduciaire comptable, « Divergences du référentiel IFRS avec les règles fiscales », *Revue Fiduciaire comptable*, juin 2005, n° 318, p. 64 et article 237 septies du CGI. Selon les rédacteurs de la Revue Fiduciaire comptable, « l'administration ne devrait pas admettre la déduction fiscale des amortissements calculés sur les composants « gros entretien ou grandes révisions » (seconde catégorie). Les provisions demeureraient, en revanche, déductibles sous certaines conditions ».

[1275] Y. Benard, Marketing, détergents et provisions : le CNC lave-t-il plus blanc?, concl. Sous CE, 2 juin 2006, n° 269997 et n° 269998, Sté Lever Fabergé France et Sté Unilever France, *RJF* 2006 - août / septembre.

[1276] Y. Benard, Marketing, détergents et provisions : le CNC lave-t-il plus blanc?, concl. Sous CE, 2 juin 2006, n° 269997 et n° 269998, Sté Lever Fabergé France et Sté Unilever France, *RJF* 2006 - août / septembre.

sont liées à des avantages fiscaux temporaires. Pourtant, comme l'explique Delesalle, le défaut de comptabilisation de telles provisions vaut renoncement à l'application du régime de faveur (par exemple, en matière d'amortissements dérogatoires, de provisions pour hausse de prix)[1277].

Conclusion du Titre 1 de la deuxième partie

398. L'influence des normes comptables internationales s'arrête là où commence la stabilité de l'assiette fiscale. Le cadre fiscal des normes comptables internationales concerne 6 règlements et la norme IAS 12[1278]. Les 6 règlements n'intéressent pas directement la matière fiscale. Certains d'entre eux ont traits à la tenue des comptes consolidés[1279]. A ce jour, la stratégie de convergence du Plan comptable général vers les normes comptables internationales a conduit à l'adoption de 4 règlements. Le premier est le règlement 2000-06 sur les passifs, le deuxième est le règlement 2002-10, sur les amortissements et la dépréciation des actifs, le troisième est le règlement 2004-01 sur les fusions et opérations assimilées et enfin le dernier est le règlement 2004-06 relatif à la définition, la comptabilisation et l'évaluation des actifs. Pour chacun de ces règlements, il conviendra d'envisager l'impact fiscal des normes comptables internationales.

399. En les regroupant, on peut constater qu'il s'agit des règlements relatifs aux deux parties du bilan (le règlement sur les passifs, le règlement sur les amortissements et les dépréciations des actifs et le règlement sur la comptabilisation et l'évaluation des actifs) et du seul règlement externe aux deux parties du bilan, qui est le règlement sur les fusions et opérations assimilées. Ce règlement concerne d'avantage les opérations intervenant entre sociétés (fusions et opérations assimilées) que les opérations intervenant au sein d'une même société (les opérations ayant trait à l'actif et au passif).

400. En délimitant le champ d'investigation, il est intéressant de noter que l'influence des normes comptables internationales sur le droit fiscal s'arrête là où commence l'assiette fiscale pour ce qui est du droit interne. Le

---

[1277] E. Delesalle, « L'utilisation des normes comptables internationales », *Lamy Optimisation Fiscale de l'Entreprise* 2006, Etude n°405.

[1278] R. Obert, *Les normes comptables internationales de comptabilité et d'information financière*, Dunod 2009.

[1279] Voir en ce sens R. Obert, *Les normes comptables internationales de comptabilité et d'information financière*, Dunod 2009.

champ d'investigation en France concerne 6 règlements qui ont été adoptés dans le cadre de la stratégie de convergence vers les normes comptables internationales. Pour ces six règlements, l'influence des normes IFRS s'est limitée à une modification de notions[1280] (la nouvelle définition des actifs par exemple), à une atteinte de certains principes fiscaux (le risque de double taxation ou l'empiétement d'un décret comptable sur le domaine du législateur fiscal) mais jamais à une modification de l'assiette d'imposition pour éviter d'engendrer des conséquences fiscales sur la base d'imposition. Ceci a pour conséquence, au plan national, de maintenir un lien de connexité entre les disciplines comptables et fiscales au risque de maintenir la pollution fiscale dans les comptes consolidés.

401. Au plan international, c'est la norme IAS 12 qui traite des questions fiscales. Elles ont trait aux impôts différés actifs et passifs. La conclusion sur l'incidence fiscale de la norme IAS 12 offerte par les auteurs Wolfgang Dick et Franck Missonier-Piera est très intéressante en ce qu'ils rappellent que l'impôt sur les sociétés est calculé à partir d'une base qui n'est pas le résultat comptable proprement dit, mais le résultat fiscal, qui découle lui-même du résultat comptable. Ils rappellent, en effet, qu'il s'agit des retraitements extracomptables, destinés à réintégrer une charge comptable déduite mais non fiscalement déductible ou à déduire une charge comptable, non enregistrée, mais fiscalement éligible au bénéfice de la déduction[1281].

402. Paillisser explique dans le propos introductif de sa thèse que la relation entre comptabilité et fiscalité, dans les pays connaissant l'alignement comme la France, est dictée par la fiscalité. Celle-ci se sert de la comptabilité comme base de calcul de l'assiette fiscale. Il en est ainsi de l'impôt sur les sociétés ou encore des bases des cotisations sociales[1282]. C'est donc aux règles comptables d'établir les modalités de calcul de l'impôt. La fiscalité s'aligne ici sur les règles comptables, subissant, de fait, l'influence de la comptabilité. Mais lorsque la comptabilité exerce une telle influence, ce n'est qu'aussi longtemps que le permet la fiscalité[1283]. Il en est ainsi en

---

[1280] Règlement CRC sur les fusions et opérations assimilées. Lors du contentieux lié à l'arrêt Sofinad, le commissaire du gouvernement, Laurent Vallée avait souligné que le règlement comptable risquait d'entraîner une double taxation pour les particuliers et d'empiéter sur le champ du législateur fiscal concernant l'établissement de l'assiette de l'impôt sur les sociétés. Ce domaine est pourtant réservé à la compétence du législateur fiscal ; C.E., sas Sofinad, *op. cit.*

[1281] W. Dick et F. Missonier-Piera, *Comptabilité financière en IFRS*, Pearson Education, 2006, p. 223.

[1282] Ces exemples on été fournis par H. Paillisser lui-même : H. Paillisser, *op. cit.*

[1283] Il peut au demeurant paraître redondant de l'affirmer. C'est de la nature de la relation entre comptabilité et fiscalité elle-même que découle cette règle. Rappelons en effet que conformément à l'article 38 quater de l'annexe III au Code général des Impôts, les entreprises doivent respecter les règles édictées par le Plan comptable général pour l'établissement de l'assiette de l'impôt sur les sociétés, sauf si elles sont contraires aux dispositions édictées par matière de traitement de l'impact fiscal des normes comptables internationales. Lorsque les normes comptables internationales engendrent des incidences fiscales ingérables pour les entreprises, elles sont tout simplement écartées. La nouvelle définition de l'actif, considérée comme un élément du patrimoine ayant une valeur économique positive que l'entité contrôle du fait d'événements passés et dont elle attend des avantages économiques futurs en est une parfaite illustration. La nouvelle définition des actifs ainsi posée par le règlement CRC n°2004-06 du 23 novembre 2004 a conduit l'administration fiscale à exclure les contrats de location financement qui pourraient se retrouver inscrits à l'actif du fait de l'application des normes comptables internationales. Selon Jacques Richard[1284], ces contrats ont été écartés pour permettre aux entreprises, notamment aux entreprises françaises dont l'activité principale est le crédit-bail de gérer la transition vers les normes comptables internationales[1285]. Pour certaines d'entre elles, le passage aux normes comptables internationales aurait signifié un enregistrement à l'actif des contrats de location-financement, ce qui se serait traduit par des coûts fiscaux supplémentaires. Nous pensons, outre les difficultés fiscales pour les entreprises, que le passage brutal aux normes comptables internationales se serait traduit par une instabilité de l'assiette de l'impôt sur les sociétés, engendrant par la même occasion des difficultés de prévisibilité des dépenses budgétaires de l'Etat[1286].

---

le Plan comptable général. Cependant, à la suite des propos du professeur Blanluet, reprenant les conclusions du commissaire du gouvernement Bissara, la question se pose de savoir si les prescriptions comptables s'appliquent obligatoirement en matière fiscale ? Le principe de prudence et de sincérité qui fonde l'obligation de constater comptablement les provisions existe-t-il en fiscalité de sorte à obliger les entreprises à passer fiscalement ces mêmes provisions ? La réponse est négative. En effet, l'obligation fiscale de constater les provisions ne résulte pas de l'application des principes comptables en fiscalité, comme celui de la prudence ou de la sincérité. De tels principes n'existent pas en fiscalité. G. Blanluet, « Du nouveau sur les provisions comptables non déduites fiscalement », *FR* 16/11 inf. 6 p. 11.

1284 J. Richard, C. Colette, *Les systèmes comptables français et anglo-saxons – Normes IAS*, 8e édition, Paris, Dunod, 2009.

1285 Le rapport d'étape du groupe IAS/fiscalité présenté par Villemot détaille ainsi les raisons qui ont poussé à écarter l'application du nouveau règlement au contrat de location financement. Selon ce dernier, « tous les contrats de location au sens d'IAS 17, incluant les contrats de licence de marque ou de brevet, sont exclus du champ d'application des nouveaux textes. Cela évitera donc de leur appliquer le principe de la prédominance de la substance sur la forme (*substance over form*) et de continuer à leur appliquer la jurisprudence du Conseil d'État résultant de l'arrêt SA Sife (CE, 21 août 1996, n° 154488 : *Droit Fiscal* 1996, n° 50, comm. 1482, concl. J. Arrighi de Casanova), qui exige pour immobiliser les redevances ou les loyers versés que le contrat de location ou de licence soit cessible ».

1286 Ce qui engendre une autre question, celle de savoir si les règles comptables doivent être laissées aux politiques, pour reprendre les propos de D. Ledouble, « Les règles comptables doivent-elles être laissées aux politiques », *Revue Française de Comptabilité*, Numéro spécial doctrine comptable, n°427, décembre 2009, p. 72.

Titre 2 : L'influence formelle des normes comptables internationales sur le droit fiscal

403. L'influence formelle de la comptabilité sur la fiscalité fait appel au problème de la normalisation législative[1287]. Il s'agit de s'intéresser aux principes qui guident l'élaboration de la règle fiscale et qui sont remis en cause par l'introduction des normes comptables internationales[1288]. D'abord, dans les pays anglo-saxons, la comptabilité et la fiscalité ne sont pas liés[1289]. En France, du fait de l'avènement des normes comptables internationales, il existe un risque que les relations entre comptabilité et fiscalité ne soient plus liées[1290]. La doctrine y a vu l'influence anglo-saxonne[1291] de la pratique de la relation entre comptabilité et fiscalité[1292]. Ensuite, il est intéressant de noter qu'en droit interne, la procédure d'adoption d'une loi suit des étapes

[1287] B. Pierre, « Les principes généraux du droit et la hiérarchie des normes, L'architecture du droit », *in Mélanges en l'honneur de Michel Troper*, Paris : Economica, 2006, p. 207-221 ; F. Granet, « Perturbations dans la hiérarchie des normes juridiques », *Mélanges Catala Pierre,* Paris, Litec, 2001. S. Poillot-Peruzzeto, « L'autonomie de la volonté dans la recherche de l'unité et de la diversité des normes, un instrument de la construction communautaire, dans Le droit à la mesure de l'homme » : *Mélanges en l'honneur de Philippe Leger,* Paris, Editions A. PEDONE, 2006. R. Ricol, « Vers une normalisation comptable internationale, condition de la transparence de l'information financière », *Mélanges Bezard Pierre*, Montchrestien, 2002 ; M.-Ch. Bergeres, « Un principe à valeur constitutionnelle paradoxalement ignoré du droit fiscal : l'intelligibilité de la loi : la constitution et les valeurs », *Mélanges en l'honneur de Dimitri Georges Lavroff*, Paris, Dalloz, 2005.

[1288] Selon Rossignol, « une enquête de PriceWaterhouse conduite fin 2000 auprès de plus de 700 directeurs financiers d'entreprises cotées dans plus de 16 pays européens (in Bulletin comptable et financier, novembre 2000, éd. Francis Lefebvre, p. 13-32) pourrait être analysée comme le signe annonciateur de la rupture du mariage contracté sous le régime de la communauté réduite aux acquêts qui lie comptabilité et fiscalité en France. Les résultats de cette enquête sembleraient apparaître comme les signes avant-coureurs d'un changement majeur de ces relations, voire d'un divorce aux torts partagés. En effet, 39 % des sociétés cotées françaises seraient favorables à l'application dérogatoire des normes I.A.S. dans leurs comptes individuels et 67 % à une application optionnelle. Cette position laisserait à penser que ces entreprises souhaiteraient plus volontiers déconnecter leur résultat comptable de leur résultat fiscal que déconnecter leurs comptes individuels de leurs comptes consolidés dont elles sont toutes dotées » : J.-L. Rossignol, « Comptabilité et fiscalité au XXIe siècle : quels liens ?», *Les Petites Affiches*, 02 mars 2001, n° 44, p. 4.

[1289] D. Cormier, *Comptabilité anglo-saxonne et internationale*, Economica, 2e édition, 2007, 552 p. ; P. Walton, *La comptabilité anglo-saxonne*, 3e édition, La Découverte, 2007.

[1290] P. Dibout, « Le bilan d'une crise », *Les Petites Affiches,* 8 septembre 2005, n°179 p .45.

[1291] Cette influence anglo-saxonne se traduit dans plusieurs domaines du droit : M. A. Frison-Roche, « Comment créer un espace juridique européen compétitif face à la puissance anglo-saxonne », *Les Petites Affiches*, 13 juillet 2000, n° 139, p. 26.

[1292] M. Taly, B. Lebrun, « Incidences des normes IFRS, réaction à l'article de Dominique Villemot », *Droit Fiscal* 2003, n°50, étude n°46, p. 1585 à 1587 ; D. Ledouble, « la comptabilité est-elle encore ‘‘ l'algèbre du droit'' » ? *Les Petites Affiches*, 8 septembre 2005, n°179, p. 16.

clairement définies. Compin fait remarquer que la procédure d'adoption des normes comptables internationales est inversée lorsqu'on la compare avec la procédure d'adoption des lois organiques en droit interne[1293]. Un troisième élément est la présence renforcée de la comptabilité financière dans les comptes sociaux. La comptabilité financière étant influencée par les règles de marché, ces règles de marché influencent à leur tour le droit fiscal. Dans la hiérarchie des normes, c'est la norme supérieure qui dicte ses règles à la norme inférieure. Avec l'avènement des normes comptables internationales, les règles de marché apportent au droit fiscal de nouvelles définitions. Une théorie de l'inversion de la hiérarchie des normes peut être menée sur le plan de l'analyse substantielle. Enfin, les entreprises disposent de la possibilité d'utilisation du référentiel comptable international dans les comptes sociaux. Le choix entre plusieurs référentiels peut entraîner une rupture du principe de neutralité fiscale pour les entreprises qui n'auront pas la possibilité d'alterner entre les différents types de référentiels. Le risque d'une remise en cause du mode de fonctionnement du droit fiscal apparaît alors **(Chapitre 1)**.

404. Deux types de relations entre comptabilité et fiscalité pourraient être envisageables pour l'avenir : une relation de connexion ou une relation de déconnexion. Entre les deux schémas, la doctrine est unanime pour reconnaître que la déconnexion engendrerait une complexité réelle pour les normes comptables internationales[1294], mais qu'un tel schéma permettrait à la comptabilité nationale de s'adapter et de suivre les règles de la comptabilité internationale. Avec l'adaptation de la comptabilité nationale aux règles internationales, les normes IFRS feront évoluer la fiscalité, du fait du lien entre les deux disciplines[1295]. L'immobilier est un exemple d'étude intéressant de par la taxation de l'accroissement de l'actif net lié à l'utilisation de la juste valeur. Une entreprise imposable est une entreprise génératrice de recettes budgétaires pour l'Etat, or l'utilisation de la juste valeur produit cet effet mais demeure inadéquat pour la stabilité des recettes budgétaires[1296]. Alors, à l'heure de la financiarisation de l'économie, les normes comptables internationales font-elles bon ménage avec la fiscalité ?

[1293] F. Compin, *op. cit.*

[1294] M. Taly, B. Lebrun, « Incidences des normes IFRS, réaction à l'article de Dominique Villemot », *Droit Fiscal* 2003, n°50, étude n°46, p. 1585 à 1587.

[1295] L'objectif étant alors d'utiliser la norme IFRS pour PME comme support de calcul de l'assiette fiscale et mode d'harmonisation des différentes fiscalités des pays de l'Union Européenne. Pour une analyse de la norme IFRS pour PME, voir I. Vilardell, « Le plan comptable espagnol pour les PME et la norme IFRS pour PME », *Revue Française de Comptabilité*, n°436, octobre 2010, p. 35 ; O. Barbe, L. Didelot, « Comptes individuels en norme IFRS pour PME : réalisme ou utopie ? », *Revue Française de Comptabilité*, n°430, mars 2010, p. 32.

[1296] P. Durand, « Les comptes consolidés rapprocheront-ils les comptes sociaux et la fiscalité ? », *Revue administrative*, n°308, p. 169.

La crise financière a-t-elle permis de réconcilier les normes IFRS et la fiscalité ? Pendant que la communauté internationale s'interroge, le droit comptable interne fait son retard sur le droit fiscal. L'application des normes comptables internationales s'avère plus salutaire à la relation entre comptabilité et fiscalité que l'on ne s'y attendait. Quelques pistes de réflexions peuvent être lancées en ce sens. La consolidation vise à retraiter des comptes consolidés, l'ensemble des éléments fiscaux pour permettre aux investisseurs de tenir le raisonnement économique le plus pur. Même si les comptes consolidés et les comptes sociaux n'ont pas la même fonction, les comptes consolidés apportent des éléments de réponse sur la façon de gérer les conflits entre la comptabilité et la fiscalité[1297]. D'ailleurs, ce mode de gestion que l'on retrouve principalement dans le droit comptable international influence le droit comptable interne qui s'émancipe progressivement de la tutelle de la fiscalité. Ceci a pour conséquence, non seulement de le rendre meilleur, mais de lui permettre d'avoir des éléments de réponse contre l'influence du droit fiscal. Désormais, le droit comptable influence le droit fiscal, grâce à la création de nouvelles autorités comptables chargées de questions fiscales. Cette influence se traduit aussi en jurisprudence et permet dès lors de dégager une nouvelle tendance : celle d'un droit fiscal de plus en plus dépendant du droit comptable **(Chapitre 2)**.

[1297] H. Stolowy, « Comptabilité créative », *Encyclopédie de la comptabilité, du contrôle de gestion et de l'audit*, n° 59, Economica, 2e édition, 2009.

Chapitre 1 : L'influence sur la mise en œuvre du droit fiscal

405. Le droit fiscal fonctionne différemment du fait de l'introduction des normes comptables internationales. Patrick Dibout, clôturant le colloque organisé par l'Université Paris Dauphine sur l'impact des normes comptables internationales évoque « le bilan d'une crise[1298] ». Il est rejoint en ce sens par plusieurs auteurs, tous unanimes pour reconnaître la révolution fiscale, présente ou latente, liée à l'avènement des normes comptables internationales[1299]. Cependant, force est de constater que le terme est utilisé au conditionnel : les normes comptables internationales auraient entrainé une révolution si l'intégralité du référentiel comptable international était transposé[1300]. Seuls les quatre règlements susmentionnés ont été transposés. A eux seuls, ces règlements provoquent pourtant à la fois des conséquences théoriques et pratiques. Le remous suscité par leur introduction au sein du droit fiscal a mérité qu'une étude sur les conséquences induites sur la mise en œuvre du droit fiscal soit entamée. Que penser, en effet, de propositions nées de « quatorze sachant, installés à Londres et nommés par des Trustees, installés dans l'Etat du Delaware, aux Etats-Unis, ne représentant qu'eux-mêmes et opérant leur propre renouvellement » pour reprendre l'interrogation de Delesalle et Rossignol ? On se dirigerait en effet vers une véritable révolution car la base de l'assiette de l'impôt sur les sociétés, comme le souligne à juste titre l'auteur, serait déterminée par l'IASB. Même si l'IASB n'a pas encore le pouvoir de déterminer la base de l'assiette de l'impôt sur les sociétés, ses règles influencent le droit fiscal, ce qui pose le problème de la constitutionnalité des normes comptables internationales **(Section 1)**. Il est tout aussi intéressant de constater que plusieurs principes du droit fiscal ont été remis en cause par l'introduction des normes comptables internationales. Outre la concurrence apportée au législateur fiscal dans la conception de la règle fiscale, les normes comptables internationales rivalisent avec l'administration fiscale pour savoir qui sera le destinataire privilégié des états financiers. Les principes de la comptabilité financière vont plus loin en instaurant une incompatibilité avec les principes budgétaires comme celui de la stabilité de l'assiette de l'impôt sur les sociétés ou encore celui de la

---

1298 P. Dibout, « Le bilan d'une crise », *Les Petites Affiches,* 8 septembre 2005, n°179 p. 45.

1299 Voir, à tire indicatif mais non exhaustif, le rapport d'étape du groupe IAS/fiscalité : D. Villemot : « Présentation du rapport d'étape du groupe IAS/fiscalité », *Droit Fiscal* 2005, n° 17, étude n°19, p. 765 à 771.

1300 E. Delesalle, « Fiscalité et normes comptables internationales », *Bulletin Fiscal Francis Lefebvre*, avril 2003 ; D. Villemot, « Présentation du rapport d'étape du groupe IAS/fiscalité », *Droit Fiscal* 2005, n° 17, étude n°19, p. 765 à 771.

neutralité fiscale. Les normes comptables internationales contribuent ainsi à la fragilisation des principes fiscaux **(Section 2)**.

Section 1 : La remise en cause de la souveraineté fiscale et de la supériorité des lois fiscales face aux lois comptables

406. Aux termes de l'article 34 de la constitution : le législateur fiscal détermine l'assiette de l'impôt sur les sociétés[1301]. L'assiette de l'impôt sur les sociétés est constituée par « l'ensemble des règles appliquées ou des opérations effectuées pour établir l'existence et le montant des éléments qui doivent être soumis à l'impôt (bénéfice, chiffre d'affaires, valeur vénale, valeur locative, revenu)[1302] ». Le terme est aussi utilisé pour désigner la base de l'impôt sur les sociétés et en ce sens on pourrait se demander si le fait pour un organisme comptable de déterminer les règles applicables pour l'assiette de l'impôt sur les sociétés n'est pas une violation de l'article 34 de la constitution **(Paragraphe 1)** ? Et même, qui, de la règle fiscale ou de la règle comptable est hiérarchiquement supérieure ? Le point mérite d'être souligné car dans les textes, les lois (fiscales) ont une valeur hiérarchique supérieure aux règlements[1303]. Or, depuis l'introduction des normes comptables internationales, plusieurs lois fiscales ont été modifiées pour les adapter à la nouvelle règlementation comptable. Plusieurs auteurs y ont vu une inversion de la hiérarchie des normes[1304]. Mais il s'agit d'exceptions. Cette théorie doit être suivie de très près car il est de plus en plus question de supprimer le droit comptable présent dans le Code de Commerce pour permettre une plus grande transposition des normes comptables internationales dans le droit comptable. Or ces normes sont transposées par voie de décret. Le risque existe donc que le législateur soit obligé de supprimer la loi pour permettre l'existence de décrets ou de règlements comptables. Si un tel projet aboutit, il y a un risque de remise en cause de la

[1301] Damarey rappelle en effet que « le Conseil Constitutionnel a explicitement rappelé cette compétence CC- 30 décembre 1981, Loi de finances pour 1982, 133 DC : « il appartient au législateur fiscal de déterminer, dans le respect des principes constitutionnels et compte tenu des caractéristiques de chaque impôt, les règles selon lesquelles doivent être appréciées les facultés contributives des redevables » : S. Damarey, *Termes de Finances Publiques*, Gualino 2006, p. 64.

[1302] A. Barilari, R. Drape, *Lexique Fiscal*, Dalloz 1987, p. 11.

[1303] Pour une synthèse de la question, V. Cl. Lopater, et PriceWaterhouseCoopers. *Mémento expert Francis Lefebvre*. Levallois Perret : Éd. Francis Lefebvre, 2009.

[1304] P. Dibout, « Le bilan d'une crise », *Les Petites Affiches*, 8 septembre 2005, n°179, p. 45.

supériorité des règles fiscales par rapport aux règles comptables **(Paragraphe 2)**.

Paragraphe 1 : La remise en cause de la souveraineté du législateur fiscal : le problème de l'article 34 la constitution

407. Avec l'introduction des normes comptables internationales, le juge fiscal s'est prononcé sur la conformité des normes comptables internationales par rapport à la constitution et particulièrement, à l'article 34 de la constitution qui réserve à la seule compétence du législateur fiscal la possibilité d'élaborer des normes[1305]. La question de l'articulation entre le pouvoir de l'IASB d'élaborer les normes et le respect de la compétence exclusive du législateur fiscal en matière d'élaboration des normes se pose alors. Dès lors, il est intéressant de mettre en lumière cette analyse avec l'arrêt rendu en 2005 par le Conseil d'Etat : l'arrêt Sofinad[1306]. La requérante, la SAS Sofinad, avait introduit un recours pour excès de pouvoir contre le règlement CRC 2004-01 relatif aux fusions au motif que ce règlement excédait le cadre de ses compétences en entrainant des conséquences fiscales. Au soutien de ses prétentions, elle avait invoqué l'article 34 de la constitution selon lequel il revenait au législateur fiscal, le soin d'élaborer les règles relatives à l'assiette de l'impôt sur les sociétés[1307].

408. Or, le nouveau règlement sur les fusions, portant transposition des normes comptables internationales, empiétait sur le champ de compétence du législateur fiscal[1308]. En effet, il privait les contribuables de la possibilité de bénéficier de choix fiscaux, leur permettant de réduire le montant de l'impôt sur les sociétés, en réformant les règles de valorisation des actifs, en cas d'apport[1309]. La requérante fût déboutée par le Conseil d'Etat qui avait rappelé l'irrecevabilité du recours pour excès de pouvoir car le nouveau

---

1305 CE, 8 juin 2005, n° 270967, 9e et 10e s.-s., SAS Sofinad, concl. L. Vallee, *BDCF* 2005, n°885, août-septembre.

1306 CE, 8 juin 2005, n° 270967, 9e et 10e s.-s., SAS Sofinad, concl. L.Vallee, *BDCF* 2005, n°885, août-septembre.

1307 Article 34 de la Constitution.

1308 Voir D. Villemot, « La nouvelle instruction fiscale sur le régime des fusions », *Droit Fiscal*, n°4, 26 janvier 2006, p. 3 ; E. Tort, « Evolutions du traitement comptable et fiscal des fusions », *Revue Française de Comptabilité*, n°389, juin 2006, p. 23 ; P. Simons, « Fusions : détermination du mali technique », *Revue Fiduciaire comptable*, juillet-août 2007, n° 341, p. 11.

1309 P. Simons, « Fusions de sociétés contrôlées par une même personne physique», *Revue Fiduciaire comptable*, septembre 2005, n° 320, p. 08.

règlement ne modifie ni ne crée de nouvelles lois fiscales[1310]. Sous la question de la hiérarchie des normes et de la théorie de Hans Kelsen, il est intéressant de souligner que le juge procède à un contrôle de constitutionnalité du règlement sur les fusions. Ce contrôle devait s'apprécier au regard de l'article 34 de la constitution.

409. La question qu'il y avait lieu de se poser était celle de savoir si un règlement, adopté par le comité de la règlementation comptable et émanant d'un organisme comptable privé international (IASB) violait les dispositions de l'article 34 de la constitution, en ayant, de façon incidente, des conséquences en fiscalité ? A cette question, le Conseil d'Etat a répondu par la négative en rappelant que le nouveau règlement ne créait ni ne modifiait les dispositions fiscales. La réponse ne nous semble pas satisfaisante. En revanche, les conclusions du commissaire de gouvernement sont suffisamment précises[1311]. La circonstance que le règlement ne créait pas ou ne modifiait pas les dispositions fiscales n'est pas pertinente pour apprécier l'inconstitutionnalité ou pas du règlement. A titre d'illustration, il faut citer l'article 38 quater de l'annexe III au Code général des Impôts qui rappelle que c'est à la comptabilité de créer les règles applicables pour l'établissement de l'assiette de l'impôt sur les sociétés[1312]. C'est donc en vertu d'un texte de loi que la « compétence fiscale » du Comité de la Règlementation comptable a été établie[1313]. Il n'y a donc pas, à proprement parler, d'inconstitutionnalité.

410. En somme, l'article 34 de la constitution confère au législateur fiscal, le soin d'édicter les règles applicables à l'assiette de l'impôt sur les sociétés. Le législateur fiscal, à travers l'article 38 quater de l'annexe III au Code général des Impôts, « délègue » le soin d'élaborer les règles relatives à l'assiette de l'impôt sur les sociétés, à la comptabilité[1314]. Enfin, les autorités comptables délèguent une partie de cette compétence à un organisme comptable privé, nommé l'IASB[1315]. Cette « délégation de compétence» est liée à la volonté de moderniser le Plan comptable général par les autorités comptables. Il n'y a donc pas d'inversion de la hiérarchie des normes. Les

---

[1310] CE, 8 juin 2005, n° 270967, 9e et 10e s.-s., SAS Sofinad, concl. L.Vallée, *BDCF* 2005, n°885, août-septembre.

[1311] CE, 8 juin 2005, n° 270967, 9e et 10e s.-s., SAS Sofinad, concl. L.Vallee, *BDCF* 2005, n°885, août-septembre.

[1312] M. Cozian, A. Lechenet, « La distinction des immobilisations, des stocks et des frais généraux » (1e Partie), *Les Petites Affiches*, 05 janvier 1994, n° 2.

[1313] En l'occurrence, l'article 38 quater de l'annexe III au Code général des Impôts édicte l'obligation pour les entreprises de respecter les définitions du Plan comptable général, lesquelles sont établies par les autorités comptables.

[1314] Article 38 quater de l'annexe III au Code général des Impôts.

[1315] R. Teller, Ch. Hoarau, « IFRS : les normes comptables du nouvel ordre économique global ? », *Revue Comptabilité Contrôle Audit*, Numéro Spécial, décembre 2007, p. 3.

normes comptables internationales adoptées par le Comité de la Réglementation comptable respectent la procédure d'adoption des lois. Les modifications qu'elles sont susceptibles d'engendrer en fiscalité ne sont permises que dans le cadre de textes de lois, clairement définis[1316].

411. Le rôle de la CJUE en matière fiscale est rarement dénoncé. Pourtant, à l'image de l'IASB, la CJUE intervient en matière fiscale[1317]. Le droit fiscal communautaire dépend de plus en plus de la Cour de Justice de l'Union Européenne. Or, cette cour est appelée à veiller à l'application du référentiel comptable international. Il y a donc de grandes chances de voir le juge de l'Union Européenne connaître des litiges relatifs à l'application du référentiel comptable. C'est sur le plan des libertés communautaires que la CJUE devra jouer pour harmoniser la fiscalité. Manesme remarquait à ce sujet qu' : « en droit fiscal, l'effort d'harmonisation a été principalement pris en charge par le juge communautaire au visa des grandes libertés imposées par le traité de l'Union (liberté d'établissement, liberté de circulation des personnes et des capitaux, liberté de prestation de services)[1318] ». La présence du référentiel IFRS pourrait servir de textes de lois applicables par le juge communautaire et extensible aux normes IFRS car en matière fiscale, légiférer au niveau de l'Union Européenne requiert le consensus de l'ensemble des Etats[1319]. En effet, « le pouvoir régalien, indispensable pour assurer le fonctionnement de l'Etat, passe, sous couvert de la représentation nationale, par le consentement annuel du citoyen à l'impôt prévu par les articles 6, 13 et 14 de la Constitution », comme le fait remarquer Manesme[1320]. Mais du fait de la technicité des textes, ces derniers sont préparés par la direction de la législation fiscale et « présentés à la souveraineté nationale[1321] ». Pointant ainsi du doigt le rôle crucial de l'administration fiscale dans la conception des textes de lois, leur interprétation, Manesme avance qu' « il ne devrait pas y avoir d'autres

---

1316 Comme l'atteste l'instruction fiscale du 30 décembre 2005.

1317 O. Fouquet considère pourtant que la CJCE devenue CJUE a joué un rôle négatif sur la loi fiscale, en la rendant plus complexe avec l'apparition de nouvelles contraintes qu'elle lui a imposé : O. Fouquet, « Complexité et instabilité de la loi fiscale », *Regards critiques et perspectives sur le droit et la fiscalité*, Liber Amicorum Cyrille David, LGDJ 2005, p. 3.

1318 G. A. Manesme, « La doctrine administrative défavorable peut-elle donner lieu à restitution de l'indu », *Ecrits de Fiscalité des Entreprises, Etudes à la mémoire du professeur Maurice Cozian*, LexisNexis 2009, p. 22.

1319 G. A. Manesme, « La doctrine administrative défavorable peut-elle donner lieu à restitution de l'indu », *Ecrits de Fiscalité des Entreprises, Etudes à la mémoire du professeur Maurice Cozian*, LexisNexis 2009, p. 22.

1320 G. A. Manesme, « La doctrine administrative défavorable peut-elle donner lieu à restitution de l'indu », *Ecrits de Fiscalité des Entreprises, Etudes à la mémoire du professeur Maurice Cozian*, LexisNexis 2009, p. 22.

1321 G. A. Manesme, « La doctrine administrative défavorable peut-elle donner lieu à restitution de l'indu », *Ecrits de Fiscalité des Entreprises, Etudes à la mémoire du professeur Maurice Cozian*, LexisNexis 2009, p. 22.

interprétations possibles que celles issues des instructions et circulaires émanant de la direction de la législation fiscale au service du contribuable pour l'éclairer de façon impartiale sur l'impôt qu'il a voté et qu'il va payer[1322] ». A en croire les propos de Manesme, le pouvoir exclusif d'interprétation de l'administration fiscale provient soit des textes de lois soit du fait qu'à cause de la technicité de la matière, elle devrait être la seule à agir. Or, si la technicité de la matière fonde le pouvoir de l'administration fiscale à élaborer les textes fiscaux et à les interpréter, c'est au nom de cette même technicité qu'il faudra désormais se tourner vers des instances plus compétentes comme l'Autorité des Normes comptables. Or, cette instance, du fait de la technicité du référentiel comptable international, reste influencée par l'IASB. Au nom de la particularité de ce droit comptable influencé par les normes IFRS et du lien qui unit la fiscalité à la comptabilité, le législateur fiscal devrait accepter des modifications dans la matière fiscale, sans pour autant que sa souveraineté n'ait été atteinte[1323].

412. A défaut de violation de la souveraineté fiscale, l'influence de l'IASB sur la fiscalité prouve que désormais, le droit fiscal se voit confronté à de nouvelles sources. Selon Barilari et Drape[1324], ces sources classiques du droit fiscal s'organisent autour de la constitution à travers la déclaration des droits de l'homme du 26 août 1789 qui pose dans ses articles 13 et 14 le principe d'une contribution commune aux dépenses publiques et de son égale répartition en fonction des facultés de chacun. Les sources du droit fiscal sont aussi contenues dans la loi notamment au travers de l'article 34 de la constitution précité. Enfin viennent la jurisprudence, les instructions administratives, la doctrine expérimentée, les textes législatifs et réglementaires fiscaux contenus dans le Plan comptable général, ainsi que ses annexes. Il semble désormais qu'il faille s'intéresser aux organismes comptables qu'ils soient nationaux ou internationaux, comme source du droit fiscal.

[1322] G.A. Manesme, « La doctrine administrative défavorable peut-elle donner lieu à restitution de l'indu », *Ecrits de Fiscalité des Entreprises, Etudes à la mémoire du professeur Maurice Cozian*, LexisNexis 2009, p. 22.

[1323] Dans l'arrêt Sofinad, il était question de la modification des dispositions fiscales par les règles comptables. Aux termes des conclusions du commissaire du gouvernement : « contrairement à ce que suggère la Sofinad, ce n'est pas parce que le sort fiscal des sociétés est affecté par les nouvelles règles comptables que les règles d'assiette ont été incompétemment réformées par le CRC dans son règlement. Une disposition réglementaire peut modifier l'imposition effectivement due par une entreprise sans que les règles d'assiette aient été, le moins du monde, modifiées. Songez, par exemple, aux cotisations sociales, qui sont déductibles mais dont le taux est compétemment fixé par voie réglementaire ». CE 8 juin 2005 n° 270967, 9e et 10e s.-s., SAS Sofinad, concl. L. Vallee, *BDCF* 2005, n°885, août-septembre.

[1324] A. Barilari, R. Drape, *Lexique Fiscal*, Dalloz 1987, p. 142.

Paragraphe 2 : La remise en cause de la supériorité des règles fiscales par rapport aux règles comptables

413. Deux raisons justifient que l'on s'interroge sur la supériorité des règles fiscales par rapport aux règles comptables. La première fait suite aux interrogations d'une partie de la doctrine sur la possibilité d'inversion de la hiérarchie des normes du fait de l'introduction des normes comptables internationales[1325]. La seconde, c'est que la plupart des ouvrages s'étant intéressés à la comptabilité en normes IFRS consacrent des développements sur la question de la hiérarchie des normes[1326]. La loi de finances rectificative de 2004 a supprimé certaines dispositions fiscales afin de les rendre compatibles avec les normes comptables internationales. Par ailleurs, selon Lassere-Kiessow[1327], Kelsen est le fondateur du contrôle de constitutionnalité : l'exigence de l'unité de l'ordre juridique n'est, en effet, satisfaite que si « le juge peut éliminer de celui-ci, quelle que soit son origine, toute norme déviante par rapport à la hiérarchie normative[1328] ». L'introduction des normes comptables internationales dans le Plan comptable général fournit des exemples d'application où la loi fiscale a été modifiée par la norme inférieure, c'est-à-dire la norme comptable internationale[1329]. Une illustration a été offerte par la loi de finance rectificative pour 2004 qui a « apporté des aménagements au régime fiscal des restructurations, précisément, pour tenir compte des règles qu'il édicte, en supprimant notamment le plafond du II de l'article 209 du CGI », pour reprendre les observations du commissaire du gouvernement Laurent Vallee[1330]. Le site internet du Sénat apporte à ce titre une économie de la mesure[1331]. Il rappelle que : « compte tenu des nouvelles modalités de valorisation des apports, précédemment mentionnées, le a du 1° supprime les cinquième, sixième et septième alinéas du II de l'article 209, précité, relatifs à la prise en compte des déficits de la société absorbée. Comme mentionné précédemment, le droit actuel prévoit que ces déficits sont transférables dans la limite de la plus importante des valeurs suivantes appréciées à la date

---

1325 P. Dibout, « Le bilan d'une crise », *Les Petites Affiches,* 8 septembre 2005, n°179, p. 45.

1326 F. Compin, *op. cit.* ; J. Richard, C. Colette, *Les systèmes comptables français et anglo-saxons – Normes IAS,* 8e édition, Paris, Dunod, 2009.

1327 V. Lasserre-Kiessow, « L'ordre des sources ou le renouvellement des sources du droit », *Recueil Dalloz* 2006, p. 2279.

1328 G. Vedel, « Aspects généraux et théoriques », *in L'unité du droit, Mélanges en hommage à R. Drago*, Economica, 1996, p. 8, cité par V. Lasserre-Kiessow, « L'ordre des sources ou le renouvellement des sources du droit », *Recueil Dalloz* 2006, p. 2279.

1329 http://www.senat.fr/rap/l04-114-2/l04-114-24.html.

1330 CE, 8 juin 2005, n° 270967, 9e et 10e s.-s., SAS Sofinad, concl. L.Vallee, *BDCF* 2005, n°885, août-septembre.

1331 http://www.senat.fr/rap/l04-114-2/l04-114-24.html.

d'effet de l'opération : la valeur brute des éléments de l'actif immobilisé affectés à l'exploitation hors immobilisations financières, ou la valeur d'apport de ces mêmes éléments. Il résulte de cette disposition un déplafonnement du transfert de déficits entre sociétés, susceptible de favoriser les opérations de restructuration des groupes[1332] ». Avant l'introduction des normes comptables internationales, les déficits transférables étaient limités[1333]. Depuis l'introduction des normes comptables internationales, les déficits transférables ne sont plus limités. La mesure a fait l'objet d'un commentaire au Feuillet Rapide qui précise que : « le présent article supprime le lien traditionnel entre la faculté de transfert des déficits subis par la société absorbée et les investissements qu'elle a réalisés. Le transfert des déficits subis par la société absorbée au profit de la société absorbante pourra désormais intervenir sans limitation. Cette disposition a pour objet de tirer les conséquences fiscales de l'évolution des règles comptables issue du règlement précité[1334] ». Outre la question des déficits transférables, la doctrine relève d'autres cas de modifications des normes comptables internationales. Il s'agit, pour reprendre les propos de Benard, maître des requêtes au Conseil d'Etat, de l'« article 39 ter C, qui aligne le traitement fiscal des coûts de démantèlement sur les règles de comptabilisation issues de l'article 5-2 du règlement CRC 2004-06 du 23 novembre 2004, ou de l'article 210 A, qui interdit désormais la déduction du « faux mali», comme en comptabilité[1335] ». Il en est ainsi des dispositions de l'article 15 bis de l'annexe II, qui introduit dans le code une définition fiscale de la notion de composant, et les dispositions des articles 38 quinquies, 38 septies, 38 nonies et 38 undecies de l'annexe III, relevés par Benard et qui visent à permettre l'intégration des coûts financiers dans la valorisation des actifs[1336]. Il s'agit là d'une liste d'exemples attestant d'une remise en cause de la supériorité des règles comptables par rapport aux règles fiscales du fait de l'avènement des normes comptables internationales[1337].

[1332] http://www.senat.fr/rap/l04-114-2/l04-114-24.html.

[1333] D. Ledouble, « Le règlement du CRC sur les fusions : facteur de progrès ou de complexité ? », *Bulletin Joly des Sociétés*, 01 mars 2005, n°3, p. 331.

[1334] FR 60/04 - n° 8 – Entreprises-BIC-IS.

[1335] Y. Benard, « Fiscalité et comptabilité : convergence + connexion = chaos ? », *Revue de Jurisprudence Fiscale*, n° 6, juin 2007, p. 523-528.

[1336] Y. Benard, « Fiscalité et comptabilité : convergence + connexion = chaos ? », *Revue de Jurisprudence Fiscale*, n° 6, juin 2007, p. 523-528.

[1337] L'alignement des règles fiscales sur les règles comptables et vis-versa n'est pas propre aux normes comptables internationales. A certains égards, le droit fiscal s'aligne sur les règles comptables et à d'autres égards, c'est le droit comptable qui s'aligne sur les règles fiscales. Dans l'hypothèse de l'alignement des règles fiscales sur les règles comptables, il n'y a pas de modifications du Code général des Impôts. Les changements s'effectuent sur le tableau 2058. Le règlement sur les fusions a entrainé cependant des modifications sur le droit fiscal.

414. L'essentiel des normes comptables internationales est transposé par voie de règlement dans le Plan comptable général. Or, comme l'expliquait De Bissy, « les normes ainsi édictées ont une valeur juridique inférieure aux textes comptables du Code de Commerce (partie législative, C. Com., art. L123-12 s. et partie réglementaire, C. Com, art. R.123-172 et s.). Ceci explique que le Plan comptable général (...) doit respecter les définitions du Code de Commerce ». Mais De Bissy lui-même reconnait que cette hiérarchie des normes est une gêne pour l'évolution rapide du droit comptable sur le modèle du référentiel comptable international, ce qui a divisé la doctrine sur la question : les uns suggérant purement et simplement la suppression du droit comptable du Code de Commerce[1338], les autres critiquant le choix du référentiel IFRS comme solution de modernisation du droit comptable[1339]. La problématique ainsi posée par De Bissy confirme les propos de Jacques Richard[1340], repris à son tour par Degos et Ouvrard[1341] : du fait de la hiérarchie des normes comptables, l'évolution du référentiel IFRS au sein du droit comptable est fortement ralentie. Ironie du sort que celle qui caractérise la réglementation comptable : alors que la doctrine avait largement critiqué le rôle de la fiscalité dans le faible développement du droit comptable, c'est le droit comptable lui-même qui porte les germes de son « atrophie ». Développé dans les comptes consolidés depuis la décision de l'Union Européenne de recourir aux normes comptables internationales, la progression du droit comptable est ralentie du fait de la hiérarchie des normes qui existe au sein du droit français. Cette situation ravira une partie de la doctrine, notamment celle qui plaide pour un maintien des relations entre comptabilité et fiscalité[1342]. Elle déplaira en revanche à une autre, en particulier celle qui en appelle à une émancipation de la comptabilité face à

[1338] E. Delesalle, « La suppression du décret comptable : une fausse «bonne» idée ? », *Les Petites Affiches*, 16 juin 2004, n° 120, p. 3.

[1339] G. Blanluet, in Fiscalité des entreprises : évolution et perspectives, Actes du colloque tenu au Sénat sur ce thème, 18 juin 2007 : *Droit Fiscal* 2007, n°37, comm. 821, n°2 cité par A. De Bissy, « Plaidoyer en faveur du maintien de la connexion entre comptabilité et fiscalité », *Ecrits de Fiscalité des Entreprises, Etudes à la mémoire du professeur Maurice COZIAN*, LexisNexis 2009, p. 317.

[1340] J. Richard, C. Colette, *Les systèmes comptables français et anglo-saxons– Normes IAS*, 7e édition, Paris, Dunod, 2005.

[1341] J.-G. Degos, S. Ouvrard, « L'influence des normes d'information financière sur la convergence des règles fiscales et comptables françaises », *La Revue du financier*, mai-juin 2007, n°165, p. 32.

[1342] A. De Bissy, « Plaidoyer en faveur du maintien de la connexion entre comptabilité et fiscalité », *Ecrits de Fiscalité des Entreprises, Etudes à la mémoire du professeur Maurice Cozian*, LexisNexis 2009, p. 317.

la « tutelle » de la fiscalité[1343]. Elle démentira, dans tous les cas, l'hypothèse d'une inversion de la hiérarchie des normes[1344].

Section 2 : Les principes fiscaux à l'épreuve des normes comptables internationales

« De cet affrontement des intérêts souvent inconciliables, surgissent des conflits qui forcent les antagonistes à approfondir leurs doctrines et à clarifier les principes dont ils se réclament[1345] »

415. De la normalisation comptable privée à la souveraineté fiscale, l'expansion des normes comptables internationales est de plus en plus grandissante[1346]. Dans cette expansion, il convient de souligner deux éléments. Le premier est relatif à l'atteinte faite aux principes fiscaux et le second, moins intéressant mais tout aussi important a trait à la comptabilité publique de l'Etat et à l'immixtion des normes comptables internationales sur cette comptabilité[1347]. Un propos sommaire sur cette comptabilité

[1343] F. Pasqualini, « Les chances d'une double rupture », *Les Petites Affiches*, 8 septembre 2005, n°179, p. 27.

[1344] Il faut en effet rappeler que la hiérarchie des normes n'a pas été modifiée depuis l'adoption des normes comptables internationales. Cette hiérarchie s'effectue comme suit : Constitution, Traités Ratifiés, Loi (Lois organiques), Ordonnances, Règlements, Décrets, Arrêtés, Circulaires, Jurisprudence, doctrine.

[1345] Ch. Penglaou, cité par J.-L. Rossignol, M. Chadefaux, « Fiscalité et comptabilité », *Encyclopédie de la comptabilité, du contrôle de gestion et de l'audit*, Economica, 2e édition, 2009, n°59, p. 817.

[1346] Hoarau et Teller parlent de « référentiel dogmatique comptable à prétention mondialiste » : R. Teller, Ch. Hoarau, « IFRS : les normes comptables du nouvel ordre économique global ? », *Revue Comptabilité Contrôle Audit*, Numéro Spécial, décembre 2007, p. 3.

[1347] Le phénomène n'est pas nouveau et ne concerne pas que le droit fiscal. La doctrine américaine s'étant intéressée aux règles comptables note elle-même que le droit fiscal n'est pas la seule discipline à faire face à l'immixtion de la normalisation privée dans la sphère de la normalisation publique. Ainsi, selon le professeur J. Basedow: « the reception of private rules into state law has been a well-known occurrence for many years. In international business relations, a prominent example is provided by the so-called Hague Rules on Bills of Lading, an international convention signed at Brussels in 1924. The draft for this convention was prepared by a private institution, the International Law Association, at The Hague, in 1921. It was initially meant to serve as a model to be incorporated by the ship owners into future bills of lading. However, it soon turned out that ship owners did not comply. The Hague draft was therefore transformed into a binding international convention which, in its heyday, governed about eighty percent of the world's shipping", J. Basedow, "Actors: The State's Private Law and the Economy - Commercial Law as an Amalgam of Public and publique est nécessaire avant d'envisager l'étude des principes fiscaux mis à mal par l'introduction des normes comptables internationales.

416. Ainsi Albert et Saidj font remarquer que la nomenclature budgétaire de l'Etat est traditionnellement différente du Plan comptable général car l'objectif est de présenter de manière politique et simplifiée les grandes catégories d'opérations permettant au parlement d'ouvrir les crédits[1348]. Le plan comptable de l'Etat se rapproche du Plan comptable général et des normes comptables internationales lorsqu'il s'agit de budgets annexes et de comptes spéciaux de commerce. Ces auteurs font remarquer que l'influence des normes comptables internationales sur les comptes de l'Etat est la plus marquante. Au titre des changements apportés par les normes comptables internationales, il faut citer, selon les auteurs, la mise en place d'une comptabilité d'exercice selon laquelle « les opérations sont prises en compte au titre de l'exercice auquel elles se rattachent, indépendamment de leur date de paiement ou d'encaissement[1349] ». La notion d'image fidèle, aussi issue des principes comptables, a affecté la comptabilité publique. Le rôle des normes comptables internationales intervient à la fois pour la masse des recettes publiques, c'est-à-dire dans le calcul de l'assiette de l'impôt sur les sociétés et aussi dans les comptes publiques de l'Etat. Dès lors, une réflexion sur les principes fiscaux était nécessaire afin de mesurer ceux qui ont été affectés par les normes comptables internationales. De façon évidente, certains principes sont incompatibles avec l'utilisation des normes comptables internationales. Il s'agit de la juste valeur, même si elle reste partiellement appliquée.

Paragraphe 1 : La remise en cause des principes assurant la stabilité du droit fiscal

417. L'Union Européenne a instauré l'obligation d'utilisation des normes comptables dans les comptes consolidés des sociétés cotées faisant appel public à l'épargne sur un marché de l'union[1350]. En marge de cette obligation, elle a institué la faculté pour les Etats membres qui le souhaitent d'étendre l'utilisation des normes IFRS dans les autres comptes, c'est-à-dire dans les comptes consolidés des sociétés non cotées et dans les comptes

---

Private Rule-Making", Special Symposium Issue: "Beyond The State: Rethinking Private Law": The American Journal of Comparative Law Summer, 2008, 56 Am. J. Comp. L. 711.

[1348] J.-L. Albert, L. Saidj, *Finances publiques*, Dalloz, 6e édition, p. 399, paragraphe 493.

[1349] Article 30 de la loi organique de 2001 cité par Albert et Saidj, *op. cit.*

[1350] Règlement européen n°1606/2002, *op. cit.*

sociaux de l'ensemble des sociétés, qu'elles soient cotées ou non[1351]. Comme le rappelle le rapport d'étape du groupe IAS et Fiscalité[1352], ainsi que Taly et Williencourt[1353], la France a imposé une obligation d'utilisation des normes comptables internationales dans les comptes consolidés des sociétés cotées. Dans les comptes consolidés des sociétés non cotées, les entreprises ont le choix entre l'utilisation du PCG ou l'utilisation des normes comptables internationales[1354]. En revanche, dans les comptes sociaux, la France a interdit leur application[1355]. Les risques que pourrait entraîner l'utilisation de la juste valeur sur les comptes sociaux et, par conséquent, sur la fiscalité, doivent donc être relativisés. Néanmoins, la convergence du Plan comptable général vers les normes comptables internationales a eu pour conséquence une utilisation partielle de la juste valeur. Selon une partie de la doctrine, cette utilisation partielle se traduit par un risque d'instabilité de l'assiette de l'impôt sur les sociétés. Les effets néfastes de la juste valeur doivent cependant être relativisés **(I)**. Le risque d'instabilité de l'assiette de l'impôt sur les sociétés n'est pas le seul induit par l'utilisation des normes comptables internationales. Les sources du droit comptable français sont de plus en plus exposées à des normes comptables internationales qui sont des normes de marché. A ce titre, le risque d'une instabilité du droit comptable lié à sa forte exposition aux normes comptables internationales aura pour conséquence le renforcement de l'insécurité juridique, aussi bien en droit comptable, qu'en droit fiscal. Dès lors, il est question d'une perte de sécurité juridique en droit fiscal par suite des pertes d'une sécurité juridique en droit comptable **(II)**.

[1351] M. Luby, « Droit communautaire des sociétés : qui tient la barre en 2003 ? », *Droit des sociétés* n° 6, juin 2004, étude 7.
[1352] D. Villemot, « Présentation du rapport d'étape du groupe IAS/fiscalité », *Droit Fiscal* 2005, n° 17, étude n°19, p. 765 à 771.
[1353] M. Taly, A. Williencourt, « Impact des IFRS sur la valorisation du patrimoine », *Revue Droit et Patrimoine* 2005, n°140.
[1354] Ordonnance n°2004-1389 du 20 Déc. 2004, portant adaptation de dispositions législatives relatives à la comptabilité des entreprises, aux dispositions communautaires dans le domaine de la réglementation comptable, *J.O.* 22 décembre 2004, p. 12.
[1355] M. Taly, A. Williencourt, « Impact des IFRS sur la valorisation du patrimoine », *Revue Droit et Patrimoine* 2005, n°140.

I- La relation entre juste valeur et fiscalité

« Tel que Shyman Sunders nous le rappelait il y a un an, c'est comme la guerre à l'Irak, motivée à cause d'armes qu'il n'y avait pas. Le président G.W. Bush la proposa au Congrès des Etats-Unis par le Patriot Act : s'opposer à cette guerre semblait donc vouloir s'opposer à sa patrie. De même, si vous étiez contre la True and Fair View, apparemment vous étiez contre la vérité, la « juste valeur », la justice et ces deux cases-ci pouvaient être synthétisées dans l'interdiction de se déclarer apparemment « contre la patrie, contre la vérité ». [1356] »

418. La juste valeur a très souvent été pointée du doigt dans la crise financière[1357]. Pourtant, selon Labie, cité par Rossignol, « l'impôt ayant toujours pour assiette une richesse (...), il est indispensable qu'elle soit valorisée pour pouvoir servir de base de calcul à l'impôt[1358] ». Il est rejoint en ce sens par Rossignol pour qui une telle valorisation ne peut qu'être bénéfique. En effet, certains biens comme les immeubles s'apprécient chaque année : l'utilisation de la juste valeur a donc des vertus. Elle pourrait ainsi accroitre le résultat comptable, ce qui entraînera un résultat plus important à partager entre les actionnaires, l'ensemble des parties prenantes de l'entreprise et l'Etat[1359]. En revanche, la juste valeur a un inconvénient : en cas de fortes dépréciations des actifs, l'impôt sur les sociétés pourrait aussi s'en trouver fortement affecté[1360].

[1356] A. Canziani, « Des directives européennes aux normes IFRS : une approche critique », *Revue du Financier*, janvier-février 2009, p. 5.

[1357] R. Obert, « Normes comptables et crise financière », *Revue Française de Comptabilité*, n°429, février 2010, p. 21 ; P. Morand, D. Marteau, « Normes comptables et crise financière »- Propositions pour une réforme du système de régulation comptable. *Rapport au ministre de l'Economie, de l'industrie et de l'Emploi,* 118 p., disponible sur http://www.ladocumentationfrançaise.fr.

[1358] F. Labie, « Valeur et gestion fiscale de l'entreprise », *Actes des journées des IAE*, Nantes, p. 343-352, cité par J.-L. Rossignol, « Juste valeur et fiscalité », *Les Petites Affiches,* 6 octobre 2005, n°199, p. 13.

[1359] J. Richard, C. Colette, *Les systèmes comptables français et anglo-saxons – Normes IAS,* 7e édition, Paris, Dunod, 2005, Introduction.

[1360] Selon le professeur Gutmann cependant, « la référence faite au concept de juste valeur des actifs peut se comprendre dans le contexte d'une comptabilité dont la fonction est d'informer les investisseurs sur la valeur réelle de l'entreprise. Transcrite en fiscalité, cette référence est cependant porteuse de grandes ambigüités qui affectent la nécessaire sécurité juridique qui doit régner en matière fiscale, ainsi que d'une volatilité dont s'accomodent mal les finances de l'Etat » : D. Gutmann, *Droit fiscal des affaires*, Montchrestien, édit. Lextenso 2010, p. 208.

419. Il y a deux griefs qui sont adressés à la juste valeur. D'abord, elle est incompatible avec le principe de l'annualité de l'impôt[1361]. En effet, l'utilisation de la juste valeur suppose qu'un bien soit évalué au prix du marché. Pour qu'un bien soit évalué au prix du marché certaines méthodes sont utilisées. Nous ne nous intéressons qu'aux méthodes ayant été utilisées en droit fiscal. Au titre de ces méthodes, Ledouble en a relevé deux[1362]. La première est celle des Discounted Cash Flow, aussi appelée DCF qui suppose « de ramener la valeur de tout actif financier à la somme actualisée des recettes futures qu'il va générer[1363] ». Or, l'administration fiscale a rappelé que « la loi prévoit le fait générateur de chaque impôt de telle sorte que celui-ci soit liquidé sur la base des éléments existants à cette date et qu'elle ne peut mettre en œuvre directement une méthode fondée sur l'actualisation à partir de flux futurs dès lors qu'elle ne peut elle-même établir des prévisions de croissance[1364] ». Comme le souligne à juste titre Ledouble, « depuis la mise en application des nouvelles règles comptables relatives aux actifs, l'assiette de la dépréciation des immobilisations est égale à la

---

[1361] « Le principe de l'annualité de l'impôt est le principe selon lequel un impôt est établi pour l'année entière d'après les faits existant au premier jour de l'année d'imposition. Ex. : pour la taxe d'habitation ou les taxes foncières, les changements postérieurs au premier janvier de l'année d'imposition ne sont pas pris en compte » : A. Barilari, R. Drape, *Lexique Fiscal*, Dalloz 1987, p. 11. Le principe de l'annualité de l'impôt doit être différencié de celui de l'annualité budgétaire. Le principe de l'annualité budgétaire suppose que chaque année le Budget soit voté. Damarey l'explique en ces termes : « le principe d'annualité budgétaire impose que le Budget soit voté chaque année pour une année et soit exécuté en un an. Ce principe est la traduction du consentement à l'impôt que doivent régulièrement formuler les représentants du peuple et qu'a ainsi exprimé la constitution de 1791 (Titre V, art.1) : les contributions publiques seront délibérées et fixées chaque année par le corps législatif, et ne pourront subsister au-delà du dernier jour de la session suivante, si elles n'ont pas été expressément renouvelées ». S. Damarey, *Termes de Finances Publiques*, Gualino 2006, p. 14. Du fait de la technicité de la matière, les lois fiscales sont proposées par des organismes de plus en plus spécialisés, seuls à même, comme l'explique le professeur A. Manesme, de pouvoir élaborer les textes fiscaux, de les présenter aux représentants du peuple et de les soumettre à interprétation G. A. Manesme, « La doctrine administrative défavorable peut-elle donner lieu à restitution de l'indu », *Ecrits de Fiscalité des Entreprises, Etudes à la mémoire du professeur Maurice Cozian*, LexisNexis 2009, p. 23 . Cette fonction était assurée par l'administration fiscale jusqu'à ce jour. Il faut néanmoins craindre que du fait de la technicité des normes comptables internationales, cette fonction se retrouve entre les mains des normalisateurs qui pourraient, sans être inquiété, avoir une influence sur la fiscalité. En cela, il pourrait y avoir atteinte au principe de l'annualité de l'impôt.

[1362] D. Ledouble, « La juste valeur a-t-elle sa place en fiscalité ? », *Lamy Optimisation Fiscale de l'entreprise*, Etude n°123.

[1363] Selon Gélard, « la théorie selon laquelle les comptes doivent aider leurs utilisateurs externes à prévoir les cash flows futurs que générera l'entreprise est aussi largement acceptée. Il s'agit, en principe, « de la prévision des cash-flows devant revenir à l'investisseur » : G. Gélard, « Apprécier la juste place des comptes dans l'analyse financière », *Revue Française de Comptabilité*, mai 2010, n°432, p. 30.

[1364] D. Ledouble, « La juste valeur a-t-elle sa place en fiscalité ? », *Lamy Optimisation fiscale de l'entreprise*, Etude n°123.

différence entre leur valeur actuelle et leur valeur historique. Pour apprécier la valeur actuelle, il est fait usage soit d'une valeur vénale, soit d'une valeur d'usage calculée par le recours aux flux nets de trésorerie attendus. En acceptant de donner une portée fiscale à ces dispositions comptables, le législateur a bien admis que des prévisions pouvaient venir à l'appui d'une dépréciation sans que la règle de l'annualité soit bafouée. S'agissant plus particulièrement des titres de participation, la non-déduction des provisions à hauteur des plus-values latentes[1365] suppose que ces dépréciations et ces plus-values latentes soient déterminées en fonction des règles générales qui viennent d'être rappelées[1366] ». La seconde méthode d'évaluation, relevée par Ledouble, est celle dite des comparables boursiers. La valeur de l'entreprise est alors estimée à partir d'entreprises similaires cotées en bourse. L'administration fiscale accepte largement cette méthode à certaines conditions, comme l'atteste la jurisprudence citée par Ledouble. D'abord, une seule méthode fût-elle la valeur « mathématique », ne saurait suffire ; l'évaluation doit résulter d'une combinaison de méthodes[1367]. Ensuite, si la règle de rattachement impose d'évaluer l'entreprise au jour où l'impôt est dû, rien n'interdit de tenir compte des perspectives d'avenir dès lors qu'elles sont appréciées au moment du fait générateur de l'impôt. Enfin, il y a lieu de tenir compte de l'incidence positive ou négative de clauses d'agrément ou tout autre mécanisme juridique affectant l'usage ou l'aliénation des titres[1368]. Selon Ledouble, « l'approche principale à retenir aux yeux de la jurisprudence est l'approche comparative. Externe par nature, elle facilite le contrôle de l'administration». Outre son exhaustivité, l'approche par les comparables permet de « justifier la valeur retenue vis-à-vis du contribuable.

[1365] CGI, art. 39, 1-5o, al. 20 et 21 ; D. no 2006-27, 26 août 2006 cité par D. Ledouble, « La juste valeur a-t-elle sa place en fiscalité ? », *Lamy Optimisation fiscale de l'entreprise*, Etude n°123.

[1366] D. Ledouble, « La juste valeur a-t-elle sa place en fiscalité ? », *Lamy Optimisation fiscale de l'entreprise*, Etude n°123.

[1367] Les observations figurant dans la Revue de Jurisprudence Fiscale le rappellent. « Pour la perception des droits de mutation à titre de succession, la valeur de parts sociales non cotées en bourse doit être appréciée en tenant compte de tous les éléments dont l'ensemble permet d'obtenir une évaluation aussi proche que possible de celle qu'aurait entraîné le jeu de l'offre et de la demande dans un marché réel au jour du décès ; le montant de l'actif social n'étant que l'un de ces éléments ». Cass. Com., 28 janvier 1992, *RJF* 4/92 no 568 cité par D. Ledouble, *op. cit.*

[1368] Les observations de la Revue de Jurisprudence Fiscale font remarquer que : « le juge justifie sa décision relative à l'incidence de la clause d'agrément des cessionnaires des titres dès lors qu'il a pris en considération tant les avantages que les inconvénients de cette clause pour apprécier son influence sur la valeur des titres et qu'au terme de cet examen il a retenu que la dépréciation qui en résultait devait être fixée à 10 % ». Cass. Com., 1er avr. 1997, *RJF* 7/97 no 752, cité par D. Ledouble, *op. cit.*

La Commission départementale de conciliation doit motiver les termes de comparaison retenus[1369] ».

420. Le second grief fait à l'utilisation de la juste valeur est le risque qu'elle peut entraîner pour la stabilité des recettes budgétaires[1370]. Il faut en effet rappeler que l'évaluation à la juste valeur procède de la détermination du prix d'un bien en fonction de sa valeur sur le marché[1371]. Or la valeur de marché, comme l'atteste la récente crise des subprimes, reste fortement fluctuante. L'impact négatif de la juste valeur sur la fiscalité doit cependant être relativisé. Le principe lui-même est partiellement utilisé en fiscalité pour « l'évaluation des contrats à terme d'instruments financiers, des parts d'OPCVM[1372] ou des écarts de conversion[1373] ». En effet, les OPCVM qui sont le sigle pour Organisme de Placement Collectif des Valeurs Mobilières sont des parts d'immeubles, négociées sur des marchés et dont la liquidation n'est pas encore connue. Pour déterminer la part d'impôt qui leur est applicable, le législateur fiscal a décidé d'imposer leur produit chaque année, en fonction du prix du marché.

421. Selon Jacques Spindler et Frederic Marty, il ne faut plus se poser la question de ce que peut faire la juste valeur pour la fiscalité mais de ce que peut faire la fiscalité pour la juste valeur, surtout en période de récession économique[1374]. Dans cet ordre d'idées, les auteurs préconisent un recours

---

[1369] Cass. Com., 18 juill. 1989, *RJF* 11/89 no 1293, cité par D. Ledouble *op. cit.*

[1370] On pourrait tout aussi bien s'interroger sur la compatibilité du principe de la juste valeur avec celui du principe d'indépendance des exercices. En effet le principe d'indépendance des exercices est une règle qui « impose d'imputer fiscalement à chaque exercice tout ce qui lui revient et rien d'autre. Il est ainsi interdit de prendre en considération des événements postérieurs à la clôture de l'exercice et de tenir compte de l'incidence des rétroactivités », comme l'expliquent Barilari et Drape. Ils admettent néanmoins des exceptions à ce principe, pour ce qui concerne les amortissements et les provisions, « dès lors que les minimums exigés sont respectés. C'est ainsi qu'en période déficitaire, les amortissements sont différés le plus possible ». A. Barilari, R. Drape, *Lexique Fiscal*, Dalloz 1987, p. 86.

[1371] Plusieurs ouvrages définissent la juste valeur. A titre illustratif, Dandon et Didelot considèrent que la juste valeur est « le montant pour lequel un actif pourrait être échangé ou un passif éteint entre des parties bien informées, consentantes et agissant dans des conditions de concurrence normale ». O. Barbe, L. Didelot, et Groupe Revue Fiduciaire. *Maîtriser les IFRS*, Groupe Revue Fiduciaire, 2e édit. 2006, p. 782.

[1372] Les OPCVM sont des titres de placement. Leur durée de validité, à l'image de tout titre est indéterminée : A. Barilari, R. Drape, *Lexique Fiscal*, Dalloz 1987, p. 119. « On leur applique les méthodes d'évaluation financière car on ne sait pas quand elles seront retirées de la côte ».

[1373] C.G.I., art. 38, 4 et 38, 6 cités par D.Villemot : « Présentation du rapport d'étape du groupe IAS/fiscalité », *Droit Fiscal* 2005, n° 17, étude n°19, p. 765 à 771.

[1374] F. Marty, J. Spindler, « Quelle politique économique face à une crise parfaite ? La place des mesures fiscales dans les plans de relance », *Revue Gestion & Finances Publiques*, n°7, juillet 2009, p. 570.

« aux stabilisateurs fiscaux automatiques[1375] ». Le principe des stabilisateurs fiscaux automatiques fonctionne comme celui des catalyseurs. « Ainsi, dans une phase de récession, le montant des impôts recouvrés diminue, ce qui a pour effet de soutenir les revenus privés et d'atténuer les fluctuations négatives de la demande globale » et dans une phase de croissance, la fiscalité doit aussi suivre[1376]. A vrai dire, il y aura toujours des griefs qui seront reprochés à la juste valeur. La valeur d'un bien aujourd'hui ne sera pas celle de demain. Cette même valeur peut-être appréciée différemment selon qu'il s'agisse de valeurs juridiques ou des valeurs financières[1377]. C'est intuitif, dira Colmant : « la comptabilité traite de la valeur des choses. Or la valeur est subjective et contredite à chaque instant. La transition vers les normes comptables IAS/IFRS consacre l'abandon progressif d'un modèle d'évaluation discrète au profit d'une mesure continue des actifs et des passifs bilantaires, grâce notamment à la règle de la juste valeur, pour certains actifs. L'antagonisme entre la mesure comptable des coûts ou, au contraire, des valeurs, correspond à deux approches qui considèrent que la valeur de l'entreprise dépend respectivement soit de la pertinence des divers critères associés à son économie interne, soit de l'appréciation des marchés financiers[1378] ». La juste valeur n'est donc pas à rejeter dans sa globalité. Elle doit être utilisée de façon mesurée, c'est-à-dire, limitée « aux positions financières assimilées à des valeurs d'échange[1379] », pour reprendre les propos de Morand et Marteau. L'utilisation de la juste valeur doit aussi être neutralisée par la fiscalité, en imposant « une réfaction (ou une provision) pour risque de liquidité au portefeuille trading » selon Morand et Marteau, qui serait déductible fiscalement, pourrait t-on être tenté d'ajouter[1380]. A défaut, sa généralisation et son effet pro cyclique[1381] pourraient engendrer

---

1375 F. Marty, J. Spindler, « Quelle politique économique face à une crise parfaite ? La place des mesures fiscales dans les plans de relance », *Revue Gestion & Finances Publiques*, n°7, juillet 2009, p. 570.

1376 Voir aussi R. Espinoza, « Les stabilisateurs automatiques en France », *Economie & Prévision*, n°177, p. 1-17 citée par F. Marty, J. Spindler, « Quelle politique économique face à une crise parfaite ? La place des mesures fiscales dans les plans de relance », *Revue Gestion & Finances Publiques*, n°7, juillet 2009, p. 575.

1377 Les philosophes illustrent la relativité de la valeur, de ce qui est vrai, à l'image de Blaise Pascal qui rappelle que « vérité en deçà des Pyrénées, erreur au delà » : B. Pascal, *Pensées, De l'imprimerie et de la fonderie de P. Didot l'aîné*, 1817, 304 p.

1378 B. Colmant, « Connexion des droits comptable et fiscal des entreprises : quelques repères et réflexions », *Accountancy & Tax*, Numéro 1, 2006, p. 24.

1379 P. Morand, D. Marteau, « Normes comptables et crise financière »- Propositions pour une réforme du système de régulation comptable. Rapport au ministre de l'Economie, de l'industrie et de l'Emploi, 118 p., disponible sur http://www.ladocumentationfrançaise.fr.

1380 P. Morand, D. Marteau, « Normes comptables et crise financière »- Propositions pour une réforme du système de régulation comptable. Rapport au ministre de l'Economie, de l'industrie et de l'Emploi, 118 p., disponible sur http://www.ladocumentationfrançaise.fr.

1381 R. Obert, « Normes comptables et crise financière », *Revue Française de Comptabilité*, n°429, février 2010, p. 21.

des difficultés pour le principe de l'annualité de l'impôt mais aussi celui de la sécurité juridique et fiscale. En somme, utiliser la juste valeur, c'est s'exposer à ouvrir « la boite de pandore ».

II- Les atteintes portées au principe de la sécurité juridique fiscale

422. Que reste-t-il du principe de la sécurité juridique en droit fiscal après l'introduction des normes comptables internationales ? S'il est vrai que « l'instabilité de la loi fiscale porte autant atteinte à la sécurité juridique que sa complexité[1382] », ce principe s'avère tout aussi vrai dans le cadre des normes IFRS. La jurisprudence du Conseil d'Etat n'a pas toujours été claire sur les divergences entre comptabilité et fiscalité. Les nombreux revirements de jurisprudence, allant tantôt vers une interprétation en faveur de la règle fiscale, tantôt vers une interprétation en faveur de la règle comptable, n'ont pas permis l'instauration d'une véritable sécurité juridique en matière fiscale[1383]. La jurisprudence SA Bergère fournit à ce titre des illustrations du parcours laborieux du Conseil d'Etat dans la quête d'une harmonie entre règles comptables et fiscales[1384]. A titre illustratif, le commissaire du gouvernement Mignon a posé les données du problème de la divergence entre comptabilité et fiscalité sur la question particulière du rattachement des charges aux produits de l'exercice[1385]. Sur le plan comptable, deux principes conduisent à une comptabilisation divergente. D'abord, le principe de prudence conduit à rattacher les charges de l'exercice avec les produits auxquels ces charges se rapportent[1386]. Ensuite, le principe de spécialisation des exercices apporte un correctif au principe de rattachement des charges

---

[1382] O. Fouquet, « Complexité et instabilité de la loi fiscale », *Regards critiques et perspectives sur le droit et la fiscalité, Liber Amicorum Cyrille David*, LGDJ 2005, p. 7.

[1383] E. Glaser, « Intangibilité du bilan d'ouverture du premier exercice non prescrit : applicabilité au bilan comptable corrigé par les règles fiscales », Concl. sous CE, 3e et 8e ss-sect., 30 juin 2008, n° 288314, M. Lemoine : *Droit Fiscal* 2008, n° 39, comm. 506.

[1384] CE, 29 juillet 1998, n° 149517, SA Bergère de France, n° 234 427 ; *JCP E* 1999, n°20, p. 871 à 872 ; *Revue de Jurisprudence Fiscale,* octobre 1998, n° 1083 ; *Droit Fiscal* 1999, n° 7, comm. 123.

[1385] CE 20, février 2002, n° 221437, 8e et 3e s.-s., ministre c/ Sté La Chemise Lacoste, *BDCF* mai 2002, n°58, concl. E. Mignon ; CE, 20 février 2002, n° 221437, 8e et 3e s.-s., ministre c/ Sté La Chemise Lacoste, *RJF* 5/02 n° 472 ; Voir aussi, sur l'affaire société la Chemise Lacoste. Voir CE, 20 février 2002, rec. n° 221437, Sté La Chemise Lacoste (Concl.) : Juris-Data n° 2002-080099 ; *Droit Fiscal* 2002, n° 16, comm. 343 ; *Revue de Jurisprudence Fiscale,* mai 2002, n° 472.

[1386] CE, 20 février 2002, n° 221437, 8e et 3e s.-s., ministre c/ Sté La Chemise Lacoste, *BDCF* mai 2002, n°58, concl. E. Mignon.

aux produits, pour donner à l'entreprise « une vision plus économique[1387] ». C'est ainsi qu'au nom de ce principe, certaines charges peuvent être « constatées d'avance ». Pour reprendre l'exemple du commissaire du gouvernement, une entreprise peut payer un loyer à l'année N, et n'exploiter les locaux qu'à l'année N+1. Dans ce cas, la constatation de la charge en comptabilité est différée à l'année N+1, année de jouissance des locaux. Au nom de ce principe de spécialisation des exercices, la comptabilité accepte les charges différées. Dans cette hypothèse, l'entreprise engage des charges pour un produit dont elle pourra bénéficier sur plusieurs exercices (les frais d'émission d'emprunt)[1388]. Ces cas dérogatoires au principe de rattachement des charges aux produits de l'exercice existent en comptabilité et non en fiscalité. Toute la question était donc de savoir si le droit fiscal admettait les exceptions comptables. Sauf si un texte fiscal exprès y déroge, la règle comptable devrait pouvoir être admise par la règle fiscale[1389]. Mais le droit fiscal saura t-il se taire, pour reprendre l'interrogation du commissaire du gouvernement Olleon[1390] ? Pour des impératifs de sécurité juridique, le silence du droit fiscal est plus que souhaitable.

423. Il est difficilement concevable que les normes comptables internationales, réputées pour leur caractère mouvant[1391], puissent contribuer à améliorer la sécurité juridique fiscale. Pourtant dès 2008, le ministre du Budget avait demandé au Conseil d'Etat de réfléchir à des propositions visant à l'accroissement de la sécurité juridique en matière fiscale[1392]. Le choix du Conseil d'Etat ne tient pas au hasard. La haute juridiction

---

1387 CE, 20 février 2002, n° 221437, 8e et 3e s.-s., ministre c/ Sté La Chemise Lacoste, *BDCF* mai 2002, n°58, concl. E. Mignon.

1388 CE, 20 février 2002, n° 221437, 8e et 3e s.-s., ministre c/ Sté La Chemise Lacoste, *BDCF* mai 2002, n°58, concl. E. Mignon.

1389 V. aussi J.-L. Rossignol, « Quand le comptable tient le fiscal en l'état », *Les Petites Affiches*, 27 février 2004, n°42, p. 4, sur une erreur de qualification de l'administration portant sur une cession de terrains inscrits à l'actif immobilisé de l'entreprise.

1390 J. Turot, « La poule pondeuse et le poulet », *RJF* 1994, novembre-décembre, Etudes, p. 742.

1391 Différents numéros de la Revue Fiduciaire effectuent un récapitulatif des changements apportés par les normes comptables internationales. Voir B. Lebrun, « Une nouvelle série de modifications sur les normes IFRS », *Revue Fiduciaire comptable*, novembre 2008, n° 355, p. 21 ; B. Lebrun, « Le projet d'amélioration des normes IFRS », *Revue Fiduciaire comptable*, décembre 2007, n° 345, p. 19 ; B. Lebrun, « Le projet d'amélioration des normes IFRS », *Revue Fiduciaire comptable*, janvier 2008, n° 346, p. 19 ; B. Jaudeau, « Le point sur les 13 normes révisées », *Revue Fiduciaire comptable*, n°303, février 2004, p. 19. Voir aussi B. Jaudeau, « Actualité IAS/IFRS », *Revue Fiduciaire comptable*, octobre 2004, n° 310, p. 27 ; B. Jaudeau, « Actualité IAS/IFRS », *Revue Fiduciaire comptable*, décembre 2007, n° 345, p. 29 ; B. Jaudeau, « Actualité IAS/IFRS », *Revue Fiduciaire comptable*, juillet-août 2007, n° 341, p. 31 ; B. Jaudeau, « Actualité IAS/IFRS », *Revue Fiduciaire comptable*, janvier 2006, n° 324, p. 39.

1392 O. Fouquet, « Stabiliser la norme fiscale et changer l'esprit des relations entre l'administration et les contribuables », *Feuillet Rapide*, 36/08 du 4 juillet 2008, p. 13.

administrative est garante du respect de la règle fiscale. A ce titre, elle est aussi conduite à interpréter, à la lumière des textes, la solution applicable au litige. Dans cet esprit, il faut d'abord remarquer que le désintérêt du législateur fiscal et l'immobilisme de l'administration fiscale ont projeté le rôle du Conseil d'Etat sur le devant de la scène nationale[1393]. Il faut ensuite souligner que les difficultés que rencontre la haute juridiction sont liées d'une part à l'interprétation de la norme comptable internationale et d'autre part à ses compétences qu'elle partage désormais avec la nouvelle Autorité des Normes comptables.

424. S'agissant tout d'abord des difficultés d'interprétation de la norme comptable internationale, elles résultent parfois de différences sémantiques. Les normes comptables ont des définitions différentes du droit fiscal et toute la question est alors de savoir quand et comment écarter la règle fiscale pour la norme comptable internationale[1394]. Comme le rappellent les conclusions du maitre des requêtes Benard, le droit fiscal dispose de plusieurs options pour aligner la règle comptable à la règle fiscale[1395]. La solution ainsi proposée n'a cependant pas effacé les difficultés d'aboutir à une solution harmonisée, concernant les divergences entre comptabilité et fiscalité.

425. S'agissant ensuite de la compétence que le Conseil d'Etat partage avec la nouvelle Autorité des Normes comptables, elle résulte de la possibilité pour les contribuables de pouvoir saisir l'Autorité des Normes comptables au même titre que le Conseil d'Etat. Il pourrait y avoir alors une interférence des différents rôles de l'ANC. Il faut rappeler que l'ANC a pour objectif la modernisation du Plan comptable général, ce qui nécessitera l'introduction des normes comptables internationales en droit comptable français[1396]. Cette mission peut interférer avec ses prérogatives fiscales.

[1393] Y. Benard, « Fiscalité et comptabilité : convergence + connexion = chaos ? », *Revue de Jurisprudence Fiscale*, n° 6, juin 2007, p. 523-528.

[1394] Voir instruction fiscale, 4 E-2-07 du 30 mars 2007 sur les coûts de démantèlement des actifs et inst. 4 A-13-05 du 30 décembre 2005.

[1395] La question s'est aussi posée de savoir si l'administration fiscale ne pouvait pas utiliser la théorie de l'acte anormal de gestion pour s'opposer à l'utilisation du référentiel comptable international, notamment en période de crise financière. En effet, C. David, citant le président de la section finance du Conseil d'Etat, rappelle que « l'Acte Anormal de Gestion est un acte ou opération qui se traduit par une écriture comptable affectant le bénéfice imposable que l'administration entend écarter comme étrangère ou contraire à l'entreprise ». C. David, « L'acte anormal de gestion (Comparaison Fiscale Allemagne, France et Royaume-Uni) », *Ecrits de Fiscalité des Entreprises, Etudes à la mémoire du professeur Maurice Cozian*, LexisNexis 2009, p. 243. Si l'application du référentiel IFRS porte atteinte au bénéfice de l'entreprise et dans un intérêt contraire à celui de l'entreprise, alors la théorie de l'acte anormal de gestion pourrait s'appliquer.

[1396] P. Morand, D. Marteau, « Normes comptables et crise financière »- Propositions pour une réforme du système de régulation comptable. Rapport au ministre de l'Economie, de l'industrie et de l'Emploi, 118 p., disponible sur http://www.ladocumentationfrançaise.fr.

Toute la question est alors de savoir vers quelle tendance s'orientera la jurisprudence de l'ANC. Au regard des récentes décisions rendues par le Conseil national de la Comptabilité, devenu l'Autorité des Normes comptables, le principe de la sécurité juridique semble se renforcer[1397]. Le Conseil d'Etat joue un rôle actif dans cette stabilisation comme en témoignent les propositions faites par le groupe de travail d' « instituer un rescrit pour l'interprétation de la loi nouvelle et pour l'application de la règle comptable en matière fiscale[1398] ».

Paragraphe 2 : La remise en cause des principes garants de la justice fiscale

426. « La création de l'impôt général sur la fortune s'est faite au nom de la justice. Or pendant que l'on dissertait sur elle, on insistait peu sur le fait que les œuvres d'art et les biens professionnels étaient exonérés. Ce qui revenait, en réalité, à n'imposer que les mamies, propriétaires à Paris ou à Nice du très vieil immeuble hérité de leurs grands-parents[1399] ». Beaucoup trop subjective pour donner lieu à une étude objective, la notion de justice fiscale pose des problèmes d'appréhension. Elle reste difficilement saisissable compte tenu du fait qu'elle est recoupée à une notion elle-même subjective : la justice. Comme le remarque à juste titre Agron, « le concept de justice fiscale est faussé car, suivant les époques, les promoteurs des théories nouvelles agitent le fanion de la justice fiscale en lui donnant un sens différent selon les besoins. Pour preuve, le principe de proportionnalité, proclamé à l'époque révolutionnaire, s'appuyait sur le concept de justice fiscale, en réaction à l'arbitraire du système fiscal de l'ancien régime. Un siècle plus tard, les partisans de la progressivité l'instaurent en fondant leur argumentation sur la justice fiscale que permet la progressivité. Dans les deux cas, l'égalité est annoncée, proportionnelle dans le premier cas, sacrificielle dans le second[1400] ». La justice fiscale est mutante et introduire

---

[1397] Y. Benard, « Marketing, détergents et provisions : le CNC lave-t-il plus blanc ? », *Revue de Jurisprudence Fiscale* 2006, p. 723-730.

[1398] O. Fouquet, « Stabiliser la norme fiscale et changer l'esprit des relations entre l'administration et les contribuables », *Feuillet Rapide*, 36/08 du 4 juillet 2008, p. 13 ; Pour un bref rappel sur le rescrit fiscal et la garantie du contribuale de se prémunir contre les changements de dotrine de l'administration fiscale : M. Bouvier, « « Les accords fiscaux préventifs » : une sécurité pour l'entreprise et l'administration », *Ecrits de Fiscalité des Entreprises, Etudes à la mémoire du professeur Maurice Cozian*, LexisNexis 2009, p. 126 à 144.

[1399] J.-C. Martinez, *Lettre ouverte au contribuable*, Albin Michel 1985, cité par L. Agron, *Histoire du vocabulaire fiscal*, LGDJ, 2000, p. 413.

[1400] L. Agron, *Histoire du vocabulaire fiscal*, LGDJ, 2000, p. 412.

une analyse sur l'impact des normes IFRS sur une notion aussi « fluctuante » est un exercice hasardeux, voué à l'imprécision. Pour recadrer l'analyse, il faudrait trouver les éléments à partir desquels on peut considérer qu'il y a ou non violation de la justice fiscale. Selon Agron, la justice fiscale a trois corolaires : l'équité, la solidarité et l'égalité[1401]. Seuls deux d'entre eux permettent un rapprochement entre normes IFRS et justice fiscale. Il s'agit du principe d'équité et de celui d'égalité. Jean Baptiste Say, cité par Agron rappelle que, « l'impôt est un fardeau : l'un des moyens pour qu'il pèse le moins possible sur chacun, c'est qu'il porte sur tous[1402] ». Comme le rappelle Agron, il faut pour cela trois choses : l'impôt doit être universel, c'est-à-dire que tous les citoyens doivent y être soumis, les exemptions et privilèges en matière d'impôt sont contraires au sentiment général de justice, enfin, l'impôt doit être également réparti et cela suppose de connaître les capacités contributrices de chaque contribuable[1403]. Appliquée au référentiel comptable international, la possibilité de permettre aux entreprises qui le souhaitent d'utiliser les normes IFRS dans les comptes sociaux aurait constitué une violation d'égalité devant l'impôt, eu égard notamment au sentiment général de justice : seuls les groupes utilisant des comptes consolidés auraient cette faculté, ce qui désavantagerait les entités n'ayant pas cette possibilité[1404]. C'est pour cette raison que les normes comptables internationales ont été écartées des comptes sociaux[1405]. Concernant le principe d'équité, Dhaeyer, cité par Agron, dit à ce sujet que « le bien du citoyen et l'équité en matière

[1401] L. Agron, *Histoire du vocabulaire fiscal*, LGDJ, 2000, p. 415.

[1402] J.-B. Say, cité par L. Agron, *Histoire du vocabulaire fiscal*, LGDJ, 2000, p. 416.

[1403] Mais c'est en 1973, comme le rappelle le professeur L. Philip que « le Conseil Constitutionnel, pour la première fois, a sanctionné le législateur pour violation du principe d'égalité devant la loi. Il a considéré que ce dernier ne pouvait, dans le cadre d'une procédure de taxation d'office, appliquer un régime de preuve différent à certains contribuables en fonction de l'importance de leurs revenus ». L. Philip, « Considérations sur l'évolution de la jurisprudence constitutionnelle en matière fiscale », *Mélanges en l'honneur de P.Beltrame*, Presses Universitaires d'Aix marseille 2010, p. 456. Le Conseil constitutionnel a aussi estimé qu' « un abattement pratiqué sur l'assiette de la CSG en faveur des contribuables les plus modestes provoquait, en fait, une rupture caractérisée de l'égalité entre les contribuables dès lors que cet abattement ne tenait compte ni de l'ensemble des revenus, ni des charges familiales » : O. Fouquet, « Complexité et instabilité de la loi fiscale », *Regards critiques et perspectives sur le droit et la fiscalité*, Liber Amicorum Cyrille David, LGDJ 2005, p. 3.

[1404] L'application des normes IFRS se traduit par une augmentation du résultat lorsque la valeur des actifs augmentent et par une dépréciation de ce dernier lorsque la valeur des actifs baissent. O. Barbe, L. Didelot, « Pour une nouvelle approche des relations entre la comptabilité et la fiscalité : application au traitement du crédit-bail immobilier », *Revue Française de Comptabilité*, Numéro spécial doctrine comptable, n°427, décembre 2009, p. 62. Dans ces conditions, la tentation est forte pour les entreprises de recourir aux normes IFRS en cas de résultat déficitaire, pour payer moins d'impôt et d'utiliser le Plan comptable général, lorsque les résultats sont bénéficiaires. Le risque d'une violation du principe d'égalité de l'impôt existe en effet.

[1405] D. Ledouble, « La comptabilité est-elle encore " l'algèbre du droit" » ? *Les Petites Affiches*, 8 septembre 2005, n°179, p. 16.

fiscale ne sont jamais que le reflet de l'idée qu'on s'en fait ». L'équité fiscale, ajoute Agron, « est la situation caractérisée par la juste répartition des contributions fiscales entre les contribuables[1406] ». Faut-il craindre alors qu'un impôt calculé à partir d'un référentiel privilégiant les investisseurs[1407], puisse courir le risque d'être injuste ? La question est lancée et les réponses ne seront qu'hypothèses car les normes comptables internationales ne sont pas applicables dans les comptes sociaux.

427. L'impact des normes comptables internationales sur les principes garants de la justice fiscale revêt cependant toute son importance dans une Europe en proie à la concurrence fiscale dommageable. Cette concurrence fiscale dommageable est l'une des principales causes de « l'érosion des assiettes fiscales » pour reprendre le propos de Bazioly[1408]. La concurrence fiscale dommageable « consiste pour certains Etats, aux moyens de régimes fiscaux privilégiés ou de paradis fiscaux, à attirer des investissements[1409] ». S'il n'existait pas de taux d'imposition différents entre les différents pays et si un même référentiel comptable pouvait être utilisé pour le calcul de l'impôt sur les sociétés de l'ensemble des pays de l'Union, alors l'Europe arriverait à supprimer la concurrence fiscale dommageable[1410]. Tel est le projet de la Commission Européenne[1411]. Un tel projet ne prend cependant pas en compte le fait que dans certains pays, notamment les pays

---

1406 Selon Agron, l'équité est un savant emprunt au mot latin « aequus » qui signifie « égal » ou « impartial ». L. Agron, *Histoire du Vocabulaire Fiscal*, LGDJ, 2000, p. 416.

1407 Selon le professeur Basedow, "It appears that the cooperation between private industry and the state has become more subtle in more recent years. The example of the German Corporate Governance Code has been cited above. Under section 161 of the German Stock Corporation Act, no legal obligation flows from the Code except for the duty of the board to make a declaration on its intention to comply with the Code or single parts of it. The pressure exercised by analysts and institutional investors may be strong enough to ensure compliance with the Code. As to their annual accounts, many companies will be interested in making use of the IFRS, as this would allow them to be listed on many stock exchanges within and outside the European Community. It is therefore sufficient that Member States permit companies to prepare their annual accounts in conformity with the IFRS": J. Basedow, "Actors: The State's Private Law and the Economy - Commercial Law as an Amalgam of Public and Private Rule-Making", Special Symposium Issue: "Beyond The State: Rethinking Private Law": *The American Journal of Comparative Law Summer*, 2008, 56 Am. J. Comp. L. 711.

1408 S. Bazioly, *Systèmes fiscaux comparés*, éditions Ellipses 2010, p. 59.

1409 S. Baziloy, *Systèmes fiscaux comparés*, éditions Ellipses 2010, p. 59.

1410 Commission européenne, Communication de la Commission au Conseil, au Parlement et au comité économique et social européen, Vers un marché intérieur sans entraves fiscales. Une stratégie pour permettre aux entreprises d'être imposées sur la base d'une assiette consolidée de l'impôt sur les sociétés couvrant l'ensemble de leurs activités dans l'Union Européenne, COM (2001) 582 final, Bruxelles.

1411 Commission européenne, Summary report of the workshop on the application of International Accounting Standards (IAS) in 2005 and the implications for the introduction of a consolidated tax base for companies' EU-wide activities held in Brussels on 18 March 2003, D.G. fiscalité et Union douanière, Bruxelles.

anglo-saxons comme la Grande-Bretagne, le calcul de l'impôt sur les sociétés est détaché de la comptabilité[1412]. Alors que les normes comptables internationales ne permettront pas de résoudre le problème de la concurrence fiscale dommageable, le risque d'une rupture du principe de la neutralité fiscale se pose.

428. C'est certainement au sujet du règlement CRC 2004-01 sur les fusions et opérations assimilées que le respect du principe de la neutralité de l'impôt s'est posé. Le commissaire du gouvernement Laurent Vallee le formule en ces termes : « les nouvelles règles posées par le CRC, c'est incontestable, limitent la liberté des sociétés dans leurs options possibles pour la recherche du moindre coût fiscal, modifient incontestablement les critères du choix entre régime de faveur et régime de droit commun, naguère principalement fondés sur le caractère bénéficiaire ou déficitaire des sociétés absorbantes et emportent sans doute un peu moins de souplesse dans la gestion des déficits fiscaux[1413] ».

429. Outre le règlement CRC sur les fusions, la rupture du principe de neutralité de l'impôt aurait pu provenir du choix offert par la Commission Européenne d'utiliser le référentiel IFRS dans les comptes sociaux des entreprises qui le souhaiteraient. Les normes comptables internationales ne sont obligatoires que dans les comptes consolidés des sociétés faisant appel public à l'épargne sur un marché européen[1414] et optionnel pour les autres comptes. Par « autres comptes », il faudrait comprendre les comptes consolidés des sociétés ne faisant pas appel public à l'épargne sur un marché de l'Union Européenne et les comptes sociaux, c'est-à-dire ceux utilisés pour l'établissement de l'impôt sur les sociétés. Le risque était grand de voir choisir le référentiel le plus avantageux fiscalement pour certaines entreprises ayant la faculté d'utiliser le PCG ou le référentiel IFRS[1415]. Cette attitude aurait constitué une violation manifeste du principe de neutralité de l'impôt.

430. Dans un contexte de financiarisation de la comptabilité, le silence du droit fiscal devient nécessaire. Sur le plan législatif, il y a, pour reprendre les conclusions du commissaire du gouvernement Glaser, près de 170 points de divergences entre comptabilité et fiscalité, ce qui ne permet pas de parler de

---

[1412] O. Dufour, E. Filiberti, « Introduire les IFRS dans les comptes sociaux, une révolution juridique et fiscale », *Les Petites Affiches*, 08 avril 2005 n° 70, p. 3.

[1413] CE, 8 juin 2005, n° 270967, 9e et 10e s.-s., SAS Sofinad, concl. L. Vallee, *BDCF* 2005, n°885, août-septembre.

[1414] Règlement n°1606/2002 du 19 juillet 2002.

[1415] Dandon et Didelot expliquent les choix comptables offerts par la fiscalité, c'est-à-dire le raisonnement inverse : O. Barbe, L. Didelot, « Pour une meilleure comparabilité des états financiers individuels et une simplification du PCG », *Revue Française de Comptabilité*, juin 2010, n°433, p. 42 et s.

sécurité juridique fiscale. Les propositions faites par le groupe de réflexions du Conseil d'Etat, réuni en 2008 à la demande du Ministre du Budget, doivent être concrétisées. La proposition d'instauration d'un rescrit pour l'interprétation des normes comptables internationales jouerait un rôle de sécurisation des divergences entre comptabilité et fiscalité liées à l'introduction des normes comptables internationales. Sur le terrain jurisprudentiel, les divergences de notions entre normes comptables internationales et droit fiscal n'ont pas fini d'accroître les inégalités entre les différents contribuables. Ce fût le cas en matière d'interprétation de la notion de TVA. Face à une telle situation, il est difficile de trouver des solutions satisfaisantes au regard du principe d'égalité devant l'impôt. En effet, même si l'expérience jurisprudentielle permet de constater que ces divergences peuvent être tranchées soit en faveur des règles fiscales, soit en faveur des règles comptables, il faut regretter l'impossibilité pour le contribuable de connaître à l'avance la position du Conseil d'Etat. Ce regret pourrait être contrebalancé par le rescrit fiscal en matière de normes comptables internationales.

431. Enfin, il faut souligner que selon une partie de la doctrine, la perte de la souveraineté comptable depuis la décision de l'Union Européenne de recourir aux normes comptables internationales pourrait entraîner une perte de la souveraineté fiscale[1416]. Dès lors se pose la question de la constitutionnalité des règles émanant d'un organisme comptable privé et qui affectent les lois fiscales votées par le parlement[1417]. Il faut en effet souligner que selon l'article 34 de la constitution, le pouvoir d'élaborer des règles fiscales appartient au parlement, expression de la souveraineté populaire. Le texte est rédigé ainsi : « la loi fixe les règles concernant l'assiette, le taux et les modalités de recouvrement des impositions de toutes natures[1418] ». Selon De Bissy, « l'idée selon laquelle le parlement français aurait perdu sa légitimité fiscale sur l'autel de la connexion entre comptabilité et fiscalité est erronée[1419] ». Plusieurs arguments sont avancés par De Bissy à l'appui de sa thèse. Le premier tient au manque d'indépendance « parfaite » des autorités

---

[1416] E. Delesalle, J.-L. Rossignol, « Fiscalité et normes comptables internationales : « mais ou et donc or ni car ? », *Droit Fiscal* 2003, n° 50, étude n°18, p. 1563.

[1417] Selon le professeur Gutmann cependant, « la Question Prioritaire de Constitutionnalité ne permet en outre de soumettre au Conseil constitutionnel qu'une question relative à l'atteinte portée par la loi à des « droits et libertés que la constitution garantit. Il s'ensuit que le Conseil constitutionnel ne contrôle pas, dans le cadre de cette procédure, les cas d'incompétence négative du législateur, c'est-à-dire la méconnaissance par celui-ci de l'étendue de ses attributions et la délégation inconstitutionnelle de sa compétence au pouvoir réglementaire ». D. Gutmann, *Droit fiscal des affaires*, Montchrestien, édit. Lextenso 2010, p. 16.

[1418] Article 34 de la Constitution.

[1419] A. De Bissy, « Plaidoyer en faveur du maintien de la connexion entre comptabilité et fiscalité », *Ecrits de Fiscalité des Entreprises, Etudes à la mémoire du professeur Maurice Cozian*, LexisNexis 2009, p. 317.

comptables[1420], le second tient au fait que les normes ont une valeur juridique « inférieure aux textes comptables du Code de Commerce[1421] », le troisième est lié au fait que législateur fiscal a encore la possibilité de poser son « droit de veto » sur l'influence des normes comptables internationales en fiscalité en vertu de l'article 38 quater de l'annexe III au Code général des Impôts. Par ailleurs, il convient d'interpréter l'article 38 quater de l'annexe III au Code général des Impôts comme une délégation de compétence du législateur fiscal en faveur des instances de normalisation comptable international. Il n'y a donc pas d'inconstitutionnalité de la loi comptable parce qu'elle fixe les conditions de calcul du résultat comptable[1422].

432. L'évolution du droit fiscal du fait de la comptabilité ne surprend plus. Benard fait d'ailleurs remarquer à juste titre qu' : « un « marketer » qui prospecterait le marché des principes de la fiscalité constaterait immédiatement que l'autonomie du droit fiscal est largement passée de mode, au profit de ce concept furieusement tendance qu'est la fiscalité « ethnique », qui emprunte aux autres domaines du droit la définition des notions qu'elle utilise. Le législateur a souvent manifesté sa frilosité à cet égard, usant et abusant des lois de validation pour confirmer les définitions spécifiques proposées par l'administration fiscale. Au contraire, le juge de l'impôt joue le rôle d'un véritable « trend-setter », ne ménageant pas ses efforts pour œuvrer au rapprochement entre, d'une part, le droit fiscal et, d'autre part, le droit civil, le droit des sociétés et la réglementation comptable. Vis-à-vis de cette dernière notamment, la fiscalité se comporte de plus en plus nettement comme un droit suiveur, la portée des règles fiscales évoluant au gré des modifications de celle des notions comptables, conformément à la règle énoncée à l'article 38 quater de l'annexe III au CGI[1423]. Ainsi se dessinent les grandes évolutions des relations entre comptabilité et fiscalité, caractérisées par une dépendance accrue de la fiscalité à l'égard de la comptabilité.

[1420] Selon le professeur De Bissy, non seulement ces institutions comptables, à l'image du CNC, ne sont pas placées sous la tutelle du ministère de l'Economie et des Finances, mais encore elles n'ont pas de pouvoir règlementaire. Les règlements du CRC n'ont pas de valeur juridique tant qu'ils n'ont pas été homologués par arrêté interministériel. A cela, s'ajoute le fait que, selon le professeur De Bissy, beaucoup de fiscalistes ont été associés aux travaux du CNC.

[1421] Selon le professeur De Bissy, ceci explique que le Plan comptable général doit respecter les définitions du Code de Commerce. A. De Bissy, *op. cit.*

[1422] Sur ce point, voir les conclusions du commissaire du gouvernement L. Vallee : CE, 8 juin 2005, n° 270967, 9e et 10e s.-s., SAS Sofinad, conclusions L. Vallee, *BDCF* 2005, n°885, août-septembre.

[1423] Y. Benard, « Marketing, détergents et provisions : le CNC lave-t-il plus blanc ? », *Revue de Jurisprudence Fiscale* 2006, p. 723-730.

Chapitre 2 : La dépendance accrue de la fiscalité vis-à-vis de la comptabilité

« Si nombreux que soient les travaux finis, ceux qui restent à faire sont plus nombreux ».

« Vouloir arriver, c'est avoir déjà fait la moitié du chemin » (Alfred Capus).

433. L'influence de la comptabilité sur la fiscalité surprend. La doctrine commente avec passion[1424], ce que l'article 38 quater de l'annexe III au Code général des Impôts pose comme règle : la prédominance du droit comptable sur le droit fiscal pour la détermination de l'assiette de l'impôt sur les sociétés[1425]. L'engouement de la doctrine pour l'article 38 quater de l'annexe III au Code général des Impôts vient du fait que la pratique semble instituer plutôt une prédominance des règles fiscales sur les règles comptables[1426].

1424 F. Pasqualini, « Les chances d'une double rupture », *Les Petites Affiches*, 8 septembre 2005, n°179, p. 27. Rossignol a établi une synthèse de quelques belles expressions portant sur la relation entre comptabilité et fiscalité. J.-L. Rossignol, « Compilation de quelques belles expressions à propos des relations entre comptabilité et fiscalité au Xe siècle », *Les Petites Affiches*, 12 février 2001, n°30, p. 3. Il rappelle que selon Penglaou, « la fiscalité est à la comptabilité ce que le snobisme est à l'art ; il ne faut pas en dire du bien parce qu'elle lui a fait beaucoup de mal mais il ne faut pas en médire parce qu'elle lui a fait beaucoup de bien ». Brunet analyse la relation entre comptabilité et fiscalité, sous un angle différent : « la comptabilité est « une arme anti-fiscale, un rite célébré par mysticisme ou encore une corvée accomplie par crainte de sanctions ». Selon Brunet (1953), « les bilans, au fond, c'est une galéjade car leur rédaction dépend dans une très grande mesure de prescriptions fiscales ». Selon Delmas-marsalet, « si certains crient au rapt, c'était un rapt incestueux car, dans une large mesure, la comptabilité est la fille de la fiscalité et les exigences du fisc se sont ajoutées aux exigences du commerce pour promouvoir le développement de la comptabilité ». Enfin, Du Pontavice conclut sur la relation entre comptabilité et fiscalité en ces termes : « le droit comptable qui n'a dû sa naissance qu'aux sollicitudes du fisc (...) est dans une situation ambiguë par rapport au droit fiscal, tuteur tyrannique et tatillon d'un ancien pupille devenu adulte ».

1425 Article 38 quater de l'annexe III au Code général des Impôts.

1426 A titre illustratif, CE, 29 juillet 1998, n° 149517, SA Bergère de France, n° 234 427 ; *JCP E*, 1999, n°20, p. 871 à 872 ; *Revue de Jurisprudence Fiscale*, octobre 1998, n° 1083 ; *Droit Fiscal* 1999, n° 7, comm. 123. Ph. Losappio, « A la recherche du « bilan fiscal » (1e Partie) », *Les Petites Affiches*, 06 février 1995, n° 16, p. 9 ; Ph. Losappio, « A la recherche du « bilan fiscal » (2e Partie) », *Les Petites Affiches*, 03 février 1995, n° 15, p. 7 ; Ph. Losappio, « A la recherche du « bilan fiscal » (suite et fin) », *Les Petites Affiches*, 08 février 1995, n° 17, p. 19. Selon Barilari et Drape, le bilan fiscal est « la méthode de détermination du bénéfice imposable qui consiste à comparer l'actif net du bilan fiscal au début et à la fin de la période d'imposition. (…) ». Les auteurs précisent que cette méthode permet « de tenir compte des modifications de valeurs au niveau de l'actif, par exemple la vente d'un bien sous évalué dans le bilan, et des opérations exceptionnelles, par exemple une

A vrai dire, même dans la pratique, l'article 38 quater de l'annexe III au Code général des Impôts est respecté. En effet, les cas d'influence de la règle fiscale sur la règle comptable se posent, lorsque le droit comptable est incompatible avec le droit fiscal[1427]. Et c'est ce que rappelle l'article 38 quater de l'annexe III au Code général des Impôts : les entreprises doivent respecter les définitions édictées par le Plan comptable général pour déterminer l'assiette de l'impôt sur les sociétés, sauf si ces dispositions sont incompatibles avec la loi fiscale[1428]. Toute la difficulté est alors de savoir ce qu'il faut faire en cas d'incompatibilité avec la règle fiscale. Est-ce le traitement comptable qui prévaut ou faut-il s'en remettre aux règles fiscales ? Avant l'avènement des normes comptables internationales, le traitement qui prévalait était celui de la primauté des règles fiscales sur les règles comptables, du à plusieurs raisons. D'abord, les règles comptables étaient essentiellement d'origine règlementaires et donc inférieures aux règles fiscales qui sont d'origines législatives. Ensuite, les instances en charge du règlement des litiges entre comptabilité et fiscalité étaient fiscales. Il s'agit là des deux principales raisons qui expliquaient la prédominance des règles fiscales sur les règles comptables en cas de litige.

434. Un tel traitement n'est pas incompatible avec l'article 38 quater de l'annexe III au Code général des Impôts resté très silencieux à ce jour sur la question. Depuis l'avènement des normes comptables internationales, l'interprétation de l'article 38 quater de l'annexe III au Code général des Impôts est différente. Les litiges entre comptabilité et fiscalité se prononcent moins souvent en faveur de la règle fiscale. Deux raisons expliquent cette tendance. La première est liée à l'apparition d'instances comptables en charge de litiges relatifs à l'interprétation de la règle comptable et de la règle fiscale. L'avènement de ces instances comptables met fin au monopole dont disposait le Conseil d'Etat pour l'interprétation de la règle fiscale. La seconde, c'est que ces instances comptables, qu'elles soient nationales ou internationales, fournissent des règles influençant la fiscalité. Cette influence accroit la dépendance de la fiscalité sur la comptabilité. Ainsi, la dépendance accrue de la comptabilité vis-à-vis de la fiscalité se traduit par une dépendance institutionnelle **(Section 1)** source de dépendance législative **(Section 2)**.

---

indemnité d'éviction, opérations qui n'apparaissent pas normalement dans le résultat du compte d'exploitation ». A. Barilari, R. Drape, *Lexique Fiscal*, Dalloz 1987, p. 20.

[1427] J. Turot, « La poule pondeuse et le poulet », *RJF* novembre-décembre 1994, Etudes, p. 742.

[1428] Il existe cependant des cas d'influence de la fiscalité sur la comptabilité, même s'il n'y a pas de divergences entre les deux types de règles. Voir J. Turot, « La poule pondeuse et le poulet », *RJF* novembre-décembre 1994, Etudes, p. 742.

Section 1 : La dépendance institutionnelle de la comptabilité vis-à-vis de la fiscalité

435. Elle est l'œuvre de deux instances, l'une ayant une influence sur le plan national et l'autre ayant une influence sur le plan communautaire. Sur le plan national, l'influence de la comptabilité sur la fiscalité provient essentiellement du CNC devenu l'ANC. Pour donner naissance à l'ANC, le droit comptable a été réaménagé. Comme le souligne Obert[1429], l'ordonnance du 22 janvier 2009 (art. 5 à 8) a modifié le Code de Commerce, en ses articles L. 123-15, L. 123-16 et L. 233-20 afin de coordonner les dispositions des articles précités avec la compétence de l'ANC. Les références au CNC et à l'ARC ont été remplacées par le terme ANC et des règles ont été établies de sorte à permettre aux anciens membres du CNC et du CRC de rester en fonction jusqu'à la création de l'ANC. L'ANC est désormais créée avec des pouvoirs essentiellement comptables. L'interprétation des dispositions comptables dans la relation entre comptabilité et fiscalité va cependant accroitre le rôle de l'ANC en matière fiscale **(Paragraphe 1)**. Sur le plan communautaire, l'influence provient de l'IASC et de ses travaux. Au début de sa création, l'IASC n'avait pas d'ambitions fiscales. Si selon Dominique Ledouble, « la prophétie de Sir Henry Benson, déclarant à Paris en 1975 que le monde entier ne mettrait que 20 ans avant d'adopter ses normes, est en passe de prendre forme », cette prophétie était loin de s'étendre au domaine de la fiscalité[1430]. L'auteur résume d'ailleurs le propos en ces termes : « dans le même temps, la commission européenne constatait amèrement qu'aucune modernisation des directives comptables n'était envisageable dans un calendrier raisonnable. Mis au pied du mur et décidés à réaliser pour 2005 l'unification du marché financier européen, les Etats-membres décident à Lisbonne en 2000 que les normes comptables européennes seront celles… de l'IASB. Depuis 2005, voilà donc la France bilingue, sur le plan comptable du moins[1431] » et désormais, sur le plan fiscal aussi. Cette influence se matérialise principalement dans les pays connaissant la connexité entre comptabilité et fiscalité. Depuis l'introduction des normes comptables internationales, la doctrine a largement dénoncé deux phénomènes. Le premier est l'incompatibilité entre le type de comptabilité anglo-saxonne introduit par les normes IFRS et la fiscalité. Le second est la nécessité de

---

[1429] R. Obert, « Autorité des normes comptables », *Revue Française de Comptabilité*, février 2009, n°418, p. 4.

[1430] D. Ledouble, « Les règles comptables doivent-elles être laissées aux politiques », *Revue Française de Comptabilité*, Numéro spécial doctrine comptable, n°427, décembre 2009, p. 74.

[1431] D. Ledouble, « Les règles comptables doivent-elles être laissées aux politiques », *Revue Française de Comptabilité*, Numéro spécial doctrine comptable, n°427, décembre 2009, p. 74.

déconnecter la fiscalité et la comptabilité du fait des normes comptables introduites par l'IASB [1432]**(Paragraphe 2)**.

Paragraphe 1 : La dépendance institutionnelle sur le plan national : la nouvelle autorité des normes comptables

436. Selon Delpeche, l'ANC exerce trois fonctions : 1- Edicter des prescriptions comptables et des règlements qui vont donner une valeur juridique à ces textes. 2- Donner un avis sur l'ensemble des textes comptables. 3- Assurer la coordination et la synthèse de travaux assurés en matière comptable[1433]. Pourtant Cruvelier a vu dans l'ordonnance de janvier 2009[1434] instituant l'Autorité des Normes comptables Internationales, quatre fonctions : « à savoir : 1- Elle établit, sous forme de règlements, les prescriptions comptables générales et sectorielles que doivent respecter les personnes physiques ou morales soumises à l'obligation légale d'établir des documents comptables conformes aux normes de la comptabilité privée. 2- Elle donne un avis sur toute disposition législative ou réglementaire élaborée par les autorités nationales et contenant des mesures de nature comptable applicables à ces mêmes personnes. 3-Elle émet, de sa propre initiative ou à la demande du ministre de l'Économie et des Finances, des avis et des prises de position dans le cadre de la procédure d'élaboration des normes comptables internationales. 4- Elle veille à la coordination et à la synthèse des travaux théoriques et méthodologiques conduits en matière comptable et propose toute mesure dans ces domaines, notamment sous la forme d'études et de recommandations[1435] ». A vrai dire, la différence entre les deux fonctions se situe dans le fait que les deux premières fonctions énoncées chez Cruvelier se retrouvent en une seule, selon Delpech : édicter des prescriptions comptables et les émettre sous forme de règlements. Dans toutes ces fonctions précédemment soulignées, la dimension fiscale reste absente. Pourtant au-delà du simple cadre de ses compétences **(I)**, l'ANC est souvent appelée, en pratique, à exercer des fonctions fiscales **(II)**.

[1432] B. Colmant, « Connexion des droits comptable et fiscal des entreprises : quelques repères et réflexions », *Accountancy & Tax*, Numéro 1, 2006, p. 24.

[1433] X. Delpech, « Création de l'Autorité des normes comptables », *Recueil Dalloz* 2009, p. 221.

[1434] Ordonnance n°2009-79 du 22 janvier 2009.

[1435] E. Cruvelier, *Répertoire de droit commercial de Comptabilité*, Dalloz 2010, n°13.

I- La création de la nouvelle autorité des normes comptables

437. Il convient de s'intéresser d'emblée à la compatibilité entre les fonctions premières de l'Autorité des Normes comptables et les fonctions fiscales. Ainsi, selon les auteurs du Mémento comptable[1436], la création de l'ANC (Autorité des Normes comptables) pourrait donner plus de poids aux avis comptables et confirmer ainsi la tendance de prédominance de la comptabilité sur la fiscalité qui se dessine de plus en plus. En effet, les auteurs précisent que non seulement la nouvelle Autorité des Normes comptables peut-être saisie par toutes les parties prenantes, mais aussi par les contribuables. Tout d'abord, les rédacteurs du Mémento Francis Lefebvre affirment que l'ANC peut-être saisie par toutes les parties prenantes au contrôle fiscal. Cette affirmation ne résulte d'aucun texte de lois ni d'aucune jurisprudence. Il s'agit de propositions émises par les autorités comptables et fiscales, en l'occurrence, par Lieb et Bachelier, président de sous-section au Conseil d'Etat et représentant du Conseil d'Etat au collège de l'ANC. Selon Lepetit, cité par les rédacteurs du Mémento Actifs, « si le CNC n'a, bien entendu, pas à s'immiscer dans des contentieux fiscaux particuliers, il est tout à fait logique que lorsque des problèmes d'interprétation se posent, le CNC (l'ANC) prenne position, notamment sur demande de la direction de la législation fiscale[1437] ». La possibilité que l'administration fiscale saisisse l'Autorité des Normes comptables sur des divergences d'interprétation résultant de l'application des normes comptables internationales est un facteur important de la dépendance des règles fiscales par rapport aux règles comptables.

438. La saisine de l'Autorité des Normes comptables peut aussi se faire par les contribuables, notamment en raison des changements introduits par les normes comptables internationales, comme le précisent les rédacteurs du Mémento fiscal. Selon ces derniers, le CNC a publié un avis en 2009, réaffirmant que les redevances de fortage constituent des charges et non une immobilisation incorporelle[1438]. « Depuis, avec l'alignement de la doctrine fiscale sur les règles comptables en matière d'immobilisations[1439], il y a tout lieu de penser que les contribuables auxquels la déductibilité fiscale des redevances est contestée, pourront utilement produire cet avis du CNC à

1436 Cl. Lopater, A. L. Blandin, M. A. Deysine, « La comptabilité : une nouvelle arme pour les contrôles fiscaux », *Feuillet Rapide* 29/10 du 4 juin 2010, p. 6.

1437 J.-F. Lepetit, cité par Cl. Lopater, A. L. Blandin, M. A. Deysine, « La comptabilité : une nouvelle arme pour les contrôles fiscaux », *Feuillet Rapide* 29/10 du 4 juin 2010, p. 6.

1438 Avis CNC n° 2009-03 du 10 avril 2009, cité par Mémento Fiscal Editions Francis Lefebvre.

1439 Inst. 4 A-13-05, sauf en matière de contrats de louage de marques et de brevets cité par Mémento Fiscal Editions Francis Lefebvre.

l'appui de leur défense ». Deux constats méritent d'être dégagés. Tout d'abord, le Conseil d'Etat perd de plus en plus le monopole de pouvoir trancher sur des litiges portant sur l'interprétation des divergences entre comptabilité et fiscalité. Il s'agit d'un facteur d'émancipation des règles comptables vis-à-vis des règles fiscales étant donné que seul le Conseil d'Etat disposait de cette faculté. Ensuite, l'émancipation des règles comptables par rapport aux règles fiscales se confirme dans une décision du CNC qui non seulement, a influencé le Conseil d'Etat, mais l'a conduit à opérer « un revirement de sa propre jurisprudence ». L'affaire concernait la comptabilisation d'une provision pour charge. Une provision pour charge est une provision « constituée en vue de faire face à des pertes ou charges nettement précisées et que des évènements en cours rendent probables, à condition qu'elles aient été effectivement constatées dans les écritures de l'exercice[1440] ».

439. Alors que jusqu'à ce jour la jurisprudence du Conseil d'Etat, notamment pour les critères des immobilisations incorporelles recourait plus systématiquement au droit de propriété[1441], il faudra désormais s'attendre à un retour des règles comptables en jurisprudence. Le processus de la dépendance de la comptabilité sur la fiscalité retrouve sa véritable place, celle que lui a assignée l'article 38 quater de l'annexe III au Code général des Impôts, du fait de l'introduction des normes comptables internationales. Benard résume bien le propos dans une chronique[1442], lorsqu'il affirme que : « malgré la participation de la direction de la législation fiscale aux débats du Conseil national de la Comptabilité (CNC) et la constitution en son sein d'un groupe IAS/fiscalité, les modifications du droit comptable ne sont que rarement opérées en considération de leurs incidences fiscales. De plus, le processus de convergence du Plan comptable général vers les normes IFRS, engagé depuis 2002, conduit les autorités comptables à donner davantage de précision aux normes comptables et occasionne une accélération de leur rythme de renouvellement susceptible, par ricochet, de provoquer des à-coups dans le traitement fiscal des écritures comptables ». Si la tendance se confirme, le risque est grand de voir d'une part, une émancipation du droit fiscal, d'autre part, une multiplication des divergences entre comptabilité et fiscalité, et enfin, un accroissement des retraitements à effectuer sur le tableau 2058 A[1443]. Outre les risques d'insécurité juridique évidents qu'une telle situation pourrait engendrer[1444], les normes comptables internationales

---

[1440] Article 39-1-5 du CGI.

[1441] CE, 21 Août 1996, Arrêt Sa Sife, *op. cit.*

[1442] Y. Benard, « Marketing, détergents et provisions : le CNC lave-t-il plus blanc ? », *Revue de Jurisprudence Fiscale* 2006, p. 723-730.

[1443] B. Grandguillot, *L'essentiel du droit fiscal 2011*, Gualino 2011, p. 67 à 68.

[1444] Y. Benard, « Marketing, détergents et provisions : le CNC lave-t-il plus blanc ? », *Revue de Jurisprudence Fiscale* 2006, p. 723-730.

peuvent provoquer, à long terme, une rupture du principe de légalité. En effet, soit la comptabilité et la fiscalité devront être déconnectées, soit la fiscalité devra subir les évolutions de la norme comptable internationale et abandonner progressivement l'interprétation et l'élaboration de la loi fiscale à des instances comptables. La question de la compétence de l'Autorité des Normes comptables en matière fiscale se pose.

II- La compétence de l'Autorité des Normes comptables en matière fiscale

440. Le Conseil national de la Comptabilité, devenu l'Autorité des Normes comptables a démontré ses compétences en matière fiscale, aux cours des deux affaires précédemment citées. S'agissant tout d'abord de la première affaire, elle concerne la déduction d'une provision pour charge correspondant aux coupons émis et non encore utilisés par les consommateurs à la clôture de l'exercice[1445]. Sous les conclusions du commissaire du gouvernement[1446], publiées au Bulletin des Conclusions Fiscales, il est possible de comprendre qu'il s'agissait d'une société fabriquant des produits d'entretien et qui avait émis des coupons de réduction, collés sur les produits et utilisables lors d'achats futurs par les clients des produits d'entretien de la société. L'administration a réintégré les provisions constituées par deux sociétés, correspondant à la charge de remboursement des coupons dont elle estimait qu'ils seraient utilisés car elle a considéré que les conditions de constatation de ces provisions n'étaient pas remplies[1447]. Le commissaire du gouvernement a rappelé que selon l'administration, il faut notamment que les produits afférents à ces charges soient comptabilisés au titre du même exercice[1448]. Après avoir rappelé la procédure suivie par l'affaire et au cours de laquelle la cour administrative d'appel avait refusé la déduction au motif que le remboursement des coupons était une renonciation unilatérale à des recettes, dépourvue de contrepartie, le commissaire du gouvernement contredit cette théorie. Selon lui, les coupons ont pour contrepartie l'achat des produits par le

[1445] CE, 2 juin 2006, n° 269997 et n° 269998, Sté Lever Fabergé France et Sté Unilever France.

[1446] CE, 2 juin 2006, n° 269997 et n° 269998, Sté Lever Fabergé France et Sté Unilever France, concl. E. Glaser, *BDCF,* août-septembre/2006 n° 97.

[1447] CAA Paris, 30 avril 2004, n° 00-3280 : *RJF* 8-9/04 n° 861, conclusions F. Bataille *BDCF* 8-9/04 n° 101.

[1448] P. Fumenier, « À quel moment les provisions pour risques et charges doivent-elles être constituées et évaluées ? » *Droit Fiscal* n° 15, 9 avril 2009, p. 269.

consommateur[1449]. Il rappelle en outre que « le motif de refus de provisionnement retenu par le Tribunal Administratif tenait à ce que la charge se rattachait à des produits futurs, résultant de l'achat ultérieur par le consommateur d'un bien identique. Cette position est conforme à la jurisprudence du Conseil d'Etat. Mais, selon le commissaire du gouvernement, le coupon incite tout autant à effectuer l'achat initial que les achats suivants de sorte qu'il est possible de considérer que le produit afférant à la charge du coupon est la vente du bien sur lequel il figure. Telle est en effet la position du Conseil national de la Comptabilité. Les règles comptables ne s'imposent pas au juge fiscal, mais il a coutume d'en tenir compte lorsque cela est possible ». Le Conseil d'Etat a donc suivi son commissaire du gouvernement, opérant, comme le rappelle les rédacteurs du Mémento Actif, un revirement de sa propre jurisprudence. D'ailleurs le commissaire du gouvernement Glaser rappelle ce revirement de jurisprudence. En effet, le Conseil d'Etat avait jugé qu' « une provision pour charges ne peut être déduite des résultats d'un exercice que si les produits afférents à ces charges ont été comptabilisés au titre du même exercice. Que dans le cas où les clients de la société anonyme Maty choisissaient d'utiliser les « bons-cadeaux » qui leur avaient été remis, à l'occasion d'achats effectués au cours d'exercices postérieurs à celui au cours duquel ils les avaient reçus, les ristournes dont ils étaient ainsi susceptibles de bénéficier ne pouvaient être comptabilisées qu'au titre des exercices ultérieurs[1450] ». La raison principale qui justifiait le revirement de jurisprudence du Conseil d'Etat tenait au fait que c'est l'achat de ce produit qui crée juridiquement la charge pour l'entreprise en cause. « Le coupon fait naître un contrat entre la société et l'acheteur, que la société est tenue d'honorer. Certes, tous les consommateurs n'utiliseront peut-être pas les coupons, mais dès lors qu'un produit portant un coupon a été vendu, il existe juridiquement une charge du montant dudit coupon. Cette charge est donc bien afférente à ce produit, puisque c'est avec lui que naît l'obligation ». L'argument du commissaire du gouvernement entre dans la logique comptable de la provision qui se différencie de la logique fiscale, par le fait que comptablement, la provision résulte d'une obligation à l'égard d'un tiers à la clôture de l'exercice ; alors que fiscalement, le fait générateur est constitué par un événement en cours à la clôture de l'exercice. Pour reprendre un exemple donné par Fumenier[1451], « cette différence peut être illustrée pour les litiges opposant l'entreprise à des tiers. comptablement, une provision peut être constatée s'il résulte du litige une obligation de l'entreprise vis-à-vis d'un tiers à la date de clôture de

---

[1449] CE, 2 juin 2006, n° 269997 et n° 269998, Sté Lever Fabergé France et Sté Unilever France, concl. E. Glaser *BDCF* août-septembre/2006 n° 97.

[1450] CE, 29 décembre 1997, n° 172014, SA Maty ; *RJF* février/98 n° 139, conclusions, G. Goulard.

[1451] P. Fumenier, « À quel moment les provisions pour risques et charges doivent-elles être constituées et évaluées » ?, *Droit Fiscal* n° 15, 9 avril 2009, p. 269.

l'exercice alors même qu'aucune réclamation n'a encore été formulée. Fiscalement, l'événement en cours à la clôture de l'exercice est la réclamation ou la plainte du tiers concerné ». La position comptable est celle prévalant dans les normes comptables internationales, à travers la norme IAS 37.

441. S'agissant ensuite de la seconde affaire, c'est à la suite de redressements incessants de l'administration fiscale que la question du traitement comptable des redevances de fortage a été introduite devant le CNC par l'Union Nationale des Industries de Carrières Et de Matériaux de construction (UNICEM). Suite à cette saisine, le CNC a publié un avis pour mettre un peu d'ordre dans ce qui était devenu une série de revirements jurisprudentiels au Conseil d'Etat[1452]. L'avis précise que la jurisprudence de la Cour de Cassation définit le contrat de fortage comme « une vente de matériaux envisagés dans leur état futur de meubles, comme meubles par anticipation[1453] ». L'avis du CNC rappelle que deux éléments caractérisent donc le contrat de fortage : l'élément principal qui est l'acquisition des matériaux extraits et l'élément accessoire qui est le droit exclusif d'exploiter les sous-sols et d'occuper les lieux[1454]. Ces précisions apportées, l'Union Nationale des Industries de Carrières et l'administration fiscale devaient être fixées sur le sort des redevances de fortage. Les commentateurs du Mémento Francis Lefebvre rappellent que sur la question, le Conseil d'Etat avait décidé que « les frais d'extraction des couches stériles d'une carrière, qui sont

---

[1452] CNC, Avis n° 2009-03 du 10 avril 2009, relatif au traitement comptable des redevances de fortage. L'avis précise ainsi qu'un « contrat de fortage est un contrat de droit privé par lequel un propriétaire foncier accorde à un exploitant de carrière le droit exclusif d'exploiter le sous-sol d'un terrain pendant une certaine durée et moyennant un prix généralement versé sous la forme de redevances annuelles. Un contrat de fortage est caractérisé par deux éléments : l'acquisition des matériaux extraits, élément primordial du contrat, et le droit exclusif d'exploiter le sous-sol et d'occuper les lieux, élément accessoire indissociable à l'acquisition des matériaux ».

[1453] Cass. Civ., 23 juin 1952, Veuve Gielen C. Morel ; Cass. Com., 4 février 1963 cités par l'avis CNC n°2009-03.

[1454] De cette définition, l'avis du CNC précise que ces contrats de fortage doivent être différenciés des contrats de concession de droits de propriété industrielle sur plusieurs points. D'abord des matières premières sont extraites du sol. Ensuite, la redevance rémunère effectivement ces matières, la rémunération est proportionnelle aux quantités extraites (et non aux ventes réalisées par l'exploitant). Un troisième point, c'est que le sol, objet du contrat, s'épuise inexorablement au fûr et à mesure de l'exploitation, faisant ainsi perdre à son propriétaire une partie de son actif. De plus, même dans ce cas, la comptabilisation d'un droit incorporel n'est pas explicitement prévue par les textes du fait de l'exclusion des contrats de louage de brevet et de marque du champ d'application de l'avis CNC n° 2004-15 relatifs à la définition et à la comptabilisation des actifs. Le contrat n'a de valeur que si les matières premières sont extraites. Il n'est pas possible de générer du chiffre d'affaires uniquement avec le droit acquis. L'entreprise n'a aucun engagement de verser la redevance prévue au contrat en cas de non extraction des matériaux, dans la mesure où en cas d'arrêt d'exploitation durant deux années consécutives, l'autorisation d'exploitation devient caduque.

exposés pour maintenir le gisement dans un état tel que l'exploitation normale de la carrière puisse continuer, sans augmenter sa durée d'utilisation ou sa valeur, constituent des charges d'exploitation[1455] » confirmant ainsi la jurisprudence SA Sife et la distinction entre charges et immobilisations.

442. Le Conseil d'Etat avait jugé cependant que cette jurisprudence, qui consistait à faire la distinction entre une charge et une immobilisation, ne remettait pas en cause le droit d'immobiliser une redevance[1456]. En effet, une redevance vient prolonger le droit d'utilisation alors que les frais d'extraction sont des charges d'exploitation. Ce principe, applicable en matière d'immobilisations incorporelles, est remis en cause par l'avis du CNC sur la question particulière des redevances de fortage, qui précise que le traitement comptable des redevances de fortage doit suivre celui des coûts des matériaux. Or, les matériaux extraits « ne sont des éléments identifiables du patrimoine de l'exploitant que lorsqu'ils sont extraits du sol (ils ne peuvent pas être individualisés avant). Ils ne sont donc comptabilisés à l'actif du bilan de l'exploitant qu'au fur et à mesure de leur extraction[1457] ». Il en est de même pour les redevances qui doivent être inscrites au bilan au fur et à mesure de l'extraction. Le raisonnement ainsi établi par l'avis de l'Autorité des Normes comptables vise à rendre conforme les immobilisations incorporelles avec la nouvelle définition des actifs : le critère d'identifiabilité. C'est parce que les matériaux extraits du gisement ne sont identifiables qu'au moment de leur extraction qu'il faut attendre cette extraction avant de les comptabiliser en actifs et il en est de même pour les redevances de fortage qui doivent suivre le régime des matériaux. Il y a là une influence des normes comptables internationales dont les répercussions se traduisent en jurisprudence, sous l'impulsion de l'Autorité des Normes comptables.

443. Il faut rappeler qu'un actif est un élément identifiable du patrimoine, selon la nouvelle définition apportée par les normes comptables internationales[1458]. La difficulté se pose pour les immobilisations incorporelles, c'est-à-dire les immobilisations sans substance physique[1459]. Selon Lebrun[1460], la condition d'identifiabilité est généralement remplie pour

---

[1455] CE, 30 décembre 2003, n° 236174, Sté Pigeon Carrières : *RJF* mars 2004 n° 231, concl. Mme M.-H. Mitjavile.

[1456] CE, 31 juillet 2009, n° 307305, 9e et 10e s.-s., SAS Carrières Bonin, *RJF*, Oct. 2009, n°907.

[1457] CE, 31 juillet 2009, n° 307305, 9e et 10e s.-s., SAS Carrières Bonin, *RJF*, Oct. 2009, n°907.

[1458] Règlement CRC 2004-01.

[1459] M. Cozian, « Propos de fiscaliste sur la notion d'immobilisation corporelle », *Mélanges en l'honneur du professeur Claude Perochon*, Foucher Paris 1995, p. 157.

[1460] B. Lebrun, « La capitalisation d'une immobilisation incorporelle suivant la norme IAS 38 », *Revue Française de Comptabilité*, n° 367, juin 2004, p. 4.

les immobilisations incorporelles acquises de manière isolée. Lorsque ces immobilisations incorporelles ne sont pas acquises de manière isolée, elles pourront être identifiées à partir de deux conditions posées par l'article 211-3 du PCG. Cet article rappelle en effet qu'une immobilisation incorporelle est identifiable si : « elle est séparable des activités de l'entité, c'est-à-dire susceptible d'être vendue, transférée, louée ou échangée de manière isolée ou avec un contrat, un autre actif ou passif ; ou si elle résulte d'un droit légal ou contractuel même si ce droit n'est pas transférable ou séparable de l'entité ou des autres droits et obligations[1461] ». Ce caractère d'identifiabilité provient des normes comptables internationales, particulièrement de la norme IAS 38 pour les immobilisations incorporelles[1462]. Dans la jurisprudence, ce critère d'identifiabilité devra apporter plus de cohérence à la jurisprudence du Conseil d'Etat surtout en matière de redevances de fortage[1463]. Il s'agit là, au demeurant, d'un nouveau recul des critères du droit civil en comptabilité, pour l'enregistrement des immobilisations incorporelles. Désormais, en plus du critère du contrôle, c'est l'identifiabilité qui va permettre de déterminer le moment de comptabilisation des immobilisations incorporelles[1464]. Le critère de cessibilité utilisé pour distinguer les charges qui sont des immobilisations et les charges qui ne sont que des charges est balayé par l'avis du CNC pour le cas des contrats de fortage. Désormais, les redevances suivent le régime des couts d'extraction, peu importe qu'elles soient versées pour prolonger le droit d'exploiter les carrières. En effet, aussi longtemps que les extractions ne seront pas identifiables, elles ne peuvent être considérées comme des immobilisations incorporelles. Puisque les redevances versées suivent le même régime que les extractions, ces dernières ne peuvent être considérées comme des immobilisations incorporelles. Le Conseil d'Etat a suivi l'avis de l'Autorité des Normes comptables. Les rédacteurs du Mémento Actifs ont vu, à travers cet avis de l'ANC, une nouvelle ère : celle de la possibilité pour les contribuables ayant des litiges avec l'administration fiscale, de pouvoir saisir l'ANC. Cette étape des relations entre comptabilité et fiscalité, nourrie par les décisions de l'Autorité des Normes comptables, va plus loin. L'influence des normes comptables internationales sur la fiscalité passe par l'ANC, laquelle, est à son tour influencée par les travaux des institutions internationales.

[1461] Article 211-3 du PCG.

[1462] Norme IAS 38.

[1463] CE, 30 décembre 2003, n° 236174, Sté Pigeon Carrières : *RJF* mars 2004 n° 231, concl. Mme M.-H. Mitjavile.

[1464] I. Rouberol, « Prix de transfert : l'accession mobilière, un fondement légal de la propriété économique des marques ? », *Droit Fiscal* n° 27, 7 juillet 2011, p. 410.

Paragraphe 2 : La dépendance institutionnelle sur le plan communautaire : vers une compétence fiscale mondiale

444. L'IASB n'a pas le pouvoir de légiférer des normes applicables directement dans les fiscalités des différents pays de l'Union Européenne[1465]. En ce sens, la compétence fiscale de l'IASB est donc un mythe. En revanche, l'IASB possède un pouvoir normatif que lui a conféré l'Union Européenne depuis sa décision d'imposer les normes comptables internationales dans les comptes consolidés des sociétés faisant appel public à l'épargne. Colasse résume fort bien ce propos : « il fallait donc que l'IASC trouve ce pouvoir coercitif qui lui manquait soit auprès des Etats-nations eux-mêmes, soit auprès d'organisations interétatiques, en les convaincant d'adopter et de faire appliquer ses normes par leurs entreprises[1466] ». Depuis la décision de l'Union Européenne de recourir aux normes comptables internationales, ce pouvoir coercitif est donc présent. Cette perte de la souveraineté comptable des Etats se traduit par une influence de la fiscalité dans les Etats européens appliquant la connexité entre comptabilité et fiscalité[1467]. Il est de plus en plus question du référentiel IFRS pour PME[1468]et de la possibilité d'étendre le référentiel IFRS pour PME à l'ensemble des pays, dans la perspective d'aboutir à une comptabilité et à une fiscalité mondiale[1469]. Hoarau et Teller avaient raison lorsqu'ils évoquaient, à propos des IFRS, le terme de référentiel « dogmatique à prétention mondiale[1470] ». Les normes comptables

---

[1465] D'ailleurs, pour que les normes comptables internationales soient applicables dans les différents pays, il fallait qu'elles ne tiennent pas compte des fiscalités, car chaque pays ayant son propre système fiscal, comme le fait très justement remarquer B. Colasse, « Le syscoa-ohada à l'heure des IFRS », *Revue Française de Comptabilité*, n°425, octobre 2009, p. 25.

[1466] B. Colasse, « Le syscoa-ohada à l'heure des IFRS », *Revue Française de Comptabilité*, n°425, octobre 2009, p. 25.

[1467] H. Olivier, « Une perspective européenne », *Les Petites Affiches*, 8 septembre 2005, n° 179, p. 21.

[1468] Revue Fiduciaire comptable, « Le référentiel IFRS PME, comparaison avec les règles françaises », *Revue Fiduciaire comptable*, n° 342, septembre 2007, p. 23 à 62 ; W. Nahum, « L'extension des normes IFRS aux PME /PMI », *Les Petites Affiches*, 3 juin 2003, n°110, p. 6 ; Revue Fiduciare comptable, « IFRS et PME : le projet de l'IASB», *Revue Fiduciaire comptable*, avril 2007, n° 338, p. 21. O. Barbe, L. Didelot, « Comptes individuels en norme IFRS pour PME : réalisme ou utopie ? », *Revue Française de Comptabilité*, n°430, mars 2010 ; S. Bourguignon, M. Van Caeneghem, « Vers de nouvelles normes comptables pour les PME », *Banque Magazine*, 01 décembre 2006, n°686, p. 83.

[1469] J.-G. Degos, S. Ouvrard, « L'influence des normes d'information financière sur la convergence des règles fiscales et comptables françaises », *La Revue du financier*, mai-juin 2007, n°165, p. 32.

[1470] R. Teller, Ch. Hoarau, « IFRS : les normes comptables du nouvel ordre économique global ? », *Revue Comptabilité Contrôle Audit*, Numéro Spécial, décembre 2007, p. 3.

internationales s'étendent à tous les continents[1471] et leurs vocations embrassent désormais les domaines de la fiscalité, principalement dans les pays où comptabilité et fiscalité sont liées. Leur influence en fiscalité n'est donc pas directe mais indirecte.

445. Outre les dispositions fiscales que ces normes contiennent[1472], leur cadre conceptuel inspire certains auteurs comme Rossignol selon lequel ce cadre pourrait servir à la fiscalité. D'autres en revanche estiment que le cadre conceptuel de l'IASB est beaucoup trop tourné vers les investisseurs, ignorant ainsi la notion juridique d'affectio societatis (l'envie de s'unir pour réaliser un projet commun)[1473]. Un tel référentiel fragilise l'entreprise en ce qu'il conduit à la mettre entre les mains d'une seule partie prenante[1474]. En temps de crise, il vaut mieux avoir plusieurs parties prenantes qu'une seule, de sorte qu'en cas de défaillance d'une partie prenante, l'entreprise puisse être soutenue par les autres créanciers[1475]. De l'aveu du professeur Jacques

---

[1471] B. Colasse, « Le syscoa-ohada à l'heure des IFRS », *Revue Française de Comptabilité*, n°425, octobre 2009, p. 25.
D. Gouadin, E.B. Wade, « SYSCOA/OHADA », *Encyclopédie de la comptabilité, du contrôle de gestion et de l'audit*, n° 97, p. 1301, Economica, 2e édition, 2009 ; I. Vilardell, « Le plan comptable espagnol pour les PME et la norme IFRS pour PME », *Revue Française de Comptabilité*, n°436, octobre 2010, p. 35.

[1472] En l'occurrence la norme IAS 12 qui traite des impôts différés actifs : B. Lebrun, « Le projet de norme comptable de l'IASB sur l'impôt sur les bénéfices », *Droit Fiscal*, 16 juillet 2009, n° 29, p.418 ; R. Teller, Ch. Hoarau, « IFRS : les normes comptables du nouvel ordre économique global ? », *Revue Comptabilité Contrôle Audit*, Numéro Spécial, décembre 2007, p. 3.

[1473] Colasse, citant l'article 10 du cadre conceptuel de l'IASB, explique la primauté ainsi accordée aux investisseurs par le fait qu'ils supportent le risque : B. Colasse, « Le syscoa-ohada à l'heure des IFRS », *Revue Française de Comptabilité*, n°425, octobre 2009, p. 25.

[1474] Selon Marina Teller, la comptabilité n'est plus au service de l'homme, mais de l'investisseur. M. Teller, « Les normes comptables internationales : la transparence en question », *RTD Com.* 2010, p. 671.

[1475] V. aussi les propositions faites par le rapport Marteau et Morand sur la question de la juste valeur et qui ne préconisent malheureusement pas ces solutions : P. Morand, D. Marteau, « Normes comptables et crise financière »- Propositions pour une réforme du système de régulation comptable. Rapport au ministre de l'Economie, de l'industrie et de l'Emploi, 118 p., disponible sur http://www.ladocumentationfrançaise.fr. Mais quelle partie prenante pourrait-être susceptible de prendre le relais ? L'Etat ? A supposer que l'on accepte que l'Etat soit un actionnaire de toutes les sociétés à travers l'impôt sur les sociétés, prôner un interventionnisme signifierait porter atteinte au principe de neutralité de l'impôt et serait de toute évidence inadapté à l'économie de marché. Pourtant l'Etat exerce déjà cette influence dans l'établissement des comptes des entreprises : voir J.-L. Rossignol, « l'analyste financier, les nouvelles normes IAS/IFRS et l'impôt », *Les Petites Affiches*, 2 mai 2005, n° 91, page 8. ; Selon Rossignol, « l'État considère que son rôle, dans le cadre du processus comptable normatif, est de protéger les créanciers, actionnaires et salariés, ainsi que ses propres intérêts par l'intermédiaire de l'administration fiscale. L'État, destinataire obligé des comptes de l'entreprise, peut, ainsi, être considéré comme l'un de ses partenaires, même s'il n'en demeure pas moins un partenaire atypique occupant une place particulière dans l'environnement de la

Richard[1476], l'influence de l'IASC sur les travaux du Conseil national de la Comptabilité, devenu l'Autorité des Normes comptables est très importante, même si les autorités comptables nationales refusent de l'admettre. Or l'autorité des normes comptables internationales peut-être saisie de questions fiscales par les contribuables. Alors que jusqu'à ce jour le droit fiscal semblait disposer d'un droit de « veto[1477] » contre les évolutions liées à la normalisation comptable internationale par la voix de son Conseil d'Etat, il paraît perdre cet avantage depuis l'avènement de l'Autorité des Normes comptables. Cette autorité peut être saisie de questions fiscales par les contribuables. Par effet de ricochet, le risque existe que l'IASC influence les travaux de l'ANC, lesquels vont à leur tour influencer les décisions du Conseil d'Etat. Le propos doit cependant être relativisé. Le Conseil d'Etat dispose de la possibilité de s'opposer aux évolutions de la matière comptable. Cependant, si dans les textes, un tel pouvoir est reconnu au Conseil d'Etat, celui-ci a prouvé dans le passé, sa capacité à faire prévaloir l'application des normes comptables internationales, au détriment des textes et de la jurisprudence.

Section 2 : La dépendance législative liée à l'introduction des normes comptables internationales

446. Les progrès réalisés par le droit comptable du fait de l'avènement des normes IFRS sont notables. L'instruction fiscale du 30 décembre 2005 rappelle en effet que « cette évolution comptable a pour conséquence une nécessaire adaptation des règles fiscales que l'administration a engagé selon trois axes principaux : le maintien de la connexité de la fiscalité avec la comptabilité, la préservation de la neutralité fiscale et la simplicité des retraitements fiscaux[1478]. Il est par ailleurs rappelé qu'aux termes de l'article 38 quater de l'annexe III au CGI, les entreprises doivent respecter les définitions du Plan comptable général, sous réserve que celles-ci ne soient pas incompatibles avec les règles applicables pour l'assiette de l'impôt ». Si nombreux soient-ils, ils sont infimes face à l'ensemble des domaines

firme » : J.-L. Rossignol, « L'Etat et la comptabilité de l'entreprise », *Les Petites Affiches*, 30 septembre 2005, n°195, p. 4.

1476 J. Richard, C. Colette, *Les systèmes comptables français et anglo-saxons – Normes IAS*, 7e éd, Paris, Dunod, 2005, p. 323.

1477 A. De Bissy, « Plaidoyer en faveur du maintien de la connexion entre comptabilité et fiscalité », *Ecrits de Fiscalité des Entreprises, Etudes à la mémoire du professeur Maurice Cozian*, LexisNexis 2009, p. 317.

1478 BOI 4 A-13-05 n° 213 du 30 décembre 2005, *op. cit.*

présents et futurs où le droit fiscal exerce encore une influence sur le droit comptable.

447. Mais le droit comptable semble résigné à devenir une branche de moins en moins dépendante de la fiscalité, depuis l'introduction du règlement 1606/2002 sur le plan communautaire et la transposition des différents règlements portant adoption des normes IFRS. Par sa seule volonté d'émancipation, il a ainsi déjà accompli « la moitié du chemin ». Alors qu'il était qualitativement[1479] et quantitativement[1480] dépendant du droit fiscal, le droit comptable devient un droit dans lequel la fiscalité trouve son intérêt comme l'atteste le projet de norme sur l'impôt sur les bénéfices et la norme IFRS pour PME **(Paragraphe 1)**. Il faut cependant regretter que le conflit entre comptabilité et fiscalité se soit élargi. Désormais, le débat ne s'organise plus autour de la question de la relation entre comptabilité et fiscalité mais autour du tryptique finance, comptabilité financière et fiscalité. Le droit fiscal s'expose de plus en plus à l'influence de l'information financière **(Paragraphe 2)**.

Paragraphe 1 : Le projet de norme de l'impôt sur les bénéfices et la norme IFRS pour PME

448. Les normes IFRS comme moteur de la bonne gouvernance et méthode pour influencer la politique fiscale de l'ensemble des pays qui utilisent ou utiliseront les normes comptables internationales est une idée qui pourrait avoir de grandes conséquences. Car la gestion des entreprises devrait prendre le pouvoir quand la gestion de l'Etat est défaillante. Si l'on arrive à faire des IFRS « un référentiel dogmatique » à prétention hégémonique[1481], on arriverait par là même à influencer la fiscalité et contraindre ainsi les dirigeants des pays en voie de développement à l'application d'une fiscalité saine, du moins une fiscalité des entreprises. Il existe actuellement un projet de rapprochement entre les USGAAP et la norme IAS 12 sur l'impôt sur le résultat. Ce sont les prémisses d'un futur impôt sur les résultats qui sera mondialement appliqué.

[1479] Au niveau de la hiérarchie des normes, l'essentiel de ce droit comptable était règlementaire alors que désormais, l'essentiel de ce droit comptable est d'origine communautaire.

[1480] Le droit comptable n'était pas très étoffé, cf Supra.

[1481] Pour reprendre le propos de R. Teller, Ch. Hoarau, « IFRS : les normes comptables du nouvel ordre économique global ? », *Revue Comptabilité Contrôle Audit*, Numéro Spécial, décembre 2007, p. 3.

449. Deux éléments méritent une attention particulière. Le premier est inhérent au fait que la « norme IFRS pour PME est applicable quel que soit l'environnement juridique et fiscal du pays d'adoption. En particulier, les principes et méthodes d'évaluation comptables sont parfaitement dénués de considérations à caractère fiscal. Ainsi il est impossible de comptabiliser des provisions réglementées ou des frais d'établissement, ces éléments ne répondant pas à la définition des passifs et des actifs[1482] ». Les normes comptables internationales se libèrent des considérations fiscales, qui sont propres à chaque pays, pour pouvoir s'appliquer à plusieurs pays. Il s'agit effectivement d'un référentiel « dogmatique » à prétention « hégémonique[1483] ». Car les provisions réglementées sont des provisions prévues en vertu d'un texte fiscal, qui n'ont d'autre but que d'inciter les entreprises à passer des écritures comptables en fonction de considérations fiscales. Ceci permet aux normes IFRS pour PME de se départir des règles de la fiscalité pour pouvoir s'appliquer à un maximum de société, y compris les Petites et Moyennes Entreprises. Une telle extension des normes IFRS pour PME aura pour conséquence une harmonisation des règles comptables, à un degré très poussé, c'est-à-dire à un degré Petites et Moyennes Entreprises. De la sorte, l'harmonisation de la fiscalité se fera avec l'harmonisation de la comptabilité, surtout dans les pays où les règles fiscales suivent les règles comptables. C'est le cas de la France, de la Belgique mais aussi et surtout de l'Allemagne. S'agissant particulièrement de la France, Dandon et Didelot font remarquer que la poursuite de la convergence du Plan comptable général vers le référentiel IFRS pour PME va nécessiter un certain nombre de conséquences, au titre desquelles : « la perte de déductibilité des dotations aux provisions réglementées ». Il faut en effet rappeler que le référentiel IFRS pour PME ne connait pas les provisions réglementées, car il s'agit de provisions à caractère fiscal. Si le référentiel IFRS pour PME doit être adopté, ces provisions seront supprimées. Le référentiel IFRS pour PME aura pour conséquence de supprimer « les bases de l'impôt sur les sociétés des entreprises » et pour l'Etat, « les recettes fiscales seraient concomitamment modifiées, plus volatiles et surtout dépendantes des évolutions comptables ». Le référentiel normal et le référentiel IFRS pour PME confirment donc la tendance actuelle qui est la dépendance accrue de la fiscalité vis-à-vis de la comptabilité. Cette tendance est aussi confirmée par la norme IAS 12 relative à l'impôt sur les sociétés.

450. En effet, l'impact des normes comptables internationales sur la relation entre comptabilité et fiscalité passe par une analyse du compte de résultat et des normes susceptibles d'impacter le compte de résultat.

[1482] O. Barbe, L. Didelot, « Comptes individuels en norme IFRS pour PME : réalisme ou utopie ? », *Revue Française de Comptabilité*, n°430, mars 2010, p. 34.

[1483] R. Teller, Ch. Hoarau, « IFRS : les normes comptables du nouvel ordre économique global ? », *Revue Comptabilité Contrôle Audit*, Numéro Spécial, décembre 2007, p. 3.

Cependant, aussi longtemps que les comptes consolidés ne seront pas utilisés pour l'établissement de l'assiette de l'impôt sur les sociétés, l'impact de ces normes sur la fiscalité ne s'avère pas pertinent[1484]. En revanche, il existe un projet de norme sur l'impôt sur les sociétés[1485] qui mérite une attention particulière pour plusieurs raisons, exposées par Lebrun[1486]. Au nombre de celles-ci, une d'entre elles intéresse la relation entre comptabilité et fiscalité, il s'agit des impôts différés qui « sont comptabilisés en cas de différences temporaires entre les valeurs comptables des éléments du bilan et les valeurs fiscales de ces éléments déterminées suivant les règles fiscales applicables à la taxe en cause ; aucune disposition comptable équivalente n'existe pour les autres taxes. Cette norme traite donc des relations entre comptabilité et fiscalité, « en fournissant le traitement comptable des divergences entre les bases comptables et les bases fiscales », comme l'expliquent Tort et Escaffre[1487]. Cette raison justifie l'intérêt accordé à une norme relative aux comptes consolidés, même si les comptes consolidés n'ont pas vocation à servir de base de calcul à l'assiette de l'impôt sur les sociétés[1488]. Paper et Pige ont synthétisé en une phrase le traitement du conflit entre comptabilité et fiscalité en parlant de « primauté de l'économique sur le fiscal[1489] ». « En matière fiscale, expliquent-ils, la norme IAS 12 qui traite de l'impôt sur le résultat consacre également la déconnexion entre la normalisation comptable et la normalisation fiscale. Il s'agit de la poursuite d'une évolution amorcée avec la constitution d'un droit comptable spécifique aux opérations de

---

1484 L. Escaffre, E. Tort, *Les normes comptables internationales IAS/IFRS*, Gualino, 2006, p. 139-164 ; Tort et Escaffre identifient plusieurs normes susceptibles d'impacter le compte de résultat. Il s'agit de la norme IAS 18 portant sur le traitement comptable des produits, y compris le chiffre d'affaires, la norme IAS 23 relative à la comptabilisation des couts des emprunts, la norme IAS 20 relative aux subventions publiques. Les contrats de construction entrent dans cette même logique et sont traités par la norme IAS 11. Enfin, la norme IAS 12 traite principalement de « l'impôt différé en fournissant le traitement comptable des divergences entre les bases comptables et les bases fiscales », comme l'expliquent Tort et Escaffre.

1485 B. Lebrun, « Le projet de norme comptable de l'IASB sur l'impôt sur les bénéfices», *Droit Fiscal* n° 29, 16 juillet 2009, p. 418.

1486 B. Lebrun, « L'impôt sur les bénéfices, une définition controversée », *Revue Française de Comptabilité*, mars 2011, n°441, p. 3.

1487 L. Escaffre, E. Tort, *Les normes comptables internationales IAS/IFRS*, Gualino, 2006, p. 139-164.

1488 Selon R. Obert, « l'impôt sur le résultat représente dans la quasi-totalité des Etats de la planète un prélèvement effectué sur les bénéfices. Les taux sont souvent de l'ordre de 30 à 40%. L'importance de cet impôt a fait que dès 1979, l'IASB a publié la norme IAS 12 relative à la comptabilisation de l'impôt sur les bénéfices et mise en application en janvier 1981. Cette norme a été révisée en 1996 et en 2000. En France et aux Etats-Unis, les dispositions relatives à l'impôt sur les bénéfices sont également à prendre en considération ». R. Obert, *Pratique des normes IFRS, Comparaison avec les règles françaises et les US GAAP*, 4e édit. Dunod 2009, p. 444.

1489 B. Pige, X. Paper, *Normes comptables internationales et gouvernance des entreprises, Le sens des normes IFRS*, 2e édit., p. 60.

consolidation. Il est vraisemblable que cette évolution se traduira un jour dans les comptes sociaux (c'est-à-dire non consolidés) des entreprises ». Si cette évolution doit se traduire dans les comptes sociaux, sans doute serait-il opportun de s'y intéresser dès à présent et de voir quels sont les changements que cette norme serait susceptible d'entraîner à l'avenir. Paper et Pige rappellent d'ailleurs à ce titre que « la norme IAS 12 impose la projection dans l'avenir pour estimer les dispositions fiscales applicables à un horizon temporel déterminé. Par contre, elle n'autorise pas l'actualisation des actifs et passifs d'impôt différé, en raison de la complexité opérationnelle du dispositif[1490] ». Sur la seule question de l'actualisation des passifs et actifs d'impôt différé, des divergences peuvent ressurgir. Ainsi, selon les rédacteurs du Mémento Actifs, « les créances et dettes d'impôts exigibles devraient être actualisées. Cette actualisation ne peut toutefois pas être imposée. Dans le cas où la non-actualisation serait retenue, il est nécessaire de bien s'assurer du principe de l'image fidèle[1491] ».

451. Il convient d'emblée de signaler que les normes comptables internationales n'ont rien apporté au droit fiscal et comptable, pour les impôts différés actifs ou passifs. Le droit comptable et fiscal français admettent le principe des impôts différés depuis fort longtemps. Simplement, dans le cadre de cette étude, les impôts différés actifs et passifs sont une illustration des relations existant entre la comptabilité et la fiscalité. La norme IAS 12 vise en effet à prescrire le traitement comptable applicable aux impôts différés, c'est-à-dire aux actifs et passifs comptables influencés par des règles fiscales. Les impôts différés ont cependant leur importance, car ils permettent de corriger les écarts résultants du changement de référentiel. En effet, le passage du PCG au référentiel IFRS peut se traduire par des variations sur le compte de résultat qui sont maitrisées par une écriture de régularisation. La fiscalité permet ainsi une meilleure lecture de l'information financière, et renforce sa dépendance à la comptabilité financière. Les impôts différés pourraient facilement être compris dans la catégorie de la fiscalité latente, en tout cas si on en croit les propos de Barilari et Drape qui expliquent qu' « une des causes les plus importantes du décalage entre résultat comptable et fiscal tient au décalage entre les dates de comptabilisation et les dates de retraitement fiscal des charges et produits. Parfois un impôt est payé par avance, par exemple les crédits d'impôt. Dans d'autres cas un déficit reportable permettra de neutraliser un impôt ultérieur. Il existe aussi des plus-values dont l'imposition est différée ou étalée[1492] ».

[1490] B. Pige, X. Paper, *Normes comptables internationales et gouvernance des entreprises*, Le sens des normes IFRS, 2e édit., p. 60.

[1491] Cl. Lopater et PriceWaterhouseCoopers, *Mémento expert Francis Lefebvre*, Levallois Perret, Éd. Francis Lefebvre, 2009, p. 370, n°27550.

[1492] A. Barilari, R. Drape, *Lexique Fiscal*, Dalloz 1987, p. 90.

Paragraphe 2 : L'influence de l'information financière sur la fiscalité

452. La question de l'impact de l'information financière sur la fiscalité a été soulevée par l'article R. 123-198 du Code de Commerce. Selon cet article : « les personnes morales ne pouvant adopter une présentation simplifiée de leurs comptes dans les conditions de l'article L. 123-16 et R. 123-200 à R. 123-202 font également figurer dans l'annexe : (alinéa 5) la ventilation de l'impôt entre la partie imputable aux éléments exceptionnels du résultat et la partie imputable aux autres éléments, avec l'indication de la méthode utilisée[1493] ». Avec l'introduction des normes IFRS, comment se présente cette information ? La présentation des états financiers ne se fait plus uniquement à des fins de déclarations fiscales[1494]. La réglementation, la codification et la certification n'ont jamais été aussi abondants[1495], impulsés par les scandales financiers, la frénésie des marchés financiers et les oppositions entre les besoins des petits investisseurs en quête de sécurité juridique et ceux d'investisseurs plus importants de type fonds d'investissements, en quête de performance financière de plus en plus accrue. La crise des subprimes considérée comme l'une des plus graves de l'histoire de la finance a sans doute contribué au degré très élevé de certification des comptes[1496], tout comme la nécessité d'aboutir à un degré élevé de comparabilité des sociétés entre elles a favorisé l'avènement des normes comptables internationales[1497]. Tous ces différents intérêts, portés à la comptabilité, n'ont pas permis de la rendre plus claire[1498].

453. Constat navrant de la réglementation actuelle, l'introduction des normes comptables internationales dans le Plan comptable général n'a pas eu le mérite que lui prête une partie de la doctrine[1499]. Gillet et Levasseur[1500]

[1493] Article R 123-198 du Code de Commerce ; Voir aussi J.-L. Rossignol, « L'Etat et la comptabilité de l'entreprise », *Les Petites Affiches,* 30 septembre 2005, n°195, p. 4.

[1494] Article précité.

[1495] R. Gillet, M. Levasseur, « Finance et comptabilité », *Encyclopédie de la comptabilité, du contrôle de gestion et de l'audit,* n° 59, Economica, 2e édition, 2009, p. 795 et s.

[1496] R. Gillet, M. Levasseur, « Finance et comptabilité », *Encyclopédie de la comptabilité, du contrôle de gestion et de l'audit,* n° 59, Economica, 2e édition, 2009, p. 795 et s.

[1497] A. Canziani, « Des directives européennes aux normes IFRS : une approche critique », *Revue du Financier*, janvier-février 2009, p. 4.

[1498] O. Barbe, L. Didelot, « Pour une meilleure comparabilité des états financiers individuels et une simplification du PCG », *Revue Française de Comptabilité*, juin 2010, n°433, p. 42 et s.

[1499] J.-L. Rossignol, « De l'intérêt d'un cadre conceptuel fiscal », *Option Finance*, 31 janvier 2005, n°819, p. 45.

l'ont souligné, rejoints en ce sens par Didelot et Dandon[1501], sous deux angles d'analyse différents : la multiplicité des choix comptables offerts par les normes IFRS et le rôle « multifonctionnel » de la comptabilité ont largement contribué au manque de fiabilité de l'information comptable. Comment justifier en effet, pour reprendre les exemples utilisés par Gillet et Levasseur, que l'annonce du départ d'un PDG soit plus fiable que les méthodes de la comptabilité, pour estimer la valeur future du cours d'une entreprise[1502] ? Selon Obert, « la réalité économique peut alors être influencée par sa représentation comptable : les valeurs des marchés montent parce que les sociétés publient de bons résultats, qui ne sont eux-mêmes que la conséquence de la hausse des marchés. (...) La réalité comptable influence la réalité économique, qui influence à son tour la réalité comptable[1503] ».

454. Deux clans rivaux se dessinent dans la course à l'information financière. Il s'agit d'une part des destinataires classiques de l'information comptable, au titre desquels il faut compter l'Etat, les banquiers, les salariés[1504]. Le second clan est composé de l'ensemble des investisseurs qu'il s'agisse des investisseurs pour les sociétés cotées en bourse ou les investisseurs pour les sociétés non cotées en bourse[1505]. Ce conflit d'intérêt pour l'utilisation de la comptabilité oppose tout aussi bien les managers et les dirigeants d'entreprise (ceux qui maitrisent l'entreprise et la connaissent parfaitement, les mandataires sociaux) et les propriétaires ou actionnaires ou encore les investisseurs[1506]. Le conflit qui oppose administration fiscale et investisseur dans l'utilisation de la comptabilité, n'a, en soit, rien de nouveau[1507]. Le comptable cherchera par trop souvent, la minoration du

---

1500 R. Gillet, M. Levasseur, « Finance et comptabilité », *Encyclopédie de la comptabilité, du contrôle de gestion et de l'audit*, n° 59, Economica, 2e édition, 2009, p. 798.

1501 O. Barbe, L. Didelot, « Pour une meilleure comparabilité des états financiers individuels et une simplification du PCG », *Revue Française de Comptabilité*, juin 2010, n°433, p. 42 et s.

1502 R. Gillet, M. Levasseur, « Finance et comptabilité », *Encyclopédie de la comptabilité, du contrôle de gestion et de l'audit*, n° 59, Economica, 2e édition, 2009, p. 798 et s.

1503 R. Obert, « Normes comptables et crise financière », *Revue Française de Comptabilité*, n°429, février 2010, p. 23.

1504 J.-L. Rossignol, « L'analyste financier, les nouvelles normes IAS/IFRS et l'impôt », *Les Petites Affiches*, 2 mai 2005, n° 91, p. 8 ; R. Gillet, M. Levasseur, « Finance et comptabilité », *Encyclopédie de la comptabilité, du contrôle de gestion et de l'audit*, n° 59, Economica, 2e édition, 2009, p. 798 et s.

1505 Voir I. Parachkevova, *Pouvoir et financement dans la société anonyme cotée*, Thèse, Nice, 2004, p. 12.

1506 Le comportement de certains actionnaires qui se contentent d'être des pourvoyeurs de fonds a favorisé les dérives des organes de management. Voir F.X. Lucas, « Les actionnaires ont-ils tous la qualité d'associé ? Bref propos discursifs autour du thème de l'associé et de l'investisseur », *Revue de Droit Bancaire et Financier*, n°4, 2002, p. 216.

1507 D. Gutmann explique ce conflit par le fait que la fonction d'information contraste avec celle de prélèvement. D. Gutmann, *Droit fiscal des affaires*, Montchrestien, édit. Lextenso 2010, p. 210 et s.

résultat fiscal par une information financière biaisée tout comme le manager recherchera le moins « disant » comptable pour que le profit à partager avec les actionnaires et salariés de l'entreprise soit moins important que ce qui devait résulter d'une application sincère des comptes. Les normes comptables internationales rappellent à l'utilisateur des états financiers, l'étrange paradoxe qui règne entre différents principes comptables. Alors que le principe de prudence conduit à ne pas constater les plus-values latentes mais à passer des provisions pour les moins-values[1508], le principe de la juste valeur commande l'enregistrement des dites plus-values[1509]. Il est difficile de dire que ces types de procédés sont conformes aux principes comptables, comme celui de l'image fidèle. Si le principe de l'image fidèle est la conformité des pratiques comptables aux règles comptables, alors en normes IFRS, l'image fidèle est respectée aussi longtemps que le comptable constate les plus-values d'un bien, conformément au principe de la juste valeur. En normes françaises, l'image fidèle sera tout aussi bien respectée si les mêmes plus-values latentes ne sont pas enregistrées, puisque le principe de prudence conduit à ne pas enregistrer comptablement ces opérations.

455. Cet étrange paradoxe aurait pu être dissipé par le droit fiscal. A vrai dire, l'accroissement de l'actif net devait bénéficier au fisc, aux actionnaires et à l'ensemble des parties prenantes de l'entreprise[1510]. Dans le domaine des sociétés foncières cotées, l'utilisation de la juste valeur aurait permis un accroissement de cet actif, une hausse du résultat comptable et donc fiscal de l'entreprise. Les actionnaires pourraient ainsi se partager un dividende plus important et les administrations fiscales recevoir une part du bénéfice comptable plus important, par la fiscalité. Même si la solution semble évidente, elle n'apporte pas toutes les réponses au problème des conflits d'intérêt opposant comptabilité et fiscalité. Le chef d'entreprise intéressé par l'accroissement de la performance financière de son entreprise préfèrera payer moins d'impôt[1511] ou paiera plutôt ses impôts « demain qu'aujourd'hui », comme le souligne Gillet et Levasseur[1512].

456. Pourtant ici encore, l'application des normes comptables internationales devait conduire à une « dépollution fiscale », en chassant de la comptabilité, les règles fiscales parasitant l'avènement d'une information comptable purement « économique ». L'approche par composants n'a-t-elle

---

[1508] G. Blanluet, « Du nouveau sur les provisions comptables non déduites fiscalement », *FR* 16/11 inf. 6 p. 11.

[1509] R. Gillet, M. Levasseur, « Finance et comptabilité », *Encyclopédie de la comptabilité, du contrôle de gestion et de l'audit*, n° 59, Economica, 2e édition, 2009, p. 802 et s.

[1510] J. Richard, C. Colette, *Les systèmes comptables français et anglo-saxons – Normes IAS*, 8e édition, Paris, Dunod, 2009.

[1511] C'est le cas des amortissements fiscaux, provisions à caractère fiscal de types provisions pour inflation, ou encore des provisions pour hausse des prix.

[1512] C'est le cas des impôts différés actifs.

pas contribué à cette dynamique en rendant plus fiable le calcul des pertes de valeur des éléments composants une immobilisation ? Les bases de calcul, ainsi que la durée de vie des composants de l'immobilisation font donc l'objet d'un amortissement spécifique, différent de celui de l'immobilisation en elle-même. Que dire aussi du recul de l'amortissement fiscal basé sur les usages face au calcul de l'amortissement par composants basé sur la durée d'utilité du bien ? Pendant longtemps, la comptabilité a été divisée entre la vision juridique et la vision financière. Cette opposition de vue conduit à enregistrer le crédit-bail à l'actif du crédit-bailleur, en normes IFRS, et à l'actif du propriétaire en normes françaises. La solution ne surprend plus : l'option « marchés financiers » des normes comptables internationales devait conduire à accorder une priorité aux investisseurs. L'évolution de la finance, celle à scandales, allait cependant porter un frein à cet élan. Les normes comptables internationales sont accusées d'avoir accru l'effet procyclique de la crise financière[1513]. Obert évoque le phénomène en ces termes : « le caractère procyclique des normes IFRS (et américains) constitue, en effet, la critique principale[1514] ».

457. De toute évidence, la nouvelle logique qu'elles étaient appelées à introduire en comptabilité[1515], ne devait pas prospérer dans un contexte de connexion entre règles comptables et fiscales en France, comme dans l'ensemble des pays connaissant la connexité entre règles comptables et fiscales[1516]. Pour ne pas perdre le fil de l'évolution imposée par la financiarisation de la comptabilité, les jeux de compte sont tenus obligatoirement en normes IFRS, pour les sociétés faisant appel public à l'épargne sur un marché de l'Union Européenne, et sont tenus facultativement en normes françaises, pour les sociétés non incluses dans l'obligation d'utiliser les normes IFRS. Le législateur fiscal peine cependant à adapter les comptes sociaux aux normes IFRS, désormais réputés pour leur caractère changeant[1517]. Les normes comptables n'ont pas permis à la comptabilité d'exercer pleinement ses fonctions d'information financière, parce que leur coexistence avec le référentiel comptable français engendre une multiplicité de choix comptables qui rendent la lecture des comptes non

[1513] P. J. Gaudel, J. Deforge, « IFRS : les normes comptables sont-elles un accélérateur de crise ? » *La Semaine Juridique Entreprise et Affaires* n° 23, 4 juin 2009, étude 1580.
[1514] R. Obert, « Normes comptables et crise financière », *Revue Française de Comptabilité*, n°429, février 2010, p. 21.
[1515] J. Richard, C. Colette, *Les systèmes comptables français et anglo-saxons – Normes IAS*, 8e édition, Paris, Dunod, 2009.
[1516] F. Mousel, *Quel impact fiscal suite à l'adoption des normes IFRS par l'union européenne*, 1e éd., Larcier, 2006, p. 191.
[1517] B. Lebrun, « Une nouvelle série de modifications sur les normes IFRS», *Revue Fiduciaire comptable*, novembre 2008, n° 355, p. 21 ; B. Lebrun, « Le projet d'amélioration des normes IFRS », *Revue Fiduciaire comptable*, décembre 2007, n° 345, p. 19 ; B. Lebrun, « Le projet d'amélioration des normes IFRS », *Revue Fiduciaire comptable*, janvier 2008, n° 346, p. 19.

homogènes[1518]. Pendant ce temps, les préoccupations des normalisateurs internationaux se tournent vers des besoins autres que fiscaux.

458. D'ailleurs la comparabilité des états financiers ne pouvait se faire qu'en écartant les considérations fiscales susceptibles de biaiser l'information comptable[1519]. Il est de moins en moins question de fiscalité et de plus en plus question de mondialisation de la comptabilité avec les normes IFRS[1520]. On évoque désormais le rapprochement avec les US GAAP, c'est-à-dire un système de normalisation qui s'est bâti sur la distinction entre normalisation comptable et normalisation fiscale[1521]. Les normes comptables internationales apportent donc la concurrence des normalisateurs privés. L'Etat n'est plus le seul destinataire des états financiers. Cette situation de concurrence rendra t-elle le législateur fiscal plus efficace ? Permettra-t-elle d'aboutir à un droit fiscal plus soucieux du respect des règles comptables ? L' « égalité est l'âme des partages[1522] » et aussi longtemps que les deux disciplines seront égales, il y aura un partage égal de leurs compétences, sans que l'une n'empiète sur l'autre[1523].

459. Il est possible de tirer les conséquences des relations entre comptabilité et fiscalité en jurisprudence pour proposer des pistes de réflexion. A certains égards, règles fiscales et comptables divergent. C'est le cas de la règle dite d'intangibilité du bilan d'ouverture du premier exercice[1524] qui est « une pure création jurisprudentielle[1525] », comme le

---

[1518] O. Barbe, L. Didelot, « Pour une meilleure comparabilité des états financiers individuels et une simplification du PCG », *Revue Française de Comptabilité*, juin 2010, n°433, p. 42 et s.

[1519] Les comptes consolidés visent en effet à retraiter les éléments fiscaux susceptibles de nuire à l'information financière.

[1520] A. Canziani, « Des directives européennes aux normes IFRS : une approche critique », *Revue du Financier*, janvier-février 2009, p. 4.

[1521] J. Langot, A. Burlaud, *Comptabilité anglo-saxonne : normes US GAAP et rapprochements avec les IAS-IFRS*. Vol. 1, Paris : Economica, 2006.

[1522] H. Roland, L. Boyer, *Adages du droit français,* 4e édition, Paris, Lexis Nexis Litec, 1999.

[1523] Selon le professeur Blanluet, il est cependant souhaitable que dans ce conflit entre comptabilité et fiscalité, le droit règne, car en définitive, seule la règle juridique permet de maintenir le lien entre les deux disciplines : G. Blanluet, M. D. Hagelsteen, D. Ledouble, J.-P. Lieb, B. Mirailles, D. Villemot, « L'environnement normatif », *Droit Fiscal* n° 37, 13 septembre 2007, comm. n° 821.

[1524] CE, 7 juillet 2004, n°230169 ass., min. c/ SARL Ghesquière Equipement, *RJF* 10/04, n°1019 ; CE, 7 juillet 2004, n°230169 ass., min. c/ SARL Ghesquière Equipement, *BDCF* octobre 2004, n°124 ; CE, 7 juillet 2004, n°230169 ass., min. c/ SARL Ghesquière Equipement, *FR* 35/04, n°1.

[1525] Le fait que la règle d'intangibilité du bilan d'ouverture soit une création jurisprudentielle rend difficile la notion et son contenu. D'abord, l'analyse de la jurisprudence à travers les arrêts Ghesquière et ceux du Conseil d'Etat du 31 octobre 1973 permet de voir une série de revirements jurisprudentiels sur la règle d'intangibilité du bilan d'ouverture du premier exercice. Même le Conseil d'Etat avait abandonné cette règle, comme le rappelle le commissaire du gouvernement Glaser dans l'affaire précitée avant que le législateur ne la rappelle le commissaire du gouvernement Glaser[1526]. D'un point de vue comptable, « dès lors que les comptes ont été publiés, il n'est plus possible de les faire modifier par l'assemblée générale et de les publier à nouveau[1527] ». Le droit fiscal reconnaît aussi la théorie de l'intangibilité du bilan d'ouverture[1528]. La comptabilité admet néanmoins quelques exceptions à cette théorie. C'est le cas « où le contribuable incorporait, conformément à la réglementation comptable qui l'autorisait, les intérêts des capitaux empruntés pour financer la production de biens dont le cycle de production dépassait douze mois, dans la valeur comptable de ces biens en stock ». Il lui appartenait néanmoins « de faire les opérations extracomptables nécessaires à la détermination du bénéfice net imposable conformément aux règles fiscales excluant une telle incorporation[1529] », ainsi que le précise très clairement le commissaire du gouvernement Glaser dans l'arrêt précité. Le droit fiscal n'admet des exceptions à la règle d'intangibilité du bilan d'ouverture que dans quelques rares cas. Le commissaire du gouvernement Glaser cite ainsi les dotations aux amortissements excessives au regard des

---

rétablisse par la loi n° 2004-1485 du 30 décembre 2004, qui a introduit un paragraphe 4 bis à l'article 38 du CGI. Le commissaire du gouvernement Pierre Collin affirmera ainsi que la jurisprudence du Conseil d'Etat a donné une interprétation contra legem de ce principe d'intangibilité. Elle a tout à la fois « méconnu la lettre du texte en inventant une limite en arrière, liée au délai de prescription de droit commun et en instituant un point de départ à ce délai (...) qui ne figure pas dans le texte. Tous ces éléments ont été faits « pour préserver l'existence d'un bilan intangible » comme le rappelle le commissaire du gouvernement Pierre Collin. La notion même de dernier exercice prescrit pose des difficultés et Mme le président M. D. Hagelsteen, cité par le commissaire du Gouvernement Pierre Collin, le rappelle : P. Collin, « Y a-t-il lieu d'abandonner la règle d'intangibilité du bilan d'ouverture du premier exercice non prescrit » ?, concl. Sous C.E., 7 juillet 2004, n°230169 ass., min. c/SARL Ghesquière Equipement, *BDCF* 2004, n°124.

1526 Voir en ce sens la jurisprudence citée par le commissaire du gouvernement E. Glaser : CE, 31 octobre 1973, n° 88207 plén. : Dupont 1974 p. 20, conclusions Mme M.-A. Latournerie *Dr. fisc.* 51/73 c. 1739 et CE, 13 mars 1981, n° 12508 ass., Caisse X : *RJF* 4/81 n° 367 avec conclusions C. Schricke p. 161 ; CE, 14 juin 1989, n° 54770 plén., Sicof : RJF 8-9/89 n° 996 avec conclusions Ph. Martin p. 471.

1527 Bull. CNCC septembre 2000 p. 385 et Mémento comptable Lefebvre 2008 n° 2395 cité par E. Glaser, « Intangibilité du bilan d'ouverture du premier exercice non prescrit : applicabilité au bilan comptable corrigé par les règles fiscales », Concl. sous CE, 3e et 8e ss-sect., 30 juin 2008, n° 288314, M. Lemoine : *Dr. fisc.* 2008, n° 39, comm. 506.

1528 Le commissaire du gouvernement E. Glaser rappelle en effet que l'existence d'un bilan fiscal découle du calcul du résultat fiscal à partir des écritures comptables et des divergences entre règles comptables et fiscales : E. GLASER, « Intangibilité du bilan d'ouverture du premier exercice non prescrit : applicabilité au bilan comptable corrigé par les règles fiscales », Concl. sous CE, 3e et 8e ss-sect., 30 juin 2008, n° 288314, M. Lemoine : *Droit fiscal* 2008, n° 39, comm. 506.

1529 Selon le commissaire du gouvernement E. Glaser, la théorie jurisprudentielle de l'intangibilité du bilan avait été abandonnée par la décision d'Assemblée de 2004, Ghesquière (CE, 7 juillet 2004, n° 230169 ass., SARL Ghesquière Equipement, *RJF* Oct. 2004 n° 1019 avec chronique L. Olleon p. 719, conclusions P. Collin *BDCF* Oct. 2004 n° 124). Le législateur l'avait rétablie par la loi n° 2004-1485 du 30 décembre 2004, qui a introduit un paragraphe 4 bis à l'article 38 du CGI.

usages, ou encore les dépenses passées à tort en charges alors qu'elles auraient dû venir en augmentation de l'actif immobilisé. Les conclusions ainsi apportées par le commissaire du gouvernement sont intéressantes au regard de la relation entre comptabilité et fiscalité. Elles apportent une nouvelle illustration du conflit d'intérêt qui oppose les deux disciplines. Chaque discipline n'admet d'exceptions au principe d'intangibilité du bilan d'ouverture que dans ses propres intérêts. En admettant que le bilan d'ouverture du premier exercice puisse être corrigé pour des charges excessivement passées en comptabilité et qui viendraient en minoration du résultat fiscal, le droit fiscal confirme les propos de Puyraveau-Descottes et Genon, cités par Rossignol et Chadefaux selon lesquels « le droit fiscal veille à ce que le bilan ne soit pas trop pessimiste[1530] ». C'est un moyen pour le droit fiscal de contribuer à une amélioration de l'information financière.

460. Cependant, lorsque cette amélioration de l'information financière est le fait de la comptabilité financière ou des normes comptables internationales, le risque est grand que ce type de comptabilité soit incompatible avec les principes fiscaux. Ce risque pourrait à lui seul justifier l'interventionnisme de l'Etat pour drainer l'épargne vers les domaines jugés nécessaires et maintenir les principes fiscaux souvent mis à mal par l'application des normes comptables internationales[1531]. Prôner l'interventionnisme de l'Etat comporte cependant des risques aux rangs desquels on peut citer la rupture du principe de neutralité fiscale. L'équilibrage des relations entre comptabilité et fiscalité est donc une énigme dont la solution implique la prise en compte de plusieurs paramètres. Une piste de réflexion pourrait être celle offerte par le changement de méthode comptable. Obert rappelle en effet que « les effets des corrections d'erreur sont imputés au compte de résultat » en normes françaises alors qu'elles sont imputées aux capitaux propres en normes IFRS. Si la solution devait être transposée en normes françaises, permettrait-elle de résoudre les conflits entre règles françaises et américaines relatives aux normes IFRS ?

1530 P. Puyraveau, M. Descottes-Genon, « Incidences du droit fiscal sur la régularité et la sincérité des bilans », *Revue Française de Comptabilité*, juin-juillet 1972, p. 202. Le propos est aussi repris par Cozian et Deboissy sur la question des provisions : M. Cozian, F. Deboissy, Précis *de fiscalité des entreprises,* Vol. 1, Paris, Litec, 2009, p. 504.

1531 G. Orsoni, *L'interventionnisme fiscal*, PUF, 1998 ; G. Hispalis, « L'arme fiscale tactique » : in *L'impôt, Pouvoirs*, PUF 1982, p. 69 et s.

Conclusion du Titre 2 de la deuxième partie

461. L'impact des normes comptables internationales sur les méthodes du droit fiscal fait naitre plusieurs problèmes. D'abord, celui de la hiérarchie des normes entre règles fiscales et comptables. Ensuite, celui de la légitimité constitutionnelle d'un organisme comptable privé à légiférer pour les règles internationales. Un troisième impact des normes IFRS sur le mode de fonctionnement du droit fiscal se matérialise par l'atteinte aux principes fiscaux tels que celui de l'annualité de l'impôt, celui de l'égalité ou encore, celui de l'équité. Il y a une influence réelle des normes IFRS dans la présentation des comptes annuels. Ces derniers ne sont plus établis qu'à des fins fiscales. Ils sont aussi établis dans le but de permettre une présentation aux investisseurs. La financiarisation de l'économie s'est donc étendue jusqu'au domaine de la fiscalité, victime de sa propre « gourmandise » : son rôle étant de taxer la richesse là où elle se trouve. Afin d'assurer cette fonction, l'impôt doit se mouvoir, changer, s'adapter. Dans cette quête d'adaptation, le droit fiscal est parfois conduit à abandonner ses « sacro-saints » principes. Au titre de ces derniers, il faut d'abord citer l'article 34 de la constitution qui réserve au législateur fiscal l'exclusivité d'établissement des règles de l'assiette de l'impôt sur les sociétés. Mais, il ne s'agit là que d'une règle : la réalité en est tout autre.

462. Amédée Manesme[1532] l'a souligné : la technicité de la matière fiscale conduit le législateur fiscal à déléguer cette compétence à l'administration fiscale qui est alors chargée de légiférer, de présenter les lois au parlement pour qu'elles soient adoptées et enfin de les interpréter. La compétence du législateur fiscal est donc partagée avec l'administration fiscale, donnant ainsi raison à la thèse de Varnerot qui avait évoqué la question des sources privées du droit fiscal[1533]. Avec l'introduction des normes comptables internationales, cette compétence se fragmente. Désormais, la compétence fiscale se partage entre les autorités comptables, qu'elles soient nationales ou internationales, l'administration fiscale et le législateur fiscal. La technicité de la matière comptable internationale conduit les autorités fiscales à solliciter plus d'interprétations de la part des autorités comptables. Elles perdent, ipso facto, un peu de cette exclusivité de leur compétence en matière fiscale. L'article 34 de la constitution s'effrite mais conserve ses bases textuelles : c'est toujours au législateur fiscal d'élaborer les règles

[1532] G. A. Manesme, « La doctrine administrative défavorable peut-elle donner lieu à restitution de l'indu », *Ecrits de Fiscalité des Entreprises, Etudes à la mémoire du professeur Maurice Cozian*, LexisNexis 2009, p. 23.

[1533] V. Varnerot, *Les sources privées du droit fiscal*, Thèse, Université de Nice, 2001, Introduction. V. Varnerot, *Les sources privées du droit fiscal*, Thèse, Université de Nice, 2001, Introduction.

fiscales mais leur interprétation, y compris par le Conseil d'Etat, sollicite l'intervention des autorités comptables privées du type IASB comme publiques, avec la nouvelle Autorité des Normes comptables. Il n'y a donc pas inconstitutionnalité de l'article 34 de la constitution pas plus qu'il n'y a de violation de son corolaire, le principe de la hiérarchie des normes. On aurait pu craindre, en effet, la suppression de plusieurs lois fiscales pour permettre l'introduction de décrets comptables portant adoption des normes comptables internationales.

463. On aurait pu craindre que cette suppression n'affecte la hiérarchie des normes. Certes ces exceptions existent et ne sauraient être ignorées. Il n'y a cependant pas matière à remettre en cause l'ensemble de la théorie pyramidale de Hans Kelsen. Tout au plus, l'on pourrait amplement rétorquer que ces quelques exceptions confirment la théorie générale pyramidale. Enfin, au regard du principe de l'annualité de l'impôt, du principe d'égalité devant l'impôt ou encore de la présentation des comptes qui ne sont plus faites à des fins purement financières, il s'agit là d'une véritable diversité pour le droit fiscal et non d'un obstacle. L'application du principe d'annualité de l'impôt cohabite mal avec les méthodes d'évaluation à la juste valeur comme les méthodes d'actualisation. Certaines méthodes d'actualisation sont cependant déjà utilisées en fiscalité[1534].

464. Les normes comptables internationales ne sont qu'une invitation à approfondir ce qui existe déjà. Il n'est pas incompatible d'allier ces principes d'actualisation à celui de l'annualité de l'impôt. Quant au principe d'égalité devant l'impôt, ce dernier tend à être respecté. Dans le cadre des amortissements, les entreprises qui verront leur résultat fiscal augmenter du fait de l'utilisation des normes comptables internationales pourront étaler ces conséquences sur 5 ans. Il ne s'agit que d'une illustration parmi tant d'autres ayant été adoptées par l'instruction fiscale du 30 décembre 2005[1535]. Enfin, la présentation des comptes permet de simplifier les déclarations fiscales mais tenir deux jeux de compte devient couteux pour les entreprises : la comptabilité sera-t-elle en mesure d'honorer ses fonctions fiscales et financières[1536] ?

465. Il n'existe donc pas de « formule gagnante ». Le système actuel comporte ses avantages et ses inconvénients. Le système de la déconnexion comporte tout aussi bien ses forces et ses faiblesses. C'est ce qui a fait dire au professeur Gutmann qu' « au total il apparaît ainsi que l'impératif de

---

[1534] D. Ledouble, « La juste valeur a-t-elle sa place en fiscalité ? », *Lamy Optimisation Fiscale de l'entreprise*, Etude n°123.
[1535] BOI 4 A-13-05 n° 213 du 30 décembre 2005.
[1536] G. Gelard, « L'extension des normes internationales aux comptes sociaux et la déconnexion entre fiscalité et comptabilité », *Droit Fiscal* 2004, n° 8 et 7, p. 42.

simplicité, qui semble commander l'alignement du résultat fiscal sur le résultat comptable, est contrebalancé par toute une série d'objectifs hétérogènes qui vont dans le sens inverse. L'étendue de la dissociation entre comptabilité et fiscalité dépend alors du dosage effectué par chaque Etat entre ces préoccupations antagonistes[1537] ».

Conclusion de la deuxième partie

466. Un droit de la mode, parce qu'il est appelé par sa nature à évoluer : voilà ce qu'à toujours été le droit fiscal[1538]. Les normes comptables internationales viennent révéler cette nature profonde et offrir le choix de transformer ce qui paraît être un défaut, en qualité. Bien plus qu'une qualité, c'est une chance offerte à l'ensemble du système fiscal d'utiliser les options introduites en droit français par ces normes pour en tirer le meilleur parti. Pour l'accompagner dans ce processus, les institutions comme l'Autorité des Normes comptables vont jouer un rôle déterminant. Devenue le relais de l'IASB, sur le plan national, l'ANC joue le rôle de garde-fou et de protecteur des normes IFRS. Elle a été créée pour tenir compte de l'évolution de la matière comptable internationale et la technicité de cette dernière oblige désormais les autorités fiscales à solliciter l'avis de l'ANC. Dans cette position privilégiée, ses avis vont être tranchés souvent en faveur du droit comptable[1539], renversant ainsi la hiérarchie établie entre règles comptables et règles fiscales. Le droit fiscal se met ainsi à subir l'influence des normes comptables internationales. Il ne sera plus le même parce que modifié désormais par un droit comptable communautaire, qui lui est hiérarchiquement supérieur. Il faut donc tenter le compromis, il y va de la survie de la matière fiscale, si elle veut continuer à jouer pleinement son rôle.

467. Comme une prise de conscience de sa montée en puissance, le droit comptable s'est saisi des instances nationales à son profit : l'ANC est désormais devenue une autorité administrative indépendante. Dans le renforcement de son pouvoir, toute la question est de savoir ce que le droit comptable fera des prérogatives qui sont entre ses mains. Sera-t-il le droit de la fiscalité ou le droit de la finance ? Ses hésitations le méneront vers un

---

[1537] D. Gutmann, *Droit fiscal des affaires*, Montchrestien, édit. Lextenso 2010, p. 211.

[1538] J.-C. Martinez, « Les réactions du contribuable fiscalement agressé », Colloque de Nanterre 1985, cité par L. Agron, *Histoire du vocabulaire fiscal*, LGDJ, 2000, p. 429.

[1539] Y. Benard, « Marketing, détergents et provisions : le CNC lave-t-il plus blanc ? », concl. Sous CE, 2 juin 2006, n° 269997 et n° 269998, Sté Lever Fabergé France et Sté Unilever France 995, *RJF* 2006 - août / septembre, p. 723.

droit de la finance, les cabinets anglo-saxons n'étant pas encore prêts à renoncer à leur tutelle sur la comptabilité. En dépit de ses hésitations, le droit comptable gagne du terrain sur le droit fiscal qui tente de se rapprocher de plus en plus de lui. Il faut rappeler qu'à certains points, il a été possible d'allèger certaines lois fiscales pour favoriser l'intégration des décrets comptables portant adoption des normes comptables internationales[1540]. Que dire enfin de l'article 38 quater de l'annexe III au Code général des Impôts qui s'était largement prononcé en faveur des règles fiscales, du moins dans la pratique et qui cède, à son tour, du terrain au droit comptable avec l'apparition des normes comptables internationales. « Le droit fiscal comme Charbonnier » restera-t-il maître chez lui[1541] ?

468. Le droit comptable a affirmé son autonomie en premier face au droit fiscal. Son rôle n'est pas d'informer mais d'enregistrer les valeurs. L'information n'est qu'un rôle secondaire : on s'informe pour payer ses impôts, on s'informe pour investir en bourse, on s'informe pour réclamer justice[1542]. Ce rôle est souvent mal perçu et à juste titre. En effet, son utilisation par les cabinets comptables, les institutions financières et les banques peut porter à croire que la comptabilité sert à l'information. En revanche, cette fonction de la comptabilité tend à devenir préponrédante, d'où la question légitime de la phagocytose des autres fonctions de la comptabilité pour en faire une fonction unique d'information des sociétés côtées en bourse. La question demeure entière et suscite encore l'effroi d'une forme de dogmatisme comptable[1543].

[1540] Même si l'article 34 de la consitution française réserve au législateur fiscal, l'exclusivité de l'éllaboration de la loi fiscale, elle subit désormais l'influence notable des cabinets comptables anglo-saxons.

[1541] L. Trotabas, « Essai sur le droit fiscal », *Revue de science et législation financières 1928*, p. 201-236.

[1542] B. Bouloc, « L'incidence des normes européennes sur les normes comptables », *Revue des Sociétés* 2005, p. 31.

[1543] R. Teller, Ch. Hoarau, « IFRS : les normes comptables du nouvel ordre économique global ? », *Revue Comptabilité Contrôle Audit*, Numéro Spécial, décembre 2007, p. 3.

Conclusion générale

469. « Le droit comptable qui n'a du sa naissance qu'aux sollicitudes du fisc (...) est dans une situation ambiguë par rapport au droit fiscal, tuteur tyrannique et tatillon d'un ancien pupille devenu adulte ». Particulièrement éloquents, ces propos du professeur Emmanuel Du Pontavice ont le mérite de souligner un phénomène de plus en plus frappant, l'affranchissement du droit comptable vis-à-vis de ses tuteurs parmi lesquels on peut compter le droit fiscal, mais aussi le droit commercial et le droit civil.

470. Plusieurs raisons justifient cette émancipation. La plus évidente reste sans doute que la politique de contrôle que le système juridique tend à avoir sur l'ensemble des autres systèmes, qu'ils soient scientifiques ou économiques connait des limites : il suffit que Wall Street éternue pour que l'ensemble des places boursières s'enrhument et que le reste du monde soit grippé.

471. Dans sa quête d'hégémonie, le système juridique s'est heurté à des systèmes d'une rare violence : il en est ainsi du système économique dont les règles et méthodes n'entrent pas toujours dans la logique juridique. Cette incompatibilité entre système juridique et système économique est à l'origine des difficultés de ménage entre les disciplines qui tendent vers une approche plus économique[1544] (le droit comptable) et les disciplines encore marquées par les vestiges des préceptes juridiques (droit fiscal français fortement inspiré du droit civil).

472. Touffues, complexes et d'une rare simplicité, pour reprendre le propos de Pasqualini[1545], les normes comptables internationales contiennent des principes comme celui de la primauté de la substance économique au-delà de la forme juridique qui vont entrer en contradiction immédiate avec la logique comptable française actuelle qui consiste d'avantage à privilégier l'approche juridique.

[1544] L'approche économique et financière est de plus en plus prépondérante dans le droit comptable comme l'attestent les projets de lois comptables développés par les services de la commission européenne. La comptabilité se modernise, se simplifie, se financiarise comme l'atteste le projet de modification de la quatrième directive européenne. Cette modernisation vise à simplifier « le modèle de présentation des comptes et des informations à fournir en annexe pour les PME » : R. Obert, « Le projet de modification de la quatrième directive européenne », *Revue Française de Comptabilité*, janvier 2011, n°439, p. 4.

[1545] F. Pasqualini, « Allocution de bienvenue », acte du colloque organisé par le dess fiscalité de l'entreprise de l'université Paris Dauphine sur les conséquences de l'introduction des nouvelles normes comptables internationales, *Les Petites Affiches*, 8 septembre 2005, n°179, p. 3 ; F. Pasqualini, *Le principe de l'image fidèle en droit comptable*, thèse, litec 1992.

473. Cette incompatibilité est le point de départ de notre réflexion et l'objet de passions doctrinales qui déchirent les tenants et les détracteurs de la primauté du droit dans la comptabilité. Cette incompatibilité est surtout l'occasion de soulever des interrogations sans passions. En effet, au-delà de la question de savoir qui du droit comptable ou du droit fiscal doit avoir le dernier mot dans les comptes des entreprises, une question interpelle d'avantage, comment concilier les intérêts de la comptabilité et de la fiscalité qui deviennent de plus en plus divergents et jettent le trouble sur la nature réelle de la relation entre comptabilité et fiscalité?

474. S'il fallait concilier ces divergences, celles-ci seraient la somme des propos d'Arnaud De Bissy qui préconisait un rapprochement des dispositions comptables et fiscales[1546], et celle de Pasqualini qui militait pour l'autonomie de chaque discipline, particulièrement celle du droit comptable[1547]. La tâche s'avèrera particulièrement ardue. Sur le plan de la présentation des états financiers, tenir un jeu de compte servant à l'établissement de l'assiette de l'impôt sur les sociétés et à la présentation des comptes consolidés est difficilement réalisable. La difficulté provient du fait que sur un plan technique, la consolidation n'est pertinente que s'il elle permet de retraiter toutes les informations empêchant d'avoir une valeur économique pure des entités. Or la fiscalité, par le jeu d'opérations qui n'ont aucun justificatif comptable, contribue à « biaiser » l'information comptable et financière. En 1957, Louis Rives avait déjà noté cette difficulté lorsqu'il affirmait que : « nous savons qu'en suivant les prescriptions fiscales, le comptable s'expose sur certains points à des risques non négligeables d'erreurs de gestion et que, s'il veut satisfaire aux exigences d'une gestion rationnelle, il se heurtera à des difficultés d'ordre fiscal. Pour échapper à ce dilemme, il est de plus en plus obligé d'établir deux séries distinctes de documents. L'idéal serait qu'il puisse fusionner ces deux séries. On pourra donc nous taxer de paresse pour n'avoir pas voulu, dans l'immédiat, exposer une solution valable conciliant ces deux sortes d'exigences. Nous répondrons que, d'une part, telle n'était pas notre intention et que d'autre part, « il est douteux, sur le plan théorique comme sur le plan pratique, que ce tour de force soit possible[1548] ». Evoquer le terme « impossible » en appelle

[1546] A. De Bissy, « Plaidoyer en faveur du maintien de la connexion entre comptabilité et fiscalité », *Ecrits de Fiscalité des Entreprises, Etudes à la mémoire du professeur Maurice Cozian*, LexisNexis 2009, p. 317.

[1547] F. Pasqulini, « Allocution de bienvenue », acte du colloque organisé par le dess fiscalité de l'entreprise de l'université Paris Dauphine sur les conséquences de l'introduction des nouvelles normes comptables internationales, *Les Petites Affiches*, 8 septembre 2005, n°179, p. 3 ; F. Pasqualini, *Le principe de l'image fidèle en droit comptable*, thèse, litec 1992 ; F. Pasqualini, « Les chances d'une double rupture », *Les Petites Affiches*, 8 septembre 2005, n°179, p. 27.

[1548] L. Rives, *Obsession fiscale et administration des entreprises : Essai sur le rapt de la comptabilité par la fiscalité*, thèse, Péchade, 1962, p. 12.

forcément à la provocation, au défi. De façon évidente, Louis Rives allait pousser le lecteur à s'interroger sur la « possibilité » de fusionner la comptabilité fiscale et la comptabilité financière, de sorte à n'avoir qu'un référentiel applicable pour l'ensemble des parties prenantes. L'idée est séduisante mais elle n'est pas pertinente, pour les raisons sus-évoquées.

475. Sans prétendre remettre en cause les théories classiques, certains doutes subsistent quant au fondement de la doctrine fiscale et juridique du patrimoine. La théorie du patrimoine d'Aubry et Rau est largement désuète[1549] et la nouvelle définition des actifs introduite par les normes IFRS l'a largement prouvé. En effet, la nouvelle définition des actifs conduit à concevoir différemment la propriété, les biens et la façon dont ils sont rangés dans le patrimoine. Même le droit des biens, qui, selon Blanluet, « présente une étonnante stabilité si on le compare aux autres branches du droit », est à son tour atteint dans « son centre névralgique » : l'usus. C'est l'usus qui a permis d'enregistrer les immobilisations incorporelles à l'actif du bilan[1550]. C'est ce même usus qui est aujourd'hui concurrencé par le critère du contrôle : désormais, un actif est un élément du patrimoine que l'entité contrôle. Il découle de ce contrôle que l'entreprise peut enregistrer à son actif des biens dont elle n'est pas propriétaire (au sens juridique du terme), mais pourtant dont elle a le contrôle. Pour éviter des conséquences fiscales préjudiciables, tous les contrats de location ont été écartés. Comme une sorte d'hypocrisie, le droit fiscal admet dans certains cas que des biens pour lesquels l'entreprise n'est pas propriétaire soient comptabilisés (la clause de réserve de propriété), mais refuse la généralisation de ce principe pour préserver le modèle de la connexion entre comptabilité et fiscalité. Il s'agit surtout de préserver le modèle patrimonial de la comptabilité qui commande d'enregistrer les biens selon leur qualification juridique, telle qu'établie par Aubry et Rau, il y a de cela plus d'un siècle. Il s'agit essentiellement de préserver un modèle désuet et peut-être inapproprié, sauf à des fins fiscales.

476. Il est temps d'envisager une autre approche de la comptabilité. Désormais l'ouverture à l'international permet d'avoir une variété de modèles dont la France pourrait largement s'inspirer. Le changement de logique juridique s'impose : « autre temps, autre mœurs ». Pour arriver à résoudre le conflit entre comptabilité et fiscalité, il est nécessaire de décentraliser le débat et de l'axer autour du contribuable et de ses besoins :

[1549] Le professeur Zenati souligne ce phénomène, tout en précisant que son importance est telle qu'il est impossible au juriste de mener une réflexion sans cette théorie. F. Zenati, « Mise en perspective et perspectives de la théorie du patrimoine », *RTD Civ.* 2003 p. 667.
[1550] CE, 21 août 1996, Arrêt Sa Sife, *op. cit.*

les règles juridiques qu'elles soient comptables ou fiscales devront avoir pour préoccupation essentielle les besoins des contribuables[1551].

477. Dans cette optique, il est intéressant de noter que l'introduction des normes comptables internationales a pointé du doigt la faiblesse de la structuration des textes juridiques français. Il faut en effet rappeler qu'en France, la hiérarchie des normes commande que les règles considérées comme inférieures soient conformes aux règles considérées comme supérieures. Ainsi, les décrets et règlements comptables, qui au niveau de cette même hiérarchie, sont inférieures aux lois fiscales, doivent, par respect pour la théorie de la hiérarchie des normes, se conformer aux règles fiscales. Cette construction a largement démontré ses faiblesses. D'abord, dans le cadre de la stratégie de convergence du Plan comptable général vers les normes comptables internationales, plusieurs textes fiscaux ont dû être supprimés et/ou réaménagés pour permettre l'insertion par voie règlementaire, des normes IFRS. L'application de la hiérarchie des normes aurait conduit à la solution inverse, c'est-à-dire, à la suppression des normes IFRS incompatibles avec le droit fiscal. Or le but des autorités comptables est de moderniser le Plan comptable général. Atteindre l'objectif de modernisation du Plan comptable général devra nécessiter de remettre en cause l'ordre des normes, leur hiérarchie, surtout si les normes supérieures empêchent ce processus de modernisation. L'aménagement des rapports entre règles fiscales et comptables doit être revu. Selon une partie de la doctrine, le droit comptable doit être retiré du Code de Commerce pour permettre la convergence des IFRS et respecter la hiérarchie des normes[1552].

478. Le droit comptable existe depuis fort longtemps. Il est invisible parce qu'encore inhibé dans les textes qui l'ont porté sur les fonts baptismaux. Le droit comptable est ainsi présent dans le code de commerce, dans le Code général des Impôts, dans le Plan comptable général et avec l'avènement des normes comptables internationales, ce même droit comptable s'est fortifié. Il est devenu « qualitativement » et « quantitativement » plus important et mérite désormais un code comptable. La proposition d'une partie de la doctrine ayant préconisé que ce droit comptable soit supprimé du Code de Commerce est donc pertinente, à

[1551] « Les auteurs-politiques, économistes- de cette « instrumentalisation» abusive ne tiennent aucun compte de l'aléa que constitue le phénomène de l'incidence fiscale et font, dans l'espoir d'obtenir les résultats souhaités, des hypothèses simplistes sur le comportement des contribuables, rarement vérifiées » : G. Dumas, *Politique Fiscale : Le Naufrage*, L'Harmattan 2007, p. 232.

[1552] A. De Bissy, « Plaidoyer en faveur du maintien de la connexion entre comptabilité et fiscalité », *Ecrits de Fiscalité des Entreprises, Etudes à la mémoire du professeur Maurice Cozian*, LexisNexis 2009, p. 318. Selon Arnaud De Bissy, cette idée fait débat au sein de la doctrine » : E. Delesalle, « La suppression du décret comptable : une fausse « bonne » idée » ? *Les Petites Affiches*, 16 juin 2004, p. 3, cité par Arnaud De Bissy.

condition qu'il soit intégré dans le nouveau « Code comptable ». La solution visant à supprimer le droit comptable du Code de Commerce pour permettre l'intégration des normes comptables internationales dans le Plan comptable général ne nous semble pas satisfaisante. Les tenants de cette thèse avancent comme argument le fait que l'obligation de respecter certaines dispositions du Code de Commerce, en l'occurrence les dispositions comptables, rend difficile la convergence du Plan comptable général vers les normes comptables internationales[1553]. Une telle solution compromettrait les efforts de modernisation du droit comptable et la volonté de suivre l'évolution des règles comptables à l'échelle internationale. Au contraire, le droit comptable doit être plus fort. En revanche, l'idée de laisser la normalisation comptable entre les mains d'un comité n'est pas satisfaisante. Les questions comptables et financières sont devenues d'une grande importance, comme l'attestent la crise des marchés financiers. Dans cette optique, il serait souhaitable que les lois comptables soient votées comme les lois fiscales, c'est-à-dire par le pouvoir législatif[1554]. A ce titre, l'article 38 quater de l'annexe III au Code général des Impôts doit être réécrit pour éviter que les instances fiscales tranchent des divergences entre comptabilité et fiscalité sans consultation des instances comptables. L'histoire a en effet révélé que par le passé, certains abus ont été commis par le droit fiscal à l'égard du droit comptable[1555].

479. Certes, de nouveaux concepts comme la juste valeur ou encore le principe de la substance économique au-delà de la forme juridique « effrayent ». Ces principes posent problème car, à certains égards, ils sont incompatibles avec les règles d'établissement de l'assiette de l'impôt sur les sociétés. C'est la fameuse connexion entre comptabilité et fiscalité qui est remise en cause. Mais la fiscalité doit servir de support à la comptabilité, d'autant que l'une (la comptabilité) est complémentaire à l'autre (la fiscalité). Dans cet ordre d'idées, la fiscalité doit permettre le développement des règles comptables et éviter de freiner le processus de convergence du Plan comptable général vers les normes comptables internationales. Ce développement des règles comptables se traduira par plus de divergences. Cet excès de divergences pourrait être géré par le tableau 2058.

1553 A. De Bissy, « Plaidoyer en faveur du maintien de la connexion entre comptabilité et fiscalité », *Ecrits de Fiscalité des Entreprises, Etudes à la mémoire du professeur Maurice Cozian*, LexisNexis 2009, p. 317 ; J.-Cl. Scheid, « L'insertion des IAS dans le code de commerce », *Revue Française de Comptabilité*, février 2005, n°374, p. 4.

J. Richard , C. Colette, *Les systèmes comptables français et anglo-saxons – Normes IAS*, 7e édition, Paris, Dunod, 2005, p. 323 ; J.-G. Degos, S. Ouvrard, « L'influence des normes d'information financière sur la convergence des règles fiscales et comptables françaises », *La Revue du financier*, mai-juin 2007, n°165, p. 32.

1554 J.-L. Pierre, « Effets fiscaux des règles comptables de valorisation des apports », *Droit des sociétés* n° 10, octobre 2005, comm. 189.

1555 Voir l'introduction et les développements consacrés à l'application des règles de droit fiscal au droit comptable.

Bibliographie Thématique

Ouvrages généraux, Ouvrages spéciaux, Thèses

Ouvrages généraux

ALBERT J.-L., SAIDJ L., *Finances publiques*, 6e édit., Dalloz, 2009.

ARDANT G., *Théorie Sociologique de l'impôt*, Ecole Pratique des Hautes Etudes, 1965.

ATIAS C., *Les biens*, 10e édit. 2009.

AUBRY F. et RAU F., *Cours de droit civil français, t.2, Les biens*, 6e édit., Lib. Tech. 1951, par P. Esmein.

AUGÉ P., *Droit fiscal général*, Editions Ellipses, 2002.

BARILARI A., DRAPE R., *Lexique Fiscal*, Dalloz 1987, p. 120.

BAZIOLY S., *Systèmes fiscaux comparés*, édit. Ellipses 2010, p. 59.

BETCH M., *Droit fiscal*, 2e édit., VUIBERT 2009, p. 9.

BIERCE A., *Le Dictionnaire du Diable*, Paris, Flammarion, 2006.

BOILEAU N., *L'art poétique*, Paris, Bordas, 1984, p. 248.

BOUVIER M., *Introduction au droit fiscal général et à la théorie de l'impôt*, vol.1, Paris, LGDJ, 2010.

BURLAUD A., *Comptabilité et droit comptable*, Gualino, Paris, 1998.

CARBONNIER J., *Droit civil*, t. 3, Les biens, PUF, 1994.

COLASSE B., *Comptabilité générale, (PGC 1999 et IAS)*. 7e édition, Paris, Economica, 2002.

COLASSE B., *Comptabilité générale, PCG, IAS-IFRS et Enron*. 9e édition, Paris, Economica, 2005.

COLASSE B., *Introduction à la comptabilité*, 11e édition, Economica, 2010.

COLLET M, *Droit fiscal*, Vol. 1, Presses Universitaires de France, 2009.

CORMIER D., *Comptabilité anglo-saxonne et internationale*, Economica, 2e édition, 2007.

CORNU G., *Vocabulaire Juridique*, Presses Universitaires de France, 2007.

CORNU G., *Droit civil, Les biens*, 13e éd., Montchestien, 2007.

COZIAN M., DEBOISSY F., *Précis de fiscalité des entreprises*, Vol. 1, Paris, Litec, 2009.

COZIAN M., *Les Grands principes de la fiscalité des entreprises*, 4e édition, Paris, Litec, 1999.

COZIAN M., VIANDIER A., DEBOISSY F., *Droit des sociétés*, 22e édition, Litec 2009.

DAVID C., Les *grands arrêts de la jurisprudence fiscale*, Vol. 1, Paris, Dalloz, 2009.

DAMAREY S., *Termes de Finances Publiques*, GUALINO, 2006.

DE JUGLART M., IPPOLITO B., *Traité de droit commercial*, 3e édit., Vol. 1, *Actes de commerce, principes de comptabilité*, 1979, n°149-7 et s., p. 516 et s.
DOSNE F., DECOCK GOOD Ch., *Comptabilité international : les IAS/IFRS en pratique*, Economica, 2005.
DUMAS G., *Politique Fiscale : Le Naufrage*, L'Harmattan 2007.
ESNAULT B., HOARAU Ch., *Comptabilité financière*, 3e édit., PUF, Paris, 2001.
FOURASTIE J., *La Comptabilité,* 14e édition, Paris, Presses universitaires de France, 1979.
FRADIN J.-P., GEFFROY J.-B., *Traité du droit fiscal de l'entreprise*, PUF, coll. Droit fondamental, 2003.
GASTINEAU P., *La fiscalité des groupes de sociétés*, 2003, Litec Fiscal.
GHARBI N., *Le contrôle fiscal des prix de transfert*, 2005, coll. Finances publiques, L'Harmattan.
GRANDGUILLOT B., *Les Zoom's. Comptabilité de gestion*, Paris, Gualino 2010, 11e édit.
GRANDGUILLOT B., *L'essentiel du droit fiscal 2011*, Gualino 2011.
GROSCLAUDE J., MARCHESSOU Ph., *Droit fiscal général*. Vol. 1, Cours Dalloz, Série Droit public-science politique, Paris, Dalloz, 2009.
GROUPE REVUE FIDUCIAIRE, *Code comptable*, 4e édition, 2009, p. 68 et s.
GUITTON J., *Ecrire comme on se souvient*, Librairie Arthème Fayard, 1974, p. 13.
GUTMANN D., *Droit fiscal des affaires*, Montchrestien, édition Lextenso 2010, p. 208.
LAGARRIGUE J.-P., PAVIE A., *Le droit comptable*, Tome 1- Les sources, Editions S.A., Paris, 1984.
LAMARQUE J., NEGRIN O., AYRAULT L., *Droit fiscal Général*, Lexis Nexis 2009.
LAMBERT Th., *Contrôle fiscal Droit et Pratique*, PUF, 2e édit., p. 13.
LAMULLE Th., *Droit fiscal*, Edit. Gualino, 2009, p. 23.
LAMORLETTE C. et Th., *Fiscalité française*, édition Economica.
LASSEGUE P., *Lexique de Comptabilité*, Dunod, Paris 2007, p. 390.
LECANNU P., DONDERO B., *Droit des sociétés*, 3e édition, Montchrestien 2010.
LEMARCHAND Y., *Du dépérissement à l'amortissement. Enquête sur l'histoire d'un concept et de sa traduction comptable*, Nantes, Ouest Editions, 1993.
MAILLET C., LE MANH A., *Les normes comptables internationales, IAS-IFRS*, vol. 1, Paris, Foucher, 2005.
MALAURIE Ph., AYNES L., *Cours de droit civil*, Les biens 4e édition, Lextenso, 2010.
MARTINET A. C., A. SILEM, *Lexique de gestion*, 6e édit., 2003, p. 315.

MERCIER J.-Y., PLAGNET B., *Les impôts en France, Traité de fiscalité*, Levallois, Editions Francis Lefebvre, 2009.
NOEL C., *Manuel DSCG 4 DROIT FISCAL*, Gualino, Lextenso, Paris 2009, p. 88.
OBERT R., Le *petit IFRS*, Vol.1, Paris, Dunod, 2010.
OBERT R., *Pratique des normes IFRS, Comparaison avec les règles françaises et les US GAAP*, 4e édit., Dunod, 2009.
ORSONI G., *L'interventionnisme fiscal*, PUF, 1998.
OUDENOT Ph., *Fiscalité approfondie des sociétés*, 2e édit., 2001, Litec.
PIGE B., PAPER X., *Normes comptables internationales et gouvernance des entreprises, Le sens des normes IFRS*, 2e édit., p. 60.
PRICEWATERHOUSECOOPERS, *Actifs : Nouvelles règles comptables et conséquences fiscales*, Levallois, Editions Francis Lefebvre, 2005, vol. 1.
PRICEWATERHOUSECOOPERS, *Memento Expert Francis Lefebvre*, Levallois, Éditons Francis Lefebvre, 2009.
RICHARD J., COLETTE C., *Les systèmes comptables français et anglo-saxons- Normes IAS*, 8e édit., Paris, Dunod, 2009.
ROLAND H., *Lexique juridique : expressions latines*, 2e édit., Paris, Litec, 2002.
ROLAND H., BOYER L., *Adages du droit français*, 4e édit., Paris, Lexis-Nexis, Litec, 1999.
ROLAND H., BOYER L., *Locutions latines du droit français*, 4e édit., Litec, 1998.
ROUSSEAU D., *Droit du contentieux constitutionnel*, 9e édit., Montchrestien, Lextenso 2010.
SERLOOTEN P., *Droit fiscal des affaires*, Précis, 6e édit., Paris, Dalloz, 2010.
TERRE F., SIMLER Ph., *Droit civil, les biens*, Dalloz, 7e édit., 2006.
TROTABAS L., *Précis de science et technique fiscales*. Paris, Dalloz, 1958.
TROTABAS L., COTTERET J.-M., *Droit fiscal*, 8e édit., Précis, Paris, Dalloz, 1997.
VANDERHEYDE A., *Nietzsch et la pensée bouddhiste*, Paris, L'harmattan, 2007.
VINCENT J., GUINCHARD S., *Lexique des termes juridiques*, Paris, Dalloz, 2009.
WALTON P., *La comptabilité anglo-saxonne*, 3e édit., La Découverte, 2007.

Ouvrages Spéciaux

AGRON L., *Histoire du vocabulaire fiscal*, LGDJ, 2000, p. 126.

AUSTRY S., *Charges ou immobilisations. La distinction fiscale en 100 questions*, Edition Formation Entreprise, Litec, 1997, 227 p.

BARBE O., DIDELOT L., et Groupe Revue Fiduciaire, *Maîtriser les IFRS,* Groupe Revue Fiduciaire, vol. 1, 2009.

BARRE Ph., *Convergence PCG*, Expert comptable media, DL 2007.

BARONNE L., *L'Apport de la Convention Européenne des Droits de l'Homme au Droit Fiscal Français*, L'Harmattan 2000, p. 192.

BERLE A.-A., MEANS G.-C., *The modern corporation and private property*, THE MACMILLAN COMPANY, New-York, 1933, p. 285.

BRUN S., *Les normes comptables internationales IAS/IFRS*, Vol 1.Paris, Gualino, 2006.

BURLAUD A. (sous la direction de, avec le concours de F.-D. Poitrinal et E. Salustro), *Comptabilité et droit comptable- L'intelligence des comptes et leur cadre légal*, Gualino, Paris, 1998.

CASTA J. F., COLASSE B., *Juste valeur : enjeux techniques et politiques*, Economica, 2001.

CAPRON M., *Les normes comptables internationales, instruments du capitalisme financier*, 1ère éd., la Découverte, 2005.

CARRE E., *Divergences entre fiscalité et comptabilité*, Dunod, Paris, 1969.

COLMANT B., DE WOLF M., *L'image fidèle dans l'ordre comptable belge: réflexions concernant une exigence inaboutie*, vol. 1, Bruxelles, Larcier, 2007.

COMPIN F., *Théorie du langage comptable*, L'harmattan, 2004.

COMMUNIER J. M., *Droit fiscal communautaire*, p. 155 et s.

COZIAN M., GAUDEL P.-J., *La comptabilité racontée aux juristes*, Litec, 2007.

CRUVELIER E., *Répertoire de droit commercial de Comptabilité*, Dalloz 2010, n°13.

DANJOU P., *Memento francis Lefebvre IFRS 2009*, préface.

DICK W., MISSONIER-PIERA F., *Comptabilité financière en IFRS*, Pearson Education, 2006, p. 223.

DIDELOT L., *Maitriser les IFRS*, Paris, Groupe Revue Fiduciaire, 2009.

ESCAFFRE L., TORT E., *Les normes comptables internationales IAS/IFRS*, Gualino, 2006.

FRONVILLE H., *Comptabilité : de l'usage empirique à la norme internationale*, Liber Amicorum Jacques Malherbe.- Bruxelles, Bruylant, 2006, p. 469-478.

GREEN W. L., *History and survey of accountancy*, Brooklyn, N.-Y., Standard Text Press, 1930.

GROUPE REVUE FIDUCIAIRE, *Dictionnaire comptable et financier*, 10e édit., p. 345.

HINARD M. et MITTAINE-CHENEVRIER A. C., *Comptabilité et fiscalité*, PUF, Paris, 1988.

HOARAU Ch., ESNAULT B., *Comptabilité financière*, 3e édit., PUF, Paris, 2001.

HUMBERT G., *Des origines de la comptabilité chez les Romains : cour des comptes : audience solennelle de rentrée du 4 novembre 1879/ Discours du procureur général Humbert*, Imprimerie nationale, 1880, vol. 1, p. 5.

LANGOT J., BURLAUD A., *Comptabilité anglo-saxonne : normes US GAAP et rapprochements avec les IAS-IFRS*. Vol. 1, Paris, Economica, 2006.

LOPATER Cl., et PriceWaterhouseCoopers. , *Des règles françaises aux IFRS 2007 : principales divergences : entreprises industrielles et commerciales*. Vol.1, Levallois, F. Lefebvre, 2007.

LEFEBVRE D., MOLLARET-LAFORET E., GUITER C., ROBBEZ MASSON C., *Droit et entreprise : aspects juridiques, sociaux, fiscaux*, Presses Universitaires de Grenoble 2006, 11e édit., p. 76.

LEMARCHAND Y., *Du dépérissement à l'amortissement. Enquête sur l'histoire d'un concept et de sa traduction comptable*, Nantes, Ouest Editions, 1993, p. 7.

MALAURIE Ph., AYNES L., *Les biens,* Defrénois, 2e édit., 2005, p. 46.

SAUVEL T., *Revenus réels et impôts directs, méthodes comptables*, Librairie du « Recueil Sirey », 1931, p. 20.

SPINDLER J., *Contrôle des activités bancaires et risques financiers*, Economica, Paris, 1998.

TOURNIER J. C., *La révolution comptable* : *du coût historique à la juste valeur*, 1ère éd., Eyrolles, 2000.

TELLER R., *Amortissement fiscal et croissance des entreprises dans la CEE*, Larcier, Bruxelles 1974, 289 p.

TERRE F., SIMLER Ph., LEQUETTE C., *Les biens,* Dalloz, 7e édit., 2006, p. 18.

VIANDIER A., DE LAUZAINGHEIN C., *Droit comptable*, 2e édit., Précis Dalloz, 1993.

VIANDIER A., *Droit comptable*, Dalloz, Paris, 1984.

WALTON P., *La comptabilité anglo-saxonne*, 1ère édit., La Découverte, 1996.

WOLFGANG D., MISSONIER-PIERA F., *Comptabilité financière en IFRS*, Pearson France, 2e édit. 2009.

Thèses

BAZET J-L., *Immatériel et information externe, analyse épistémologique, théorique et expérimentale*, thèse en sciences de gestion de l'Institut d'Administration des Entreprises de l'Université de Nice, 1997.

BERLIOZ P., *La notion de bien*, thèse, Paris I, LGDJ, Bibliothèque de droit privé, 2008, p. 139 et s.

BLANLUET G., *Essai sur la notion de propriété économique en droit privé français, recherches au confluent du droit fiscal et du droit civil*, LGDJ 1999, p. 12.

DEBOISSY F, *La simulation en droit fiscal*, thèse, Dijon, 1995, LGDJ, 1997.

DRAY P., *L'illusion fiscale ou la « véritable nature des politiques publiques »,* thèse, Paris 2010, 292 p.

GARNIER P., *La comptabilité, algèbre du droit et méthode d'observation des sciences économiques*, Thèse, Paris, Dunod 1947, 216 p.

LOSAPPIO Ph., *Essai sur les difficultés d'application du droit fiscal français : la vraisemblance et l'équité*, thèse, Paris, LGDJ 1994, p. 10, n°66.

LUKASZEWICZ, J.-P., Nouveaux *aperçus sur l'autonomie du droit fiscal*, thèse, Amiens, 1973.

MARIAGE H., *Evolution historique de la législation commerciale : de l'ordonnance de Colbert à nos jours 1673-1949*, thèse, Paris, 1949, p. 7.

MARTEL P., *La notion de déréglementation en droit fiscal*, thèse, Université de Nice, 1992.

MOUSEL F., *Quel impact fiscal suite à l'adoption des normes IFRS par l'union européenne*, 1ère éd., Larcier, 2006.

MUSSO P., *IFRS et protection des investisseurs*, Thèse, Paris, 2009, vol. 2, 569 p.

PARACHKEKOVA I., *Pouvoir et financement dans la société anonyme cotée*, Thèse, Nice, 2004, p. 12.

PASQUALINI F., *Le principe de l'image fidèle en droit comptable*, thèse, Litec, 1991.

PAILLISSER H., *Les relations entre la comptabilité commerciale et la fiscalité des entreprises*, Thèse, Paris, 1990, p. 7 et s.

PELLETIER M., *Les normes du droit fiscal*, Thèse, Dalloz 2008, p. 447.

RAYBAUD-TURILLO B., *Le droit comptable patrimonial – Les enjeux d'un droit comptable substantiel*, Vuibert, Paris 1997, 364 p.

RIVES L., *Obsession fiscale et administration des entreprises : Essai sur le rapt de la comptabilité par la fiscalité*, thèse, Péchade, 1962.

SPINLDER J., *Variations spatiales de la fiscalité et effets externes des localisations économiques*, thèse, Nice, 1972.

Articles de Revue, Monographies, Notes

Articles de Revue et Notes

ACARD C., COLMET-DAAGE A., MENARD V., « Identifier les incidences fiscales des normes IFRS », *Option Finance*, 25 avril 2004, n°779, p. 36.

AFLALO D., « BIC : notion d'immobilisation », *Lexbase Hebdo - Edition Fiscale*, 24 juillet 2003, Numéro 81.

ALEXANDER D., BURLAUD A., « Existe-t-il une ou plusieurs images fidèles en Europe ? », *Revue de Droit comptable*, n°93-2, septembre 1993, p. 9.

AMSELEK P., « Les mécanismes régulateurs de la pratique du droit fiscal en France », *Droit Fiscal* 1983, n° 40, p. 1176 à 1179.

ANDRENACK I., « Les IFRS en Europe : état des lieux », *Option Finance*, 24 mai 2004, n°786, p. 36.

ANDRENACK I., « Présentation des états financiers IFRS : un pas de plus vers les US GAAP ? », *Option Finance*, 10 avril 2006.

ANJUERE P. A., « De l'influence du juge fiscal sur le droit comptable », *Revue de Droit comptable*, n°93-1, p. 93.

BARBE O., DIDELOT L., « Pour une meilleure comparabilité des états financiers individuels et une simplification du PCG », *Revue Française de Comptabilité*, juin 2010, n°433, p. 42 et s.

BARBE O., DIDELOT L., « Comptes individuels en norme IFRS pour PME : réalisme ou utopie ? », *Revue Française de Comptabilité*, n°430, mars 2010, p. 32.

BARBE O., DIDELOT L., « Pour une nouvelle approche des relations entre la comptabilité et la fiscalité : application au traitement du crédit-bail immobilier », *Revue Française de Comptabilité*, Numéro spécial doctrine comptable, n°427, décembre 2009, p. 62.

BARBE O., DIDELOT L., « La neutralisation dans les comptes individuels des incidences fiscales des dépréciations comptables » *Revue Française de Comptabilité*, janvier 2007, n°395, p. 27.

BARBE O., DIDELOT L., « La convergence du Plan comptable général avec le référentiel IFRS » *Revue Française de Comptabilité*, n°384, janvier 2006, p. 29.

BARBE-DANDON O., DIDELOT L., « Pour une nouvelle approche des relations entre la comptabilité et la fiscalité : application pratique », *Revue Française de Comptabilité*, n°413, septembre 2008, p. 27.

BASEDOW J., "Actors: The State's Private Law and the Economy Commercial Law as an Amalgam of Public and Private Rule-Making", special symposium issue: "Beyond the state : rethinking private law" : *The American Journal of Comparative Law Summer*, 2008, 56 Am. J. Comp. L. 711.

BENABDELLAH S., TELLER R., « Immobilisations corporelles et immeubles de placement en IFRS : le coût historique va-t-il résister face à la juste valeur ? », *Revue Française de Comptabilité*, n°386, mars 2006, p. 40.

BENARD Y., « Fiscalité et comptabilité : convergence + connexion = chaos ? », *Revue de Jurisprudence Fiscale*, n° 6, juin 2007, p. 523-528.

BENARD Y., « Marketing, détergents et provisions : le CNC lave-t-il plus blanc ? », *Revue de Jurisprudence Fiscale* 2006, p. 723-730.

BENARD Y., « Taxe professionnelle : controverses autour de la valeur ajoutée », *RJF* novembre, 2006, p. 962.

BERNHEIM Y., « La comptabilité d'intention : bonne ou mauvaise intention », *Revue de Droit comptable*, n°93-4, décembre 1993, p. 89.

BERTHELOT M., « Et si la coexistence entre les référentiels comptables IFRS et les US GAAP supplantait la convergence », *Option Finance*, 02 janvier 2006, n° 864, p. 31-32.

BERGERES M.-Ch., « Un principe à valeur constitutionnelle paradoxalement ignoré du droit fiscal : l'intelligibilité de la loi : La Constitution et les valeurs », *Mélanges en l'honneur de Dimitri Georges LAVROFF*., Paris, Dalloz, 2005.

BESSEAU E., « Les regroupements d'entreprises : le maintien prévisible de certaines divergences entre normes comptables américaines et IFRS », *Revue Banque Magazine*, 01 avril 2004, n°657, p. 78-80.

BESSEAU E., « Quelques sujets communs entre Bâle II et les IFRS », *Banque Magazine*, n°681, p. 101-103.

BESSEAU E., « IFRS, quels enseignements aujourd'hui ? », *Banque Magazine*, 01 février 2007, n°688, p. 87.

BIDEAU H., « La fonction fiscale dans l'entreprise : les nouveaux défis », *Lamy Optimisation Fiscale* 2008, n° 403 et s.

BLANLUET G., « Brèves réflexions sur la propriété économique », *Revue Droit et Patrimoine*, mars 2001, n°91, p. 84.

BLANLUET G., HAGELSTEEN M.-D., LEDOUBLE D., LIEB J.-P., MIRAILLES B., VILLEMOT D., « L'environnement normatif », *Droit fiscal* n° 37, 13 septembre 2007, comm. n° 821.

BOUKARI M., RICHARD J., « Les incidences comptables du passage des groupes français cotés aux IFRS », numéro spécial Mondialisation et normes comptables internationales, *Comptabilité-Contrôle-Audit*, décembre 2007, p. 155-170.

BOULOC B., « L'incidence des normes européennes sur les normes comptables », *Revue des Sociétés* 2005, p. 31.

BOURGUIGNON S., DUBOIS L., « Information financière et juste valeur », *Banque Magazine*, 01 juillet 2008, n°704, p. 87.

BOURGUIGNON S., VAN CAENEGHEM M., « Vers de nouvelles normes comptables pour les PME », *Banque Magazine*, 01 décembre 2006, n°686, p. 83-86.
BOURGUIGNON S., VAN CAENEGHEM M., « Les points sensibles de l'application des normes IFRS », *Banque Magazine,* 01 décembre 2006, n°686, p. 83-86.
BRACCHI A., « Introduction », *Les Petites Affiches*, 8 septembre 2005, n°179, p. 6.
BRACIEUX J.-L., « Nouvelles règles comptables et fiscales sur les actifs. Enquête sur leur mise en place dans les comptes individuels 2005 », *Bulletin comptable et financier,* 01 décembre 2006, n°12, p. 1-28.
BRASSET MONET A., « Les impôts dans l'annexe des comptes annuels consolidés », *Revue Française de Comptabilité*, n°429, février 2010, p. 20.
BUENO G., KLEE L., « Détection de perte de valeur par le délai de récupération », *Revue Française de Comptabilité*, février 2005, n°374, p. 24.
BULLETIN COMPTABLE ET FINANCIER, « Du résultat comptable au résultat fiscal 2007 », *Bulletin comptable et Financier*, n° spécial 2/08.
CANZIANI A., « Des directives européennes aux normes IFRS : une approche critique », *Revue du Financier*, janvier-février 2009, p. 5.
CAPPELAERE J.-J., « L'adaptation fiscale à la nouvelle réglementation comptable IFRS : la définition des éléments de l'actif immobilisé », *Banque Magazine*, 01 juillet 2006, n°682, p. 92-94.
CAPPELAERE J.-J., « L'harmonisation de l'impôt sur les sociétés à travers la mise en place d'une fiscalité de groupe européenne », *Banque Magazine*, juillet-août 2003, n°649, p. 81.
CAPPELAERE J.-J., « L'adaptation fiscale à la nouvelle réglementation comptable IFRS : la définition des éléments de l'actif immobilisé », *Banque Magazine*, 01 juillet 2006, n°682, p. 92.
CASTA J.-F., « Existe-t-il un risque de non-conformité dans l'application des IFRS ? » *Option Finance*, 10 juillet 2006, n°891, p. 33-33.
CLERGERIE J.-L., « L'impôt européen : mythe ou réalité », *Les Petites Affiches,* 28 avril 1995, n°51, p. 20.
COLASSE B., STANDISH P., « De la réforme du dispositif français de normalisation comptable », *Comptabilité-Contrôle-Audit*, tome 4, vol. 2, septembre 1998, p. 527.
COLASSE B., « Le syscoa-ohada à l'heure des IFRS », *Revue Française de Comptabilité*, n°425, octobre 2009, p. 25.
COLASSE B., « Où il est encore question d'un cadre conceptuel français : inutile hier, improbable demain », *Revue Française de Comptabilité*, n°332, avril 2001, p. 27.
COLMANT B., « Connexion des droits comptable et fiscal des entreprises : quelques repères et réflexions », *Accountancy & Tax*, Numéro 1, 2006, p. 24.

COLMANT B., WALTREGNY B., AVERALS J., « Normes comptables IAS/IFRS : " Principes comptables et transposition fiscale" », *Revue générale de fiscalité*, janvier 2004, n°1, p. 2 et s.
COLMET DAAGE A., « Comptabilité et fiscalité : retour sur l'année 2010 et perspectives 2011 », *Droit Fiscal* n° 18, 5 mai 2011, p. 332.
Congrès AFC Poitiers 2007, « Le droit comptable français : droit souple ou droit dur ? Quelle influence du droit comptable international ? », Disponible sur http://www.iae.univ-poitiers.fr/afc07/Programme/PDF.
COLLET M., « La régulation fiscale », *Droit Fiscal* n° 12, 20 mars 2008, p. 220.
COZIAN M., « Le rapt et le viol de la comptabilité par la fiscalité : l'exemple des provisions », *Les Petites Affiches*, 27 mai 1998, p. 4.
COZIAN M., LECHENET A., « La distinction des immobilisations, des stocks et des frais généraux (1e partie) », *Les Petites Affiches*, 05 janvier 1994, n° 2.
COZIAN M., LECHENET A., « La distinction des immobilisations, des stocks et des frais généraux (Suite et fin) », *Les Petites Affiches*, 07 janvier 1994 n° 2.
COZIAN M., ROSSIGNOL J.-L., « Les immobilisations incorporelles à la lumière de la jurisprudence SA SIFE : arrêt de principe ou arrêt d'espèce », *Droit Fiscal* n°42, 18 octobre 2007, p. 914.
DAVID C., « La gestion fiscale du risque de change pour les entreprises (1e partie) », *Les Petites Affiches*, 02 février 1994, n° 14.
DE BISSY A., « La sanction de la comptabilité par la fiscalité », *Revue de Droit Fiscal*, n°44-45, 2 novembre 2007, p. 9-15.
DE CASTET J.-P., « Le droit au service de la comptabilité ou la comptabilité investie par le droit », *Recueil Dalloz Sirey* du 27 mars 2008, n°13, p. 860.
DE JUGLART M., IPPOLITO B., Les aspects juridiques de l'audit budgétaire, p. 66 et s. in *L'audit de la planification : luxe ou nécessité pour l'entreprise ?* journée-débat 9 décembre 1982, publication du C.E.R.E.G. de l'université Paris-Dauphine.
DEGOS J.-G., OUVRARD S., « L'influence des normes d'information financière sur la convergence des règles fiscales et comptables françaises », *La Revue du financier*, mai-juin 2007, n°165, p. 32.
DELESALLE E., ROSSIGNOL J.-L., « Fiscalité et normes comptables internationales : « mais ou et donc or ni car ? » », *Droit Fiscal* 2003, n° 50, étude n°18, p. 1563.
DELESALLE E., « Comptabilité et fiscalité, je t'aime moi non plus », *Droit Fiscal* 2005, n°22, études n°19, p. 940.
DELESALLE E., « Le syndrome de la tour de Babel », *Revue Banque Magazine*, 01 février 2003, n°644, p. 56-57.
DELESALLE E., « Les normes comptables internationales à leur juste valeur », *Les Petites Affiches*, 05 février 2004, n°26, p. 4.

DELESALLE E., ROSSIGNOL J.-L., « 30 avril 1983 -30 avril 2005 : les 22 ans de la loi comptable », *Les Petites Affiches,* 5 septembre 2005, n°176, p. 3.
DELESALLE E, « Quel avenir pour la comptabilité à la française ? », *Les Petites Affiches*, 09 août 1995, n° 95, p. 30.
DELESALLE E., « Fiscalité et normes comptables internationales », *Bulletin Fiscal Francis Lefebvre*, avril 2003.
DELESALLE E., BRACCHI A., GELARD G., TUBIANA H., RICHARD J., VERDIER F., « Le Plan comptable général : avoir vingt ans », *Les Petites Affiches*, 26 avril 2002, n° 84, p. 3.
DELESALLE E., « L'an x du nouveau plan comptable », *Les Petites Affiches*, 17 janvier 1994, n° 7.
DELESALLE E., « La suppression du décret comptable : une fausse «bonne» idée ? », *Les Petites Affiches*, 16 juin 2004, n° 120, p. 3.
DELESALLE E., « 1983 - 2003 : la loi comptable a vingt ans... », *Les Petites Affiches*, 29 mai 2003, n° 107, p. 4.
DELESALLE E., « La comptabilité du XXIe siècle se prépare », *Les Petites Affiches*, 23 novembre 2001, n° 234, p. 14.
DELESALLE E., « L'utilisation des normes comptables internationales », *Lamy Optimisation Fiscale de l'Entreprise* 2006, Etude n°405.
DELPECH X., « Création de l'autorité des normes comptables », *Recueil Dalloz* 2009, p. 221.
DIBOUT P., « L'Europe et la fiscalité directe », *Les Petites Affiches*, 23 décembre 1998, n°153, p. 8.
DIBOUT P., « Le bilan d'une crise », *Les Petites Affiches,* 8 septembre 2005, n°179 p. 45.
DIBOUT P., FOUQUET O., LEPETIT M.-A., STREICHENBERGER R., THIRIA Ph., TUROT J., « L'ordre fiscal interne », *Droit Fiscal* n°37, 13 septembre 2007, p. 820.
DOUET F., « L'autonomie du droit fiscal ou les qualifications fiscales perfides », *Les Petites Affiches,* 29 août 2007, Numéro 173, p. 3- 7.
DU PONTAVICE E., « Le droit comptable français en 1984 ; réflexions sur une réforme comptable majeure », *Revue Française de Comptabilité,* octobre 1984, p. 381-393.
DU PONTAVICE E., « L'émergence du droit comptable en France», *Revue Française de Comptabilité,* janvier 1984, n°142.
DUFOUR O., FILIBERTI E., « Introduire les IFRS dans les comptes sociaux, une révolution juridique et fiscale », *Les Petites Affiches*, 08 avril 2005, n° 70, p. 3.
DUFOUR O., « La fiscalité au cœur de la comptabilité », *Les Petites affiches*, 12 octobre 2004, n° 204, p. 3.

DUMONT J., « Quand le « due process » fait la doctrine ou remettre un peu d'ordre dans la comptabilité », *Revue Française de Comptabilité*, Numéro spécial doctrine comptable, n°427, décembre 2009, p. 68.
DURAND P., « Autonomie et contradictions du droit fiscal », *Revue Adm*inistrative, 1994, p. 252.
DURAND P., « Comptabilité et fiscalité : Je t'aime ; moi non plus », *Revue administrative*, n°330, 2006, p. 612.
DURAND P., « Les comptes consolidés rapprocheront-ils les comptes sociaux et la fiscalité ?», *Revue administrative*, n°308, p. 169.
ESCAFFRE L., « Traitement IFRS des loyers relatifs à un bail emphytéotique portant sur un terrain », *Option Finance*, 22 septembre 2008, n°996, p. 34.
ESCAFFRE L., « Le traitement comptable d'un crédit impôt recherche : Comparaison PCG/IFRS », *Option Finance*, 23 juin 2008, n°986, p. 36.
ESCAFFRE L., « Application des IFRS et directive européenne " juste valeur" : un rapport de l'ICAEW sur la qualité de l'application des IFRS », *Option Finance*, 07 janvier 2008, n°962, p. 36.
ESCAFFRE L., ROULOT M., « Affacturage et référentiels IFRS », *Option Finance*, 16 avril 2007, n°928, p. 39.
FEUILLET RAPIDE, « Fusions et opérations assimilées : conséquences fiscales des nouvelles règles comptables », *Feuillet Rapide*, 31 Avr. 2004, p. 5.
FOUQUET O., « Droit comptable et Droit Fiscal », *La Revue Administrative*, n°280, juillet-août 1994, p. 373-374.
FOUQUET O., « Comptabilité et fiscalité : les vases communicants ? », *La Revue Administrative*, n°353, 2006, p. 496-498.
FOSSAT E., « L'IASB vers une harmonisation de la juste valeur ? », *Option Finance*, 10 avril 2007, n°927, p. 36.
FRISON ROCHE M.-A., « Comment créer un espace juridique européen compétitif face à la puissance anglo-saxonne », *Les Petites Affiches*, 13 juillet 2000, n° 139, p. 26.
FRONVILLE H., « Comptabilité : de l'usage empirique à la norme internationale » *in Liber Amicorum Jacques Malherbe*.- Bruxelles, Bruylant, 2006, p. 469-478.
FUMENIER P., « A quel moment doit-on comptabiliser une provision ? », *Droit Fiscal*, n°15, 9 Avril 2009, p. 269 et s.
GAMBELLA F., « Définition et typologie des normes techniques », *Les Petites Affiches*, 11 février 1998, n° 18, p. 5.
GATET P., PEYTIER A., LELONG C., « Doit-on faire des IFRS le langage de gestion de l'entreprise ? », *Option Finance*, 31 mars 2008, n°974, p. 39.
GELARD G., « L'extension des normes internationales aux comptes sociaux et la déconnexion entre fiscalité et comptabilité », *Droit Fiscal* 2004, n°8 et. 7, p. 42.

GELARD G., « De l'IASC à l'IASB : un témoignage sur l'évolution structurelle de la normalisation comptable internationale », *Revue Française de Comptabilité*, septembre 2005, n°380, p. 14.
GELARD G., « Apprécier la juste place des comptes dans l'analyse financière », *Revue Française de Comptabilité*, mai 2010, n°432, p. 30.
GELARD G., « La neutralité : une qualité nécessaire, mais méconnue, des normes comptables », *Revue Française de Comptabilité*, n°409, avril 2008, p. 25.
GELARD G., « La neutralité : une qualité nécessaire, mais méconnue, des normes comptables », *Revue Française de Comptabilité*, n°409, avril 2008, p. 25.
GELARD G., « Démarche normative et cadre conceptuel », *Revue Française de Comptabilité*, n°393, novembre 2006, p. 35.
GELARD G., « Le cadre conceptuel ne sera pas franco-français », *Revue Française de Comptabilité*, n°333, mai 2001, p. 28.
GELARD G., « Rendre compte de la substance des opérations », *Revue Française de Comptabilité*, n°262, 1994, p. 40.
GEST G., « Réforme fiscale, les contraintes d'origine communautaire en matière de fiscalité directe », *Revue française de finances publiques*, n°60, novembre 1997, p. 113.
GLASER E., « La règle d'intangibilité du bilan d'ouverture du premier exercice non prescrit s'applique-t-elle au « bilan fiscal » »?, concl. Sous CE, 30 juin 2008, n° 288314, 3e et 8e s.-s., Lemoine, *RJF* Octobre 2008, n° 1100.
GORE F., « Vers un droit de la comptabilité », *Revue Française de Comptabilité*, n°99, janvier 1970, p. 12.
GOUYET R., « La règle pénale de dénonciation de l'illicite au regard du droit fiscal », *Les Petites Affiches*, 21 août 2000, n° 166, p. 3.
GOUYET R., « Les concepts de réalisme et de moralisme fiscal à travers le prisme des sanctions pécuniaires infligées par le conseil de la concurrence », *Les Petites Affiches*, 10 août 2001, n° 159, p. 17.
GOUYET R., « Le droit fiscal est-il amoral ? », *Les Petites Affiches*, 07 mai 1999, n° 91, p. 11.
GOUYET R., « Chronique d'une polémique annoncée : l'autonomie du droit fiscal », *Les Petites Affiches*, 14 juin 2000, n°118, p. 4.
GRILLET-BROSSIER S., « Adoption des normes IFRS : y a t-il un pilote comptable en Europe ? », *Banque Magazine*, 01 avril 2007, n°690, p. 82.
GRILLET-BROSSIER S., « Adoption des IAS et gouvernance de l'IASB », *Revue Banque*, n°668, p. 90 à 91.
GUTMANN D., « Du droit à la philosophie de l'impôt », in *L'impôt*, Archives de Philosophie du Droit, Dalloz 2002, p. 8.
GUYÉTANT C., VITANI V., PÉROCHON F., « La valorisation des actifs », *Les Petites Affiches*, 22 avril 2010, n° 80, p. 22.

HADDOU G., « Fiscalité et comptabilité, évolution législative depuis 1920 », *Revue Française de Comptabilité*, n° 225, juillet-août, p. 55-64.
HAVERALS J., « Normes IAS/IFRS et le principe de connexion entre le droit comptable et le droit fiscal belge », *Revue générale de fiscalité*, mars 2004, n°3, p. 18.
HELLOT F., ASSAVA F., « Normes IFRS : les impacts sur la pratique des opérations de fusions acquisitions », *Décideurs Juridiques et Financiers* du 01 janvier 2007, n° de mai 2007, p. 60.
HOARAU C., « Place et rôle de la normalisation comptable en France », *Revue française de gestion* du 11 décembre 2003, n°147, p. 33 à 47.
HOARAU C., TELLER R., « IFRS, les normes comptables du nouvel ordre économique global ? », *Contrôle Comptabilité Audit*, Numéro thématique, décembre 2007, p. 3 à 20.
ISAIA H., SPINDLER J., « Déréglementation et fiscalité », in *Mélanges Farjat*, édit. Frison-Roche, 1999.
IWEINS P., « IFRS 2007 : « Les défis de l'information financière 2007 (2e partie) », *Option Finance*, 18 février 2008, n°968, p. 39.
JAUDEAU B., « Le point sur les 13 normes révisées », *Revue Fiduciaire comptable*, n°303, février 2004, p. 19.
KORNPROBST E., « Fusion, scission et apport partiel d'actif », *Répertoire de droit des sociétés*, juin 2010, paragraphe 164 et s.
LARMARAUD O., MARTIN-PÉRIDIER F., « La réaction des entreprises », *Les Petites Affiches*, 8 septembre 2005, n°179, p. 3.
LARSON K. R., STREET D. L., « Convergence with IFRS in an expanding Europe: progress and obstacle identified by large accounting firm's survey » *Journal of International Accounting, Auditing and Taxation*, 2004, n°13, p. 89-119.
LASSERRE-KIESSOW V., « L'ordre des sources ou le renouvellement des sources du droit », *Recueil Dalloz* 2006.
LEBRUN B., « En marche vers la nouvelle norme IFRS sur les provisions », *Revue Française de Comptabilité*, n°429, février 2010, p. 3.
LEBRUN B., « La prédominance de la substance sur la forme dans les règles comptables françaises », *Revue Française de Comptabilité*, Numéro spécial, doctrine comptable, n°427, décembre 2009, p. 4.
LEBRUN B., « Une nouvelle série de modifications sur les normes IFRS », *Revue Fiduciaire comptable*, novembre 2008, n° 355, p. 21.
LEBRUN B., « Le projet d'amélioration des normes IFRS », *Revue Fiduciaire comptable*, décembre 2007, n° 345, p. 19.
LEBRUN B., « Le projet d'amélioration des normes IFRS », *Revue Fiduciaire comptable*, janvier 2008, n° 346, p. 19.
LEBRUN B., « Les provisions pour grosses réparations », *Revue Fiduciaire comptable*, décembre 2006, n° 334, p. 21.
LEBRUN B., « Les contrats de concession (IFRIC 12) », *Revue Fiduciaire comptable*, janvier 2007, n° 335, p. 25.

LEBRUN B., « La capitalisation d'une immobilisation incorporelle suivant la norme IAS 38 », *Revue Française de Comptabilité*, n° 367, juin 2004, p. 4.
LEBRUN B., « Le projet de norme comptable de l'IASB sur l'impôt sur les bénéfices », *Droit Fiscal* n° 29, 16 juillet 2009, p. 418.
LEBRUN B., « L'impôt sur les bénéfices, une définition controversée », *Revue Française de Comptabilité*, mars 2011, n°441, p. 3.
LEDOUBLE D., « Historique de l'IASC et enjeux de la normalisation comptable internationale », *Les Petites Affiches*, 10 décembre 1999, n° 246, p. 26.
LEDOUBLE D., « La comptabilité est elle encore " l'algèbre du droit" » ? *Les Petites Affiches*, 8 septembre 2005, n°179, p. 16.
LEDOUBLE D., « Les règles comptables doivent-elles être laissées aux politiques », *Revue Française de Comptabilité*, Numéro spécial doctrine comptable, n°427, décembre 2009, p. 72.
LEDOUBLE D., « Le règlement du CRC sur les fusions : facteur de progrès ou de complexité ? », *Bulletin Joly des Sociétés*, 01 mars 2005, n°3, p. 331.
LEDOUBLE D., « La juste valeur a-t-elle sa place en fiscalité ? », *LAMY Optimisation fiscale de l'entreprise*, Etude n°123.
LEDOUBLE D., « Les règles comptables doivent-elles être laissées aux politiques », *Revue Française de Comptabilité*, Numéro spécial doctrine comptable, n°427, décembre 2009, p. 72.
LEMAUR V., « Les conséquences juridiques et fiscales des normes IFRS », *Cahiers de droit de l'entreprise,* 22 décembre 2005, n°6, p. 11 à 20.
LES PETITES AFFICHES, « Le Plan comptable général : avoir vingt ans », *Les Petites Affiches*, 26 avril 2002, n°84, p. 3.
LOPATER Cl., BLANDIN A.-L., DOS SANTOS M., « Des règles françaises aux IFRS. Les divergences clés à anticiper avant toute décision », *Bulletin comptable et financier* du 01 juin 2007, n°6, p. 25.
LOPATER Cl., BLANDIN A. L., DEYSINE M. A., « La comptabilité : une nouvelle arme pour les contrôles fiscaux », *FR* 29/10, 4 juin 2010, p. 6.
LOPEZ C., « L'harmonisation fiscale : un élan ou une limite à la construction européenne », *Les Petites Affiches,* 27 mars 2000, n° 61.
LOSAPPIO Ph. « À la recherche « bilan fiscal » (1e Partie) », *Les Petites Affiches,* 06 février 1995, n° 16, p. 9.
LOSAPPIO Ph. « À la recherche du « bilan fiscal » (2e Partie) », *Les Petites Affiches,* 03 février 1995, n° 15, p. 7.
LOSAPPIO Ph., « A la recherche du « bilan fiscal » (suite et fin) », *Les Petites Affiches*, 08 février 1995, n° 17, p. 19.
LUBY M., comm. sous CJCE, 14 septembre 1999, DE+ ES Bauunternehmung, aff. C-275/97, *RTD com.* 2000, p. 267.
LUBY M., obs. sous CJCE, 7 janvier 2003, n° C-306/99 SA BIAO c/ Finanzamt für Grossunternehmen in Hamburg, *Bull. Joly* 2003, Paragraphe 66, p. 316.

LUBY M., « Droit communautaire des sociétés : qui tient la barre en 2003 ? », *Droit des sociétés,* n° 6, juin 2004, étude 7.
LUCAS F. X., « Les actionnaires ont-ils tous la qualité d'associé ? Bref propos discursifs autour du thème de l'associé et de l'investisseur », *Revue de Droit Bancaire et Financier*, n°4, 2002, p. 216.
MCLURE Ch. E. Jr, "Legislative, Judicial, Soft Law, and Cooperative Approaches to Harmonizing corporate Income", *European Legal Studies Center, Columbia University, Columbia Journal of European Law,* Summer, 2008, 14 Colum. J. Eur. L. 400.
MARINI Ph., « DSI/Normes IAS », *Banque Magazine*, décembre 2002, n°642, p. 15.
MARION Ch., HERBERT J., « Les normes IFRS intéressent également les juristes », *Revue de droit des affaires internationales-International Business Law Journal*, 01 mai 2006, n°3, p. 430-438.
MARTEL P., « La déréglementation en droit fiscal », *Les Petites Affiches*, 31 mai 1996, n° 66, p. 10.
MARTY F., SPINDLER J., « Quelle politique économique face à une crise parfaite ? La place des mesures fiscales dans les plans de relance », *Revue Gestion & Finances Publiques*, n°7, juillet 2009, p. 570.
MONDINO J., « La bonne foi dans le droit comptable : l'image fidèle », *La Gazette du Palais*, 15 juin 2009, Numéro 74-76, p. 38- 44.
NAHUM W., « L'extension des normes IFRS aux PME /PMI », *Les Petites Affiches,* 3 juin 2003, n°110, p. 6.
NAVARRO J.-L., « Droit comptable », *La Semaine Juridique Entreprise et Affaires* n° 43, 22 octobre 2009, p. 2004.
NEGRIN O., « Une légende fiscale : la définition de l'impôt de Gaston Jèze », *Revue du Droit public*, 01 janvier 2008, Numéro 1, p. 139 -151.
NOBES Ch., « Des standards fondés sur des règles ou sur des principes », *Revue Française de Comptabilité*, n°380, septembre 2005, p. 43.
NOEL G., «Vérification de comptabilité et autres procédures de contrôle fiscal, perméabilité de la procédure de vérification de comptabilité », *JurisClasseur Procédures fiscales* 2009, Fasc. 323-40.
NOEL G., « Une manifestation pernicieuse d'« impressionnisme » fiscal : la perméabilité de la procédure de vérification de comptabilité » *Droit Fiscal* n° 8, 22 février 2007, p. 201.
OBERT R., « Le projet petites et moyennes entités (SMEs) de l'IASB », *Revue Française de Comptabilité*, avril 2006, n°387, p. 4.
OBERT R., « Normes comptables et crise financière », *Revue Française de Comptabilité*, n°429, février 2010, p. 21.
OBERT R., « Le retraitement des amortissements en comptabilité et fiscalité pour 2005 », *Revue Française de Comptabilité*, n°384, janvier 2006, p. 5.
OBERT R., « La simplification des obligations comptables », *Revue Française de Comptabilité*, n°430, mars 2010, p. 4.

OBERT R., « Autorité des normes comptables », *Revue Française de Comptabilité*, février 2009, n°418, p. 4.
OBERT R., «Les Etats-Unis vont-ils abandonner leurs propres normes pour les IFRS ? », *Revue Française de Comptabilité*, février 2009, n°418, p. 6.
OBERT R., SCHEID J.-Cl., « Le cadre conceptuel commun du FASB et de l'IASB », *Revue Française de Comptabilité*, juin 2006, n°389, p. 4.
OBERT R., SCHEID J.-Cl., « Plan d'amortissement et dépréciation dans le pcg 1999 mis à jour 2005 », *Revue Française de Comptabilité*, novembre 2005, n°382, p. 6.
OBERT R., « L'exposé sondage IFRS 10 états financiers consolidés », *Revue Française de Comptabilité*, n°419, mars 2009, p. 4.
OBERT R., « Le droit comptable applicable en France aux petites et moyennes entreprises : 1958-2008 », *Revue du Financier*, janvier-février 2009, p. 76-88.
OBERT R., « Le projet de modification de la quatrième directive européenne », *Revue Française de Comptabilité*, janvier 2011, n°439, p. 4.
OLLEON L., « Autonomie du droit fiscal : le moribond se porte bien », *Revue de Jurisprudence Française*, 2002, p. 355.
OLIVIER H., « Une perspective européenne », *Les Petites Affiches*, 8 septembre 2005, n° 179, p. 21.
OOSTENS M., « La comptabilité de l'Union Européenne », *Revue Française de Comptabilité*, février 2005, n°374, p. 28.
PAILLUSSEAU J., « La comptabilité racontée aux juristes, par Maurice Cozian et Pierre-Jean Gaudel », *Les Petites Affiches*, 17 avril 2007 n° 77, p. 14.
PAROT J.-Cl., « Société de crédit-bail et taxe professionnelle : une application des critères jurisprudentiels de caractérisation de la notion de disposition d'immobilisations corporelles », *Bulletin Mensuel d'Information des Sociétés Joly (BMIS)*, 01 novembre 2001, n°11, p. 1163 -1168.
PASQUALINI F., « Les chances d'une double rupture », *Les Petites Affiches*, 8 septembre 2005, n°179, p. 27.
PASQUALINI F., « Autonomie comptable et qualifications juridiques », *Les Petites Affiches,* 14 février 1994, n° 19.
PASQUALINI F., « Allocution de bienvenue », *Les Petites Affiches*, 8 septembre 2005, n°179, p. 3.
PASQUALINI F., CASTEL R., « Le dixième anniversaire de la loi comptable », *Revue de Droit comptable*, n°93-1, mars 1993, p. 13.
PASQUALINI F., PASQUALINI-SALERNO V., « L'interprétation du droit comptable communautaire par la CJCE », *Revue Sociétés*, juillet-septembre 2003, p. 521.
PATRIGOT N., « Comptabilité : la juste valeur dans un contexte de crise financière », *Banque Magazine* du 01er septembre 2008, n°705, p. 91.
PENGLAOU C., « De l'incidence des doctrines sur la pratique comptable », *Revue d'économie politique* 1947, janvier-aout, p. 392 et s.

PERPERE P., « La doctrine de l'administration », *Les Petites Affiches,* 8 septembre 2005, n°179 p. 30.

PFAFF D., SCHROER T., « The relationship between financial and tax accounting in Germany - The authoritativeness and reverse authoritativeness principle », *The European Accounting Review,* 1996, 5: Supplement, p. 963-979.

PINIOT M.-Ch., « Le plan, la loi, la directive ou l'histoire vécue d'un ménage à trois », *Revue de droit comptable,* 01 octobre 1997, numéro 4, p. 155- 187.

PINIOT M.-Ch., « Quelques réflexions d'après débat », *Revue Droit comptable*, n°96-3, septembre 1996, p. 70.

PLAGNET B., « Quelle politique fiscale en faveur des PME », *Bull. Joly*, 01 octobre 1998, n°10, p. 1008.

PLAGNET B., « Les rapports entre le droit fiscal et la comptabilité commerciale », *Revue de Science financière*, T. LXVI, n°3, juillet-septembre 1974, p. 695-780.

PLAGNET B., « Quelle politique fiscale en faveur des PME », *Bulletin Joly Sociétés*, 01 octobre 1998, n°10, p. 1008.

PLAS A., « Autonomie de la comptabilité par rapport à la fiscalité : une opinion », *Revue Française de Comptabilité,* n° 69, février 1977, p. 43 à 56.

PRIOL, J., « Abandon de la théorie de l'intangibilité du bilan d'ouverture : la condition de bonne foi ou d'absence d'erreur comptable délibérée », *Lettre juridique Lexbase*, 02 septembre 2004, numéro 132, p. 14- 17.

PUYRAVEAU P., DESCOTTES-GENON M., « Incidences du droit fiscal sur la régularité et la sincérité des bilans », *Revue Française de Comptabilité*, juin-juillet 1972, p. 202.

RACINE P.-F., « Présentation », *Les Petites Affiches*, 8 septembre 2005, n°179, p. 5.

RACINE P.-F., « Le regard du Conseil d'Etat sur la jurisprudence fiscale », *Les Nouvelles fiscales*, n°1000 du 16 avril 2008, p. 27.

RAFFOURNIER B., « Les oppositions françaises à l'adoption des IFRS : examen critique et tentative d'explication », *Revue Comptabilité Contrôle Audit*, Numéro Spécial, décembre 2007, p. 21.

RAYBAUD-TURILLO B., TELLER R., « Droit et comptabilité », *Encyclopédie de la comptabilité, du contrôle de gestion et de l'audit*, n° 51, p. 705, Economica, 2e édit., 2009.

RAYNOUARD A., « Le droit comptable Post-Enron, révolution comptable ou solution contestable ? (La comptabilité a-t-elle perdu tout lien avec le droit civil ?) », *Revue de Jurisprudence Commerciale (RJC)*, 01 mai 2006, n°3, p. 276-294.

REGOLI J.-P., « Amortissement par composants : les conséquences fiscales », *Revue Française de Comptabilité*, février 2005, n°374, p. 8.

REVOLON E., « IFRS 7, des difficultés d'application et un besoin de cohérence » : *Banque Magazine,* 01 décembre 2007, n°697, p. 86.

RICOL R., « Vers une normalisation comptable internationale, condition de la transparence de l'information financière », *Mélanges Bézard Pierre*, Paris, Petites affiches, Montchrestien, 2002.

RIMBAUD D., « La pérennité des fondations d'entreprise est-elle menacée par les normes comptables », *Option Finance*, 31 mars 2008, n°974, p. 35.

ROBINE D. et MERVILLE A.-D., « Les apports de la loi de sécurité financière au droit des sociétés : histoire d'un toilettage législatif », *Les Petites Affiches*, 14 mars 2003, Numéro 228, p. 69- 81.

ROCHER S., « La première étude d'impact d'une norme comptable : la méthodologie de l'EFRAG », *Revue Française de Comptabilité*, n°419, mars 2009, p. 5.

ROSSIGNOL J.-L., « De l'intérêt d'un cadre conceptuel fiscal », *Option finance*, 31 janvier 2005, n°819, p. 45.

ROSSIGNOL J.-L., « L'analyste financier, les nouvelles normes IAS/IFRS et l'impôt », *Les Petites Affiches*, 2 mai 2005, n° 91, p. 8.

ROSSIGNOL J.-L., « L'Etat et la comptabilité de l'entreprise », *Les Petites Affiches*, 30 septembre 2005, n°195, p. 4.

ROSSIGNOL J.-L., « Juste valeur et fiscalité », *Les Petites Affiches*, 6 octobre 2005, n°199, p. 13.

ROSSIGNOL J.-L., « Quand le comptable tient le fiscal en l'état », *Les Petites Affiches*, 27 février 2004, n°42, p. 4.

ROSSIGNOL J.-L., « Quand la cour des comptes dénonce une pratique fiscalo-comptable », *Les Petites Affiches*, 05 mai 1999, n° 89, p. 3.

ROSSIGNOL J.-L., « Compilation de quelques belles expressions à propos des relations entre comptabilité et fiscalité au XXe siècle », *Les Petites Affiches*, 12 février 2001, n°30, p. 3.

ROSSIGNOL J.-L., « Comptabilité et fiscalité au XXIe siècle: quels liens ?», *Les Petites Affiches*, 02 mars 2001, n° 44, p. 4.

ROSSIGNOL J.-L., « La problématique comptable et fiscale des éléments incorporels (1e partie) », *Les Petites Affiches*, 16 juillet 2001, n° 140, p. 4.

ROSSIGNOL J.-L., « La problématique comptable et fiscale des éléments incorporels (2e Partie) », *Les Petites Affiches*, 17 juillet 2001, n° 141, p. 4.

ROSSIGNOL J.-L., « La politique fiscalo-comptable des entreprises en matière d'éléments incorporels », *Les Petites Affiches*, 16 mars 2001, n° 54, p. 4.

ROSSIGNOL J.-L., « Le comptable, le juge et l'impôt », *Les Petites Affiches*, 30 avril 2001, n° 85, p. 4.

ROSSIGNOL J.-L., « La politique fiscalo-comptable des entreprises : l'alternative charge/immobilisation », *Les Petites Affiches*, 07 mars 2001, n° 47, p. 4.

ROSSIGNOL J.-L., « Le juge de l'impôt face aux normes comptables internationales », *Revue Comptabilité Contrôle Audit*, Numéro Spécial, décembre 2007, p. 113.

ROUBEROL I., « Prix de transfert : l'accession mobilière, un fondement légal de la propriété économique des marques ? », *Droit fiscal* n° 27, 7 juillet 2011, p. 410.
ROY Th., « Convergence PCG/IFRS en matière de durée d'amortissement : un pas en arrière ? », *Les Petites Affiches*, 17 octobre 2006, n° 207, p. 3.
SAILLER F., « Le "PPA préliminaire", une analyse indispensable pour optimiser les opérations d'acquisition », *Option Finance*, 10 avril 2006, n°12, p. 9-12.
SALAUN Y., MOUVILLIER P., « Conversion aux normes IAS-IFRS : une illustration concrète des difficultés de mise en œuvre (2e partie) », *Option Finance*, 17 mars 2003, n°728, p. 27.
SALAÜN Y., DELORME T., BELIN-ZERBIB S., « IFRS et droit », *Bulletin Joly Sociétés,* 1e avril 2005, n°4, p. 449.
SAPET I., MASSON C., « Comment appliquer IFRS 5 dans le cas de cessions partielles de titres entraînant une perte de contrôle ? », *Option Finance*, 07 mai 2007, n°931, p. 34.
SERVAIS J.-P., « Dissociation ou connexion entre le droit comptable et le droit fiscal ? - Examen critique à l'aune de vingt ans d'expérience belge », *Bull. CNC*, n°40-41, p. 17, dans le cadre du colloque le droit comptable dans la société, 8 et 9 oct. 1996.
SCHEID J.-Cl., « La notion de contrôle en droit comptable français », *Revue Française de Comptabilité*, avril 2005, n°376, p. 4.
SCHEID J.-Cl., « L'insertion des IAS dans le code de commerce », *Revue Française de Comptabilité*, février 2005, n°374, p. 4.
SCHEID J.-Cl., « Le rapport d'information « les enjeux des nouvelles normes comptables » », *Revue Française de Comptabilité,* n°421, mai 2009, p. 6.
SCHEID J.-Cl., « La définition d'un actif », *Revue Française de Comptabilité*, n°393, novembre 2006, p. 5.
SCHEVIN P., « L'amortissement par composants », *Revue Française de Comptabilité*, mars 2005, n°375, p. 34.
SCHEVIN P., « Critères de comptabilisation et de consolidation : association ou non du modèle du contrôle et du modèle des risques et avantages », *Revue Française de Comptabilité*, avril 2009, n°420, p. 32.
SCHEVIN P., « Amortissement par composants et évaluation des actifs : nouvelles précisions du comité d'urgence», *Revue Française de Comptabilité*, n° 381, octobre 2005, p. 42.
SCHEVIN P., « Les nouvelles règles en matière de dépréciation d'actifs », *Revue Française de Comptabilité*, n°377, mai 2005, p. 22.
SCHEVIN P., « Comptabilisation des contrats de location en normes IFRS : l'IAS 17 et le projet de réforme », *Revue Française de Comptabilité*, Numéro spécial doctrine comptable, n°427, décembre 2009, p. 56.
SCHMITT Th., « Les aspects fiscaux de la société européenne », *Les Petites Affiches*, 16 avril 2002, n°76, p. 29.

SIMONS P., « Fusions de sociétés contrôlées par une même personne physique », *Revue Fiduciaire comptable*, septembre 2005, n° 320, p. 08.
SIMONS P., « Echanges d'actions dans le cadre d'opérations de fusion », *Revue Fiduciaire comptable*, septembre 2006, n° 331, p. 09.
SIMONS P., « Fusions : détermination du mali technique », *Revue Fiduciaire comptable*, juillet-août 2007, n° 341, p. 11.
SPINDLER J., « Les doctrines fiscales économiques en France : un grand silence ? », *Revue de Droit Fiscal*, 15 juin 2006, n°24, p. 30.
SPINA L., « Nains et géants : une dialectique antique », *L'information littéraire,* janvier 2004, 56e année, p. 28-33.
STOLOWY H., « Comptabilité créative », *Encyclopédie de la comptabilité, du contrôle de gestion et de l'audit*, n° 59, Economica, 2e édit. 2009.
TALY M., LEBRUN B., « Incidences des normes IFRS, réaction à l'article de Dominique Villemot », *Droit Fiscal* 2003, n°50, étude n°46, p. 1585 à 1587.
TALY M., LOPATER Cl., « La réaction des conseils », *Les Petites Affiches*, 8 septembre 2005, n° 179, p. 40.
TALY M., WILLIENCOURT A., « Impact des IFRS sur la valorisation du patrimoine », *Revue Droit et Patrimoine* 2005, n°140.
TELLER R., HOARAU Ch., « IFRS : les normes comptables du nouvel ordre économique global ? », *Revue Comptabilité Contrôle Audit*, Numéro Spécial, décembre 2007, p. 3.
TELLER M., « Les normes IFRS : vers un schisme juridique », *Bulletin Joly Bourse*, 01 novembre 2007, n° 6, p. 705.
TELLER M., « Les normes comptables internationales : la transparence en question », *RTD Com.* 2010, p. 671.
TORT E., « Bref aperçu sur la version actuelle d'IFRS 2 », *Option Finance*, 13 mars 2006, n°874, p. 37.
TORT E., « Les ouvrages français sur les normes IFRS », *Revue Française de Comptabilité*, n°380, septembre 2005, p. 13.
TORT E., « Information sectorielle IAS 14 : projet de convergence avec les normes américaines », *Option Finance*, 18 avril 2006, n°879, p. 37.
TORT E., « Etude d'impact de la conversion des foncières cotées aux normes comptables internationales » *Revue Française de Comptabilité*, numéro spécial IFRS, n°380, septembre 2005, p. 50.
TORT E., « Gérer les impacts fiscaux des nouvelles règles comptables sur les actifs », *Revue Française de Comptabilité*, mars 2006, n°386, p. 24.
TORT E., « Evolutions du traitement comptable et fiscal des fusions », *Revue Française de Comptabilité*, juin 2006, n°389, p. 23.
TORT E., « La comptabilité créative en environnement IFRS », *Revue Française de Comptabilité*, n°421, mai 2009, p. 32.
TUROT J., « L'amortissement des éléments incorporels en droit fiscal : plaidoyer pour l'arrêt de la cour administrative d'appel de paris du 5 décembre 1995 », *Les Petites Affiches*, 09 octobre 1996, n° 122, p. 9.

TUROT J., « La poule pondeuse et le poulet », *RJF* 1994, novembre-décembre, Etudes, p. 742.
TUROT J., « Charges en stock. Distinction entre marchandises et produits, notion de charges indirectes de production », *Revue de Jurisprudence Fiscale*, 1991, p. 3 et s.
VALLAS M., « Le bon sens, source de droit ?», *Revue de Droit comptable*, n°93-1, mars 1993, p. 79.
VERHILLE R., « Principes comptables : la quête du graal », *Revue Française de Comptabilité*, février 2005, n°374, p. 25 et s.
VILARDELL I., « Le plan comptable espagnol pour les PME et la norme IFRS pour PME », *Revue Française de Comptabilité*, octobre 2010, n°436, p. 35.
VILLEMOT D., « Les conséquences fiscales de l'adoption des normes comptables internationales », *Droit Fiscal* 2003, n°50, Etude n°45, p. 1581 à 1585.
VILLEMOT D., « Présentation du rapport d'étape du groupe ias/fiscalité », *Droit Fiscal* 2005, n° 17, Etude n°19, p. 765 à 771.
VILLEMOT D., « Comptabilité et fiscalité : convergence ou divergence » ? *Les Petites Affiches*, 8 septembre 2005, n°179, p. 9.
VILLEMOT D., « L'arrêté des comptes 2005 en 10 questions. La convergence de comptes sociaux vers les IFRS et ses conséquences fiscales », *Option Finance*, 30 janvier 2006.
VILLEMOT D., « Existe-t-il une définition fiscale des immobilisations ? Ou la double absence d'autonomie du droit fiscal et du droit comptable face au droit civil », *Droit Fiscal*, 08 avril 1998, n° 15, p. 504 -506.
VILLEMOT D., « Le régime fiscal des immobilisations incorporelles », *Droit Fiscal* n° 14, 3 avril 2008, p. 243.
VILLEMOT D., « La nouvelle instruction fiscale sur le régime des fusions », *Droit Fiscal* n°4, 26 janvier 2006, p. 3.
VILLEMOT D., « Le régime fiscal des immobilisations incorporelles », *Droit fiscal* n°4, 26 janvier 2006, p. 3.
VILLEMOT D., « L'arrêté des comptes 2005 en 10 questions. La convergence de comptes sociaux vers les IFRS et ses conséquences fiscales», *Option Finance*, 30 janvier 2006.
WALTON P., « La convergence IASB-FASB et ses implications », *Revue Française de Comptabilité*, septembre 2005, n°380, p. 10.
WALTON P., « Le cadre conceptuel de l'IASB », *Revue française de comptabilité*, février 2007, n°396, p. 05.

Monographies

ARTUS P., « Où apparaîtra la prochaine bulle ? », in *Les marchés sont-ils devenus raisonnables ?*, PUF 2011, p. 13 et s.
BERGERES M.-C., « Un principe à valeur constitutionnelle paradoxalement ignoré du droit fiscal : l'intelligibilité de la loi : La Constitution et les valeurs », *Mélanges en l'honneur de Dimitri Georges Lavroff*.- Paris, Dalloz, 2005.
BETBEZE J.-P., « Comment les marchés peuvent-ils répondre aux besoins des entreprises ? Une réponse en six points », in *Les marchés sont-ils devenus raisonnables ?* PUF 2011, p. 57 et s.
BOONE L., « L'Etat et les marchés financiers », in *Les marchés sont-ils devenus raisonnables ?* PUF 2011, p. 23.
BOUSSARD D., « Essai sur la qualification littérale de l'expression true and fair », *Mélanges en l'honneur du professeur Claude PEROCHON*, Foucher Paris 1995, p. 77.
BOUVIER M., « « Les accords fiscaux préventifs » : une sécurité pour l'entreprise et l'administration », *Ecrits de Fiscalité des Entreprises, Etudes à la mémoire du professeur Maurice COZIAN*, LexisNexis 2009, p. 126 à 144.
BOUVIER M., « Quelle légitimité de l'impôt pour demain ? », in *Les Chantiers Fiscaux à engager*, L'harmattan 2002, p. 195 et s.
BRUNET P., « Les principes généraux du droit et la hiérarchie des normes, L'architecture du droit », *Mélanges en l'honneur de Michel Troper*, Paris, Economica, 2006, p. 207-221.
CASTA J.-F., « La comptabilité et ses utilisateurs », *Encyclopédie de gestion*, Economica, art. 26, 2é édit. p. 550.
CASTA J.-F., « La politique comptable des entreprises », in Y. Simon et P. Joffre (éd.) *Encyclopédie* de gestion, 2e édit., Economica, Paris 1997, tome 2, p. 2276.
CHANTIRI-CHAUDEMANCHE R., « Organismes de normalisation comptable », *Encyclopédie de la comptabilité, du contrôle de gestion et de l'audit*, n° 83, p. 1109, Economica, 2e édition, 2009.
CASTAGNEDE B., « La réforme de l'impôt sur le revenu en France », in *L'année fiscale, Débats Etudes Chroniques*, PUF 2006, p. 9 et s.
COURET A., « La théorie des droits de propriété », in De *nouvelles théories pour gérer l'entreprise*, *Economica* 1987, spec. p. 59 et s.
COZIAN M., « Propos désobligeants sur une « tarte à la crème » : l'autonomie et le réalisme du droit fiscal », in *Les Grands Principes de la Fiscalité des Entreprises*, Litec 1996, 3e édition, p. 3.
COZIAN M., « Propos intégristes sur la jurisprudence relative à l'immobilisation des redevances de brevets ou de marques (ou le rappel d'un

dogme : l'accès au bilan est réservé aux propriétaires, il est refusé aux locataires) », in *Les grands principes de la fiscalité des Entreprises*, Litec 1996, 3e édition, p. 17.

COZIAN M., « Propos de fiscaliste sur la notion d'immobilisation corporelle », *Mélanges en l'honneur du professeur Claude PEROCHON*, Foucher Paris 1995, p. 157.

DAVID C., « L'acte anormal de gestion (Comparaison Fiscale Allemagne, France et Royaume-Uni) », *Ecrits de Fiscalité des Entreprises, Etudes à la mémoire du professeur Maurice COZIAN*, LexisNexis 2009, p. 243.

DE BISSY A., « Plaidoyer en faveur du maintien de la connexion entre comptabilité et fiscalité », *Ecrits de Fiscalité des Entreprises, Etudes à la mémoire du professeur Maurice COZIAN*, LexisNexis 2009, p. 317.

DE CROUY-CHANEL E., « La définition juridique de l'impôt. L'exemple de la doctrine française », in *Philosophie de l'impôt*, BRUYLANT 2006, p. 135.

DELMAS-MARSALET J., « Comptabilité et contraintes de la fiscalité », in *Ordre des experts-comptables et des comptables agréés « Comptabilité et fiscalité », actes du 35e congrès de l'ordre des experts-comptables*, Paris, 1980, p. 25.

DUPONT J., « Le plan comptable, outil de conciliation », *Ordre des experts-comptables et des comptables agréés, « Comptabilité et fiscalité », actes du 35e congrès de l'ordre des experts-comptables*, Paris, 23-26 octobre 1980.

DURAND R., « Chronologie comptable commentée (1400-1969) », *Cahier de recherche CREFIGE*, Université Paris-Dauphine, n°9101, 1991.

FOUQUET O., « Complexité et instabilité de la loi fiscale », *Regards critiques et perspectives sur le droit et la fiscalité, Liber Amicorum Cyrille David*, LGDJ 2005, p. 7.

GAUDEL P.-J., DEFORGE J., « IFRS : les normes comptables sont-elles un accélérateur de crise ? » *La Semaine Juridique Entreprise et Affaires* n° 23, 4 juin 2009, étude 1580.

GEFFROY J.-B., « Entre légalité et équité : la doctrine isolée du Doyen Trotabas », in *Doctrines Fiscales : à la redécouverte de grands classiques*, L'Harmattan 2007, p. 197.

GILLET R., LEVASSEUR M., « Finance et comptabilité », *Encyclopédie de la comptabilité, du contrôle de gestion et de l'audit*, n° 59, Economica, 2e édit., 2009, p. 795 et s.

GOUADIN D., WADE E. B., « SYSCOA/OHADA », *Encyclopédie de la comptabilité, du contrôle de gestion et de l'audit*, n° 97, p. 1301, Economica, 2e édit., 2009.

GRANET F., « Perturbations dans la hiérarchie des normes juridiques », in *Mélanges CATALA Pierre*, Paris, Litec, 2001.

GUTMANN D., « Les normes comptables et la rédaction d'actes juridiques », *Gazette du Palais*, 19 juin 2004, n°171, p. 2.

JACQUET P., « Enjeux financiers et pays émergents », in *Les marchés sont-ils devenus raisonnables* ?, PUF 2011, p. 61 et s.
KLEE L., « Image fidèle et représentation de l'entreprise », *Encyclopédie de la comptabilité, du contrôle de gestion et de l'audit*, n° 66, p. 901, Economica, 2e édit., 2009.
LORENZI J.-H., « Avant-propos », in *Les marchés sont-ils devenus raisonnables ?* PUF 2011, p. 7.
LORENZI J.-H., ELBAZ H., « Comment sortir de la pression des marchés financiers sur les dettes souveraines européennes », in *Les marchés sont-ils devenus raisonnables ?* PUF 2011, p. 101.
MANESME G.-A., « La doctrine administrative défavorable peut-elle donner lieu à restitution de l'indu », *Ecrits de Fiscalité des Entreprises, Etudes à la mémoire du professeur Maurice COZIAN*, LexisNexis 2009, p. 22.
MARMOUSEZ S., « La gestion du résultat », *Encyclopédie de la comptabilité, du contrôle de gestion et de l'audit*, Economica, 2e édit., 2009, n°59, p. 852.
ORDRE DES EXPERTS-COMPTABLES ET DES COMPTABLES AGREES, « Comptabilité et fiscalité », *actes du 35e congrès de l'ordre des experts-comptables*, Paris, 23-26 octobre 1980.
POILLOT-PERUZZETO S., « L'autonomie de la volonté dans la recherche de l'unité et de la diversité des normes, un instrument de la construction communautaire, dans le droit à la mesure de l'homme » : *Mélanges en l'honneur de Philippe LEGER,* Paris, Editions A. PEDONE, 2006.
ROSSIGNOL J.-L., CHADEFAUX M., « Fiscalité et comptabilité », *Encyclopédie de la comptabilité, du contrôle de gestion et de l'audit*, n° 59, pp. 813-828, Economica, 2e édit. 2009.
SPINDLER J., « Quelques réflexions critiques sur la mise en œuvre de la LOLF et de la modernisation de l'Etat : l'exemple du budget et de l'administration du tourisme », *Mélanges P. BELTRAME*, Presses Universitaires d'Aix Marseille 2010, p. 555.
SCHMITT T., « La doctrine du juge en droit fiscal matériel », *Droit Fiscal* n° 24, 15 juin 2006, étude n°37.

Communications, Rapports

1- Rapports communautaires

Commission européenne, La fiscalité des entreprises dans le marché intérieur, D.G. fiscalité et union douanière, D (2001), Bruxelles.
Commission européenne, Communication de la Commission au Conseil et au Parlement européen, Stratégie de l'U.E. en matière d'information financière : la marche à suivre, COM (2000) 359 final, Bruxelles.
Commission européenne, Communication de la Commission au Conseil, au Parlement et au comité économique et social européen, Vers un marché intérieur sans entraves fiscales - Une stratégie pour permettre aux entreprises d'être imposées sur la base d'une assiette consolidée de l'impôt sur les sociétés couvrant l'ensemble de leurs activités dans l'Union Européenne, COM (2001) 582 final, Bruxelles.
Commission Européenne, Communication de la Commission au Conseil, au Parlement et au comité économique et social européen, Politique fiscale de l'Union Européenne - Priorités pour les prochaines années, COM (2001) 260, Bruxelles.
Commission Européenne, Summary report of the workshop on the application of International Accounting Standards (IAS) in 2005 and the implications for the introduction of a consolidated tax base for companies' EU-wide activities held in Brussels on 18 March 2003, D.G. fiscalité et Union douanière, Bruxelles.
Commission Européenne, Communication de la Commission au Conseil, au Parlement et au comité économique et social européen - Un marché intérieur sans obstacles liés à la fiscalité des entreprises : réalisations, initiatives en cours et défis restants, COM (2003) 726 final, Bruxelles.

2- Rapports internes

MORAND P., MARTEAU D., « Normes comptables et crise financière » -Propositions pour une réforme du système de régulation comptable. Rapport au ministre de l'Economie, de l'industrie et de l'Emploi, 118 p., disponible sur http://www.ladocumentationfrançaise.fr.
LEPETIT J.F., « Proposition de réforme du dispositif français de normalisation comptable », 6 avril 2007, disponible sur www.minefe.gouv.fr.
BAERT D., YANNO G., Rapport d'information déposé par la commission des finances, de l'économie générale et du plan relatif aux enjeux des nouvelles normes comptables, Documents d'information de l'Assemblée Nationale, n°1508, 164 p. disponible sur http//www.assemblee-nationale.fr.

Index alphabétique

Table des matières

RESUME

LES RELATIONS ENTRE COMPTABILITE ET FISCALITE : VERS UN PASSAGE DE L'ERE JURIDIQUE A L'ERE ECONOMIQUE

Les divergences entre comptabilité et fiscalité ont largement contribué à obscurcir la véritable nature de leur relation. Pourtant l'article 38 quater de l'annexe III au Code général des Impôts institue une relation complémentaire entre les deux disciplines. En réalité, cette relation complémentaire n'est qu'apparente car dans la plupart des cas de divergences, la fiscalité semble instaurer une domination arbitraire sur la comptabilité. Cette situation, que l'on peut qualifier de compromis s'est inversée au profit de la comptabilité depuis l'avènement des normes comptables internationales dont les règles, particulières en plusieurs points, ont permis au droit comptable un développement sans précédent, ce qui permet de qualifier la relation entre comptabilité et fiscalité de relation de compromis.
Se faisant, les normes comptables internationales ont renforcé la tendance qui se dessine dans les sociétés contemporaines : le passage de l'ère juridique à l'ère économique. Les relations entre comptabilité et fiscalité ne sont que le témoin de cette évolution. Les principes de juste valeur et de substance économique au-delà de la forme juridique ont mis à l'ordre du jour des débats doctrinaux classiques tels que l'autonomie du droit fiscal par rapport au droit comptable et les liens qu'entretiennent ces disciplines avec d'autres, qu'elles soient juridiques (droit civil, droit commercial) ou non-juridiques (consolidation, finance). La nouvelle définition des actifs porte la marque de cette interdisciplinarité. Pourtant le système fiscal français n'est pas encore prêt à accueillir ces normes dans leur intégralité. Leur transposition totale dans le Plan comptable général aurait pour conséquence un abandon du système fiscal actuel pour une évolution vers les systèmes fiscaux anglo-saxons tout en entraînant des difficultés supplémentaires, sources d'insécurité pour le droit fiscal.

MOTS CLÉS : Normes comptables Internationales, Compromis, Relation entre comptabilité et fiscalité, Autonomie du droit comptable ; Autonomie du droit fiscal ; propriété juridique, propriété économique, comptabilité patrimoniale, comptabilité financière, juste valeur, substance économique au-delà de la forme juridique, politique-fiscale.

SUMMARY

THE RELATIONSHIPS BETWEEN ACCOUTING AND TAXATION: A TRANSITION FROM LEGAL AGE TO ECONOMIC AGE

Oppositions between accounting and taxation have led into some difficulties regarding the qualification of the real relation between accounting and taxation in France. Article 38 of the FTC seems to impose a complementary relation between accouting and taxation. In fact, this complementary relation is not true, since Tax rules often have an influence on accounting rules when they are in opposition. This particular situation can be qualified as a compromise between Accounting and Tax rules. Since the introduction of International Accounting Standards rules in The French Accounting System, the compromise between accounting and Taxation seems to benefit from the accounting rules. It does exit a huge influence of accounting on tax rules: accounting rules are becoming more relevant than in the past.

By the way, the International Accounting Standards have reinforced the trend that is emerging in contemporary societies. This trend is the passage from a legal area to an economic area. The relationship between accounting and taxation is the witness of this evolution. Principles of fair value and substance over form have uploaded the debate over the relationship between Tax and Accounting and how they interact with other disciplines such as civil law, commercial law, finance and accounting. The new definition of Assets due to the IFRS influence on tax is the proof of the connection existing between the different disciplines. The French tax system is not ready yet to accept the full version of IFRS. Their full implementation would lead into an unsecured tax law system.

KEY WORDS: Autonomy of accounting Law, Autonomy of Tax Law, Property Rights, Economic Property, Financial Accounting, French policy, Substance over form, Fair Value, International Financial Reporting Standards.

L'HARMATTAN ITALIA
Via Degli Artisti 15; 10124 Torino

L'HARMATTAN HONGRIE
Könyvesbolt ; Kossuth L. u. 14-16
1053 Budapest

L'HARMATTAN KINSHASA
185, avenue Nyangwe
Commune de Lingwala
Kinshasa, R.D. Congo
(00243) 998697603 ou (00243) 999229662

L'HARMATTAN CONGO
67, av. E. P. Lumumba
Bât. – Congo Pharmacie (Bib. Nat.)
BP2874 Brazzaville
harmattan.congo@yahoo.fr

L'HARMATTAN GUINÉE
Almamya Rue KA 028, en face du restaurant Le Cèdre
OKB agency BP 3470 Conakry
(00224) 60 20 85 08
harmattanguinee@yahoo.fr

L'HARMATTAN CAMEROUN
BP 11486
Face à la SNI, immeuble Don Bosco
Yaoundé
(00237) 99 76 61 66
harmattancam@yahoo.fr

L'HARMATTAN CÔTE D'IVOIRE
Résidence Karl / cité des arts
Abidjan-Cocody 03 BP 1588 Abidjan 03
(00225) 05 77 87 31
etien_nda@yahoo.fr

L'HARMATTAN MAURITANIE
Espace El Kettab du livre francophone
N° 472 avenue du Palais des Congrès
BP 316 Nouakchott
(00222) 63 25 980

L'HARMATTAN SÉNÉGAL
10 VDN en face Mermoz, après le pont de Fann
BP 45034 Dakar Fann
33 825 98 58 / 33 860 9858
senharmattan@gmail.com / senlibraire@gmail.com
www.harmattansenegal.com

L'HARMATTAN BÉNIN
ISOR-BENIN
01 BP 359 COTONOU-RP
Quartier Gbèdjromèdé,
Rue Agbélenco, Lot 1247 I
Tél : 00 229 21 32 53 79
christian_dablaka123@yahoo.fr

Achevé d'imprimer par Corlet Numérique - 14110 Condé-sur-Noireau
N° d'Imprimeur : 111868 - Dépôt légal : septembre 2014 - *Imprimé en France*